YO, ABOGADO DE ESTE DOMICILIO

TOMÁS POLANCO ALCÁNTARA

YO, ABOGADO
DE ESTE DOMICILIO

Estudios de Derecho, Historia Jurídica y Diplomacia

Serie Estudios No. 158

Academia de Ciencias Políticas y Sociales

editorial jurídica venezolana
international

2025

P757

Polanco Alcántara, Tomás

Yo, abogado de este domicilio. Estudios de Derecho, Historia Jurídica y Diplomacia / Tomás Polanco Alcántara; presentación José Ignacio Hernández G.; prólogo Leopoldo A. Borjas H. -- Caracas: Academia de Ciencias Políticas y Sociales; Editorial Jurídica Venezolana International, 2025.

774 p.
Serie Estudios, 158

ISBN: 979-8-89480-613-6

1. HISTORIA JURÍDICA 2. DIPLOMACIA 3. DERECHOS HUMANOS
I. Título

ISBN: 979-8-89480-613-6

Impreso por: Lightning Source, an INGRAM Content company
para Editorial Jurídica Venezolana International Inc.
Panamá, República de Panamá.
Email: editorialjuridicainternational@gmail.com

Diseño de portada: Alexander Cano

Diagramación, composición y montaje por Mirna Pinto, en letra Time New Roman 11, Interlineado Exacto 12 (Tamaño libro 6x9)

Academia de Ciencias Políticas y Sociales

MIEMBROS CORRESPONDIENTES EXTRANJEROS

ALEMANIA
Dr. Erik Jayrne

ARGENTINA
Dr. Diego Fernández Arroyo
Dr. José Claudio Escribano
Dr. Juan Carlos Cassagne
Dr. Eduardo Sambrizzi
Dr. Armando S. Andruet (h)

BRASIL
Dra. Claudia Lima Marques

COLOMBIA
Dr. Mauricio Plazas Vega
Dr. Gilberto Álvarez Rarrúrez
Dr. Cesáreo Rocha Ochoa
Dr. Augusto Trujillo Muñoz

CHILE
Dr. José Luis Cea Egaña
Dr. Claudio Grossman
Dra. Marisol Peña Torres

ESTADOS UNIDOS DE AMÉRICA
Dr. Syrneon Syrneonides

ESPAÑA
Dr. Rafael Navarro-Valls
Dr. César García Novoa
Dr. Miguel Herrero Miñón
Dr. Santiago Muñoz Machado

FRANCIA
Dr. Pierre Michel Eisemann

ITALIA
Dr. Sandro Schipani
Dr. Natalino Irti

JAPÓN
Dra. Yuko Nishitani

MÉXICO
Dr. Leonel Pereznieto Castro
Dr. Bernardo Femández del Castillo
Dr. Eduardo Ferrer Mac-Gregor
Dr. Ignacio Luis Melo

PERÚ
Dr. Carlos Soto Coaguila

REPUBLICA DOMINICANA
Dr. Manuel Morales Lama

URUGUAY
Dr. Didier Opertti Badán

DEDICATORIA

A aquellos de mis hijos que son, o van a ser,
abogados de este domicilio.

A todos mis compañeros de la Promoción de Abogados
FERMÍN TORO (1950).

A TODOS aquellos que han sido mis alumnos en la
Facultad de Ciencias Jurídicas y políticas de la
Universidad Central de Venezuela y en la Facultad de Derecho de la
Universidad Católica Andrés Bello.

CONTENIDO

I.

EL LIBERTADOR COMO HOMBRE DE ESTADO

LA JUSTICIA, PRIMERA NECESIDAD DEL ESTADO

II. EL PROYECTO DE CONSTITUCIÓN DE ANGOSTURA EN 1819

III. EL PROYECTO DE CONSTITUCIÓN PARA BOLIVIA EN 1826

IV. LA CRISIS CONSTITUCIONAL DE LA GRAN COLOMBIA ENTRE 1828 Y 1830

II.
LA JUSTICIA Y LA HISTORIA

LAS AUDIENCIAS Y CHANCILLERÍAS REALES DE INDIAS

LA REAL AUDIENCIA DE CARACAS Y LA CAPITANÍA GENERAL DE VENEZUELA DURANTE LOS AÑOS CARAQUEÑOS DE ANDRÉS BELLO

SEGUNDA PARTE

TERCERA PARTE

CUARTA PARTE

QUINTA PARTE

LA REAL AUDIENCIA DE CARACAS COMO ANTECEDENTE DE LA CORTE SUPREMA DE JUSTICIA

PRIMERA PARTE

SEGUNDA PARTE

ENSAYO DE INTERPRETACIÓN HISTÓRICA DE LAS FACULTADES DE LA CORTE SUPREMA DE JUSTICIA EN LA CONSTITUCIÓN DE 1961

III.
LA ACTUACIÓN INTERNACIONAL

LA ACTIVIDAD DIPLOMÁTICA DE ANDRÉS BELLO EN LONDRES

LA OBLIGATORIEDAD Y VALIDEZ DE LA CARTA DE DERECHOS Y DEBERES ECONÓMICOS DE LOS ESTADOS

LA COOPERACIÓN INTERNACIONAL EN MATERIA LABORAL REFERIDA AL ACUERDO DE CARTAGENA

PRIMERA PARTE

SEGUNDA PARTE

LA DELEGACIÓN DE VENEZUELA EN GINEBRA

PRIMERA PARTE

SEGUNDA PARTE

TERCERA PARTE

CONVENIOS SUSCRITOS ENTRE LOS GOBIERNOS DE VENEZUELA Y ESPAÑA

IV.

LOS DERECHOS HUMANOS

CONSIDERACIONES PRELIMINARES Y ESQUEMÁTICAS SOBRE LA REPERCUSIÓN DE LOS DERECHOS HUMANO EN EL RÉGIMEN JURÍDICO VENEZOLANO

LA LIBERTAD RELIGIOSA EN LA DECLARACIÓN DE LOS DERECHOS DEL HOMBRE Y EN EL ORDENAMIENTO JURÍDICO VENEZOLANO

V.

LA PROPIEDAD

LAS TRANSFORMACIONES DE LA PROPIEDAD EN FUNCIÓN DEL DESARROLLO

LA PLANIFICACIÓN EN AMÉRICA LATINA

ESQUEMA INTERPRETATIVO DE LAS NORMAS VENEZOLANAS SOBRE NACIONALIZACIÓN DE LA INDUSTRIA EXTRACTIVA DEL HIERRO Y DE LOS HIDROCARBUROS

ANÁLISIS ESQUEMÁTICO DE LOS ASPECTOS JURÍDICOS PRINCIPALES DEL CONTRATO DE ARRENDAMIENTO FINANCIERO

VII.

ACTUACIÓN JUDICIAL

VIII.
LA TÉCNICA LEGISLATIVA

BELLO, LEGISLADOR

PRÓLOGO A LA SEGUNDA EDICIÓN

EL ABOGADO EN LA VENEZUELA DEL SIGLO XXI

José Ignacio HERNÁNDEZ G.*

*

Tomás Polanco Alcántara describió a la colección de estudios reunidos en este volumen como su autobiografía jurídica, escrita en su rol de abogado. Pues durante su extensa carrera académica, profesional, diplomática y política, Polanco Alcántara fue, ante todo, abogado: desde entonces hasta el presente -escribe- "*he sido, soy y me siento, integral y esencialmente, un Abogado*". Es por lo anterior que, al aludir a su larga carrera, se identificó como Abogado-Profesor, Abogado-Escritor, Abogado-Juez y Abogado-Embajador. Todo aquel que conozca bien el idioma castellano -advirtió- "*percibirá el matiz diferencial que he querido dar al orden de las palabras*".

El abogado es aquel que se dedica profesionalmente al Derecho, aun cuando las raíces latinas de la expresión destacan su rol al auxilio de terceros, y de allí que la palabra se emplea, también, como sinónimo de defensor. El Derecho, a estos efectos, es el sistema normativo a favor de la justicia, que, de acuerdo con Justiniano, es la constante y perpetua voluntad de dar a cada quien lo suyo. Por ello, la actuación del abogado se orienta a la defensa de la justicia, en una actuación que también debe ser constante y perpetua.

La actuación del abogado no se limita, entonces, al ejercicio técnico de la profesión en los estrados. En realidad, el abogado ejerce su profesión en distintas vías, pues son varios los caminos que llevan a la justicia. De allí el

---

* Profesor de Derecho Administrativo y Constitucional en la Universidad Católica Andrés Bello y la Universidad Central de Venezuela. Profesor invitado, Pontificia Universidad Católica Madre y Maestra y Universidad Castilla-La Mancha y Universidad La Coruña. Asociado Senior, Center for Strategic and International Studies.

mandamiento de Eduardo Couture: la lucha por el Derecho es, en realidad, la lucha por la justicia. Por ello, cuando el Derecho -en el sentido de la ley positiva- contradice a la justicia, el abogado debe luchar por restaurar la justicia.

Tomás Polanco Alcántara fue ante todo un abogado pues toda su actividad y extensa obra se orientaron al servicio de la justicia. Como resume en su estudio sobre *La justicia, primera necesidad del Estado,* la justicia, "*como valor y como meta es una de las grandes preocupaciones constantes de la humanidad*". A esa meta se orienta la colección de estudios que hoy se reedita, y que resumen la "*verdad de un abogado que escribe espontáneamente su autobiografía jurídica*", como el profesor Leopoldo H. Borjas escribió en el prólogo a la edición original de esta obra, publicada en 1987 por la Academia de Ciencias Políticas y Sociales.

**

Las condiciones del Derecho de Venezuela bajo las cuales Polanco Alcántara escribió los trabajos reunidos en este volumen estaban influenciadas notablemente por la Constitución de 1961. Continuando con el diseño constitucional adoptado en 1947, este Texto había logrado armonizar los principios y valores del Estado de Derecho con los postulados del Estado Social orientados a la promoción del desarrollo humano. Como extensión del Pacto de Puntofijo, la Constitución de 1961 recordó en su preámbulo que el orden democrático es el "*único e irrenunciable medio de asegurar los derechos y la dignidad de los ciudadanos*". Este orden democrático se sustentaba en elecciones libres y justas, la supremacía de la Constitución y la justicia social. Estos tres pilares fueron considerados, en el citado preámbulo, como continuación del "*patrimonio moral e histórico de la Nación, forjado por el pueblo en sus luchas por la libertad y la justicia*".

En sus estudios sobre El Libertador como hombre de Estado, Polanco Alcántara destaca la idea según la cual la justicia es la primera necesidad del Estado, lo que realza que en tanto poder político único y unitario, la condición esencial del Estado es servir a la justicia, como parte fundamental de las bases de su organización política. Y la condición esencial al servicio de la justicia es que existan buenos jueces, pues "*no habrá justicia en la sociedad sino cuando existan buenos jueces*".

El centro del sistema de justicia es la libertad, definida en función a la dignidad humana. La dignidad humana cumple un importante rol, en tanto ella aclara que la libertad, como centro del sistema, no alude a un derecho individual absoluto, sino al ejercicio de la libertad al servicio de la justicia, con el propósito de extender su "benéfica existencia" a toda la comunidad. En este punto la obra de Tomás Polanco Alcántara es fundamental para apreciar la continuidad jurídica de los principios de la antigua constitución de España basados en el *ius commune* medioeval y, por ende, en el concepto de bien común como el elemento definitorio de la justicia, a través de la protección de la dignidad humana y su proyección en la comunidad política. Esta continuidad jurídica está presente en la Constitución de 1961, pues de acuerdo con Polanco Alcántara, ésta contenía "*el programa mínimo de convivencia social y el compromiso de llevar la acción colectiva hacia determinados fines y mecanismos que están orientados, con esa vieja frase, pero siempre nueva, a la búsqueda del bien común*".

El Derecho, de acuerdo con esta visión, se orienta al servicio de la justicia centrada en la libertad, la dignidad y el bien común. Con lo cual, esta visión parte de la primacía de los derechos humanos, que no dependen de su reconocimiento por el Estado, en tanto ellos son inherentes a la dignidad. Para responder a esta realidad, el Derecho debe abrirse al Derecho internacional de los derechos humanos, tema al cual el libro que presentamos dedica importantes estudios. Por ello, al estudiar la esencia jurídica de los derechos humanos, Tomás Polanco Alcántara enumera cuatro postulados que permiten comprender, mejor, su pensamiento jurídico como abogado.

Así, de acuerdo con el primer postulado, "existe una relación de causa a efecto entre protección de los derechos humanos y régimen democrático. Es decir, no se pueden proteger los derechos humanos eficazmente sino dentro de un régimen democrático y es de la esencia del régimen democrático proteger los derechos humanos". Esta interacción se encuentra en los pilares del Derecho interamericano que derivan de la Declaración Americana de los Derechos y Deberes del Hombre y la Carta de la Organización de los Estados Americanos. En 2001 esta interacción fue consolidada en la Carta Democrática Interamericana.

El segundo postulado dispone que "cuando los derechos humanos no son protegidos por el Estado, estamos en presencia de un sistema de tiranía y opresión contra el cual es lícito 'el supremo recurso de la rebelión'". Este derecho de rebelión es implícito en el concepto de Constitución como pacto de libertad que expresa la soberanía popular. Este pensamiento puede encontrarse delineado en los capítulos XXX y XXXI de El triunfo de la libertad sobre el despotismo, en el cual Juan Germán Roscio explicó que la defensa de la libertad condiciona la obediencia al Gobierno que es justo y se orienta al bien común, mientras que frente a la Ley injusta no cabe afirmar deber de obediencia alguno.

El reconocimiento y protección de los derechos humanos, según el tercer postulado, constituye "la base de la libertad, la justicia y la paz en cada una de las naciones y en el mundo; es decir, no puede haber libertad, ni justicia, ni paz si los derechos humanos no son reconocidos y protegidos".

Finalmente, y según el *cuarto* postulado, la defensa de los derechos humanos impone al Estado obligaciones positivas, en especial, para remover los obstáculos que impiden el goce efectivo de los derechos, todo lo cual lleva a Polanco Alcántara a destacar el carácter vinculante de los derechos económicos y sociales, y la necesidad de diseñar al Derecho para crear condiciones favorables al desarrollo.

***

La situación del Derecho en Venezuela, en 2024, es diametralmente opuesta a su situación en el momento en el cual se publicó el libro que hoy presentamos. La fuerza ha sustituido al Derecho, y la Constitución ha quedado relegada a un mero instrumento a través del cual se pretende otorgar una pátina de legitimidad a las arbitrariedades cometidas desde el poder, y en especial, a las sistemáticas violaciones de derechos humanos que desde 2014 se han venido ejecutando.

Quizás la mejor ilustración de este declive es el estudio del Índice de Estado de Derecho (*Rule of Law Index*), publicado por The World Justice Project. Venezuela ocupa, desde hace algún tiempo, el último lugar en ese índice. Esto es, que Venezuela es el país con el peor índice de Estado de Derecho del mundo, ubicándose por debajo de países como Afganistán y Camboya. Una de las variables peor evaluadas es la vigencia efectiva del sistema de pesos y contrapesos, lo que se traduce en la ausencia de controles sobre el Gobierno y, por ende, en la suplantación del "reino de la Ley" por el "reino de la arbitrariedad".

El colapso del Estado de Derecho en Venezuela ha arrastrado al colapso económico, pues la caída del producto interno bruto solo es comparable con países que han atravesado severas guerras, como Alemania en la Segunda Guerra Mundial. Este colapso económico impulsó la emergencia humanitaria compleja, ante la exclusión de amplios sectores de la población de bienes y servicios esenciales, todo lo cual explica la emergencia humanitaria de migrantes y refugiados, que, desde muchas variables, supera incluso severos conflictos civiles como los que atraviesa Siria. Este dato coloca en realce uno de los aspectos destacados en el libro que hoy presentamos: sin Estado de Derecho, no es posible garantizar el desarrollo humano, en términos de crecimiento económico sostenido e inclusivo.

Pero quizás el rasgo que mejor describe el colapso del Estado de Derecho es la precaria situación de los derechos humanos. Venezuela es objeto, actualmente, de investigaciones a cargo de la Fiscalía de la Corte Penal Internacional, el Alto Comisionado para los Derechos Humanos y el Consejo de Derechos Humanos, en especial, por medio de la Misión de Determinación de los Hechos. En su primer reporte, de 25 de septiembre de 2020, la

Misión concluyó que el desmantelamiento del Estado de Derecho había estado acompañado de la represión política selectiva (párrafo 21), en un contexto de impunidad marcado por las deficiencias del sistema de justicia (párrafo 71). Asimismo, la emergencia humanitaria compleja permitió al Estado abusar a través de mecanismos de control social (párrafo 79). Este cuadro ha empeorado, como se concluye en el más reciente informe de 14 de octubre de 2024. En el contexto de las elecciones del 28 de julio, el Estado comenzó a "*reactivar la maquinaria de represión para llevar a cabo acciones encaminadas a desarticular y desmovilizar la oposición política organizada*" (párrafo 864), hechos que han llevado a la Misión "*a concluir, con motivos razonables para creer, que algunas de las violaciones de los derechos humanos y delitos investigados durante este período representan una continuación de la misma línea de conducta que la Misión caracterizó en informes previos como crímenes de lesa humanidad*" (párrafo 870).

Quizás lo más destacable es que ese colapso institucional y el clima de sistemáticas violaciones a derechos humanos, no fueron resultado de acciones externas que abrogaron directamente el orden constitucional. Por el contrario, la Constitución, y todo el sistema del Derecho, fueron manipulados abusivamente para disimular políticas arbitrarias tras un barniz de constitucionalidad. El resultado es un falso Estado de Derecho, en el cual el sistema de justicia simula procesos, y las Leyes esconden violaciones a derechos humanos. De este legalismo autocrático ha derivado la deshumanización del Derecho, comprobándose así -de manera trágica- la validez de los postulados de la esencia jurídica de los derechos humanos a los cuales se refirió Polanco Alcántara.

La violación de la esencia jurídica de los derechos humanos en Venezuela, además, recuerda que "*no habrá justicia en la sociedad sino cuando existan buenos jueces*". Así, la democracia en Venezuela murió en las manos de las instituciones llamadas a garantizarla, y entre ellas, la Sala Constitucional del Tribunal Supremo de Justicia. Sin democracia, la protección de los derechos humanos devino en imposible, resultando en un "*sistema de tiranía y opresión*". Con lo cual, el Derecho en la Venezuela de hoy no garantiza la libertad, la justicia y la paz, ni tampoco asegura una existencia digna a través del crecimiento económico orientado por la justicia social.

****

Bajo las actuales condiciones institucionales del Derecho al servicio del despotismo, bien pudiese ponerse en duda la utilidad del rol del abogado. ¿Qué utilidad tiene ejercer el Derecho en un país sin Constitución y Ley? No me refiero, claro está, al rol más transaccional que el abogado puede cumplir en el marco del legalismo autocrático, facilitando los mecanismos burocráticos que, en el contexto de la fragilidad estatal, permiten la gestión -ineficiente y opaca- de los cometidos estatales. Por el contrario, y a la luz del libro que hoy presentamos, mi interés es en el rol del abogado como agente al servicio de la justicia y la protección de los derechos humanos.

Desde esta perspectiva, la debacle institucional del Derecho hace tanto más necesario el rol del abogado. La justicia obliga al abogado a actuar en función de la moral pública, que, como tal, descansa en la dignidad humana y el bien común. En su estudio sobre *Bello, Legislador*, Polanco Alcántara aludió a virtudes que bien describen el rol del abogado en la Venezuela de hoy: dedicación, laboriosidad e ideas de orden, a través del ejercicio de la profesión que se aleje de la "*apatía y pereza*". Estas virtudes son las que permiten que, a pesar del entorno autocrático, el valor de la justicia permanezca vivo.

El abogado no debería ser, por ende, un gestor del legalismo autocrático, sino un agente de cambio al servicio de la justicia y, como tal, un divulgador a favor de los valores de la justicia y el bien común, arraigados en la dignidad humana. Esto realza otro de los temas tratados en el libro que presentamos, como es el rol de la Universidad, como la comunidad intelectual que, en palabras del Cardenal John Henry Newman, se orienta al saber universal, claro está, al servicio de la justicia.

Debo confesar que una de mis preocupaciones constantes es que el Derecho en Venezuela se disocie de los valores que lo legitiman, y que la práctica y enseñanza jurídicas se reduzcan al comentario exegético del legalismo autocrático o a las glosas de las sentencias del Tribunal Supremo de Justicia. El Derecho positivo, expresado en normas escritas y sentencias, no puede disociarse de sus valores intrínsecos, pues ello hace del Derecho un instrumento de opresión, y no un instrumento de libertad. Como lo resumió Roscio en el capítulo XVI de su obra fundamental: *no puede ser derecho, ni ley, lo que carece de justicia y equidad.*

El abogado debe evitar la tentación de limitar su rol a mero intérprete de "Leyes" que no sirven a la justicia. Por ejemplo, el abogado que interpreta la Ley Orgánica de Extinción de Dominio no puede limitarse a la exégesis de ese texto con abstracción del entorno institucional, en el cual la extinción de dominio no es una herramienta en la lucha contra la corrupción sino otro de los muchos instrumentos legales abusivos empleados para la violación de derechos humanos. Asimismo, el abogado que se enfrenta a contratos petroleros amparados en la llamada *Ley Constitucional Antibloqueo para el Desarrollo Nacional y la Garantía de los Derechos Humanos* no puede ignorar las graves violaciones a valores esenciales a la democracia constitucional que subyacen tras esa Ley.

Esto debería llevar a reforzar, en la educación universitaria y formación profesional, la raíz humanística del Derecho, o si se quiere, la *humanitas* a la que se refirió Cicerón. Empleando el juego de palabras de Tomás Polanco Alcántara, la invitación es a actuar como un Abogado-abogado. Así, cuando Polanco indicó que él había sido un Abogado-Profesor y no un Profesor-Abogado, quiso realzar que su carrera docente estuvo orientada a la lucha por la justicia, el bien común y los derechos humanos. De igual manera, el abogado en Venezuela debe ejercer la profesión -en las distintas vías que ésta admite- no como un operador jurídico del legalismo autocrático, sino como un agente al servicio de la justicia. Esto pasa por recordar que, como sucede actualmente en Venezuela, cuando el Derecho autoritario y populista se opone a la justicia, es deber luchar por la justicia.

Diciembre 27, 2024. Brookline (MA)

PRÓLOGO A LA PRIMERA EDICIÓN

Leopoldo A. BORJAS H.

Dos obras autobiográficas, leídas durante la adolescencia, provocaron en mí, por lo menos, dos determinaciones a las cuales me he mantenido apegado desde aquella época hasta hoy: buscar siempre la verdad y no malograr la ocasión de oír o leer lo que diga o escriba un hombre, porque en su dicho o escrito puede estar la verdad.

Esos dos libros, en los cuales cada autor confesó hechos que otros hombres, evidentemente sin la integridad moral e intelectual de aquéllos, hubieran escondido en la profundidad de sus recuerdos más íntimos, son las *Confesiones* de Juan Jacobo ROUSSEAU; y *Confusión de Sentimientos* de Stefan ZWEIG.

En la obra que hoy nos ofrece la Academia de Ciencias Políticas y Sociales, como volumen de su colección Serie Estudios, está esa verdad: la verdad de un abogado que escribe espontáneamente su autobiografía jurídica.

Ya el título del libro, "*Yo, abogado de este domicilio*", constituye, aunque innecesaria, una confesión del autor.

En efecto, quienes lo conocemos, sabemos, como él mismo lo admite, que ha sido, es y sigue siendo, integral y esencialmente, un abogado.

Profesor universitario durante más de treinta años; autor de más de veinte libros; conjuez de la Corte Suprema de Justicia desde el año de 1958; embajador de la República por tres veces consecutivas y durante más de cinco años; individuo de número de la Academia de Ciencias Políticas y Sociales y de la Academia Nacional de la Historia; esposo; padre; y amigo, y de aquellos que ofrecen y dan un afecto personal, puro y desinteresado.

Pero, siempre abogado. Abogado-profesor y no un profesor-abogado; abogado que escribe y no un escritor-abogado; abogado-juez y no un juez-abogado; y abogado-embajador y no un embajador-abogado.

Después de leído el libro de este abogado, quien indudablemente lo es integral y esencialmente, lo confieso, me costará mucho esfuerzo encabezar un documento redactado por mí que deba comenzar con el título de esta obra, sin que subconscientemente escriba la fórmula que la práctica forense ha hecho sacramental, en una forma distinta a ésta: "Yo, Tomás Polanco Alcántara, abogado de este domicilio".

Esta voluminosa obra de Polanco no constituye, con seguridad, la culminación de su fecunda e importante actividad de escritor, porque presumimos que el camino que él decidió trajinar es un camino llanero, con sesteaderos y encrucijadas; pero que siempre conduce al caminante a un horizonte donde se juntan el querer y el llegar.

En nuevo libro de Polanco reúne varios trabajos suyos orientados a distintos aspectos de las ciencias jurídicas, organizados de acuerdo a los títulos siguientes: "*El Libertador como hombre de estado*"; "*La justicia y la historia*"; "*La actuación internacional*"; "*Derechos Humanos*", "*La propiedad*"; "*Derecho y desarrollo*"; y "*Actuación judicial*".

El primer conjunto de trabajos, seguramente por su profunda pasión bolivariana, está destinado al Libertador como hombre de estado y reúne cuatro ensayos de sistematización de las ideas del gran hombre sobre la importancia de la administración de justicia. *"La justicia, primera necesidad del Estado", dividido en catorce subtítulos: "La política diplomática de Simón Bolívar"; "El pensamiento universitario de Simón Bolívar" y "Estudios jurídico-políticos sobre los proyectos constitucionales del Libertador Simón Bolívar"*, dividido en tres subtítulos: *"La ordenación del Estado en 1813", "El proyecto de Constitución de Angostura" y "El Proyecto de Constitución para Bolivia en 1826".*

Inspiran al autor unas frases de Bolívar, escritas en 1825, cinco años antes de su muerte, que estremecen por el sentimiento de justicia del Libertador y el ejemplo que nos dejó para discernir entre el derecho y el deber.

Al escribir a su hermana María Antonia, en relación a una reclamación judicial en la cual estaban en juego intereses patrimoniales del propio Libertador, dice a ésta:

> *"... La suerte me ha colocado en el ápice del poder; pero no quiero tener otros derechos que los del simple ciudadano. Que se haga justicia y que ésta se me imparta si la tengo...".*

Destaca Polanco que los comentaristas patrios, al hacer la historia del recurso de casación en Venezuela, olvidan o desconocen la intervención del Libertador en esta materia; y que no se percataron del proyecto presentado al Congreso de Angostura por el Libertador en 1819.

Explica que la idea de Bolívar tiene dos partes: una, la de crear una Sala de Casación en la Alta Corte de Justicia; y, la otra, la de atribuir a ésta el conocimiento del Recurso de Casación.

La idea bolivariana tenía, en consecuencia, dos factores importantes: el primero, haber pensado en la Casación como medio para mantener la vigencia de la ley en los procesos judiciales; y, segundo, radicar el conocimiento de semejante recurso en el Supremo Tribunal de la República.

Lo novedoso del proyecto bolivariano, con respecto al modelo francés, el cual fue el origen de este sistema, fue no solamente intentar establecer la casación en el nuevo Estado que se estaba rehaciendo, sino concebir el Tribunal de Casación dentro del orden judicial, precisamente como una parte o sala de la Alta Corte de Justicia. De esta manera la Casación sería una forma de acción del Poder Judicial y no una función contralora del Parlamento sobre los jueces, como lo era en Francia.

Merece especial mención el trabajo de Polanco sobre el pensamiento universitario de Simón Bolívar, dadas las condiciones de profesor universitario, tanto de Polanco como mía.

Se trata de un comentario a la filosofía que inspiró el texto de las "*Constituciones Universitarias*" preparadas en el edificio que todavía hoy se denomina "El Trapiche" y que ocupa la parte más alta del inmueble que sirve de sede a la Universidad Central de Venezuela, donde se levanta el viejo torreón que la protege como un dócil guardián.

El Libertador intervino directamente en la redacción de las constituciones, por lo que, como dice Polanco, puede asegurarse que ellas contienen el pensamiento universitario de Simón Bolívar.

Para Bolívar no era posible pensar en la libertad de los pueblos de América, sin un proceso constante e intenso de educación y de cultura, el cual suponía, necesariamente, la existencia de la Universidad.

Las Constituciones regulan todo: la función de la Universidad; la figura del Rector; la actividad de la Universidad; y qué debe enseñar, cómo debe enseñar; quién debe enseñar y a quién se enseña en la Universidad.

Concluye Polanco este capítulo con frases premonitorias: "*... procuremos realizar una Universidad como él (el Libertador) la quiso y tendremos asegurado el porvenir de la patria y la libertad de nuestros hijos...*".

La segunda combinación de estudios, *"La justicia y la historia", la justifica la preocupación por una eficiente y saba administración de justicia que, en sentir del autor, ha sido una constante en la vida pública venezolana, lo que trata de probar en cinco ensayos: "Las audiencias y cancillerías reales de Indias", dividido en siete capítulos: "La Real Audiencia de Caracas y la Capitanía General de Venezuela durante los años caraqueños de Andrés Bello", subdividido en cinco partes; "La continuidad jurídica durante la Independencia"; "La Real Audiencia de Caracas como antecedente de la Corte Suprema de Justicia", precedido de una presentación y subdividido en dos partes; y "Ensayo de interpretación histórica de las facultades de la Corte Suprema de Justicia en la Constitución de 1961", subdividido en tres partes.*

Especial referencia merece este último estudio, pues en él se confirma la influencia de los principios bolivarianos sobre el recurso de casación en nuestro actual ordenamiento jurídico.

Polanco comienza su ensayo afirmando que, si bien desde 1786 ha existido un Tribunal Supremo, las características de este tribunal han sido el reflejo fiel de la situación política de cada época, transformándose para adaptarse a las nuevas situaciones.

En efecto, durante la etapa anterior a 1810, el Tribunal Supremo lo fue la Real Audiencia de Caracas.

En 1812, la Constitución prevé la existencia de la Corte Suprema de Justicia, precedida por el Tribunal Supremo de Apelaciones creado en 1810.

Durante el periodo comprendido entre 1812 y 1821, la existencia de hecho de dos jurisdicciones determina la coexistencia de dos tribunales supremos en cada una de ellas: la patriota y la realista.

Al separarse Venezuela de la Gran Colombia, se incluye un Tribunal Supremo en el diseño del Estado: la Corte Suprema de Justicia, que confirman las Constituciones de 1857 y 1858.

La *Constitución de 1864*, dictada como consecuencia de la guerra federal, crea una Alta Corte Federal, la cual sustituye a la Corte Suprema de Justicia. Destaca Polanco que la nueva configuración de la Alta Corte transforma el viejo sistema, pues la Corte va a ejercer fundamentalmente función política y sólo de manera secundaria, limitada y especial, funciones judiciales.

Esta situación se mantiene en la *Constitución de 1874*.

No obstante, la falta de unidad de la jurisprudencia, ya que cada Estado tenía competencia exclusiva en la administración de justicia, obligó a que el Congreso dictara una ley en el año de 1873, la cual estableció el recurso de Casación destinado a mantener la unidad de la jurisprudencia en toda la República, atribuyendo el conocimiento del mismo a la Alta Corte Federal.

La reforma constitucional de 1881 acoge el criterio de dividir la Alta Corte en dos: la Alta Corte Federal, con función casi estrictamente política; y la Corte de Casación, para conocer el recurso de casación y tribunal de los Estados.

Esta situación se mantiene en las *Constituciones de 1891, 1893 y 1901.*

La *Constitución de 1904* reúne las dos Cortes en un solo Tribunal: la Corte Federal y de Casación. Esta situación tiene vigencia hasta la *Constitución de 1945.*

La *Constitución de 1947* vuelve a la Corte el antiguo nombre de Corte Suprema de Justicia; pero en el año de 1948 se establece la denominación de Corte Federal y de Casación.

La reforma de 1953 restituye las dos Cortes: la Federal y la de Casación.

La *Constitución de 1961* adopta la actual denominación de Corte Suprema de Justicia.

Concluye Polanco este ensayo histórico-jurídico de nuestro más Alto Tribunal, afirmando el carácter de la Corte Suprema de Justicia como órgano político del Estado, encargado de vigilar el cumplimiento exacto de la Constitución y el respeto a los Derechos Humanos como principios fundamentales de la existencia del Estado venezolano.

El tercer grupo de exposiciones, *"La actuación internacional", está motivado en el convencimiento del autor de que el derecho no puede comprenderse en toda su plenitud si no se observa desde el amplio punto de vista de la comunidad internacional, en la cual, cada día más, se afirma la importancia que tienen las relaciones internacionales en la formulación del derecho, no sólo del público sino del privado. Bajo esta orientación, Polanco nos ofrece cuatro trabajos: "La actividad diplomática de Andrés Bello en Londres", distribuido en siete subtítulos; "La obligatoriedad y validez de la carta de derechos y deberes económicos de los Estados", dividido, igualmente, en siete subtítulos; "La cooperación internacional en materia laboral referida al Acuerdo de Cartagena", dividido en dos partes; "La delegación de Venezuela en Ginebra", separado en tres partes; y "Convenios suscritos entre los Gobiernos de Venezuela y España", en el cual se transcriben el Convenio de cooperación cultural entre los gobiernos de la República de Venezuela y de España de 28 de junio de 1973 y el Convenio básico de cooperación técnica entre el Gobierno de la República de Venezuela y el Gobierno de España de 10 de agosto de 1973, suscritos ambos por Tomás Polanco Alcántara como Embajador de Venezuela en España.*

En la exposición titulada "La actividad diplomática de Andrés Bello", Polanco nos muestra a un Andrés Bello internacionalista; pero también, y pese a su timidez y modestia, como a un verdadero diplomático.

Polanco asevera que la actividad de Bello en Londres en el año de 1810, al lado de Bolívar y de López Méndez, no puede considerarse como una actividad diplomática suya, entre otras razones, porque Bello era un auxiliar técnico de la delegación y no miembro político de ella.

La primera misión diplomática de Bello, por lo tanto, es su designación, en 1822, como Secretario Interino de la Legación de Chile en Londres. En 1824 se le designa secretario de la Legación de Colombia y más tarde Encargado de Negocios de Colombia, también en Londres. Esta actuación dura hasta 1829, cuando regresa a Chile, aunque fue nombrado Plenipotenciario en Portugal y Agente Confidencial en París, funciones que no llegó a ejercer.

Bello describe, como fruto de esas experiencias, sus *"Principios de Derecho Internacional", en donde asienta que: "... El objeto esencial de las misiones diplomáticas es mantener la buena inteligencia entre los respectivos gobiernos...".*

Polanco nos ofrece una descripción clara y terminante sobre la acción diplomática de Bello, precedida de unas notas generales en la cuales destaca sus virtudes, las cuales fueron tantas, que el autor debe afirmar que *"... Es imposible incluso en las épocas actuales exigir más a un diplomático...".*

Refiere Polanco sobre las instrucciones diplomáticas y políticas que debía recibir y cumplir Bello, y que las dificultades y tardanzas de la comunicación le impedían recibirlas oportunamente, razón por la cual debió actuar en muchos casos de acuerdo a su propio juicio.

Al referirse a la técnica diplomática de Bello, distingue sobre su lenguaje, su sinceridad, su posición protocolar, sus informes, observaciones y recomendaciones políticas y sus operaciones diplomáticas, para concluir que Bello fue un diplomático integral, activo y eficaz, que basó su actividad en un claro concepto de la política internacional y en un extenso conocimiento científico, por lo que ha sidó el reconocimiento general de América el premio a esos servicios.

El cuarto arreglo de monografías, *"Los derechos humanos"*, contiene dos títulos. El primero, *"Consideraciones preliminares y esquemáticas sobre la repercusión de los derechos humanos en el régimen jurídico venezolano"*, sintetiza las consecuencias del reconocimiento de los derechos humanos en nuestro derecho político y está dividido en ocho subtítulos; y, el segundo, *"La libertad religiosa en la declaración de los Derechos del hombre y en el ordenamiento jurídico venezolano"*, está referido específicamente al tema de la libertad religiosa como derecho del hombre, tanto en la Declaración de los Derechos del Hombre como en nuestro actual ordenamiento constitucional.

En ambos trabajos, Polanco pone de relieve su fervoroso sentimiento de justicia al afirmar que, en el orden democrático, la garantía universal de los derechos individuales y sociales de la persona humana es el único e irrenunciable medio de asegurar los derechos y la dignidad de los ciudadanos.

El autor, luego de precisar cuáles son los derechos inherentes a la persona humana a que se refiere el artículo 50 de nuestra Carta Magna, estudia las consecuencias que se derivan de su propio contenido y de sus relaciones con el resto del ordenamiento jurídico nacional.

Especial importancia tienen los subtítulos sobre la esencia jurídica de los derechos humanos, el orden jurídico venezolano y los derechos humanos, las restricciones a los derechos humanos, los criterios de interpretación, y los deberes de los Estados derivados de los documentos internacionales.

Al hablar sobre los derechos humanos en la Constitución venezolana, Polanco admite que el tema de los derechos humanos ha estado siempre ligado íntimamente a la nacionalidad venezolana y que, desde los comienzos de su vida independiente, los derechos humanos fueron proclamados como parte esencial en la vida jurídica del nuevo Estado.

Polanco determina fecha, en el año de 1796, y da nombres, Juan Bautista Picornell. Este personaje, quien junto a José María España y Manuel Gual formó parte del grupo que quiso derrocar a la monarquía, publicó en Madrid, en 1797 el libro titulado "*Los derechos del hombre y del ciudadano*". Esta obra contiene máximas republicanas, un discurso preliminar dirigido a los americanos y una traducción de la Declaración de Derechos hecha por la Asamblea Francesa de 24 de junio de 1793.

El ensayo de Polanco sobre la libertad religiosa parte de dos premisas: una, la discriminación religiosa; y, otra, la lucha contra la intolerancia.

Con respecto a esta última, Polanco atribuya fundamental importancia, en la época contemporánea, a tres hechos:

La restitución que hiciera Paulo VI al Embajador de Turquía, de las banderas turcas tomadas por la fuerza de la cristiandad en la batalla de Lepanto, las cuales el Vaticano mantenía como trofeo de guerra.

En esa oportunidad Pablo VI dijo, al referirse a esa guerra religiosa: "… *esa clase de luchas religiosas ha terminado para nosotros…*".

La Declaración del Concilio Vaticano II, en la declaración conciliar de 7 de diciembre de 1965, en donde se expresa: "*... El Concilio Vaticano declara que la persona humana tiene derecho a la libertad religiosa...* ".

Y la declaración de los derechos del hombre, en cuyo artículo 18 se afirma que: "*... Toda persona tiene derecho a la libertad de pensamiento, de conciencia y de religión...* ".

Polanco analiza la problemática de la convivencia de grupos religiosos y los puntos fundamentales de conflicto en el ejercicio de la libertad religiosa, afirmando que ésta se manifiesta en las siguientes cuestiones: el cambio de religión o de creencia; la educación de los hijos; las formas de manifestar la religión al exterior; la observancia de días y horas de descanso; las prácticas funerarias; la celebración y disolución de los matrimonios; la propagación de enseñanzas propias de cada doctrina religiosa; las observaciones prácticas, estéticas o higiénicas; la formación del personal eclesiástico; el pensamiento; y la prestación del servicio militar.

Termina Polanco esta parte de su estudio, con una referencia a la libertad religiosa en Venezuela, partiendo del estudio de dos normas constitucionales: el artículo 65, de carácter general; y el artículo 135, referido en particular a la religión católica.

El estudio comprende el análisis del Patronato Eclesiástico, la práctica del Patronato y el cambio de situación hacia un convenio, para concluir con el estudio comparativo entre el Convenio de 1964 y el Patronato.

La quinta agrupación de ensayos, *"La propiedad", incluye tres trabajos relativos a la propiedad. El primero, llamado "La transformación de la propiedad en función del desarrollo", es transcripción de una charla que el autor pronunció en la Academia de Ciencias Políticas y Sociales en la oportunidad de la realización de un ciclo organizado por ésta para estudiar la colaboración de los juristas en el desarrollo nacional. El segundo, titulado "El régimen jurídico de la propiedad en Venezuela, con sus modalidades peculiares para la época en que fue redactado", está dividido en tres subtítulos. Y el tercero, denominado "Estructura de la propiedad en la reforma agraria venezolana", contiene un amplio estudio de las nuevas instituciones jurídicas que han surgido a raíz de la reforma agraria. Una primera parte está destinada a "La función social de la propiedad privada ubicada en la zona agrícola"; una segunda parte, a "Las tierras públicas y reforma agraria"; y una tercera parte, a "La dotación".*

Especial importancia tiene el trabajo titulado *"Las transformaciones de la propiedad en función del desarrollo"*, en el cual, después de una introducción sobre el tema y del análisis del desarrollo y la Constitución, el derecho y el desarrollo, el desarrollo y la propiedad, el concepto de la propiedad discrecional y las limitaciones a la propiedad, el autor estudia las nuevas formas de propiedad, distinguiendo entre la propiedad agraria y la propiedad urbana y que, en su concepto, es necesario destacar.

Al estudiar las nuevas formas de propiedad Polanco acierta al comentar que el régimen jurídico venezolano ha llevado a la formación de un sistema de normas que rigen, en el caso de los bienes inmuebles, a dos grandes grupos de propiedad sobre los cuales él considera que se debe hacer especial mención: la propiedad inmobiliaria situada en zonas llamadas rurales y la propiedad inmobiliaria situada en zonas calificadas como urbanas.

Asienta Polanco que el Estado se ha reservado la facultad de clasificar a la propiedad como urbana o rural, estableciendo las líneas divisorias correspondientes en los planos de zonificación del territorio nacional y que esa clasificación incide, en forma extraordinaria, sobre la propiedad en sí, pues no sólo cambia su destino, distinto económicamente en una u otra, sino que, además, se altera su valor comercial.

Para Polanco la propiedad ubicada en la zona conocida como agraria, tiene señalada en la ley una función específica de cumplir su función social, la cual abarca las siguientes condiciones:

1) La primera y más relevante característica de la tierra agraria es su posibilidad de ser o no económicamente explotable, pues se crea para el propietario la obligación, ya no el derecho, de explotar la tierra, es decir, que él debe usar y gozar de ella en forma eficiente, y para ello se apoya en las disposiciones contenidas en el numeral 1° del artículo 19 en concordancia con el artículo 24 de la Ley de Reforma Agraria;

2) Si la tierra no es económicamente explotable el propietario puede gozar plenamente de su derecho, pero sometido a dos limitaciones fundamentales: no puede realizar ninguna actividad de deforestación sin previa autorización administrativa, ni efectuar labor alguna que no sea de simple conservación de las zonas llamadas protectoras; y debe tolerar la acción de quienes fueron concesionarios de minas e hidrocarburos sin producir en tales actividades alteración o alguna causa de perturbación, pues a ellas la ley las declara de utilidad pública; y

3) *La explotación de la propiedad agraria debe hacerse en forma personal y bajo la responsabilidad financiera del propietario, respetando las normas vigentes en materia de conservación de recursos y acatar las normas vigentes en materia laboral y de seguridad social.*

Comenta Polanco que la propiedad agraria no es un simple derecho de uso y goce sino un categórico deber, una evidente obligación legal de hacer.

Por lo que respecta a la propiedad urbana Polanco asienta:

1) *Que la zonificación urbanística determina el destino de cada propiedad en cuanto a su dedicación a uso unifamiliar o multifamiliar, comercial, industrial, etc., destinación que fija el Estado y que no puede ser alterada por los particulares;*

2) *Que las normas urbanísticas ordenan, además, el volumen de adquisición, la altura máxima y a veces hasta las líneas generales del desarrollo arquitectónico;*

3) *Que las disposiciones de tipo urbanístico incluyen normas sanitarias destinadas a proteger la salud colectiva e individual sobre uso de aguas, etc., y normas de carácter técnico sobre materiales, formas de construcción, facultades de las mismas, entre otras; y*

4) *Que existe la obligación de usar, en forma obligatoria, los servicios públicos suministrados por el Estado.*

La sexta suma de artículos, *"Derecho y desarrollo", presenta cuatro trabajos. En el primero, llamado "Validez de la carta de los derechos y deberes económicos de los Estados (Bases jurídicas de desarrollo)", se examinan las bases jurídicas que trae consigo el desarrollo económico de un país y, en particular, los fenómenos específicos de la planificación y de las nacionalizaciones. En el segundo, "La planificación en América Latina", se analiza el surgimiento de la planificación en América Latina, que es un fenómeno coincidente en el tiempo y parecido en su regulación institucional. Este trabajo está dividido en once subtítulos. En el tercero, denominado "Esquema interpretativo de las normas venezolanas sobre nacionalización de la industria del hierro y de los hidrocarburos", se interpretan las normas derivadas de la nacionalización de la industria del hierro y de los hidrocarburos. Se trata de un amplio estudio compuesto de veinte subtítulos. Y, en el último, titulado "Análisis esquemático de los aspectos jurídicos principales del contrato de arrendamiento financiero", se analiza este tipo de contrato, novedoso en nuestro derecho, y que constituye una nueva influencia del derecho anglosajón en nuestros sistemas latinos. Es un amplio ensayo dividido en quince subtítulos, de los cuales más de la mitad están destinados al arrendamiento financiero de inmuebles.*

Observa Polanco en el artículo titulado *"Validez de las cartas de los derechos y deberes económicos de los Estados"*, que al término de la segunda guerra mundial se producen varios hechos y acontecimientos sociales, entre los cuales conviene destacar dos: el surgimiento de la Organización de las Naciones Unidas y la transformación en Estado Soberano de los territorios que habían sido, antes de la Guerra, dependencia de países europeos.

La existencia de esos nuevos Estados, en sentir del autor, hizo aparecer inmediatamente una situación peculiar en un campo especialmente complejo, que dio lugar a que las Naciones Unidas convocaran una conferencia especial que luego se convirtió en un organismo permanente, denominado la UNCTAD, con el objeto de estudiar soluciones a los problemas planteados. Todo ello tuvo inmediata repercusión en el campo jurídico, lo cual ha resultado, tanto en el ámbito interno de cada país como en las relaciones internacionales, y que está pendiente el trabajo de sistematizar, de ordenar y de valorar el esfuerzo que toda esa labor normativa ha significado. Esa misión, en opinión de Polanco, es un reto para los juristas de este momento que encontrarán en esas disposiciones un derecho vivo que ha sido producido con la ayuda mundial por la paz y el desarrollo y que tiene que abrirse paso en el presente hacia un futuro mejor.

Polanco termina el planteamiento de la cuestión, afirmando que es muy importante tomar en consideración que los juristas que se han ocupado del tema distinguen con claridad dos posiciones jurídicas complementarias pero diferentes: la una, es el *"derecho al desarrollo"*, cuyo titular es el Estado y que consiste en el derecho a no ser sujeto, ni por la comunidad internacional, ni por los otros Estados, a ninguna clase de imposición que paralice o retarde el desarrollo; y, la otra, es *"el derecho del desarrollo", integrado por las distintas normas jurídicas encaminadas a la obtención del desarrollo.*

La última concordancia de memorias, *"Actuación Judicial"*, consiste en la transcripción de una sentencia de la Corte Suprema de Justicia, de la cual el autor fue ponente. En ella se estudia el régimen de las tierras baldías en Venezuela con los análisis históricos de la evolución de las normas legales y constitucionales que han regido la materia.

La sentencia citada, acogió el criterio de que las tierras baldías tienen la condición de bienes fuera del comercio y que, por lo tanto, respecto a ellas la prescripción, como forma de adquisición, no tiene efectos sino únicamente en los casos en que la propia ley así lo reconoce.

Tal criterio, mantenido por la Corte desde el 11 de agosto de 1966, fue criticado en el libro del Profesor Enrique Lagrange, *"Notas sobre enajenación y usucapión de tierras baldías"*, acogiendo la Corte el nuevo criterio y abandonando el anterior, en sentencia de fecha 25 de febrero de 1986, lo cual, no obstante, no quita méritos a la opinión de Polanco como Conjuez, que en aquella época fue acogida por la Corte Suprema de Justicia.

Confío que Tomás Polanco Alcántara continuará el camino llanero que él decidió trajinar, para asegurarle nuevos horizontes donde se junten sus quereres y sus llegares.

Caracas, abril de 1987

NOTA DEL AUTOR

Yo, abogado de este domicilio

El día 22 de julio de 1950, cerca de la una del mediodía, recibí el Doctorado en Ciencias Políticas, que me confirió el Dr. Julio de Armas con su autoridad de Rector de la Universidad Central de Venezuela. Poco después, el 26 de julio del mismo año, la Corte Suprema del Distrito Federal, conforme a la legislación entonces vigente, me expidió el título de Abogado de la República.

Desde entonces hasta el presente, he sido, soy y me siento, integral y esencialmente, un Abogado. Es cierto que durante más de treinta años ejercí la docencia universitaria, pero fui un Abogado-Profesor y no un Profesor-Abogado. Es cierto que he escrito y publicado más de veinte libros, pero he sido un Abogado que escribe y no un Escritor-Abogado. Es cierto que desde 1958 vengo actuando en la Corte Suprema de Justicia como Magistrado suplente o Conjuez, pero he sido un Abogado-Juez y no un Juez-Abogado. Es cierto que por tres veces consecutivas y durante más de cinco años fui Embajador de Venezuela, pero como Abogado-Embajador y no un Embajador-Abogado. Todo aquel que conozca bien el idioma castellano percibirá el matiz diferencial que he querido dar al orden de las palabras.

El ejercicio de a profesión me llevó y me lleva por las más diversas formas de ser Abogado: el intenso litigar en "todas las instancias, trámites e incidencias" fue mi oficio, casi único, por muchos años, la atención de las consultas de clientes, la actuación como Asesor de Organismos Públicos y Privados, la redacción de toda clase de documentos, el enfrentarse a las nuevas exigencias del derecho; el ir buscando a veces en figuras viejas la solución a nuevos problemas jurídicos, la preparación de los instrumentos exigidos por las leyes recién adoptadas, el paciente oír a los clientes, el lento tramitar de los expedientes administrativos, etc. La actuación profesional me llevó a conocer cómo tratar de adaptar la comprensión, la cibernética, el mundo de los satélites y de la energía nuclear, al derecho nacional, a veces tropezando con la ignorancia o la incomprensión y hasta el miedo a las formas que la técnica y la ciencia va presentando, día a día, para transformar, no la idea de la justicia, sino su aplicación práctica a las circunstancias de la vida de hoy.

No he querido, ni pretendido, ser nunca especialista en una cualquiera de las ramas del derecho, sino que, siguiendo los consejos de mis maestros más destacados de la Facultad de Derecho, entre los cuales recuerdo con afecto al Dr. Antonio Moles Caubet, he procurado asomarme con más o menos profundidad a distintos aspectos de la ciencia jurídica.

El presente volumen reúne trabajos míos que responden a esa orientación.

Estas distintas modalidades representan, en esquema, la gama de mis preocupaciones jurídicas en el ejercicio de la abogacía. No incluyen desde luego mis dictámenes para clientes, que por su naturaleza reservada no me pertenecen, ni tampoco aquellos temas que han sido objeto de publicaciones anteriores en otros libros de alguna magnitud o de especial importancia para mí.

Por eso esta obra tiene probablemente el carácter de una especie de autobiografía jurídica, y de allí su título, familiar a cualquiera que haya ejercido activamente la profesión de Abogado.

I
EL LIBERTADOR
COMO HOMBRE DE ESTADO

LA JUSTICIA, PRIMERA NECESIDAD DEL ESTADO

Ensayo interpretativo de las ideas del Libertador Simón Bolívar sobre la importancia de la Administración de Justicia en un Estado Republicano

NOTA PRELIMINAR

Una de las características más atractivas que encuentra quien estudia la vida y obra de SIMÓN BOLÍVAR es la variedad de los aspectos que fueron objeto de su interés, trato y desarrollo.

En particular como fundador de cinco Repúblicas procuró crear en ellas una «nueva sociedad» y proporcionarles una estructura firme, basada en sus realidades y que, de ser aplicada oportuna y eficazmente, habría de permitirles alcanzar la felicidad y ser lugares donde existiese pleno disfrute de la libertad.

Nótese bien que Bolívar siempre consideró mucho más importante la adecuada organización futura de las repúblicas americanas, en orden a poder garantizar que en ellas serían respetadas la libertad y el ejercicio de los derechos individuales, que el desarrollo de acciones bélicas para separarse de la Metrópoli, situación que, aunque era irreversible, tenía que ser consolidada, tal como lo fue con gloriosos hechos de armas.

En ese orden de ideas, Bolívar muestra, entre otras preocupaciones, un gran interés por el papel de la Administración de la Justicia en los nuevos Estados.

En este trabajo hemos procurado presentar un esquema de sus principales disposiciones y de los principios que sostuvo en ese importante aspecto de la labor gubernativa del Estado.

En varias etapas de su propia vida, Bolívar debió enfrentar problemas judiciales. Era todavía un niño cuando la Real Audiencia de Caracas tramitó un largo procedimiento sobre su situación personal. Años más tarde, acudió a los Tribunales para dilucidar cuestiones relativas a las propiedades agrícolas que su familia poseía en los Valles del Tuy y de Aragua. Muy cerca del final de su vida tuvo también que atender algunas cuestiones privadas, de orden patrimonial, que debían ser discutidas ante los Jueces.

En esa oportunidad, dio una de sus grandes lecciones a los gobernantes del futuro, al decir a su hermana María Antonia: «Yo no le escribiré a ningún Juez sobre el pleito… por más que tú te empeñes. *No quiero exceder el límite de mis derechos, que, por lo mismo que mi situación es elevada, aquellos son más estrechos. La suerte me ha colocado en el ápice del poder, pero no quiero tener otros derechos que los del simple ciudadano. Que se haga justicia y que ésta se me imparta si la tengo. Si no la tengo recibiré tranquilo el fallo de los Tribunales…»* (Lima, abril de 1825),

Sobran los comentarios…

I. LA JUSTICIA COMO VALOR Y COMO META

La «Justicia» como valor y como meta es una de las grandes preocupaciones constantes de la humanidad. Los autores de más categoría en la literatura universal han escrito consideraciones de toda índole acerca del sentido de la justicia, su significado, la forma de alcanzarla, el problema de tener una idea clara sobre ella.

Sin hacer un recuento de la manera de entender la justicia a través del tiempo, es posible advertir las distintas modalidades que ha habido para definir la justicia; explicar sus principios; las diferencias entre justicia, generosidad, amor y libertad; la relación entre justicia y felicidad, justicia e igualdad; justicia y derechos humanos; la violación de la justicia por el despotismo; la justicia en la familia; la justicia en la vida económica; la justicia en el gobierno; la justicia política; la justicia en la distribución de honores, rangos y oficios; la justicia entre los Estados; la justicia de las leyes; la justicia de las sentencias; las diferencias entre la justicia de Dios y la justicia de los hombres…

Sófocles en *Antígona*, Tucídides en las *Guerras del Peloponeso*, Platón en varios de su *Diálogos*, Aristóteles en la *Política*, San Agustín en *La Cuidad de Dios*, Hobbes en *El Leviatán*, Espinosa en su *Ética*, Montaigne en sus *Ensayos*, Pascal en sus *Pensamientos*, Locke en *El Gobierno Civil*, Rousseau en *El Contrato Social*, Hegel en *La Filosofía de la Historia*, Goethe en *El Fausto*, Santo Tomás de Aquino en *La Suma Teológica*,

Milton en *El Paraíso Perdido*, Kant en *Los Fundamentos Metafísicos de la Moral*, Cervantes en *El Quijote*, Shakespeare en varias de sus obras, entre otros, atienden, estudian y meditan distintos aspectos de la justicia.

No es posible conseguir un sistema filosófico o político, un autor de cierta profundidad o una idea religiosa de algún desarrollo, sin tropezar con el análisis del problema de la justicia.

Es, por tanto, perfectamente lógico que un hombre como Simón Bolívar, dotado de una extensa y variada formación filosófica y de una intensa experiencia como hombre de Estado, haya manifestado preocupación constante por la justicia.

II. UBICACIÓN DE LA IDEA DE «JUSTICIA» EN EL PENSAMIENTO BOLIVARIANO

Bolívar no podía estar aislado del medio ambiente intelectual de su época. En primer lugar, se formó en constante relación con los autores que en su tiempo eran más reputados e importantes. Después vivió en permanente trato con los libros y fueron sus principales maestros, tanto Simón Rodríguez como el Marqués de Ustáriz, quienes le sirvieron de guía en su iniciación en el gusto de leer.

Manuel Pérez Vila[1] ha estudiado con cuidado los libros que Bolívar manejó durante su vida, y que se conocen, tanto por las referencias que de ellos hace en sus distintos escritos, como por el contenido de sus bibliotecas que, si bien no estuvieron en determinados lugares clasificadas y ordenadas, andaban junto a él en bolsas y cajones, acompañándole en viajes y campañas.

Dice Pérez Vila: «Durante sus campañas una biblioteca, reducida al principio, mayor a partir de 1820, le sigue a donde quiera que va. Unas horas dedicadas a la lectura, cuando las circunstancias lo permiten, son para él un descanso de las tensiones de la guerra y la política. Pide a sus amigos libros que desea o encarga que se los adquieran. Muchos autores le regalan sus obras...».

Esa razón obliga a advertir, en el pensamiento bolivariano, ideas que obtiene de los libros que lee.

Muchas veces las expresa y admite en la misma forma como las recibe. En otras ocasiones las asimila y las adapta, sobre todo en sus proyecciones

---

1 La formación intelectual del Libertador. 2ª edición. Caracas, 1979.

prácticas, a las circunstancias en las cuales le tocó vivir y no puede negarse, porque sería injusto e incorrecto que, con frecuencia que asombra, expresa ideas que sí le son propias.

Por eso cuando se examina cualquier aspecto del pensamiento bolivariano, es útil y además necesario investigar (labor que no siempre es fácil y a veces imposible) el origen de cada idea expresada por Bolívar. ¿Era una idea propia? ¿Era una idea de la época ajustada a sus propias circunstancias? ¿Era acaso una idea del tiempo entendida y expresada en la forma que entonces se acostumbraba?

Esa investigación ayuda a entender la figura intelectual del Libertador.

En toda la obra de Bolívar, la preocupación fundamental fue la idea de «la libertad»; por establecerla y defenderla vivió, luchó y murió; pero es un error entender que «libertad personal» e «independencia política» eran conceptos similares.

Bolívar estaba convencido de que la independencia política, es decir, el rompimiento definitivo de los lazos de dependencia de la antigua Metrópoli era irreversible. Sería cuestión de más o menos tiempo consolidarla con acciones militares y diplomáticas. Pero no sucedía así con la idea de «libertad personal». En los nuevos Estados debía entenderse que la libertad era una de las bases de la vida social, que la necesaria autoridad social no debía ser sino la expresión de la voluntad general libremente exteriorizada, que el ejercicio legítimo de la libertad de cada quien no podía ni debía ser entrabado por los demás ciudadanos ni por la autoridad y que cada sociedad exige un Cuerpo de Jueces cuyo papel fundamental debe ser la preservación y restablecimiento de la libertad.

En toda la obra política bolivariana aparece el papel de los Jueces centrado en esa misión fundamental: la defensa de la libertad civil de los ciudadanos.

III. ORIGEN O FUENTE DE ESA IDEA EN LA FORMA COMO FUE EXPRESADA

El autor moderno que se plantea, como problema fundamental en la concepción del Estado, la organización de sus «poderes» en forma equilibrada para que la libertad no corra peligro, es el Barón de Montesquieu.

En el *Espíritu de las Leyes*[2] dice: «No habría libertad si el poder de juzgar no estuviese separado del Poder Legislativo y del Poder Ejecutivo. Si estuviese unido al Poder Legislativo, el poder sobre la vida y la libertad de los ciudadanos sería arbitrario porque el Juez sería legislador. Y si estuviese unido al Poder Ejecutivo, el Juez podría tener la fuerza de un opresor».

Carré de Malberg, uno de los más destacados autores de la teoría política moderna, advierte la importancia que tuvo, desde su aparición, la teoría de Montesquieu, sobre todo en Francia[3].

Al Libertador le sedujo encontrar en esa idea una fórmula que creyó adecuada para asegurar el objetivo político de su vida, como lo era el logro de la libertad de los americanos. La adoptó y paulatinamente fue adaptándola a las particularidades que se le fueron presentando.

Por esa razón debe admitirse, primero, que la teoría de la administración de la justicia, como instrumentos fundamentales para la preservación de la libertad ciudadana, es una de las ideas principales, probablemente la más importante, en la teoría política de Simón Bolívar. Segundo, que en este aspecto el mérito bolivariano reside en haber logrado utilizar, eficazmente, la idea de Montesquieu al adaptarla a las realidades americanas que fueron producto de la independencia política.

No se puede dudar que Bolívar fue un lector y estudioso permanente de Montesquieu. En carta a Santander, desde Arequipa, fechada el 20 de mayo de 1825, señala a Montesquieu entre los principales autores de los cuales decía que, bien podía ser que un personaje a quien en esa carta hacía referencia «*no haya estudiado tanto como yo*»[4].

IV. LA CONSTANTE PREOCUPACIÓN DEL LIBERTADOR POR LA JUSTICIA

En el cuadro general del pensamiento de Bolívar existen ideas o preocupaciones que sólo aparecen en un determinado momento o bajo ciertas circunstancias. Pero hay otras que permanecen en Bolívar hasta poder llegar a ser consideradas como constantes ideológicas suyas.

---

2 Libro XI, Capítulo 6. *Obras Completas*, Edición Seuil. París, 1964, p. 586.

3 *Teoría General del Estado*, versión española, Fondo de Cultura Económica. México, 1948, p. 750.

4 *Cartas del Libertador*. Colección Lecuna. Tomo IV, p. 333.

Una de esas últimas es su interés, atención y preocupación por la administración de la justicia.

Desde su actuación en Caracas, en 1813, al frente de la maltrecha República recién instaurada, hasta el mensaje al Congreso Admirable en enero de 1830, Bolívar insiste, en una u otra forma, en destacar la importancia de la administración de la justicia en la actividad funcional del Estado.

En 1828 llega hasta concebir una estructura provisional de la República en la cual, por las circunstancias de la época, deja de haber Parlamento, pero no Tribunales.

Pérez Vila señala la presencia del *Espíritu de las Leyes* entre los libros que formaban lo que podría llamarse la «biblioteca de viaje» del Libertador y de un ejemplar de la edición Príncipe de 1749[5].

Montesquieu aparece citado en la Carta de Jamaica; en el Discurso de Angostura; en carta a Santander del 20 de abril de 1820; en otra carta al mismo Santander del 9 de mayo de 1820; en carta a Páez del 12 de abril de 1828; y en carta a Urdaneta el 2 de octubre de 1830. Esas citas demuestran el constante contacto de Bolívar con la obra del filósofo.

V. EL CONCEPTO DE BOLÍVAR SOBRE LA ADMINISTRACIÓN DE LA JUSTICIA

1. *La justicia como primera necesidad del Estado*

En el Decreto dictado en Angostura el 6 de octubre de 1817[6], cuando todavía el nuevo Estado se encontraba en gestación, el Libertador al organizar como Jefe Supremo los Tribunales del país, advierte que lo hace por ser «*de primera necesidad*» el arreglo y organización de Tribunales que administren justicia en las Provincias libres de la República.

Nótese esa denominación de «primera necesidad» a la función de administrar justicia en el Estado. No excluye que otras labores o cometidos del Estado sean también importantes, pero aprecia que ésta es, en concreto, una primera necesidad, o sea que debe ser atendida en primer plano con el cuidado y medios que de por sí supone aquello que recibe semejante calificativo.

---

5 PÉREZ VILA, *Obra citada*, p. 208.

6 Decretos del Libertador, Tomo I, p. 84.

Y unos pocos días más tarde, cuando anuncia al Consejo de Estado el establecimiento de la Alta Corte de Justicia, denomina también a ese Tribunal «la primera necesidad de la República»[7].

El único otro cometido del Estado, que tiene para Bolívar un rango semejante, es la educación.

2. *Razón de ser de esta prioridad*

Varios documentos bolivarianos nos permiten comprender las razones del Libertador para justificar la prioridad de la justicia.

En uno de sus primeros discursos, el pronunciado el 13 de enero de 1815 en Bogotá, dice: «La justicia es reina de las virtudes republicanas y con ella se sostienen la igualdad y la libertad que son las columnas de ese edificio». Para administrar esa justicia habló en esa misma oportunidad de Tribunales, que «sin interpretar las leyes y sometiéndose a ellas en la distribución de la justicia, aseguren el honor, la vida, y la fortuna de los ciudadanos»[8].

En su Mensaje al Congreso Constituyente de Bolivia explica que propone un Poder Judicial que goce de independencia absoluta. ¿Por qué? Para que pueda conservar «en toda su pureza la salvaguarda de los derechos individuales» y añade:

«Estos derechos son los que constituyen la libertad, la igualdad, la seguridad, todas las garantías del orden social. La verdadera Constitución liberal está en los Códigos Civiles y Criminales y la más terrible tiranía la ejercen los Tribunales por el tremendo instrumento de las leyes. De ordinario el Ejecutivo no es más que el depositario de la cosa pública; pero los Tribunales son los árbitros de las cosas propias, las cosas de los individuos.

El Poder Judicial contiene la medida del bien o del mal de los ciudadanos y si hay justicia, si hay libertad en la República son distribuidas por este Poder. Poco importa a veces la organización política con tal de que la civil sea perfecta»[9].

---

7 Proclamas y Discursos del Libertador. Edición Lecuna, p. 174.

8 La referencia a que los Tribunales no deben interpretar las leyes responde, probablemente, a una interesante referencia al principio idéntico, sostenido por la Ley francesa de agosto de 1790, que prohibía a los jueces interpretar el derecho y les permitía sólo aplicarlo. El texto del discurso citado está en *Proclamas y Discursos del Libertador*. Edición Lecuna, p. 129.

9 Itinerario Documental de Simón Bolívar. Caracas, 1970, p. 294.

Nótese la persistencia de esa idea del Poder Judicial como garante de los derechos individuales: los jueces distribuyen la justicia y la libertad y, por tanto, miden el bien o el mal de los ciudadanos; es por ello indispensable, para proteger a los ciudadanos en su libertad, la presencia en la sociedad de Jueces autónomos e independientes que van a hacer que las leyes se cumplan religiosa e inexorablemente.

Como referencia demostrativa del perjuicio terrible que los malos Jueces ocasionan a los pueblos, Bolívar en su mensaje a la Convención de Ocaña, quizás el documento más severo que escribió como hombre político, al llamar la situación de la República un auténtico «caos» señala, entre las causas de ese funesto estado de cosas, la crisis judicial existente: los juicios complicados por una inadecuada Ley de Procedimientos; pequeños pueblos enredados y sacrificados por los Jueces; Tribunales integrados por Jueces que ignoran el derecho; Jueces prevaricadores y sin castigo; Jueces malignos e ignorantes que aniquilan la Hacienda Pública, etc.[10]

En ambos documentos está puesta de relieve, por contraste, la razón de ser de por qué los buenos Jueces son *primera necesidad para el Estado.*

Preservan la libertad y la justicia. Cuidan del bien y corrigen el mal. En cambio, los Jueces prevaricadores, malvados e ignorantes, azotan, enredan, confunden y alteran esa pieza fundamental de la vida social que es la salvaguarda de los derechos individuales.

Era, por tanto, perfectamente claro para Bolívar que, si quería protegerse la libertad de los ciudadanos, por encima de todo tenía que haber buenos Jueces.

Su última recomendación política, hecha al Congreso Admirable el 20 de enero de 1830, contiene una dramática campanada en el mismo sentido y así dice a los miembros de ese Congreso: «La justicia pide códigos capaces de defender los derechos y la inocencia de hombres libres» y sigue: «Todo es necesario crearlo y vosotros debéis poner el fundamento de prosperidad al establecer las bases generales de nuestra organización política»[11]. Era, por tanto, para él la administración de la justicia una de esas «bases de la organización política».

No es de extrañarse por lo tanto que, a través de toda su actuación legislativa, el Libertador haya creado una auténtica teoría de la existencia de los Tribunales y de su funcionamiento que trataremos de exponer sistemáticamente.

---

10 Itinerario Documental, p. 315.

11 Itinerario Documental, p. 348.

Hay que mencionar que seguramente en el detalle de esa organización judicial, Bolívar como todo hombre de Estado en funciones de gobierno, debió recibir el auxilio de especialistas; pero los principios fundamentales, las ideas principales, son suyas e incluso hasta toques de redacción que identifican su estilo inconfundible.

VI. LA ORGANIZACIÓN JUDICIAL

Bolívar va adaptando la organización judicial de la República a la situación del Estado de acuerdo a las circunstancias políticas, sociales y económicas de cada momento.

Siempre mantiene un Tribunal Supremo y en nivel inferior, Tribunales Subalternos.

El Tribunal Supremo será, en todos los casos, colegiado, es decir, formado por varios Magistrados. En el Proyecto de Angostura propuso que ese Tribunal quedase integrado por dos «Salas»; en las demás regulaciones (la de Bolivia y la de 1828) vuelve al Tribunal de Sala Única. Debe mencionarse que la idea de varias «Salas» está, muy probablemente, tomada de la Ley española del 9 de octubre de 1812 para el funcionamiento de las Reales Audiencias.

Los Tribunales Subalternos varían en su número, jerarquía y especialidad. Cuando, como en Angostura, el Estado está todavía en una forma incipiente, tales Tribunales son de una sola categoría, sin dejar de considerar la posibilidad de la existencia de Jueces especiales para lo mercantil y lo militar[12].

Más tarde, ya constituido el Estado en forma suficientemente estable, los Tribunales Subalternos van a ser distribuidos en Cortes de Apelación, a razón de una para cada Distrito Judicial, Jueces de mayor cuantía, Jueces de menor cuantía y Jueces especiales para conocer de diferentes materias. Las Cortes de Apelación son tribunales colegiados con varias «Salas»; los otros organismos tendrían carácter unipersonal[13].

---

12 Véanse los Decretos de 7 de junio de 1817 y de 7 de noviembre de 1817. *Decretos del Libertador*, Tomo I, pp. 69 y 107.

13 Decreto del 17 de noviembre de 1828. *Decretos del Libertador*, Tomo III, p. 24 y siguientes.

La especialidad de ciertos Jueces la da el carácter de las competencias que le sean propias: Cortes de Almirantazgo, Jueces militares, Jueces mercantiles, Jueces de secuestro, Jueces agrícolas, Jueces de hecho, etc.

VII. EL TRIBUNAL SUPREMO

1. *Consideraciones generales*

Bolívar, al organizar el Poder Judicial, constantemente expuso la necesidad de un Tribunal Supremo al cual los documentos bolivarianos dan distintas denominaciones.

La idea de la existencia de un Tribunal Supremo era, en esa época, hasta cierto punto novedosa, pues en general y salvo en los Estados Unidos de Norteamérica, los otros Estados entonces existentes carecían de tal organismo. La Constitución venezolana de 1812 había tomado del modelo constitucional norteamericano la denominación de la «Corte Suprema de Justicia» para el Tribunal Supremo que ella tenía previsto. Pero se debe hacer mención de que, al hacerlo, sólo se estaba tratando de un problema de forma pues en el fondo, dentro del espíritu jurídico propio del ambiente de 1812, quizás no podía descartarse en Venezuela la previsión de un Tribunal con las características de «supremo» debido a que existía la convicción de su necesidad, derivada de la presencia permanente en el sistema jurídico hispánico, aplicable a América, de un Tribunal muy peculiar como las «Reales Audiencias», que a los efectos prácticos eran Tribunales Supremos salvo en determinadas cuestione sometidas a revisión en la Corte de Madrid. Venezuela estuvo bajo la jurisdicción de la Audiencia, primero de Santo Domingo y luego de Bogotá; después, desde 1786, hubo una en la propia Caracas. En 1810, cuando se transformaron las instituciones republicanas, la Audiencia fue sustituida por una «Alta Corte de Justicia» y con facultades similares a la de la Audiencia extinguida salvo, desde luego, la eliminación de los recursos a Madrid que ya eran imposibles tanto de aceptar como de tramitar[14]. La Constitución de 1812 no podía, por lo tanto, eliminar o desconocer esa Institución, pero le dio una distinta denominación, tomando para ello la norteamericana.

En 1813, Bolívar al presentar, por medio del Secretario Rafael Diego Mérida, su informe sobre la Administración de la Justicia a la Asamblea que debía reunirse en enero de 1814, menciona la necesidad de creación de un

---

[14] *Documentos oficiales de la Primera República*, Tomo I, p. 115. Edición Biblioteca de la Academia Nacional de la Historia. N° 1, Caracas, 1959.

«Tribunal Supremo de Justicia», tal como lo propuso el Prócer Francisco Javier Ustáriz en el «Plan de Gobierno Provisorio para Venezuela» que formó parte de su respuesta a la solicitud de Bolívar de obtener consejo sobre ese delicado tema[15].

Varios años más tarde, en 1817, cuando Bolívar debe enfrentar de nuevo ya no un proyecto, como en 1813, sino la realidad de la organización del nuevo Estado insiste en la necesidad del Tribunal Supremo.

El Decreto del 6 de octubre de 1817, sobre la «Organización de los Tribunales» tiene previsto, en su Artículo 10 que «habrá en la capital de la República, y mientras se liberte ésta, en la Provincia de Guayana, un Tribunal bajo la denominación de *Alta Corte de Justicia*»[16].

Y en el Proyecto de Constitución, presentado al Congreso de Angostura en 1819, de nuevo persiste en la idea del Tribunal Supremo bajo la denominación de Corte Suprema de Justicia[17].

Tiempo después, en 1826, en la proyectada Constitución para Bolivia, el Libertador ratifica la idea del Tribunal Supremo bajo la denominación de Corte Suprema de Justicia[18].

Por último, en la organización provisional del Estado, adoptada por Bolívar en agosto de 1828, está prevista una «Alta Corte de Justicia», regulada por Decreto del 17 de noviembre de 1828[19].

Resulta así que, sin duda alguna, Bolívar consideró siempre necesario ubicar dentro de la estructura del Estado, en puesto prominente, un Tribunal Supremo, con la denominación de Alta Corte de Justicia o de Corte Suprema de Justicia y con diversos cometidos, entre ellos la autoridad definitiva en materia judicial.

---

15 El informe de Mérida puede verse en *Escritos del Libertador*, Tomo V, p. 378, documento número 559 y el Proyecto de Ustáriz en el libro *Simón Bolívar y la ordenación del Estado en 1813*. Compilación por PEDRO GRASES y «Estudio Jurídico-Político» por TOMÁS POLANCO ALCÁNTARA. Caracas, 1979, p. 51 y siguientes. Edición del Colegio Universitario Francisco de Miranda.

16 *Decretos del Libertador*, Tomo I, p. 84 y siguientes.

17 Pueden verse ambos documentos en el libro *El Libertador y la Constitución de Angostura*, transcripción y notas de PEDRO GRASES y prólogo de TOMÁS POLANCO ALCÁNTARA, Caracas, 1970.

18 Véase el texto de la Constitución en el libro *Proyecto de Constitución para la República de Bolivia*, Edición Grases-Polanco.

19 *Decretos del Libertador*, Tomo III, pp. 142 y 215.

2. *La selección de Magistrados para el Tribunal Supremo*

El respeto del Libertador por el Tribunal Supremo de Justicia está demostrado claramente por la calidad de los Magistrados que escogió para integrar esos Cuerpos en todas aquellas oportunidades en las cuales debió hacer la designación correspondiente.

Examinemos algunos ejemplos de esa conducta.

Para la «Alta Corte de Justicia» que sería designada en Angostura conforme al Decreto del 6 de octubre de 1817, el Libertador propuso al Consejo de Estado el nombramiento de los Abogados Juan Martínez Alemán como Presidente y Luis Peraza, José España y Antonio José Betancourt como miembros[20].

¿Quiénes eran estas personas?

Juan Martínez Alemán había nacido en Cumaná en 1773. En la Universidad de Caracas obtuvo los grados de Abogado y de Doctor en leyes. Fue Teniente de Gobernador y Auditor de Guerra en Cumaná hasta 1812. Hecho prisionero al caer en 1812 la República, Bolívar lo liberó en 1813. Perteneció al Tribunal de Secuestros hasta su designación para la Alta Corte. Posteriormente fue Diputado a los Congresos de Angostura y de Cúcuta y después Magistrado de la Corte Superior de Venezuela hasta 1830. De esa fecha en adelante, hasta su muerte ocurrida en 1847 perteneció a la Corte Suprema de Justicia de Venezuela.

El Ministro Luis Tomás Peraza, Doctor en derecho, miembro del Tribunal de Secuestros en 1817, Diputado al Congreso de Angostura en 1819 y Gobernador político de Guayana en 1820.

El Ministro José España nació en Caracas en 1769 y se graduó en 1796 de Bachiller en Cánones y en 1807 de Abogado. Fue Ministro del Tribunal de Secuestros hasta 1817; luego de pertenecer a la Alta Corte fue Procurador General y Diputado al Congreso de Angostura durante el cual tuvo una intensa actividad que muestran las 308 citas bajo su firma en las actas de ese Congreso[21].

---

20 Colección Yanes y Mendoza, Tomo I, p. 189. Caracas, 1826.

21 Las informaciones citadas están tomadas de *Escritos del Libertador*, Tomo XI, pp. 74 y 76 y de *Actas del Congreso de Angostura*, Edición de la Facultad de Derecho de la Universidad Central de Venezuela. Caracas, 1969.

Por segunda vez debió el Libertador designar miembros del Tribunal Supremo y fue mientras se encontraba en ejercicio de las facultades extraordinarias que asumió en agosto de 1828. En tal oportunidad nombró a don Félix Restrepo como Presidente del Tribunal y a Francisco Javier Yanes, Félix Valdivieso, Francisco Cuevas y José María Salazar en calidad de Ministros.

Don Félix Restrepo nació en 1760 y murió en 1832. Debe ser considerado, sin duda alguna, como uno de los más eminentes ciudadanos de la Gran Colombia. Doctor en Jurisprudencia Civil de la Universidad de Santa Fe de Bogotá y luego profesor en esa Universidad, se distinguió siempre por la sabiduría de sus enseñanzas. Tuvo el honor de ser uno de los primeros promotores de la libertad de los esclavos. Fue en 1821 Diputado-Presidente del Congreso Constituyente de Cúcuta y después Magistrado de la Alta Corte de Justicia, primero por designación del Congreso y después por el Libertador. Sus contemporáneos le atribuyeron siempre patriotismo ilustrado, abnegación heroica y grandeza de alma. Su imparcialidad y rectitud como Juez fueron siempre ponderadas.

Don José María Salazar, nacido en 1785 y muerto en 1828, Doctor en derecho, diplomático, literato. Fue Auditor de Guerra y como tal figuró en las batallas de Yagual y Achaguas bajo las órdenes del General Páez. Ejerció el cargo de Ministro de Colombia en Washington a la muerte de don Manuel Torres. De Washington pasó a París con el mismo cargo y estando en tales funciones recibió el nombramiento de Ministro a la Alta Corte de Justicia, cargo que la muerte le impidió ejercer.

El prócer Francisco Javier Yanes, nacido en Cuba en 1777 y muerto en Caracas en 1842, Doctor en Jurisprudencia, firmante del Acta de Independencia en 1811, activo colaborador en Angostura de *El Orinoco Ilustrado*, codirector entre 1824 y 1825 del *Observador Caraqueño*; compilador, junto con el Dr. Cristóbal Mendoza, de los *Documentos para la vida pública del Libertador* publicada desde 1826. Es uno de los grandes próceres de nuestra independencia.

¿Qué significan todos esos nombres?

Son personas de amplia ilustración, de reconocido prestigio, indudable honestidad, eminentes en el servicio de la Patria. Así eran los hombres que el Libertador quiso para integrar el Supremo Tribunal de la República.

3. *Ejercicio de funciones políticas por el Tribunal Supremo*

La doctrina francesa sobre la estructura del Estado era, para fines del siglo XVIII y principios del XIX, poco propicia a la participación de los

Tribunales de Justicia en las cuestiones administrativas y políticas, pero la tradición jurídica americana había conocido y experimentado una tesis en cierto modo contraria, demostrada por la constante presencia de las Reales Audiencias en el manejo de asuntos administrativos y políticos. Esa situación explica, parcialmente, que el Libertador, a pesar de su conocimiento e interés por la escuela francesa sobre el Estado, haya sido influido, con toda evidencia, por el sistema ya conocido y no hubiese vacilado en atribuir, directa o indirectamente, intervención al Tribunal Supremo en las cuestiones políticas y administrativas del Gobierno.

Esa disposición se observa:

A. El Consejo de Estado, creado por Decreto del 30 de octubre de 1817[22], con el fin de que las «Providencias importantes, las leyes, reglamentos e instituciones saludables» para la «administración y organización de las Provincias ya libres o que se liberen, sean propuestas, discutidas y acordadas, en una Asamblea que, por el número y por la dignidad de los que la compongan merezcan la confianza pública» estaría compuesta, entre otros miembros, por el Presidente y Ministros de la Alta Corte de Justicia.

Nótese que Bolívar veía entonces en esa Corte una fuerza tal que contribuía con su «dignidad» a que el Consejo mereciese la «confianza pública» y consideraba en cierto modo que el mencionado Consejo, sería de alguna manera un sustituto de las instituciones representativas y liberales que por los momentos era imposible establecer.

B. Igualmente, cuando en 1828 también se vio desprovista la República de instituciones representativas, Bolívar vuelve a crear otro «Consejo de Estado»[23] y si bien no decide que para integrar el cuerpo participe en él la Alta Corte de Justicia, designa para formar parte del mismo a dos de los cuatro Jueces que después integrarían la mencionada Corte: don Francisco Cuevas y don Félix Valdivieso.

4. *Recursos extraordinarios ante el Tribunal Supremo*

En la estructura de los diversos Decretos del Libertador relativos a la existencia y funcionamiento de un Tribunal Supremo en el Estado están previstos dos tipos de recursos extraordinarios para ser ejercidos ante ese alto cuerpo: el de Casación y el de Nulidad de Sentencias.

---

22 Decretos del Libertador, Tomo I, p. 100.

23 Decretos del Libertador, Tomo III, p. 141.

A. *El Recurso de Casación*

Los comentaristas patrios no advirtieron, al hacer la historia del Recurso de casación en Venezuela, cuál había sido la intervención del Libertador en la materia[24].

No se percataron del contenido del Proyecto presentado al Congreso por el Libertador en 1819 a pesar de estar incluido en las *Memorias* de O'Leary[25]. La publicación hecha en 1969 por Pedro Grases de ese proyecto[26] aunque hace notorio el texto del Libertador, tampoco fue advertida por los juristas nacionales. Al año siguiente, en una segunda edición de ese libro, que nos correspondió prologar[27], se hizo especial mención del intento bolivariano para establecer el Recurso de Casación. Hicimos de nuevo alusión al tema en el estudio sobre la influencia de la Real Audiencia como antecedente de la Corte Suprema de Justicia, presentado en 1974 al II Congreso Venezolano de Historia[28]. Esta vez pudo lograrse el efecto perseguido porque, en adelante, sí se hace referencia al papel de Bolívar en esta materia. Por ejemplo, el Dr. José R. Duque Sánchez, en su estudio sobre *Antecedentes Históricos del Recurso de Casación*[29] y en su *Manual de Casación Civil*[30], explica con toda claridad cuál fue el sentido del proyecto bolivariano.

Ahora bien, ¿qué fue lo que dispuso el Libertador?

Su idea tiene dos partes. Una la de crear, como lo comentamos, una Sala de Casación en la Alta Corte de Justicia y la otra la de atribuir a esa Sala el conocimiento del Recurso de Casación.

Dice así: «La Sala de casación no conoce del fondo de la causa y sólo se pronuncia sobre la legalidad de los procedimientos. Su sentencia

---

24 Véanse, por ejemplo, la relación histórica que sobre el tema contiene el Tomo IV, p. 137, de la obra del Dr. Arminio Borjas, *Comentarios al Código de Procedimiento Civil Venezolano.*

25 *O'Leary*, Tomo XVI, pp. 129 a 156.

26 *El Libertador y la Constitución de Angostura*, Edición del Congreso de la República, 1969.

27 Ediciones del Banco Hipotecario de Crédito Urbano, C.A., Caracas, 1970, pp. 26 y 27.

28 Véase la Memoria de dicho Congreso, Tomo II, p. 458.

29 Caracas, 1978, pp. 43 y 44.

30 Caracas, 1977, p. 35.

revocatoria anula lo obrado y da lugar a que se rehaga el proceso desde donde aparece el vicio o falta»[31].

Esa sala debía, por lo tanto, examinar si un procedimiento había sido o no legal. Si encontraba alguna falla procesal, anulaba todo lo actuado desde que hubo la falla en adelante.

La idea bolivariana tiene por consiguiente dos factores de importancia: el primero, haber pensado en la Casación como medio para mantener la vigencia de la Ley en los procesos judiciales; segundo, ubicar el conocimiento de semejante recurso en el Tribunal Supremo del país.

El mecanismo de la Casación, que nuestro actual Código de Procedimiento Civil distingue entre el ataque a la sentencia por vicios de forma y el ataque por vicios de fondo[32] está no muy claramente expresado en el texto bolivariano, pero sí, en forma suficiente para determinar sus efectos y sentido.

¿De dónde vino esta idea a Bolívar?

La Casación no era, en ese tiempo, una institución procesal española. Se conocer bien que tampoco fue propia del sistema anglosajón. Se originó en Francia y durante la Revolución, una Ley de 24 de agosto de 1790, determinó dos principios fundamentales, el uno que los Tribunales no debían interpretar la ley sino aplicarla; el otro, que debía existir, un Tribunal especial llamado de «Casación», que no pertenecía al orden judicial sino era sólo un auxiliar del Parlamento, con la misión de verificar, por cuenta del Legislativo, si los jueces habían o no aplicado bien la ley en sus sentencias y con potestad para anular las sentencias cuando el Juez se hubiere alejado de lo ordenado por el Legislador. La adopción, en 1804, del Código Napoleónico, ratificó la importancia y papel de la Casación en Francia.

Lo novedoso del proyecto bolivariano fue no solamente intentar establecer la Casación en el nuevo Estado que se estaba rehaciendo sino concebir el Tribunal de Casación dentro del orden judicial, precisamente como una parte o Sala de la Alta Corte de Justicia. De esa manera, la Casación sería una forma de acción del Poder Judicial y no una función contralora del Parlamento sobre los Jueces.

---

31 *Obra citada*, p. 182.

32 Casación por quebrantamiento de forma y Casación por infracción de ley, reguladas por los artículos 420 y 421 del Código de Procedimiento Civil.

Años más tarde, muchos Estados, entre ellos Venezuela, a partir de la ley del 13 de junio de 1876, adoptarían la Casación en la forma que Bolívar intentó en su Proyecto de 1819, es decir, como función judicial a cargo del Tribunal Supremo y no como labor auxiliar del Parlamento.

Fue una intuición clara del Libertador apreciar cuál debía ser la esencia de esa importante institución jurídica. Responde además a su idea de sostener la independencia necesaria al Poder Judicial sin someterlo a controles distintos de los recursos, dados por las leyes, dentro del propio sistema organizativo de los Tribunales.

B. *El recurso de Nulidad de Sentencias*

El sistema procesal aplicable en Venezuela bajo el régimen vigente hasta 1810 no conocía propiamente el recurso de Nulidad de Sentencias. La Ley del 9 de octubre de 1812, dictada por las Cortes de Cádiz para el funcionamiento de las Reales Audiencias y que, por tanto, estuvo vigente en Venezuela por todo el tiempo del restablecimiento de las Audiencias al volver el control político español sobre zonas del territorio nacional, creó y reguló con base a los artículos 254 y 269 de la Constitución de Cádiz, el mencionado recurso, para ser ejercido antes las Reales Audiencias contra las sentencias de primera instancia que no fueren apelables, de segunda instancia si causaren ejecutoria y de tercera instancia cuando tampoco tuvieren apelación.

El recurso debía estar basado en la infracción de una ley procesal y tenía como efecto, de ser declarado con lugar, primero la necesidad de una nueva sentencia y segundo la responsabilidad del Juez o Jueces que hubieren intervenido en el procedimiento[33].

Bolívar, en el Proyecto de Angostura, nada dispone sobre el particular, situación muy explicable porque la materia quedaba suficientemente regulada por el Recurso de Casación. El Congreso, al aprobar la Constitución de 1819 no se refirió a ninguno de los dos recursos. Tampoco lo hizo la Constitución de Cúcuta de 1821.

Inmediatamente después de dictada en 1821 la Constitución de Cúcuta el Congreso aprobó la Ley del 12 de octubre de ese mismo año sobre

---

[33] Véase las explicaciones que sobre el particular se encuentran en mis estudios «La Real Audiencia como antecedente de la Corte Suprema de Justicia», ya citado y «Las Reales Audiencias y cancillerías Reales de Indias», en *Revista de la Facultad de Derecho* de la Universidad Central de Venezuela, números 9 y 10. Caracas, 1948.

Organización de Tribunales y Juzgados y sobre el particular adoptó exactamente el sistema español de Cádiz: Las Cortes Superiores deberían tener dos salas, de la decisión de una de ellas se apelaría ante la otra y esta decisión, de haber defectos de procedimiento, cabía ante la Alta Corte de Justicia, el recurso de nulidad para que el proceso fuere devuelto, es decir, repuesto al estado de dictar nueva sentencia y que fueren hechas efectivas las responsabilidades.

Al ser modificado por el Libertador en 1828 el sistema procesal por causa de la reforma del Estado, se eliminó ese sistema llamado de «vista» y «revista» y quedó en la Alta Corte de Justicia la facultad de conocer de recursos de nulidad contra sentencias definitivas dictadas en segunda instancia, por las Cortes de Apelación, en causas civiles y sobre lo principal del pleito[34].

En el proyecto de Constitución para Bolivia, Bolívar había adoptado una redacción parecida al atribuir a la Corte Suprema de Justicia potestad de conocer de los recursos de nulidad contra sentencias dictadas en última instancia por las Cortes de Justicia[35].

Puede por lo tanto advertirse que fue criterio constante del Libertador atribuir al Supremo Tribunal de Justicia la posibilidad de conocer, por medio del Recurso de Casación (Angostura) o por el de nulidad (Bolivia y Bogotá) de ataques procesales a las decisiones definitivas de segunda instancia. Sea influencia francesa o sea influencia española, lo importante en uno u otro caso es el principio de la revisión en beneficio de la justicia, hecho para conocer sólo de determinados aspectos del proceso y poder verificar si en definitiva el Juez había respetado o no la Ley.

5. *Otras potestades del Tribunal Supremo*

En distintas regulaciones bolivarianas sobre el Supremo Tribunal existen además disposiciones sobre las siguientes materias:

A. Jurisdicción especial del Supremo Tribunal para conocer, por fuero privilegiado, sobre las cuestiones judiciales en las cuales se demanda a determinados funcionarios de alto rango, diplomáticos y cónsules extranjeros o ciertos organismos públicos.

---

34 Decreto del 17 de noviembre de 1828. Artículo 2, numeral 9, *Decretos del Libertador*, Tomo III, p. 216.

35 Véase texto en *Constitución para Bolivia*, Edición Grases-Polanco, p. 137.

B. Jurisdicción especial del Supremo Tribunal para conocer de cuestiones relacionadas con asuntos eclesiásticos que debían ser decididos por la autoridad civil.

C. Facultad del Supremo Tribunal para conocer en apelación ordinaria (no por vía de nulidad), contra decisiones dictadas por Tribunales inferiores.

D. Facultad del Supremo Tribunal para recibir a los abogados, es decir, confirmar su posibilidad de actuar en ejercicio de esa profesión.

La primera de las mencionadas facultades estaba, al parecer, tomada de la Constitución de 1812, que a su vez la adoptó de la norteamericana. Las demás deben, sin duda alguna, provenir de las potestades de la Real Audiencia.

VIII. LOS TRIBUNALES SUBALTERNOS

Ante la imposibilidad de hacer un estudio detenido de todos los distintos tipos de Tribunales Subalternos creados por el Libertador, haremos referencia sólo a tres tipos de ellos: Los de comercio, los militares y los penales.

1. *Los Tribunales de Comercio*

En el régimen vigente en la Capitanía General de Venezuela hasta 1810, existió un cuerpo especial que se denominó el Real Consulado, cuya Cédula de erección está fechada en Aranjuez el 3 de junio de 1793; su objeto fundamental era proteger el tráfico comercial y decidir breve y sumariamente los pleitos mercantiles.

Este Cuerpo estaba formado por un Prior, 2 Cónsules, 9 Consiliarios, 1 Síndico y personal auxiliar.

El Consulado fue de mucho provecho en el fomento del comercio y en la administración de justicia en su especialidad.

Al ser reorganizada la República, el Libertador, por Decreto del 7 de noviembre de 1817, creó un «Tribunal de Consulado» con facultad para conocer de los pleitos y diferencias entre negociantes y además ocuparse del fomento del comercio y de la agricultura. Este organismo debía funcionar conforme a lo establecido en la Real Cédula que se acaba de citar[36].

---

36 Decretos del Libertador, Tomo I, p. 107.

Una vez organizada la República de Colombia, la Ley del 12 de octubre de 1821 eliminó los Tribunales especiales de comercio[37].

Un año más tarde el Libertador, por Decretos del 31 de agosto de 1822 y 18 de septiembre de 1822 permitió, en forma extraordinaria, el restablecimiento en determinadas Provincias de los Tribunales de comercio[38]. Esa situación fue necesario extenderla a toda la República tal como lo hizo el Congreso por Ley del 10 de julio de 1824. Y más adelante al asumir el poder supremo del Estado, el Libertador ratificó en forma general los Tribunales de comercio[39].

Un ultimo esfuerzo hecho por el Libertador en esta materia fue la reforma de los Tribunales mercantiles de la zona de los Departamentos de Ecuador, Azuay y Guayaquil, por Decreto del 1° de agosto de 1829, y de los Departamentos de Boyacá, Cundinamarca, Cauca, Magdalena e Istmo por Decreto por decreto del 2 de febrero de 1830.

Para ambas jurisdicciones Bolívar restableció la institución del Consulado y la vigencia de las «Ordenanzas de Bilbao»[40].

En esos dos Decretos se justifica la medida por la necesidad de acelerar los procesos mercantiles, y evitarle entorpecimientos y demoras tan perjudiciales a esa rama de la actividad humana.

Se nota en estas regulaciones del Libertador un equilibrado interés entre la protección de los derechos de los ciudadanos dedicados al comercio y la idea general de que la justicia fuere administrada pronta y cumplidamente y para ello no vacila en mantener la vigencia de normas españolas que estimó prudentes para ese momento.

2. *La Justicia Militar*

Quizás uno de los temas más difíciles de carácter político que tenía que enfrentar el Libertador en su condición de Jefe de Estado era el de la disciplina militar, especialmente cuando los problemas de esa clase debían ser tratados en forma judicial.

---

[37] Art. 73. Cuerpo de Leyes de la República de Colombia, p. 109.

[38] *Decretos del Libertador*, Tomo I, pp. 266 y 269.

[39] Art. 15, decreto del 27 de agosto de 1828. *Decretos del Libertador*, Tomo III, p. 142.

[40] *Decretos del Libertador*, Tomo III, pp. 352 y 386.

Su primer esfuerzo en ese sentido fue el Decreto dictado el 7 de junio de 1817, con el objeto de establecer «un método sencillo y breve» destinado a conocer «de todos los delitos que puedan cometer los militares».

Este Decreto previó la existencia de un Consejo ordinario, un Consejo para oficiales, un Consejo para oficiales se graduación superior y un Consejo permanente en toda plaza.

Para estos Consejos fue ordenada considerar vigente la Ordenanza española de 1768, a reserva de las reformas previstas en la legislación de la República.

Años más tarde, el Congreso, por Ley del 18 de abril de 1826, estableció una serie de normas orgánicas sobre el Ejército que eliminó los fueros privilegiados y en consecuencia la jurisdicción penal militar.

Esta última situación fue considerada por Bolívar entre las más graves causas de la crisis constitucional que estalló en 1828.

En el Manifiesto a la Convención de Ocaña, Bolívar consideró destructor de la disciplina militar, fundamental en toda milicia, la supremacía de los Tribunales Civiles en juicios militares, y advirtió el funesto influjo, en la necesaria subordinación en los ejércitos «haberle sujetado a los Tribunales Civiles cuyas doctrinas y disposiciones son fatales a la disciplina severa, a la sumisión pasiva y a la ciega obediencia que forma la base del Poder Militar, apoyo de la sociedad entera»[41].

Por esta razón no es de extrañar que, a los dos días de haber asumido el Poder Supremo, hubiere restablecido, por Decreto del 30 de agosto de 1828, la vigencia de la ordenanza de 1768 en cuanto a fuero militar, delitos militares, penas para esos delitos y Tribunales Militares y derogado todas las disposiciones hasta ese entonces vigentes sobre tales materias.

En ese Decreto consideró urgente restablecer la disciplina militar, acabar con la lenidad de los juicios militares, la demora de los procesos, el retardo en la aplicación de las penas, la necesidad de tribunales especiales militares para conocer de materias militares y la urgencia de poner término a escándalos, indisciplinas e insubordinaciones.

---

41 *Proclamas y Discursos*, Edición Lecuna, pp. 365 y 367.

3. *Tribunales Penales*

En las disposiciones dictadas por el Libertador para regir la jurisdicción penal, llama poderosamente la atención el interés humanitario en procurar el más pronto despacho de las causas criminales.

En el Decreto del 24 de noviembre de 1826, ordenó a las Cortes ser inexorables y vigilantes para que esas causas no se demoren por descuido o malicia y para que se exigiere responsabilidad legal en el caso de que los Tribunales incurrieren en falta de tales materias.

Dispuso además que los Intendentes y Gobernadores visitaren a los Tribunales en los meses de enero, mayo y septiembre de cada año, examinaren las causas penales, oyesen las quejas que sobre la falta de justicia presentasen los reos y dictaren providencias para la pronta conclusión de esas causas.

Estableció además la obligación de levantar un informe sobre los delitos cometidos, enjuiciados y no sentenciados, además de ordenar una investigación exacta sobre los delincuentes condenados a ciertas penas.

Mandó, además, que se corrigiese el mal estado de las cárceles manteniéndolas en el mayor estado de aseo, limpieza y salubridad[42].

Las disposiciones anteriores fueron ampliadas por Decreto del 26 de septiembre de 1827, que dispuso que se formase una estadística de causas civiles y criminales, clasificando estas últimas por delitos y haciendo llevar a cada Corte Superior un diario, que debía expresar, diferenciando las civiles de las penales, las causas tramitadas y las sentencias dictadas separando las civiles de las penales.

Cuando el Libertador organizó los Tribunales en su Decreto del 17 de noviembre de 1828, dispuso que las Cortes de Apelación pudiesen tener una Sala especial de lo criminal, estableció que en delitos capitales las causas debían ser vistas por 4 Jueces y que a cada Juez de la Sala Criminal correspondería la Jurisdicción Penal en Primera Instancia en el sitio donde residiere. Prohibió el embargo de bienes en causas criminales y tomar juramente de los reos en sus confesiones.

Dejó, además, a salvo que la infamia como pena nunca sería transmitida a la familia o descendencia del delincuente.

---

42 Decretos del Libertador, Tomo II, p. 52.

Las consideraciones anteriores obligan a llamar la atención sobre el cuidado peculiar puesto por el Libertador para regular cada tipo de juicio según su especialidad procurando que la naturaleza de la materia en trámite fuera tomada en cuenta en la normativa procesal correspondiente.

IX. LAS TÉCNICAS PROCESALES

El conjunto de los Decretos Bolivarianos en materia de justicia muestran la presencia de una serie interesante de principios procesales que, por su constancia, puede afirmarse que eran considerados importantes por el Libertador:

1. *Principio de la conciliación previa*

Aparece como recomendación en el mensaje dirigido en 1813 en nombre del Libertador por el Secretario de Estado de Gracia y Justicia, Rafael Diego Mérida, a la Asamblea que debía reunirse en enero de 1814: no debía admitirse pleito por ante los Tribunales, sin que hubiere habido una etapa previa de intento de conciliación para evitar a las partes gastos innecesarios y pérdida de tiempo[43].

En el Proyecto de Constitución para Bolivia, Bolívar insiste en la conciliación: no podía el Juez admitir ninguna demanda civil o criminal de injurias sin el previo requisito de la conciliación: ambas partes debían ocurrir al Juez, exponer sus solicitudes, ser instruidos en sus derechos y el Tribunal procuraría entre ellas «un acomodamiento prudente»[44].

En idéntico sentido, en el Decreto del 17 de diciembre de 1828, Bolívar fija en los Jueces Políticos, en «prevención» con los Jueces de Primera Instancia, «hacer el oficio de Jueces conciliadores en materias civiles o por injurias»[45].

Aparece, por lo tanto, como una idea en el Libertador, insistir en que las partes, antes de ir a juicio, deben tratar de llegar a un acuerdo, el «acomodamiento prudente», en cuyo logro el Juez debería tener un papel preponderante.

---

43 Véase texto en *Escritos del Libertador*, Tomo V, documento 559, p. 378.

44 Artículos 112 y 133 del Proyecto. Véase edición Grases-Polanco, p. 140.

45 Artículo 36, numeral 1°. *Decretos del Libertador*, Tomo III, p. 223.

2. *Principio de la celeridad de los procesos*

A medida que el Libertador va avanzando en la práctica del manejo del Estado y ve actuando a los Tribunales de Justicia, ratifica su concepto político sobre la importancia del Juez como defensor de los derechos ciudadanos. Por ello se preocupa, como lo muestra su mensaje a la Convención de Ocaña[46], por el mal funcionamiento judicial que complica el sentido de la Justicia y hace suyo el principio de que todo el sistema judicial debe ser reformado, bajo los consejos de la experiencia «para que la justicia se administre pronta y cumplidamente»[47].

3. *Principio de la sencillez de los procedimientos*

Bolívar, en sus distintos documentos, encuentra en las complicaciones del procedimiento, la confusión de las leyes, los enredos, malicia y artificio de los Jueces, toda una red donde se pierde el sentido de la justicia.

Por esa razón, la administración de justicia, por procedimientos «sencillos», que omitan formalidades innecesarias, se vuelve para él una obsesión política, al extremo de considerar que el irrespeto a semejantes normas poco a poco va socavando la existencia misma de la sociedad[48].

4. *Principio de la revisión de las sentencias*

El derecho de las partes a que toda sentencia dictada en primera instancia sea revisada por un Tribunal Superior está evidenciado en prácticamente todas las regulaciones del Libertador sobre el funcionamiento de los Tribunales: en forma sencilla, en la primera etapa de la legislación provisional de Angostura; después en la parte relativa al sistema judicial, en el proyecto de constitución presentado al Congreso de 1819, en el proyecto constitucional para Bolivia y en el sistema extraordinario de 1828.

---

46 Itinerario Documental, p. 315.

47 Introducción al Decreto de 17 de diciembre de 1828, *Decretos del Libertador*, Tomo III, p. 214.

48 Véase a modo de ejemplo, *Decretos del Libertador*, Tomo II, pp. 41, 350, 364 y 365.

Ese sistema lo lleva a reservarse, como Jefe Supremo, la potestad de suspender sentencias, incluso del Alto Tribunal o Corte Suprema, en casos de «injusticia notoria», como seguidamente examinaremos[49].

Al ser organizado el Poder Judicial provisional de Angostura, el Libertador estableció un recurso muy peculiar: el de suspensión de las sentencias por injusticia notoria. La materia está regulada no en la organización de los Tribunales sino en el Decreto sobre facultades del Presidente de la República, de fecha 25 de febrero de 1819[50].

En el proyecto de constitución de 1819 Bolívar había incluido ya ese principio[51], que el Congreso acogió al sancionar la Constitución de Angostura en su Artículo 15. Más adelante atendiendo a las dilaciones, costos y perjuicios que por las largas distancias y las circunstancias de guerra ocasionaba ese recurso, la facultad de conocer de él fue atribuida por Decreto del 21 de julio de 1820, a una Comisión especial residente en la Capital del Departamento de Cundinamarca.

La Constitución de Cúcuta nada dice sobre el particular, así como tampoco el decreto legislativo sobre el Poder Judicial dictado el 14 de octubre de 1821.

Es curioso mencionar que el proyecto de Constitución para Bolivia, en su Artículo 116, dice expresamente: «queda abolido el recurso de injusticia notoria». En el Decreto extraordinario de 1828 tampoco dispone sobre el particular. Todo indica que el referido recurso fue previsto por Bolívar exclusivamente para corregir los defectos graves que pudiesen afectar notablemente el sentido de la justicia, cuando la actividad y eficiencia de los Tribunales todavía se encontraba en su etapa inicial; pero que, una vez organizado el Estado, no parecía lógico que el Presidente de la República pudiere suspender la decisión de un Tribunal. Para corregir los errores judiciales estaban las apelaciones y el recurso de nulidad.

X. LA TÉCNICA DE LA SENTENCIA

Los documentos bolivarianos llegan incluso hasta determinar algunas normas sobre cómo debía ser preparada y dictada una sentencia.

---

49 Véase Decreto del 25 de febrero de 1819, Tomo I, p. 144, Art. 16, Sección Tercera, Título VII del Proyecto de Angostura.

50 Decretos del Libertador, Tomo I, p. 144.

51 Art. 16, Sección Tercera, Título VII. Edición Grases-Polanco, p. 172.

Primero: En cada Tribunal colegiado un Relator, que debería ser abogado, tenía que hacer para el Tribunal «memoriales ajustados concertados con las partes». En esa forma no había posibilidad de que el Tribunal desconociere los argumentos de una y otra parte sobre la cuestión en litigio.

Segundo: Toda sentencia debía indicar el fundamento legal aplicable al caso.

Tercero: Toda sentencia, salvo las dictadas en última instancia por la Alta Corte de Justicia, tendría apelación ante un Tribunal Superior.

Esas normas van apareciendo a medida que avanza el grado de complejidad de la vida social y de funcionamiento del Estado.

XI. LA LEY APLICABLE POR LOS JUECES

Cuando se analizan las distintas disposiciones de diferentes rangos normativos que fueron dictadas por las autoridades republicanas desde 1810 en adelante, se observa la delicada atención que se prestó para evitar vacíos que, en el orden jurídico, pudiesen afectar la estabilidad que debía tener la base legal de funcionamiento de los poderes públicos y en especial de los Tribunales de Justicia[52].

Esa preocupación debía, por tanto, ser atendida por el Libertador, sobre todo después que inicia su labor de reorganización del Estado a partir de 1817.

En su Decreto del 6 de octubre de 1817, establece tanto para los Tribunales de Primera Instancia (Art. 2), como para la Alta Corte de Justicia, la obligación de atenerse a las leyes, usos y prácticas que han regido siempre en Venezuela, a menos que estén derogadas o se deroguen por dicho Decreto o por alguna Ley o Decreto de la República[53].

En consecuencia, el régimen jurídico que se aplicó en Venezuela hasta 1810, continuaría vigente para los Jueces a menos que una determinada norma hubiera sido derogada o se derogase en el futuro.

La Constitución de Angostura no se refirió al problema en forma directa.

---

52 He estudiado ese problema con bastante extensión en mi trabajo «La continuidad jurídica durante la Independencia», Libro homenaje a Joaquín Sánchez Covisa. Facultad de Derecho de la Universidad Central de Venezuela. Caracas, 1975, pp. 1055 y siguientes.

53 *Decretos del Libertador*, Tomo I, pp. 84 y 85.

La Constitución de Cúcuta, en su Artículo 188, mantuvo el mismo principio adoptado por el Libertador, declarando en toda su fuerza y vigor «las leyes que hasta aquí han regido en todas las materias y puntos que directa o indirectamente no se opongan a esta Constitución ni a los decretos y leyes que expidiere el Congreso».

Como puede verse, los Jueces, al aplicar la Ley, tenían que plantearse primordialmente el problema de determinar si la norma en la cual pensaban basar su sentencia estaba o no opuesta a la Constitución, directa o indirectamente, si contradecía alguna Ley o Decreto de la República o si estaba o no derogada.

Semejante determinación podía suscitar en el Juez dudas muy fundadas «sobre la inteligencia de la ley».

El tema debió ser de alguna novedad porque el Congreso en su Ley del 12 de octubre de 1821 facultó a la Alta Corte de Justicia para «oír las dudas de los demás Tribunales sobre la inteligencia de alguna Ley y consultar sobre ella al Presidente, con los fundamentos que hubiere para que promueva la correspondiente declaración del Congreso»[54].

En el proyecto de Constitución para Bolivia, el Libertador mantiene el mismo principio[55].

Como puede verse, ese sistema suponía varias etapas:

1. Planteamiento de la duda por un Tribunal subalterno.
2. Aceptación de la existencia de tal duda por la Alta Corte de Justicia.
3. Presentación del problema al Presidente de la República.
4. Propuesta de solución presentada al Congreso por el Presidente de la República.
5. Decisión por el Congreso.

Nótese que no se trata de solucionar la cuestión que siempre se ha presentado en la doctrina judicial, sobre hasta dónde llega la potestad del Juez al interpretar la Ley, sino de enfrentar un problema específico de la época: determinar cuál era la Ley que realmente estaba vigente.

---

54 Ley del 12 de octubre de 1821, Artículo 2, numeral 9, en *Cuerpo de Leyes de la República de Colombia*, p. 137.

55 Art. 105, numeral 8, Edición Grases-Polanco, p. 137.

No debe olvidarse que los franceses en los tiempos de la Revolución expresamente negaron a los Jueces la potestad de ir más allá de las normas cuando éstas son oscuras o suscitan dudas. La Ley francesa del 24 de agosto de 1790 estableció para los Jueces la obligación de consultar al Legislador en caso de oscuridad de la Ley. Podría pensarse que el Congreso de Cúcuta siguió ese mismo principio, pero hay que advertir que el problema judicial del momento en la Colombia de Bolívar era diferente del que se había planteado en Francia. Más que interpretar una Ley, era algo más grave. ¿Estaba o no vigente esa Ley?

El procedimiento tan complejo que adoptó el Legislador en 1821 y que Bolívar admite en su proyecto de Constitución para Bolivia no era expedito, ya que evidentemente su complejidad y dilación iba en contra del principio político sostenido por el propio Bolívar sobre la necesidad de que la justicia fuese administrada pronta y cumplidamente.

Por esa razón, el Decreto de novie de 1828 modifica la situación.

Por lo pronto se mantiene el derecho del Tribunal que se plantea una duda del tipo del que se viene hablando, de presentar el problema a la Alta Corte de Justicia; pero ésta, al conocer el problema, debía pronunciarse sobre si consideraba o no fundada la duda. Si no la consideraba fundada, debía manifestar al Tribunal que había promovido la consulta sobre cuál era «la verdadera inteligencia de la Ley»; pero si encontraba fundamentos serios en la duda planteada, su obligación era proponer razonadamente al Gobierno una resolución del caso.

Como puede verse, la medida del Libertador facilitaba el procedimiento sin alterar la importancia de la institución.

La Alta Corte debía fijar la correcta inteligencia de la Ley, es decir, precisar si estaba o no vigente o señalar cómo debía ser interpretada.

En tal caso, el Tribunal de Instancia tenía rápidamente señalado un camino para aplicar la Ley vigente en forma correcta; pero si la Alta Corte consideraba que la situación planteada no podía ser resuelta por ella, evidente indicio de la gravedad del problema, debía ser el Gobierno, entonces en ejercicio de la potestad legislativa, quien tendría que dictar la norma necesaria a la cual se atendría el Juez.

Esa norma del Libertador, *mutatis mutandis*, pasó al sistema legislativo venezolano, en el cual el Supremo Tribunal siempre ha tenido la potestad de decidir cuál norma legislativa está vigente cuando una supuesta o real colisión plantea una duda seria sobre el particular.

XII. LA CONDICIÓN DE LOS JUECES

Consideraciones previas

La justicia, para pasar de concepto abstracto a realidad social, tiene que ser objeto de una acción humana: es el acto de juzgar, es decir, que alguien aprecie si una determinada conducta o situación es o no justa.

La importancia que Bolívar daba a la vigencia de la justicia en la sociedad tenía que llevarlo a considerar muy atentamente la condición de los jueces, o sea de las personas a quienes la sociedad encarga la función de juzgar. No habrá justicia en la sociedad sino cuando existan buenos jueces. Es un proceso intelectualmente idéntico al que llevó al mismo Libertador a apreciar a los maestros también en función del papel de enseñar que la sociedad les asigna.

En todos los documentos legislativos del Libertador que se refieren a la organización del Estado y de la sociedad, aparecen previsiones que atañen a los jueces y a sus cualidades y características.

El examen sistemático de esas previsiones permite comprender cómo entendía Bolívar la persona y la función del Juez.

1. *Edad*

Los documentos bolivarianos exigen para el Juez una determinada edad mínima, más avanzada cuando se trata de los miembros del Supremo Tribunal y algo menor para los otros Jueces.

La edad mínima escogida por el Libertador para los Jueces del Tribunal Supremo oscila entre los 30 y los 35 años. Para los otros Jueces no pasa de 25.

Aunque resulta poco probable que en una sociedad organizada se pueda llegar a ser Juez del Tribunal Supremo con sólo la edad mínima señalada, sí es conveniente destacar que tal fijación responde a la necesidad de que la persona del Juez tenga un mínimum de experiencia humana para poder ejercer sus funciones con la debida propiedad.

El Legislador venezolano ha mantenido ese criterio al requerir para ciertas funciones públicas, entre ellas la de Magistrado de la Corte Suprema de Justicia, una edad de 30 años, muy superior a la que se requiere para ser considerado mayor y en consecuencia plenamente capaz para ejercer derechos y cumplir deberes.

No quiso el Libertador en ninguna de sus disposiciones establecer un límite de edad para el término de las funciones del Juez, pues en todos los documentos legislativos bolivarianos, como examinaremos más adelante, el Juez debe permanecer en funciones mientras observe buena conducta y dé el debido rendimiento.

Suponiendo la permanencia en el Juez de la conducta correcta, la posibilidad física de su rendimiento, según el criterio bolivariano, debería ser apreciada en cada caso, pues son diferentes, en las personas, los efectos que les produce el transcurso del tiempo.

De hecho, varios de los Jueces escogidos por Bolívar duraron en sus funciones hasta su muerte, ocurrida a avanzada edad, y fueron en su ancianidad ejemplos de trabajo y dedicación.

2. *Preparación*

Todos los documentos bolivarianos destacan la importancia que para Bolívar tenía la Ley. Su papel era conducir a la «felicidad», es decir, en el lenguaje de Angostura, lograr un ambiente donde todos estén contemplados, premiado y recompensado el hombre virtuoso, justo, sabio, prudente, industrioso, activo y benéfico y castigado el vicioso, el injusto, el inmoral, el cobarde, el temerario, el holgazán y perezoso[56]. Para lograr esa finalidad, las leyes debían ser hechas oportunamente, formar un conjunto, ser metódicas, bien clasificadas, redactadas en idioma técnico, armónicas, claras, con fines precisos. Ellas debían ser aplicadas inexorablemente. ¿Por quién? Por los Jueces.

De allí que no deba extrañar que el Libertador exija a los Jueces la preparación técnica suficiente que les permita conocer profundamente las leyes que deban aplicar.

Tenía horror por los Jueces ignorantes.

En su Manifiesto a la Convención de Ocaña, cuando hace la lista de los males de la República menciona entre los más graves, las leyes aplicadas por «legos» y el perjuicio causado a la Hacienda Pública por la ignorancia de los Tribunales[57].

Por esas razones, al regular la condición del Juez, exige conocimiento del derecho que sólo le proporciona el título de abogado; así lo hace respecto

---

56 Proyecto de Constitución de Angostura. Art. 16, Sección Primera, Título 1°.

57 *Proclamas y Discursos*, Edición Lecuna, p. 365.

a la Alta Corte de Justicia en el Gobierno provisional de Guayana[58]. Lo mantiene para el mismo Tribunal en el Proyecto de Angostura (Base 3 IV.1 de las Bases del Proyecto de Constitución)[59], y para la Corte Suprema de Justicia en el Proyecto de Bolivia[60], así como en el Decreto Orgánico sobre Tribunales de la República dictado el 17 de noviembre de 1828[61].

En el caso de los Tribunales subalternos, el problema se hacía más complejo, pues era posible por razones de hecho, que no hubiese suficientes abogados. Por esa razón cuando regula la estructura del Poder Judicial admite la posibilidad de que los Jueces de Primera Instancia no fueren abogados. Así se desprende del hecho de que, tanto en el régimen provisional de Angostura como en el sistema extraordinario de 1828, la jurisdicción judicial de Primera Instancia quedare confiada a los gobernadores políticos, que no tenían forzosamente que ser abogados.

Los posibles errores de esos Jueces no letrados podrían ser corregidos por las Cortes de Apelación y por la Alta Corte de Justicia.

Para mayor aseguramiento de la aplicación del derecho, el Decreto extraordinario de 1828 exige que en las Cortes de Apelación y en la Alta Corte de Justicia existan relatores que sean abogados y que el Secretario de la Alta Corte también lo fuere y los de las Cortes de Apelación lo fueren preferentemente[62].

3. *Probidad*

Bolívar mantuvo durante toda su vida pública una constante exigencia a los ciudadanos, principalmente a los que ejercen funciones públicas, de ser cuidadosamente probos[63].

Es razonable por lo tanto que haya exigido a los Jueces ser particularmente cuidadosos en el cultivo de esa característica ética de su personalidad.

---

58 Decreto del 6 de octubre de 1817, Art. 11. *Decretos del Libertador*, Tomo I, p. 85.

59 Edición Grases-Polanco, p. 106.

60 Art. 104. Edición Grases-Polanco, p. 136.

61 Decretos del Libertador, Tomo III, p. 215.

62 *Decretos del Libertador*, Tomo III, pp. 220 y 221.

63 Discurso de Angostura, en *Proclamas y Discursos*, Edición Lecuna, p. 216.

En el Decreto de organización provisional de los Tribunales del 6 de octubre de 1817[64] determinó que los Jueces que, por sus faltas o abusos se hicieran indignos de la función de tal, serían suspendidos.

En las bases para la organización constitucional propuesta por él en Angostura, exigió de los Jueces probidad y propuso su destitución cuando observaron mala conducta[65].

En el proyecto constitucional para Bolivia estipula que los Jueces deberían permanecer en sus cargos mientras observaren buena conducta[66].

Y en la organización de los Tribunales decretada por el Libertador en diciembre de 1828 mantuvo los mismos principios: jueces en sus cargos mientras observaren buena conducta[67].

Pero no solamente en esos documentos principales sino en toda oportunidad que se le presenta, Bolívar insiste en el mismo tema. Por ejemplo, cuando comunica instrucciones a don José Torres encargándole la organización de la Provincia de Jauja, le ordena que ponga Jueces «de buena moral y acreditado patriotismo»[68].

Y en su Manifiesto a la Convención de Ocaña condena enérgicamente la malicia de los Jueces, sus artificios, prevaricación y enredos[69].

La idean de probidad en una persona fue definida en las bases para el proyecto constitucional de Angostura como la conducta adecuada en la educación de los hijos y la práctica del amor a la Patria, a la libertad, a la virtud y al trabajo[70].

4. *Efectividad en el trabajo*

Bolívar exige a los jueces una constante labor en el cumplimiento de los deberes propios de su cargo, que no admite negligencia ni suspensiones indebidas del trabajo.

---

64 Decretos del Libertador, Tomo I, p. 86.

65 Arts. 3 y 4 IV-1. Edición Grases-Polanco, p. 106.

66 Art. 98. Edición Grases-Polanco, p. 135.

67 Decretos del Libertador, Tomo III, p. 215.

68 Documento del 15 de agosto de 1824. *Decretos del Libertador*, Tomo I, p. 310.

69 *Proclamas y Discursos*, Edición Lecuna, p. 365.

70 Art. 5. Sección Segunda. Título 1° del Proyecto Constitucional. Edición Grases-Polanco, p. 120.

Así por ejemplo el Decreto del 24 de noviembre de 1826[71] encarga a las Cortes de Justicia estar muy vigilantes sobre los Juzgados inferiores y sobre sus subalternos para que cumplan exactamente con sus deberes y prohíbe conceder licencias a los Jueces para ausentarse de su cargo con goce de sueldo.

En casi todas las normas legislativas que dicta prevé sistemas de inspección y vigilancia para comprobar por los superiores que los subalternos trabajan: la Alta Corte de Justicia prevista en el Decreto de noviembre de 1828 debía «supervigilar las operaciones de los Tribunales superiores e inferiores para hacer cumplir con sus respectivos deberes a cada uno de ellos»[72].

5. *La independencia del Juez*

No puede negarse que el Juez para poder administrar justicia tiene que ser independiente. Si el Juez en algún caso debe obedecer instrucciones de otra autoridad será ésta y no el Juez la que en definitiva decida quién tiene la razón en una controversia.

A Bolívar le inquieta el tema y constantemente insiste en la necesidad de sostener y defender la independencia del Juez.

Cuando instala el Consejo de Estado, en Angostura, el 1° de noviembre de 1817, expresa: «El Poder Judiciario de la Alta Corte de Justicia goza de toda la independencia que le concede la constitución federal de Venezuela»[73].

Dos años más tarde, en su Discurso de Angostura, menciona: «El Poder Judiciario… goza de toda la independencia que le corresponde»[74].

Al explicar el Poder Judicial en su Proyecto de Constitución para la República de Bolivia no deja de advertir: «El Poder Judicial que propongo goza de una independencia absoluta. En ninguna parte tiene tanta»[75].

Es, sin embargo, muy importante analizar las expresiones que contiene el proyecto o borrador del mensaje a la Convención de Ocaña transcrito por el Dr. Lecuna y señalado como de la letra de O'Leary: «Es justo y conforme

---

71 Decretos del Libertador, Tomo II, p. 52.

72 Decretos del Libertador, Tomo III, p. 217.

73 *Proclamas y Discursos*, Edición Lecuna, p. 174.

74 *Proclamas y Discursos*, Edición Lecuna, p. 212.

75 *Proclamas y Discursos*, Edición Lecuna, p. 330.

con las luces del siglo que vivimos que el Poder Judicial esté separado del Ejecutivo; que éste no pueda pronunciar ni revocar sentencias ya pronunciadas por los Tribunales, pero debe tener una intervención directa, una facultad coactiva y económica para examinar si los Jueces cumplen o no con sus deberes. En caso de negligencia o injusticia, debe estar al alcance del Jefe de la Nación suspender a los que delinquen y someterlos a juicio. Sólo de ese modo habrá una fuerza moral en el Gobierno que impele a los Jueces a llenar sus deberes»[76].

No pasaron esas frases al texto definitivo del mensaje, pero demuestran mucho del pensamiento de su autor: No debe ni puede intervenir, en ningún caso, el Ejecutivo en el Judicial. Éste dicta sus sentencias que no serán modificadas por el Ejecutivo. Tampoco podría ser el Ejecutivo quien expida una sentencia o la revoque. Pero si un Juez es negligente o injusto, no debería ser su independencia una credencial definitiva para la impunidad: ser suspendido y enjuiciado por el Jefe de la Nación es la solución. Así el Juez tendrá una fuerza moral que lo lleve a cumplir con su obligación.

¿Hay acaso en esa idea bolivariana un atentado contra la independencia del Juez? Sería absurdo entenderlo así. Por el contrario, bien claro está atribuido al Juez, como potestad única suya, administrar justicia en su sentencia. Pero nunca bajo la idea o posibilidad de ser negligente, es decir, descuidado en el cumplimiento de sus deberes o injusto, que sería ir contra el sentido mismo de su misión. En ese caso el Juez, como cualquier ciudadano, debe responder de su conducta y estar sometido al dictamen, no de otro Poder, sino de otro Juez que apreciará y juzgará su conducta.

XIII. LAS SENTENCIAS DICTADAS POR TRIBUNALES ESPAÑOLES

Durante el tiempo de formación de la República, desde 1812 hasta Carabobo, muchas partes del territorio nacional cambiaron frecuentemente de control político: pasaban, según las variantes de la guerra, de la jurisdicción de las autoridades republicanas a la de las españolas.

Por tal razón se creó un delicado problema jurídico, como lo era el determinar la validez de las sentencias dictadas por Tribunales regidos por la jurisdicción española cuando debían ser ejecutadas en lugares sometidos a la jurisdicción republicana, o al cambiar de nuevo la autoridad vigente en el lugar donde la sentencia había sido adoptada.

---

[76] *Proclamas y Discursos*, Edición Lecuna, pp. 373 y 374.

La solución la dio la Ley del Congreso, dictada en Bogotá el 8 de abril de 1826, por la cual se resolvió que serían válidas «todas las sentencias», autos y providencias, dictadas por autoridades, Jueces y Tribunales en el territorio de la que era entonces la República de Colombia, la Gran Colombia bolivariana fundada en 1819 y disuelta en 1830.

El problema era similar cuando existían decisiones dictadas por autoridades republicanas pero que habían sido revocadas por jueces españoles.

De no darse una adecuada solución era posible la formación de un caos jurídico en el cual sería difícil determinar cuál sería o no la forma que regiría una controversia entre partes.

El Libertador no abordó el problema directamente, pero la Ley del Congreso de fecha 8 de abril de 1826 sobre la materia no puede dejar de citarse porque contribuye al buen orden judicial que era objeto fundamental de todas las preocupaciones que hemos encontrado en este estudio en la mente bolivariana.

Esa Ley resolvió los dos casos expuestos: las decisiones de las autoridades republicanas serían válidas, aunque hubiesen sido revocadas por las equivalentes españolas, pero también serían válidas las decisiones jurídicamente correctas de Jueces de la jurisdicción española cuando debieran ser ejecutadas en territorio ya sometido al gobierno republicano[77].

XIV. CONCLUSIONES

Al analizar los distintos puntos de vista que han sido estudiados en las páginas anteriores, la figura y personalidad de Simón Bolívar nos presenta una faceta que, si bien había sido conocida y aludida en otros diversos trabajos sobre el héroe, probablemente no ha estado considerada como un todo orgánico dentro del cuerpo de las ideas bolivarianas.

Diversas reflexiones suscita este tema.

Se advierte en el Libertador la existencia de un sistema ideológico, de carácter político y filosófico, en el cual los conceptos que aparecen entre sí íntimamente ligados: partiendo de la idea de la libertad del hombre y su dignidad, centro de todo el pensamiento bolivariano, está concebido el Estado como una organización social destinada a proteger, atender y cuidar esa libertad en todos sus aspectos.

---

77 Cuerpo de Leyes de la República de Colombia, p. 427.

Para Bolívar deben ser los Jueces quienes tengan a su cargo, como misión fundamental, realizar esa tarea. Por eso cada Juez necesita una personalidad recia, independiente, de sentido ético profundo, con adecuada preparación técnica y suficiente dedicación al trabajo. Seleccionar a quienes deben ser Jueces, respetarlos, pero exigirles el exacto cumplimiento de sus deberes, se convierte por tanto en uno de los principales cometidos del Gobierno.

Dentro de ese orden de ideas, Bolívar organiza los Tribunales de acuerdo a las circunstancias que se le van presentando, pero, siempre siguiendo los mismos principios, determina normas de procedimiento, cuida de resolver el problema de escoger la legislación que debía ser aplicada por los Tribunales, precisa responsabilidades y da origen a todo un sistema completo y operativo que aún hoy en día sería eficaz.

Para llegar a ese fin Bolívar muestra un espíritu abierto.

No se adapta a un determinado sistema, sino que toma, de donde le parece conveniente, la idea o el principio adecuado.

Por eso no vacila en adoptar, temporalmente, la terminología de la Constitución Federal de 1812. Pero la va adaptando a las nuevas situaciones hasta llegar a darle una estructura propia.

En él influyen, sin ninguna clase de duda, el deseo de no alterar, en lo posible, el sistema jurídico vigente en la medida en que puede ser útil y conveniente, tal como sucede en sus normas sobre el sistema penal y procesal militar. Pero, en la misma forma acepta la influencia simultánea de las nuevas normas españolas, como, por ejemplo, las adoptadas por las Cortes de Cádiz, y las técnicas legislativas francesas de la época de la Revolución, sin dejar de referirse, cuando lo necesita, al sistema norteamericano, de cierta influencia formal en la terminología política de la época.

La idea central, recibida de Montesquieu, sobre la misión del Juez en la sociedad, fue pulida, hecha evolucionar, adaptada a la República y convertida por Bolívar en un principio elemental de la nueva sociedad.

Hay ideas constantes, que estimó siempre válidas. Otras las modifica de acuerdo con las necesidades del momento.

Todo demuestra un proceder prudente, digno y propio de un sabio legislador.

Pero, la lección fundamental que se deriva de todas esas enseñanzas bolivarianas sobre la más adecuada conducción del Estado es la importancia que en una sociedad democrática tiene un Poder Judicial probo, independiente y técnico, para la protección y defensa de la libertad y de los derechos individuales. Sin justicia, insistió y enseñó Bolívar, no hay libertad ni democracia.

REFERENCIAS BIBLIOGRÁFICAS

Para facilitar la consulta y verificación de las citas que contiene el texto, se ha preparado la siguiente lista de obras consultadas en este estudio y que contiene recopilaciones o conjuntos de documentos de interés.

1. MEMORIAS DEL GENERAL O'LEARY

   32 Tomos más 2 índices. Primera edición oficial de Caracas, 1879 (32 Tomos). Segunda edición oficial (facsimilar) Caracas, 1981 (34 Tomos). En el texto se cita bajo la denominación «O'Leary» con indicación del Tomo en números romanos y la página en números arábigos.

2. DOCUMENTOS PARA LA HISTORIA DE LA VIDA PÚBLICA DEL LIBERTADOR

   14 Tomos más 1 índice. Recopilación de Blanco (José Félix) y Azpúrua (Ramón). Primera edición oficial, Caracas, 1875 (14 Tomos). Segunda edición oficial (facsimilar), Caracas, 1977 (15 Tomos). En el texto se cita bajo la denominación «Documentos Blanco y Azpúrua» con indicación del Tomo en números romanos y la página en números arábigos.

3. COLECCIÓN DE DOCUMENTOS PARA LA VIDA PÚBLICA DEL LIBERTADOR

   32 Tomos por Cristóbal Mendoza y Francisco Javier Yanes. Primera edición. Caracas, 1826. Segunda edición (facsimilar. Fundación Diana Mendoza Ayala). Caracas, 1983. En el texto se cita bajo la denominación «Colección Yanes y Mendoza» con indicación del Tomo y página.

4. CARTAS DEL LIBERTADOR

   8 Tomos. Edición de la Fundación Vicente Lecuna y del Banco de Venezuela. Recopilación de Vicente Lecuna. Caracas, 1981. En el texto se cita como «Cartas del Libertador, Colección Lecuna» con indicación del Tomo y página.

5. ESCRITOS DEL LIBERTADOR

   14 Tomos. Edición de la Sociedad Bolivariana de Venezuela. Obra en curso de publicación.

6. DECRETOS DEL LIBERTADOR

   3 Tomos. Edición de la Sociedad Bolivariana de Venezuela. Caracas, 1961 (Imprenta Nacional). En el texto se cita con indicación del Tomo en números romanos y la página.

7. PROCLAMAS Y DISCURSOS DEL LIBERTADOR

   1 Tomo. Recopilación de Vicente Lecuna, Caracas, 1939. (Existe una segunda edición de esta obra, en reproducción facsimilar, ordenada por la Gobernación del Estado Miranda, con presentación de Ildefonso Leal. Caracas, 1982).

8. ITINERARIO DOCUMENTAL DE SIMÓN BOLÍVAR

   Un Tomo. Edición de la Presidencia de la República. Caracas, 1970.

9. CUERPO DE LEYES DE LA REPÚBLICA DE COLOMBIA

   Edición del Consejo de Desarrollo Científico y Humanístico de la Universidad Central de Venezuela. Caracas, 161.

10. EL LIBERTADOR Y LA ORDENACIÓN DEL ESTADO EN 1813

    Estudio bibliográfico por Pedro Grases y Estudio Jurídico-Político por Tomás Polanco Alcántara. Edición del Colegio Universitario Francisco de Miranda. Caracas, 1979.

11. EL LIBERTADOR Y LA CONSTITUCIÓN DE ANGOSTURA DE 1819

    Transcripción y notas de Pedro Grases y prólogo por Tomás Polanco Alcántara. Edición del Banco Hipotecario de Crédito Urbano. Caracas, 1970. Se cita en el texto como «Constitución de Angostura». Edición Grases-Polanco.

12. SIMÓN BOLÍVAR. PROYECTO DE CONSTITUCIÓN PARA LA REPÚBLICA BOLIVIANA

    Estudio bibliográfico por Pedro Grases y Estudio Jurídico-Político por Tomás Polanco Alcántara. Ediciones Lagoven, Caracas, 1978. Se cita en el texto como «Constitución para Bolivia». Edición Grases-Polanco.

La política diplomática de Simón Bolívar

El 8 de enero de 1822, Simón Bolívar como Presidente de Colombia, decía a ese otro grande Libertador de América, don Bernardo O'Higgins: «nos falta poner el fundamento del pacto social que debe formar en este mundo una Nación de Repúblicas» y le propuso que los entonces existentes cinco Estados de América se asocien, pues América «reunida de corazón, sumisa a una Ley y guiada por la antorcha de la libertad, será irresistible»[1].

¡Una nación de Repúblicas! Bolívar penetraba con esa idea en la esencia de lo que había sido, era y debía seguir siendo América.

En efecto, nadie puede dudar de la realidad que significa para una sociedad como la americana haberse formado durante tres siglos bajo un sistema de unión dentro de la diversidad. Tres siglos son suficientes para imprimir un carácter, prácticamente indeleble, a determinada forma de vida social. Durante todo ese tiempo América, desde la California y la Florida hasta la Tierra del Fuego había integrado una extensa unidad que servía de apoyo y fundamento al Imperio español. Dentro de esa unidad coexistían sistemas sociales, administrativos y económicos totalmente diferentes, cada uno con sus propias condiciones, características y facetas; pero todos organizados en un complejo y eficiente sistema que tenía como cabeza una de las dos coronas del Rey de España.

Al romperse el Imperio español, prácticamente todas y cada una de esas diversas porciones del Continente americano, se transformaron en Repúblicas, soberanas e independientes; pero el trasfondo producido por tres siglos de Historia obligaba y sigue obligando a esas Repúblicas a buscar una forma adecuada de Asociación que les permita seguir integrando una inmensa y poderosa unidad, ya no para servir de sostén a un Imperio sino para estar dotada de fuerza propia.

---

1 Bolívar a O'Higgins, *Cartas del Libertador*, Tomo III, p. 181.

Bolívar se percató de ello. Había estudiado cuidadosamente el pasado y el presente de América como lo demuestra, entre otros documentos, en su *Carta de Jamaica*[2] preparada en esa bella isla caribeña y donde estaba arruinado, solo, perseguido y hasta enfermo.

Tratándose, en la nueva situación americana de Repúblicas independientes, la única forma posible de establecer entre ellas los lazos adecuados para mantenerlas unidas en una gran «Nación» era mediante una continua, permanente y efectiva actividad diplomática.

La diplomacia se iba a convertir por tanto en una de las necesidades fundamentales de la nueva América. Por esa razón, parece adecuado que, en los actuales momentos, cuando la Organización de Estados Americanos concebida, con toda evidencia, como una forma de realizar el pensamiento de Bolívar, celebra esta sesión de su Consejo Permanente como homenaje especial durante la celebración del Bicentenario de Simón Bolívar, parezca oportuno hablar de la faceta diplomática de la obra bolivariana.

Bolívar comenzó su vida pública ejerciendo una representación diplomática: la de la naciente República, todavía no independiente del todo, ante el Gobierno inglés, para hacerle saber la posición adoptada en Caracas.

En adelante le correspondió con distintos títulos y condiciones la posición suprema del Estado.

Estuvo siempre plenamente consciente de la importancia de la relación diplomática en la vida del Estado y del uso de la diplomacia como instrumento de gobierno. Para entender el porqué de esa actitud suya conviene exponer algunas consideraciones sobre su formación política.

La parte fundamental de su educación la recibió en Europa: vivió la realidad de la Corte de Madrid, presenció el ascenso de Napoleón, visitó el continente europeo de una parte a la otra, estudió directamente, la potencia de Inglaterra. Observó el papel que en el mundo iban tomando los Estados Unidos.

Es muy probable que, por esa razón, su estructura mental como político y hombre de gobierno tomaba en cuenta una realidad que no existía para muchos de sus compañeros en la lucha por la Independencia. Esa realidad era le evidente importancia que para la causa americana tenía que significar, primero de Napoleón como fuerza destructora del poderío imperial de España; luego, la agrupación de los Soberanos europeos en contra de su nuevo

---

2 *Itinerario Documental de Simón Bolívar*. Ediciones de la Presidencia de la República. Caracas, 1971, p. 115.

y extraño enemigo, como sin duda lo era, el propio Napoleón. En seguida la categoría que asumía Inglaterra el perder España su primer rango y ser derrotado Napoleón. Por último, la influencia de los Estados Unidos por la fuerza propia y por sus características peculiares.

Por tanto, Bolívar estaba en condiciones de establecer comparaciones y relaciones que para otros no eran fáciles o posibles. ¿Podía enfrentarse a Europa o a cualquiera de las potencias un pequeño y débil Estado como tenían que serlo las nuevas Repúblicas? ¿Admitirían esas potencias, sobre todo Inglaterra y los Estados Unidos, la existencia de los Estados sustitutos del antiguo Imperio español?

Ello explica la constante preocupación del Libertador, dondequiera que se encontrare, por estar al tanto de la situación política de Europa y de los Estados Unidos mediante la lectura y estudio de libros y periódicos y una activa correspondencia con personas que podían mantenerlo al día en esta clase de asuntos.

Conviene mencionar que Bolívar siempre estuvo consciente de que tenía que manejarse, casi únicamente, con la fuerza moral y jurídica de los argumentos políticos y de la persuasión, ya que carecía de fuerzas militares o económicas para utilizarlas como medios de presión. Su diplomacia fundamentada en principios fue estrictamente intelectual, ética y política, sin que ello signifique que haya dejado de tomar en cuenta consideraciones pragmáticas que podían ser de interés de la contraparte.

La orientación de la diplomacia tenía para Bolívar dos frentes completamente diferentes: por un lado, el que ofrecían los países europeos y los Estados Unidos y por el otro, el de las otras repúblicas americanas. Con respecto a los primeros, la exigencia de igualdad de trato tenía que ser cuestión de principio; con los segundos, la igualdad política no ameritaba discusión.

Desde sus primeras instrucciones, obliga a sus comisionados en Europa a hablar con las potencias «siempre sobre un pie de igualdad».

Atendió en forma meticulosa, intensa y atenta el más grave problema diplomático que debía enfrentar: lograr el reconocimiento del nuevo Estado por las grandes potencias del momento, por la Santa Sede y por la propia España.

Tenía además que cuidar permanentemente las relaciones bilaterales con las nuevas repúblicas de América, concibió y comenzó a realizar el gran proyecto, que hoy es realidad, de la relación multilateral americana.

Utilizó como Cancilleres a hombres eminentes, como Pedro Gual a quien hace muy poco tiempo esta Organización de Estados Americanos ha rendido especial homenaje[3] y escogió como representantes diplomáticos a los ciudadanos más distinguidos, más leales y mejor preparados que pudo encontrar a su alrededor.

Manejó los mejores métodos diplomáticos: entrevistas en la Cumbre, como indudablemente lo fue la reunión en Guayaquil con ese insigne, extraordinario y magnífico prócer José de San Martín, el Gran Libertador del Sur; la relación directa con otros Jefes de Estado a través de una nutrida correspondencia; la permanente acción de su Cancillería; la constante y metódica búsqueda de soluciones aun en los momentos más difíciles y con los procedimientos más audaces.

Por eso Bolívar merece ser ubicado, con toda justicia, entre los creadores de la diplomacia americana.

Pero estas afirmaciones dejarían de tener valor si no están respaldadas por argumentos concretos, con realidades que pueden palparse y que conviene conocer.

Todo diplomático con alguna experiencia en el oficio entiende muy bien las diversas modalidades que en determinados momentos debe enfrentar la diplomacia para resolver problemas circunstanciales que, con el tiempo, desaparecen como motivo de negociación mientras que otra clase de cuestiones, cuya atención diplomática nunca termina, forman un tejido inacabable en las relaciones entre los Estados. Además, todos conocemos los distintos métodos que diferencian a la diplomacia bilateral de la diplomacia multilateral.

También es bien sabido el distinto trabajo de la diplomacia preventiva, que trata de evitar conflictos entre los Estados y la que podía llamarse diplomacia curativa, que necesita encontrar a veces rápidamente la mejor solución posible no a conflictos eventuales que puedan presentarse sino a uno que es una cierta y a veces hasta terrible realidad.

El grado de importancia de la relación diplomática tiene tres niveles diferentes que deben estar en perfecta armonía: el del Jefe de Estado o de Gobierno, el de su Canciller y el de su representante diplomático. El Jefe del Estado toma la decisión definitiva, el Canciller prepara y propone las líneas de política diplomática. El representante diplomático cualquiera que sea su rango, la ejecuta y colabora en su preparación.

---

3 VÍCTOR GIMÉNEZ LANDÍNEZ. *Discurso de Homenaje a Pedro Gual*. Ediciones de la Presidencia de la República. Caracas, 1983.

Cuando los tres poseen una clara idea del papel de cada uno de ellos en la actividad diplomática, es razonablemente posible que el éxito premie sus esfuerzos; pero si falla una cualquiera de esas tres piezas, es muy probable que la contraparte se encuentre en ventaja.

La diplomacia no es un arte abstracto. Supone manifestaciones concretas. Unas en el Jefe del Estado. Se pueden observar en el Libertador: sabiduría, prudencia, información, habilidad, tacto, audacia, espíritu patriótico superlativo.

Pero el Jefe del Estado actúa siempre por medio de su Cancillería. La esplendorosa figura de Pedro Gual como Ministro de Relaciones Exteriores de Bolívar muestra clarísimamente las cualidades de un Canciller: patriotismo que no deja lugar a dudas aun cuando negocie con espíritu de concordia; absoluta fidelidad al Jefe del Estado; conocimiento exacto de los intereses del país; utilización oportuna de los medios adecuados; suficiente cultura jurídica y política; habilidad negociadora; trabajo infatigable; aceptación de los riesgos, incluso de carácter personal; confianza en sus subalternos; conocimiento de las cualidades y características de la contraparte; cortesía, buen trato y don de gentes.

Y, por último, la diplomacia necesita al representante diplomático. Bolívar lo bosquejó, desde 1813, así: «A más de su ilustración y gran patriotismo, debe tener los finos modales y las disposiciones necesarias para entrar en negociaciones con los ministros de una nación poderosa, en una Corte culta, y todo el carácter indispensable para sostener la dignidad de los pueblos cuyos intereses se le confían, y ha de desempeñarla con actividad por importar tanto la pronta determinación de este asunto»[4].

Ilustración, patriotismo, finos modales, aptitudes de negociación, cultura, carácter para sostener la dignidad de la República y actividad en la defensa de los intereses nacionales, siguen siendo todavía las características esenciales que ha de reunir quien tenga a su cargo la jefatura de cualquier misión diplomática.

Ante la imposibilidad de exponer todo el conjunto de la acción diplomática de Bolívar[5] nos ha parecido de interés considerar sólo algunos de esos aspectos.

---

4 *Escritos del Libertador*. Tomo VI, p. 110 (Documento 667).

5 El tema está siendo estudiado por el Embajador Armando Rojas, quien editará próximamente un libro sobre el particular.

El primero de ellos es el que corresponde a los años 1813 y 1814 muy poco tratado por los estudiosos de temas bolivarianos y que manifiesta claramente una acción diplomática exclusivamente de principios y de ideales, porque la posibilidad práctica del éxito era entonces muy lejana.

El 6 de agosto de 1813 Bolívar llegó a Caracas después de haber realizado la campaña militar que la historia venezolana conoce con el adjetivo de «Admirable». Organizó entonces el gobierno de la que trataba de ser la rehecha República. Asume la autoridad suprema con el compromiso de utilizarla sólo en forma provisional, convocar a una asamblea popular que decidiese sobre el tema y realizar una intensa acción de gobierno en la cual no podía faltar la gestión diplomática pues las circunstancias propias del momento, debidamente calificadas por el Libertador, le hicieron atender cuidadosamente, dentro de sus posibilidades, al problema inmediato de la política exterior como necesidad de su gobierno.

En estas materias las preocupaciones del Libertador estaban centradas sobre lo siguiente: el efecto de la derrota de Napoleón sobre la política interna de España y la situación general de Europa y la relación e influencia específica que tendrían entonces Inglaterra y los Estados Unidos.

Tenía absoluta razón el Libertador al preocuparse por loe efectos de la derrota de Napoleón y advirtió las consecuencias políticas que se iban a producir de inmediato pues al estar España libre de la dominación francesa «volverá sus miras hacia la América».

Ante esa situación, había una sola acción posible: negociar con Inglaterra para obtener su colaboración política y militar.

La negociación implicaba el envío de diplomáticos ante Inglaterra y los Estados Unidos «para interesarlos en nuestra causa y que auxilien nuestros esfuerzos»[6].

Sin embargo, quiso aguardar, según sus propias palabras, el momento en que consideraba asegurada la suerte de Venezuela para pedir la amistad y auxilio «de la nación poderosa que era Inglaterra»[7].

Las instrucciones dadas a los agentes ante Inglaterra constituyen un cuidadoso y exacto documento diplomático[8].

---

6 *Escritos del Libertador*. Tomo IV, p. 29 (Documento 304).

7 *Escritos del Libertador*. Tomo VI, p. 61 (Documento 619).

8 *Escritos del Libertador*. Tomo VI, p. 279 (Documento 805).

En él ordena Bolívar explicar al Gobierno inglés el régimen político imperante en el país, con especial referencia al influjo del pueblo en la designación del Consejo Legislativo y a la protección de la propiedad por los tribunales.

Insiste en las ventajas para la Gran Bretaña de un comercio directo que le permitiría colocar en América sus manufacturas y recibir nuestros frutos.

Propone solicitar ayuda militar en forma de buques y armamento.

Insinúa por último obtener que el Gobierno británico, en vista de las dificultades que la guerra ocasiona al comercio, logre del Gobierno español el reconocimiento de la Independencia venezolana o el cese de las hostilidades y en caso necesario que Inglaterra aporte el auxilio militar para terminar pronto la guerra.

Bolívar dispuso expresamente que, de realizarse el entonces proyectado Congreso, que se llamó luego de Viena, los representantes de Venezuela estuvieren presentes para defender los intereses de América.

Señaló además que de haber en Inglaterra representantes de otras regiones de América, se tratase de actuar conjuntamente con ellos para formar un cuerpo de negociaciones.

Los conceptos del Libertador en esa materia eran el producto de su cuidadosa meditación política sobre la situación mundial.

Bolívar tenía la convicción de que la derrota de Napoleón iba a producir un evidente nuevo equilibrio entre las distintas naciones del continente europeo.

Ese equilibrio político parecía a Bolívar la clave diplomática para la Independencia: sólo una América libre garantizaba a Inglaterra que no habría predominio alguno en Europa, que pudiese lesionar los intereses británicos.

Para Bolívar, era claro que la ayuda de Francia a la América del Norte en la conquista de su libertad política estaba encaminada a reducir el poderío británico por el efecto de la pérdida de gran parte de sus posesiones americanas.

Napoleón, por su lado, de haber dominado a España, hubiera tratado también de controlar a América. Por esas razones, cuando Inglaterra destruye a Napoleón, esas batallas influyen también en la Historia y destino de América.

De allí su insistencia en destacar ante Inglaterra la ventaja que significaba para ella la libertad de América, pues una América libre, no controlada ni por Francia ni por España significa mantener el «equilibrio del Universo», es decir, la paz entre los grandes países del mundo.

No era la independencia una simple cuestión de pequeñas guerrillas locales, sino que se estaba discutiendo un tema de alta trascendencia política internacional, de dimensión mundial.

Era un cálculo cuidadoso, producto de un sereno estudio de la realidad histórica y política, resultado evidente de sus observaciones europeas y de su constante información sobre lo que pasaba en el mundo conocido; es más importante e interesante cuando lo hacía un joven de 30 años.

El esfuerzo para manejar esos conceptos lo ponen de manifiesto sus instrucciones ya citadas para los enviados a Inglaterra que tienen una serena y altiva dignidad, que no permite otra conducta sino la de «marchar siempre sobre un pie de igualdad», lo cual no deja de ser una pretensión admirable en quien apenas disponía de brevísimo poder y quiere tratar con el país, que según las propias palabras del Libertador, iba a llegar «al último punto de grandeza y de poder a que ningún pueblo del mundo había osado aspirar»[9].

A lo anterior se unen dos manifestaciones de audacia diplomática y política: la una era aspirar a estar presente en las deliberaciones del Congreso de Viena. Haría falta casi un siglo para que las grandes potencias internacionales a países que sólo tenían la fuerza de su derecho, pero sin poderío económico, militar y político.

La otra, la visión americana integral al proponer la negociación conjunta de todas las regiones de América.

Siempre es oportuno al insistir en esa visión americana del Libertador subrayar su insistencia en la negociación hecha conjuntamente por los representantes de otras regiones de América, que sigue siendo tema fundamental de la política diplomática hispanoamericana y su concepción de América unida: «debe ser un gran consuelo para nosotros, saber que cualquier ultraje que se haga a una pequeña porción del suelo colombiano (de Hispanoamérica), será vengado por infinidad de pueblos hermanos esparcidos sobre el nuevo hemisferio»[10], que es el mismo principio que será establecido más de un siglo después como base fundamental de la defensa recíproca de los países de América.

---

9 *Escritos del Libertador*. Tomo VI, p. 328 (Documento 852).

10 *Escritos del Libertador*. Tomo VI, p. 328 (Documento 852).

Tales temas continuarán después como sus objetivos políticos diplomáticos que culminarán en el Congreso de Panamá.

Quisiera referirme ahora, como otro aspecto de la actividad diplomática de Bolívar, a su relación directa con otros jefes de Estado.

La correspondencia entre jefes de Estado, cuando no se trata de simples fórmulas protocolares sino de documentos de contenido político, tiene un carácter particularmente delicado. Esos documentos siempre son cuidadosamente redactados para que digan exactamente lo que se quiere, cualquiera sea la interpretación que se les dé. Por tal razón, su estudio demuestra al investigador una modalidad muy clara del pensamiento del autor de la carta, pulida y filtrada en toda su integridad, pues allí no es posible salvedad, reserva o matiz, que no se haya querido expresamente dejar notar.

Ante la imposibilidad de analizar toda la correspondencia de Bolívar con otros gobernantes, tomaré dos casos, que son especialmente interesantes por los personajes a que se refiere: la relación epistolar de Bolívar con José de San Martín y Bernardo O'Higgins. Me lleva además a esa escogencia el hecho de tener por esos Próceres una especial admiración y respeto.

En ese sentido cuando me correspondió representar a mi país en la querida y noble República de Chile, y en la oportunidad de colocar en la residencia de nuestra sede diplomática en Santiago un hermoso retrato de Simón Bolívar, quise hacerlo ubicando al lado de Bolívar, a San Martín a la derecha y a O'Higgins a la izquierda.

Bolívar mantuvo una frecuente correspondencia con San Martín y con O'Higgins. Admiraba en ambos su esfuerzo, su sacrificio por la libertad de América y su devota dedicación a la causa de sus pueblos.

Esa admiración de Bolívar por los dos héroes del Sur estaba expresada en la forma como procuró mantenerles informados de cuento tema de interés se presentaba en la relación política americana. Por ejemplo, cuando todavía no había transcurrido un mes de la Batalla de Carabobo, escribe a los dos; a San Martín le dice: «Libertador de la América de Sur, Vuestra Excelencia debe creerme: después del bien de Colombia, nada me importa tanto como el éxito de las armas de Vuestra Excelencia tan dignas de llevar estandartes gloriosos»[11]. Y para O'Higgins sus palabras son: «Desde el momento en que la Providencia concedió la victoria a nuestras armas en Carabobo, mis primeras miradas se dirigieron al Sur, al ejército de Chile»[12].

---

11 Bolívar a San Martín, *Cartas del Libertador.* Tomo III, p. 111.

12 Bolívar a O'Higgins, *Cartas del Libertador.* Tomo III, p. 113.

Pocos meses más tarde, el 16 de noviembre de 1821, escribe de nuevo a San Martín: «Así es que yo creo que ahora más que nunca es indispensable estrecharnos y garantizarnos mutuamente»[13].

Y fue su gran empeño lograr la amistad de San Martín. Por eso después de la entrevista de Guayaquil, comunica con alborozo a Santander: «He logrado, gracias a Dios, con mucha fortuna y gloria, entre cosas muy importantes, la amistad de San Martín»[14].

Antes había escrito al propio San Martín: «Amigo lo llamo a usted y este nombre será sólo el que debe quedarnos en la vida, porque la amistad es el único vínculo que corresponde a hermanos de armas, de empresas y de opinión»[15].

Con respecto a don Bernardo O'Higgins no es menos expresivo: en carta del 29 de agosto de 1822 lo llama «adornado de relevantes cualidades» y muestra por él «cordial y francamente sentimientos de admiración y aprecio» y le expresa: «Ud. no repara en sacrificios por la Patria»[16].

Esa correspondencia logra el éxito deseado.

Bernardo O'Higgins, cuando Bolívar llega a Lima, se acerca a él vestido de traje civil, y según su biógrafo don Jaime Eizaguirre, le entregó su espada y pronunció estas palabras: «Señor, la América está libre. Desde hoy el General O'Higgins no existe. Sólo soy el ciudadano particular. Después de Ayacucho mi misión americana está cumplida»[17].

Y José de San Martín, cuando en gesto que lo ennoblece y le coloca entre los grandes próceres de la humanidad, decide no ejercer el poder sino ir a Europa a reposar en privado, lleva a su aposento en su retiro frente al mar, en la costa de Francia, un retrato de Bolívar que había pintado su hija Mercedes. Noble ejemplo de amistad y devoción.

La relación diplomática de Bolívar con esos otros Próceres no fue por tanto infructuosa: era el uso de la diplomacia directa, franca y abierta, entre hombres de altura no común y que tenían por delante sólo el supremo interés de sus pueblos.

---

13 Bolívar a San Martín, *Cartas del Libertador*. Tomo III, p. 157.

14 Bolívar a Santander, *Cartas del Libertador*. Tomo III, p. 264.

15 Bolívar a San Martín, *Cartas del Libertador*. Tomo III, p. 253.

16 Bolívar a O'Higgins, *Cartas del Libertador*. Tomo III, p. 279.

17 Véase JAIME EIZAGUIRRE, *O'Higgins*. p. 410. Santiago, 1946.

Una vez constituida la Gran Colombia como Estado soberano, Bolívar como Presidente y Gual como su Canciller, se enfrentan a dos clases diferentes de problemas diplomáticos: uno los de negociar el reconocimiento del nuevo Estado por parte de los países extranjeros, tanto de la propia América como de Europa; el otro el preparar las bases de lo que sería el sistema jurídico interamericano.

La conducción suprema de los negocios diplomáticos correspondía al Libertador; a Gual, como Ministro de Relaciones Exteriores, ejecutar y manejar la diplomacia bolivariana y aportar a la misma su sabiduría, su experiencia, su capacidad de trabajo y su habilidad innata para esta clase de asuntos públicos. Además, con sentido de disciplina política y fidelidad personal, continuamente informaba al Libertador de lo hecho y solicitaba sus instrucciones.

El momento histórico que se estaba viviendo durante estos años era de violenta transformación en el mundo.

España se verá en la necesidad de vender la Florida a los Estados Unidos. La Revolución de Riego obliga a Fernando VII a proclamar la Constitución de Cádiz; pero Luis XVIII de Francia, preocupado por el movimiento liberal español, facilita el regreso de Fernando al absolutismo con la presencia en España de los famosos «cien mil hijos de San Luis».

En Inglaterra, el suicidio de Lord Castlereagh en julio de 1822 permite el acceso al poder de Mr. Canning, quien hasta su muerte en 1827 se convierte en la figura central de la política europea.

Luis XVIII y luego Carlos X reinan en Francia y mientras tanto Luis Felipe, pariente de ambos, prepara el movimiento político que lo llevará al trono.

La Santa Alianza finaliza. Napoleón muere.

Europa se ve sacudida por movimientos revolucionarios en Portugal, Italia, Austria y Grecia.

En América del Norte, James Monroe finaliza su primera presidencia e inicia la segunda.

La acción diplomática de Bolívar y Gual tiene que desenvolverse dentro de las circunstancias que el medio internacional le estaba planteando. Debía manejarse el dificilísimo campo que determinaba la creciente influencia de los Estados Unidos en la política mundial, la posición inglesa frente a Europa, la inestabilidad política de Francia y los últimos años del absolutismo en España.

Todo estaba interrelacionado y difícilmente podía tocarse un aspecto que no repercutiera en los demás.

Al plantearse la necesidad que tenía Colombia de ser reconocida como país soberano, Bolívar y Gual distinguen muy bien como problemas diplomáticos completamente diferentes el reconocimiento por España, el reconocimiento por los Estados Unidos e Inglaterra y el que provendría de la Santa Sede, de Francia y de los países americanos.

El tema de las negociaciones diplomáticas con España era probablemente el más difícil que debía enfrentar Bolívar tanto desde el punto de vista político como en el de la técnica diplomática.

La lucha militar había sido contra España; la Independencia significaba separarse de España.

Psicológicamente parecía necesario desarrollar, al menos durante la guerra, una intensa actitud pública antiespañola; pero estaban detrás trescientos años de íntima unión con España y además era jurídica y políticamente claro que, sin discutir ni dudar acerca de la legalidad de los títulos americanos para constituirse en nuevas Naciones sobernas, el reconocimiento de éstas por España era un grave requerimiento político. Pero ¿cómo negociar con España, ¿dónde efectuar esas negociaciones, ¿quién debía realizarlas?

La correspondencia entre Bolívar y su Canciller Pedro Gual, desde 1812 en adelante, evidencia la preocupación de ambos por este delicado tema. Bolívar estaba convencido, como lo muestra su carta del 14 de enero de 1823, que España tarde o temprano daría el paso del reconocimiento. Él lo consideraba una necesaria realidad[18].

Poco conocido ha sido el gran esfuerzo que hicieron Bolívar y Gual en ese sentido.

Las negociaciones debían celebrarse primero en Caracas y luego en Madrid. Por documento fechado en Bogotá el 24 de enero de 1821, el Libertador designó a José Rafael Revenga y José Tiburcio Echeverría para que negociaren y firmaren con España cualquier declaración o Tratado de reconocimiento de Independencia, Libertad y Soberanía de Colombia, bajo el supuesto de que era su deseo y el de su gobierno «acelerar la más perfecta unión, amistad y buena inteligencia» con España. Las meticulosas instrucciones impartidas a los Plenipotenciarios les ordenaban negociar con plenitud de poderes en todos los difíciles aspectos que la materia implicaba.

---

18 Bolívar a Santander, *Cartas del Libertador*. Tomo III, p. 339.

Ambos Comisionados viajaron a España y para el día 30 de mayo del mismo año estaban en Madrid[19].

La negociación no era nada sencilla, sobre todo porque en España no existía una idea clara sobre el estado de la cuestión americana a pesar de que había sido discutida en las Cortes varias veces.

Recuérdese que ese momento coincide con la transformación temporal del absolutismo español por el alzamiento de Rafael del Riego. Los Plenipotenciarios venezolanos fueron recibidos por el Ministro de Estado que lo era Eusebio Bardaji y Azara[20].

La agitada situación política española del momento interfería cualquier negociación. Los Representantes venezolanos insistían, prudentemente, en la continuación de las negociaciones. Las Cortes trataron el tema; al fin el Gobierno español llegó a un dictamen definitivo considerando que no tenía posibilidad constitucional alguna de reconocer la Independencia de los países americanos y el 30 de agosto de 1821, ordenó la salida de España de los Comisionados de Bolívar.

A pesar de ello, dos años más tarde llegan a Puerto Rico Comisionados españoles para iniciar nuevas conversaciones. Gual lo comunica a Bolívar, pero el restablecimiento del absolutismo en España interrumpe cualquier posibilidad de arreglo.

La correspondencia de Bolívar con Gual después de estos acontecimientos nos muestra claramente el deseo constante en ambos para llegar a solucionar el problema diplomático de la relación con España.

Tanta preocupación tenía Bolívar sobre el particular que en carta al Presidente del Gobierno, Sr. Castillo, le dice el 19 de mayo de 1829: «mucho nos importa la paz con España»[21]. Y el mismo día ratifica a Estanislao Vergara estar incluso dispuesto a dar a España una compensación a cambio del reconocimiento[22].

---

19 PEDRO IGNACIO CADENA, *Anales Diplomáticos de Colombia.* Edición de 1878, p. 184.

20 Eusebio Bardaji y Azara (1776-1842). Ministro de Estado y Diplomático español durante Fernando VII e Isabel II.

21 Bolívar a Castillo, *Cartas del Libertador.* Tomo VII, p. 153.

22 Bolívar a Vergara, *Cartas del Libertador.* Tomo VII, p. 154.

Por su parte Gual con el mismo tono de pensamiento escribe a Bolívar desde Quito el 28 de julio de 1829 que no debe dudar en hacer la paz con España que parecía estar de nuevo dispuesta a negociarla con Colombia[23].

Fernando VII nunca admitirá la Independencia americana. Será después de su muerte cuando su hija y heredera Isabel II aceptará el hecho histórico. Se cumplieron entonces las palabras de Bolívar[24].

Las frases que encabezan las instrucciones de los Delegados Revenga y Echeverría muestran el ánimo de Bolívar de lograr «la más perfecta unión, amistad y buena inteligencia» entre España y América y van a constituir otra de las normas fundamentales de la diplomacia americana.

América no puede negar su origen español sin negarse a sí misma. España por su parte no puede olvidar que América es la mejor de sus realizaciones.

Bolívar es quien salva la Hispanidad. De no haber sido por la labor tesonera de Bolívar, el destino de América hubiera sido distinto y el mundo hispánico no existiría. No vivimos hoy un Imperio político; pero sí en una inmensa parte del mundo en donde nunca se pone el sol y donde se habla el español.

Las repúblicas americanas no están completas sin la compañía de España y por eso aquí en la Organización de Estados Americanos junto a los embajadores de nuestros países, está un embajador español.

La mejor prueba de la realidad de esa «perfecta unión, amistad y buena inteligencia entre España y América», que era el deseo de Bolívar, la tenemos en el hecho de que, el mes de junio de este año, la Unesco, a través de un jurado de altísima representación mundial, al buscar la persona que habría de recibir por primera vez el premio «Simón Bolívar», creado para distinguir a quien hubiere sido de los mejores realizadores del pensamiento universal de paz, que animó a Simón Bolívar, hubiere considerado que esa persona debía ser Su Majestad el Rey de España, el Sr. Don Juan Carlos de Borbón y Borbón.

Siguiendo un riguroso método para analizar la cuestión que nos hemos propuesto, quizá el más delicado y brillante ejemplo del manejo de la diplomacia por Simón Bolívar fue la forma como llevó adelante las relaciones del nuevo Estado con la Santa Sede. ¿Por qué?

---

23 Gual a Bolívar, *Memorias de O'Leary*. Tomo VIII, p. 454.

24 Los Tratados de Reconocimiento fueron firmados así: Con México, el 28 de diciembre de 1836; con Ecuador, el 17 de febrero de 1840; con Venezuela, el 30 de marzo de 1845; y con Chile, el 25 de abril de 1846.

Existió en la América Hispana una íntima relación de lo político y lo religioso. Como consecuencia de ello, la Santa Sede y la Corona española acordaron un mecanismo jurídico y político, a la vez que diplomático, que se conoce con la denominación del «Patronato Regio», conforme al cual las personas escogidas por la autoridad del Rey eran designadas por la Santa Sede como autoridades eclesiásticas de América.

Al ser efectiva la independencia, la situación de las nuevas repúblicas se volvía en esta materia extremadamente delicada y difícil.

El caso era diferente del que se presentó en el norte de América donde, por no haber existido el Patronato Regio, las autoridades eclesiásticas católicas pudieron seguir siendo designadas por Roma sin mayores dificultades.

También era distinta la situación del Brasil porque la Independencia brasilera no ocasionó conflictos con la metrópoli portuguesa.

En la América Hispana el problema se tornaba cada día más grave. Poco a poco iban quedando cargos vacantes eclesiásticos cuyos titulares fallecían, enfermaban o tenían que ausentarse. Y bien sabido es, no sólo que la religiosidad de los pueblos americanos causaba que en ellos la falta de pastores religiosos fuese de gravedad, sino que, además, importantes servicios públicos como lo son la educación popular, la atención hospitalaria, el manejo de cementerios, ciertas cuestiones judiciales, la autorización de matrimonios y todo el sistema de Registro Civil pertenecían a la competencia eclesiástica.

Un gobierno realmente interesado en los problemas de la comunidad no podía dejar de ocuparse de que todas esas necesidades fuesen oportunamente satisfechas. La única forma de lograrlo era un entendimiento diplomático con la Santa Sede.

El problema llegó a tener características tan graves que no faltaron propuestas firmes de llegar hasta un cisma religioso, solución que Bolívar sabiamente no quería ni podía aceptar.

Roma se convierte entonces en el centro de una dura batalla diplomática. El Rey Fernando VII, tal como hemos dicho, ni quiso admitir ninguna forma política o jurídica que pudiese significar el reconocimiento de la Independencia americana. Por esa razón Madrid instruye a su Embajador ante la Santa Sede para que insista, con todos los medios posibles de presión, para que el Patronato Regio sea mantenido, y por tanto el Santo Padre no designe a ningún Obispo para América sin la presentación por el Rey de un candidato[25].

Bolívar nombró a su representante ante el Santo Padre. Era un eminente diplomático, el Sr. don Manuel Tejada, hombre de amplia cultura, espíritu conciliador pero firme, absolutamente fiel a Bolívar y católico ferviente.

El representante de España, el Sr. Vargas Laguna, era también un diplomático de gran experiencia, devoto súbdito de la Corona y defensor a ultranza de sus derechos y privilegios.

El americano estaba en aparente desventaja frente al poderoso diplomático hispano porque la Santa Sede, aunque trataba con fina cortesía y hasta con cordialidad al Sr. Tejada, no podía fácilmente romper su vínculo secular con la Corte de Madrid.

El Papa no podía desconocer la importancia política de España, sobre todo en momentos como los que siguen en Europa, a la derrota de Napoleón y el surgimiento y predominio de la Santa Alianza.

Una batalla político-diplomática directa estaba por tanto condenada al fracaso o a tener éxito sólo muy a largo plazo. Bolívar comprendió perfectamente bien lo complejo y grave de la cuestión y concibió para solucionarla una idea totalmente diferente de lo que hasta el momento se venía realizando. ¿Podría acaso en Santo Padre, ya no como Jefe temporal de un Estado sino como cabeza de una Iglesia de creyentes, desatender el pedido, no de un jefe político y militar, sino de un Obispo fiel a Roma que clamase por la necesidad de atención espiritual de los fieles?

Bolívar trató directamente el problema con el Obispo de Mérida de Venezuela, el doctor Rafael Lasso de la Vega[26].

El Obispo Lasso comprendió perfectamente bien la situación: no es posible que Colombia continuase sin Obispos, sin Vicarios, sin Canónigos y sin Párrocos y por eso dirige personalmente una hermosísima carta al Papa Pío VI expandiéndole el grave estado religioso de la República y pidiéndole la caridad de una solución.

---

25 El tema está analizado con abundante y completo apoyo documental por el P. PEDRO LETURIA, especialmente en su obra «Relaciones entre la Santa Sede e Hispanoamérica», Tomo II. Edición conjunta de la Sociedad Bolivariana de Venezuela y la Universidad Gregoriana de Roma. Caracas, 1959.

26 Sobre este importante e ilustre Obispo, véase la información que nos suministra Mons. NICOLÁS E. NAVARRO en *Anales Eclesiásticos de Venezuela*, segunda edición 1951, p. 532.

Pío VI no quiso dejar de oír a un Obispo que le hablaba con humildad y espíritu cristiano y por eso sometió el tema al estudio de sus Cardenales.

Al poco tiempo muere Pío VI, pero su sucesor, Pío VII continúa en la misma línea y pide más amplios informes al propio Obispo Lasso de la Vega.

El representante diplomático de Bolívar, Sr. Tejada, no presenta entonces a la Santa Sede escritos políticos sino se limita a consignar en la Secretaría de Estado la correspondencia del Obispo.

Los organismos de la Santa Sede continúan deliberando.

Fray Mauro Capellari, quien después sería Cardenal y posteriormente Papa, sustituto de Pío VII con el nombre de León XII, prepara el texto de las recomendaciones que la Sagrada Congregación de Cardenales presentaría al Santo Padre. Allí se dice que era necesario a los intereses espirituales de la Iglesia, designar Obispos para Colombia y considerar suspendida, por las circunstancias, la vigencia del Patronato Regio.

Con esa secular sabiduría de la diplomacia vaticana, la decisión que los Cardenales someten al Papa y que éste aprueba, menciona que el Papa debía hacer uso de su facultad personal de nombrar *motu proprio* a los Obispos sin necesidad de esperar propuestas del Rey de España, ni tampoco presentaciones de candidatos por las autoridades republicanas. En esa forma el Papa designó Arzobispos para Bogotá y Caracas y Obispos para varias Diócesis de la República.

La noticia llega a Bogotá y a Madrid y como era lógico produce reacciones diferentes. Para Bolívar significaba un gran triunfo diplomático pues había logrado el final del control de la Corona sobre un aspecto tan importante de la vida americana como lo era la actividad religiosa.

En cambio, para Fernando VII en Madrid, la decisión Papal implicaba el rompimiento de la ilusión que le quedaba de continuar participando directamente en la vida de América.

La conclusión que puede obtenerse es una sola: Bolívar había usado, oportuna y eficazmente, un medio diplomático extraordinario que le proporcionó el resultado apetecido; en el caso particular de la Santa Sede, la finalidad diplomática del Libertador no era, en el momento obtener el reconocimiento político, sino establecer un nuevo mecanismo eclesiástico que sustituyera al tradicional Patronato Regio y romper así otro vestigio importantísimo de la autoridad de España en América.

Con los Estados Unidos, Inglaterra, Francia, los Países Bajos y los países escandinavos, el problema diplomático era diferente: sí se trataba de obtener el reconocimiento político de la soberanía de Colombia.

Aunque cada uno de los reconocimientos tuvo sus propias características, coinciden todos en el hecho de que para esos países reconocer el carácter soberano de Colombia implicaba adoptar una actitud política frente a la situación europea del momento.

El fortalecimiento de la Santa Alianza y por ende la nueva tendencia al establecimiento de monarquías absolutas, significaba un escollo poderoso que entorpecería la actividad diplomática de Bolívar y Gual.

Es muy importante para estas consideraciones hacer referencia inicial al caso concreto de las relaciones con los Estados Unidos, cuyo desenvolvimiento afectará en forma positiva la situación diplomática con Europa.

Bolívar escogió como Representante de Colombia en los Estados Unidos, al Sr. don Manuel Torres, español de origen, devoto amigo de América, hombre de extensa cultura, matemático de profesión y quien por mucho tiempo había residido en los Estados Unidos, país a donde debió emigrar en razón de las dificultades que encontró en su patria de origen por causa de sus ideas liberales.

El año de 1819 recibió el encargo de negociar el reconocimiento de la Independencia por parte de los Estados Unidos. La opinión pública norteamericana era favorable a la causa de la América Hispana, pero el Gobierno de Washington encontraba ciertas dificultades políticas para admitir oficialmente y de una vez la nueva situación política de América: la principal cuestión en esos aspectos era su delicada situación ante España con la cual trataba la adquisición de la Florida. Esa negociación culmina con la cesión de Florida a los Estados Unidos por el Tratado del 22 de enero de 1821.

De allí en adelante las gestiones del Sr. Torres se facilitaron notablemente.

El Presidente Monroe, para estos tiempos ya había pasado los 65 años, era un vigoroso político que había participado en la Revolución americana y sentía al país como algo que él había contribuido a crear. Su experiencia como Senador del Estado de Virginia, Secretario de Estado y Secretario de Guerra y Ministro de Estados Unidos, primero en Francia y después en Inglaterra, le proporcionaban una considerable magnitud de conocimientos políticos para desenvolverse con distinción en la Presidencia de los Estados Unidos.

El Presidente Monroe conocía personalmente a Gual desde cuando éste, en sus años de residencia en los Estados Unidos, debió tratar continuamente con el Gobierno norteamericano los proyectos de convertir a la Florida, en una República independiente y de disponer en esa otra forma de un puerto sobre el Golfo de México.

En el mensaje dirigido por Monroe al Congreso norteamericano, el 7 de diciembre de 1819, a pesar de que insiste en la neutralidad de los Estados Unidos en el conflicto entre América Latina y España, anuncia su criterio personal de que España, a la larga, cederá y propone que se autorice a abrir puertos norteamericanos para buques de los países de América del Sur.

En el mensaje del 8 de marzo de 1822[27] Monroe cambia de actitud y a pesar de una aparente neutralidad, expresa el júbilo de los Estados Unidos por el avance de la Revolución y la consolidación de la libertad política en América del Sur y ofrece que al estar establecida la plena independencia no se podrá negar el reconocimiento de los nuevos gobiernos.

La acción diplomática se dirige entonces en forma preponderante y activa hacia los Estados Unidos. En carta del 9 de mayo de 1822 dice Gual al Libertador: «tengo el singular placer de comunicarle a V.E. que los Estados Unidos acaban de reconocer a Colombia»[28]. En diciembre de 1823 recibe las credenciales del representante americano. Y la *Gaceta de Colombia* del 21 de agosto de 1825[29] da la noticia de la firma de un Tratado de paz, amistad y comercio con los Estados Unidos que había negociado cuidadosamente. Así le notifica el 25 de septiembre de 1824: «El Tratado con los Estados Unidos nos hará un bien inmenso bajo un punto de vista político y mercantil. Nada se concede en él que no podamos conceder a todos y se ponen al mismo tiempo en claro todos aquellos puntos de derecho internacional que pudiesen causar disputas en lo venidero»[30].

Reconocida la Independencia por los Estados Unidos, la situación con Inglaterra cambiaría rápidamente.

La negociación con Inglaterra asumía características especialmente complejas para Colombia. El gobierno colombiano había designado a Francisco Antonio Zea para actuar en Londres, principalmente en la negociación de empréstitos. La grave situación creada por esas negociaciones motivó en

---

27 Recopilación de Blanco y Azpúrua, Tomo VIII, p. 320.

28 Gual a Bolívar, *Memorias de O'Leary*. Tomo VIII, p. 432.

29 *Gaceta de Colombia*, Tomo II, número 201.

30 Gual a Bolívar, *Memorias de O'Leary*. Tomo VIII, p. 432.

Londres un ambiente negativo contra el prestigio financiero de Colombia. Zea murió el 28 de noviembre de 1822. Era necesario enfrentar el problema político y diplomático con el financiero.

La muerte casi simultánea del Lord Castlereagh y de Zea hacían ese esfuerzo prácticamente inútil. Había un nuevo Primer Ministro y era necesario un nuevo representante diplomático. Gual escogió para esas funciones a la persona más indicada en ese momento, el señor José Rafael Revenga.

Este eminente prócer, servidor constante y eficiente de la causa republicana, siempre estuvo donde debía estar, no pocas veces fue víctima de atropellos personales por cumplir con su deber y nunca vaciló su espíritu recto. La patria americana debe a Revenga un testimonio de gratitud y admiración. Revenga fue sustituido por el señor José Manuel Hurtado, Senador ante el Congreso.

Gual lo califica como de lo más decente del Congreso colombiano. Era un hombre rico, había vivido en Europa y hablaba francés. En Londres tendría la magnífica colaboración de don Andrés Bello, de quien era amigo personal.

El nuevo Canciller inglés era Mr. Canning, otrora opositor de Lord Castlereagh. Fue Mr. Canning, en su tiempo, la persona fundamental para la política americana ante los países europeos. Británico ciento por ciento, no estaba dispuesto a aceptar que España pudiere recuperar su antiguo imperio en perjuicio de Inglaterra.

Bien sabía Mr. Canning que ello ya era imposible política y militarmente. En otro tiempo, cuando Napoleón invadió a España Mr. Canning también entonces Canciller de Inglaterra favoreció la causa española y realizó todo lo necesario para la expedición de Wellington a la Península. Pero entonces al favorecer militarmente a España, Mr. Canning atacaba al enemigo de Inglaterra como lo era Napoleón. En 1822 la situación resultaba distinta. Ante todo, para él, estaba Inglaterra. Por eso manifestó claramente, ante el Parlamento que, unidas Francia y España en pactos políticos, Inglaterra no podía tolerar que se mantuviera la influencia de España en América y que por eso él había llamado al nuevo mundo a la libertad para restablecer el equilibrio del Universo. Eran las mismas palabras que había usado Bolívar para justificar políticamente la independencia, entonces apenas ideal, de los países de América.

Mr. Canning decide enviar a Colombia dos delegados, Mr. Hamilton y Mr. Campbell, para que le informen sobre el estado del país y según tal informe decidir sobre el reconocimiento.

Las negociaciones continúan adelante y el 21 de septiembre de 1824 Gual informa a Bolívar que el reconocimiento por Inglaterra está prácticamente asegurado.

A los efectos de ese reconocimiento los señores Hamilton y Campbell, el 18 de abril de 1825 firman con Gual el Tratado de amistad, comercio y navegación. Es interesante mencionar que, de los quince artículos del Tratado, catorce se refieren a temas comerciales. Ese carácter crematístico queda sin embargo ennoblecido por el mutuo compromiso de abolir e impedir el infamante tráfico de esclavos[31].

Bolívar había estado perfectamente en cuenta de la dificultad intrínseca de cualquier relación con Inglaterra. Era el país que probablemente había estudiado mejor en sus instituciones y carácter. Además, su primer servicio a la naciente República, el año de 1810, ya lo hemos dicho, había sido precisamente la de acudir a Londres acompañado de Luis López Méndez y de Andrés Bello para informar al gobierno británico sobre la posición venezolana ante la presencia de Napoleón en España.

Todo diplomático experimentado sabe lo difícil que es llevar a cabo con éxito una misión simplemente informativa. Apenas tenía entonces 27 años; pero es evidente que la labor que desarrolló fue exitosa. Desde entonces Bolívar siempre encuentra en Inglaterra un lugar donde no resultaba demasiado difícil hallar gente amiga e incluso dispuesta a participar, a título privado, en el ejército republicano; lo prueba la existencia en él de la inolvidable Legión Británica; una cuidadosa investigación hecha en la prensa inglesa en la época demuestra la atención que la opinión pública británica prestaba a la persona y obra de Bolívar[32], pero bien sabía Bolívar que Inglaterra tendría dos miras fundamentales en cualquier consideración hacia América; el comercio de sus barcos y su interés antiespañol. Tales factores eran fundamentales para poder dirigir la compleja negociación diplomática con el naciente Imperio británico. Bolívar no lo olvidaría.

Dentro de todo el conjunto de la diplomacia bolivariana, merece la pena destacar los problemas especiales que suscitó la relación con Francia.

Todos sabemos que Francia ocupa un lugar muy especial en el alma de Latinoamérica. El hombre latinoamericano siempre ha visto en Francia el centro de la civilización, de la cultura, de la libertad, de la luz, de la belleza, del arte.

---

31 Puede leerse el Tratado en la Recopilación *Tratados Públicos y Acuerdos Internacionales de Venezuela*, Tomo I, p. 49.

32 Investigación realizada bajo la dirección del Embajador Néstor Coll Blasini y actualmente en etapa de publicación.

Para Francia el problema de América y su Independencia estaba íntimamente ligado a su política frente a Inglaterra y España. Cambia, como es lógico, de la época de Napoleón a la de Luis XVIII, de ésta al reinado de Carlos X y por último adoptará otro rumbo con Luis Felipe.

Restablecido el régimen borbónico en Francia, Luis XVIII trata de sostener a Fernando VII como Monarca absoluto en el trono de España. La experiencia fracasa políticamente y crea a Francia un nuevo problema: ¿perderá su posible influencia en América para sostener a Fernando? ¿Admitiría entonces que, mientras tanto, Inglaterra se apodere de los crecientes y útiles mercados americanos?[33].

El gobierno de Carlos X no parecía dispuesto a permitirlo. Escogió a un avezado diplomático, M. Charles de Bresson, para que hiciese un viaje de exploración por los países americanos. Ese viaje no alteraría al menos en teoría la neutralidad de Francia en la lucha o conflicto de España con sus antigua colonias y permitiría a París tomar decisiones oportunas sobre si era o no factible reconocer a las nuevas repúblicas. Mientras tanto algunos cónsules se ocuparían de los negocios de Francia en los comercios americanos.

M. Bresson había sido hasta esa fecha diplomático francés en el Ministerio de Relaciones Exteriores, en Río de Janeiro y en Washington; después sería Secretario en Londres, Ministro en Prusia, Canciller de Francia en 1834, elevado más tarde a la nobleza como Conde y Par de Francia, nombrado Embajador en España y luego en Nápoles. No era por tanto un hombre de segunda clase ni tampoco un inexperto funcionario.

El señor Bresson arribó a La Guaira en febrero de 1829 y enseguida marchó a Bogotá a donde llegó en abril del mismo año. Fue recibido oficial y solemnemente por el Gobierno como indicio del futuro y posible reconocimiento de la República por Francia.

El ambiente para Bresson era favorable: la simpatía americana por Francia, acongojada por la actitud francesa de apoyo a España, veía con agrado todo camino que fuere favorable a los intereses republicanos.

Pero es el caso que el señor Bresson, a pesar de su veteranía diplomática, cae en un grave error de diagnóstico, frecuente en los diplomáticos que se apresuran a creer que conocen un país al cual acaban de llegar, y fue el apreciar que tendría acogida general un proyecto de algunos políticos,

---

[33] El tema está analizado detenidamente por el Dr. CARACCIOLO PARRA PÉREZ en su obra *La Monarquía en la Gran Colombia*. Madrid, 1957, Ediciones de Cultura Hispánica.

entonces muy confidencial y que Bresson apoyó con toda su fuerza: nada menos que convertir a la República en una Monarquía, colocar a Bolívar al frente de ella y designar como sucesor a un príncipe europeo. Bresson cree esa solución excelente para que, mediante la escogencia de un príncipe de la casa de Orleans, Francia tuviese en Colombia una influencia preponderante sobre la de Inglaterra y los Estados Unidos.

El señor Bresson, creyendo realizar una exitosa labor diplomática, se encontró ante dos difíciles escollos que no pudo superar: uno, el desagrado de su gobierno por tales gestiones y el otro, el absoluto rechazo por parte del Libertador a proyectos que habían sido elaborados sin su conocimiento ni participación. Recibe una nota mediante la cual se le comunica oficialmente que el Libertador no está dispuesto a apoyar semejantes planes. Bresson se va de Colombia. Carlos X es sustituido en Francia por Luis Felipe quien sí quiso reconocer a la República. Bolívar no verá ese reconocimiento porque fallece antes de que fuese acordado.

Tales hechos muestran otro aspecto de la diplomacia bolivariana: no se dejaba seducir Bolívar sino por el interés de la República y no por la habilidad de un negociador que, representando a un país por el cual Bolívar sentía tanta admiración y afecto, hacía proposiciones inaceptables. Y no vaciló Bolívar en imponer su autoridad por sobre la de su gobierno que sí había aceptado negociar.

Conviene ahora hablar, aunque sea en líneas generales, de la acción diplomática de Bolívar y de Gual, en torno al Congreso de Panamá.

El Congreso de Panamá muestra al estudioso de la diplomacia americana muchos aspectos que sería imposible tratar ni siquiera resumidamente en esta oportunidad. Supone además investigaciones complementarias sobre el estado político de cada uno de los países que intervienen en la reunión, pues esa situación afectó considerablemente a la forma como el Congreso se desarrolló; pero lo que nos importa en estos momentos es considerar la acción de Bolívar al concebirlo y además mostrar su influencia en el proceso evolutivo de las relaciones interamericanas.

Nadie puede dudar de la concepción americana de Bolívar. La expresión «Nación de Repúblicas» expuesta a O'Higgins es un perfecto resumen de lo que él quería decir.

La visión americana de Bolívar era para él tan importante que como ya citamos cuando en 1813 apenas tenía un discutible gobierno sobre una mínima porción de Venezuela, ordenaba a sus representantes en Inglaterra que todo asunto que fuere a ser tratado con las potencias europeas debía ser negociado conjuntamente con los representantes de otras regiones de América.

Por tales razones apenas tiene resuelto el problema militar de la Independencia, empieza a desenvolver una extensa red diplomática para obtener un acuerdo político entre los nacientes Estados; con tal fin envía a Joaquín Mosquera ante los gobiernos del Perú, Chile y Buenos Aires y a don Miguel de Santamaría ante el gobierno de México.

Negocia además con las Provincias unidas de Centroamérica.

El resultado de todas esas operaciones es un hermoso conjunto de Tratados que se firman, por Mosquera con el Perú el 6 de julio de 1822, con Chile, el 21 de julio del mismo año y con Buenos Aires, el 8 de marzo de 1823 y el Tratado con Centroamérica lo firma el propio Gual en Bogotá, el 15 de marzo de 1825.

Ahora bien, resulta especialmente interesante considerar en esos Tratados dos aspectos; el primero, las instrucciones impartidas por Bolívar a los diplomáticos que los negociaron y el segundo, la coincidencia en el texto de ciertos artículos fundamentales en todos ellos que fueron redactados, siguiendo el modelo dictado por Bolívar.

La prueba documental de esa afirmación es muy sencilla porque existe en los archivos el original de tales instrucciones y como anexo a las mismas el modelo de Tratado.

En las instrucciones de Bolívar a sus diplomáticos les advierte que la formación de una liga americana debe ocupar la atención primordial de las negociaciones, porque «nada interesa más en estos momentos».

¿Cómo sería esa liga? Bolívar indica en esas instrucciones su pensamiento sobre el particular.

1. Debía ser una «Sociedad de Naciones hermanas».

2. Estas naciones actuarían «en ejercicio de sus soberanías»; «unidas, fuertes y poderosas».

3. Las Naciones americanas se reunirían en un congreso «que dé impulso a los intereses comunes de los Estados americanos» y además dirima sus discordias.

4. Sería una organización no para la sola defensa y ataque, sino algo mucho más estrecho y profundo y en tal característica se iba a diferenciar de las ligas y alianzas europeas.

Ése era el pensamiento bolivariano expresado en sus instrucciones diplomáticas que hemos mencionado. Da alegría advertir que todos los países con quienes se negoció el asunto aceptaron plenamente la idea de enviar sus representantes a una Asamblea de Plenipotenciarios, que sería oportunamente convocada y que esa Asamblea en ningún caso afectaría ni la soberanía de cada Estado no su establecimiento y forma de gobierno.

Bolívar dirige la convocatoria desde Lima el 7 de diciembre de 1824 a los gobiernos de Colombia, México, América Central, Provincias Unidas de Buenos Aires, Chile y el Brasil.

Debe mencionarse en justicia que una idea semejante, a la de la Liga Americana, había sido también expresada en 1820 por el Prócer norteamericano Henry Clay entonces Presidente de la Cámara de Representantes de los Estados Unidos de América.

Desde Bogotá, en un documento evidentemente redactado por Pedro Gual, el gobierno colombiano invitó también al de los Estados Unidos.

Las instrucciones personales de Bolívar establecían previsiones para el caso de producirse durante el Congreso o antes de él alguna decisión sobre el estado de las islas del Caribe.

Pasarían muchos años para que las ideas de Bolívar tomaran realidad práctica. Los países americanos fueron paulatinamente aprendiendo la necesidad de reunirse y así se van celebrando conferencias en Washington en 1899, en México en 1901, Río de Janeiro en 1906, en Buenos Aires en 1910, Santiago de Chile en 1923, La Habana en 1928 y Montevideo en 1933.

En esta última conferencia se resuelve recordar expresamente las ideas de Bolívar.

En 1936 el Presidente de los Estados Unidos que lo era ese gran hombre de América y de la humanidad que fue Franklin Delano Roosevelt se dirige a todos los presidentes de América y los invita a reunirse en una Conferencia Extraordinaria encaminada a mantener la paz entre ellas y contribuir en pro de la paz mundial. Esta Conferencia reúne a lo más distinguido de la diplomacia americana del momento y constituye un extraordinario esfuerzo para sostener la armonía de los países americanos.

El desarrollo de estas intensas reuniones trajo como consecuencia la existencia de la Unión Panamericana y posteriormente la creación de la Organización de Estados Americanos pactada en Bogotá en 1848.

La atenta lectura de la Carta de la Organización de Estados Americanos emociona profundamente al ver en ella la práctica realización de los principios bolivarianos. Está hecha la Organización para lograr paz y justicia en América; solidaridad entre los países americanos; colaboración robustecida de unos con otros y defensa permanente de su soberanía, su integridad territorial y su independencia.

Al ver este proceso poco interesa considerar la forma como el Congreso de Panamá se desarrolló porque la idea que orientaba su reunión no era de las que importa como de inmediata realización sino de las que repercuten a través del tiempo en forma perdurable.

La Carta de la Organización de Estados Americanos es con toda evidencia una Sociedad de Naciones hermanas que tiene un sentido estrecho y profundo que, sin alterar sus respectivas soberanías, forman una poderosa unidad que impulsa sus intereses comunes y dirime sus discordias: la buena fe, la solidaridad, la condena de la guerra, el uso de procedimientos pacíficos para la solución de controversias, la cooperación económica, la proclama de los derechos fundamentales de la persona, la orientación de la enseñanza hacia la justicia, la libertad y la paz que son los principios fundamentales de la Organización, no son otra cosa que el desarrollo de los ideales bolivarianos.

La continua referencia que se hace al Congreso de Panamá hace recordar las frases de Bolívar al convocar la reunión.

Dijo entonces que la posteridad iba a registrar con respeto los Protocolos del Istmo porque allí se encontraría el plan de nuestras primeras Alianzas y el Tratado de nuestras relaciones con el universo.

El aprendizaje de los países americanos para actuar como repúblicas hermanas en búsqueda, según las frases de Bolívar, de los intereses comunes de los Estados americanos; con acción unida, fuerte y poderosa, se está manifestando continuamente por la actividad de los llamados grupos latinoamericanos en las distintas organizaciones de las Naciones Unidas.

Resulta realmente impresionante observar que, en Nueva York, en Ginebra o en París, el grupo latinoamericano de países está haciendo el mayo esfuerzo posible para una acción coordinada que demuestre la fortaleza y unidad del continente. Puedo dar fe de que cuando me correspondió, como Embajador de Venezuela, presidir el grupo latinoamericano en Ginebra, además de disfrutar de un altísimo honor, encontré directamente en todos los representantes de las «Naciones Hermanas», no solamente la mano tendida de la colaboración, sino también la actitud fraterna, honesta, pacífica y de buena fe para un intenso trabajo creativo. Era sin duda alguna el fiel reflejo de las ideas de Bolívar inspirando la acción de las Américas.

El corazón de Bolívar estaba en toda América. A pesar de las lógicas dificultades que las circunstancias del mando y de la época tenían que ocasionarle, Bolívar muestra, a través de toda su obra, un extraordinario y constante afecto por cada una de las regiones americanas.

Por ejemplo, al saludar al Encargado de Negocios de México, llama a este país «una de las primeras repúblicas de nuestro continente» y en mayo de 1825, cuando calculaba que había llegado quizás el momento de terminar su vida pública como gobernante, expresa: «si el gobierno me quisiere emplear en México como Agente Diplomático, me alegrará porque es un país agradable, sano e independiente»[34].

De Guatemala considera que su pueblo es el más federal de la América por su situación y por sus inclinaciones y se manifiesta dispuesto a recibirla con los brazos abiertos[35].

Recuérdese lo que Guatemala significa en esa época.

Nadie puede dudar del amor de Bolívar por las patrias que fueron sus hijas: Venezuela, Colombia, Ecuador, Perú, Bolivia y Panamá. Bolivia le cautiva con predilección. Es notorio, constante y conocido su afecto por Chile, pueblo del cual duce que es «bueno, patriota y valeroso y por esos nobles títulos tiene derecho a las más justas aspiraciones del bienestar y gloria nacional»[36].

Respeta y aprecia en alto grado a Buenos Aires cuya importancia política reconoce y admira.

El Brasil significa para él «una de las garantías más poderosas que han recibido las repúblicas de América en la carrera de su Independencia»[37].

Consideración aparte merece el Caribe. Podríamos llamarlo el mar de Bolívar: Curazao lo salvaguarda y protege; Jamaica le da hogar e inspiración; Haití le proporciona ayuda inolvidable; Santo Domingo se une noblemente al proyecto grancolombiano; Cuba y Puerto Rico son motivo permanente de su pensamiento y todo ese inmenso y bello arco de islas que forman la frontera este caribeña es para Bolívar apoyo, refugio, protección, puntos de estudio que esencialmente necesitaba para su propio proyecto de libertad. Son innumerables las veces que recorre el Caribe en toda clase de embarcaciones y hacia todos los puntos cardinales.

---

34 Bolívar a Santander, *Cartas del Libertador*. Tomo IV, p. 327.

35 Bolívar a Santander, *Cartas del Libertador*. Tomo IV, p. 300.

36 Bolívar a O'Higgins, *Cartas del Libertador*. Tomo III, p. 279.

37 Bolívar al Ministro Plenipotenciario del Brasil, *Proclamas y Discursos*, p. 402.

Y no dejó de sentir interés, admiración y respeto por la América del Norte, a la cual llama «célebre República cuya noble declaración detiene a la Santa Alianza» y que muestra un sistema de gobierno que para las nacientes repúblicas era ejemplo de equilibrio y democracia[38].

Al conmemorar el Bicentenario del nacimiento de Simón Bolívar, bien podemos utilizar las expresiones que el mismo Bolívar manifestó al Presidente de los Estados Unidos Mexicanos, Guadalupe Victoria[39].

Allí Bolívar le decía que «la Gran Colombia nunca desistirá de la Confederación Americana». Así deberíamos pensar todos los americanos del Norte, del Centro, del Caribe y del Sur, por las mismas razones que Bolívar expresaba al Presidente mexicano: «esta nuestra Organización debe ser tan ventajosa a todas las naciones de este Continente para asegurar su independencia y uniformar su política estrechando sus relaciones, que jamás deben verse interrumpidas, porque se fundan en nuestros deseos inalterables, de que nuestra amistad y alianza sean firmes y perpetuas».

Ese inmenso y sublime uruguayo, José Enrique Rodó, dijo de Bolívar que era «grande en el pensamiento, grande en la acción, grande en la gloria, grande en el infortunio, grande para magnificar la parte impura que cabe en el alma de los grandes y grande para sobrellevar, en el abandono y en la muerte, la trágica expiación de la grandeza»[40].

Utilizando las frases de Martí, podemos afirmar que, a los 200 años de su nacimiento, Bolívar todavía tiene mucho que hacer en América.

---

[38] Escrito de Bolívar, el 4 de mayo de 1824, en el periódico *El Centinela en Campaña*. Reproducido en *Itinerario Documental de Simón Bolívar*, p. 239.

[39] Carta de Gabinete al Presidente Guadalupe Victoria, en *Cartas del Libertador*. Tomo VI, p. 413.

[40] JOSÉ E. RODÓ, *Obras Completas*. p. 546. Edición Aguilar, Madrid, 1967.

El pensamiento universitario de Simón Bolívar

En la ciudad de Londres, un día de los finales del verano de 1810, en la famosa y extraordinaria biblioteca de Francisco de Miranda, se reunieron, muy probablemente por invitación del venerable y legendario dueño de la casa, los tres Comisionados enviados a Inglaterra por la Junta recién constituida en Caracas, Simón Bolívar, Luis López Méndez y Andrés Bello, para oír una exposición del ya célebre pedagogo José de Lancaster acerca del sistema de educación que él proponía. Lancaster mismo, años más tarde afirmó que en esa reunión Bolívar manifestaba un "interés vivo y poderoso".

Dieciséis años después, en Caracas, José Rafael Revenga, en nombre al ya indiscutible e indiscutido Libertador de América Simón Bolívar y como su Secretario de Estado, se dirige al Dr. José Mª Vargas para invitarlo a comer con el Libertador, en la grata residencia del Marqués del Toro, la Quinta Anauco, para discutir el régimen de los estudios universitarios en la Venezuela Republicana y que está contenido en las Constituciones Universitarias que iban a ser dictadas por Bolívar el 24 de junio de 1827.

El profesor Augusto Mijares, al prologar la edición de una Recopilación de todos los Decretos dictados en Caracas 1827 por el Libertador, que sabiamente ordenó publicar en 1972 el Presidente de la República, relativos a la Universidad de Caracas, pone de manifiesto que, esas dos escenas son muestras de la permanente preocupación de Simón Bolívar por el tema de la educación en la Patria por él libertada.

Por esa razón me ha parecido que ningún medio mejor, para rendir homenaje al Libertador, cuando se cumplen 194 años de su nacimiento y 150 de su última estada en Caracas, que el comentar la filosofía que inspiró el texto de las "Constituciones Universitarias" preparado como bien se sabe por una importante e interesante coincidencia, en el edificio que todavía se denomina *El Trapiche*, que fue en esos días sede del Cuartel General del Libertador, preciada joya histórica, que ojalá sea salvada de la ruina que la amenaza, y que domina estratégicamente la Ciudad Universitaria de Caracas.

El Libertador controló directamente el proceso de redacción del documento pues, a pesar de la amistad que lo unía con Revenga y de su admiración por Vargas, su constante interés por la educación demostrado durante toda su vida hacía necesaria la inmediata intervención suya en el proceso que llevó a ese Decreto, sin duda alguna uno de los más importantes, si no el más, entre los sancionados por él en Caracas. Tenemos además su propio testimonio de que personalmente trabajaba sobre los proyectos de los Decretos que dictó en Caracas el año 1827.

Las Constituciones de 1827 son, por tanto, una clara evidencia de lo que puede llamarse la concepción universitaria de Simón Bolívar. Otros venezolanos, como Luis Beltrán Prieto y Armando Rojas, con mejores credenciales que las mías, han estudiado con éxito todo el conjunto de las ideas educativas del Libertador.

Universidad y Libertad

En ellas está de manifiesto que, para Bolívar, al igual que para Miranda y para Bello, no era posible pensar en libertad para estos pueblos sin un proceso constante e intenso de educación y de cultura, que suponía necesariamente, la existencia de la Universidad.

Cuando Bolívar reorganizó la Universidad Central de Caracas, lo hizo convencido de que el pacífico y adecuado funcionamiento de esa Universidad era el mejor apoyo que podía tener la vida republicana. Pocos años más tarde, Andrés Bello, al inaugurar el 17 de septiembre de 1843 la Universidad de Chile, inspirado en la misma filosofía de Bolívar, hacía ver como la única garantía "efectiva y real" para el mantenimiento de la libertad y de la civilización contra el despotismo y la ignorancia era, usando sus palabras: "prender con las letras las primeras centellas de la libertad civil". Bello estaba convencido de que no se podía difundir la enseñanza elemental sin el cultivo de las letras y de las ciencias propias de la vida universitaria y diría: "los buenos maestros, los buenos libros, los buenos métodos, la buena dirección de la enseñanza, son necesariamente la obra de una cultura intelectual muy adelantada".

Bello concebía la Universidad como un centro que teniendo por norte de sus preocupaciones los intereses de la Patria, con la "actividad ilustrada y patriótica de las diferentes facultades y bajo la influencia de la libertad, espíritu vital de las instituciones", sirviese de cuerpo eminentemente expansivo y propagador de la cultura.

La sabia dirección dada en 1827 a la Universidad Central de Caracas por el Libertador permite advertir que su pensamiento era el mismo de Bello, su respetado amigo, antiguo profesor y compañero en las primeras lides diplomáticas de la República.

No interesan los detalles circunstanciales que contienen la Constitución universitaria sobre los cojines para el Rector, las borlas de los doctores, los anillos de los graduados, las casacas de los ediles y las escribanías de las mesas, sino los principios que la inspiraban para gobernar la Universidad.

La función de la Universidad

Debe destacarse, en primer lugar, la decisión importantísima, que sería el centro de la vida universitaria, de atribuir la dirección general de la Universidad a ella misma, dentro del respeto debido a las disposiciones y leyes del Gobierno, que debían ser celosamente cumplidas y respetadas; es decir, no concebir a la Universidad a la manera de un Estado dentro de otro Estado, sino como un organismo administrativo que tiene que tener suficiente energía y autoridad para disponer, como lo ordena el Artículo 12, del "orden y decoro propios de un cuerpo que debe formar hábitos morales políticos y literarios de la juventud confiada a su dirección". Está allí contenida la esencia misma del objeto de la Universidad. La creación de la juventud, de hábitos, es decir, de costumbres permanentes en el orden ético, en la preocupación por los problemas de la Patria y en la formación técnica.

La figura del Rector

Es extraordinaria la pintura que se hace de la función del Rector de la Universidad en las Constituciones Bolivarianas: debe cuidar de la observancia de las leyes académicas, hacerlas cumplir y ejecutar puntualmente; le están subordinados todos los miembros de la comunidad universitaria y su celo no debe dejar excusa alguna al descuido o negligencia de los que se hallan bajo su autoridad; tendrá para con los catedráticos los sentimientos de consideración que exigen sus empleos; visitará las clases y será juez privativo en los negocios académicos de los doctores, maestros y cursantes.

El Rector debía ser elegido por el Claustro con la única condición de ostentar el título de Doctor y sin limitación alguna por ser secular, eclesiástico o médico, importantísima innovación que permite ser Rectores a los doctorados en Ciencias Médicas a quienes les estaba vedado ese cargo y que tanta influencia positiva iban a tener en el futuro de la vida de la Universidad.

La actividad de la Universidad

Una Universidad no puede ser un ente estático sino esencialmente dinámico. Ese dinamismo se manifiesta mediante la acción de enseñar, que supone el acumular conocimientos para poder transmitirlos. Una Universidad debe llevar a cabo de manera armónica, las dos labores que he señalado.

La función de enseñar comprende la respuesta a varias preguntas:

¿Qué se enseña?

¿Cómo se enseña?

¿A quién se enseña?

¿Quién debe enseñar?

Las Constituciones Bolivarianas analizan muy claramente cada una de esas situaciones y dan soluciones oportunas, claras, precisas, cuya validez permanece a través del tiempo y que hoy mismo formarían sólida base para la actividad de nuestras Universidades.

¿Qué se enseña?

No debe cometerse la injusticia de calificar el contenido de las cátedras por la denominación que les dan las Constituciones Bolivarianas y que entonces tenían, pues ello sería pecar de ignorancia. Además, este problema hay que verlo en función de la época y de su cultura y no de los criterios terminológicos actuales.

Quiero hacer referencia en cuanto a la enseñanza al campo, que es más cercano a mis preocupaciones personales y que por ello me he permitido tomar como ejemplo. Es la enseñanza del Derecho.

Dividida en seis años, debía comprender, en su primer bienio, la formación general del estudiante en las Ciencias Jurídicas, con el estudio de las instituciones de Justiniano y la Historia del Derecho Civil Romano.

Hoy en día no hemos todavía encontrado un medio mejor de estructurar la mente de un estudiante de Derecho, sino haciéndole conocer y comprender el Derecho Romano, pues como afirmaba Bello citando a L'Herminier: "El Derecho Romano, desde el punto de vista de la formación jurídica, no reconoce igual: se pueden disputar algunos de sus principios pero su lógica, su método, su sistema científico lo han hecho y lo mantienen superior a todas las otras legislaciones; sus textos son la obra maestra del estilo jurídico; su método es el de la geometría aplicado en todo su rigor al pensamiento moral".

Al Derecho Romano se unía el Derecho Patrio, que comprendía la nueva legislación republicana y el derecho español, que como bien se sabe estuvo vigente en Venezuela como cuerpo de leyes, hasta 1863 y que todavía permanece, ya sea mediante normas que fueron trasladadas a las leyes republicanas, ya mediante referencias directas.

Seguían el estudio de la Constitución de la República, del Derecho Político y de la Ciencia Administrativa y por último el Derecho Internacional o de Gentes.

Obtenido con tales estudios el grado de Bachiller, el estudiante debía entrar a conocer los principios de la legislación universal, la legislación civil, la legislación penal y la economía política, a todo lo cual se uniría la práctica de los juicios civiles y penales y la medicina legal.

Terminaba el último bienio con la suficiente instrucción en la elocuencia del foro y el idioma. Así se llegaba a la Licenciatura en Derecho, pieza indispensable para el doctorado.

Hay que recapacitar con suficiente calma, sobre que, si quienes han sido o son estudiantes de derecho conocieren bien el Derecho Romano y su Historia, el Derecho Civil Patrio, la Constitución, el Derecho Político, la Ciencia Administrativa, el Derecho Internacional, los Principios Generales del Derecho, el Derecho Penal, la Economía Política, la Práctica de los Juicios, la Medina Legal, la elocuencia en el foro y además idiomas, otro sería el panorama de nuestro sistema jurídico.

Esa preocupación por dar forma jurídica a las instituciones republicanas con el grandioso objeto, también señalado por Bello en las Facultades jurídicas, de perfeccionar nuestras leyes orgánicas, procurar la recta y pronta administración de justicia, la seguridad de nuestros derechos, la fe en las transacciones comerciales y la paz del hogar doméstico, está enmarcado en la forma como las Constituciones Bolivarianas delimitan el objeto de la enseñanza de la jurisprudencia en la Universidad de Caracas.

¿Cómo se debe enseñar?

No se trata tan sólo de saber qué debe ser enseñado. Hay que examinar también cómo se enseña. Y si bien ello parece escapar al dictamen de un legislador prudente, no faltan, en las Constituciones Bolivarianas, sanos principios que es útil mencionar:

La primera norma que llama la atención es la necesidad de que la enseñanza sea impartida en forma continua, sin interrupciones derivadas de vacaciones o suspensiones no justificadas en los estudios. Reducida la vacación al mes de agosto, prohibida otra suspensión de clases que no sea en los días de fiesta entera, en los feriados de Pascua y en la Semana Santa, llega hasta decirse, en un hermoso artículo, el 50, que "Atendiendo a que en los meses de noviembre y diciembre reina en esta capital la estación más hermosa y fresca de todo el año, sería sensible pasarla en vacaciones, cuando es la más a propósito para ciertas enseñanzas". Parece mentira la enorme actualidad de las previsiones bolivarianas: actuar durante todo el año debía ser la norma de la Universidad, incluso en la estación fresca y hermosa de noviembre y diciembre, como quizás no se atrevería hoy en día a decirlo ningún legislador.

La continuidad cronológica en la enseñanza va unida a la necesidad de su sistemática, que prohíbe pasar de un curso a otro sin que el catedrático del primero acredite, por escrito, que el estudiante tiene la suficiencia necesaria para estudiar las materias que sigan en el orden de la enseñanza (Art. 63).

Son de interés los detalles pedagógicos que contienen las Constituciones y que mucho dicen del sentido claro y moderno de sus autores: menciono la exigencia de que los estudiantes de literatura además de fijar sus conocimientos, deban "adquirir el buen gusto tan necesario a la profesión literaria", para lo cual les remite al estudio de los autores latinos de mejor nota y a preparar ensayos en prosa y en verso, en latín y en castellano, que tuvieren como objeto, no sólo el esplendor y grandeza de la religión (recuérdese la época), sino también "las diversas perspectivas de la naturaleza".

Menciono el cuidado en la enseñanza directa de la anatomía, diciéndose que "los verdaderos anatómicos se formarán haciendo disecciones del cuerpo humano y de animales para perfeccionarse en anatomía comparada", se añade en los estudios de higiene pública las reglas para precaver las epidemias, impedir su propagación y corregir el mal mediante medidas de la administración civil.

Menciono por último la insistencia ya señalada antes en el uso del aprendizaje de la elocuencia y de los idiomas que se quiere exigir a quienes aspiran a ser abogados.

Muy bien señala el Art. 91 al referirse a la clínica médica, en forma que podría aplicarse a todos los estudiantes, que no pueden seguirse los cursos si no reúnen los conocimientos teóricos con una práctica asidua.

¿Quién debe enseñar?

Entramos así, supuesto qué se debía enseñar y cómo, el problema de la escogencia de los profesores y de su actuación como tales, es decir, de lo que debe enseñar.

Es probablemente la sección más hermosa de las Constituciones del Libertador. Se refiere allí a su pensamiento, expresado en Angostura, de que los maestros debían ser la parte más apreciada de la comunidad. Al profesor universitario, Bolívar le exige mucho, pero también le reconoce mucho.

Examinemos las normas correspondientes:

Toda cátedra debía ser provista por rigurosa oposición, para la cual era indispensable tener, por lo menos, el título de Licenciado, salvo en materias ocasionales de medicina y literatura, en cuyas cátedras, por la situación del momento, podían ser admitidos individuos que, no teniendo título académico, poseyeran aptitud manifiesta. El ganador de toda cátedra, en caso de no ser doctor, debía obtener ese título en el plazo de un año so pena de perderla, de que fuese considerada vacante y ofrecida de nuevo a oposiciones.

El profesor debía ser exacto en la concurrencia a las clases y cuidar del aprovechamiento, asistencia y buena conducta de sus discípulos, dándoles ejemplo con su buen porte y su puntual concurrencia a las actividades universitarias.

Pero, lo que es más interesante y hermoso es la norma del Art. 192:

> "Los catedráticos deben ser modelo de los jóvenes confiados a su enseñanza; la decencia, el decoro, la urbanidad, la cultura del idioma, todo debe relucir en los maestros a fin de que, con estas lecciones prácticas, formen buenos discípulos".

Merece la pena comentar lo dicho por las Constituciones Bolivarianas.

No se trata, solamente, de la rigurosa exigencia de que el catedrático debe lucir la ciencia que se deriva de su grado de Licenciado y de su obligatorio doctorado. Tampoco de una exacta asistencia a sus obligaciones en clases y otros actos. Hay que ir mucho más allá.

Hay en el catedrático un factor ético que se quiere destacar:

La decencia y el decoro, sin los cuales no pueden ni deben presentarse delante de sus alumnos. Dice el Diccionario de la Real Academia que "decencia" es compostura y recato; y "decoro" es respeto, circunspección, honestidad, propia estimación.

No podrían definirse mejor las características éticas del catedrático: un hombre circunspecto, respetuoso, honesto, con adecuada compostura y recato, con propia estimación. Sólo así podía ser ejemplo para sus alumnos.

Pero a ello se unían dos elementos adicionales: la urbanidad, o sea la cortesía, la educación y buen trato y la cultura en el idioma, o sea el correcto uso del medio de expresión y de su lengua, producto sólo de una suficiente formación literaria.

Todo, añade el legislador bolivariano, debe relucir en los maestros. Debe ser el hombre sin mancha, dentro de la humana condición desde luego, ya que sólo esa actitud es una lección práctica para con ella formar buenos discípulos.

Nunca en nuestra historia legislativa nadie ha exigido más al profesor universitario ni se ha definido mejor cuál debe ser el conjunto de sus cualidades.

Con profesores así puede marchar cualquier universidad, en cualquier parte del mundo. Cuando faltan esos profesores todo lo demás es inútil.

La conducta de los profesores, sin estar fiscalizada por una inquisición extraña a las instituciones republicanas, era objeto de un constante control formal por parte de las autoridades hasta llegarse a una disposición, que hoy sería considerada como revolucionaria, y que consistía en que el Rector debía elegir, en cada bimestre, a dos estudiantes de cada clase para que lo informasen sobre la conducta del catedrático. Qué curiosa disposición y sobre todo qué realista. Bien sabido es, por todos los que frecuentamos la vida universitaria, que no hay dictamen más implacable, más justo y más oportuno que el que emiten los alumnos sobre sus Profesores.

Cuidan las Constituciones Bolivarianas con diversas normas de la persona del profesor y le estimulan al trabajo docente con el premio de reducir el tiempo requerido para su jubilación cuando compongan obras destinadas a la enseñanza o traduzcan obras clásicas con destino a la Universidad. Tampoco después ha habido norma semejante: el difícil trabajo de escribir obras docentes, de buscar con cuidado qué debe saber el estudiante, demostrarle lo que, en la paz de su casa o de la plaza donde estudie, puede encontrar para adentrarse en la ciencia, no ha sido premiado en la forma adecuada. El profesor que redacta su libro debe ir a buscar quién sabe de quién que aproveche el resultado del trabajo intelectual. Bolívar no lo quiso así: que la Universidad, que exige tanto a sus profesores, premie a quien hace el esfuerzo de dejar obra perdurable para sus alumnos.

¿A quién se enseña?

La enseñanza no tiene objeto si no se refiere a la persona que la recibe. La Universidad de Caracas estaba cerrada al ingreso de quienes no pudieren comprobar que él, sus padres y ascendientes eran "personas blancas, limpias de toda mala raza de judío, moro, mulato o negro y gentes de conocida estimación".

El mérito revolucionario de las Constituciones Bolivarianas consiste en haber eliminado absolutamente esas distinciones para abrir las puertas de la Universidad a todos aquellos que hubieren sufrido y aprobado examen y acreditaren conocimientos adecuados para la especialidad que pretendieren cursar. La reforma incluso llegó a más, pues la Constitución, si bien establece contribuciones necesarias que debían ser pagadas por quienes aspirasen a los títulos, eximió de todo pago a aquellos estudiantes pobres, cuya condición hubiera sido comprobada suficientemente a juicio de las autoridades universitarias y sólo para el grado de Doctor mantuvo la exigencia del pago obligatorio de la matricula respectiva. De esa manera no iba a haber, gracias a Bolívar, de allí en adelante ninguna restricción, para que todo venezolano que tuviere conocimientos y aptitud llegare a recibir educación y títulos universitarios.

La Constitución impone a los estudiantes ser muy exactos en el cumplimiento de sus obligaciones y los libera a cambio de todo deber militar y de cualquier tarea que los distraiga de la carrera literaria a que se consagran.

Es justo hacer también un comentario sobre las previsiones financieras que contiene la Constitución Bolivariana. En ella se destaca, que es de esperar, que las rentas de la Universidad no sólo basten para cubrir sus gastos, sino además produzcan un sobrante, reservando a las mejoras el establecimiento, mejoras que consistirían en la adquisición de instrumentos de enseñanza de las matemáticas, de un gabinete de física, de laboratorios de química, botánica e historia natural; a la dotación de un catedrático de griego y, lo que es más importante, a la compra de aquellas obras que por su costo no puedan ser adquiridas por la generalidad de los estudiantes, a fin de ir gradualmente formando una biblioteca de la Universidad.

Está previsto que todo lo que una Universidad puede necesitar para convertirse, como Bello decía, en depósito donde se acumulen constantemente todas las adquisiciones científicas y desde donde se derraman más fácilmente por las diferentes clases de la sociedad.

Simón Bolívar, después de dar la libertad política a su país, se preocupó de proporcionarle el más preciado instrumento para la conservación y defensa de esa libertad: una Universidad capaz de formar hombres libres, preparados para dirigir la vida colectiva en búsqueda del beneficio común.

La utilidad general de la reforma universitaria de Bolívar lo pone de manifiesto, por ejemplo en el campo del Derecho, el conjunto de publicaciones jurídicas que realiza Valentín Espinal en Caracas; Pedro Grases, al estudiar la labor editora de Espinal en los primeros años de la República, destaca entre libros publicados los *Principios de Derecho de Gentes*, de Andrés Bello; el *Manual Político del Venezolano*, de Francisco Javier Yánez;

la obra monumental de Joaquín Escriche y Martín, *Diccionario Razonado de Legislación Civil, Penal, Comercial y Forense* con anotaciones de profesores de la Facultad de Derecho de la Universidad de Caracas. La *Lógica* de Condillac; los *Cuerpos de Leyes* de los años 30, 31, 32; el *Manual del Abogado americano*; los *Elementos del derecho natural*, de Burlamaqui; las ordenanzas, resoluciones y acuerdos de la Diputación de Caracas, las leyes dictadas en 1837; el *Código Civil de España* comentado por el Licenciado Gorosabel, la reimpresión de las leyes de Colombia, etc.

Todo demuestra la existencia de un abundante número de interesados que tenían que haber salido de la Universidad en cantidades suficientes para permitir las afortunadas aventuras editoriales de Espinal.

Algunos años después de dictada la Constitución de la Universidad de Caracas, su más ilustre alumno de todos los tiempos, Andrés Bello, fundaba la Universidad de Chile, y como Rector de la misma, se dirige a José Mª Vargas proponiéndole el intercambio entre las dos instituciones en la búsqueda de la verdad, la belleza y el saber. Las cartas cruzadas entre los dos sabios son una obra maestra de exquisita prudencia y sabiduría. Bello hablaba en nombre de la Universidad que él había creado para buscar los adelantamientos en todas las líneas, allá en Santiago, a los pies de la majestuosa y blanca montaña como dice la canción nacional chilena.

Me atrevo a decir que, cuando Bello escribió esa carta, pensaba en Caracas, la ciudad que tanto quería: seguramente se le reproducirían, como diría algunos años más tarde en su carta a Lucio Pulido, las faldas del Ávila "con su colorido que no habían podido debilitar los años".

Vargas había recibido de Bolívar, por decirlo así, las llaves de la Universidad, o sea la clave de la libertad de la República.

Qué grandioso trío el que hemos visto operar: Bello, encanecido en la búsqueda de la belleza, que como él decía, "hace estremecer deliciosamente el corazón humano, criado para admirarla t servirla"; Vargas, el sabio, el albacea de la angustia, como lo llamó Andrés Eloy Blanco, el conductor civil de la República, el realizador de la reforma bolivariana de la universidad. Bolívar, cuya gloria (uso frases de Bello) está íntimamente unida con la libertad y prosperidad de la patria.

La República nació en manos excelentes, y lo ha tenido todo para alcanzar la gloria y la libertad. Hoy no es una olvidada e ignorada nación, sino que su voz puede y debe ser oída, por un estricto mandato de la naturaleza que nos ha dotado de la fuente mayor de energía de que el mundo necesita en estos días. Tenemos que dar fe de que sabremos respetar el legado del cual se nos hizo depositarios.

La gloria de Bolívar y el culto a su memoria no pueden consistir en simples actos de homenaje: procuremos realizar una Universidad como él la quiso y tendremos asegurado el porvenir de la patria y la libertad de nuestros hijos.

Estudios jurídico-políticos sobre los proyectos constitucionales del Libertador Simón Bolívar

I. LA ORDENACIÓN DEL ESTADO EN 1813

INTRODUCCIÓN

El día 6 de agosto de 1813, Bolívar ocupó militarmente a Caracas. Terminó así la llamada «Campaña Admirable» realizada, con la autorización del Gobierno de la Nueva Granada, para restaurar en Venezuela la autoridad de la República.

Desde el punto de vista estrictamente bélico, parecía necesario dominar la ciudad de Caracas en la cual había residido, hasta entonces, el Poder Político, tanto de la República como de la Capitanía General terminada en 1810.

En esos momentos se planteó a Bolívar, hombre de sólo 30 años, la necesidad de determinar la forma y naturaleza del Poder que iba a ejercer.

El historiador Restrepo advierte que el Libertador, cuando fue autorizado por el Congreso de la Nueva Granada para efectuar la que después se llamó «Campaña Admirable», quedó sujeto a varias condiciones, entre las cuales se encontraba restablecer el Gobierno en Venezuela «al mismo pie en que se hallaba al tiempo de la invasión de Monteverde».

La orden del Congreso de la Nueva Granada, fecha el 7 de mayo de 1813, permitía a Bolívar llegar únicamente hasta las Provincias de Mérida y Trujillo.

Bolívar trató de respetar cuidadosamente las instrucciones del Congreso. Por esa razón encargó del Gobierno de la Provincia de Mérida a Cristóbal Mendoza «miembro que fue del Poder Ejecutivo Federal de Venezuela» (Documento 164) y le ordenó «restablecer el antiguo orden de cosas en la ciudad de Mérida», con la autoridad de Gobernador Provincial, pero sin la obligación de ceñirse a la letra de las leyes y Constituciones.

Estimó además Bolívar prudente consultar al Congreso sobre si era adecuado o no que el Gobierno que fuere siendo establecido, conciliare la naturaleza del anterior Gobierno Federal de Venezuela con el sometimiento debido tanto al Congreso de la Nueva Granada como a los Jefes militares (Documento 167).

Siguiendo las mismas instrucciones repuso a Manuel Antonio Pulido en el Poder Ejecutivo Provincial en Barinas (Documento 255). Decisión semejante adoptó con el Gobernador de la Provincia de Trujillo (Documento 238).

La dificultad principal, política y jurídica, se planteó a Bolívar al tener que decidir si conforme a las instrucciones originales se detenía en Trujillo o continuaba hasta Caracas.

Son ésos los momentos de la Guerra a Muerte que supone una problemática que no va a ser analizada aquí.

La decisión de Bolívar fue clara: continuar hasta Caracas bajo su propia responsabilidad (Documento 235), pero son dejar de mantener informado al Congreso sobre la marcha de sus actividades; designó entonces al mismo Cristóbal Mendoza para ejercer la Gobernación interina de Caracas con facultades para designar Jueces, arreglar las rentas y «hacer cuanto pueda por contribuir a la mejor administración del Estado en todos sus ramos». Y ordenó a todos los Comandantes y Cabildos prestarles los homenajes que le fueren debidos como Gobernador, obedeciendo y cumpliendo cuanto ordenare (Documentos 272 y 273).

Las anteriores consideraciones explican la seria preocupación del Libertador, al llegar a Caracas, en orden a precisar la forma como debía organizar el Poder Público.

En el Manifiesto de Cartagena Bolívar había hecho una crítica severa del sistema político inaugurado en Venezuela el año de 1811.

Tenía, por tanto, ante sí mismo y ante la República, la obligación de plantear al Estado nuevas soluciones.

Con la autoridad de hecho de que, en ese momento, disponía le era posible actuar libremente; pero no quiso hacerlo, sino que se dirigió enseguida a personas notables del momento para rogarles consejo y opinión sobre cómo gobernar mejor y más adecuadamente.

El problema llevaba consigo determinar en forma indiscutible la legitimidad de su carácter. La consulta hecha a los diversos ciudadanos y sobre todo la petición de consejo a Ustáriz pone de manifiesto cómo la duda agitó el espíritu del Libertador. Parece ser que la opinión mejor acogida fue la de Ustáriz: El Poder Legislativo, el Poder Ejecutivo, lo gubernativo, económico y de policía estaría en manos del Libertador; la Justicia, el Poder Municipal y el manejo de las Rentas Nacionales tendrían sus propias autoridades. Era una situación de facto y como tal tenía que ser manejada bajo la inspiración de los principios de 1811 y los propósitos del Congreso de la Nueva Granada.

No se trataba de una discusión académica, sino que demuestra la preocupación de Bolívar, al iniciar su actuación como Gobernante, para encontrar base firme sobre la cual construir su autoridad, preocupación que él tendría durante su vida pública.

El Libertador calificaría la situación así: «Alteradas por imperiosas circunstancias las instrucciones que me comunicó (el Congreso), me he visto obligado, en despecho de mis más fuertes sentimientos, a ejercer la autoridad suprema al mismo tiempo que obro en persona a la cabeza del ejército» (Documento 664).

Era una nota dirigida al Congreso de la Nueva Granada acompañada de varios escritos entre los cuales recomendaba «principalmente» el proyecto del ciudadano Manuel José Sanz, elaborado como respuesta y comentario al de Ustáriz.

Las circunstancias aludidas eran las mismas que Sanz argumentaba en su estudio en respuesta a las preguntas del Libertador: la imposibilidad física de restablecer las antiguas autoridades y de convocar a nuevas elecciones sobre todo ante el hecho de que el principal objetivo era «repeler los enemigos». Para esa acción militar era indispensable «poseer autoridad sobre todos los ramos que componen la administración suprema».

El estudio bibliográfico, hecho por don Pedro Grases en esta misma edición, describe la correspondencia cruzada entre Bolívar y las personas escogidas por él, así como la reacción habida, en lo que podría llamarse la opinión pública o de las personas más calificadas de la época, sobre el deseo del Libertador.

Todos esos documentos están reproducidos en este libro. Constituye un importante e interesante objeto de estudio analizar el conjunto de las ideas expuestas en ellos y que guardan relación con las medidas de Gobierno dictadas por el Libertador.

Se puede conocer así lo que podría llamarse el punto de partida del pensamiento constitucional de Bolívar, que cobrará forma en el proyecto de Constitución de Angostura (1819) y culminará en la Constitución de Bolivia (1826).

Desde un punto de vista estrictamente político y práctico, resultaba imposible gobernar a Venezuela pidiendo instrucciones a la Nueva Granada. Tampoco parecía factible restablecer unas autoridades que no existían o tratar de rehacer la estructura constitucional de 1811, propósito que a todas luces no se tendría ni siquiera a mediano plazo.

Los esfuerzos hechos en Mérida, Trujillo y Barinas demostraban la necesidad de que la acción del Gobierno quedare condicionada a las circunstancias de la guerra.

Los participantes en el debate jurídico-político que el Libertador plantea sobre la naturaleza de su gobierno observaron el problema desde varios puntos de vista.

Primero.— A Bolívar correspondía, de pleno derecho, la misma autoridad que el Congreso de 1811 depositó en Francisco de Miranda: Era la tesis de Miguel José Sanz y del Dr. Miguel Peña.

Cuando Miguel Peña y Sanz trataron de analizar la posición de Bolívar, querían conciliar el tenor de las instrucciones del Congreso con las necesidades propias de la guerra. De allí su interpretación de considerar a Bolívar como detentador de la misma autoridad que tuvo Miranda y en consecuencia mantenedor formal del régimen de 1811.

Sanz anota: «Muchas personas que ocupaban antes los empleos, habían desaparecido o no gozaban de favorable concepto; otras aún de las mismas empleadas, opinaban contra ellas (las autoridades de Caracas) y consideraban necesario un Gobierno Provisional. Intentar una nueva elección era muy peligroso y aventurado en tales circunstancias».

Para Sanz la principal y única interpretación posible de las instrucciones del Congreso de Nueva Granada era expulsar a los enemigos de la Patria.

Poner en peligro el triunfo obtenido o debilitar con consultas populares e inoportunas o con la reposición de autoridades ineficaces hubiera resultado inexplicable. Había que rehacer todo el sistema político, pero sólo después de un proceso que expulsare a los enemigos exteriores y aniquilare a los interiores. Entonces «debía instruirse a los pueblos de las utilidades y ventajas del sistema de independencia para proceder al nombramiento de representantes de concurrencias (elecciones) sosegadas y libres. Entonces y no antes será la reposición conforme al espíritu del Congreso de la Nueva Granada».

Sanz, fino jurista, no dudaba de que podía haber una clara interpretación del problema: Miranda reunió, en sí, toda la autoridad del Estado pero «no está en Venezuela este hombre extraordinario y aunque estuviera sería una torpeza reponerle»; ahora bien, «si los pueblos juzgaron necesario reunir todo el poder en una sola mano» para que teniendo todos los recursos, actividad y energía, pudiere expeler a los enemigos y sostener la independencia del país (medida política indispensable y prudente en las actuales circunstancias) por la voluntad presunta de los pueblos, por las victorias conseguidas, por su actitud y capacidad en las operaciones militares, por el peligro de variar y mudar magistrados y jefes en tiempos de guerra, por razones de orden ético y por el curso natural de los acontecimientos políticos, Bolívar debía continuar en posesión de los poderes que le dieron a Miranda.

Sanz se manifestó partidario de que la autoridad de Bolívar no se extendiere a todos los ramos de la Administración, sino a los asuntos de Estado, Guerra y Hacienda hasta que, pacificado el país sus representantes, elegidos en forma libre y legítima «formen la Constitución permanente y estable de que partan leyes justas, equitativas y acomodadas a la naturaleza del país, carácter y clase de sus habitantes».

Las bases elaboradas por Sanz desarrollan esos principios en artículos encaminados a condicionar el ejercicio de la Autoridad Suprema debidamente armonizada con magistrados civiles y autoridades ordinarias judiciales.

Llama la atención el interés de Sanz por la Administración de Justicia en forma independiente: «no se mezclarán (los Gobernadores de los Estados) en las demandas y juicios contenciosos entre las partes, dejando que de ello conozcan los Corregidores y Jueces Ordinarios a quienes incitarán y obligarán para que procedan conforme a las leyes, sobre cuyo cumplimiento deben velar exactamente y a su responsabilidad».

Creía Sanz que ésa y no otra era la forma como podía ser obtenida la reposición de las antiguas autoridades «conforme al espíritu del Congreso de la Nueva Granada», que él veía plasmado en su Proclama hecha en Tunja del 20 de mayo de 1813.

Miguel Peña no formuló un Proyecto de Gobierno, sino se limitó a confirmar el de Ustáriz, advirtiendo que, en su opinión, planteado el problema del restablecimiento de la situación imperante en 1812, no cabía duda de que Bolívar «como Libertador de la Patria es naturalmente llamado o debe tenerse como sucesor de las facultades que ejerció Miranda».

Segundo.— Las circunstancias exigían que el Libertador ejerciera el Poder Supremo, dentro del espíritu del Gobierno de 1811, pero con características peculiares que configurasen una autoridad propia e indiscutible: era la tesis de Ustáriz y de Ramón García Cádiz.

El ciudadano Ramón García Cádiz, no sólo presentó ideas propias sobre la forma de Gobierno, sino que abundó en consideraciones justificativas.

Es útil llamar la atención sobre quién fue este eminente jurista, de quien poco se habla en nuestros estudios históricos y jurídicos. Pudo quedar a salvo de las persecuciones de 1812 a 1814 y luego se agregó a las fuerzas de Bolívar; fue Secretario del Consejo de Estado, instituido por Bolívar en 1818; Diputado por la Provincia de Barcelona al Congreso de Angostura, Magistrado de la Suprema Corte de Justicia constituida por ese Congreso; se destaca en las Actas del Congreso su asistencia, casi total, a las sesiones del Congreso, así como su activa participación en las comisiones que prepararon leyes y decretos; fue designado «asesor» del Consulado. Alguien deberá estudiar su intensa y activa participación en el Congreso de 1819. El año de 1821, restablecidas en Caracas en un todo, las autoridades republicanas, García Cádiz fue nombrado Magistrado de la Alta Corte de Justicia.

Fue partidario García Cádiz de dotar a Bolívar de «toda la autoridad necesaria para ordenar y ejecutar cuanto convenga a la salud y felicidad de la Patria», pero objetó que un Gobierno Provisional pudiera dictar «leyes» en el sentido técnico de la palabra «ley», en el modo en que se forma, en su sanción, en sus progresos, en su generalidad, en sus relaciones. Había que facultar al Jefe Supremo para imponer el orden y dictar reglamentos, pero no para adoptar leyes. No era para él cosas de nombres sino de «principios» por los cuales se debe obrar.

Le preocupó intensamente igual que a Sanz la administración de la Justicia, sobre todo por una Corte Suprema, accidental y no permanente, sin dotación sujeta a los aranceles de los litigantes como lo proponía Ustáriz.

Sobre el particular y a propósito de los males que en su opinión podría traer una situación semejante, advirtió: «Si la fuente del orden y de la justicia no está bien puesta en la República, faltan todas las esperanzas y se prepara la última depravación de las costumbres y con ellas la de todo el orden social».

Su aporte más interesante fue la propuesta que hizo de que se creare un «procurador general del estado», tomado del Estado de Virginia; cuyo destino o función sería: «Tanto para promover los objetos en grande que debe pensar una Nación, como para que haya quien particularmente cele el cumplimiento de las leyes, disposiciones del plan y buen orden de los primeros funcionarios, a cuyo efecto debe haber igualmente un Tribunal donde se hagan las exposiciones pertinentes. Las circunstancias particulares del país necesitan estos estimulantes, ya que no se establece un Tribunal como el de la censura en Roma».

Este «Procurador», dice el artículo 14 del Capítulo sobre «Departamento Político y Civil» del Proyecto de García Cádiz, debía ser un ciudadano de «la primera confianza, actividad y luces», con oficio de «representar sobre los abusos, reformas y males de trascendencia que pida para hacerlo».

Cabe aquí preguntarse: ¿no estará acaso en esas palabras e ideas el germen de las que luego Bolívar desarrolló en Angostura y en Bolivia sobre la necesidad de una autoridad moral en el Estado? Merecería la pena investigarlo y meditar sobre ello. Recuérdese al efecto lo que hemos advertido sobre la permanente adhesión de García Cádiz a Bolívar, sobre todo en Angostura, en los años que culminan en el proceso que llevó a la Constitución.

De todos los proyectos el que obtuvo mejor acogida fue el de Francisco Javier Ustáriz, como lo veremos al analizar la acción del Libertador.

No puede dejarse de mencionar un hecho que llama la atención y es que entre noviembre y diciembre de 1813, la gaceta de caracas publicase una colección de 8 artículos sobre la Constitución de Cádiz, con un «examen que de dicha Constitución ha hecho imparcialmente un americano».

Bolívar se había expresado en forma especialmente elogiosa respecto a esa Constitución, llamándola «obra por cierto de la ilustración, experiencia y conocimiento de los que la compusieron», «fundada en los santos derechos de la libertad, propiedad y seguridad», afirmaciones hechas en el «Manifiesto a las Naciones del Mundo» hecho en Valencia el 20 de septiembre de 1813 (Documento 382).

El estudio publicado en la gaceta de caracas advierte que «son muy raros los ejemplares que van venido de dicha obra» y que por tanto la generalidad de los lectores no se hallará «en estado de compararla con otras de su clase».

Las consideraciones de orden histórico, político y jurídico que contiene ese estudio demuestran que quien lo redactó, a pesar de afirmar «tener otros asuntos más urgentes y del día para dedicar las horas que la obligación o el descanso no exijan para sí» y de cuidarse de ofrecer muy sana intención e imparcialidad, aunque su «estilo salga sin pulimento y no se establezca ningún orden en los puntos que se toquen», debió haber sido un jurista republicano de sólida cultura y abundante información. No sabemos todavía quién pudo serlo. ¿Fue acaso un neogranadino de Cartagena, como parece creer Grases?

Sus argumentos fundamentales fueron entre otros que no habían concurrido representantes legítimos de América a la formación de la Constitución; lo inadecuado de seguir bajo un Gobierno cuyo centro, tan físicamente alejado lo hace inoperante; la falta de seguridad de las normas sobre libertad de comercio; el impropio mecanismo de defensa para los derechos de los americanos, así como observaciones severas a la estructura misma del Gobierno propuesto por la Constitución.

Debe haber ocurrido en esos días un fuerte movimiento de opinión que propugnó, probablemente, que las ventajas que ofrecería la Constitución de Cádiz eran suficientes para someterse a sus disposiciones sin plantear la posibilidad o necesidad de un Gobierno propio. Ello explica el por qué demostrar lo inadecuado de esa Constitución para los intereses de América a pesar de las frases elogiosas que sobre ella había tenido Bolívar.

Las circunstancias de la guerra harían entrar en vigencia esa Constitución en el territorio de Venezuela al desaparecer de nuevo, en 1814, las autoridades republicanas.

PRINCIPIOS FUNDAMENTALES DEL GOBIERNO

Examinaremos ahora las notas fundamentales de las ideas propuestas. *El Concepto Básico*: Autoridad Provisional y Soberanía Popular.

Bolívar se siente en ejercicio de una autoridad provisional. Así lo hace saber expresamente al Congreso de la Nueva Granada, el 8 de agosto de 1813: «Ínterin se organiza un Gobierno, legal y permanente, me hallo ejerciendo la autoridad suprema, que depondré en manos de una Asamblea de notables de esta capital que debe convocarse para erigir un Gobierno conforme a las naturalezas de las circunstancias y a las instrucciones que he recibido de ese augusto Congreso» (Documento 290).

Al día siguiente dirige un «Manifiesto» a sus conciudadanos de Caracas y expresa: «una Asamblea de notables, de hombres virtuosos y sabios, debe convocarse solemnemente para discutir y sancionar la naturaleza del Gobierno y los funcionarios que hayan de ejercerla en las críticas y extraordinarias circunstancias que rodean la República» y hace formal promesa de no utilizar ni ejercer ninguna autoridad que no sea la estricta militar (Documento 291).

En el concepto del Libertador estaba claro que la soberanía debía ser ejercida por los ciudadanos tanto en la determinación de la naturaleza del Gobierno como en la conciencia de los gobernantes. Esa idea fundamental ha de seguir siempre a Bolívar: «el triunfo armado no da derecho a gobernar ni menoscaba la soberanía del pueblo. Sólo debe ser un instrumento, para restaurar su ejercicio cuando éste ha sido perturbado».

Toda la documentación bolivariana de 1813 muestra su interés por dejar bien claro que en el momento oportuno sería convocada una Asamblea representativa del país.

El objeto de esta Asamblea aparece señalado en las diversas comunicaciones:

1) Elección del Presidente de todos los Estados (Documentos 369 y 372).

2) Escogencia de la forma de gobierno y constitución del Estado (Documento 389).

3) Pronunciamiento sobre la unión con la Nueva Granada (Documento 369).

La atención de la Asamblea lo ocupa incluso durante las campañas militares: «preparo ya, desde el campo en que me hallo, la convocación de una Asamblea de representantes nombrada por los pueblos» (Documento 547). Esta Asamblea debía estar constituida por representantes de cada uno de los Estados (Documento 372).

El pensamiento del Libertador coincidía en este aspecto, aunque expresado con mayor precisión, con el de Ustáriz en su Proyecto de Gobierno Provisorio.

Finalmente, el 31 de diciembre de 1813 convocó «a todas las autoridades civiles y vecinos de la capital» (Documento 555) para que se reúnan en Asamblea en el Convento de San Francisco, a fin de manifestarles la conducta que ha observado desde su Gobierno. La Asamblea se reunió el 2 de enero de 1814 y a ella Bolívar presentó un largo informe acompañado de Memoriales de los Secretarios de Estado. La Asamblea le ratificó el ejercicio del Poder Supremo. En comunicaciones posteriores el Libertador parece haber quedado satisfecho, al menos en principio, en sus preocupaciones democráticas (Documento 619).

Bolívar ratificó su respeto cuidadoso al derecho de los ciudadanos para practicar su propio gobierno, al referirse en el Informe presentado a la Asamblea de San Francisco por Rafael Diego Mérida como Secretario de Gracia, Justicia y Policía a la elección del Cuerpo Municipal de Caracas por medio de una Junta de Notables convocada al efecto (Documento 559).

Descartada la posibilidad de reproducir la organización constitucional de 1811, era necesario afrontar el problema inmediato de crear órganos adecuados para el manejo del Estado en la circunstancia propia del momento.

En líneas generales, fue seguido el criterio de Ustáriz expresado en el Proyecto de Gobierno Provisorio, pero desarrollado y completado por las decisiones permanentes del Libertador.

Puede resumirse la situación así:

1) Organización del Gobierno Central.

2) Régimen Militar.

3) Régimen de Hacienda Pública.

4) Administración de Justicia.

5) Relaciones Eclesiásticas.

6) Régimen Municipal.

7) Relaciones Exteriores.

Acerca de cada uno de esos puntos hay documentación suficiente para comprender la reacción de Bolívar con el problema político que enfrentaba.

La premura de la guerra le obligaba a dar prioridad a los temas militares; pero, precisamente esa situación es lo que hace admirable que Bolívar hubiese destinado atención a los problemas propios del Estado. Lo que tenía en las manos no era una montonera; trataba de crear en lo posible la estructura de un Estado organizado.

Todo interesa como muestra de su formación política, pues sólo a un hombre dotado de conciencia sobre lo que debía ser la República podían preocupar temas semejantes; esa preocupación es la base de sus ideas que después iba a desarrollar en Angostura y en Bolivia.

El hecho de que las medidas adoptadas estuvieron vigentes durante apenas unos pocos meses no menoscaba la importancia de las mismas en cuanto a los fines perseguidos.

Organización del Gobierno Central

El Libertador organizó su Gobierno con tres Secretarías: 1. de Estado, Relaciones Exteriores y Hacienda; 2. de Guerra y Marina; 3. de Gracia, Justicia y Policía. Cada una de estas Secretarías debía recibir «todas las representaciones, oficios, partes, pretensiones y otras cualesquiera instancias dirigidas al Libertador» (Documento 294).

Las respuestas de los Secretarios a las previsiones y mandatos debían tener entera fe y crédito y ser obtenidas y ejecutadas en todas sus partes sin excusa ni pretexto tal como si fueran autorizadas por el mismo Libertador (Documentos 294 y 295).

En el Informe presentado a la Asamblea de enero de 1814, el Secretario del Despacho de Gracia, Justicia y Policía se quejaba de que los pueblos y los particulares ignoran exactamente el repartimiento de atribuciones entre las Secretarías, por lo cual se entorpecían los negocios, se entrababan los Magistrados en consultas, por todo lo cual propugnaba que fuere promulgada una Ley «clara y terminante, que designe las referidas atribuciones para la más completa inteligencia de todos» (Documento 559).

El Libertador deseaba un Gobierno que fuere benigno, sabio y justo (Documento 315), que economizase gastos y simplificare en cuanto sea posible la administración interior (Documento 317), que pudiere consolidar la libertad sobre las bases de una administración vigorosa y de prontos recursos (Documento 345), sin tener que detenerse en los rodeos de una administración complicada (Documento 369) para dar toda la energía y rapidez posible a las operaciones del gobierno y suprimir cuantas formas lentas y enredadas hacen entorpecer o retardar sus movimientos (Documento 312).

Su propósito era una Administración sencilla y fuerte (Documento 304), ya que si la administración fuere embarazosa y dividida la ruina sería inevitable (Documento 389).

La situación era bastante complicada ante el cambio de Gobierno habido como consecuencia del cual la Secretaría y el Archivo se encontraban en estado de trastorno y confusión (Documento 288) y una multitud de pretendientes «rodea los Tribunales (oficinas), les quita tiempo precioso y paraliza su marcha rápida» (Documento 302).

Los informes de las Secretarías de Estado permiten considerar que en cuanto a orden y eficiencia mucho se logró en el breve tiempo de este Gobierno provisorio.

Régimen Militar

Las circunstancias propias de la guerra y las limitaciones peculiares de este estudio no permiten analizar las características del sistema implantado por el Libertador en cuanto al régimen militar se refiere. Sin embargo, es importante mencionar la cuidadosa regulación que dictó el Libertador para organizar el Ejército y hacerlo un cuerpo de efectiva acción bélica, sobre todo en lo relativo al sistema de grados y ascensos y la remuneración debida a los miembros de las Fuerzas Armadas (Documento 436).

Real Consulado

El Real Consulado de Caracas fue erigido por Carlos IV el 3 de junio de 1793 con el objeto de administrar la más breve y fácil justicia en los asuntos mercantiles y la protección y fomento del comercio en todos sus ramos.

No quiso el Libertador suprimir el Consulado ni designar nuevos miembros para integrarlo y mantuvo vigentes las normas dictadas por el Rey en tanto en cuanto ellas fueren compatibles con la soberanía de la República y el nuevo orden político y jurídico de la misma.

Igual preocupación, en cuanto a este organismo tendría Bolívar después en Angostura cuando debió volver a organizar el Estado.

Régimen Fiscal

Bien sabido es que el sistema fiscal de la Capitanía General estaba ordenado por las regulaciones de la Real Intendencia que, en lo que a Venezuela se refiere, estaba regida por Real Orden del 7 de mayo de 1781. Esta Real Cédula creó en Caracas un Intendente, facultado para conocer de todas las cuestiones relativas a las rentas, ramos o derechos que pertenecieren a la Real Hacienda.

El Libertador, al igual que hizo con el Consulado, designó a un Director General de Rentas para que ejerciere las facultades que antes correspondían al Superior Intendente de Caracas (Documento 317). Esta designación recayó en el Marqués de Casa León, Antonio Fernández de León.

La Hacienda republicana tropezaría con serias dificultades derivadas de la desarticulación del sistema fiscal español y la inexistencia de un nuevo ordenamiento.

Era necesario recaudar ingresos, administrarlo cuidadosamente y regular con rigor tan delicada materia.

Para el 19 de septiembre de 1813, el estado «deplorable de la Hacienda lo demostraba que la Tesorería Nacional contaba sólo con 264 pesos y las rentas del tabaco con 6.700 pesos» (Documento 379).

La actividad recaudadora debía estar respaldada con severas sanciones para los infractores y así lo hace la Ley contra los defraudadores de la renta del tabaco (Documento 361), la imposición de donativos forzados (Documentos 390 y 452) y la exigencia de los jefes de Hacienda de remitir inmediatamente caudales al Gobierno central (Documento 383).

La inversión de las rentas debía estar orientada a perseguir los mejores objetivos, a disminuir los dispendios y para ello evitar los gastos extraordinarios no urgentísimos y la aprobación de todo gasto por el Comandante General y el Gobernador Político (Documento 470).

El Informe presentado por Antonio Muñoz Tébar como Secretario de Hacienda, que fue leído en la Asamblea del 2 de enero de 1814, señala cuidadosamente las medidas adoptadas, entre las cuales merece la pena destacar la acuñación macuquina, el régimen de impuestos, la rebaja de derechos para los barcos, el aforo de importación, la efectividad en el cobro, la centralización del régimen administrativo y un riguroso régimen de economías que permitió al Estado sostenerse aun en circunstancias críticas.

La tesis sostenida por el Libertador fue la recomendada por Ustáriz, en cuanto a que existiera un Director de Rentas Nacionales con facultades parecidas a las del antiguo Intendente en lo contencioso, criminal, gubernativo y económico y además persona distinta del Secretario de Hacienda (N° 15 del Planeado Gobierno Provisorio).

Administración de Justicia

El documento más importante para conocer los problemas que ocasionó la Administración de Justicia en esta etapa, lo constituye el Informe del Secretario Rafael Diego Mérida, destinado a la Asamblea de enero de 1814; según él tan importante ramo de la Administración del Estado recibió en medio de las preocupaciones militares, toda la atención posible que se tradujo en las siguientes medidas:

1) Establecimiento en Caracas de cuatro Corregidores para la Justicia Civil y Criminal.

2) Establecimiento del Tribunal de Secuestros con su mecanismo especial de apelación.

3) Restablecimiento de los Jueces Mayores en los Partidos del interior.

4) Establecimiento de un Tribunal Supremo de carácter ocasional dedicado a la atención de las posibles apelaciones que pudieren interponerse contra las decisiones de instancias.

En líneas generales se había seguido el proyecto de Ustáriz, específicamente en lo referente al Tribunal Supremo.

Debe destacarse también la recomendación hecha de que no se admitiere pleito alguno sin una etapa conciliatoria a fin de evitar gastos y dificultades de las partes.

Posteriormente esta norma fue propuesta por el Libertador para la Constitución de Bolivia (artículo 102).

Insistió además el documento en recomendar la gratuidad de la Administración de Justicia y la modificación del principio general de la necesidad de abogado para presentarse ante los Tribunales.

Con todas estas disposiciones se trataba de mejorar la Administración de la Justicia dentro de las circunstancias del momento, con el propósito de evitar gastos al Estado y lograr la simplicidad y la brevedad de los juicios.

El proyecto esperaba que «los jurisconsultos sensatos, honrados y amantes de sus conciudadanos», verían esa providencia con aplauso.

Régimen Municipal

Las previsiones de Ustáriz habían recomendado que «los Cabildos continuarán bajo el mismo pie en que se hallan».

El Libertador insistió, expresamente, en restablecer el Cuerpo Municipal tanto en Caracas como en las demás ciudades y villas de la provincia (Documento 559); sobre todo en lo que se refiere a la elección de los Concejales. Fue ordenado que tal elección se hiciere por el voto de los ciudadanos. En el caso de Caracas, los Concejales electos cesaron en sus funciones el 1° de enero de 1814 previo reconocimiento «del auxilio eficaz que habían proporcionado a la República» en las circunstancias apuradas en que se encontraba. El Libertador ordenó convocar a 48 vecinos «de la mejor nota y reputación y sin distinción de clases» para que eligieren a los nuevos miembros del Cabildo (Documento 564).

La elección en referencia ocasionó la protesta del Libertador por haberse incluido a José Domingo Duarte y a Francisco Rodríguez Tosta «públicos y notorios desafectos del régimen».

Merece la pena mencionar la expresa advertencia del Libertador (Documento 595) de que las cargas municipales debían corresponder «a todos los ciudadanos honrados» quienes, en tal forma, además de prestar un distinguido servicio a la República, adquirían la ilustración y conocimientos tan necesarios a su mayor idoneidad.

El Gobierno municipal denominado «policía» (Documento 559), debía comprender:

a) aseo, hermosura y aumento de las poblaciones;

b) comodidad y seguridad de las mismas y de los caminos públicos;

c) educación física y moral de los individuos;

d) progreso de la industria, de las artes y de la cultura del campo;

e) contribución a la libertad y bienestar del Estado.

Con exacto criterio político, el documento advertía «el medio más oportuno para poner en movimiento todos estos diferentes objetos es la intervención de los mismos habitantes» para ayudar al Supremo Gobierno con sus esfuerzos, sus luces y sus talentos para atraer las ventajas de la civilización.

El documento advierte que «todos los gobiernos han adoptado la creación de municipalidades en los pueblos y les han confiado el manejo y dirección de los objetos referidos» y recomienda promover las autoridades municipales «con las atribuciones y facultades que les son propias en todos los lugares donde lo exija prudentemente el Estado, progreso de la población y la cultura de sus respectivos habitantes».

Al igual que en otras materias, la preocupación del Libertador por las Municipalidades se va a repetir después en la Constitución de Bolivia y en su discurso introductorio, con la expresa advertencia de que «del bienestar de las ciudades se forma la felicidad del Estado».

Recuérdese también la forma inmediata de participación de los ciudadanos propuesta en la Constitución de Bolivia en las normas sobre el cuerpo electoral, encaminadas a proteger al ciudadano a la vez que hacerle participar en la gestión de los intereses locales.

La importancia dada por Bolívar a la participación de los ciudadanos en el manejo de los negocios municipales, la advertencia de que tales gestiones debían estar a cargo de todos los ciudadanos honrados, la enumeración de los intereses propios de una Municipalidad y la prudente recomendación de ir adoptando sistemas acordes con las condiciones propias de cada población, configuran un esquema político que no ha perdido actualidad.

Asuntos Eclesiásticos

La gran cantidad de comunicaciones dirigidas por el Libertador al Arzobispo de Caracas Narciso Coll y Prat entre el 7 de agosto de 1813 y el 24 de junio de 1814 (107 Documentos) pone de manifiesto el cuidadoso interés del Libertador en el manejo de los negocios eclesiásticos, sobre todo en orden a evitar que la acción de clérigos «opuestos diametralmente a nuestro sistema y enemigos declarados de él» (Documento 315) conspirare contra la tranquilidad y el sosiego públicos.

Las medidas de administración eclesiástica se referían a la sustitución de párrocos y titulares de curatos y beneficios eclesiásticos, disciplina canónica y temas parecidos.

Relaciones Exteriores

Las circunstancias propias del momento, debidamente calificadas por el Libertador, le hicieron atender cuidadosamente, dentro de sus posibilidades, al problema inmediato de la política exterior como instrumento de Gobierno.

Los estudios de Sanz, Peña y Ustáriz no contienen referencia al tema; pero para Bolívar la materia sí constituía preocupación de primer orden.

Hay que advertir que, en ese tiempo, la relación con la Nueva Granada no tenía, todavía, características de problema internacional sino de una cuestión diferente que podría casi considerarse hasta de política interna.

En estas materias la preocupación del Libertador era sobre los siguientes problemas:

1) El efecto de la derrota de Napoleón sobre la política interna de España y la situación general de Europa.

2) La relación e influencia específica, en esos campos, de Inglaterra y de los Estados Unidos.

3) El efecto del comercio marítimo en los intereses de Inglaterra.

4) La cercanía de Curazao.

Tenía absoluta razón el Libertador al preocuparse por los efectos de la derrota de Napoleón y advirtió las consecuencias políticas que se iban a producir de inmediato.

Al estar España libre de la dominación francesa «volverá sus miras hacia la América» y advierte a Camilo Torres: «es menester prevenir aceleradamente este golpe, pues, aunque estoy seguro de que la Nueva Granada y Venezuela no cederían a la fuerza, no es menos cierto que podríamos ser envueltos» (Documento 667).

Ante esa situación, había una sola acción posible: negociar con Inglaterra para obtener su colaboración política y militar.

La negociación implicaba el envío de diplomáticos, que ya había querido hacer en agosto de 1813, ante Inglaterra y los Estados Unidos «para interesarlos en nuestra causa y que auxilien nuestros esfuerzos» (Documento 304).

Sin embargo, quiso aguardar, según sus propias palabras, el momento en que consideraba asegurada la suerte de Venezuela para pedir la amistad y auxilio «de la nación poderosa que era Inglaterra» (Documento 619).

El problema se hace más intenso al comenzar el año de 1814; la situación lo lleva a proponer a Torres el envío a Inglaterra de un diplomático por la Nueva Granada y otro por Venezuela para «reclamar vigorosamente los auxilios de esa Nación» (Documento 667).

Bolívar designó a Juan Rodríguez del Toro como Jefe de la Misión cerca de los Estados Unidos y a Lino de Clemente y a Juan Robertson ante Inglaterra.

Las instrucciones dadas a los agentes ante Inglaterra constituyen un cuidadoso y exacto documento diplomático (Documento 805).

El él se ordena explicar al Gobierno inglés el régimen político imperante en el país, con especial referencia al influjo del pueblo en la designación del Consejo Legislativo y a la protección de la propiedad de los Tribunales. Se insiste en las ventajas para la Gran Bretaña de un comercio directo que le permitiría colocar sus manufacturas y recibir nuestros frutos.

Se propone solicitar ayuda militar en forma de buques y armamento.

Se insinúa obtener del Gobierno británico, en vista de las dificultades que la guerra ocasiona al comercio, logre del Gobierno español el reconocimiento de la Independencia venezolana o el cese de las hostilidades y en caso necesario que Inglaterra aporte el auxilio militar para terminar pronto la guerra.

Bolívar advirtió expresamente que de realizarse el proyectado Congreso (que se llamó luego de Viena) los representantes de Venezuela estuvieren presentes para defender los intereses de América.

Señaló además que de haber ante Inglaterra representantes de otras regiones de América, se tratare de actuar conjuntamente con ellos en un cuerpo de negociaciones.

Por último, Bolívar encargó a sus diplomáticos buscar toda especie de mejoras para la agricultura y la artesanía, con el logro de recomendaciones técnicas, artesanos hábiles y envío de maquinaria e instrumentos.

El concepto del Libertador en esta materia fue producto de una cuidadosa meditación política sobre la situación mundial. Está expuesto tanto en el Mensaje o Informe sobre Relaciones Exteriores presentado a la Asamblea de enero de 1814 (Documento 558) como en los tres artículos publicados por el Libertador en la gaceta de caracas el 7 de febrero, el 18 de abril y el 9 de junio de 1814 (Documentos 682, 852).

Para Bolívar el fundamento de su tesis era la convicción de que la derrota de Napoleón iba a producir un evidente equilibrio entre las distintas naciones del continente europeo.

Se habían operado un hecho militar: la destrucción del poderío naval español y el surgimiento de la fuerza marítima de Inglaterra.

Para España iba a resultar imposible tratar de controlar de nuevo a América sin disponer de la marina que estaba totalmente perdida.

Inglaterra por su parte había ganado un poder marítimo que le daba el control, o al menos una gran influencia, sobre el tráfico entre Europa y América.

El poder de Bonaparte fue destruido entre todos, pero las naciones continentales europeas podían entonces necesitar, sin Napoleón, unirse de nuevo, pero para enfrentarse a Inglaterra. Resultaba lógico, por tanto, que el Gabinete inglés no pudiese tolerar la recuperación del poderío español con la reconquista de América pues ello alteraría el «equilibrio» entre las naciones europeas y entre éstas e Inglaterra.

Ese equilibrio político, parecía a Bolívar la clase diplomática para la Independencia: sólo una América libre y no española garantizaba a Inglaterra que no habría predominio alguno en Europa, que pudiese lesionar los intereses británicos.

Para Bolívar, era claro que la ayuda de Francia a la América del Norte en la conquista de su libertad política estaba encaminada a reducir el poderío británico por la pérdida de gran parte de sus posesiones americanas.

Napoleón, por su lado, de haber dominado a España, hubiera tratado también de controlar a América. Por esas razones, cuando Inglaterra derrota a Napoleón, esas batallas deciden también la independencia de América y cuando España lucha contra Napoleón, recupera sus territorios americanos.

A todo lo anterior se unía el interés británico en el comercio con América, que le había sido negado por España y que sólo era factible con una América libre.

De allí la insistencia en destacar ante Inglaterra la ventaja comercial que significaba para ella la libertad de América.

La Independencia americana implicaba por tanto «el equilibrio del Universo».

Esa proyección universal del fenómeno de la Independencia es característica importantísima del pensamiento político del Libertador.

No era una simple cuestión de pequeñas guerrillas locales sino un tema de alta trascendencia política internacional, de dimensión mundial, lo que se estaba discutiendo.

A ninguno de los patricios del momento se planteó tema semejante. Era un cálculo cuidadoso, producto de un sereno estudio de la realidad histórica y política, resultado evidente de sus observaciones europeas y de su constante información sobre lo que pasaba en el mundo conocido y más importante e interesante en un joven de 30 años en la posición personal de Simón Bolívar.

Las variantes políticas que se iban sucediendo y cuyo exacto conocimiento demuestran los documentos citados, era un ingrediente indispensable para las conclusiones a que habría de llegar. Otros personajes carecieron de ese talento para tener una visión completa de la situación.

El cuidadoso esfuerzo para manejar esos conceptos lo ponen de manifiesto sus instrucciones ya citadas a los enviados a Inglaterra (Documento 805) de una serena y altiva dignidad que no permite otra conducta sino «marchar siempre sobre un pie de igualdad», que no deja de ser una pretensión admirable en quien apenas dispone de brevísimo poder y quiere tratar con el país que, según las propias palabras del Libertador, iba a llegar «al último punto de grandeza y de poder a que ningún pueblo del mundo había osado a aspirar» (Documento 852).

Por todo eso su preocupación de señalar las características de quien debía ser diplomático de América: «A más de su ilustración y gran patriotismo, debe tener los finos modales y las disposiciones necesarias para entrar en negociaciones con los Ministros de una nación poderosa, en una Corte tan culta, y todo el carácter indispensable para sostener la dignidad de los pueblos cuyos intereses se le confían, y ha de desempeñarla con actividad por importar tanto la pronta determinación de este asunto» (Documento 667).

Ilustración, patriotismo, finos modales, aptitudes de negociación, cultura, carácter para sostener la dignidad de la República y actividad en la defensa de los intereses nacionales, siguen siendo todavía las características esenciales que ha de reunir quien tenga a su cargo la jefatura de cualquier misión diplomática de la República.

A lo anterior se unen dos manifestaciones de audacia diplomática y política: la una era aspirar a estar presentes en las deliberaciones del Congreso de Viena. Haría falta casi un siglo para que las grandes potencias del mundo aceptaran la propuesta bolivariana de admitir en la mesa de las discusiones internacionales a países que sólo tenían la fuerza de su derecho, pero sin poderío económico, militar y político.

La otra, la visión americana integral al insistir en la negociación conjunta de todas las regiones de América.

No es lugar oportuno para insistir en esa visión americana del Libertador; pero conviene subrayar su insistencia en la negociación conjunta con los representantes de otras regiones de América, que sigue siendo el tema fundamental de la política diplomática hispanoamericana, y además, su concepción de América unida: «debe ser un gran consuelo para nosotros saber que cualquier ultraje que se haga a una pequeña porción del suelo colombiano (de Hispanoamérica), será vengado por infinidad de pueblos hermanos esparcidos sobre el nuevo hemisferio» (Documento 852), o sea el mismo principio que será establecido más de un siglo después como base fundamental de la defensa recíproca de los países de América.

Nótese que ello lo formula Bolívar cuando apenas tiene noticias vagas sobre el estado político de toda la América.

Tal tema constituirá uno de sus objetivos políticos fundamentales y culminará en el Congreso de Panamá.

Por último, no puede dejarse de mencionar el deseo de atraer hacia Venezuela, conocimientos técnicos, gente especializada y maquinarias y equipos para el logro del progreso del país.

Esta pretensión ya la había tenido Bolívar en agosto de 1813 (Documento 306), cuando invitaba a los extranjeros de cualquier nación o profesión que sean, para que se establecieran en el país, cuyo suelo, producciones, clima y régimen prudente de administración, garante de la seguridad y de la propiedad, les darían todas las ventajas que podrían desear.

El estado y la ordenación de la economía

No fue extraño el Libertador al problema económico que se planteaba en el año de 1813 y a comienzos de 1814. Sin entrar a estudiar sus características, es útil mencionar el esquema de la situación tal como Bolívar la observaba:

1) Importancia de la agricultura y de la ganadería

En sus «Reflexiones» publicadas el 9 de junio de 1814 en la gaceta de caracas (Documento 852) es categórico: «Nosotros, por mucho tiempo no podemos ser otra cosa que un pueblo agricultor». Un poco antes, en el «Informe» de Muñoz Tébar a la Asamblea del 2 de enero de 1814 (Documento 561) había destacado la «vasta perspectiva» que los Valles agrícolas ofrecían para el cultivo del cacao y del tabaco, el alto y el bajo llano para la multiplicación de los ganados y Barinas, Trujillo y Mérida, para las producciones de los países fríos. La feracidad del suelo y sus variadas y preciosas producciones eran parte de los atractivos del país para los extranjeros que desearen venir a establecerse aquí (Documento 306).

2) El comercio internacional

En todos los documentos que tratan el tema, sobre todo en las ya citadas «Reflexiones», Bolívar insiste en el posible comercio con los países europeos, especialmente con Inglaterra, a base de suministro de productos o materias primas, en un sistema de exportación «que se multiplicaría hasta el infinito» a cambio de importaciones que buscaren el equilibrio comercial.

Le preocupaba también el uso del tabaco «que se había destinado constantemente a las negociaciones de ultramar» y cuya utilización como arbitrio rentístico era fundamental para el país (Documento 561).

Estaba, además, profundamente interesado en facilitar el comercio marítimo: «La libertad dispensada al comercio, la protección que se da al comerciante, el estímulo con que se acaloran las especulaciones por la seguridad que ofrece el Gobierno, la rebaja de los derechos, son causas que deben fomentar cada día más nuestras relaciones mercantiles».

Ese mismo comercio era la base de sus argumentaciones diplomáticas ante Inglaterra.

3) Mano de obra y técnica

Bolívar se percató y con facilidad para su claro concepto político, de que para que un país como la Venezuela de entonces pudiera desarrollar su economía, necesitaba pensar en adelantos industriales y en progreso general y para ese fin eran necesarios dos factores fundamentales: mano de obra y técnica.

A lo primero hace alusión en su invitación a los extranjeros a radicarse en el país, publicada en español, inglés y francés el 16 de agosto de 1813, a los pocos días de llegar a Caracas (Documento 306).

A ese mismo problema y a la importación de adecuada tecnología se refiere en sus «Instrucciones» a los Comisionados diplomáticos ante el Gobierno inglés (Documento 805) y que ya hemos aludido: artesanos hábiles y expertos, máquinas e instrumentos y recomendaciones técnicas.

¿Qué más se podía pedir en aquel país que estaba naciendo?

CONSIDERACIONES FINALES

El manejo del Estado requiere un sano promedio entre la prudencia y la audacia. Se manifiesta en el trato a los asuntos públicos con la intensidad debida, la adecuada atención y la necesaria objetividad. Ello requiere un espíritu sereno, que no se conduzca por razones de orden circunstancial sino atendiendo a los principios que se hubieren adoptado como fundamentales. Es más difícil cuando las características de una época o de un determinado momento no permiten llegar fácilmente a tales formas de acción.

Es ésa la razón que hace interesante el estudio de la posición de Bolívar en la ordenación del Estado que le fue confiada en 1813 y que se pone de manifiesto en variados aspectos de su conducta que trataremos de sistematizar brevemente como necesario complemento de este estudio:

1) El respeto a las normas de cortesía internacional

El caso lo provoca el hecho de haber ordenado el Gobernador de Curazao que Domingo de Monteverde hubiese sido saludado con varias salvas de cañón a su llegada a la isla. La gaceta de caracas no sólo protestó por el hecho sino se burló de él. Bolívar reacciona ante el periódico y le hace advertir que esa conducta «no sólo es impropia» sino además «es absurdo chocante». «Está mandado por todas las ordenanzas del mundo civilizado y es el uso constante de todas las naciones, tributar a los Jefes militares y Ministros diplomáticos extranjeros los honores que les corresponden y bajo ese concepto no hizo más que un deber de su autoridad el Gobernador de Curazao» (Documento 706).

Había que medir, en toda su exacta dimensión política, el significado de este documento que se ordenó publicar en la misma Gaceta (28 de febrero de 1814, N° XLV) y que implicaba la más serena actitud ante un hecho que causaría desagrado a un patriota ardiente como era Vicente Salias, redactor de la Gaceta, pero que no podía ser tratado en otra forma por un Gobernante prudente y sereno.

2) Las alabanzas a la conducta europea de España

Dentro de lo crudo de la guerra se pone de relieve la exquisita objetividad de Bolívar al referirse a la conducta europea de España. Se refiere a dos aspectos bien definidos, uno España frente a Napoleón. Otro a las Cortes de Cádiz.

Al referirse a la forma como los pueblos «aman la gloria» y la «libertad y la independencia que es el colmo de la felicidad humana» añade: «España misma ha hecho sacrificios gloriosos por esa libertad e independencia que defienden a tanta costa los pueblos de Europa» (Documento 779).

Y con respecto a la Constitución de Cádiz la señala como en su «Manifiesto a las naciones del mundo» como «obra por cierto de la ilustración, conocimiento y experiencia de los que la compusieron» y fundada en «los santos derechos de libertad, propiedad y seguridad» (Documento 382).

No deja de impresionar que se usen tales calificativos de «glorioso» para el esfuerzo del pueblo español frente a Napoleón y de «ilustrados, sabios y expertos» para los constituyentes de Cádiz. En esos momentos, en esa situación de doloroso conflicto, referirse así a lo español tenía que suponer la prudente audacia que fue propia de Bolívar.

3) La serenidad ante el atropello

Inglaterra podía ser la aliada. España era el adversario. A España no vacila, cuando es necesario, en alabar lo que debía serlo. Pero tampoco se niega Bolívar a enfrentarse a Inglaterra, cuando recibe de ella un atropello inaceptable.

En ese sentido, se dirige al Ministro de Relaciones Exteriores del Gobierno inglés, ante la conducta del Gobernador británico de San Thomas, cuando éste, a tiro de cañón, expulsa de la isla a los Comisionados venezolanos y obliga a que la bandera venezolana sea arriada. Bolívar reclamó reparación del insulto y cerró los puertos nacionales para los buques de San Thomas (Documento 853). Poco le importa que sean ingleses, se apoya en «el derecho de gentes» y advierte que se han manchado «la generosidad y equidad» del gobierno británico.

Era la misma y prudente audacia que hacía falta para, en momentos de necesidad, saber enfrentarse serenamente a una potencia cuya ayuda podría ser necesaria pero cuyo insulto era inadmisible.

CONCLUSIONES

El estudio que antecede de los documentos emanados del Libertador durante el 2° semestre del año 1813 y el 1° de 1814, tiempo de permanencia suya en Caracas, en ejercicio de una autoridad suprema que sólo era efectiva en un reducido territorio y que apenas estaba respaldada por escasas fuerzas militares y casi ningún poderío financiero y económico, así como el análisis de los trabajos jurídicos y políticos emitidos a ruego del Libertador por eminentes ciudadanos del momento, nos presenta una dimensión importantísima y casi ignorada en nuestros trabajos históricos sobre tan difícil etapa de nuestra Independencia.

La serena preocupación por determinar las bases conceptuales del Estado, los fundamentos políticos de la autoridad, la ordenación jurídica de la administración del Gobierno y el ejercicio ponderado del Poder Público, dentro de circunstancias difíciles de orden militar y de falta de recursos destacan y diseñan la personalidad de Simón Bolívar como hombre de Estado y no sólo Libertador sino también orientador y guía de América.

Los documentos citados hablan por sí solos sin necesidad de mayores y más extensos comentarios.

LISTA DE DOCUMENTOS CONSULTADOS

TOMO IV

164.	Instrucciones de Bolívar dadas al Dr. Cristóbal Mendoza para encargarse del Gobierno de Mérida fechadas en Cúcuta el 28 de abril de 1813	221
167.	Oficio de Bolívar, dirigido al Presidente Encargado del Poder Ejecutivo de la Unión, fechado en Cúcuta a 30 de abril de 1813; recomienda la persona del Dr. Cristóbal Mendoza para Gobernador de Mérida y se refiere a las instrucciones que le ha dado	226
235.	Comunicación de Bolívar a la Comisión del Supremo Congreso de la Nueva Granada, fechada en Trujillo el 23 de junio de 1813, con informaciones sobre la marcha de la campaña y la conveniencia de proseguirla antes que el enemigo se reponga	329
238.	Oficio de Bolívar, fechado em Trujillo el 25 de junio de 1813, dirigido al ciudadano Fernando Guillén, por el que se designa Gobernador del Estado	336
255.	Discurso de Bolívar dirigido a los ciudadanos y magistrados de la ciudad de Barinas, el 13 de julio de 1813, sobre el régimen político instaurado en la liberada Provincia de Barinas	360
272.	Oficio de Bolívar dirigido al Dr. Cristóbal Mendoza, fechado en Araure el 27 de julio de 1813, con el nombramiento de Gobernador de Caracas y con instrucciones para el desempeño de su cargo	382
273.	Orden circular de Bolívar a todos los Comandantes y Cabildos, fechada en Araure, el 27 de julio de 1813, con instrucciones para obedecer al Dr. Cristóbal Mendoza, nombrado Gobernador del Estado de Caracas	383

TOMO V

TOMO VI

853. Comunicación del Libertador fechada en Caracas el 10 de junio de 1814, dirigida al Ministro de Relaciones Exteriores de la Gran Bretaña, en protesta por la ofensa infligida en San Thomas a los Agentes diplomáticos de Venezuela 333

En los documentos que se citan en este Estudio se ha utilizado la numeración que corresponde a los mismos en la Colección «ESCRITOS DEL LIBERTADOR», edición de la Sociedad Bolivariana de Venezuela. En la lista transcrita se indica, respecto a cada uno, su número, fecha, contenido y la página y tomo de la Colección donde está reproducido.

II. EL PROYECTO DE CONSTITUCIÓN DE ANGOSTURA EN 1819

INTRODUCCIÓN

El calificativo de «Padre de la Patria» que se da al Libertador no es puramente simbólico, sino que tiene un profundo significado histórico, pues él creó las bases sobre las cuales se estructura hoy la República; en ese sentido, el primer documento de importancia emanado de Bolívar y que constituye la pieza fundamental de su pensamiento político en la formación del nuevo Estado venezolano, lo es sin duda el «Discurso de Angostura», llamado así por haber sido pronunciado por Bolívar en presencia del Congreso que fue convocado a propuestas de él, y que estuvo reunido, desde el 15 de febrero de 1819, en la ciudad, llamada entonces de Angostura.

Se ha acostumbrado a estudiar ese Discurso como una pieza integral, son tomar en cuenta que su contenido no es otro sino el de una especie de «Exposición de Motivos» al Proyecto de Constitución que el Libertador presentó al Congreso de 1819. Ese Proyecto, a pesar de estar incluido en las Memorias de O'Leary[1] no ha sido hasta ahora conocido en forma amplia, pues casi ningún autor lo analiza ni se acostumbra a citarlo[2].

Debemos a la acuciosidad de don Pedro Grases, el haber recurrido al Archivo del Libertador, que está en la Casa Natal, en Caracas, para divulgar los originales del Proyecto en referencia[3].

---

1 O'LEARY, *Memorias*, Tomo XVI, págs. 129 a 159.

2 El Dr. Ángel Francisco Brice, en su prólogo a las «Actas del Congreso de Angostura», edición de la Facultad de Derecho de la Universidad Central de Venezuela, págs. 56 a 62, hace un resumen del Proyecto. La edición fue presentada por Pedro Grases.

3 La obra se denomina *El Libertador y la Constitución de Angostura de 1819*. Transcripción, notas y advertencias por don Pedro Grases. Publicaciones del Congreso de la República, Caracas, 1969.

Es realmente difícil tratar de presentar un esquema del múltiple pensamiento bolivariano ya que la personalidad del Héroe se pone de relieve, en tal diversidad de matices y temas que es poco menos que temerario el pensar que se ha logrado sintetizar o captar la integridad del pensamiento del Genio.

Resulta indispensable siempre referirse en lo que a Bolívar atañe a aspectos particulares concretos, con la advertencia de que casi toda afirmación puede, en un momento determinado, ser necesariamente revisada ante nuevos elementos de juicio o de un estudio más complejo o extenso del tema.

I. CONSIDERACIONES PRELIMINARES

a) Importancia del Congreso de Angostura

Merece la pena insistir en que la instalación, en febrero de 1819, del Congreso de Angostura, convocado, elegido y reunido por el empeño de Bolívar, señala la iniciación de la vida institucional del Estado venezolano que ya, hasta nuestros días, no se va más a interrumpir[4].

Recuérdese que el cataclismo de la guerra habida entre 1812 y 1819, con sus miles de muertes y la subsiguiente devastación, los destrozos de toda índole y la finalización de la vida colonial no permiten establecer relación de continuidad entre las estructuras constitucionales de 1811 y el resto de la historia política del país.

La verdad histórica es que el Estado sólo comienza a formarse en 1819 y eso gracias a Bolívar.

b) El Texto de Angostura y la Constitución de 1811

Bolívar, observador primero, actor secundario luego y protagonista, por último, de los sucesos que van desde 1810 a 1819, meditó muy seriamente sobre las causas que habían precipitado la ruina de la República. Su «Manifiesto de Cartagena» lo pone así de relieve cuando advierte:

---

[4] El Libertador, como Jefe Supremo, en el Discurso de 1° de octubre de 1818, propuso al Consejo de Estado la convocatoria del Congreso. Puede verse el texto del Discurso en *Proclamas y Discursos del Libertador*, edición de Vicente Lecuna. Caracas, 1949, p. 191.

En el prólogo citado atrás, del Dr. Ángel Francisco Brice, aparece un erudito examen de la convocatoria, del Reglamento de Elecciones y de la propia instalación del Congreso.

En la obra citada de don Pedro Grases se encuentra transcrita el Acta de Instalación.

Tuvimos filósofos por Jefes, filantropía por legislación, dialéctica por táctica y sofistas por soldados. Con semejante subversión de principios y de cosas, el orden social se sintió extremadamente conmovido, y desde luego corrió el Estado pasos agigantados a una disolución universal, que bien pronto se vio realizada[5].

Debió seguramente dedicar Bolívar largos ratos de estudio y de análisis del problema, al principio en el exilio y luego con el Poder en la mano, para calcular la forma como, vista la experiencia, debía estructurarse de nuevo el Estado.

Parece que el tema no era especialmente popular. Así se desprende de su frase:

> Estoy penetrado de la idea de que el Gobierno de Venezuela debe reformarse; y aunque muchos ilustres ciudadanos piensan como yo, no todos tienen el arrojo necesario para profesar públicamente la adopción de nuevos principios[6].

Igualmente, la comparación entre el Proyecto original de Bolívar y el texto definitivo aprobado por el Congreso para la Constitución de 1819 pone de manifiesto la tendencia general de entonces a volver, a pesar de las advertencias del Libertador, a formas constitucionales usadas en 1811.

Lamentablemente las Actas del Congreso de Angostura, publicadas por la Facultad de derecho de la Universidad Central de Venezuela[7], no contienen mayores detalles que permitan seguir de cerca el curso de los debates y las razones que tuvieron los miembros del Congreso para apartarse de las propuestas de Bolívar y volver, en gran parte, al texto de 1811. Quizás podría decirse que fue una evidente falta de visión de los miembros de ese Congreso, entre quienes salvo Roscio y alguien más, había pocas personas de reconocida formación política y, por el contrario, abundan sujetos que, muy respetables hoy por el transcurso del tiempo y por su valioso aporte en otros campos a la Independencia, no tenían, ni el talento, ni la visión, ni la formación de Bolívar para captar sus razones y argumentos.

---

5 «Memoria dirigida a los ciudadanos de Nueva Granada por un caraqueño» en *Itinerario Documental de Simón Bolívar*. Edición de la Presidencia de la República. Caracas, 1970, p. 30. Esta obra será citada de ahora en adelante, bajo las palabras *Itinerario Documental* y la indicación de la página.

6 «Discurso de Angostura» en *Itinerario Documental*, p. 153.

7 Véase cita número 2.

El Libertador, evidentemente trabajó tomando muy en cuenta la Constitución de 1811, y utilizó de ella todo aquello que le pareció interesante o cuya presencia, en el texto de la nueva Constitución, podía estar acoplado a la distinta concepción del Estado que quería presentar al Congreso.

No es de extrañar, por lo tanto, que en el Proyecto de Bolívar aparezcan disposiciones con mucha similitud respecto a las de 1811 y, a través de ellas, con los documentos considerados como fuentes de la misma, como, por ejemplo, algunas formas de redacción de la Constitución norteamericana, las distintas versiones de la «Declaración de los Derechos del Hombre» y los documentos primordiales de Picornell en la revolución de Gual y España[8].

c. Bases del pensamiento bolivariano

Parece importante, al analizar el Proyecto de 1819, advertir lo que hay en él de original, o sea, aquellos de sus aspectos que traducen el pensamiento de Bolívar en cuanto a la estructura del nuevo Estado.

La pieza básica la constituye el análisis que hace Bolívar de la realidad social de entonces y de la experiencia histórica en orden a concluir que es indispensable reformar todo el mecanismo constitucional de 1811.

A través del Proyecto y del Discurso puede verse que el Libertador presenta sus ideas básicas sobre la organización social y política de la colectividad haciendo derivar, en un armonioso concepto, a la segunda de la primera, en manera que después no vuelve a verse en la evolución constitucional venezolana pues, a diferencia de lo expresado en Constituciones posteriores, Bolívar no presenta un proyecto de organización política sobre lo que «debía» ser la sociedad sino sobre lo que, en su concepto, era realmente.

Esa organización social el Libertador la fundamentó en tres pilares esenciales: a) la igualdad; b) la educación; y c) la moralidad pública.

Es digno de ser advertido que Bolívar indica, con toda claridad, que posiblemente su Proyecto sea considerado «iluso o irreal», pero cree sinceramente que el sistema propuesto por él es «no menos realizable» que instituciones «quiméricas», establecidas ya antes por legislaciones antiguas y modernas «con menos utilidad del género humano».

---

8 Existen amplios estudios de don Pedro Grases sobre las influencias recibidas en la Constitución de 1811. Véase sobre todo su obra *La conspiración de Gual y España y el ideario de la Independencia*. Caracas, 1949. Publicación N° 6 del Comité de Orígenes de la Emancipación, de la Comisión de Historia del Instituto Panamericano de Geografía e Historia.

II. LAS BASES DE LA ESTRUCTURA SOCIAL

a) El concepto de igualdad

Llama la atención el sentido y amplio desarrollo que da Bolívar, en el Proyecto, a la idea de «igualdad» como un derecho esencial del hombre en la sociedad.

En realidad, ese criterio bolivariano, a pesar de su profundo interés, no ha sido ni conocido ni examinado; la igualdad, para Bolívar, es «el derecho de todo ciudadano para contribuir a la formación de la ley, como miembro del soberano» y sólo existe en el instante de votar. Seguidamente explica que, para conciliar ese derecho a la igualdad con el orden, tranquilidad, prudencia y circunspección y sabiduría que exige la discusión y sanción de una ley, y que no pueden hallarse en reuniones populares, siempre tumultuosas, se ha inventado la «representación nacional», que, elegida por el pueblo, «es el órgano que expresa legítimamente su voluntad»[9].

Es decir, Bolívar va a la esencia misma de la idea democrática y del concepto roussoniano de la soberanía: en el acto de ejercer, con el voto, la soberanía que reside en la universalidad de los ciudadanos es cuando todos esos ciudadanos son realmente «iguales». Después viene la necesidad del premio y de la recompensa, del castigo y de la represión, que determinan una conducta distinta del legislador y del Estado ante el ciudadano virtuoso, prudente, sabio, valiente y honrado que, ante el vicioso, injusto, inmoral o cobarde.

Tan hermoso e interesante concepto, fecundo en consecuencias jurídicas y éticas, fue desechado por el Congreso al recurrir en el texto aprobado (Artículo 16) a una redacción muy parecida a la del Artículo 154 de la Constitución de 1811.

Recuérdese que Bolívar quiere legislar para un pueblo empapado de desigualdad, recién salido de un sistema jurídico de clases que ocasionaba derechos y deberes diferentes. Por eso entendió muy bien, que las previsiones de la Constitución de 1811 sobre una supuesta igualdad, en orden a que la ley sin reconocer distinción por nacimiento, herencia o poder, fuere la misma para todos los ciudadanos, no podrían ser realidad en la vida del Estado: habría, necesariamente, desigualdades y por tanto, una ley que no distinguiese el sabio del ignorante, al virtuoso del prostituido, al industrioso y

---

9 Artículos 15 y 16, Primera Relación, Sección Primera, Título Segundo.

activo del holgazán y perezoso, al valiente del cobarde, al prudente del temerario, sería, en opinión de Bolívar, una «ley injusta»[10].

Realmente acertó Bolívar en ese concepto: sólo al ejercer mediante el voto la soberanía, es cuando los ciudadanos son realmente iguales. Después la igualdad es una ilusión.

Quizás hubiera sido conveniente, durante nuestra vida republicana y aun todavía lo sería en estos días, meditar sobre la profunda razón y consecuencias del pensamiento de Bolívar.

b) La necesidad de la educación pública

Impresiona notablemente el pensamiento bolivariano sobre la necesidad de la educación como «cuidado primogénito» del Estado.

El severo análisis de las condiciones del momento hace concluir a Bolívar que, sólo una atenta, intensa y cuidadosa formación de los niños puede ser la base indispensable para la construcción de la República.

Señala el Libertador lo absolutamente necesario que es la cooperación de las madres en la educación de los niños y la necesidad de que se publiquen y se extiendan instrucciones, breves y sencillas, para llevar a esas madres de familia los conocimientos requeridos para su misión. Se refiere a la urgencia de divulgar las obras extranjeras más propias para las mismas finalidades.

Aconseja estimular a los sabios para que escriban y publiquen obras originales sobre educación «conforme a nuestros usos, costumbres y gobierno». Ordena recopilar los datos necesarios para la redacción de semejantes obras y que «no se ahorre gasto o sacrificio» en la adquisición de tales conocimientos.

El Libertador prevé el establecimiento, organización y dirección de escuelas primarias, en las que se enseñe a pronunciar, a leer, y a escribir, se estudie la gramática y aritmética y se inspire a los estudiantes ideas y sentimientos de honor y probidad, de amor a la Patria, a las leyes y al trabajo, el respeto a los padres, a los ancianos, a los Magistrados y la adhesión al Gobierno y quiere que se prepare un «gran plan de educación» y de construcciones escolares, que tome en consideración, para esos efectos, la población estudiantil y las características físicas y ambientales más adecuadas.

---

10 Artículo 16, Segunda Redacción, Sección Primera, Título Segundo.

El Proyecto prevé que los «colegios» estén bajo la dirección de un ciudadano, escogido entre los más virtuosos y sabios y que esos Directores fueren considerados, en sus cargos, como los más honrados, respetados y amados y los primeros y más preciados ciudadanos de la República.

Quiere Bolívar que la «organización y política general de la educación» obligue a que los niños adquieran, desde sus primeros años, ideas útiles, sentimientos nobles y morales y principios de sociabilidad y patriotismo. Ordena publicar una estadística escolar y prevé la formación de la opinión pública en materias literarias y el establecimiento de un Instituto Filosófico[11].

Semejante conjunto de principios, estructurados dentro del Proyecto constitucional y considerados como una función primordial del Estado, fue lamentablemente rechazado y apenas apreciados como «ideas» sobre las cuales «merecía la pena oír opiniones».

Los integrantes del Congreso de 1819 pensaron que eran esas «ideas» de «muy difícil establecimiento y quizás absolutamente impracticables». Lamentable error que todavía la República está pagando[12].

El interés fundamental del Libertador radicaba en la estricta relación que existe, muy justificadamente, en la verdad de la vida social entre el estado cultural de un pueblo y su capacidad para el ejercicio de la libertad.

Recuérdense sus frases:

> Un pueblo ignorante es un instrumento ciego de su propia destrucción: la ambición, la intriga abusan de la credulidad y de la inexperiencia, de hombres ajenos de todo conocimiento político, económico o civil: adoptan como realidades las que son puras ilusiones; toman la licencia por la libertad, la traición por el patriotismo, la venganza por la justicia[13].

Casi siglo y medio después fue cuando la República vino a darse cuenta de la importancia del pensamiento bolivariano como para estar consagrado en la propia Constitución; en la Constitución vigente, de 1961, el Artículo 74 dispone proteger la maternidad y asegurar al niño igual protección para

---

11 Resulta imposible citar, para cada frase, el artículo correspondiente. Remitimos al texto de los artículos 1° al 13 del Proyecto, Sección Segunda del capítulo «Del Poder Moral».

12 Pueden leerse las referidas opiniones del Congreso en el llamado «Apéndice» a la Constitución de 1819.

13 Itinerario Documental, p. 151.

que su desarrollo integral se realice en condiciones materiales y morales favorables; el Artículo 78 ordena al Estado crear y sostener escuelas, instituciones y servicios que estén suficientemente dotados para asegurar a todos el acceso a la educación y a la cultura; al Artículo 81 manda que la educación esté a cargo de personas de reconocida moralidad e idoneidad y el Artículo 83 obliga al Estado a fomentar la cultura en sus diversas manifestaciones.

No tenían razón, lamentablemente, los constituyentes de 1819 cuando pensaron en el muy difícil establecimiento y la probable impracticabilidad de las ideas bolivarianas.

Si la educación popular, y no otros menesteres, hubiere sido «el cuidado primogénito del amor paternal del Congreso» quizás la República no habría estado, por tanto, tiempo, uncida «al triple yugo de la ignorancia, de la tiranía y del vicio»[14].

Hoy, debemos señalar, destacar y comprender claramente el desarrollo que para Bolívar tenía esa frase, que tanto ahora se recuerda: «moral y luces son nuestras primeras necesidades».

c) La moralidad pública

Es útil destacar la insistencia del Libertador en proclamar la urgencia de una moral pública intensa basada en que cada ciudadano se sitiere formando parte de la colectividad y participando en su desarrollo mediante el cumplimiento de determinados deberes.

Esa idea política parecía fundamental al Libertador para la vida social y la resumió, en el Proyecto, en tres direcciones complementarias:

a) El ciudadano, como padre de familia, obligado a inspirar a la suya amor a la Patria, a la libertad, a la virtud y al trabajo[15].

b) El ciudadano, obligado a procurar la felicidad general mediante el aporte de su trabajo, de su industria y de su talento para el incremento de la prosperidad nacional[16].

---

14 Frase de Bolívar en el «Discurso de Angostura», *Itinerario Documental*, p. 151.

15 Artículo 5°, Sección Segunda, Título Primero, Primera Redacción. Obsérvese la similitud que con el pensamiento bolivariano tiene el artículo 55 de la vigente Constitución de 1961.

16 Artículo 6°, Sección Segunda, Título Primero, Primera Redacción. Igualmente es útil observar las relaciones entre el original bolivariano y los artículos 54 y 57 de la Constitución de 1961.

c) El ciudadano, como contribuyente, con el deber de pagar las tasas, subsidios, contribuciones e impuestos que estableciere la representación nacional, pero con el derecho de vigilar la legítima inversión de las Rentas Públicas[17].

Todo ello complementado con que el ciudadano no puede limitarse a simplemente no violar la ley, sino que debe usar de todos los medios a su alcance para hacerla cumplir.

Ese exacto cumplimiento de los deberes ciudadanos, constitutivos de la moralidad pública, sería vigilado por el famoso «Areópago», previsto en el Capítulo relativo al Poder Moral y sobre cuya instalación no se quiso pronunciar el Congreso de 1819.

Pasado más de siglo y medio parece haber llegado la hora de pensar que si sobre las bases fundamentales del pensamiento bolivariano: la educación pública, la moralidad colectiva y la igualdad ciudadana, se hubiere al menos tratado de construir la República, ¿no sería quizás hoy otro nuestro destino?

II. LA ESTRUCTURA SOCIAL

a) Nota previa

Sobre la organización social, prevista como antes se explica, el Libertador trata de construir una estructura política que se caracterice por el equilibrio de los poderes en el Estado, un Congreso sui generis, un verdadero y enérgico Poder Ejecutivo y un Poder Judicial autónomo.

b) El equilibrio de los Poderes

Un examen ligero del Discurso de Angostura permitiría pensar que el Libertador propugnó, como una de las bases fundamentales del Estado, el principio de la «división de los poderes». Así se desprendería de sus frases:

Sus bases deben ser la Soberanía del Pueblo: la división de los Poderes, la libertad civil, la proscripción de la Esclavitud, la abolición de la monarquía y de los privilegios[18].

Pero el estudio atento del Discurso en su integridad y del Proyecto constitucional permite concluir que, realmente, lo que expone Bolívar es un mecanismo de «equilibrio de poderes», nunca de división, desarrollado a través

---

17 Artículos 7 y 8, Sección Segunda, Título Primero, Primera Redacción. Léase, en idéntico sentido, el artículo 56 de la Constitución de 1961.

18 «Discurso de Angostura», *Itinerario Documental*, p. 157.

de la integración de un sistema constitucional que, bajo la admisión de un solo «Poder Soberano», permita la existencia de órganos legislativos (el Congreso y las dos Cámaras), un órgano Ejecutivo (el Presidente de la República de Venezuela) y un órgano Judicial primordial (la Alta Corte de Justicia).

El Proyecto bolivariano muestra un sano contrapeso en las relaciones de los órganos supremos del Estado en el ejercicio del Poder Soberano: tales órganos, sin interferirse los unos a los otros, tienen entre sí interrelaciones que facilitan y complementan sus respetivos cometidos dentro del Estado. Así, por ejemplo:

a) El Ejecutivo puede convocar el Congreso a Sesión Extraordinaria; dilucidar las controversias que surjan entre las Cámaras en caso de discusiones sobre término y lugar de las reuniones ordinarias; proponer materias para que el Congreso las tome en consideración; está facultado para «reparar» los proyectos de leyes aprobados por las Cámaras; sanciona todas las Resoluciones, Decretos y Estatutos de las Cámaras, pero en determinados campos no puede actuar sin la autorización previa del Congreso o su posterior aprobación.

b) Por su parte, el Congreso, previa acusación de la Cámara de Representantes y mediante decisión del Senado, puede suspender al Presidente. Los funcionarios oficiales están sujetos a la inspección de la Cámara de Representantes y los gastos públicos regulados por las leyes que el Congreso apruebe.

A su vez, la autonomía del Poder Judicial está condicionada por la facultad del Presidente de suspender las decisiones de los Tribunales cuando ellas fueren de injusticia notoria.

En tales casos, el Poder Judicial debería tratar de nuevo el problema y, de no aceptar los Jueces el criterio del Ejecutivo, el Senado dilucidaría la controversia.

El examen cuidadoso de las normas anteriores, citadas apenas rápidamente, permite concluir que ese equilibrio entre los órganos del Estado asegura a cada uno de los mismos, dentro del ámbito de su propia competencia, la mayor eficiencia y autonomía, y no imposibilita una razonable situación de control de un Poder por los otros.

Hubiera sido de desear que esas claras ideas del Libertador sobre el equilibrio sin predominio entre los Poderes Públicos hubieren sido tomadas en cuenta en el desenvolvimiento constitucional del país, sin el empeño, falsamente inspirado en Montesquieu, de establecer como norma constitucional la, tan peligrosa, de la división y separación de los poderes del Estado.

Había de pasar mucho tiempo para que el constituyente venezolano admitiera, como norma fundamental del Estado, esa necesaria colaboración entre sí de las ramas del Poder Público en la realización de los fines del Estado, como ahora lo prevé el Artículo 118 de la Constitución de 1961.

a) De la Soberanía y de su Ejercicio

El Libertador aceptó el principio roussoniano de que la soberanía reside en el pueblo, perfectamente compatible con las teorías jurídicas clásicas hispánicas en las cuales, evidentemente, estuvo basada la formulación de la independencia al manifestar que, por la prisión del Monarca Fernando VII, el pueblo reasumía sus facultades soberanas.

El Proyecto de Constitución, luego de reconocer que la soberanía «reside en la universalidad de los ciudadanos», atribuye a esa soberanía dos características fundamentales: la una, que ella es imprescriptible y la otra, que la soberanía es inseparable del pueblo[19].

No deja de tener significado, jurídico y político, el señalamiento de tales dos características pues, por la «imprescriptibilidad» de la soberanía, la falta de ejercicio de la misma no la destruye, advertencia tanto más importante cuanto que la larga interrupción, motivada por la guerra, había impedido la realización de elecciones y el ejercicio normal del Gobierno republicano.

Por otro lado, al ser la soberanía «inseparable del pueblo», no resulta factible devolver al Monarca ningún aspecto de la soberanía popular, y por lo tanto la Independencia no iba a correr peligro.

Este aspecto o característica de la soberanía era tanto más importante cuanto que el Libertador cuidaba, altamente, en esos momentos, de contrarrestar los peligrosos efectos que podrían haber tenido las gestiones que entonces estaba realizando el gobierno español para obtener que las potencias europeas le prestaren ayuda en orden a restablecer el poderío de España en América.

No puede olvidarse, en ese sentido, la Declaración hecha el 20 de noviembre de 1818[20], por todos los cuerpos principales del naciente Estado y que está promulgada por Bolívar, donde se rechazaba todo intento de reincorporación de Venezuela a la nación española y ratificábase el principio fundamental de la soberanía nacional, expresada claramente, desde 1810, en su voluntad de independencia.

---

19 Véase artículo Primero, título Quinto.

20 Puede leerse dicha «Declaración» en *Itinerario Documental*, página 145.

La reunión del Congreso, manifestación importante de la normalidad institucional del nuevo Estado, no era sino un aspecto más, aunque muy importante en este orden de ideas; así pues, la manifestación expresa en la Constitución de que la soberanía era «inseparable del pueblo» tenía su especial trascendencia.

Hemos comentado antes, que al establecer el principio de la igualdad, conforme al cual todos los ciudadanos tienen exactamente el mismo derecho de contribuir, en idéntica manera, a la formación de la ley, señaló Bolívar la necesidad de que ese derecho fuese ejercido mediante el procedimiento de las elecciones, punto necesario para conciliar, como dice el Proyecto, el orden, la tranquilidad, la circunspección, la prudencia y la sabiduría necesarias para la discusión y sanción de las leyes, con las características propias de las reuniones populares siempre tumultuosas.

El Proyecto[21] prohíbe depositar la soberanía en una sola persona: El Libertador fue siempre adverso a la idea de que la suma del poder estuviese en un solo individuo y, sin menoscabo de la autoridad del Ejecutivo que siempre quiso Bolívar que fuera fuerte, propuso la existencia de un Congreso que a la vez ejerciere las funciones legislativas, controlare al Ejecutivo; y de un Poder Judicial autónomo sobre el cual recayere la responsabilidad de resguardar los derechos ciudadanos.

De ahí su insistencia en prohibir que se llegare a depositar la soberanía en una sola persona, norma que, además, rechaza de plano cualquier intento de reconocimiento del Monarca español.

El sistema escogido para los procesos electorales resulta extremadamente lógico y simple: Los ciudadanos, entendiendo por tales a las personas nacidas y domiciliadas en la República, mayores de 18 años, si casados, o de 21 si solteros, sepan leer y además propietarios o en ejercicio de alguna actividad profesional económica, así también como los extranjeros nacionalizados, se reunirían cada cuatro años en Asambleas Parroquiales con el solo objeto de nombrar a un elector o a los varios electores que correspondan a la Parroquia (según su población) y de elegir al Prefecto Municipal, al Juez de Paz y a los miembros de la Municipalidad. Hecha la elección, la Asamblea se disuelve y carece de otra facultad. Los electores parroquiales, así elegidos, y luego reunidos en Asamblea Electoral Departamental, eligen en su momento al Presidente de la República, designan al representante o representantes que

---

21 Artículo Segundo, Título Quinto.

correspondan al Departamento y a los Consejeros de Provincia. Los representantes escogidos integran la Cámara de Representantes[22].

Se trata, por tanto, de elecciones, en primer grado, para los organismos de Gobierno inmediato a la colectividad y en segundo grado para órganos más importantes del Poder Público, tales como el Presidente de la República y la Cámara de Representantes.

No se habla del voto universal, figura política desconocida para la época, ni tampoco del voto directo, difícil de ejercer entonces por las circunstancias ambientales del momento.

La Cámara de Senadores y la Alta Corte de Justicia se originan también con mecanismos indirectos.

b) Estructura del Poder Legislativo

El Libertador se decidió por un Poder Legislativo Bicameral[23]. No debe creerse que sigue en ello a la Constitución de 1811: allá el bicameralismo es consecuencia necesaria del régimen federal, en cambio, en el Proyecto de Bolívar, el bicameralismo lo es de la necesidad de crear un cuerpo específico, la Cámara del Senado, en la cual el Libertador colocó dos funciones importantísimas; la una, de ser intermediario entre la autoridad del Gobierno y el cuerpo político nacional; la otra, el de constituir un procedimiento que permitiere permanentemente reconocimiento a los creadores de la Patria.

El no haber examinado ni conocido el Proyecto constitucional ha motivado que se critique, incluso duramente, el Proyecto de Senado vitalicio y hereditario que propugnó Bolívar. Pero tales críticas desaparecen, al menos parcialmente, cuando se estudia la estructura que atribuye Bolívar a ese Senado: Escogido inicialmente de entre las personas de las más distinguidas del momento, cada Senador, al morir o ser destituido, debería ser suplido por uno de sus hijos legítimos varones, escogido por la Cámara de Representantes, la cual debería determinar, entre tales hijos, cuál era «el más apto y digno de ejercer las funciones de su padre». De no haber descendencia legítima masculina, la Cámara de Representantes elegiría una terna para que el Senado escogiese al más benemérito de los tres por su «sabiduría y virtudes». Además, sería necesario mantener una proporción exacta entre el número de representantes basado en la población del país y el número de Senadores.

---

22 Léase el Título Cuarto del Proyecto.

23 Léase el Título Sexto del Proyecto.

Para proveer tales nuevas senadurías, los Representantes propondrían, oportunamente, listas de candidatos al Senado para que esa Cámara escogiere a los más adecuados.

Treinta años de edad, diez años de residencia, experiencia en el ejercicio de empleos públicos y una congrua propiedad o renta eran condiciones esenciales para poder ser elegido Senador.

Aparte de contribuir, como Cámara, al ejercicio de las funciones del Congreso, el Senado sólo tendría potestad privativa para elegir a sus propios miembros y convertirse en su momento en Corte de Justicia destinada a juzgar, previa acusación, a los altos funcionarios a los que podía suspender y deponer.

La lectura de las propuestas del Libertador para el Senado demuestra que su adopción y mantenimiento no significaba, para la República, ninguna dificultad fundamental en su organización y funcionamiento. Además, la permanente renovación del Senado hubiere asegurado a esa Cámara vitalicia continua y renovada y, sobre todo, la imposibilidad de que el cuerpo de Senadores llegare a formar un grupo o casta privilegiada impermeable al desenvolvimiento de la colectividad, pues las continuas nuevas designaciones iban a establecer un sano equilibrio entre la tradición y lo nuevo.

Merece la pena observar que, si se hubiere acogido el pensamiento bolivariano, quizás el fenómeno sociológico que se ha dado en otros países latinoamericanos, no en Venezuela, de la permanencia de determinadas familias en las esferas del Poder Político y de la influencia económica y social, hubiere sido fundamental y positivamente alterado por las continuas renovaciones, derivadas de las nuevas escogencias hechas por la Cámara de Representantes; así las estructuras, llamadas oligárquicas, no hubieren tenido la solidez que puede señalarse como una de las causas del retardo de algunos movimientos de progreso social.

El Libertador propuso que el Presidente de la República, al terminar sus funciones, pasare a ser Senador, propuesta que fue rechazada por el Congreso, pero que vuelve a aparecer, muchos años más tarde, como una mal llamada «novedad», en el Artículo 148 de la Constitución vigente de 1961. Bolívar advertía que la dignidad senatorial era una recompensa al mérito y a los servicios prestados a la República por su Presidentes y que tal dignidad sería atribuida únicamente a quienes, durante el ejercicio de la Presidencia, no hubieren sido acusados o que habiendo sido acusados resultaren absueltos por el Senado.

El examen de las facultades del Congreso hace pensar que el Libertador tuvo concepto ideal de las funciones características de un cuerpo legislativo moderno, que sin atribuciones que pudiesen corresponder al Ejecutivo, se destinare a cumplir, fundamentalmente, dos labores importantísimas: una, hacer las leyes; otra, controlar el ejercicio de las facultades ejecutivas, principios que inspiran hoy la redacción del Artículo 139 de la Constitución de 1961.

El ejercicio de las facultades legislativas está regulado de una manera no compleja que sigue el sistema de 1811.

El Proyecto bolivariano contiene una norma que, si bien inspirada en la Constitución de 1811, adopta una magnífica forma, propia de la pluma de Bolívar y que nada tiene que envidiarles a las sabias disposiciones del Fuero Juzgo: «La redacción de la Ley, para su promulgación, será clara, precisa y sencilla»[24]. Ojalá el legislador hubiere adoptado ese criterio en la redacción de las múltiples leyes que rigen nuestras vidas republicanas.

La potestad del control sobre el Poder Ejecutivo se manifiesta en la fijación, por el Congreso, de los gastos públicos; el examen, por el mismo Congreso, de toda inversión hecha con los fondos del Estado por el Ejecutivo; la ratificación parlamentaria de los convenios de paz, alianza y comercio; la potestad en el Congreso de exigir informes y cuentas al Presidente de la República y el derecho de la Cámara de Representantes de inspeccionar a todos los empleados y de acusar ante el Senado a los mismos empleados, de cualquier categoría, para que el Senado los juzgare. Principios todos, menos el último, reconocidos hoy en la Constitución de 1961.

c) El Presidente de la República

Si algún error impresionó vivamente al Libertador fue el «triunvirato» ejecutivo de 1811; lo estimó nefasto, inadecuado y negativo y propuso en cambio, en 1819, el ejercicio del Poder Ejecutivo, por un Presidente, designado popularmente, necesariamente dotado de fuerte autoridad, y de suficiente libertad de acción para el ejercicio de sus funciones y cumplimiento de sus deberes, pero sin menoscabo de su necesario control por el Congreso[25].

Es importantísimo advertir que el Proyecto bolivariano presenta[26] con precisión, en el Presidente de la República, los lineamientos de la figura de un Jefe de Estado que fuere a la vez Jefe de Gobierno, pues se faculta al Presidente para dirigir la Administración General de la República; manejar

---

24 Artículo 17, Sección Primera, Título Sexto. La norma inspiradora es el artículo 13 de la Constitución de 1811.

25 No sería necesario hacer una cita concreta, ya que son múltiples las advertencias de Bolívar contra el triunvirato de 1811.

26 Véase el Título Séptimo del Proyecto.

las relaciones exteriores del país y comandar a las Fuerzas Armadas; se le obliga a observar, celosa y puntualmente, la Constitución y las leyes y a reclamar de todos los funcionarios y Poderes igual conducta; y es competente, constitucionalmente, para vetar las leyes, suspender las sentencias de los Tribunales, indultar, ordenar la convocatoria del Congreso y conservar el orden y la tranquilidad nacional.

Sometido el Presidente al control del Congreso, está obligado a darle cuenta del estado de la Nación, de sus rentas, gastos y recursos y a sugerirle las reformas que deben hacerse, así como a presentar a las Cámaras cuantos informes ellas le pidan. Además, siendo inviolable su persona, sólo un Decreto del Senado, a propuesta de la Cámara de Representantes, podría impedirle el ejercicio de sus atribuciones, y tal propuesta sería factible en los únicos casos de delitos de traición o de conspiración del Presidente contra la Constitución y el Estado. Prácticamente todo ese sistema también aparece admitido en la Constitución vigente de 1961.

d) El Poder Judicial

Debe hacerse notar que en las "Bases" del Proyecto de Constitución, primera etapa del desarrollo del Proyecto, el Capítulo Cuarto, en dos Secciones, relativo al Poder Judicial, aparece bastante diferente del Título Octavo del Proyecto definitivo.

Una primera impresión pone de manifiesto que el Libertador, si bien en el Discurso demuestra ideas muy claras sobre el papel del Poder Judicial, parece haber dejado el problema a la consideración del Congreso, ya que algunas frases del Discurso no están exactamente relacionadas con el texto del Proyecto definitivo.

En el Discurso el Libertador propugna un Poder Judicial que «goce de la independencia que le corresponde» y que los Tribunales «sean reforzados por la estabilidad y autonomía de los Jueces».

En las «Bases», el Poder Judicial se deposita en una Corte Suprema de Justicia y en otros Tribunales subalternos e inferiores; se faculta al Presidente para designar a los Ministros de la Corte de Justicia, y a los otros Jueces, y están enumeradas las atribuciones que le pueden corresponder.

Todo ello está basado, clarísimamente, en el texto de 1811 con modificaciones de simple redacción.

En cambio, en el Proyecto, la estructura del Poder Judicial aparece totalmente distinta: el Poder Judicial en sí está depositado no en el conjunto del Supremo Tribunal y de otros Juzgados, sino en la Alta Corte de Justicia, denominación propuesta por Bolívar.

El Proyecto se aparta por completo del texto de 1811 y divide a la Alta Corte de Justicia en dos Salas: una, de Apelación, integrada por Magistrados designados por el Congreso, de entre los candidatos propuestos por el Ejecutivo y con cargos vitalicios.

La Sala de Casación, por su parte, debería haber estado integrada por el Ministro de Estado Secretario de Justicia y, para cada caso, por dos Ministros designados por las partes.

El Libertador llegó a definir el «recurso de casación» al determinar que la Sala de casación no conoce sobre el fondo de la causa, sino que sólo se pronuncia sobre la legalidad de los procedimientos.

No hay referencia alguna que permita encontrar el origen de esa disposición que por cierto no fue aceptada por el Congreso. La Casación era en 1819 apenas conocida en Europa y no vuelve a aparecer en las Constituciones posteriores hasta muy avanzada la República, cuando ya se regula el recurso de casación y se crea de nuevo una Sala, en el Supremo Tribunal, con facultades para conocerlo.

El Congreso no vio con agrado el texto del Proyecto, y volvió a las normas de 1811 sobre la Corte Suprema de Justicia y sus atribuciones.

CONSIDERACIONES FINALES

El esquema constitucional del Libertador resultaba científica y filosóficamente correcto, adecuado a la realidad nacional, y políticamente eficaz. El Congreso no lo admitió integralmente, sino que introdujo en él tantas modificaciones que la idea original quedó destruida.

La efímera vida de la Constitución de 1819 y el desconocimiento del Proyecto del cual no vuelve a hablarse, creó un velo sobre el pensamiento inicial de Bolívar.

III. EL PROYECTO DE CONSTITUCIÓN PARA BOLIVIA EN 1826

REFERENCIAS BIBLIOGRÁFICAS

Para la mejor inteligencia de las citas que aparecen en esta parte del presente estudio se hacen las siguientes advertencias:

La palabra "DOCUMENTOS", seguida de un número romano (I-II) y de un número arábigo, está referida al Tomo indicado por el número romano y la página de la obra "DOCUMENTOS REFERENTES A LA CREACIÓN DE BOLIVIA", con un resumen de las guerras de Bolívar, del Dr. Vicente Lecuna, Segunda Edición, Caracas, 1975.

La palabra "CARTA", seguida de un número romano, y un número arábigo, está referida al Tomo indicado por el número romano y la numeración de documentos de la obra "CARTAS DEL LIBERTADOR", edición del Banco de Venezuela y Fundación Vicente Lecuna, Caracas, 1974.

La palabra "DECRETO", seguida de una fecha, está referida al REPERTORIO OFICIAL DE LA REPÚBLICA DE BOLIVIA, edición de 1830 y a la fecha del Decreto o decisión administrativa que aparece en ese Repertorio en el orden cronológico respectivo. Se ha utilizado el ejemplar perteneciente al Dr. Pedro Grases.

PRIMERA PARTE

LA PREPARACIÓN DEL PROYECTO

Nota Introductoria

La Asamblea General de los Departamentos del Alto Perú, después de haber declarado el 6 de agosto de 1825 que tales Departamentos se constituían en Estado independiente (Véase Documentos, Tomo I, página 292) y de acordar el 11 del mismo mes que el nuevo Estado se llamaría «República de Bolívar» (Documentos, Tomo I, página 204), decretó, el 20 de este mes, pedir al Libertador que, sobre las Bases «de la Independencia y naturaleza del Gobierno, declaradas para la República» se sirviere presentar a la misma Asamblea una Constitución, «hija de sus luces, experiencia y amor a la libertad». A ese efecto fue acreditada, ante el Libertador, una «Legación» que le manifestó el deseo de la Asamblea de que él se ocupare de ese noble asunto, trabajando en el proyecto de Constitución del Estado, labor que se considera como la obra «más grande, difícil y complicada para un pueblo» (Documentos, Tomo I, página 330).

No es del caso analizar los sucesos históricos paralelos a la elaboración de la Constitución, sino considerar cómo evolucionó, en el Libertador, la redacción que le produjo el trabajo encomendado para luego estudiar sus características jurídicas y políticas.

I. *Primeros planteamientos*

La primera etapa de la actitud de Bolívar es de un profundo interés en el documento. El 25 de septiembre de 1825, desde Oruro (Carta 1.279, Tomo IV) informa a Santander que proyecta pasar del Potosí a Chuquisaca para fijar el «plan de reformas del Alto Perú» y «para trazar su nueva constitución». Indica que en esos momentos piensa que ésta sea fuerte y nueva, ligando las ventajas de las Repúblicas de América y de Holanda: «habrá algo de gobierno vitalicio y algo de las libertades del federalismo». Esas líneas indican que, desde el principio, le interesaba exponer en una forma distinta sus ideas políticas y que le agradaba la idea de dar carácter vitalicio a algún aspecto del Gobierno y de hacer un prudente uso del federalismo. Meses más tarde (Carta 1.351, Tomo IV, página 540), el 12 de diciembre de 1825, escribe de nuevo a Santander que ya tiene «casi concluida» la Constitución y el *discurso apertorio* de la Asamblea y añade: «esta República Boliviana tiene para mí un encanto particular, primero su nombre y después todas sus ventajas sin un solo escollo: parece mandada a hacer a mano. Cuanto más medito sobre la suerte de este país, tanto más me parece una pequeña maravilla».

II. *La estructura básica del proyecto*

Desde Chuquisaca, el 27 de diciembre de 1825, Bolívar da muestras de haber ya concebido la estructura general del proyecto (Carta 1.360, Tomo IV, página 550). En esa carta se destacan los siguientes conceptos:

1) La Constitución será muy fuerte y muy bien combinada.

2) Revocará todos los privilegios desde la esclavitud abajo.

3) Propondrá un «cuerpo electoral» encargado de nombrar al «cuerpo legislativo», de pedir cuanto quiera el pueblo y de presentar

candidatos para jueces, prefectos, gobernadores, corregidores, curas y vicarios.

4) El Cuerpo Legislativo se dividirá en tres Cámaras, cada una de las cuales tendrá la iniciativa para determinadas leyes.

5) El Poder Judicial será nombrado en parte por el pueblo y en parte por el Congreso.

6) El Poder Ejecutivo estará a cargo de un Presidente vitalicio e inviolable.

7) La Administración estará bajo la jefatura y responsabilidad de un Vicepresidente, elegido por el Presidente con la aprobación del Congreso.

8) Los ciudadanos deberán tener, para serlo, cualidades y habilidades, pero no fortuna.

El proyecto parece haberle convencido de que podrá ser útil y durable. Es de notar que menciona, con energía, que el discurso de presentación de la Constitución será «muy fuerte» pero no duda que «mejor que el otro de Angostura pues ya no está en estado de transigir con nadie». Sus firmes convicciones llevaron a Bolívar a presentar un esquema para un Estado fuerte, útil, liberal y durable, preparado con la absoluta libertad de quien no tiene necesidad de tomar en cuenta otros intereses que lo que él considera legítimos.

III. *El uso político del Proyecto*

Las ideas fundamentales ya estaban claramente expresadas en el esquema arriba señalado, pero en ese momento (febrero de 1826) recibe Bolívar sugerencias, desde Venezuela, de convertirse prácticamente en Monarca.

Surge en él entonces la idea de utilizar el proyecto de Constitución como respuesta a esas pretensiones encabezadas por Páez. Así escribe a Santander (Carta 1.380, Tomo V, página 28) que enviará a Páez el proyecto para que se vean en él sus ideas sobre «la estabilidad unida a la libertad y a la conservación de los principios republicanos» ya que ese proyecto «reúne los extremos y todos los bienes». En los mismos términos se dirige desde Lima a Pedro Briceño Méndez, el 27 de febrero de 1826 (Carta 1.386, Tomo V, página 39) y unos días después al propio Páez (Carta 1.394, Tomo V, página 47) desde Magdalena el 6 de marzo de 1826 y a quien pide que estudie el proyecto de Constitución, le sugiere que se escriba sobre él y que lo recomiende a la opinión del pueblo ya que en él «se encuentran reunidas todas las garantías de permanencia y de libertad, de igualdad y de orden».

Para marzo de 1826 parece que Bolívar ya había terminado el proyecto de Constitución como puede verse en los documentos 1401, 1402 y 1403 (Tomo V, páginas 62 a 66).

Terminada la Constitución y ya en la imprenta aparece en el Libertador la idea de extender la posible vigencia de la Constitución, a una Federación que se formaría entre Bolivia, el Perú y Colombia. Ha empezado a recibir opiniones sobre la eventualidad de que la Constitución Boliviana vaya a ser el gran móvil de la reforma social y por eso sugiere a Sucre que se empeñe para que el Congreso la acepte sin restricción alguna (Carta 1.431, Tomo V, página 97). El mismo día 12 de mayo de 1826, explica a Gutiérrez de la Fuente la idea de que la Constitución fuere utilizada para la proyectada «Federación general» entre Bolivia, el Perú y Colombia como única solución al caos que parecía existir por todas partes.

Bolívar recurre así a su Constitución como instrumento activo de apoyo político.

Los formularios de las cartas que entonces dirige a personajes importantes del momento orientan el documento a la política interna boliviana con los siguientes argumentos:

1) Ella asegura la libertad y estabilidad de Bolivia.

2) Es nueva en el orden social.

3) Tiene por base la experiencia de quince años de revolución.

4) Es depositaria de las esperanzas y dichas de todos.

5) Fue hecha con un amor entrañable por el pueblo boliviano.

La Constitución fue entregada, oficialmente, a Sucre en nota de gobierno fechada el 25 de mayo de 1826 (Documento 1.443, Tomo V, página 116). El mismo día, inicia Bolívar una intensa campaña de utilización política de su proyecto. (El tema ha sido analizado ampliamente por don Pedro Grases en su estudio bibliográfico sobre ese Proyecto).

IV. *Consideraciones finales*

De todos esos documentos probablemente el más interesante políticamente es la carta a Joaquín de Olmedo. Apartando la exigencia de que le diga, con franqueza, todos los defectos que encuentre en el proyecto y de encargarle se interese en su traducción al francés y al inglés para su publicación en Francia, le expresa ideas que por su importancia psicológica merece la pena destacar.

El tema fundamental es la advertencia de que el camino de la sabiduría está cubierto de las más densas tinieblas, donde es preciso, a fuerza de años y de estudio, leer en la oscuridad y recoger lo que haya de cierto y de útil, para lo cual necesita una «exclusiva dedicación» y confiesa que «por la guerra y la lucha por la libertad» ha dado «pocos pasos en esa pacífica senda».

Pero, movido por un gran amor por los americanos, se lanzó a la tarea de «preparar la ley fundamental de un Estado que acaba de nacer» afrontando el peligro de «exponerse a las críticas de los que se han encanecido en el estudio de la ciencia de gobernar a los hombres». Espera que su ejemplo estimule a otros americanos y que al fin «*tengamos todo propio sin mendigar modelos*».

Hay que anotar que las ideas fundamentales están contenidas allí: la experiencia de años y de estudios en la búsqueda de lo que es verdadero y útil; el amor a la Patria como móvil a la acción política y el propósito de encontrar lo que sea propio de América sin buscar modelos en otras partes.

Todo pone de manifiesto el interesante y complejo proceso de gestación psicológica y política del proyecto de Constitución boliviana.

Es ante todo una obra *personal de Bolívar*, que él confiesa resultado de su experiencia de quince años y de su búsqueda de lo que es *verdadero y útil*.

Fue preparada por él con *absoluta libertad de criterio* expresando lo que quería y con la íntima convicción de tener razón y sin importarle reacciones extremistas.

Insiste permanentemente en la idea de *equilibrio* entre las diversas tendencias y teorías, no en el ánimo de complacer sino con el de buscar estabilidad y orden.

Convencido de que su proyecto era bueno, no vaciló en divulgarlo, en sugerir que fuere aprobado para Bolivia, en usarlo como freno político para las aspiraciones monárquicas y en proponerlo como solución a la crisis general que sufría América recién liberada.

SEGUNDA PARTE

EL PROCESO PREVIO

La Constitución presentada por Bolívar el 25 de mayo de 1826 al Congreso Constituyente de la República Boliviana, fue la culminación de un largo y cuidadoso proceso de gobierno que va, desde el momento en que se disuelve la Asamblea General del Alto Perú, por Decreto del 6 de octubre de 1825, hasta la reunión del Congreso Constituyente instalado el día de la fecha de la presentación de la Constitución.

Durante esos meses, Bolívar se dedica activamente, como él mismo lo dijo en carta a Santander, a la creación de la República de Bolivia (Tomo I, página 359, tomada del Archivo de Santander XIII, 183), tarea que calculó en un año y que consideraba suficientemente justificativa de su presencia en el Sur.

Ese proceso de creación de la República, que culmina con el Proyecto de Constitución, fue llevado a cabo por el propio Bolívar mediante la adopción de una serie de Decretos que permitieron ir formando el Estado hasta la sanción del texto constitucional.

La materia de esos Decretos puede ser organizada, desde un punto de vista jurídico-político, así:

I. *Elección de Diputados para la Asamblea General Constituyente*

Este Decreto, dictado el 26 de noviembre de 1825, juega con cuatro nociones fundamentales:

a) El hecho de que la Asamblea General del Alto Perú se había disuelto por considerarse «sin facultades» para constituir la República Boliviana.

b) Que esa Asamblea había pedido, al propio Bolívar, el Proyecto de Constitución.

c) La convicción personal de Bolívar de que la representación nacional era el único poder legítimo para formar la República.

d) Que debía esperarse el reconocimiento diplomático para la nueva República por parte del Perú y la Argentina.

Obsérvese el delicado sistema conceptual que suponen esos considerandos: convencido de que sólo la representación nacional puede «formar la República», Bolívar, aunque disponía, en el momento, de la suficiente autoridad política y militar para imponer el Proyecto de Constitución que iba a elaborar, prefiere que sean los propios ciudadanos, a través de sus representantes, quienes «formen la República».

El Reglamento de elecciones establece la generalidad, a partir de los dieciocho años, del derecho a elegir, derecho que es casi un deber pues sólo dispensa de su ejercicio «un impedimento grave».

El método de elección va: de los ciudadanos a los electores por parroquia, de éstos a los de partido y los de partido, constituidos en juntas departamentales, elegirían a los Diputados.

Los Diputados debían: a) ser ciudadanos mayores de veinticinco años; b) tener buena reputación y luces; c) ser naturales de Bolivia o avecindados en ella por siete años.

Se quiere, por una parte, confiar la representación nacional, no a cualquier persona sino a quien ostente condiciones morales e intelectuales suficientes y por otra, establecer su ligazón necesaria con el territorio boliviano, por el nacimiento o por larga permanencia.

II. *Administración de Justicia*

Una de las notas más características del gobierno del Libertador fue preocuparse de establecer, de inmediato, en la República Boliviana, un sistema judicial propio.

El tránsito, del sistema judicial español al republicano, hubiera resultado especialmente complejo de no haberse adoptado oportunas y prudentes medidas transitorias que consistieron en la organización de nuevos Tribunales y la fijación de las leyes aplicables en ellos.

Bolívar creó el Tribunal Superior de Justicia en La Paz el 15 de diciembre de 1825.

Anteriormente, el Mariscal Sucre había creado la Corte Superior de Justicia en Chuquisaca. Ambos Tribunales iban a tener las mismas atribuciones y jurisdicciones de las antiguas Audiencias hasta tanto no se organizare el sistema republicano.

El Libertador cuidó, además, de establecer principios básicos de especial importancia:

a) La justicia debía evitar retardos innecesarios (Decreto 15 de diciembre de 1825).

b) Se omitirían gastos a los litigantes.

c) Se aplicarían las disposiciones de la Ley de las Cortes Españolas del 9 de octubre de 1812 sobre la forma de proceder en los Tribunales (Decreto 21 de diciembre de 1825).

d) Las apelaciones serían de la Corte de Chuquisaca para ante la de La Paz y viceversa (mismo Decreto).

e) La administración de la justicia sería gratuita (Resolución del 8 de noviembre de 1825).

Estas advertencias del gobierno judicial iban a estar manifestadas después, especialmente, tanto en el Discurso de presentación de la Constitución como en ella misma.

III. *Educación*

El sistema educacional previsto por el Libertador y que tocó ejecutar al Mariscal Sucre, es probablemente el de mayor importancia sociopolítica en la obra administradora de Bolívar durante su labor de crear la República que lleva su nombre.

Los principios están contenidos en el Decreto del 11 de diciembre de 1825:

a) Educar al pueblo es el «primer deber» de todo Gobierno.

b) La educación debe ser uniforme y general.

c) La educación debe estar en armonía con el sistema general de Administración del Estado.

d) La salud de la República depende de la moral que, por la educación, reciban los ciudadanos en la infancia.

e) Es necesario un «plan de enseñanza» que abarque todos los ramos de instrucción.

f) Para financiar los gastos causados por la educación el Gobierno debe destinar todos los ahorros que obtenga en los otros ramos de la Administración Pública.

g) Las autoridades docentes deben disponer de las mayores facilidades para llevar a cabo sus labores.

En base a ese Decreto fueron creadas escuelas para niños pobres, para huérfanos, para mendigos, la escuela militar, etc.

IV. *Hacienda Pública*

Fue atención especial del Libertador organizar el ramo de la Hacienda Pública cuidando los sistemas de ingresos y el manejo de los egresos:

a) Asumió para el Estado la administración de todas las minas derrumbadas, aguadas, y abandonadas, que fueron declaradas propiedad del Estado a fin de que sus productos facilitaren ingresos al erario público (Decreto 2 de agosto de 1825).

b) Decretó la venta, en beneficio del Estado, de tierras no utilizables para así facilitar la obtención de ingresos (Decreto 8 de abril de 1824).

c) Exigió que todos los empleados prestaren fianza del buen cumplimiento de sus obligaciones (Orden del 19 de septiembre de 1824).

d) Organizó el régimen de impuestos (Decreto 10 de octubre de 1825).

e) Facultó a los empleados de Hacienda para ejercer atribuciones coactivas contra los deudores morosos de la Hacienda Pública (Orden del 28 de noviembre de 1825).

f) Estableció el modo de manejar la renta del papel sellado.

g) Asumió en beneficio del Estado y en especial para gastos de educación, todos los bienes raíces, derechos, rentas y acciones de las capellanías (Decreto del 11 de diciembre de 1825).

h) Organizó la Contaduría General de Hacienda Pública bajo el principio de que «de la exactitud en el examen de las cuentas y gastos de la Hacienda Pública, depende la economía y régimen de los empleados».

V. *Normas de carácter social*

En el conjunto de Decretos del Libertador merece la pena destacar su preocupación por los indígenas, los pobres y los trabajadores.

Además de las normas educativas que ya hemos citado, se pueden referir las siguientes:

a) Fue eliminado el servicio personal que era exigido a los indígenas.

b) Se ordenó el pago de todos los jornales en dinero contante y se prohibió el pago en especie y la importación de precios superiores a los corrientes (Decreto del 4 de julio de 1825).

c) Se ordenó repartir entre los indígenas las tierras de comunidades, en proporción al tamaño de cada familia y con prohibición a los receptores de esas tierras de enajenarlas hasta el año 1850 con fin de protegerlos de posibles especulaciones (Decreto del 4 de julio de 1825).

d) Se ordenó repartir entre los indígenas, adicionalmente, todas las tierras que no fueren propiedad privada con la advertencia de que todo derecho de propiedad adquirido por justo título sería respetado y protegido por el Gobierno (Decreto 14 de diciembre de 1825).

e) Eliminó la contribución denominada «tributo» impuesta para los indígenas y que fue sustituida por impuestos para todos los ciudadanos causados por sus rentas y propiedades (Decreto del 22 de diciembre de 1825).

VI. *Normas de Administración Pública*

1) Libre paso del correo (Orden 3 de agosto de 1825).

2) Excepción de impuestos para libros, gacetas y papeles públicos (Orden del 25 de octubre de 1825).

3) Exigencia de nacionalidad para el ejercicio de cargos públicos (Orden del 8 de noviembre de 1825).

4) Provisión de empleos públicos por méritos y aptitudes y escogencia por ternas (Orden del 1 de diciembre de 1825).

5) Organización general del Correo (Orden del 12 de diciembre de 1825).

6) Ordenación de la correspondencia oficial por número, materia, fecha e índice (Orden del 12 de diciembre de 1825).

7) Apertura de caminos para carruajes por vías rectas y cómodas (Decreto del 8 de diciembre de 1825).

8) Publicación obligatoria de las leyes, órdenes y decretos (Decreto del 21 de diciembre de 1825).

9) Exención de impuestos a los funcionarios diplomáticos de la República (Decreto del 22 de diciembre de 1825).

10) Organización de una Sociedad Económica encargada de promover y avivar el adelantamiento de los ramos que forman la riqueza nacional (Decreto del 24 de diciembre de 1825).

11) Represión del contrabando (Resolución del 23 de diciembre de 1825).

12) Habilitación del puerto «De la mar» para el servicio de la República (Decreto del 28 de diciembre de 1825).

Hemos aludido así a los Decretos más importantes dictados por el Libertador desde que asume el mando supremo, hasta que delega el mismo en Sucre el 29 de diciembre de 1825.

Se retira entonces al Perú desde donde debería enviar a Sucre el Proyecto de Constitución el 25 de mayo de 1826. Puede verse, con lo expuesto, que la labor de preparar la Constitución de Bolivia fue simultánea en el

Libertador con la adopción de medidas administrativas y de gobierno que hemos tratado de sistematizar. La Constitución vino a ser la etapa final de todo un proceso intelectual que condensa, no un pensamiento puramente teórico, sino la aplicación, directa e inmediata, de la experiencia obtenida en la organización de un nuevo Estado.

Hay que llamar la atención sobre el hecho ya mencionado que permite comprender la Constitución de Bolivia dentro de una experiencia única como lo era organizar un nuevo Estado, en una situación de paz política y con la autoridad de todo orden que, en ese momento, gozaba Bolívar.

TERCERA PARTE

ANÁLISIS DEL PROYECTO

1°/ ESQUEMA TÉCNICO

El Proyecto está concebido así:

Título I: De la Nación

5 artículos

Capítulo 1: De la Nación Boliviana: Artículos 1 y 2.

Capítulo 2: Del Territorio: Artículos 3, 4 y 5.

Título II: Del Gobierno

12 artículos

Capítulo 1: Forma de gobierno: Artículos 6 a 9.

Capítulo 2: De los bolivianos: Artículos 10 a 18.

Título III: Del Poder Electoral

7 artículos

Capítulo 1: De las elecciones: Artículos 19 a 21.

Capítulo 2: Del cuerpo electoral: Artículos 22 a 25.

Título IV: Del Poder Legislativo

47 artículos

Capítulo 1: De la división, atribuciones y restricciones de este poder: Artículos 26 a 40.

Capítulo 2: De la Cámara de Tribunos: Artículos 41 a 44.

Capítulo 3: De la Cámara de Senadores: Artículos 45 a 48.

Capítulo 4: De la Cámara de Censores: Artículos 49 a 60.

Capítulo 5: De la formación y promulgación de las leyes: Artículos 61 a 75.

Título V: Del Poder Ejecutivo

20 artículos

Capítulo 1: Del Presidente: Artículos 77 a 83.

Capítulo 2: Del Vicepresidente: Artículos 84 a 90.

Capítulo 3: De los Secretarios de Estado: Artículos 91 a 96.

Título VI: Del Poder Judicial:

27 artículos

Capítulo 1: Atribuciones de este poder: Artículos 97 a 101.

Capítulo 2: De la Corte Suprema: Artículos 102 a 105.

Capítulo 3: De las Cortes del Distrito Judicial: Artículos 106 a 107.

Capítulo 4: Partidos Judiciales: Artículos 108 a 111.

Capítulo 5: De la Administración de Justicia: Artículos 112 a 123.

Título VII: Del régimen interior de la República

Capítulo único: Artículos 124 a 133 (10 artículos).

Título VIII: De la Fuerza Armada

Capítulo único: Artículos 134 a 137.

Título IX: Observancia de la Constitución.

7 artículos

Capítulo 1: Reforma de la Constitución: Artículos 138 a 141.

Capítulo 2: Propuestas y responsabilidades de los empleados: Artículos 142 a 143.

Título X: De las garantías

Capítulo único: Artículos 144 a 152 (9 artículos).

2°/ LA IDEA BÁSICA DEL PROYECTO: DEFENSA DE LA LIBERTAD

Nota previa:

El análisis del documento constitucional pone de manifiesto las ideas fundamentales expresadas en él. Puede afirmarse que el punto básico de Bolívar fue la de construir una República en la cual los ciudadanos pudieren gozar de libertad. Así lo expresa claramente en su Discurso preliminar, en el cual dice haber recogido todas sus fuerzas para exponer sus opiniones «sobre el modo de manejar hombres libres» a fin de defenderlos «del choque de dos monstruos enemigos que recíprocamente se combaten» y que atacan a la vez: «la tiranía y la anarquía, que forman un inmenso océano de opresión que rodea una pequeña isla de libertad».

Para la defensa de esa libertad Bolívar trata de dotar a los ciudadanos de una serie de mecanismos jurídico y políticos que les permitan defenderse y propone además un sistema de Gobierno de equilibrios y controles destinados a evitar los atentados contra la libertad.

Por esa razón, puede él decir, en su Proclama del 1 de enero de 1826 a los bolivianos que recibirían «la Constitución más liberal del mundo».

Ahora bien, ¿cómo está protegida la libertad de los ciudadanos?

I. *La nacionalidad*

La nación boliviana, como tal, está definida: «la reunión de todos los bolivianos» (Artículo 1), es decir, el Estado está constituido en función de la persona humana. Son seres humanos libres que se van a autogobernar. Por eso el Gobierno es popular y representativo (Artículo 6) y la soberanía emana del pueblo (Artículo 7). Es indispensable por lo tanto saber quiénes son bolivianos.

Era una República nueva, sin antecedentes de integración física definidos, era necesario conjugar criterios de integración humana para obtener la nacionalidad boliviana.

Bolívar admite el principio del «*ius soli*»: son bolivianos todos los nacidos en el territorio de la República. Allí iba a estar la porción más importante, numéricamente, de la población de la República. Al «ius soli» se une el «*ius sanguinis*» combinado con el domicilio: son también bolivianos los hijos de madre o padre bolivianos, si nacen fuera del país siempre y cuando manifiesten la voluntad de domiciliarse en Bolivia y sólo desde tal manifestación (Artículo 10, numeral 2).

Quedaban dos tipos de personas que había que considerar cuidadosamente. En primer lugar, los «Libertadores de la República». Parecía absurdo que quienes habían tratado de crear el país, ofreciendo por él su vida y su sangre, no fueren a ser ciudadanos del nuevo Estado. Bolívar asigna la nacionalidad a las personas consideradas «Libertadores de la República» por la Ley del 11 de agosto de 1825. En segundo lugar, estaban los extranjeros de dos tipos: uno, formado por los que obtuvieren carta de nacionalización y el otro, por los que «tengan tres años de vecindad en el territorio de la República». Esta última clase de personas, vinculadas voluntariamente al país, son acogidas por Bolívar para considerarlas nacionales.

Los bolivianos, así definidos, formarían la República y en ellos, como pueblo, iba a residir la soberanía. Eran las personas cuya libertad había que proteger.

II. *El concepto de libertad*

Bolívar dice en el Discurso que «Dios ha destinado al hombre a la libertad. Él lo protege para que ejerza la celeste función del albedrío». nótese que aparece la libertad como un «don divino» de cuyo disfrute no puede ser privado el hombre.

Esa libertad debe tener un contenido concreto. Para Bolívar la llamada «libertad civil» es la que sería salvaguardada por los Tribunales. Era la verdadera libertad. Como complemento de ella, la seguridad individual, la propiedad y la igualdad ante la ley (Artículo 144).

La seguridad individual va a consistir en la libre expresión del pensamiento (Artículo 145), la libre entrada o salida del territorio de la República (Artículo 146) y la inviolabilidad del hogar (Artículo 147).

La igualdad ante la ley tiene, necesariamente implícita, la eliminación de la esclavitud. Para Bolívar la igualdad es la «Ley de las leyes: sin ella perecen todas las garantías y derechos».

Sabiamente separa conceptualmente la obligación de contribuir a los gastos públicos de una igualdad que sería injusta y la remite a un adecuado reparto proporcional sin excepciones ni privilegios (Artículo 148).

Las normas antes dichas están completadas por las que prevén:

a) La libertad de trabajo, industria y comercio, que podría ser limitada o restringida en defensa de las costumbres públicas, de la seguridad y la salubridad (artículo 150).

b) La propiedad temporal y exclusiva de los inventos y producciones (Artículo 151). Este artículo era especialmente importante por la intensa actividad de explotación de minas por nacionales y extranjeros y cuya actividad necesitaba protección especial.

c) El libre traspaso de las propiedades de todas clases (Artículo 149) con lo cual se aseguraba la posibilidad de movilizar extensas fincas y otros bienes, paralizados, por las leyes vigentes, por causa del destino de las mismas para obras pías, capellanías, religiones y actividades similares.

III. *La defensa de la libertad*

Sobre el particular hay que distinguir la «libertad civil» en su ejercicio y la «libertad política» en sus modos de expresión.

1) *La libertad civil*

Llamada por el Libertador la «verdadera libertad» es objeto en la Constitución boliviana, de una cuidadosa defensa:

a) No puede ser suspendida como derecho a los bolivianos sino únicamente en los casos permitidos por la propia Constitución (Artículo 152)

Estos casos están referidos al hecho de presentarse circunstancias extraordinarias, que así lo ameriten en beneficio de la seguridad de la República (Artículo 123), situación que requiere la acción de las Cámaras y de no estar ellas reunidas, la del Ejecutivo, pero sólo a título provisional y bajo la sanción de responder a los abusos cometidos.

b) No está sujeta a la acción de los funcionarios ejecutivos ni siquiera del Presidente de la República.

Al Presidente se le prohíbe privar de libertad a cualquier ciudadano o imponerle pena alguna; podría sólo arrestar por cuarenta y ocho horas en caso de exigirlo la seguridad de la República y con la obligación de poner al acusado a la orden del Tribunal competente (Artículo 83, numerales 1 y 2); tampoco podría privar a ningún individuo de su propiedad salvo cuando el interés público lo exija con urgencia y previa justa indemnización (Artículo 83, numeral 3).

A los Prefectos, Gobernadores, Corregidores y Alcaldes se les prohíbe toda materia que sea de conocimiento judicial con lo cual se les impide inmiscuirse en la vida privada y libertad de los ciudadanos y únicamente se les permite, bajo la situación de incurrir en responsabilidad, ordenar detenciones preventivas por no más de cuarenta y ocho horas y dando cuenta al Juez (Artículo 133).

c) Está amparada por las Cámaras y Tribunales de Justicia, materia sobre la cual haremos exposición más detenida.

2) *La libertad política*

Partía el Libertador del principio de que «ningún objeto es más importante a un ciudadano que la elección de sus legisladores, magistrados, jueces y pastores».

De allí dos preocupaciones suyas: la forma de ejercicio de esa actividad y la repercusión de la misma en la marcha del Estado.

En el primer sentido crea un cuerpo especial, el Poder Electoral, para que funcione en base a que cada diez ciudadanos elijan un «elector»; y a estos electores atribuye facultades complejas que los conviertan en una forma de contrapesar la autoridad del Ejecutivo y en un sistema de protección a los ciudadanos.

Para llegar al concepto de «elector», hay que analizar previamente el de «ciudadano»: no se confunde al ciudadano con el nacional. El segundo ya lo hemos definido refiriendo la forma como Bolívar determina la adquisición de la nacionalidad por diversos factores.

Estos «nacionales» serán ciudadanos luego de ser casados o mayores de 21 años, saber leer y escribir y tener algún empleo o industria o profesar alguna ciencia o arte (sin ser calificables de «sirvientes domésticos») (Artículo 13); pueden ser también ciudadanos los nacionalizados, los Libertadores de la República y los extranjeros que reúnan determinadas condiciones de estado civil, cultura y situación económica (Artículo 14).

La condición de «ciudadano» permite ejercer la función primaria de votar y capacita para el ejercicio de cargos públicos.

El carácter de ciudadano puede ser suspendido o perderse (Artículos 17 y 18).

El concepto de ciudadano está diseñado por Bolívar de manera diáfana: deber ser un hombre de suficiente madurez, determinada por la edad o el estado civil de casado; debe poder expresarse por medio de la lectura y escritura; debe tener un medio honesto e independiente de subsistencia. No se le pide que tenga bienes, sino que trabaje; se le exige honestidad y por ello se excluye a los criminales y a los ociosos; se le supone conocimiento de lo que hace y por ello se excluye a los ignorantes absolutos.

Esta situación necesita determinar cuáles, entre los nacionales, debían ser calificados o no como ciudadanos. Se atribuye esa facultad a los electores y no a otras autoridades. Son ellos mismos, los ciudadanos, los que van a determinar quiénes de entre los nacionales no reúnen condiciones para ser ciudadanos o quiénes son aquéllos que, ya calificados, deben ser suspendidos por dementes, deudores, fraudulentos, ebrios, jugadores, mendigos, reos de crimen y perturbadores de las elecciones y cuáles deben ser excluidos de la ciudadanía por traición a la Patria, por naturalización en otro país, por condena a pena infamatoria o aflictiva (Artículos 17 y 18).

Al estar los electores dotados de tal facultad (Artículo 25, numeral 1°) no es posible al Ejecutivo presionar al cuerpo electoral para que impida a una persona el ejercicio de la facultad de votar y son los mismos ciudadanos, sin la presencia de otra autoridad, quienes van a excluir de entre ellos a los que no reúnen las condiciones legales para serlo.

Es de notarse la intención bolivariana de buscar la *pureza* de la expresión del voto. Esa intención le lleva a excluir a quienes, por ignorancia no saben lo que hacen; al que dependiendo de otro puede ser conducido a votar contra su voluntad y al deshonesto o antisocial que no parece tener interés en la marcha de la colectividad política. Sería imposible imputar a Bolívar haber sido demasiado exigente en la determinación de la ciudadanía, pero no debe negarse su intención sana de que sólo voten quienes, cuando lo están haciendo saben exactamente de qué se trata.

Merece la pena llamar también la atención sobre la previsión de que se suspenda, en el ejercicio de la ciudadanía, a quienes compren o vendan sufragios en las elecciones o turben el orden en ellas (Artículo 17, numeral 5°).

La actividad de adquirir, por pago, un voto o vender un voto por dinero es criminal. Atenta contra la pureza democrática de que el voto responda a la intención honesta del ciudadano en la escogencia de los elegidos. Coloca la elección no en la conciencia del ciudadano sino en la capacidad de pago de quien negocia con el Poder Público. Perturbar el orden en las elecciones es igualmente atentar contra la pureza de las mismas que exige o supone que el ciudadano exprese su opinión con absoluta libertad y normalidad, y no lo podrá hacer en medio de alteraciones que lo coarten, amilanen o asusten.

¡Cómo sería de útil que tales consideraciones hubieran continuado en las democracias americanas!

Ellas ratifican el deseo bolivariano de que el voto pueda ser expresado sólo con toda la libertad, conocimiento y conciencia.

Es muy amplio el campo de acción de los electores:

1) Para la integración de las Cámaras.

2) Para las Prefecturas, Gobernaciones y Corregidores.

3) Para los Alcaldes y Jueces de Paz.

4) Para los miembros de cada Distrito Judicial y Jueces de Primera Instancia.

5) Para los Curas y los Vicariatos.

Nótese la forma de ejercicio de este Poder: no se elige a un candidato sino se proponen tres a otra autoridad.

Hay un proceso selectivo doble. La autoridad que decide tiene la facultad de escoger, pero son los electores quienes presentan a los que pueden ser escogidos.

Quizás es demasiado amplia la lista de cargos para los cuales se exige la presentación de ternas, pero indica evidente espíritu democrático el que los ciudadanos puedan opinar y hacer la primera escogencia de quienes van a gobernarlos en todos los diferentes campos de la vida. Esta forma tiene, sin duda, la intención de servir de freno al Ejecutivo, que en la designación de autoridades de gobierno inmediato para el pueblo queda ligado por la selección hecha por los electores.

Los altos cargos del Estado: Presidente, Vicepresidente, Secretarios y Magistrados del Supremo Tribunal, no están comprendidos entre aquellas personas que deben ser escogidas por los electores.

3) *Las Cámaras y la Libertad*

No puede dejar de mencionarse el interés de Bolívar en que el Congreso, por la acción de las Cámaras, actúe también en la custodia y defensa de las libertades de los bolivianos.

Fundamentalmente la Cámara de Censores está encargada de velar el cumplimiento de la Constitución por el Gobierno y de acusar delante del Senado cualquier infracción a la misma Constitución (Artículo 50, numerales 1 y 2). Le corresponde, además, específicamente, proteger la libertad de imprenta (Artículo 59, numeral 3). El Senado ante la acusación que le presente la Cámara de Censores puede acordar o no la iniciativa del «juicio nacional». Si la Cámara del Senado no lo acuerda lo pueden hacer los Tribunos.

La declaratoria en «juicio nacional» de que ha lugar a la formación de la causa, implica la suspensión de los funcionarios responsables y prosecución del juicio ante el Tribunal Supremo de Justicia.

4) *Los ciudadanos y la libertad*

Es muy importante mencionar la defensa de la libertad por los propios ciudadanos: se considera deber de todo boliviano «velar sobre la conservación de las libertades públicas» (Artículo 11, numeral 5) y de los electores no sólo pedir a las Cámaras cuanto crean favorable al bienestar de los ciudadanos, sino quejarse de los agravios e injusticias que recibieren de las autoridades constituidas (Artículo 25, numeral 4°).

La queja de los electores, cuando el atropello ha provenido de Prefectos, Gobernadores, Corregidores y Alcaldes por haber éstos cometido excesos en el mantenimiento del orden y la seguridad pública o atentado contra la seguridad individual o la del domicilio, origina una «acción popular», es decir, la posibilidad de que cualquier ciudadano intente la acusación a través del cuerpo electoral.

IV. *La libertad como base del Estado*

Todo ese conjunto de normas, armónicamente ensambladas, demuestra claramente la suprema intención del Libertador de estructurar un sistema de Gobierno en el cual la libertad fuese indestructible.

A reserva de las consideraciones que luego haremos sobre el funcionamiento de los Poderes Públicos, resulta de extraordinario interés observar no sólo las definiciones de la libertad civil y de la libertad política, sino además, los mecanismos constitucionales para que esas libertades no puedan ser interferidas por las autoridades ejecutivas, sean protegidas por las Cámaras que integran el Parlamento y defendidas en última instancia por los jueces: pero es capital, para valorar exactamente la magnitud del pensamiento bolivariano el haber colocado en los propios ciudadanos, mediante el ejercicio de las libertades políticas, un sistema eficaz de hacer ellos mismos respetar sus libertades, no sólo con la facultad de elegir directamente a los que habían de protegerlas, sino también por una acción vigilante, mediante la queja, la acción popular y hasta el juicio nacional, contra todo aquel que atentare perturbar las libertades.

Era obsesión de Bolívar la defensa de la libertad. Tenía razón cuando ofreció preparar la Constitución más liberal del mundo. Ese término «liberal» evidentemente lo usó en el sentido que le dio Bartolomé José Gallardo: llamamos ideas «liberales» a las que «no sólo excitan al conocimiento, amor y posesión de la libertad, sino que propenden a extender su benéfica influencia».

Bolívar en su campaña de divulgación del Proyecto se enorgullecía del cuido de la libertad de los ciudadanos: «he conservado intactas las 4 garantías: libertad, igualdad, seguridad y propiedad».

Particularmente importante es, en ese sentido, la advertencia que hace al Gral. Gutiérrez de la Fuente: «en la Constitución todos han fijado sus esperanzas porque ven CONSERVADA LA LIBERTAD Y LA IGUALDAD ACOMPAÑADA DE ESTABILIDAD Y EL ORDEN».

Hay que advertir que, para el momento de preparar la Constitución boliviana, el problema de la libertad había cambiado totalmente en su sentido político y jurídico, al menos en América: en los años inmediatos a 1810 y 1811 se hablaba de libertad como sinónimo de independencia respecto a la autoridad del Monarca español.

Pero, una vez que los hechos demuestran que ya no es posible el ejercicio de la autoridad española en América, el concepto de libertad cambia: se trata de proteger al ciudadano frente a la autoridad del nuevo Estado que se ha formado y de permitir, garantizar y hacer efectiva la posibilidad de que, dentro de ese nuevo Estado, el ciudadano actúe precisamente como «hombre libre».

En ese sentido se orientan los esfuerzos de Bolívar en la Constitución de 1826: cómo hacer que el boliviano no vea entrabado el ejercicio de su libertad por la acción del Gobierno.

Tal preocupación lleva consigo la otra, también evidente en Bolívar: la necesidad de expandir la educación en forma intensa, casi desesperada, ya que es muy difícil que hombres cultos atropellen o dejen atropellar la libertad. Es más fácil implantar la tiranía donde reina la incultura y la ignorancia.

Tengo la impresión de que en esas preocupaciones por la libertad es donde se encuentra la importancia del documento bolivariano de 1826. Todo lo demás en él es adjetivo. Lo sustantivo es la defensa de la libertad. Los mecanismos políticos y jurídico fueron los que en aquel momento Bolívar estimó más adecuados para el fin supremo: la defensa de la libertad. Podría haber otros y hasta es posible decir que, quizá Bolívar se equivocó en los escogidos por él, pero lo que sí es evidente es la pasión por la libertad como centro de las preocupaciones que orientaron la Constitución boliviana.

3°/ LA ESTRUCTURA DEL GOBIERNO:

I. *El principio del equilibrio*

El conjunto de mecanismos y órganos de gobierno que establece la Constitución forma un sistema que tiende al equilibrio permanente entre los distintos órganos del Estado para que ninguno de ellos predomine sobre otro ni sobre el pueblo con perjuicio de la libertad.

Examinemos ese sistema en sus líneas generales:

a) *En el Parlamento:* El juego de las tres Cámaras, que tienen atribuciones comunes y atribuciones propias, pero deben actuar guardándose entre sí las consideraciones debidas «para conservar la unión del todo, que debe deliberar en el silencio de las pasiones y con la calma de la sabiduría».

b) *En el Ejecutivo:* La diferenciación (tema en el cual luego se insistirá) entre el Presidente o Jefe de Estado y el Vicepresidente o Jefe de Gobierno, asistido éste de un Gabinete o Ministerio que debe responder ante las Cámaras, sujetos a control del Parlamento y a «juicios constitucionales», hacía pensar al Libertador que «hay derecho para estar cierto que la usurpación del Poder Público dista más de este Gobierno que de otro ninguno».

c) *En el Judicial:* Integrado por Jueces elegidos de por vida y mantenidos «tanto cuanto duren sus buenos servicios» y bajo la alta facultad directiva del Supremo Tribunal de Justicia en lo económico y en lo correccional, tenía asegurada una absoluta independencia en su función de «aplicar las leyes existentes» (Artículo 97).

II. *El Parlamento*

El Congreso duce el Libertador «tiene una composición que lo hace necesariamente armonioso entre sus partes». Bolívar plantea la solución de tres Cámaras en lugar de dos. Su razonamiento para no admitir dos, está basado en que, nuestras circunstancias son distintas a las de Inglaterra «que ha servido de modelo a otros pueblos». Allá fue necesario distinguir entre la nobleza, que iba a una Cámara y el pueblo que iba a otra. Para Bolívar, el sistema norteamericano, también bicameral, obedece a influencia inglesa. Probablemente no pensó o no le dio importancia a que, el sistema federal norteamericano obliga a que una Cámara represente a los Estados y la otra al pueblo. En Bolivia, las tres Cámaras deben representar al pueblo, que los elige a través de los electores. El número de tres fue escogido en función, primero por la necesidad de que dos tengan un árbitro para sus diferencias y segundo, por la diversidad de funciones que tiene cada una para lograr un grado de especialización.

1) *Notas generales sobre el Congreso*

a) Las Cámaras, electas por el pueblo a través de los electores, deben renovarse periódicamente, salvo la de los Censores que serían vitalicios. La renovación no es total, sino de por mitad, ni tampoco simultánea en Tribunos y Senadores, sino cada dos años en la de Tribunos y cada cuatro años en la de Senadores. En esa forma, la opinión pública va, progresivamente, por virtud de las elecciones, reflejándose en la integración de las Cámaras sin que haya transformaciones violentas ni sorpresivas. Esta circunstancia asegura estabilidad en el manejo de los asuntos públicos e impide bruscos cambios de orientación que puedan perturbar la necesaria y lógica evolución del país.

b) Existe incompatibilidad entre la función de miembro de cualquier Cámara y el ejercicio de funciones ejecutivas. Por lo tanto, la aceptación del nombramiento implica la renuncia al carácter de legislador (Artículo 30). Es lógica consecuencia del principio general de responsabilidad y del control del Cuerpo Legislativo sobre el Ejecutivo.

c) Los parlamentarios, salvo allanamiento por la Cámara, son inviolables por sus opiniones emitidas en las Cámaras e inmunes de toda detención (Artículos 31 y 32), con el objeto de asegurar su necesaria libertad de acción.

Están previstas normas procedimentales sobre quórum, formas de iniciativa de las leyes y maneras de reunión: separadas o conjuntamente para ciertos y determinados actos.

2) *Los Tribunos*

La Cámara de los Tribunos, equivalente *mutatis mutandis* a la de Diputados de otras Constituciones, es «la más joven y activa de las tres». Sus miembros pueden tener desde 25 años de edad y se renuevan cada dos años. Un Tribuno debe ser ciudadano y no haber sido condenado jamás en causa criminal.

Pero lo interesante en los Tribunos es su facultad de iniciativa en las cuestiones relativas a la Administración general del Estado. Esas materias, señaladas en el Artículo 42 se refieren a:

a) División territorial de la República.

b) Contribuciones para ser pagadas por los ciudadanos.

c) Uso de la Deuda Pública.

d) Sistema monetario.

e) Sistema de pesas y medidas.

f) Régimen de puertos.

g) Construcciones públicas de caminos, puentes y edificios.

h) Industrias.

i) Sueldos de los empleados públicos.

j) Regulaciones orgánicas de las Fuerzas Armadas.

k) Negocios extranjeros.

l) Sistema de naturalización de extranjeros.

Es interesante observar la naturaleza de estas cuestiones, directamente vinculadas a la marcha diaria del Estado y al funcionamiento de su Administración Pública.

Los temas corresponden a los propios de un Estado moderno y en particular a los problemas específicos que enfrentaría la República Boliviana: la negociación de la deuda pública para el logro de su extinción; el sistema monetario requerido por las condiciones del país; el uso de pesas y medidas, de tanta importancia para un país minero; la construcción de caminos y puentes dentro de la topografía montañosa de las regiones bolivianas; la habilitación de puertos para el comercio exterior; etc.

3) *Los Senadores*

Se exige a los Senadores tener por lo menos 35 años (mayor edad que a los Tribunos). La Cámara participa en la acción legislativa, y tiene funciones propias muy específicas, que le dan un carácter *sui generis*, que quizá explique por qué se extiende su duración a ocho años. Ese largo período resulta necesario, además, no sólo para adquirir la experiencia necesaria en determinadas materias, sino para ejercer ciertas facultades de la Cámara, como, por ejemplo, la formación de los Códigos Civil, Criminal, de Procedimientos y de Comercio.

La Cámara de Senadores aparece, en la Constitución Boliviana, no sólo participante en el proceso legislativo normal del Estado, sino que está vinculada a la Administración de Justicia, al régimen jurídico fundamental del país y a los negocios eclesiásticos.

No es posible hablar de esta Cámara sin hacer también referencia a su especialísima influencia en el problema fundamental de la libertad de los ciudadanos.

La importancia dada por Bolívar a la Cámara de Senadores se manifiesta en la relación entre la trascendencia que da a los Códigos: «La verdadera constitución liberal está en los Códigos civiles y criminales» y de la atribución que confiere al Senado de formar los Códigos Civil, Criminal, de Procedimientos y de Comercio y los reglamentos eclesiásticos (Artículo 46, numeral 1°) así como su referencia a las facultades del Poder Judicial: «El Poder Judicial contiene la medida del bien y del mal de los ciudadanos: si hay libertad, si hay justicia en la República, son distribuidas por ese poder» y la potestad que otorga al Senado: «Velar por la pronta administración de justicia en lo civil y criminal» (Artículo 46, numeral 3°).

El Senado está así en íntima relación con la vigilancia sobre la existencia de la libertad: la libertad depende de los Códigos y el Senado los forma; la libertad depende, en su ejercicio, de la actividad de los Tribunales y el Senado vela por la buena marcha de los mismos.

El Senado es, por tanto, la suprema expresión de la vigilancia en la defensa de la libertad.

Esta posición política del Senado va unida a otras dos de extraordinaria categoría: a) la escogencia de los candidatos entre los cuales la Cámara de Censores elegiría a los integrantes del Tribunal Supremo de Justicia; y b) la de las ternas formadas por los cuerpos electorales para los Prefectos, Gobernadores, Corregidores y Jueces de Distrito (Artículo 46, numerales 6, 7 y 8).

No puede negarse la relación inmediata del ejercicio de esas funciones con el tema de la libertad ya que son los Jueces de Distrito y los funcionarios administrativos los que tienen a su cargo el contacto directo con los ciudadanos.

Es quizás rara, aunque se explica por las circunstancias del momento, la intervención que da Bolívar al Senado en cuestiones eclesiásticas: presentación de candidatos para Arzobispos, Obispos, Dignidades, Canónigos y Prebendados, así como arreglar el ejercicio del Patronato, dar proyectos de ley sobre negocios eclesiásticos y examinar Documentos Pontificios como bulas, rescriptos, breves y decisiones conciliares «para aprobarlos o no» (Artículo 46, numerales 6, 8 y 10) y llama la atención porque, en el Discurso de presentación de la Constitución, Bolívar insiste, en forma categórica, que no es la religión materia que compete al Estado: «La religión es la ley de la conciencia: toda ley sobre ella la anula, porque imponiendo la necesidad al deber quita el mérito a la fe, que es la base de la religión». Puede ser una explicación el hecho de que Bolívar haya distinguido entre los aspectos formales de la religión, que para la época estaban vinculados de facto y por tradición a la marcha y funcionamiento del Estado, y el problema íntimo de conciencia que, por sus ideas generales respecto a la libertad, quería sacar de toda influencia estatal. Quizás por ello confía también los negocios eclesiásticos a la Cámara del Senado, a la cual estaba atribuida la vigilancia sobre los temas fundamentales de la libertad civil, a fin de que cuidara de que lo religioso no incidiere sobre el ejercicio de las libertades y que la acción del Gobierno no perturbare la paz de las conciencias.

4) *Los Censores*

Treinta ciudadanos, electos por el Cuerpo Electoral, en una combinación de elección directa con auto de selección por la propia Cámara y además vitalicios, estaban llamados a constituir una Cámara, la de los Censores.

Esta Cámara, unida a las consideraciones sobre el Presidente vitalicio, han centrado casi toda la atención de los comentaristas sobre la Constitución Boliviana.

Esa posición no es justa ni adecuada a la realidad. La Cámara de Censores hay que verla dentro del conjunto del pensamiento político del Libertador y formando parte de un todo, la Constitución, como unidad de ordenación política. Vista en abstracto puede ser incomprensible.

El Libertador, como estadista, tenía una obsesión: la defensa de la libertad contra la tiranía, pero hay que insistir en ello, ya no se trataba de la de una dominación externa sino de la de excesos en el ejercicio de las potestades del Gobierno interno del país. La dominación externa ya no iba a ser posible. Pero sí el predominio de un hombre sobre sus conciudadanos.

No puede ni debe olvidarse, para analizar el tema, que el Libertador insiste que sus ideas son el producto de quince años de experiencia en la revolución americana: durante ese tiempo ha visto y vivido la forma como las ambiciones de los caudillos que iban surgiendo en cada uno de los países recién formados podían formar tiranos locales que, desprovistos de control y basados en la fuerza, dominaren a los ciudadanos e hicieren nugatoria la libertad.

La Constitución de Bolivia va a estar destinada a un Estado cuya organización se le confía: parece la República «¡mandada a hacer a mano!», dice a Santander. No podía, en medio de su honestidad intelectual evidente, hacer en ella otra cosa que seguir los dictados de su conciencia. Pensó en organizar un Gobierno fuerte y durable. Quiso, por eso, rodear de frenos al Ejecutivo para impedir que se volviese contra la libertad y la Constitución.

Confió la vigilancia fundamental sobre la actividad del Gobierno a esta Cámara de Censores vitalicios. ¿Fue acaso su error haber creado la Cámara o haberla integrado de miembros vitalicios? Es interesante observar cómo después de siglo y medio la Constitución venezolana de 1961, no sólo establece Senadores Vitalicios (Artículo 148) sino que repite las funciones fundamentales de la Cámara de censores atribuyéndolas, no a una Cámara, sino al Ministerio Público, bajo la dirección y responsabilidad del Fiscal General de la República (Artículo 218). El tiempo ha demostrado, al menos para Venezuela, que en absoluto no es dañino al Estado que existan parlamentarios vitalicios y que, además, sí es fundamental que algún cuerpo constitucional del Estado, con absoluta independencia de criterio y de acción, vigile la observancia de la Constitución y el respeto a las libertades.

¿Fue error de Bolívar haber fundido ambas instituciones, la de los parlamentarios vitalicios y la de la vigilancia sobre el respeto debido a la Constitución y a la libertad?

El «Ombudsman», que en el Derecho de los países nórdicos se presenta en estos tiempos como una gran conquista de la democracia, no es otra cosa sino la personalización, en un sujeto, de las funciones que Bolívar atribuyó a la Cámara de Censores.

Una pretendida defensa de la democracia, considerada incompatible con el carácter vitalicio de un funcionario, hizo olvidar la Institución fundamental que es, no el carácter vitalicio de los Censores, sino las funciones que ellos debían ejercer.

Por eso merece la pena examinar cuidadosamente tales funciones:

PRIMERO: *La defensa de la Constitución*

Inexplicablemente los juristas hispanoamericanos, a quienes sin duda ha preocupado el tema, no presentan con la debida importancia, las ideas que plantea Bolívar para la defensa de la Constitución por él proyectada.

Esa defensa de la Constitución está orientada en dos sentidos en el Proyecto de Bolívar:

a) *La vigilancia permanente sobre su observancia*: «velar si el Gobierno cumple y hace cumplir la Constitución, las leyes y los Tratados públicos» (Artículo 50, numeral 1). La Constitución venezolana de 1961 atribuye al Fiscal General de la República «velar por la exacta observancia de la Constitución y de las leyes» (Artículo 218).

Esta función de «velar» es poner atención y solicitud, cuidar. De allí que la Cámara tendría que estar atenta, como hoy lo debe estar el Fiscal General de la República, a todo aquello que pueda implicar una violación del orden constitucional y legal existente. Una fuente importante de información para el ejercicio normal de esta facultad se derivaba de la recepción de las quejas de los cuerpos electorales por causa de los atropellos, agravios e injusticias que reciban los ciudadanos de las autoridades constituidas (Artículo 11, numeral 5). Otra fuente de información la constituyen las «Cuentas» que deben presentar los Secretarios de Estado sobre su actuación (Artículo 95) y el Mensaje que sobre el estado de la República tenía el Presidente que entregar todos los años (Artículo 82, numeral 1). Además de toda la actividad de la propia Cámara le permitía averiguar cuanto concierne a la materia. Está constituido, por tanto, un cuerpo suficientemente amplio, bien informado, independiente, que permanentemente vigila, vela por que la Constitución y las leyes sean observadas.

Con ese organismo en pleno funcionamiento es poco probable que hubieran podido presentarse infracciones no detectadas o que un régimen tiránico pudiere haber violado las libertades públicas.

La experiencia adquirida en la función vigilante de la Constitución y de su observancia podía hacer recomendables leyes diversas de función doble: evitar la infracción mediante oportunos correctivos y determinar los modos de acción en caso de que la infracción se llegare a producir (Artículo 46, numeral 5).

b) *La acusación constitucional:* El conocimiento de una infracción a la Constitución da origen a la iniciación del «juicio nacional». Esta institución debe ser examinada con detenimiento:

i. El supuesto que inicia el proceso es la «traición», concusión o violación manifiesta de las leyes fundamentales del Estado (Artículo 51).

Se requiere, por tanto, un previo examen que debe hacer la Cámara sobre si existe o no ese supuesto. La violación debe ser «manifiesta», es decir, «descubierta», situación calificada por la Cámara y que excluye las cuestiones menores no trascendentes así sean ellas violaciones formales.

ii. La violación debe ser imputable al Vicepresidente o a los Secretarios de Estado; no al Presidente de la República quien no asume responsabilidad por la Administración de Estado (Artículos 51 y 79).

iii. La Cámara de Censores se limita a constatar la infracción y a presentar la acusación ante el Senado.

iv. Se necesita que el Senado, para que el juicio se abra, estime fundada la acusación; si el Senado no la considera procedente debe pasar el expediente a la Cámara de los Tribunos. Si ésta tampoco considera procedente o fundada la acusación, el proceso termina; si los Tribunos encuentran fundada la acusación, se abre el juicio nacional (Artículos 52 y 53).

Obsérvese que se requieren dos Cámaras: la de Censores, que acusa y la de Senadores o la de Tribunos que aceptan la existencia de fundamentos para acusar. Una Cámara equilibra a la otra. Si Senadores y Censores están en desacuerdo, los Tribunos deciden.

v. Encontrada fundada la acusación, deben reunirse las tres Cámaras, para que con vista a los documentos y por pluralidad de votos decidan si hay lugar o no a la formación de la causa (Artículo 54).

Ante la gravedad de la situación el caso vuelve a ser examinado, con base a pruebas documentales y en conjunto por las tres Cámaras. En esta reunión la decisión es por pluralidad de votos. Existe pues la máxima prudencia para la acusación que necesita ser admitida por un número suficiente entre los representantes del pueblo.

vi. Si es declarada fundada la acusación se operan dos consecuencias: el funcionario queda suspendido y los autos pasan al Tribunal Supremo de la República para que se pronuncie sin apelación (Artículo 55).

Ese «juicio nacional», por la forma como está pensado, por los órganos que intervienen y por sus efectos, sirve como instrumento preventivo de defensa del régimen constitucional.

SEGUNDO: *La protección de la cultura*

Todo el pensamiento bolivariano demuestra que, para el Libertador la adquisición de la cultura por el pueblo era pieza fundamental para la defensa de la libertad de ese mismo pueblo. Confió a los Censores una potestad manifiesta en el impulso de la cultura.

a) Eran competentes para todas las «leyes de imprenta, economía, plan de estudios y métodos de enseñanza pública» (Artículo 59, numeral 1).

   Recuérdese a ese efecto el Decreto dictado por el Libertador el 11 de diciembre de 1825, donde establecía como «primer deber» de todo Gobierno educar al pueblo y exigía, entre otras medidas administrativas, la formación de ese «plan de enseñanza» que abarcase a todas las ramas de la instrucción.

b) Debían reponer los reglamentos para fomento de las artes y de las ciencias (Artículo 59, numeral 4).

   Es muy claro que la cultura no podía venir sólo de planes de enseñanza. Un hombre de la formación del Libertador bien claro tenía que verlo, mucho más cuando era su pensamiento, dicho a José Cecilio Ávila, Rector de la Universidad de Caracas: «Mi primer pensamiento, después, es la protección de las *ciencias*».

c) Tenían que ejercer la función de impulso y vigilancia de la moralidad colectiva, mediante el otorgamiento de «premios y recompensas nacionales a los que las merezcan por los servicios a la República»; acuerdo de «Honores públicos a la memoria de los grandes hombres y a las virtudes y servicios de los ciudadanos» y «condena al oprobio eterno a los usurpadores de la autoridad pública, a los grandes traidores y a los criminales insignes» (Artículo 59, numerales 5, 6 y 7).

Hay en los Censores una función activa de estímulo y reconocimiento, otra de sanción moral. ¿Acaso idea romántica?

TERCERO: *Carácter personal de los Censores*

El Libertador, hombre de ideales, quería que estos Censores «deben gozar de una inocencia y de una vida sin mancha» que no admitiría si siquiera faltas leves.

Ellos iban a ser la clave moral de la República: tenían en sus manos, son frases de Bolívar, «el fiel de la gloria».

¿Era posible obtener ciudadanos de esa clase? Caso de obtenerlos, ¿podrían haber ejercido sus funciones?

5) *La función legislativa*

i. *La iniciativa de las leyes:* Está repartida entre el Gobierno y las propias Cámaras, con la expresa advertencia de que la materia propia de la Ley la determina la Cámara adonde la discusión debe ser iniciada (Véanse Artículo 61 y los relativos a la competencia de cada Cámara).

ii. *Discusión de Leyes:* El principio general es que para aprobar una Ley se requiere el acuerdo de dos Cámaras y en caso de no haberlo, la intervención de una tercera. El orden viene a ser así:

   a) Si la discusión se inicia en los Tribunos pasa al Senado. De estar en desacuerdo el Senado decidirán los Censores (Artículos 63, 64 y 68).

   b) Si la discusión se inicia en el Senado pasa el proyecto a los Censores. Si éstos no están de acuerdo con el texto aprobado decidirán los Tribunos (Artículo 74).

   c) Si la discusión se inicia en los Censores pasa al Senado y si éstos no están de acuerdo serán los Tribunos quienes decidan (Artículo 75).

Véase el equilibrio entre las tres Cámaras: si hay dos de acuerdo la tercera no interviene. Si hay desacuerdo la tercera actúa.

Había además una situación intermedia de «entendimiento» (Artículo 66), mediante una sesión conjunta de las dos Cámaras que pudieren estar en desacuerdo para tratar de llegar a entenderse. De no hacerlo cada una mantendrá sus propios criterios.

iii) *Observaciones del Presidente de la República:* La Constitución permite al Presidente de la República, que, al ser enterado de la sanción de una Ley por las Cámaras, pudiere creer que la misma no era conveniente y devolverla en ese caso a la Cámara que «la dio» con sus observaciones.

Esta facultad debía ser ejercida en un plazo breve. Las Cámaras, al oír las observaciones del Presidente, resolverían por pluralidad y «lo que ellos decidieren, se cumplirá sin otra discusión ni observación» (Artículo 71).

No está prevista la razón de las observaciones que podrían ser la inconstitucionalidad, su inconveniencia técnica, inadecuación política u otra que estimare conveniente el Presidente de la República.

iv) *Promulgación:* De no haber habido observaciones o rechazadas éstas, el Presidente de la República promulgará la Ley, conjuntamente con el Vicepresidente y el respectivo Secretario de Estado. Pero la publicación la deberá ordenar el Vicepresidente, a cuyo fin debe recordarse el Decreto del 21 de diciembre de 1825 por el cual el Libertador ordenó la publicación obligatoria de todas las leyes en un orden sistemático y en un órgano oficial.

v) *Participación del Gobierno en la discusión de las leyes:* Quiere el Proyecto que el Vicepresidente y los Secretarios de Estado puedan asistir a las sesiones en las cuales se discutan leyes y participar en esas discusiones, pero no en la votación ni siquiera estando presentes (Artículo 62).

III. *El Poder Ejecutivo*

El Libertador quiso confiar el Poder Ejecutivo a un Presidente vitalicio, un Vicepresidente y tres Secretarios.

No puede analizarse la figura del Presidente sino en función del conjunto de la Constitución, de sus fines y de la estructura del poder establecida en ella.

Sin estar expresamente establecido en la Constitución boliviana se hace una distinción, muy precisa, entre lo que podría llamarse atribuciones propias del Jefe del Estado y las del Jefe de Gobierno. Las primeras corresponden al Presidente de la República y las segundas al Vicepresidente.

No se trata, propiamente, de un «régimen parlamentario» en cuanto a la integración del Ministerio, es decir, de que el Gobierno Ejecutivo depende de la forma política del Parlamento; tampoco de «sistema presidencialista» en el cual el Poder Ejecutivo y con él la facultad de gobernar el país y de ejercer la Jefatura del Estado, esté confiada a una sola persona, el Presidente.

Bolívar quiso crear un sistema distinto que él consideró apropiado para la realidad americana, un sistema nuevo, que no pretendía ni siquiera ser una síntesis de otros, sino una versión de su propia experiencia americana.

El Presidente, dice el Discurso preliminar, debe ser un «punto fijo» alrededor del cual «giren los ciudadanos y los Magistrados, los hombres y las cosas».

De allí que quiera atribuirle permanencia en el ejercicio del cargo y le asigne principalmente aquellas funciones que más estabilidad y continuidad requieren en el Estado: las militares y las diplomáticas.

El Presidente viene a ser un poder de equilibrio (y aquí vuelve la idea constante de todo el proyecto) y de estabilidad sin el peligro de que pueda ejercer indebidamente el poder y afectar la libertad de los ciudadanos.

Para tener una idea más clara sobre el particular conviene esquematizar y sistematizar sus funciones:

1. *Funciones Políticas*

El Presidente está ligado al funcionamiento esencial del Estado. De allí su relación estrecha con el Parlamento en las funciones básicas de éste:

a) El Presidente abre las sesiones de las Cámaras y les presenta un Mensaje sobre el estado de la República (82-1).

b) El Presidente presenta proyectos de leyes a las Cámaras (Artículo 61).

c) El Presidente puede rechazar por una vez, las leyes que «den» las Cámaras (Artículo 69).

d) El Presidente promulga las leyes una vez aprobadas o ratificadas por las Cámaras (Artículo 72).

e) El Presidente puede pedir al Cuerpo Legislativo las prórrogas de sus sesiones (Artículo 82, numeral 7).

f) El Presidente puede convocar al Cuerpo Legislativo para sesiones extraordinarias (Artículo 82, numeral 8).

De esa manera se establece una estrecha relación, estrictamente política y no gubernativa, entre el Presidente y las Cámaras.

Pero no es sólo en la relación con el Parlamento, dentro de las situaciones expuestas donde están las facultades políticas del Presidente.

a) Puede suspender las formalidades de administración de justicia previstas en la Constitución (Artículo 123) siempre que las Cámaras no estén reunidas con la participación y bajo la responsabilidad del Vicepresidente y con carácter provisional (Artículo 123).

b) Puede separar de su cargo al Vicepresidente de la República y a los Secretarios de Estado (Artículo 82, numeral 3°).

c) Puede proponer a las Cámaras a una persona para el cargo de Vicepresidente (Artículo 82, numeral 2°).

d) Designa a los Secretarios de Estado (Artículo 82, numeral 2°).

2. *Facultades Diplomáticas*

a) Dirige las negociaciones diplomáticas (Artículo 82, numeral 21).

b) Celebra Tratados con la previa aprobación del Cuerpo Legislativo (Artículo 82, numeral 21).

c) Designa a los funcionarios diplomáticos y consulares (Artículo 82, numeral 22).

d) Recibe a los representantes extranjeros (Artículo 82, numeral 23).

3. *Facultades militares*

a) Manda en persona a los ejércitos de la República «en la paz y en la guerra» (Artículo 82, numeral 10).

b) Dispone de la milicia nacional (Artículo 82, numeral 12).

c) Nombra los empleados del Ejército y la Marina (Artículo 82, numeral 13).

d) Establece Escuelas Militares y Náuticas (Artículo 82, numeral 14).

e) Declara la guerra previo Decreto del Cuerpo Legislativo (Artículo 82, numeral 17).

4. *Relaciones con la Administración de la Justicia*

a) Manda cumplir y hace cumplir las Sentencias de los Tribunales de Justicia (Artículo 82, numeral 6).

b) Puede conmutar las penas capitales (Artículo 82, numeral 28).

5. *Relaciones con el Gobierno*

a) Cuida de la recaudación de las contribuciones (Artículo 82, numeral 18).

b) Nombra los empleados de hacienda (Artículo 82, numeral 19).

c) Nombra con anuencia del Senado, aquél de la terna presentada por el Cuerpo Electoral, a que habrá de ser Prefecto, Gobernador o Corregidor (Artículo 82, numeral 25).

d) Expide los títulos de los empleados (Artículo 82, numeral 20).

e) Suspende los empleados que dieren lugar a ello (Artículo 82, numeral 27).

El Presidente no puede ordenar arrestos por más de cuarenta y ocho horas; privar a nadie de su propiedad; impedir las elecciones; obstaculizar el funcionamiento de los poderes de la República; ni tampoco ausentarse sin permiso del Cuerpo Legislativo (Artículo 83).

El hombre que habría de ejercer estas facultades debía hacerlo de por vida: «se le ha cortado la cabeza, para que nadie tema sus intenciones y se le han ligado las manos para que a nadie dañe» dice el Discurso preliminar.

El Vicepresidente, en cambio, ejerce el Poder Ejecutivo en forma directa. Debe despachar y firmar, en nombre de la República y del Presidente «todos los negocios de la Administración» (Artículo 89) y bajo su responsabilidad personal y la del Secretario de Estado del Departamento respetivo (Artículo 90).

Estos Secretarios, en número de tres y para asuntos de Gobierno y Relaciones Exteriores, Hacienda y Guerra y Marina, forman «el Ministerio» (Artículo 91 en relación con el 97).

Cada uno de ellos debe formar el presupuesto de su Departamento, rendir cuenta de su acción y firmar los actos respectivos.

Cuando se leen los comentarios escritos sobre la Constitución de Bolivia, llama la atención que se insista tanto en el carácter vitalicio del Presidente, haciendo a «vitalicio» sinónimo de «dictadura» y no se contemple la estructura de poder asignado al Presidente.

El Presidente no interviene en la actividad del Gobierno, confiada exclusivamente al Vicepresidente y a los Secretarios; está limitado en sus relaciones con el Parlamento; no puede influir en las elecciones; no participa para nada en el ejercicio del Poder Judicial salvo haciendo cumplir las sentencias. No está en sus manos ninguna de las fuentes del poder: ni la hacienda pública, que no puede manejar sino conforme a las leyes, ni la libertad de los ciudadanos que está fuera de su alcance y sólo dispone de la Fuerza Militar a los fines de la guerra y de la Milicia para la seguridad interior. ¿Podría atentar contra la libertad y convertirse en tirano? El juego de equilibrios constitucionales lo impide completamente. Parece mejor un garante más de que la Constitución será respetada por todos.

El Libertador defendía así su tesis: «El Presidente de Bolivia será menos peligroso que el de Haití, siendo el modo de sucesión más seguro para el bien del Estado. Además, el Presidente de Bolivia está privado de todas las influencias: no nombra los magistrados, los jueces, ni las dignidades eclesiásticas, por pequeñas que sean. Esta disminución de poder no la ha sufrido ningún gobierno bien constituido: ella añade trabas sobre las trabas a la autoridad de un jefe que hallará a todo el pueblo dominado por los que ejercen las funciones más importantes de la sociedad. Los sacerdotes mandan en las conciencias, los jueces en la propiedad, el honor y la vida y los magistrados en todos los actos públicos. No debiendo éstos sino al pueblo sus dignidades, su gloria y su fortuna, no puede el Presidente esperar complicarlos en sus miras ambiciosas.

Si a esta consideración se agregan las que naturalmente nacen de las oposiciones generales que encuentra un gobierno democrático en todos los momentos de su administración, parece que hay derecho para estar cierto de que la usurpación del poder público dista más de este gobierno que de otro ninguno».

El Vicepresidente es nombrado por el Presidente y es su sucesor tanto para las faltas temporales como para faltas absolutas, pero el Presidente puede separarlo de su cargo cuando a bien lo tenga.

Es importante el sistema de la sustitución: cuando es interina, por «juicio nacional», el artículo 56 establece un procedimiento complejo de tres presentaciones posibles; en caso de rechazo de la primera, va la segunda y si también rechaza ésta, va una tercera. Y si aún ésta no fuere aceptada, las Cámaras deben elegir a una de las tres propuestas; pero para cuando la sustitución es definitiva no hay norma expresa.

Si el Congreso rechaza al candidato, ¿se aplicará entonces la previsión del artículo 56? Nada se dice sobre el particular. El Libertador estuvo satisfecho según su discurso, de la forma como reguló la acción del Vicepresidente; sujeto estrictamente a un orden proveniente del Parlamento y del Presidente, y con responsabilidad de sus actos.

Quiso que el Vicepresidente ya experimentado en el Gobierno fuere el sucesor del Presidente. Veamos sus palabras: «El Vicepresidente es el magistrado más encadenado que ha servido al mando; obedece justamente al Legislativo y al Ejecutivo de un gobierno republicano. Del primero recibe las leyes; del segundo las órdenes; y entre estas dos barreras ha de marchar por un camino angustiado y flanqueado de principios. En el gobierno de los Estados Unidos se ha observado últimamente la práctica de nombrar Primer Ministro para suceder al Presidente. Nada es tan conveniente, en una República, como este método: reúne la ventaja de poner a la cabeza de la Administración un sujeto experimentado en el manejo del Estado. Cuando entre a ejercer sus funciones, va formado y lleva consigo la aureola de la personalidad, y una práctica consumada. Me he apoderado de esta idea y la he establecido como ley».

IV. *El Poder Judicial*

Para entender bien el sistema del Poder Judicial que propone el Libertador es necesario leer sus expresiones: «El Poder Judicial que propongo goza de una independencia absoluta: en ninguna parte tiene tanto. El pueblo presenta los candidatos y el legislativo escoge los individuos que han de componer los Tribunales. Si el Tribunal Judicial no emana de este origen, es imposible que conserve en toda su pureza la salvaguardia de los derechos individuales. Estos derechos, legisladores, son los que constituyen la libertad, la igualdad, la seguridad, todas las garantías del orden social. La verdadera constitución liberal está en los códigos civiles y criminales; y la más terrible tiranía la ejercen los Tribunales por el tremendo instrumento de las leyes. De ordinario el Ejecutivo no es más que el depositario de la cosa pública; pero los Tribunales son los árbitros de las cosas propias, de las cosas de los conciudadanos; y si hay libertad, si hay justicia en la república, son distribuidas por este poder. Poco importa a veces la organización política, con tal que la civil sea perfecta; que las leyes se cumplan religiosamente y se tengan por inexorables como el destino».

Las funciones de los jueces se van a limitar a la aplicación de las leyes vigentes (Artículo 97) y serán separados de sus cargos cuando falten a sus buenos servicios y en los casos señalados en la ley (Artículos 98 y 99).

Habría una Corte Suprema, Partidos Judiciales y Cortes de Distrito Judicial.

Recuérdese cómo fue preocupación inmediata del Libertador establecer, en Bolivia, Tribunales de Justicia y regular sus funciones (Decretos del 15 de diciembre de 1825, 18 de noviembre de 1825 y 21 de diciembre de 1825).

Conviene analizar ahora dos cuestiones: la potestad de la Corte Suprema de Justicia y la forma de acción de los jueces.

1. *La Corte Suprema de Justicia*

Esta Corte iba a ser una versión republicana de la antigua Real Audiencia del sistema judicial español, vista sobre todo a la luz de la Ley dictada por las Cortes de Cádiz el 9 de octubre de 1812.

Es interesante examinar los tres tipos de facultades de la Corte:

1) *Facultades judiciales propiamente dichas*

Ya sea en apelación, con respecto a sentencias de Tribunales inferiores, ya en única instancia en los «juicios nacionales» y en los juicios criminales contra los altos funcionarios.

2) *Facultades de control de funcionamiento de los Tribunales mediante:*

a) El examen del estado y progreso de las causas civiles y criminales.

b) La decisión de los conflictos de competencias de los Tribunales y de éstos con las demás autoridades y

c) El ejercicio de la «alta facultad directiva, económica y correccional sobre los Tribunales y Juzgados de la Nación».

3) *Facultad de interpretación de las leyes*

A pedido de algún Tribunal y de encontrarlo procedente podía solicitar la aclaratoria de una Ley mediante declaración hecha por las Cámaras (Véase Artículo 105).

4) *Facultades especiales*

Consistentes en: a) «Los juicios de residencia» en tercera instancia; b) Los juicios contra funcionarios diplomáticos; c) El examen de las Bulas, Breves y Rescriptos pontificios sobre materias civiles; d) La decisión sobre los procesos de separación de Magistrados inferiores y de Prefectos Departamentales.

5) *La forma de acción del Poder Judicial*

a. *Necesidad de las conciliaciones*

El Libertador manifestó su preocupación por la rapidez en la Administración de la Justicia en su Decreto del 15 de diciembre de 1825. Correlativa fue su decisión de imponer, como requisito previo a toda demanda, que hubiere habido el intento de conciliación mediante Jueces de Paz en cada pueblo; el ministerio de los conciliadores será oír a las partes, instruirlas en sus derechos y procurar un «acomodamiento prudente», salvo en los juicios fiscales y por la propia naturaleza de éstos.

Sabia institución, que trae paz a los ciudadanos, les evita gastos, odios y pérdida de tiempo y energía y que no ha sido imitada en posteriores legislaciones sino en forma poco nítida y sin vigencia efectiva.

b. *Límite de instancias*

Las instancias están limitadas a tres, a las cuales debía añadirse el recurso de nulidad ante la Corte Suprema de Justicia. La Conciliación no era una instancia, ni tampoco el recurso de nulidad. Éste a su vez, tal como lo reguló la Ley española de las Cortes de Cádiz en 1812, era parecido a nuestra actual Casación.

c. *Procesos Penales*

Debían según estos requisitos fundamentales:

i. Información previa del hecho que merezca pena corporal y decisión escrita del Juez.

ii. Declaración sin juramento.

iii. Juicio público y en él, jurados necesarios para la apreciación de los hechos.

d. *Sentencia por el Juez.*

e. No habría tormento ni confesión.

f. No habría ni confiscación de bienes, ni penas crueles, ni de infamia trascendental.

g. La pena de muerte estaría limitada «en cuanto sea posible».

V. *El régimen interior de la República*

El Libertador manifestó, en el Discurso preliminar, que, aunque no había podido entrar a regular cuidadosamente el régimen interior de la República, era su deber recomendar al Congreso los reglamentos concernientes al servicio de los departamentos y provincias. Les hizo presente que «las naciones se componen de ciudades y aldeas y que del bienestar de éstas se forma la felicidad del Estado». «Nunca prestaréis, añade, demasiado vuestra atención al buen régimen de los departamentos es un punto de predilección en la ciencia legislativa y no obstante es harto desdeñado».

La estructura fundamental del régimen interior está referida a un Prefecto en cada Departamento y con el gobierno superior político a su cargo; un Gobernador en cada Provincia; un Corregidor en cada Cantón; y en cada pueblo, cuyos habitantes no bajen de cien almas, un Juez de Paz; si el número excede de mil, habrá además del Juez de Paz, un Alcalde; los cargos de Alcalde y Juez de Paz serían de obligatoria aceptación y de carácter «concejil».

Todos estos funcionarios estarán facultados para mantener el orden y la seguridad públicos, con sujeción al Gobierno Supremo y con prohibición de todo conocimiento judicial, salvo que, por razones de utilidad pública se vieren obligados a aprehender a algún individuo en cuyo caso deberían haberlo puesto a la orden del Juez respectivo dentro de las 48 horas siguientes, so pena de ser objeto de juicio popular.

Recuérdese que estos Corregidores, Alcaldes, Gobernadores y Prefectos deberían ser electos por el pueblo con la intervención del cuerpo electoral.

VI. *Las Fuerzas Armadas*

La Constitución habla de la existencia de una «Fuerza Armada», permanente, integrada por un «ejército de línea» y una «escuadra» y además de «cuerpos de milicias nacionales» compuestas de habitantes de cada una de las provincias; habría además un Resguardo Militar cuya principal potestad sería impedir todos los comercios clandestinos organizados y estaría constituido de acuerdo con un reglamento especial.

VII. *La Responsabilidad en el ejercicio de cargos jurídicos*

Es importante destacar, en el pensamiento del Libertador, sus ideas sobre la escogencia y responsabilidad de los empleados.

En cuanto a la primera materia, la escogencia de los empleados manifiesta que debe ser hecha mediante ternas presentadas al Poder Ejecutivo, tal como fue acordado en el Decreto del 1 de diciembre de 1825 en el cual se establece la provisión de empleos públicos mediante selección por «méritos y aptitudes» y con el sistema de ternas. La situación de los empleados públicos está complementada por las normas referentes a la responsabilidad originada en los abusos que cometieren en el ejercicio de sus funciones. El Libertador explica, en su Exposición de Motivos, que «sin responsabilidad, sin represión el Estado es un caos», y se atreve a insistir en que se dicten leyes «fuertes y terminantes» sobre esta materia: «todos hablan de responsabilidad pero ella se queda en los labios, no hay responsabilidad; legisladores: los magistrados, jueces y empleados abusan de sus facultades porque no se contiene con vigor a los agentes de la administración siendo entre tanto los ciudadanos víctimas de este abuso; recomendaré yo una ley que prescribiera un método de responsabilidad anual para cada empleado».

Recuérdese además que el Libertador mantuvo los «juicios de residencia» llevados incluso hasta la Corte Suprema de Justicia y estableció, con claridad, la responsabilidad del Vicepresidente y de los Ministros o Secretarios por las actuaciones de sus respectivos despachos; solamente quedó excluido de responsabilidad el Presidente de la República en su condición de Jefe del Estado.

Debe llamarse especialmente la atención sobre estas disposiciones del Libertador, cuya importancia y categoría tienen particular trascendencia en la evolución constitucional y jurídica de la Administración Pública de la América Latina; su referencia a que, si no se contiene con rigor a los agentes de la Administración los ciudadanos son víctimas del abuso, constituye una muestra más del deseo del Libertador de proteger al ciudadano contra la actividad ilegal o abusiva del Gobierno que pueda perjudicar el ejercicio de la libertad y de los demás derechos que la propia Constitución le había otorgado.

CUARTA PARTE

LA DISCUSIÓN DEL PROYECTO

I) *Las observaciones de Sucre*

Gracias a las investigaciones de don Pedro Grases podemos utilizar para este trabajo el texto de las observaciones que el Mariscal Antonio José de Sucre hizo al Proyecto Constitucional del Libertador para Bolivia y que fueron escritas de su puño y letra en el folleto correspondiente.

Deben ser examinadas ahora, las características de esas anotaciones.

Puede afirmarse que hay razones para pensar que Sucre, hombre de criterio propio y poco influenciable (incluso por el Libertador y a pesar del afecto y respeto que le tenía), era solidario con el Libertador cuando éste se dedicó a la labor de «creación de la República». Su correspondencia, que no es del caso estudiar aquí, demuestra, claramente, esa solidaridad de Sucre en la obra política que Bolívar estaba tratando de realizar y que Sucre ayudaba a ejecutar.

Sucre estaba en cuenta de las líneas generales del proyecto e incluso de sus detalles, ya que su carta al Libertador cita «el artículo esencial del Presidente vitalicio». Bolívar le envía dos ejemplares, sin duda uno para su conocimiento personal y otro para entregarlo al Congreso. Sobre el ejemplar de su uso personal están las notas de Sucre.

Tales notas no afectan la esencia del Proyecto en su estructura y en su concepción general, pero sí van a ser importantes para el debate parlamentario. Sin que exista documento conocido que pruebe la relación que debió haber habido entre la Comisión de negocios constitucionales y Sucre, el texto de las observaciones de esta Comisión, confrontado con las notas de Sucre, indica que es indudable que la Comisión conoció tales notas e incluso aceptó algunas de ellas.

El texto publicado en este libro del Proyecto original va acompañado de las observaciones de Sucre y las referencias a cuando estas observaciones fueron aceptadas por el Congreso a propuesta de la Comisión Constitucional.

No hace falta, por lo tanto, referirse a cada una de ellas, pero sí conviene llamar la atención sobre las que tienen importancia objetiva:

1. *Fundamentación de la ciudadanía*

Sucre anotó, la Comisión constitucional lo propuso al Congreso y éste aprobó, que a las previsiones del Libertador para la pérdida de la ciudadanía

(Artículo 18) se añadiere un nuevo numeral referente a la admisión de empleos, títulos y emolumentos de otro gobierno, sin conocimiento de la Cámara de Censores.

«La razón no es otra que el deseo de nacionalizar a los bolivianos y contraerlos exclusivamente al servicio de la patria», decía la Comisión.

Sucre hace allí una sabia observación sociológica. Una Patria nueva corría peligro de que muchos de sus nacionales pudieran estar en la situación de servir a otros Estados con perjuicio de los intereses de Bolivia. Era necesario establecer una línea divisoria, muy clara, para distinguir el servicio al país, del propio a un país extraño. En ese momento esa medida era importante.

Por eso fue acertado, de parte de Sucre el anotarlo.

2. *Integración de las Cámaras*

Sucre anotó, y no fue aceptado ni propuesto al Congreso, variar el Proyecto del Libertador en lo relativo a la integración numérica uniforme de las Cámaras, cada uno con treinta miembros, por un sistema distinto, proporcional a la población para la Cámara de los Tribunos y de tres personas para cada Departamento en la de los Senadores y Censores.

Quizá privó en él un criterio de reducir el número de legisladores para no hacer demasiado compleja su elección y funcionamiento, pero el criterio de Sucre parece mucho más amplio que el original y el aprobado.

3. *Elección del Presidente de la República*

Sucre anotó que el Presidente fuera elegido popularmente. Sabía que iba a ser Presidente y quizás tuvo escrúpulos políticos, de que para ejercer una Presidencia que estaría seguramente calificada de vitalicia, no fuere originada por el voto popular. Recuérdense sus observaciones (citadas por Grases) de que el artículo relativo a la Presidencia vitalicia «tenía mil dificultades», es decir, adversarios. Aun siendo aprobado el artículo, él parece haber preferido derivar su carácter de Presidente, de una votación general, que implicaba la ratificación por el pueblo y no de la elección reducida emanada del cuerpo legislativo. Su criterio no prosperó. Probablemente los Constituyentes no quisieron someter el tema a la discusión general del pueblo en una votación de esta naturaleza.

4. *Designación de los Jueces*

Sucre advirtió, y su criterio fue seguido por la Comisión y por el Congreso, que era necesario prever la condición de abogado para el ejercicio de cargos judiciales y establecer extensos años de experiencia profesional según la importancia del cargo que iba a ser ejercido, Juez del Supremo Tribunal de la República, Vocal de las Cortes del Distrito Judicial y Juez de Letras, en base a diez, ocho y seis años.

5. *Otras reformas anotadas*

Sucre insistió sin éxito, en sus notas, en otras reformas el Proyecto, por ejemplo:

a) La mecánica de elección de los Prefectos, Corregidores y Alcaldes.

b) Algunos detalles de la actuación del Presidente.

c) La suspensión de los jueces en sus cargos.

III. *El debate parlamentario*

El debate parlamentario comenzó el 12 de julio de 1826 y termina en la sesión del 6 de noviembre de 1826.

La característica general del debate es la de haber sido realizado con plena libertad de expresión del pensamiento por parte de los Diputados, profusión de opiniones y una serie de argumentos de verdadera importancia para el análisis de los principios propuestos por el Libertador. La Comisión de asuntos constitucionales, que estudió el Proyecto, se permitió informar el 11 de julio de 1826 que se había visto en la necesidad de hacer «algunas pequeñas alteraciones en varios artículos del Proyecto confesando francamente que es mejor el texto original».

Particulares circunstancias del país y consideraciones de pública utilidad la habían determinado a ello y pide al Congreso Constituyente que juzgue del valor y fuerza de las razones que sus individuos han tenido para la redacción que acompañan.

No es posible ni necesario seguir paso a paso los diferentes debates de la Constitución. Nos limitamos a analizar aquellos que tuvieron particular importancia.

I. *El voto de los analfabetos indígenas*

El primero que se plantea es el relativo a la posibilidad de voto en los indígenas cuya mayoría no sabía leer ni escribir.

El argumento básico en favor de dar derecho de voto a los indígenas, aunque éstos no supieran leer y escribir, lo expone en la Sesión del 21 de agosto de 1826 el señor Losa, quien argumenta que «si la soberanía reside en el pueblo y el pueblo lo componen los bolivianos de los cuales, por lo menos las dos terceras partes son indígenas; si la Ley es la expresión de la voluntad general, parece inadmisible que se excluya de la expresión de esa voluntad general a un grupo tan numeroso de personas porque ellos, los indígenas, al no poder expresar su pensamiento mediante el voto no podrían amar a una patria que los desconoce».

Considera, además, el diputado Losa que los indígenas están en capacidad de elegir a sus inmediatos superiores ya que los conocen muy bien. El Ministro de la Gobernación interviene en el debate para manifestar que el Gobierno puede asegurar que, dentro de seis meses, habrá escuelas de habla castellana en toda la República y dentro de otros seis sabrán leer y escribir *todos* los que quieran dedicarse a ello y los que no lo hagan así carecerán de espíritu público y no teniéndolo, es una fortuna que no se mezclen en los actos públicos.

Para otro diputado la base toda de la Constitución estaba en la calidad de los electores y por lo tanto era, para él, evidente que el que no tiene ninguna industria o profesión, lo mismo que el que ignora lo que importan las leyes, no puede tener ningún interés en que se mantenga el orden y la tranquilidad pública.

El diputado Gutiérrez consideró que la disposición discutida iba a servir de estímulo a la instrucción y a fomentar el espíritu público, mil veces más poderoso que la fuerza.

Fue manifestado por varios diputados, repetidas veces, que, si se variaba el Proyecto en uno de sus artículos, tan importante como lo era el de la exigencia de las condiciones del elector basadas en saber leer y escribir, era necesario reformar toda la Constitución ya que, muchas de sus disposiciones fundamentales estaban referidas a esa cualidad del elector.

El debate llegó a rechazar el artículo en su forma original y a proponer la designación de una nueva Comisión Constitucional especial para que estudiare la forma de rehacer la disposición; la solución fue adoptada, en definitiva, en la sesión del día 22 de agosto de 1826, estableciéndose que la exigencia de saber leer y escribir solamente estaría en vigencia a partir del año 1835; que además sólo los ciudadanos en ejercicio podrían ser los que tuvieren empleos y cargos públicos, y por último que para ser elector era preciso saber leer y escribir. En esa forma la Comisión estableció un criterio intermedio entre el proyecto original del Libertador y las opiniones establecidas por las personas que opinaron en contra de las previsiones bolivarianas.

El debate demuestra la preocupación de los contribuyentes para que el voto fuere la expresión de la mayoría de los ciudadanos; la preocupación del Gobierno por organizar un sistema educacional que permitiere, de acuerdo con el pensamiento del Libertador, que la mayoría de las personas estuvieren capacitadas, mediante la posibilidad de leer y escribir, para ejercer el derecho al voto, y por último el buen criterio del Congreso al dejar a un tiempo razonable la exigencia de leer y escribir y exigir esa condición de inmediato para ostentar la condición de elector.

II. *La presidencia vitalicia*

El segundo debate de importancia fue el planteado en torno a la Presidencia vitalicia.

Un primer argumento en contra de la Presidencia vitalicia fue el de su posible o segura impopularidad: se consideraba al Presidente vitalicio como un «monarca de hecho» y se estimaba en consecuencia que, habiéndose combatido duramente al Monarca español, difícilmente iría a admitirse ahora un «monarca republicano». El Diputado Marín reacciona contra los argumentos de Bolívar sobre la situación de Haití: decía «que no se nos cite el ejemplo de Haití, porque nosotros no somos negros esclavos de los franceses y si allí pudo un pelotón poner término a las agitaciones, temo mucho que aquí no habría un brazo suficientemente fuerte para calmarlas; que no se nos recuerde por último el ejemplo de los espartanos, porque con el tiempo, sus virtudes de pobreza y su vida monástica han pasado para siempre».

Los defensores de la Presidencia vitalicia argumentaron en beneficio de ella, las trabas que le están impuestas, la independencia absoluta del Poder Judicial, la necesidad que tendría el Presidente de estar sometido al Legislativo que es el único que tiene la facultad se señalarle las sumas que puede gastar y pensaban que ese artículo iba a ser la felicidad de Bolivia.

Otro fuerte argumento en contra de la Presidencia vitalicia fue expuesto por el señor Losa quien manifestó que, habiendo el Presidente llegado al grado superior al que podía ambicionar, trabajaría incesantemente en ensanchar el poder que poseía y de «vitalicio» pasaría a «hereditario» y el Gobierno, por este hecho, habría degenerado en despótico.

En defensa de la Presidencia vitalicia, el diputado Lañeta manifestó que era necesario examinarla en el conjunto de toda la Constitución y no en cada una de las disposiciones de la misma.

En resumen, los argumentos en contra fueron la opinión pública, el progreso de las luces, la posibilidad de que el Presidente vitalicio se hiciera usurpador, la privación de que iban a sufrir los ciudadanos.

El debate tiene la característica de haber estado salpicado de alusiones históricas, de comparaciones sociológicas, de argumentaciones jurídicas; todo demuestra la cultura y formación política y jurídica de los diputados.

En definitiva, el Proyecto fue aprobado en su forma original, es decir, quedó establecida la Presidencia vitalicia.

III. *Otros temas de debate*

Preocupó a los Constituyentes las relaciones entre el Presidente y el Vicepresidente pensándose que, la potestad del primero para separar del cargo al segundo hacía imposible que éste pudiere dedicarse a conspirar contra la autoridad de su superior y en consecuencia ocasionar perjuicio a la marcha del Estado.

Aparece muy cuidadosa la discusión sobre las facultades del Presidente de la República que, en definitiva, fueron aprobadas prácticamente en la forma propuesta por el Libertador.

Tema también de gravedad en las discusiones fue el «fuero eclesiástico».

En general, es posible deducir de la lectura de los debates parlamentarios que la discusión fue minuciosa, cuidadosa, ilustrada y orientada en un todo por el deseo de poder mejorar el texto que había presentado el Libertador. La libertad de opinión de los señores diputados no se vio menoscabada en lo más mínimo por el hecho de que el autor de la Constitución hubiere sido el Libertador, cuya autoridad moral y política sobre el país era evidente. También pone de manifiesto en los debates que en ellos no aparece, en ninguna parte, que el Mariscal Sucre hubiera tratado de intervenir, de influir o de modificar el libre criterio de los miembros del Congreso.

No ha parecido de interés en este trabajo hacer un estudio detenido sobre las modificaciones introducidas al Proyecto de Constitución por la Comisión Constitucional y por el Congreso Constituyente boliviano de 1826, ya que este estudio incide sólo sobre el Proyecto en sí y no sobre el texto final aprobado por el Congreso.

Sí merece la pena enunciar que, entre esas reformas, quizás la más importante fue aceptar la religión católica como religión oficial (Artículo 6), a pesar de que el Libertador se opuso fuertemente en la exposición preliminar, a la adopción de toda norma sobre esta materia.

CONCLUSIONES

Después de haber estudiado el proyecto, las observaciones de Sucre y los debates constitucionales sobre el mismo, es posible formular a modo de conclusiones algunas consideraciones finales.

1. *Carácter general del proyecto:* El Proyecto de Constitución es un «canto a la libertad» del ciudadano. La preocupación del Libertador, por todas partes, en todas las disposiciones, en el esquema general de su obra, es declarar, proteger y hacer posible la libertad de los ciudadanos, tanto la libertad civil como la política.

2. *Sentido político del proyecto:* El Libertador, dentro de esa concepción general señalada, cuida de:

a) Advertir a los ciudadanos mismos sobre el valor de la libertad y la necesidad que tienen ellos de cuidarla y defenderla.

b) Advertir al Gobierno de su deber permanente de protegerla, no solamente no atropellándola sino también mediante la extensión de la educación y la cultura como normas preventivas de su defensa.

c) Advertir al Legislador la necesidad de dictar medidas oportunas, precisas y claras para no hacer nugatoria la libertad de los ciudadanos.

3. *Sentido social del proyecto:* Las advertencias de Bolívar sobre la libertad merecen ser medidas en vista al desarrollo de la vida americana: no se han seguido sus indicaciones ni por los ciudadanos, ni por muchas de las Instituciones de Gobierno de los países americanos, ni por los legisladores: la libertad continúa siendo motivo fundamental de preocupación política y social en América, en donde cada día se proclama la necesidad de la defensa permanente de la primera de sus consecuencias, los derechos humanos. Otra hubiera sido la situación de haberse aceptado las recomendaciones de Bolívar.

4. *Sentido ético del proyecto:* El Proyecto del Libertador está lleno de sentido ético que se desprende tanto del Discurso preliminar como del texto de sus disposiciones:

a) *Honestidad y experiencia para el manejo y ejercicio del Poder Público:* Por todo el conjunto del Proyecto se observa la inspiración permanente del Libertador en el principio enunciado en su discurso: *Saber y honradez y no dinero es lo que se requiere para el ejercicio del Poder Público*. Entiéndase bien el pensamiento de Bolívar: quien va a ejercer el Poder Público debe ser honrado y sabio; no hace falta que tenga fortuna. Honrado, en el cabal adecuado manejo de los fondos que la comunidad pone a su disposición. Sabio en cuanto tenga la preparación suficiente para las funciones que le hayan sido encomendadas.

b) *Responsabilidad por el ejercicio público:* El ejercicio del poder acarrea responsabilidad para los funcionarios, que no pueden «hacer víctimas de sus abusos a los ciudadanos» (palabras textuales de Bolívar). Fue siempre partidario de mantener los «juicios de residencia» previsto por las Leyes españolas para establecer la responsabilidad de los empleados una vez que terminasen en sus funciones, pero quiso ir más lejos: «Recomendara yo una Ley que prescribiera un método de responsabilidad anual para cada empleado».

Cuando el Libertador habla de «empleado» se está refiriendo a todo aquél que ejerza funciones públicas en cualquier nivel jerárquico y clase de poder.

Del contexto del discurso se desprende que esta responsabilidad podía originarse por atentar contra la libertad y derechos de los ciudadanos, por violar la Constitución y las leyes, por indebido uso de los dineros públicos o por inadecuado ejercicio de las funciones administrativas: «Me atrevo a insistir con encarecimiento a los Legisladores para que dicten leyes fuertes y terminantes sobre esta importante materia».

c) *Independencia absoluta del Poder Judicial:* Son éstas también palabras suyas y no interpretación. Si en el Poder Judicial reside el cuidado de la libertad, ese poder debe ser independiente de todo otro para que pueda cumplir las leyes «rigurosamente» y aplicarlas «inexorablemente».

Esa dependencia estaba basada en su «origen», es decir, la forma de designación; en su «funcionamiento» y en la exigencia de prestar un «buen servicio» como condición para continuar en ejercicio del cargo, bajo la «alta facultad directiva, económica y correccional» de la Corte Suprema de Justicia.

d) *Adecuada competencia personal:* Los altos Magistrados de la República: el Presidente y el Vicepresidente de la República deben «tener talentos conocidos en la administración del Estado».

e) *Intachable conducta en los altos Magistrados:* Los Tribunos, Senadores, Censores, Presidente de la República y el Vicepresidente y los Secretarios de Estado no deben haber sido condenados jamás por causa criminal, exigencia que es aún más fuerte para el Presidente y el Vicepresidente: «ni aun por faltas leves». Los Jueces deben de «haber ejercido, con crédito, su profesión de abogados».

El Proyecto de Constitución de Bolivia significa, por tanto, el más extraordinario conjunto de enseñanzas y previsiones del Libertador para el gobierno de los pueblos americanos, con un respeto profundo por la libertad, severo origen democrático de los gobernantes, honestidad y eficiencia en el manejo del Gobierno, responsabilidad de los gobernantes y fuertes controles y contrapesos para evitar la tiranía.

Los aspectos adjetivos del Proyecto sobre la oportunidad y conveniencia de las formas de elección de determinados Magistrados, o de la duración de sus funciones, no alteran el sentido general del mismo.

IV. LA CRISIS CONSTITUCIONAL DE LA GRAN COLOMBIA ENTRE 1828 Y 1830

I. INTRODUCCIÓN

La etapa que va desde la convocatoria de la Convención de Ocaña (agosto de 1827) hasta la instalación del Congreso Admirable (enero de 1830) permite conocer gran parte de la esencia misma de las ideas del Libertador acerca de la constitución y estructura del Estado.

En 1813, 1819 y 1826, Bolívar hizo frente a un reto, el de la creación de un nuevo sistema jurídico y político y pudo, en tales oportunidades, proponer un conjunto de ideas, muchas propias, otras tomadas del ambiente intelectual de la época, sin faltar todas aquéllas que fueron producto de lo que él consideró más prudente en las circunstancias que estaba viviendo.

El fracaso de la Convención de Ocaña le planteó una situación totalmente diferente: la crisis absoluta de la estructura social, política, económica y jurídica del Estado. Bolívar la enfrenta con las soluciones que estimó convenientes y oportunas y que, para él, eran el resultado de sus meditaciones, no sobre lo que se podría hacer en un Estado ideal o por formarse, sino lo que tenía que ser hecho ante la realidad que lo rodeaba.

Los tres documentos que produce en ese sentido se complementan: el Manifiesto a la Convención de Ocaña, que es el diagnóstico de lo que estaba pasando; el Decreto mediante el cual se encarga del Poder Supremo, sin duda el freno temporal a la crisis y el mensaje al Congreso Admirable de 1830, como resumen analítico de lo pasado y la síntesis de sus recomendaciones políticas y jurídicas para el futuro.

Por esa razón es indispensable examinar las tres piezas bolivarianas conjuntamente para comprender el esquema de ideas que ellas contienen.

II. INDICACIONES HISTÓRICAS

Es útil para comprender el problema hacer un brevísimo recuento histórico de lo sucedido durante esos años: El país, la Gran Colombia, estaba atravesando serias dificultades de orden económico causadas por la reducción de las actividades agropecuarias y comerciales; además una grave situación política por las continuas insurrecciones, actos de rebeldía, desórdenes, etc., y un serio desquiciamiento de la eficacia del Estado en su actividad legislativa, la efectividad del gobierno y la pronta y justa administración de la justicia.

La ausencia del Libertador, dedicado a consolidar la Independencia política en el Perú y en Bolivia, había sido un factor muy influyente para la causa y el fomento del tal estado negativo de caos. Muchas personas, deshonestas, de poca preparación o malvadas, habían logrado influir decisivamente en las decisiones públicas.

La crisis no se hizo esperar: a pesar de haber el Congreso convocado a una Convención Constituyente para que dictare una nueva Constitución, la Convención, llamada de Ocaña por el sitio donde debió reunirse, fracasó al no poder sus miembros llegar a un acuerdo y quedó disuelta.

Ocurre entonces un vacío de poder que causa un clamor popular generalizado que pide a Bolívar asumir el Poder Supremo de la República.

El Libertador, después de una cuidadosa meditación, así lo resuelve en su Decreto del 27 de agosto de 1828.

Trata enseguida de poner en orden al Estado a pesar de que llega a correr peligro en su vida misma.

Ejerce el poder supremo en forma ponderada y con la conciencia de que era una situación provisional; cuando estimó que las circunstancias lo aconsejaban, convocó a elecciones que culminan en los primeros días de enero de 1830 con la reunión del llamado Congreso Admirable.

Instalado ese Congreso, Bolívar le dirige un cuidadoso Mensaje en el cual hace un resumen de lo que ha pasado y propone las recomendaciones que creyó oportunas para crear de nuevo la República; pero ésta, como dijo Miranda de la Venezuela de 1812, «estaba herida en el corazón».

III. EL MANIFIESTO A LA CONVENCIÓN DE OCAÑA

PRIMERO: La Convocatoria de la Convención

La Constitución de 1821 previó, en su artículo 191, que después de 10 o más años de su vigencia, el Congreso debía convocar «una gran Convención» que estaría autorizada para reformarla total o parcialmente con vista a los inconvenientes o ventajas puestos de manifiesto durante ese lapso. Ese lapso terminaba en 1831 pero el Congreso en 1827 consideró que podrían haberse obtenido ya las «lecciones de aquella experiencia», puesto que:

1) Están divididas las opiniones acerca de la conveniencia de las actuales instituciones.
2) Se han manifestado en el país grandes agitaciones con síntomas de disociación y perturbación del orden público y del imperio de las leyes.
3) Ha sufrido mengua la acción del Gobierno para restablecer y consolidar el orden.
4) La marcha de la Constitución y de la Administración Pública padecen de retardo y aun de detención.

Y en vista de todas esas gravísimas circunstancias apreció que era de presumir que la intención del constituyente estaba atendida y en consecuencia ordenó convocar a una gran Convención, que debería reunirse el 2 de marzo de 1828, para examinar la Constitución y decidir si era o no necesario reformarla.

SEGUNDO: Reunión de la Convención de Ocaña

El 2 de marzo de 1828 se congregó en Ocaña un número suficiente de Diputados que se constituyó en comisión.

A pesar de los esfuerzos hechos durante los días siguientes, la Convención no logró funcionar con regularidad. Se instaló oficialmente el 9 de abril y acordó que era urgente modificar la Constitución; a tal efecto inició la consideración de un proyecto de reforma presentado por algunos Diputados.

Poco a poco la Convención se debilitó por la retirada progresiva de muchos de sus miembros hasta el extremo de no haberlos suficiente para formar el quórum; el 11 de junio de 1828, la Convención queda disuelta sin haber cumplido su objetivo.

TERCERO: El Mensaje del Libertador

El Libertador preparó un Mensaje a la Convención, fechado 29 de febrero de 1828 y publicado en la «Gaceta de Colombia» el 1° de mayo del mismo año y en el cual expresa sus ideas sobre la situación de la República.

Tiene ese Mensaje 29 párrafos, redactados con un lenguaje directo y categórico. Su texto permite pensar que fue cuidadosamente meditado por su autor y permite advertir dos intenciones perfectamente definidas: una, señalar «sin exageración ni misterios» el estado de la República; otra, mostrar las líneas generales de lo que podría hacerse para solucionar la crisis.

Se nota en el Mensaje que el Libertador, si bien se extiende en explicaciones relativas a las causas de la crisis, no procede así en la formulación de las soluciones respecto a las cuales solamente enuncia ideas generales.

Evidentemente ése era su deber: como Jefe de Estado debía explicar suficientemente el problema que motivaba la convocatoria de la Convención, pero, también como Jefe de Estado, se sintió obligado a respetar la autonomía de los Diputados dejando que fueren ellos y no él quienes iban a decidir sobre las soluciones más acertadas para el estado del país.

CUARTO: Carácter general y esquema del Mensaje

El Mensaje del Libertador es particularmente fuerte. Llama a la situación que describe un *«caos»*; manifiesta que presentará al Congreso con *dolor* el cuadro de las *aflicciones* de la República. Y advierte que los *«colores»* que usa («color» en su sentido de carácter o cualidad de una cosa o situación) no «los ha encendido la imaginación» ni tampoco «han salido de la tenebrosa mansión de los misterios».

El texto del Mensaje abunda en calificativos o expresiones que corroboran lo dicho: «deudas *vergonzosas*», «peligro *horroroso*», «*funesto* bosquejo», «*siniestras* interpretaciones», «*engañosa* vía», «*abultado* código», «brazo *débil*», «letargo *funesto*», «torrente *devastador*», «*miserables* pueblos», «*lastimosos* reclamos», «*gavelas odiosas*», «*enojosos* cargos», etc.

QUINTO: Razón de ser del Mensaje

El Libertador es muy preciso al advertir la razón de ser del Mensaje que presenta a la Convención.

Uno: se trata fundamentalmente de un DEBER que cumple, como Magistrado que está obligado a exponer a los representantes del pueblo cuál es la situación de la República.

El cumplimiento de ese deber lleva consigo dos consecuencias perfectamente definidas:

a) El reconocimiento por el Libertador de la condición de los Diputados reunidos en Convención como «representantes de la legitimidad de Colombia y por tanto titulares de las atribuciones soberanas» (el ejercicio de la soberanía nacional) y del derecho o facultad de adoptar las decisiones que requiera el «beneficio de la causa popular».

b) La entrega a la Convención por el Libertador de los poderes o autoridad que habían sido depositados en sus manos.

Dos: La República se encontraba ante un peligro tan grave que justificaba «intentar la alteración de las leyes fundamentales». Ese peligro, advierte Bolívar, «se habría hecho superior a la pasión que profesábamos a instituciones propias y legítimas».

¿Por qué esas advertencias? El Libertador, como bien lo dice, era apasionado de las «instituciones propias y legítimas» se encontraba ante el hecho cierto de no haberse previsto una reforma constitucional hasta 1831, o sea para tres años después. Tratar hacerlo antes, es decir, «intentar la alteración de las leyes fundamentales» era algo de tal dimensión política que sólo podía justificar un caso tan extremo como el estado de crisis que expone el mensaje. De allí la severidad de sus advertencias y el tono general del documento.

SEXTO: Los aspectos de la crisis

A. La crisis Ética

El Libertador, en su resumen, identifica la existencia en la República de una situación de decadencia cuyo origen es estrictamente ético:

1) Colombia no supo darse visa y se halla exánime.

2) El país, que durante la lucha se contentó con su pobreza y apenas debía tres millones de pesos al extranjero, ha tenido para mantener la paz que contraer deudas vergonzosas por sus consecuencias.

3) Colombia, durante la guerra de Independencia, «respiraba pundonor y virtud» y ahora padece como insensible al descrédito nacional.

4) Durante la Independencia pensaba el país en sacrificios dolorosos y servicios eminentes, ahora sólo se ocupa de «sus derechos y no de sus deberes».

Ese estado de cosas quedó agravado por dos circunstancias políticas y sociales: la primera, haber sostenido aspiraciones superiores «a las que la historia de todas las edades considera incompatibles con la naturaleza humana»; la segunda, haber equivocado los medios de acción, tanto por insistir en la equivocada línea señalada como por negarse a oír los consejos de quienes advertían las diferencias entre la Constitución y «nuestras costumbres, educación e inexperiencia».

B. La crisis institucional

En opinión de Bolívar, el país se encontraba ante una falla estructural en sus instituciones políticas que las hacía ineficaces y perjudiciales:

1) No se había acertado en la aplicación del principio general de la «distribución de los poderes», en la manera como «lo requiere la forma social y el bien de los ciudadanos».

¿Por qué? Se observaba en la República el predominio de un «Legislativo» inoperante, la debilidad de un «Ejecutivo» y la deficiencia del «Judicial».

¿Por qué?

La acción del Poder Legislativo debía concretarse principalmente en legislar. Esa tarea, especialmente delicada, debe suponer una activa colaboración entre el Gobierno y el Parlamento. Sin embargo:

a) No podía el Gobierno presentar proyectos de leyes: el Parlamento sólo podía conocer sus propios proyectos y ese cuerpo, dice Bolívar, «por su naturaleza está lejos de conocer la realidad del Gobierno y es puramente técnico».

b) No podían los Secretarios de Estado tener libre entrada en las Cámaras para explicar o dar cuenta de los motivos del Gobierno para objetar algún proyecto.

c) El procedimiento de «objetar» las leyes era ineficaz por la facilidad que disponía el Congreso para insistir en su idea original sin necesidad de lapsos amplios ni mayorías especiales.

Como resultado de esa incapacidad del Congreso para legislar y la nula o difícil intervención del Ejecutivo en el proceso de formación de las leyes, éstas parecían hechas «al acaso». Bolívar las critica diciendo de ellas que «carecen de conjunto, de método, de clasificación y de idioma legal. Son opuestas entre sí, confusas, a veces innecesarias y aun contrarias a sus fines».

A esa situación se unía la muy y no menos grave de haberse ampliado en tal forma la base de representación para ser electo al Congreso, que la «augusta función de legislar» se ha degradado y ha llegado a parecer, en algunas provincias, «indiferente y hasta poco honroso representar al pueblo».

Como resultado necesario se ha producido el serio fenómeno de haber caído en descrédito las leyes y se pregunta Bolívar: «Leyes despreciadas, ¿qué felicidad producirán?».

Bolívar, que había sido tan crítico del sistema legislativo español aplicado a la América llega a decir ahora: «La ley, pues, hecha al intento, ha resultado mucho menos adecuada que las antiguas, amparando indirectamente los vicios que se procuraban evitar».

La situación del Ejecutivo era precaria: «no es ni el igual del Legislativo ni el Jefe del Judicial» y «el Congreso se ingiere en sus funciones en lo administrativo, eclesiástico, militar y judicial».

Tal grave posición para un Gobierno quedaba comprometida por otras modalidades no menos difíciles de entender:

a) La no asignación de responsabilidad a los Secretarios de Estado.

b) La indefinición de las leyes sobre «policía», es decir, sobre los cometidos de la Administración Pública en sus relaciones con los ciudadanos y que habían llegado a la situación ya no de «confusión» sino de «misterio».

c) La acumulación de todos los ramos administrativos en los Intendentes, Jefes naturales de cada departamento, pero encargados a la vez de la administración de las rentas, del orden civil, y de la seguridad interior, funciones que de por sí requieren varios sujetos que las ejerzan y que, al estar reunidas en uno solo, aumentaban la impotencia del Gobierno imposibilitado de servir al pueblo de modo satisfactorio.

d) No ha habido con qué pagar más de la mitad del sueldo de los militares y de los otros empleados distintos de los de hacienda.

El Libertador termina ese párrafo con estas palabras: «el rubor me detiene y no me atrevo a deciros que las rentas nacionales han quebrado y que la república se halla perseguida por un formidable concurso de acreedores».

C. La crisis económica

Ligada la actividad económica a la paz política y no habiendo habido ésta, la crisis de aquélla era inevitable:

a) Las labores agrícolas (agropecuarias) no se han podido ni recuperar ni siquiera volver al «deplorable estado en que se hallaba».

b) Al arruinarse la agricultura se ha cooperado a la de otras actividades económicas.

c) No habiendo trabajo en el campo se ha fomentado el pillaje y la vagancia.

d) El comercio exterior ha quedado reducido al mínimum: «apenas basta para proveernos de lo indispensable».

e) Los fraudes, favorecidos por las leyes y los jueces, y las quiebras, han alejado la confianza de la actividad mercantil, que únicamente estriba en «el crédito y en la buena fe».

D. La crisis fiscal

El panorama fiscal no era menos desolador que el de los otros aspectos de la vida social. Cada uno de los distintos temas propios de la labor fiscal estaba perjudicado:

a) La legislación fiscal había consistido en «una serie de ensayos y de ellos el último nos ha dejado más desengaños que los anteriores».

b) La percepción de las rentas se vio entrabada por la falta de vigor de la Administración, el general conato para eludir el pago, la infidelidad y el descuido por parte de los recaudadores.

c) El erario público, disminuidas las rentas, se vio constreñido por la creación de cargos innecesarios.

d) Las acciones judiciales de cobro o de persecución de los recaudadores delincuentes ha terminado con la absolución de unos y otros.

e) No se han organizado por el Congreso las «comisarías» que manejan los ramos distintos de las rentas.

f) El Congreso no ha hecho nunca un examen de la inversión de los fondos públicos.

g) Ha sido necesario recurrir al crédito externo y no se ha podido pagar ni intereses ni capital de esa deuda.

E. La crisis judicial

El Poder Judicial, que siempre como garante de la libertad de los ciudadanos, había sido motivo de preocupación para el Libertador, estaba también en plena confusión y delicada situación.

a) El Ejecutivo, facultado para velar de continuo por la pronta y cumplida administración de la justicia, carecía de medios para determinar cuándo debía ser «oportuna» su intervención y «hasta qué punto debía extenderse».

b) Se coartó al Ejecutivo su potestad de escoger a personas aptas para el ejercicio de funciones judiciales.

c) Se atribuyeron a los Tribunales Civiles las competencias para conocer de juicios militares.

d) La Ley de Procedimientos ha complicado las litis.

e) Se han multiplicado los Tribunales de Cantón que «enredan y sacrifican a los pueblos en provecho de los jueces».

f) Las «Cortes Superiores», integradas por legos en derecho, han decidido sobre la buena o mala aplicación de las leyes.

g) Ha habido «lastimosos reclamos» que no podían ser atendidos, contra el artificio o prevaricación de los Jueces.

h) La Hacienda Pública ha sido víctima de ignorancia y malicia de los Tribunales.

¡Era imposible pintar un cuadro más patético!

F. La crisis municipal

Las Municipalidades, encargadas del abasto, ornato y salubridad de sus poblaciones, lejos de promover han «exasperado» sus funciones.

El problema municipal se complicaba por la inversión total del papel de esos cuerpos, que en algunos casos llegaron hasta «atribuirse la soberanía que pertenece a la Nación o incitar a la sedición».

Estas Municipalidades, opina Bolívar, han llegado a ser:

a) Odiosas, por los tributos que imponían.

b) Molestas para los electos que las componen.

c) Perjudiciales, porque imponen a los ciudadanos desempeñar una judicatura anual, que, al comprometer los bienes y la responsabilidad y honor de los designados, provocan destierros voluntarios para impedir ser escogidos en semejantes designaciones.

Y concluye: «Si he de decir lo que todos piensan, no habría decreto más popular que el que eliminase las municipalidades».

G. La crisis militar

El panorama que el Libertador describe señala problemas morales, disciplinarios, legales, organizativos y sociales relacionados con el Ejército.

a) Por de pronto ante las nuevas leyes las virtudes militares de obediencia y disciplina se «eclipsaron» en cierto modo.

b) La sujeción de los temas militares a la autoridad de los Tribunales Civiles favoreció la insubordinación.

c) Al permitirse a militares en servicio contraer matrimonio se alteró el sistema o mecanismo para lograr reemplazos en las fuerzas.

d) Los jefes militares han sido vilipendiados en papeles públicos.

e) La aplicación de principios civiles a la vida militar ha difundido la anarquía y relajado la disciplina.

f) Las discusiones entre civiles y militares, llevadas al extremo han llegado a plantear que los militares no son los libertadores sino los verdugos de la Patria.

Y Bolívar se pregunta: «¿era ésta la recompensa para los héroes?».

H. Amenaza de crisis diplomática

El Libertador plantea por último la grave preocupación que le causaba la relación de Colombia con los países amigos.

El prestigio de Colombia ante esos países se había formado por la exaltación de las glorias militares y la prudencia de los ciudadanos que habían inspirado confianza en nuestra organización.

Advierte Bolívar: «El progreso de las relaciones exteriores ha dependido siempre de la sabiduría del gobierno y de la concordia del pueblo».

Para Bolívar, ninguna nación se hizo estimable sino por la práctica de esas virtudes y se hizo respetar por la «unión que la fortifica». Pero estando gravemente amenazadas tales virtudes podría producirse que las naciones amigas se arrepientan de habernos reconocido.

SÉPTIMO: Ideas Generales sobre posibles correctivos

El análisis anterior demuestra la razón que tenía Bolívar en llamar «caos» al estado de Colombia en los momentos de reunirse la Convención. Pero habiendo depositado en ella la autoridad que tenía no se atreve a formular ninguna recomendación concreta sino formula planteamientos generales:

1) «Un gobierno firma, poderoso y justo es el grito de la Patria».

2) «Legisladores: muertos y vivos os piden garantías».

3) «Legisladores: dadnos un gobierno en que la Ley sea obedecida, el magistrado respetado y el pueblo libre».

4) «Legisladores: considerad que la corrupción de los pueblos nace de la impunidad de los delitos y la indulgencia de los Tribunales».

5) «Legisladores: Mirad que sin fuerza no hay virtud y sin virtud, perece la República. Mirad en fin que la anarquía destruye la libertad y que la unidad conserva el orden».

Y al igual que en Angostura, concluye: para el pueblo, para el ejército, para el Juez y para el Magistrado LEYES INEXORABLES.

IV. EL EJERCICIO PERSONAL DEL PODER SUPREMO POR EL LIBERTADOR

PRIMERO: Consideraciones preliminares

Todo el proceso político que hemos antes analizado tenía que llevar a uno de dos caminos: el mantenimiento del caos en la República o la presencia en la cabeza del Estado de una persona que asumiera la responsabilidad de restablecer el orden y el prestigio de las instituciones. El Libertador decidió tomar para sí esa responsabilidad y en tal sentido dicta el Decreto del 27 de agosto de 1828 mediante el cual asume el Poder Supremo.

SEGUNDO: Razones Justificativas del Decreto

Los ocho «considerandos» del Decreto manifiestan las razones a que justifican la decisión: son ellas de carácter político, jurídico y personal y están íntimamente relacionadas entre sí.

Pueden resumirse en tres aspectos del mismo problema:

A) Existe en la República una convicción general acerca de la necesidad de reformar sus instituciones políticas. La urgencia de atender esa necesidad motiva la convocatoria de una Asamblea o Convención constituyente; reunida ésta admite la necesidad de la reforma, pero no l lleva a cabo sino la disuelve.

B) Ante tal situación, un clamor unánime de todas las Provincias pide al Libertador que haga un supremo esfuerzo para evitar al país la anarquía y asegurar su conservación y prosperidad. Este «clamor unánime» está manifestado en expresiones de las distintas Provincias del país, que coinciden en los planteamientos señalados. Pueden verse en el Tomo 26 de las «Memorias» de O'Leary y el Tomo XII de los «Documentos» de Blanco y Azpúrua.

C) El Libertador, después de una «detenida y madura deliberación» resuelve asumir y ejercer el Poder Supremo de la República.

TERCERO: Características del Decreto

El Decreto de 26 artículos tiene dos características fundamentales:

A) La de ser «Ley Constitucional del Estado», para ser promulgada y obedecida como tal. En consecuencia, da una nueva forma a la estructura política y al manejo del Gobierno.

B) La de ser de vigencia limitada hasta el momento de ser adoptada una nueva Constitución por la representación nacional que debería reunirse el 2 de enero de 1830. Tendría por tanto una validez de algo más de dieciséis meses.

CUARTO: La nueva forma provisional del Estado

El Estado quedó organizado en torno a la figura del Jefe Supremo, éste con la denominación de «Libertador-Presidente». El Jefe Supremo comunicaría sus órdenes por intermedio de «órganos precisos» denominados «Ministros» y estaría asesorado y asistido por un «Consejo de Estado».

El territorio nacional fue dividido en «Prefecturas», de estructura y jurisdicción diferente a la de las «Provincias».

La Justicia fue atribuida para ser administrada a una «Alta Corte», Cortes de apelación y tribunales especiales, todo un nuevo sistema que sería dictado por el Jefe Supremo con la consulta del Consejo de Estado.

El sistema básico de garantías a los ciudadanos fue mantenido vigente.

QUINTO: Características del Decreto

Al quedar asumido de «Poder Supremo» por el Libertador la figura jurídica y constitucional del «Jefe Supremo» no es propiamente la suma de las del «Presidente de la República» y del «Congreso» sino tiene modalidades propias.

El Decreto, al fijar expresamente en el Artículo 1° que corresponde al «Jefe Supremo» usa, en cierto modo una redacción parecida a la de algunos artículos de la Constitución: el numeral 1° corresponde al Artículo 113; el numeral 2, al Artículo 117; el numeral 3, al Artículo 120; el numeral 4, al Artículo 123; pero con la variante de texto que supone la no existencia del Congreso y una especie de reducción literaria de los textos.

Pero fundamentalmente, el Jefe Supremo, aparte de sus funciones como Presidente, tiene asignadas dos facultades fundamentales:

A) La facultad legislativa, no limitada por materias sino condicionada únicamente por la necesidad: «los decretos y reglamentos necesarios de cualquier naturaleza que sean» y extendida hasta la alteración, reforma o derogación de las leyes establecidas.

B) Una potestad extensa, denominada «el poder natural» y referente a la «administración general de la República en todos sus ramos».

Esta amplia competencia del Jefe Supremo sólo requería para su ejercicio el previo dictamen, no vinculante, del Consejo de Gobierno, en determinadas materias, como lo eran la declaración de guerra, la celebración de tratados, la aprobación de sentencias militares, las conmutaciones de penas y la concesión de amnistías e indultos.

SEXTO: Los organismos auxiliares del Jefe Supremo

Bolívar crea dos organismos para que lo auxilien en el ejercicio del Poder Supremo: el Consejo de Ministros (Artículo 3) y el Consejo de Estado (Artículo 8).

A) El Consejo de Ministros

La Constitución de 1821 no preveía la existencia del «Consejo de Ministros». Sin embargo, el Decreto del Congreso, fechado el 5 de abril de 1825, que determinó las competencias de cada una de las Secretarías de Estado, dispuso que «los Secretarios se reunirán frecuentemente para dar cuenta de los negocios graves que ocurran» y «para conferenciar sobre la situación general de la República». Esta reunión no tendría que ser en presencia del Presidente de la República y no debería alterar la existencia y funcionamiento del Consejo de Gobierno.

Bolívar cambia totalmente la materia:

a) Sustituye la denominación de «Secretarios de Estado» por la de «Ministros Secretarios».

b) Crea el organismo llamado «Consejo de Ministros» formado por todos ellos y un «Presidente», el cual debía suplir al Presidente del Estado en caso de enfermedad, ausencia o muerte, debiendo en este último caso convocar de inmediato a la representación nacional.

c) Establece el principio de la responsabilidad personal de los Secretarios de Estado, cuando falten al «exacto cumplimiento de sus deberes».

Recuérdese que en el Manifiesto la Convención de Ocaña se quejaba el Libertador de la ausencia de semejante norma en el régimen jurídico vigente.

B) El Consejo de Estado

En la Constitución de 1821 estaba previsto (Artículos 133 a 135) un Consejo de Gobierno, formado por el Presidente de la República, el Vicepresidente, los Secretarios de Estado y un Ministro de la Alta Corte de Justicia. Este cuerpo tenía carácter de cuerpo meramente consultivo, cuyo dictamen era necesario de oír, pero no de ser seguido por el Presidente.

El Libertador crea un nuevo mecanismo:

a) El cuerpo será llamado «Consejo de Estado».

b) Sus funciones son de tres tipos:

1. Preparación de proyectos de todos los Decretos que serían dictados por el Presidente del Estado. Podría ser a su propia iniciativa, a propuesta de un Ministro o en ejecución de una orden.

2. Emisión de dictámenes necesarios en ciertas materias (véase sección quinta, párrafo último de esta parte IV) o especialmente solicitados por el Presidente.

3. Asesoría al Gobierno sobre la escogencia de candidatos para determinadas e importantes funciones públicas.

SÉPTIMO: La organización territorial de la República

La Constitución de 1821 dividió la República en departamentos, provincias, cantones y parroquias (Artículo 8).

Bolívar suprime los departamentos, crea un nuevo sistema de división en «Prefecturas» a cargo de un Prefecto, con las mismas funciones que antes correspondían a los Intendentes.

El derecho del Gobierno a dar nueva delimitación a las Prefecturas se pensó que facilitaría su mejor administración.

OCTAVO: La Administración de la Justicia

El Decreto remite la administración de la Justicia a una «alta Corte, a Cortes de apelación, tribunales de primera instancia y jueces especializados». Pero lo más importante es el encargo que hace el Artículo 16 al Consejo de Estado para que tome como una de «sus primeras atenciones» preparar decretos orgánicos de Tribunales y juzgados el establecimiento de los Jueces de hecho y el Ministerio Público.

NOVENO: Las garantías ciudadanas

El sistema de derechos y deberes está mantenido en sus líneas generales, pero bajo la modalidad peculiar propia del régimen provisional:

a) Está reconocida la igualdad ante la Ley, la libertad individual, la libre expresión del pensamiento, la propiedad y el derecho de petición.

b) La libertad está sujeta a las medidas de seguridad pública, la expresión del pensamiento a las disposiciones para la represión de abusos y la propiedad al uso forzoso por necesidades públicas manifiestas y urgentes.

c) Se establecen los deberes de: vivir sometidos al Gobierno y cumplir las leyes; respetar y obedecer a las autoridades, contribuir a los gastos públicos según la fortuna de cada quien, servir a la Patria y estar pronto a defenderla. Nótese en las ideas expuestas y hasta en la redacción del texto que el Libertador usó evidentemente su Proyecto de Constitución de 1819 lo referente a los derechos del ciudadano.

DÉCIMO: La ejecución del Decreto

El Decreto aparece como la expresión por el Libertador de soluciones de emergencia a los problemas planteados en su Mensaje a la Convención de Ocaña. Tal tesis está puesta en relieve en los Decretos de ejecución que posteriormente son dictados. Conviene citar algunos de ellos:

a) La Justicia militar

Ante la gravedad de los problemas expuestos sobre administración de justicia militar, el Decreto del 30 de agosto de 1828 suprime toda la legislación sobre la materia y deja en vigor sólo la Ordenanza española de 1768 mandada a aplicar por la Ley del 13 de mayo de 1825 con sólo ligeras adaptaciones que establece el propio Decreto.

b) La Justicia civil

Atendiendo al clamor del cual se había hecho eco, al extremo de haber dispuesto en el Decreto de agosto de 1828 que sería una de las primeras atenciones del Estado ocuparse de la administración de la justicia, fue dictado el Decreto del 17 de noviembre de 1828 por el cual se dio una nueva organización a todos los Tribunales del país, comenzando por la Alta Corte.

c) Transformación de las Municipalidades

Otro clamor popular, la protesta contra las municipalidades, que había hecho decir (véase arriba) al Libertador en su Manifiesto a la Convención que ningún decreto sería más popular que el de supresión de esos cuerpos, determina el Decreto del 17 de noviembre de 1828 por el cual se suspenden todas las municipalidades y se da una nueva estructura a esa porción de la Administración del Estado.

d) Reorganización territorial

En ejecución de lo previsto en el Decreto de ejercicio del Poder Supremo, otro Decreto, de 23 de diciembre de 1828, pone en vigencia un sistema de administración y gobierno para las recién creadas Prefecturas, a las cuales da, provisionalmente, el mismo territorio de las antiguas tendencias.

e) Convocatoria de elecciones

En cumplimiento a lo ofrecido en el Decreto de agosto de 1828 Bolívar, el 24 de diciembre del mismo año dicta dos decretos complementarios. Por el primero, convoca a un Congreso constituyente para que se reúna el 2 de enero de 1830; por el segundo, determina la forma de elegir a los diputados a ese Congreso.

Así estaba cumplida su misión de ejercer el Poder Supremo sólo hasta que las condiciones políticas de orden negativo fueren superadas. El mismo se fijó plazo para cumplir la misión que se había encomendado.

V. EL MENSAJE AL CONGRESO ADMIRABLE

PRIMERO: Consideraciones previas

Este documento, fechado 20 de enero de 1830 y publicado en la Gaceta de Colombia cuatro días después, fue enviado por el Libertador al Congreso Constituyente convocado por él mismo el 24 de diciembre de 1828 y que se instaló en Bogotá el 2 de enero de 1830, previas las elecciones realizadas según el Reglamento dictado igualmente el 24 de diciembre de 1828.

SEGUNDO: Razón de ser del Mensaje

El documento debe ser considerado como una necesidad personal y política que el Libertador atendía antes de ejecutar su decisión de separarse definitivamente del mando del Estado.

Políticamente se sentía obligado a explicar las líneas generales de su conducta por haber asumido el Poder Supremo según el Decreto del 27 de agosto de 1828. Personalmente deseaba terminar su carrera política tal como lo explica en Proclama dirigida en esa fecha a los colombianos.

TERCERO: Carácter del documento

Este Mensaje, prácticamente igual en extensión al dirigido a la Convención de Ocaña (tiene 26 párrafos), manifiesta un tono y un sentido completamente distintos.

Por de pronto en líneas generales es un documento optimista, de cierta satisfacción por haber cumplido un deber gravísimo impuesto por las circunstancias.

Los adjetivos y otras palabras ya no son los negativos que usó para Ocaña, sino diferentes. Señalemos algunos ejemplos: «*grande* es la obra de construir un pueblo», «*fanales* en las tinieblas», «me *lisonjeo* de que vuestra sabiduría se *elevará*», «votos *respetables*», «*precioso* auxilio», «consecuencias *importantes*».

En esquema, el Mensaje de Ocaña contiene, primero, un diagnóstico de la situación vivida y luego recomendaciones o previsiones de futuro, pero reduce la amplitud del primer aspecto y amplía el segundo con una intensidad diferente.

La ampliación hecha por el Libertador a esta segunda parte nos permitirá conocer sus nuevos planteamientos sobre la naturaleza de la organización constitucional del Estado.

CUARTO: Razones políticas

A) Método expositivo

Bolívar considera su deber y el de sus compañeros de Gobierno, «instruir», es decir, informar al Congreso «de los conocimientos que poseen los distintos ministerios de la situación presente del Estado para que podáis estatuir de un modo análogo a la *naturaleza de las cosas*».

Por esa razón, pide a los miembros del Congreso que adopten estas actitudes:

a) Que actúen con sabiduría para dominar, con fortaleza, las pasiones de algunos que deben ser controlados, el apasionamiento que impide razonar y la ignorancia que permite el descontrol.

b) Que solicite el consejo de hombres sensatos cuyas opiniones son «un valioso auxilio» para resolver las cuestiones de «alta política».

c) Que se estudie «la naturaleza misma de nuestro país», en su realidad física, en su historia y en sus necesidades.

Sabiduría, asesoramiento, actitudes realistas, son las que permitirían atender, para legislar sobre la Constitución Republicana, en forma tal que respete «la naturaleza de las cosas», es decir, la esencia misma de lo que Colombia era, podía y debía ser.

B) La crisis constitucional

Dos hechos básicos se habían producido: uno, la convocatoria anticipada de la Convención Constitucional; otro, haber asumido Bolívar el Poder Supremo. Ambos significaban una realidad histórica, el rompimiento de la vida constitucional ordinaria del país. ¿Por qué?

a) La convocatoria de la Convención: explica Bolívar que «discordias que subsistían» obligaron al Congreso a anticipar la convocatoria a la Convención.

b) El ejercicio personal del Poder Supremo por Bolívar: convocada la Convención de Ocaña ésta se reúne, reconoce la necesidad de una reforma urgentísima de la Constitución, pero luego se siente incapaz de enfrentar esa tarea y se disuelve. Ello era, para Bolívar, «un fallo formal contra el pacto político de Colombia» y añade, «en opinión y de hecho la Constitución del año 11 (1812) dejó de existir».

Se produjo así el terrible fenómeno del vacío de poder; no era posible aceptarlo y ante el clamor popular y en ejercicio de un deber personal, decidió asumir el Poder Supremo.

C) Las consecuencias

Fueron las siguientes:

a) El atentado contra la vida misma del Libertador.

b) La guerra con el Perú, que afortunadamente terminó con un hábil Tratado de paz, negociado por Pedro Gual y que recuperó Guayaquil para Colombia.

c) La obtención de la paz interna mediante una rigurosa aplicación incruenta de las leyes.

d) La convocatoria de un Congreso Constituyente para atender a la reforma de la Constitución previo un proceso durante el cual «todos los pueblos pudiesen manifestar sus opiniones con libertad y seguridad sin otros límites que los que debían prescribir el orden y la moderación».

QUINTO: Conclusiones políticas

El Libertador aprecia que todo lo pasado debe ser interpretado «como aquellos formidables golpes que la Providencia suele darnos en el curso de la vida para nuestra corrección».

Y señala al Congreso, en forma literaria y con dos metáforas muy significativas cuáles son los caminos que ha de seguir: «coger dulces frutos de ese árbol de amargura o alejarse de su sombra venenosa».

Mejor no se podría pintar el cuadro político del momento.

SEXTO: Las recomendaciones para el futuro

Como hemos apuntado antes, Bolívar, que en su Mensaje a la Convención de Ocaña no se sintió animado ni autorizado para hacer advertencias concretas, sí se siente ante el nuevo Congreso en la obligación de mencionar o mostrar caminos de reforma al Estado:

A) Rechazo absoluto a su permanencia al frente del Estado

Distintas razones mueven al Libertador a expresar al Congreso su decisión absoluta de no continuar, por ninguna razón ni motivo, al frente del Estado colombiano. Considera que un nuevo Magistrado es indispensable y que hay, dentro y fuera del Congreso, «ilustres ciudadanos que desempeñen la presidencia del Estado con gloria y ventaja».

B) Reforma de la Hacienda Nacional

Propone que el Congreso se ocupe de tan delicado tema, sobre todo del sistema de percepción de rentas.

C) Atención de la Deuda Pública

Bolívar la llama «el cangro» (cáncer) de Colombia y advierte: «reclama de vosotros (el Congreso) sus más sagrados derechos» es decir, el pago oportuno del capital debido y de sus intereses para mantener el prestigio de la República ante sus acreedores del exterior.

D) Atención del Ejército

Requiere «una organización radical», en otras palabras, una nueva forma de mantenerlo dentro del Estado, tomando en cuenta los «infinitos títulos que tiene la gratitud nacional».

E) La Justicia

Pide «códigos capaces de defender los derechos y la inocencia de los hombres libres». Era una idea constante en el Libertador: sólo los Tribunales podían sostener la libertad y derechos de los ciudadanos. Alterado el orden judicial, el sistema social se vendría abajo.

F) La Religión

Por su carácter de «fuente de bendiciones del cielo» requería protección. Pensamiento poco frecuente en la mente del Libertador, siempre partidario de la separación de lo político y de lo religioso, pero a quien preocupó en esos momentos las graves consecuencias de la injerencia de una materia en la otra.

Ésas eran en parte «las bases generales de nuestra organización política» que serían el fundamento de la prosperidad, ya que «todo es necesario crearlo».

SÉPTIMO: Advertencia final

Si había necesidad de crearlo: todo se explica la fase final que Bolívar confiesa haber escrito con rubor: «la Independencia es el único bien que hemos adquirido a costa de los demás».

¿Sentido de pesimismo? No, porque, ella, la Independencia, «nos abre las puertas para reconquistarlos (esos bienes perdidos), con todo el esplendor de la gloria y de la libertad». Lección suprema de optimismo que el país nunca debe perder ni olvidar.

VI. CONCLUSIONES

Los documentos examinados en los capítulos anteriores, aunque responden a épocas y circunstancias diferentes, muestran que Bolívar sostuvo en lo que se refiere a la Organización Constitucional del Estado una línea de pensamiento que es lógica y constante.

Puede intentarse un esquema sistemático de ese procedimiento, tratando de expresar cuáles son, entre sus ideas en ese tema, las que tienes tales características.

PRIMERO: El concepto de la libertad como base de la vida social

Todos los esfuerzos, todo el trabajo, todo el significado de la obra de Bolívar se concentra en la búsqueda y aseguramiento de la libertad de los ciudadanos.

Pero hay que insistir en que la idea de "libertad" no es para él, equivalente a la de "independencia política". Mientras esta última tenía como significado el rompimiento definitivo de los lazos políticos y jurídicos de dependencia de América con la Metrópoli española, proceso que una vez iniciado era históricamente irreversible, la idea de la "libertad" era diferente. Consiste, para Bolívar, en el ejercicio y garantía de los derechos fundamentales de la persona.

El papel de la sociedad, la organización del Estado y la actividad del gobierno debían, por tanto, tener como meta, como objetivo, como función, el cuido y la atención de esa libertad.

SEGUNDO: La soberanía como privilegio natural de los pueblos

Es un concepto íntimamente relacionado con el anterior. Si el hombre tiene derecho a ser libre, sólo puede ser sometido a una autoridad que emane de su propia voluntad. La soberanía del Estado, por lo tanto, tiene que ser expresión libre de esas diversas voluntades manifestadas por los ciudadanos que integran el pueblo.

Nótese en la documentación política bolivariana su delicado respeto a este principio. Es la alegría que por ejemplo expresa en Angostura en 1819 o ante el Congreso Admirable en 1830 al entregar a los representantes del pueblo la autoridad que él había venido ejerciendo y la prudencia que muestra cuando, no existiendo tal demostración de la voluntad del pueblo él se ve obligado, por ejemplo, en Caracas en 1813 y en Bogotá en 1828, a asumir el ejercicio del Poder Supremo.

TERCERO: El equilibrio de los Poderes Públicos como garantía de la libertad

Cada vez que debe organizar el Estado, Bolívar cuida de la existencia de un sensible equilibrio entre los Poderes Públicos. Aprecia que, de lo contrario, al romperse tal principio, la libertad de los ciudadanos corre peligro.

Dentro de ese equilibrio, muestra Bolívar varias tendencias respecto a cada una de las ramas del Poder.

a) El Legislativo debe, en opinión de Bolívar, realizar dos funciones principales: una, la de legislar; otra, la de ejercer un adecuado control del Ejecutivo.

Bolívar quiere que las leyes sean claras, metódicas, bien redactadas, coordinadas entre sí, respondan a una necesidad social. Aprecia útil que el Gobierno, conocedor de la realidad nacional, participe en el proceso de preparación de los proyectos legislativos en su discurso en el Congreso y que en caso necesario pueda solicitar su reconsideración.

b) El Ejecutivo debe ser fuerte, eficaz, defensor de las instituciones, dedicado al resguardo de la seguridad interior, la actuación diplomática, el manejo de la Hacienda Pública, mando del Ejército, fomento de la educación, vigilancia de la justicia y desarrollo de la agricultura y del comercio.

c) El Poder Judicial, integrado por jueces autónomos, sabios y justos, debe ser el atento defensor de la libertad y los derechos de los ciudadanos frente a los atropellos tanto del Gobierno como de los otros ciudadanos.

CUARTO: El ejercicio de los derechos individuales y cumplimiento de los deberes sociales

Bolívar entiende la vida social y política como un sano proceso de doble aspecto; por una parte, el ejercicio por los ciudadanos de derechos garantizados por el Estado como la libertad, la igualdad, la propiedad, la libre expresión del pensamiento, la seguridad. Por la otra, el cumplimiento de deberes sociales de importancia que el Estado debe exigir, por ejemplo, el deber de obedecer las leyes, el deber de respetar a las autoridades, el deber de pagar las contribuciones legales, el deber de defender la Patria, tanto en la actividad de la milicia como en todo otro campo donde ella lo necesite.

Esos cuatro temas forman el esquema del pensamiento político de Bolívar. En cada uno de ellos podría hacerse un estudio monográfico importante. Ojalá este trabajo incite a alguien a realizarlo.

II

LA JUSTICIA Y LA HISTORIA

Las audiencias y chancillerías reales de indias*

CAPÍTULO I

Antecedentes histórico-jurídicos de las Audiencias Americanas en el Derecho Español

Indudablemente que debemos acudir al Derecho Español para encontrar el origen histórico-jurídico de las Audiencias Americanas, ya que ellas no fueron sino una de las tantas instituciones que España, al volcarse a América, creó en ella igual que lo había hecho en su propio territorio.

Durante el Reino Hispano-Godo, regido por los mandatos del *Liber Iudiciorum*[1] encontramos la misión de juzgar reservada a ciertos funcionarios especialmente determinados, ya por las partes o por nombramiento expreso del Rey. En las causas criminales no era lícito que ningún juez actuase solo.

Más tarde en los Reinos de Asturias, León y Castilla la idea de la fuente de autoridad suprema y de la jurisdicción judicial, unida a la concepción política de la autoridad real, hacían depender de ésta todo ejercicio de autoridad.

---

* Archivos consultados en la preparación de este estudio: Archivo General de la Nación. Archivo General de Indias (Índices Documentales diversos). Archivo de la Academia Nacional de la Historia. Archivo Arzobispal de Caracas. Archivo del cabildo Metropolitano de Caracas. Archivo del Concejo Municipal de Caracas.

1 *Liber Judiciorum*, lib. II, título 1, ley 25.

"La administración de justicia es considerada como una misión especial de la realeza"[2]. A los monarcas les es suplicado en forma insistente que recuerden esa obligación, y aún más, estaban obligados a dedicar unos días especiales a la semana para administrar justicia.

El cuerpo consultivo del monarca poseía funciones judiciales y administrativas, políticas y económicas.

Alfonso X, en las Cortes de Zamora de 1274, instaló a los alcaldes de Corte, en número de, nueve de Castilla, ocho de León y seis de Extremadura. De esos funcionarios el Rey debía estar siempre acompañado de tres de Castilla y cuatro de León. Además, debían tener "tres omes buenos entendidos e sabidores de los fueros, que oyan las alzadas de toda la tierra".

En la ciudad de León existió un Tribunal, formado de cuatro jueces, y que debía de conocer de toda clase de apelaciones de las regiones de León y de Galicia, y aún de las decisiones del mismo Tribunal Real.

Es de sumo interés el examinar y estudiar los conceptos que Alfonso X expresó en sus Partidas acerca de los jueces o *Judgadores*: "*Los judgadores que facen sus oficios como deben, deben aver nome, con derecho, de Juezes; que quier tanto decir, como omes buenos que son puestos para mandar a fazer derecho. Ca los primeros, e los mas honrados son los que judgan en la Corte del Rey*"[3].

Y al hablar del origen de la facultad de los jueces en el poder real dice: "*E por ende los antinguos no tovieron por bien que fuessen puestos, quando en lo temporal, por mano de otro si non de aquellos así como Emperadores o Reyes que han de poder de poner aquellos que son llamados Ordinarios*"[4].

En las Cortes del Toro de 1371 aparece la primera Audiencia, creada por mandato de Enrique II y formada por siete oidores de los cuales tres eran prelados y los otros juristas. Tal Audiencia tenía un carácter supremo, pues de sus decisiones no era posible apelar.

---

2 SALVADOR MINGUIJÓN Y ADRIÁN. *Historia del Derecho Español*. Colección Labor, 1933, página 202 (Hemos de advertir que en este primer capítulo la obra de Minguijón nos ha sido de suma utilidad, en unión de las apuntaciones tomadas en la cátedra de Historia de Derecho del Dr. J. Vásquez G. en la Escuela de Derecho de la Universidad Central).

3 *Las Siete Partidas*. Ley I, Título IV, partida 3ª.

4 *Las Siete Partidas*. Ley 2, Título IV, partida 3ª.

(El ejemplar de *Las Siete Partidas* que hemos consultado, así como el de las *Leyes de Toro* y la *Novísimo Recopilación*, pertenecen a la Biblioteca del Escritorio Grisanti, de los Doctores Vicente Grisanti y Arístides Calvani).

Juan I y Juan II reforman esta Audiencia Real. En 1387 le es añadido un procurador fiscal y más tarde en 1390 llega a dieciséis el número de sus oidores. "Había además dos alcaldes de hijosdalgo, un alcalde de alzadas, dos alcaldes de Castilla, dos de León, dos de las Extremaduras, uno de Toledo y otro de Andalucía". Esta Audiencia, por disposición de Juan I, debía cada tres meses cambiar de residencia, y así durante el año pasaba por las ciudades de Madrid, Medina del Campo, Olmedo y Alcalá. Más tarde, debido quizá a inconvenientes de la administración de la justicia, su sitio de residencia fue fijado en Segovia y poco después en Valladolid.

Don Fernando y Doña Isabel en Medina del Campo en 1489 ordenaron que la Audiencia de Valladolid continuase donde había estado funcionando, y que la otra, que poco después de la de Valladolid fue instalada en la Ciudad Real, fuese trasladada a Granada.

Estas audiencias debían estar compuestas por un Presidente y 16 oidores repartidos en cuatro salas.

Les fueron añadidos tres alcaldes de crimen cuya función era la de conocer de los procesos penales que vinieran ante ellos.

La Novísima Recopilación nos pinta el cuadro de las Audiencias repartidas ya por todo el territorio español pues las había en Aragón, Asturias, Cataluña, Canarias, Extremadura, Madera, Sevilla y Granada.

Pero para nuestro Estudio nos interesan especialmente las dos primeras Audiencias españolas, la de Valladolid y la de Granada cuyas normas fueron directrices en la organización y funcionamiento de las Audiencias americanas.

No creemos que sea necesario extendernos en más consideraciones sobre las Audiencias españolas y entremos a considerar cómo se fueron desarrollando esas mismas Audiencias al ser trasplantadas a América.

CAPÍTULO II

Origen y evolución de las Audiencias Americanas

Es indudable que, al efectuarse la Conquista de América, era más que nunca necesaria la delegación de poderes reales en Audiencias y Chancillerías, para que fuera eficaz la administración de la Justicia en las tierras recién agregadas a la Corona de España.

El costo enorme de los recursos a España, en opinión del Dr. García Chuecos, hacía también indispensable que en América fuesen creados los tribunales de apelación necesarios.

Una Real cédula de Carlos V, firmada en Granada el 14 de septiembre de 1526, creó la Audiencia de Santo Domingo; tuvo para el momento de su fundación, por ser entonces la única existente en América, jurisdicción en todo el territorio conquistado y por conquistar, pero ya para la promulgación de la Recopilación de Indias le fue dado por Distrito todas las Islas de Barlovento, y de la costa de Tierra Firme y en ella la Gobernación de Venezuela, Nueva Andalucía, el Río de el Hacha, "que es de la gobernación de Santa Marta"[1].

Aún se redujo más su jurisdicción, y después de diversas vicisitudes desapareció y quedó sometido su distrito a la Audiencia de Caracas.

Sobre esta Real Audiencia y su distrito, existe un interesante trabajo del Dr. Simón Malagón Barceló en donde nos describe cómo se efectuó su evolución del territorio jurisdiccional.

Las Leyes de Indias le señalaron como personal un Presidente que lo era el Gobernador y Capitán General, 4 Oidores-alcaldes de crimen, 1 Fiscal, 1 Alguacil Mayor, 1 Teniente de Gran Canciller y el personal que hiciera falta para su funcionamiento.

---

1 *Recopilación de Leyes de Indias*, Ley II, Título XV, libro II.

Una Real Cédula fechada en Monzón el 4 de junio de 1528[2] le proporcionó "ordenanzas para su gobierno por las que han de regirse en la Audiencia de la Isla Española, que, reformando las reglas anteriores dictadas, queden ahora iguales a las que obedecen el Presidente y Oidores de la Audiencia de Nueva España".

En este capítulo, al estudiar cómo se fueron fundando las Audiencias en América, veremos a la par cómo iba perdiendo territorio la Audiencia de Santo Domingo, aunque nunca dejó de ser la primera Audiencia de América, en el decir de un ilustre historiador, pues de ella salían casi todos los Oidores que iban a formar las demás Audiencias.

Reviste excepcional importancia la Audiencia de Santo Domingo para el estudio de la vida jurídica venezolana, pues a ella, como será expuesto oportunamente, estuvo sometido durante muchos años nuestro territorio. En su Archivo, actualmente en Cuba, y en la sección del Archivo de Indias correspondiente a ella, se encuentra infinidad de documentos que una vez estudiados arrojarán mucha luz sobre páginas ignotas de nuestra Historia.

La Recopilación señala, como determinador del funcionamiento y del territorio que para ese entonces tenía la Audiencia de Santo Domingo, a Don Felipe III, en el Pardo a 27 de febrero de 1620.

La primera merma en el radio de acción de la Audiencia de Santo Domingo lo constituyó, dice el ya citado autor Malagón Barceló, la creación de la Real Audiencia de México o Nueva España, creada por Carlos V en Real Cédula del 29 de noviembre de 1527 firmada en Burgos.

Las Leyes de Indias le señalan como Distrito las Provincias de Nueva España, con Yucatán, Cozumal y Tabasco; por la costa del Mar del Norte y seno mexicano hasta el cabo de Florida y por la mar del Sur desde donde acaba Guatemala hasta donde comienza la de Galicia.

Esta Audiencia mexicana tuvo como personal al Virrey, Capitán General y Lugarteniente del Rey, como Presidente; además 8 Oidores, 4 Alcaldes de Crimen, un Fiscal para los asuntos civiles, otro para los asuntos criminales, un Alguacil Mayor, un Teniente de Gran Canciller y los oficiales y demás empleados necesarios.

En Real Cédula de 3 de febrero de 1535 (Madrid), el mismo Carlos V creó la Audiencia de Panamá. Malagón nos informa que Doña Juana, por Cédula de 26 de febrero de 1538 le señala su jurisdicción y le indica normas

---

2 Archivo General de Indias, libro 13, folio 147, Estante 139, Cajón 1, Legajo 7.

para su funcionamiento; y las Leyes de Indias[3] integran su Distrito en la forma siguiente: Provincia de Castilla del Oro hasta Portobelo y su tierra, la ciudad de Nata y su tierra, la Gobernación de Veragua y por el mar del Sur hacia el Perú hasta el Puerto de Buenaventura exclusive, con el Golfo de Urabá y Tierra Firme.

Estaba formado su personal por el Presidente, que lo era el Gobernador y Capitán General, cuatro Oidores que eran a la vez Alcaldes del Crimen, 1 Fiscal tanto para lo civil como para lo criminal; un Alguacil; un Teniente de Gran Canciller y los otros empleados indispensables para el buen funcionamiento del Tribunal.

Diversos documentos que han sido encontrados permiten afirmar que por más que la fecha de creación de este Tribunal fue la de 1535, como lo dijimos arriba, no se instaló sin embargo hasta el año de 1540 y mientras tanto estuvo su territorio bajo la directa jurisdicción de la Audiencia de Santo Domingo.

La próxima Audiencia creada es la de Lima, por Cédula de Carlos V en Barcelona a 20 de noviembre de 1542.

En la ley V del mismo título y Libro citados de la Recopilación de Leyes de Indias encontramos delimitado su distrito de la siguiente manera: la costa desde dicha ciudad (Lima) hasta Chile exclusive, y el puerto de Payta inclusive, y por tierra adentro hasta San Miguel de Piura, Cajamarca, Chachapoyas, Moyobamba y los Motilones inclusive.

Estaba formada como la de México: por el Presidente el Virrey, Capitán General y Lugarteniente del Rey, ocho Oidores; cuatro Alcaldes de Crimen, un Fiscal para lo civil y otro para lo criminal; 1 Alguacil; 1 Teniente de Gran Canciller y demás personal de secretaría.

A la Real Audiencia y Chancillería de Lima sigue la de Santiago de Guatemala, también creada por Carlos V, en Valladolid, a 13 de setiembre de 1543.

Su distrito comprendía la dicha provincia de Guatemala, y las de Nicaragua, Chiapa, Higueras, Cabo de Honduras, la Verapay y Soconulfo con las Islas de la Costa.

Su Presidente era el Gobernador y Capitán General, y tenía cinco Oidores a la vez Alcaldes de Crimen; 1 Fiscal para lo civil y lo criminal; y como las otras Audiencias que hemos visto un Alguacil, un Teniente de Gran Canciller y el cuerpo de empleados necesario.

---

3 *Recopilación de Leyes de Indias*, Ley IV, Título XV, libro II.

A la Audiencia de Santiago de Guatemala sigue la de Guadalaxara (Nueva España), también creada por el emperador Carlos V, en Real Cédula de Alcalá a 13 de febrero de 1548.

Su Distrito comprendía a Nueva Galicia, Culiacán, Copala, Colima y Zocatula y los pueblos Abalos.

Su Presidente era un personaje distinto del Virrey de Nueva España; tenía cuatro Oidores, a su vez Alcaldes de Crimen; y el Fiscal, Alguacil, Teniente de Gran Canciller y cuerpo de empleados como las otras Audiencias y Chancillerías Reales.

La próxima Real Audiencia y Chancillería creada en América es la de Santa Fe, por los reyes de Bohemia y Carlos V, en Valladolid a 17 de julio de 1549, según datos que obtuvimos en la "Colección de Documentos para la Vida Pública del Libertador" de Blanco Azpúrua[4].

Tenía jurisdicción en las Provincias del Nuevo Reyno y en las de Santa Marta, Río de San Juan y Popayán, excepto en los lugares que, de ella, (la provincia de Popayán) estaban señaladas a la Real Audiencia de Quito; de la Guayana o Dorado todo aquello que no pertenecía a la de Santo Domingo, y además la Provincia de Cartagena.

Para la fecha de la promulgación de las Leyes de Indias, su Presidente era el entonces Gobernador y Capitán General (después lo sería el Virrey); figuraban en ella cinco Oidores que eran también Alcaldes de Crimen; y en todo lo demás era idéntica a los Tribunales de su categoría.

Los historiadores colombianos dan gran importancia a la creación de la Real Audiencia de Santa Fe, considerándola como el hecho que más influyó en la estructuración del régimen colonial y así por ejemplo Henao y Arrubla opinan: "La fundación de la Audiencia de Santa Fe es un hecho de tan alta significación que puede considerarse como el principio de una nueva etapa histórica: la del *Régimen Colonial*. El 7 de abril de 1550 (fecha del reconocimiento de la Audiencia por el Cabildo de la Ciudad) no debe mirarse en puridad de verdad, como el término definitivo del episodio de la Conquista; pero sí es el comienzo de un sistema administrativo que se extendía a todo el país y que dio unidad al régimen"[5].

---

4 *Documentos para la Vida Pública del Libertador*, Tomo I, p. 213, Tomo I, (Biblioteca del Archivo General de la Nación).

5 Jesús María Henao y Gerardo Arrubla, *Historia de Colombia*, Bogotá 1929, página 168.

La Audiencia de Santa Fe desarrolló una notable labor colonizadora y bajo su influjo fueron fundadas poblaciones y reducidas y pacificadas numerosas tribus indígenas.

Felipe II, sucesor en el Trono español de su padre Carlos V, continuó la meritoria labor de éste que hemos venido estudiando brevemente; por Real Cédula de Valladolid a 4 de setiembre de 1559 creó la Audiencia de Charcas. Sobre esta Audiencia ha publicado el Congreso Argentino una interesante colección de Documentos que tendremos ocasión de citar más de una vez en este estudio[6].

Esta Audiencia tenía jurisdicción en la Provincia de Charcas y todo el Callao, "*desde el pueblo de Ayabrir, por el camino de Hiscofuyo, desde el pueblo de Afsillo por el camino de Humapuyo, desde Atucama por el camino de Arequipa, hacia la parte de los Charcas inclusive, con las provincias de Sangabana, Carabaya, Iures y Duguitas, Moyas, Chundos y Santa Cruz de la Sierra*".

Tenía un Presidente, cinco Oidores y todo el personal que poseían las otras audiencias que hemos estudiado.

Adolfo Bonilla y San Martín, en su prólogo al Tomo I de "La Audiencia de Charcas" (Publicación citada arriba del Congreso Argentino) nos proporciona la información de que en Real Provisión fecha en Monzón el 4 de octubre de 1563 se proporcionó a esta Audiencia ordenanza para su régimen y gobierno: "sus 331 artículos constituyen un verdadero código que sería interesante comparar con la Recopilación de Leyes de Indias y con otros documentos análogos"[7].

El mismo Felipe II fundó en 29 de noviembre de 1563 en la ciudad de Guadalajara la Real Audiencia y Chancillería de San Francisco de Quito.

Su distrito, señalado en las Leyes de Indias es el siguiente[8]: la Provincia de Quito, y por la costa hacia la parte de la ciudad de los Reyes hasta el Puerto de Payta exclusive, y por tierra adentro hasta Piura, Caxamarca, Chachapoyas, Moyabamba y Motilones exclusive.

Su personal lo integran un Presidente, cuatro Oidores, Alcaldes de Crimen, un Fiscal, un Alguacil, un Teniente Gran Canciller, y todos los demás empleados de secretaría que le hicieren falta.

---

6 Congreso Argentino: "La Audiencia de Charcas".

7 Congreso Argentino, *ob. cit.* página XVI.

8 *Recopilación de Leyes de Indias*, Ley X, Título XV, libro II.

Por Real Cédula fechada en Aranjuez el 5 de mayo de 1583, Felipe II crea la Audiencia y Chancillería Real de Manila, Filipinas, con jurisdicción en la misma isla de Luzón, y en las Filipinas, las costas de China, la tierra firme de ella ya descubierta y en las que en adelante se descubrieran.

El Gobernador y Capitán General sería el Presidente de la Audiencia, sus cuatro Oidores eran a la vez Alcaldes de Crimen y todo el personal que hacía falta, como lo eran el Fiscal, Teniente de Gran Canciller y Alguacil estaban al igual que en las otras Audiencias y Chancillerías.

Felipe III, en Cédula del 17 de febrero de 1609, fechada en Madrid, creaba la Audiencia de Santiago de Chile.

La recopilación le señala como jurisdicción todo el Reyno de Chile con las ciudades, villas, lugares y tierras que se excluyen en el gobierno de aquellas provincias así lo que ahora está pacificado y poblado como lo que se redujere, poblare y pacificare dentro y fuera del estrecho de Magallanes, y la tierra adentro hasta la ciudad de Cuyo inclusive...[9].

La Audiencia Chilena tuvo un Presidente, cuatro Oidores, Alcaldes de Crimen, un Fiscal, un Teniente Gran Canciller y un Alguacil al igual que las otras Audiencias de su tipo.

En 2 de noviembre de 1661, por Real Cédula fechada en Madrid, Felipe IV creó la Audiencia de Buenos Aires.

La Recopilación señala como su distrito las ciudades, villas, lugares y tierras que comprenden las Provincias de Río de la Plata, Paraguay y Tucumán...[10]. Bonilla y San Martín habla de que[11] en 1786 fueron dictadas unas Ordenanzas para la Audiencia Pretorial de Buenos Aires. Diversos datos que hemos obtenido nos indican como punto de información muy interesante que esta Audiencia estuvo suprimida durante algún tiempo.

La Recopilación sólo le asigna tres Oidores-alcaldes de Crimen, con todos los demás personajes que figuran en las otras Audiencias.

La próxima Audiencia creada fue la de Caracas, pero como de ella haremos un estudio especial no nos extenderemos en más consideraciones acerca de su fundación y sólo adelantamos que la Real Cédula que la creó está fechada en Aranjuez a 13 de julio de 1786.

---

9 *Idem.*, Ley XIII ejusdem.

10 *Idem.*, Ley XIII ejusdem.

11 Congreso Argentino, *ob. cit.* página XVI.

El esquema adjunto facilitará sobremanera la comprensión de la división de América en las Audiencias que hemos estudiado en este capítulo.

Autores hay que consideran como una nueva Audiencia Americana la Audiencia de Puerto Príncipe, en la isla de Cuba, que era la misma Audiencia de Santo Domingo, que hubo de salir de su residencia debido a la cesión que en el año de 1795 hizo a Francia el Gobierno Español de la isla de Santo Domingo.

Esa fue la evolución de las Audiencias Americanas; cada una tenía su campo de jurisdicción y no debía entrometerse dentro del de las otras; por eso puede afirmarse que fueron pocos los conflictos que se suscitaron entre ellas con motivo de asuntos jurisdiccionales.

Conocemos el caso que nos trae Solórzano Pereira en su Política Indiana donde nos habla del litigio habido entre varias Audiencias, las de Lima, Charcas y Quito con motivo de la muerte del Virrey del Perú. Apelado el pleito a España S. M. resolvió el caso a favor de la Audiencia de Lima; como no quisieron someterse los Oidores de la Audiencia de Charcas, una oportuna Cédula Real les impuso una multa de mil pesos a cada uno, con lo cual no volvieron a pensar en desobedecer las Reales Órdenes.

Sobre las diversas categorías de las Audiencias Americanas nos parece oportuno citar de nuevo al Dr. García Chuecos: "Los expositores de Derecho Español de Indias enumeran cuatro clases de Audiencias en América, basándose para ello en la situación jurídica en que cada una de ellas se hallaba colocada (Isaac Manulis: "La Real Audiencia Pretorial de Buenos Aires", en el Boletín del Instituto de Investigaciones Históricas, Buenos Aires, octubre, diciembre de 1927). Así las había cabeza de virreinatos, pretoriales, semi-pretoriales y subalternas. De las primeras fueron ejemplo Lima y Méjico y su principal característica consistió en el ejercicio del gobierno a falta temporal o absoluta de los Virreyes.

Las pretoriales, cuyo tipo fue la de Santo Domingo, tenían un Presidente, a la vez Gobernador y Capitán General sometido al Virrey del Perú y el cual tenía por consiguiente restringidas sus funciones de gobierno.

Las citadas Audiencias en la forma que queda referida, constituían el cuerpo de consultas de los Virreyes y Capitanes Generales, y les fue privativa la jurisdicción contencioso-administrativa.

A la cuarta pertenecieron aquellas Audiencias que, como las de Guadalajara y Charcas, tuvieron Presidentes togados con encargo de dirigir las funciones judiciales de los Oidores y cuyo Distrito estuvo siempre enclavado en el territorio de un Virreynato."[12]

Documentos hallados en el Archivo General de la Nación por el mismo Dr. García Chuecos[13] y donde aparecen fijados los sueldos de los diversos personales de las Audiencias Americanas, nos permiten deducir que para 1788 habían sufrido modificaciones en cuanto al número de integrantes y así la de Lima tenía diez Oidores y cinco Alcaldes de Crimen, al igual que la de México; a la de Charcas se le había añadido un Fiscal, la de Chile tenía otro Oidor y un Fiscal más, la de Buenos Aires había subido a cinco Oidores y a dos Fiscales, la de Santa Fe había ganado un Fiscal más, la de Guadalajara tenía además de otro Fiscal, otro Oidor; igualmente la de Quito.

Además, figura la Audiencia de Cuzco con un Regente, tres Oidores y un Fiscal, y de la cual dice el Dr. Ambrosio Perera que "fue fundada en 1573 separándola de la de Lima, y quedando subordinada al Virreynato del Perú, su existencia fue corta"[14]. De esta Audiencia de Cuzco no habla la Recopilación.

Al estudiar más detalladamente la Audiencia de Caracas en el capitulo referente a ella, veremos cómo iban evolucionando las Audiencias, y cómo era necesario el que su personal fuera aumentando poco a poco por el gran incremento de los negocios que ventilaban.

---

12 HÉCTOR GARCÍA CHUECOS, *Estudios de Historia Colonial Venezolana*, Tomo II, página 45.

13 Archivo General de la Nación, *Sección Real Hacienda*, Tomo 449, folio 41.

14 AMBROSIO PERERA, Historia orgánica de Venezuela, p. 8.

CAPÍTULO III

La creación de la Audiencia de Caracas

Al hablar arriba (Capítulo II) de la jurisdicción de la Audiencia de Santo Domingo, citábamos a la Recopilación de Leyes de Indias y ellas decían en su Ley II, Título V, Libro II, que se le daban por distrito todas las Islas de Barlovento, y de la costa de Tierra Firme, y *en ella la Gobernación de Venezuela...*

Así pues, nuestro territorio estuvo sometido desde la Conquista a la Audiencia y Real Chancillería de Santo Domingo. En sus Archivos, como ya lo hemos dicho también, figuran importantísimos documentos para la Historia de nuestra época colonial.

Dificultosa era sin embargo "a causa de estar lejos la dicha provincia de la dicha isla, y mucha distancia de mar y ser la navegación trabajosa" el llevar los pleitos en apelación ante la Audiencia de la Isla Española, como lo representaba Don Simón de Bolívar a S. M.[1] y que por eso "los vecinos de la dicha provincia dejan de seguir su justicia en muchos pleitos que se les ofrecen de que es apela para la dicha Audiencia".

Por otro lado, la misma Audiencia "*nombra y enbía mui de ordinario jueces de comisión a quella provincia con crecidos salarios, para la comisión de bienes de difuntos y otras cosas y negocios particulares, conque la república y vezinos de la dicha provincia reciben grande daño y molestia.*"[2]

Su Majestad tuvo necesidad por lo tanto de proveer por Real Cédula fecha en San Lorenzo a 4 de setiembre de 1591 a los Presidentes y Oidores de la Audiencia de la Española que "*de aquí en adelante no embieis jueces de comisión a la dicha provincia de Benecuela sobre pleytos ni causas serviles, y que, en las criminales, tampoco los embieis, si no fuere en casos muy graves y pedimentos de partes y con salarios modestos.*"

---

1 Actas del Cabildo de Caracas, Tomo I, folio 188.

2 *Idem*, folio 188.

Y por otra Real Cédula de 4 de setiembre de 1591, también en San Lorenzo "*Ordenamos y mandamos que cada y cuando que por algun consejo, unibersidad o persona particular, de cualquier calidad o condición, preheminencia o lenidad que sea, fuere de alguna sentencia apelado de los jueces y justicia de las ciudades y billas de las dichas tierras y provincias que se incluien dentro de los límites de la juredición, que sea señalada en la dicha Audiencia... en lo que hubiere lugar apelación y entendiere en el dicho grado de apelación agregar cosa nueva o acer probanssa dello o de lo que primero tenía alegado, sea tenudo e obligado de presentar las peticiones de lo que ansí y nuebamente alegare el jues que obiere dado la tal sentencia*".

A raíz, pues, de la misma conquista, cuando apenas estaba iniciándose la vida colonial, ya surgían conflictos para la recta apelación de la justicia en el territorio de la Provincia de Venezuela por la Real Audiencia y Chancillería de Santo Domingo de la Española.

Hemos de indicar aquí unos interesantes datos que tomamos del Dr. García Chuecos (cuya consulta es necesarísima al tratar de lo que a esta clase de asuntos histórico-jurídicos se refiere): el territorio de los actuales estados Táchira y Mérida no estaba comprendido dentro de la jurisdicción de la Provincia de Venezuela, y por lo tanto estaban sometidos desde un principio a la jurisdicción de la Audiencia de Santa Fe. Maracaibo y sus dependencias pertenecieron a la Gobernación de Venezuela hasta el año de 1678 en que fueron agregadas a la jurisdicción de Santa Fe.

Así se mantuvo la situación hasta que por Real Cédula del 27 de mayo de 1717 fue sustraída la Provincia de Venezuela de la jurisdicción de la Audiencia de Santo Domingo y se le colocó bajo la de Santa Fe, junto con Maracaibo (ya añadida como antes lo decimos en el párrafo anterior), Cumaná y Guayana.

Así estuvo Venezuela en la jurisdicción de Santa Fe hasta que por Real Cédula "dada en Madrid el 13 de mayo de 1726, dirigida al Presidente y Oidores de la Real Audiencia de Santo Domingo, y publicada en Caracas, el 2 de octubre del mismo año, dispuso la Majestad de Don Felipe V suprimir el Virreinato de Santa Fe y segregar la Provincia de Venezuela de la jurisdicción de su Real Audiencia y ponerla de nuevo bajo la de la Real Audiencia de Santo Domingo".[3]

---

3 HÉCTOR GARCÍA CHUECOS, *ob. cit.*, Tomo II, página 42.

Dejamos de nuevo a la pluma de García Chuecos el describirnos el proceso de evolución que siguió a la nueva colocación de Venezuela bajo la jurisdicción de la Audiencia de Santo Domingo:

"Poco tiempo se mantuvo esta medida pues por Real Cédula de 20 de agosto de 1739 se restableció el Virreinato y se comunicó a Don Gabriel de Zuloaga, que, aunque la provincia de Venezuela, bajo su mando subalterno, había sido incorporada a dicho recién establecido Virreinato, habíase tenido también por conveniente poner bajo su autoridad los gobiernos y distritos de Maracaibo, Cumaná, la Margarita, la Trinidad y la Guayana, por lo respectivo a introducciones y extracciones de lícito comercio."

"Zuloaga representó al Monarca para manifestarle la imposibilidad en que estaba de cumplir el Real Mandato por sus muchas ocupaciones, por las grandes distancias que separaban Caracas de las dichas Provincias, y por los celos y rivalidades que produciría en los Gobernadores de éstas el verse sometidos a la vigilancia del de Venezuela".

"El Monarca sostuvo su providencia y para satisfacer las reclamaciones de Zuloaga dictó en Real Cédula de 12 de febrero de 1742 una medida sui generis: independizó la Provincia de Venezuela del Virreinato y dio a su gobierno las facultades que anteriormente le habían sido concedidas en las de Maracaybo, Cumaná, Margarita, Trinidad y Guayana en lo relativo al lícito comercio, pues en lo político quedaban dependiendo de Santa Fe, como en lo judicial de Santo Domingo, a excepción de las Provincias de Maracaybo y Guayana, que continuarían en la jurisdicción de la Audiencia granadina."

"Es de suponer que esta complicación de jurisdicciones tuvo un momento en que ni en la misma corte debieron entenderla a deducir de erradas calificaciones que se advierten en posteriores Reales Cédulas y Órdenes".

"Así se explica que la situación quedase sin solucionar, suscitándose competencias y dando motivo a nuevas quejas y reclamaciones. El Virrey de Santa Fe, y los Gobernadores de las Provincias de Maracaybo y Guayana, representaron al Soberano respecto a los inconvenientes que producía el que las indicadas provincias, tanto las de Cumaná e Islas de Margarita y Trinidad, siguiesen unidas al Virreynato, por la gran distancia a que estaban de Santa Fe y consecuencialmente el retardo que se ocasionaba en los asuntos del Real Servicio."[4].

---

[4] HÉCTOR GARCÍA CHUECOS, *ob. cit.*, Tomo II, página 43.

En este tiempo comenzaron las gestiones para la instalación de una Real Audiencia en Caracas y de ellas dice Don Luis Alberto Sucre: "En 1767 pidió el Cabildo de Caracas al Rey el establecimiento de una Audiencia en esta ciudad, petición que le fue negada, parece que por los informes desfavorables del Gobernador Solano, a quien dado su carácter autoritario, no convenía tener tan inmediatos, ni un tribunal de tanta autoridad con quien compartir la suya, ni fiscales que controlasen sus actos tan de cerca"[5] y Blas José Terrero: "Entretanto la ciudad y el cabildo avanza y dibuja ideas más espaciosas y elevadas, proyectándose el establecimiento de una Audiencia, aspiraciones más gloriosas y favorables, figurándose conseguirlas a fuerza de importunas instancias. Pero Su Majestad se la negó abiertamente por su Real Cédula de 15 de junio de 1770".[6]

Pero si eran rechazadas las peticiones del Cabildo de Caracas con respecto a la fundación de la Audiencia en Caracas, no eran desatendidas las que hicieran el Virrey del Nuevo Reyno de Granada y los Gobernadores de las Provincias de Guayana y Maracaybo que hemos citado arriba, y así en Real Cédula dada en San Ildefonso a ocho de setiembre de mil setecientos setenta y siete dice el Rey: "Por tanto, para evitar estos y los mayores que se ocasionarían en caso de una invasión; he tenido a bien resolver la absoluta separación de las mencionadas provincias de Cumaná, Guayana y Maracaybo, e Islas de Trinidad y Margarita, del Virreynato y Capitanía General del Nuevo Reyno de Granada, y agregarlas en lo gubernativo y militar a la Capitanía General de Venezuela, del mismo modo que lo están, por lo respectivo al manejo de mi Real Hacienda, a la Nueva Intendencia erigida en dicha Provincia y ciudad de Caracas, su capital. Así mismo he resuelto separar en lo jurídico de la Audiencia de Santa Fe, y agregar a la primitiva de Santo Domingo, las dos expresadas Provincias de Maracaybo y Guayana, como lo está la de Cumaná y las Islas de Margarita y Trinidad, para que, hallándose estos territorios bajo una misma Audiencia, un Capitán General y un Intendente inmediatos, sean mejor regidos y gobernados con mayor utilidad de mi Real Servicio."[7]

Así quedaba en parte solucionado el problema que venía ya tomando graves caracteres, pero quedaba aún otro: para la Provincia de Maracaybo era en extremo gravoso el ocurrir a la Audiencia de Santo Domingo para la solución de sus negocios, y dice García Chuecos que: "resolvió su Ilustre

---

5 LUIS ALBERTO SUCRE, Gobernadores y Capitanes Generales de Venezuela, página 297.

6 BLAS JOSÉ TERRERO, *Teatro de Venezuela y Caracas*, página 166.

7 Documentos para la Vida Pública del Libertador, Tomo I, página 129.

Cabildo Justicia y Regimiento suplicar al Monarca la reintegrase al dominio, régimen y gobierno de lo político y militar y todas sus incidencias al Virreynato de Santa Fe de que había sido segregada".[8]

Carlos III, visto el informe del Sr. Don Manuel Antonio Flores, quien había sido Virrey del Nuevo Reyno de Santa Fe, del Fiscal de la Real Audiencia de Santa Fe, del Intendente de la Provincia de Caracas, y del Gobernador de la misma, resolvió que la Provincia de Maracaybo continuase unida a la de Venezuela, "observándose lo dispuesto por Real Cédula de 15 de febrero de este año sobre la agregación de la ciudad de Trujillo y su jurisdicción al Gobierno de Maracaybo, y creación de la Provincia de Barinas en comandancias separadas."

"Y para evitar los perjuicios que se originan a los habitantes de dichas Provincias de Maracaibo, las de Cumaná, Guayana, Margarita e Isla de Trinidad, comprendidas en la misma Capitanía General, de recurrir por apelación de sus negocios a la Audiencia Pretorial de Santo Domingo, ha resuelto el Rey crear otra en Caracas."

Tiene este Real Orden fecha en Aranjuez el 13 de julio de 1786[9].

Así Caracas alcanzaba sin haberlo entonces solicitado, lo que tanto había pedido antes. Con semejante medida terminaba el proceso de integración político-jurídica de lo que después iba a ser el territorio de la República de Venezuela.

El 31 de julio de 1786 el Rey participaba al Gobernador y Capitán General de la Provincia de Venezuela y ciudad de Santiago de León de Caracas, su resolución de crear una Real Audiencia en la ciudad de Caracas con la jurisdicción antes expresada: "Lo que os participo, dice la Real Cédula, para que lo tengáis entendido, hagáis notorio donde convenga y concurráis en la parte que os toca a su puntual cumplimiento."[10]

Esta Real Cédula fue recibida y mandada a obedecer por el dicho Gobernador, que entonces lo era Don Juan Guillelmi, el 26 de octubre del mismo año.

En Real Cédula fecha en el Pardo a trece de enero de 1787 S. M. notifica al mismo Gobernador y Capitán General de la Provincia de Venezuela, que ha tenido a bien, por Real Orden del 18 de diciembre de 1786 el otorgarle la

---

8 HÉCTOR GARCÍA CHUECOS, *ob. cit.*, Tomo II, página 6.

9 Véase Apéndice Documental (No. 1).

10 Véase Apéndice Documental (No. 2).

Presidencia de la Nueva Audiencia, y le instruye que reciba en sus manos el juramento de los Ministros que para ella sean nombrados.[11]

En 12 de abril de 1787, Don Juan de Guillelmi, Coronel de los Reales Ejércitos, Caballero de la Orden de Santiago, y Gobernador y Capitán General de esta Provincia, después de haber visto la Cédula a que hacemos referencia en el párrafo anterior "obedeciéndola con el respeto debido y acostumbrado, mandó que con su inserción se pase oficio al Muy Ilustre Ayuntamiento de esta ciudad en la forma acostumbrada, para que le conste en los casos que convenga y para lo mismo se traigan testimonios a fin de remitirlos a las Provincias agregadas y ciudades y cabezas de partido de esta Provincia".

Todo estaba ya listo para que la Audiencia caraqueña comenzase a funcionar; su personal había sido designado por el Rey en 14 de agosto del año anterior de 1786.

La instalación de la Audiencia y recepción del Real Sello enviado por S. M. para el uso de ella tuvo lugar el 19 de julio de 1787. Don Luis Alberto Sucre nos describe en interesante forma esta ceremonia: "De conformidad con la Ley, el Gobernador, los Oidores, el Cabildo, Justicia y Regimiento, y gran número de personas principales, todas a caballo, y ostentando los ministros de la Audiencia sus togas y sus golillas blancas, los militares sus uniformes de gala, y los caballeros sus más ricos trajes y monturas, salieron un buen trecho fuera de la ciudad a recibirlo, como si fuera la persona misma del Rey".

"En el espacio comprendido entre las Iglesias de la Pastora y la Trinidad, para entonces sabana despoblada, se había levantado una tienda de damasco y en su centro un solio. Cuando llegó la comitiva allí, ya estaba sobre el solio el cofre de terciopelo guarnecido en oro, donde venía el sello, y desde ese momento principiaron las salvas de artillería en la Plaza Mayor, y los repiques de campana en todas las Iglesias, hasta que terminó la ceremonia. De aquel sitio partió la procesión. Abría la marcha una banda de música militar, después el Batallón de Infantería Española, seguido de cinco compañías de milicias, los distintos gremios y corporaciones, a pie, luego una Compañía de Caballeros Coraza, los Heraldos y los Maceros a Caballo; a distancia por delante el Alcalde de primera elección, Don Lorenzo de Ponte, y el Regidor decano Don Esteban Otamendi, llevando las riendas del caballo, que lujosamente enjaezado cargaba el arca que guardaba el sello, de la que pendían dos cordones borlados, que a caballo llevaban, el Gobernador,

11 Véase Apéndice Documental (No. 3).

como Presidente de la Audiencia el de la Derecha, y el Regente Don Juan López de Quintana el de la izquierda; seguían también todos a caballo, los altos empleados y la nobleza, entre los que se mezclaban muchas hermosas damas, detrás el pueblo y cerrando la marcha otra banda de música. Por la calle de la Catedral, hoy Avenida Norte, entró la procesión a Caracas, bajando hasta Sociedad y de ahí a Traposos, donde estaba la casa de la Audiencia.[12] Las calles de tránsito habían sido barridas y colgadas con el mayor lujo por sus vecinos y habitantes. Sus ventanas y balcones repletos de espectadores lucían banderas, estandartes y retratos de S. M. entre cortinajes de damasco. Al llegar a la Audiencia la cabeza de la procesión hizo alto, y abriéndose en alas el Batallón de Veteranos y las Compañías de Milicias, hicieron calle presentando las armas y abriendo las banderas al paso del Real Sello."

"En la sala alta de la casa de la Audiencia, adonde había sido conducido el cofre bajo Palio, se abrió éste, y con toda reverencia el Gobernador entregó el Real Sello al Canciller; enseguida se dijeron los discursos de estilo, recibió la Audiencia las felicitaciones, y terminó el acto con música y vivas al Rey. Por la noche todos los vecinos, estantes y habitantes, pusieron candeladas iluminarias en las puertas y ventanas de sus casas."[13]

El salón de despacho de la Audiencia, parecido quizá a los de las demás Audiencias de América, era ancho, tenía artesonados que dejaban ver las varas del enmaderado, porque carecía de cielo raso, (recuérdese el de la Iglesia de San Francisco) y el encostillado pintado de tierra blanca lo mismo que las paredes. El adorno principal lo constituían de sofás muy largos con forros de damasco rojo, de altos espaldares con arabescos y molduras, y escaparates de madera de cedro, sin barniz, apoyados en patas en figura de garras de León, y con cajones en que se guardaban los expedientes. Además, una gran mesa cubierta de tela de damasco, con papeles y útiles de escritorio; y cerca de ella dos grandes y firmes sillones con espaldares estampados de rico cuero de Córdoba.[14]

---

12 Informes que nos ha suministrado el Sr. César Pérez Ramírez, Jefe del Servicio de Paleografía del A.G.N. nos permiten informar que el sitio verdadero de la Audiencia no fue entre las esquinas de Sociedad y Traposos como lo dice el Sr. Sucre, sino en la esquina de San Jacinto, ángulo suroeste.

13 LUIS ALBERTO SUCRE, *ob.cit.*, p. 293.

14 HENAO Y ARRUBLA, *ob.cit.*, p. 167.

CAPÍTULO IV

Organización y funcionamiento de la Audiencia de Caracas

Las Reales Audiencias y Chancillerías Americanas, y por ende desde luego, la de Caracas, tenían como guía para su marcha y funcionamiento la Recopilación de Leyes de Indias, que en su Libro segundo desde el capítulo 15 hasta el 34 (todos contenidos en el Tomo I de la edición de 1756 hecha por Antonio Balbas y que hemos consultado en la Biblioteca de la Academia Nacional de la Historia) le señalaban normas precisas que debían seguir.

Además, nos habla el Dr. Héctor García Ch. de la existencia de una "Real Instrucción de Regentes" de fecha 20 de junio de 1776, que era a manera de Código de Procedimiento. En nuestros Archivos no ha sido posible hasta ahora encontrar este importantísimo documento, que aparece citado en multitud de provisiones de las Audiencias; esperamos que pueda encontrársele en los Archivos de Indias, adonde hemos solicitado su búsqueda.

Puede y debe aquí citarse también el magnífico trabajo de Solórzano Pereira, quien, en su *Política Indiana*, dedica numerosos capítulos al estudio del funcionamiento y organización de las Reales Audiencias; posición privilegiada tuvo para ello, pues además de hombre docto en las ciencias jurídicas, fue Oidor de la Real Audiencia y Chancillería de Lima, con lo cual sus afirmaciones tienen el interés, el mérito y el respaldo de la experiencia.[1]

La Real Audiencia caraqueña decretada como hemos visto el 13 de julio de 1786, fue organizada por Real Cédula fechada en San Ildefonso el treinta y uno de julio de 1786.

Esta Real Cédula ordenaba que "esa Nueva Audiencia de Caracas ha de componerse de un Oidor Decano Regente de ella con sueldo por ahora de cinco mil pesos; de tres Oidores con el mismo que tienen los de Santo Domingo; y un Fiscal que lo ha de ser el único de ella don Julián Díaz de

---

1 SOLÓRZANO PEREIRA, *Política Indiana*. De esta obra existe un ejemplar en la Biblioteca Nacional.

Saravia, actual fiscal criminal de la misma Audiencia, y mando que en consecuencia me consulte mi Consejo de Cámara de las Indias desde luego estas cuatro plazas, la primera de Ministro acreditado en otra Audiencia de esos mis dominios, y las tres restantes en letrados de conocida literatura y práctica de Tribunales"[2].

Verificada la consulta por el Consejo de Indias, el 14 de agosto de 1786 designó el Rey el personal de la Audiencia en esta forma:

Regente: Dr. Antonio López de Quintana, antiguo Oidor de la Audiencia de Guadalajara, Caballero de la Real y Distinguida Orden de Carlos III y Consejero de Su Majestad[3]. Su Real título le fue expedido el 19 de octubre del mismo año de 1786.

Oidor: Dr. José Patricio de Ribera "Abogado de los Reales Consejos, Fiscal de mi Real Hacienda en la Isla de Cuba y Miembro Honorario de la de Santo Domingo" dice su título que tiene la misma fecha del Regente y de los otros dos Oidores.

Oidor: Dr. Francisco Ignacio Cortines, "Caballero de la Real y Distinguida Orden de Carlos III, antiguo Teniente General y Auditor de Guerra de los gobernadores Ungaza y González.

Oidor: Dr. Juan Nepomuceno de Pedroza.

El Fiscal ya nombrado en la Cédula que hemos citado arriba fue Don Julián Díaz de Saravia, quien según ella era para ese entonces fiscal criminal de la misma Audiencia de Santo Domingo.

El Dr. García Chuecos[4] nos informa que el personal de Secretaría fue organizado por Real Cédula del 8 de diciembre del mismo año en la siguiente forma: Un Relator y un escribano con sueldo de quinientos pesos anuales cada uno, siendo el segundo cargo vendible y renunciable, un Capellán con sueldo de trescientos pesos y con encargo de decir misas a los pobres de la cárcel y enseñarles la doctrina cristiana; un Canciller Registrador, dos escribanos receptores, cuatro procuradores, un Tasador, un Repartidor, un Abogado de Pobres, un Procurador de Presos, dos Alguaciles, dos porteros y un barrendero, todos estos con el nombramiento de la Audiencia y con la gratificación que ésta tuviera a bien asignarles sobre el ramo de Penas de Cámara.

---

2 Véase Apéndice Documental (No. 2).

3 El Dr. García Chuecos copia este título Real en la página 7 del segundo Tomo de la *Historia Colonial de Venezuela.*

4 HÉCTOR GARCÍA CHUECOS, *ob. cit.*, p. 51.

La Presidencia de la Audiencia fue concedida por el Rey por Real Cédula del 18 de diciembre de 1786 al Gobernador y Capitán General de la Provincia, lo cual le fue participado a éste en otra Real Cédula a que hemos hecho referencia, de fecha 13 de enero de 1787.

A título informativo suministramos la lista de los personajes designados para ocupar por primera vez los cargos que hemos indicado:

Secretario de Cámara: Don Francisco Rendón.

Relator: Abogado Dr. Miguel José Sanz.

Escribano: Don Juan Domingo Fernández.

Capellán: Pbro. Dr. Andrés Tovar Bañes.

Escribanos Receptores: Don Vicente Villarroel y Don José Ignacio Pardo.

Tasador: Don Cayetano Montenegro.

Abogado de Pobres: Dr. Nicolás García.

Alguaciles: Miguel Montero y José Manuel del Pozo.

Porteros: José Millón y José Timoteo Alcántara.

Barrendero: Ignacio Caldera.[5]

La Audiencia tuvo pronto necesidad de que su personal togado fuera aumentado: en Real Cédula del 17 de marzo de 1798, el Rey hubo de crear, visto "en mi Consejo de Indias con lo expresado en el asunto por el actual intendente Esteban Fernández de León, en cartas de treinta y uno de agosto y doce de noviembre de 1794 lo informado por esa mi Real Audiencia en otra del diez de mayo de 1796 y lo que dijeron mis fiscales he venido a crear una segunda Fiscalía en esa mi Real Audiencia con destino a los negocios de mi Real Hacienda, mandando se supriman los abogados fiscales o promotores nombrados para los referidos asuntos de mi Real Hacienda."[6]

Esta medida era debida a que el Fiscal Don Julián Díaz de Saravia había participado a S. M. el incremento que tomaban los asuntos civiles, criminales, de protección de Indios y de Real Hacienda, por lo cual era imposible para él no obstante su celo y notoria laboriosidad "atender a su despacho sin exponerse a perder la salud y experimentarse un grave atraso en todos".

---

5 Hemos podido elaborar esta lista con los datos suministrados por Blanco y Azpúrua y García Chuecos.

6 Véase Apéndice Documental (No. 5).

Para esa segunda Fiscalía fue designado según Real Título de fecha también 17 de marzo de 1798 al Dr. Francisco Berrío.

En 1813 fueron creados dos nuevos cargos de Oidor para la Audiencia Caraqueña. En esta forma: Un Regente, cinco Oidores y dos fiscales; funcionó hasta la fecha de su extinción que fue en el año 1821 como puede deducirse de las provisiones existentes en el Archivo General de la Nación.[7]

Es conveniente también hacer notar que la Audiencia tenía varios Oidores Honorarios, sobre cuyos privilegios y prerrogativas hubo de suscitarse algún interesante conflicto que aparece relatado en los Estudios de Historia Colonial Venezolana del Dr. García Chuecos. Allí se dice que sobre esa materia fue dictada Real Cédula del 1° de diciembre de 1793 para regular los derechos que tenían los oidores honorarios en lo relativo a asiento, honores, etc.

Es muy interesante el decir algo sobre las condiciones de vida que la legislación imponía a los miembros de las Audiencias. Francisco Depons, en su "Viaje a la parte oriental de Tierra Firme"[8] nos cuenta qué obligaciones tenían los Oidores: "Deben según la ley, vivir retirados, de modo que no puedan contraer vínculos perjudiciales al libre ejercicio de sus funciones. Les está prohibido ser padrinos de matrimonio o de bautizo; asistir a bodas o entierros. No pueden hacerse acompañar de comerciantes; ni dejar que a su mujer la acompañen éstos, pues supone la ley que tales ciudadanos son los más inclinados a recurrir a la Autoridad de las Audiencias o a ser citados ante ella. Un individuo de la Audiencia contravendría el texto de la ley si aceptara servicios de las partes o si mantuviera con ellas relaciones sociales. Se extiende la prohibición hasta prohibirles la morada en común con relatores y escribanos. No les está permitido emprender especulaciones mercantiles ni dar dinero a interés. Para evitar que el lujo los induzca al vicio se limita a cuatro el número de esclavos que pueden tener los Oidores y Miembros de las Audiencias. Les está prohibido el uso de gualdrapas, artículo costoso por las ricas colgaduras con que suele cargarse. El erario no puede hacerles ningún adelanto sobre los sueldos. No pueden pedir dinero en préstamo ni recibir regalos. Sus casas deben estar cerradas al juego y sus mujeres deben visitar poco. Al Presidente lo toca cuidar de que entre jueces y partes no se establezcan intimidades, siempre dañosas a la imparcialidad de la justicia. También les está prohibido adquirir bienes raíces y contraer alianzas dentro de la jurisdicción de la Audiencia. Todas estas prohibiciones se extienden

---

7 Archivo General de la Nación, Sección Real Audiencia, Reales Provisiones.

8 François Depons, "Viaje a la Parte Oriental de Tierra Firme", publicado en el Boletín de la Academia Nacional de la Historia, Tomo XI, No. 43, p. 101.

además a la familia de los miembros de las Audiencias, tales medidas indican claramente que se ha querido colocar a los miembros de la justicia a la altura de las funciones que la Ley les asigna."

Esas afirmaciones de Depons fueron comprobadas en un trabajo de investigación que personalmente hicimos en un catálogo de Reales Cédulas del Archivo de Indias. En efecto:

Real Cédula del 7 de enero de 1588: "Los Presidentes, Oidores, alcaldes ni fiscales no pueden visitar a ningún vecino o persona particular que tenga negocio".[9]

Real Cédula del 31 de agosto de 1619: "Los presidentes, Oidores, alcaldes ni fiscales no pueden tratar ni contratar."[10]

Real Cédula del 20 de octubre de 1627: "Los presidentes, oidores, alcaldes ni fiscales no pueden ser padrinos."[11]

Real Cédula del 2 de abril de 1637: "Los presidentes, oidores, alcaldes y fiscales no asistan a entierros como particulares sino en cuerpo con la Audiencia."[12]

Real Cédula del 13 de septiembre de 1647: "Los presidentes, oydores, alcaldes y fiscales, no concurran a fiestas particulares en iglesias y conventos"[13]

Con todo lo cual quiso el gobierno español alejar a la administración de justicia de toda influencia extraña que pudiera perturbar la majestad del Tribunal que la impartía. Además, por Real Cédula del 5 de setiembre de 1620 S. M. ordenó que a los Oydores se trate "con todos los miramientos debidos a su carácter, como coleas y magistrados a quienes el Rey honra con toda su confianza".

En el Capítulo VI veremos hasta dónde influyó la Audiencia en la vida colonial y ahí tendremos ocasión de estudiar su importancia jurídica y aún política en lo relativo al Gobierno de la Colonia. La Audiencia de Caracas

---

9 Archivo General de Indias, Libro 30, folio 386, estante 139, Cajón 1, legajo 13.

10 Archivo General de Indias, Libro 32, folio 344, estante 139, Cajón 1, legajo 14.

11 Archivo General de Indias, Libro 37, folio 145, estante 139, Cajón 1, legajo 15.

12 Archivo General de Indias, Libro 38, folio 42, estante 139, Cajón 1, legajo 15.

13 Archivo General de Indias, Libro 39, folio 29, estante 139, Cajón 1, legajo 16.

fue sin duda alguna una Audiencia Pretorial: su Presidente era el Capitán General quien en lo político tenía completa independencia; en lo demás su organización fue idéntica a la de Santo Domingo.

Estudiemos ahora cómo funcionaban las Audiencias.

Nos dice Depons que las Audiencias funcionaban todos los días no feriados de 8 a 11 de la mañana. Tal dato lo comprueba la ley XXI del título ley libro y la ley XVIII del mismo título y libro que ordenaba comenzaren las sesiones "a las 8 de la mañana en invierno y a las 7 en verano". Los lunes y los jueves en horas de la tarde se verificaban los *acuerdos* de que hablaremos más adelante.

En esas sesiones matutinas el Relator leía a los Ministros los expedientes "que aún en litigios de escasa importancia son siempre voluminosos". Esto tenía el inconveniente, como nos lo dice Depons, de retardar la marcha de la justicia.

La jurisdicción de la Audiencia no alcanzaba más allá del Distrito que las leyes le habían asignado, aunque como dice García Chuecos, "esto no impedía que unas a otras pudiesen consultarse en casos arduos, tratándose siempre con el respeto, dignidad y decoro de su rango."

"El derecho procesal de Indias no conoció en rigor sino de dos instancias, cualesquiera fuese la materia y cuantía de los asuntos en litigio". "Eran Ministros de Justicia en primera instancia los Gobernadores de las Provincias e Islas, los Tenientes de Justicia de las ciudades y los Alcaldes de los Ayuntamientos. Lo eran también los Obispos y sus Provisores cuando ejercían la potestad de jurisdicción o hacían fuerza sobre sus súbditos eclesiásticos."

"De las sentencias de cualquiera de éstos podía apelarse a la Real Audiencia. Obsérvese aquí claramente que el poder judicial de la Capitanía era unitario y central, las entidades administrativas que la componían no gozaban sino de una sola instancia."

(Hemos de advertir que, en adelante, en lo referente al funcionamiento de la Audiencia Caraqueña, vamos a seguir a García Chuecos, cuyo estudio no puede menos de serlo o casi a la letra, ya que es difícil decir algo nuevo en esta materia, aunque procuraremos sistematizar las diferentes ideas del Dr. García Chuecos).

La Audiencia tenía la jurisdicción contencioso-administrativa, y resolvía los conflictos de jurisdicción que podían presentarse entre tribunales civiles y eclesiásticos.

No era un Tribunal de Casación, como tampoco lo era el Supremo Consejo de Indias. Eran de alzada, ordinario el de la Audiencia, extraordinario el del Consejo de Indias."[14]

Las partes debían siempre ser personas legítimas y no podían por sí solas acudir ante la Audiencia, sino por medio de Procuradores de los del número de la Audiencia, constituidos por poder especial ante un Escribano Público; los Procuradores, a su vez, debían estar asistidos por abogados.

Fue práctica obligatoria en la Audiencia de Caracas, el citar al demandado para que fuese informado de la demanda y le diese contestación.

Terminado el período de las pruebas, venía el de relación en el cual el Relator, abogado, aunque no formaba parte del personal togado de la Audiencia, leía el expediente como ya lo hemos dicho antes.

Entraba entonces en funciones el Fiscal quien "parece que no representó de manera definitiva la vindicta pública, sino los intereses del Rey desde el punto de vista del *bienestar de sus vasallos*". El Fiscal estudiaba el caso y daba su informe al Tribunal sobre la solución que debía ser tomada, según su criterio personal. La Audiencia podía acogerlo o dictaminar otro nuevo, si tal era su voluntad.

El Fiscal debía también estar al tanto del estricto cumplimiento de la ley e indicar a la Audiencia cuando era necesario su intervención por "corruptelas en la administración, o caso omiso en el cumplimiento de sus superiores preceptos y sobre todo de lo que causare desdoro al buen nombre de la magistratura."

En asuntos civiles de poca importancia y en juicios criminales por delitos leves o faltas, bastaban para dictar sentencia dos Oidores, o un Oidor y un Conjuez. Cuando el problema era grave o el pleito pasaba de los cien mil maravedíes sentenciaba el tribunal en pleno.

El Presidente de la Audiencia, que en Caracas lo era el Gobernador y Capitán General, no debía asistir obligatoriamente a las sesiones del Tribunal. No tenía en el caso de asistir, ni voz ni voto, su actuación se limitaba a firmar las sentencias y no era por lo tanto responsable de ellas.

El Regente del Tribunal dirigía siempre las sesiones y los debates.

---

[14] En los casos penales ocurridos en la jurisdicción de la Audiencia en el sitio de su residencia o en cinco leguas a la redonda, ella era el Tribunal de Primera Instancia.

Las leyes de Indias ordenaban que los Oidores no conocieran de los litigios en sus casas, sino en el local de la Audiencia.[15]

Al Virrey, y en Caracas, al Gobernador y Capitán General, le estaba prohibido asistir cuando estaban en litigio pleitos suyos o de sus parientes o allegados.

Tampoco podían asistir aquellos Oidores que había sido antes jueces de la misma causa que se discutía.

Cualquiera de los Ministros podía ser recusado. Debía entonces retirarse del conocimiento de la causa.[16]

En caso de que la recusación se produjera en un litigio donde actuaba el Tribunal en pleno, la recusación debía ser conocida también en Tribunal pleno y en él designado a los Conjueces. Pero si se trataba de una sentencia donde sólo intervenían dos Oidores y era recusado alguno de ellos o los dos juntos, era el Regente quien designaba a los sustitutos.

Al sentenciar los Oidores debían atenerse a las normas legales por mandato de la ley LXVI, del Título 15, Libro II "que el conocimiento de los pleitos y causas sea conforme a derecho, y que los delitos no queden sin castigo".

La ley debía ser tomada en el sentido natural y evidente de sus palabras; y en caso de ser oscura o de no existir disposición expresa sobre el particular, la Audiencia debía ocurrir al Consejo de Indias para la resolución del caso.

Si se daba el caso de colidir dos leyes "regía la última dictada, y en caso de serlo de igual fecha, prevalecía la que tuviera carácter de especial."

Una vez dictada la sentencia era enviada al Presidente para su firma. Si éste tenía algunos reparos que hacerle la remitía de nuevo a la Audiencia; reunidos de nuevo los Ministros consideraban el caso y por mayoría de votos dictaban nuevo dictamen o ratificaban el anterior; en ambos casos: la sentencia de nuevo era remitida al Presidente, quien debía firmarla sin reparos de ninguna especie ni responsabilidad.

Dictada la sentencia podía ser apelada ante el Consejo de Indias en dos casos: por propia iniciativa o a instancia de las partes.

---

15 *Recopilación de Leyes de Indias*, Ley XVII, título XV, Libro II.

16 *Recopilación de Leyes de Indias*, Ley XXXI, título XV, Libro II.

En el primer caso la Audiencia debía remitir testimonio de todo lo actuado, y la sentencia primera creaba una "situación temporal" hasta la determinación real.

Las partes podían apelar cuando se trataba de algo no apreciable en dinero o cuyo valor pasaba de seis mil pesos fuertes. El interesado debía solicitar testimonio de las actuaciones y remitirlas por sí ante el Consejo.

Los juicios sin embargo eran lentos, y las causas se acumulaban por lo que el Rey ordenó por Cédula de 4 de agosto de 1802 a los Presidentes de Audiencia "enviar un estado exacto de las causas introducidas en los tribunales de Audiencia, y de los motivos de suspensión, dando al mismo tiempo su opinión sobre la incapacidad o mala voluntad de los individuos de estos tribunales y sobre los medios adoptados para regularizar la acción de la justicia".[17]

Esta misma cédula ordenaba que cada año debía enviarse un informe semejante.

Adolfo Bonilla de San Martín opina que "el sistema de enjuiciamiento no difiere substancialmente del seguido por entonces en las Audiencias españolas de Valladolid y Granada; pero se nota en él un especial cuidado de dotar de garantías de imparcialidad al procedimiento".[18]

De todas las sentencias estaba ordenado dejar copia en la Secretaría de Cámara. Estas copias, debidamente catalogadas existen en el Archivo General de la Nación y más adelante tendremos ocasión de hablar algo de ellas.

Con respecto al cumplimiento de la Cédula que hemos citado de 1802, recordamos también haber visto en la Colección de Reales Cédulas del A.G.N. una expedida en plena guerra de la Independencia donde S. M. reclamaba de las autoridades españolas en Venezuela el cumplimiento de tal disposición legal.

---

17 DEPONS, *ob. cit.*, p. 101.

18 Congreso Argentino, *ob. cit.*, p. XVIII.

CAPÍTULO V

La organización de las Audiencias Americanas conforme a la Ley de 9 de octubre de 1812

Tendiendo por base una serie de documentos que encontramos en el Archivo del Palacio Arzobispal de Caracas, vamos a estudiar cómo organizaron las Audiencias Americanas las Cortes Generales y Extraordinarias, habidas en España durante “la ausencia y cautividad de Don Fernando VII, por la gracia de Dios y de la Constitución de la Monarquía, Rey de las Españas” en ley del 9 de octubre de 1812.

En primer lugar, fue mantenida la división jurisdiccional anterior y así quedaron funcionando en América las Audiencias de “Buenos Ayres, Caracas, Charcas, Chile, Cuzco, Guadalajara, Guatemala, Isla de Cuba, Lima, Manila, México, Quito y Santa Fe” (Artículo 1). El artículo 2 ordena que cada una mantenga el territorio que ha venido poseyendo “pero si algunas, por las circunstancias de la guerra hubiesen fijado en otros puntos más a propósito, continuarán interinamente en ellos con la aprobación de la Regencia”.

Es curioso que en medio de esas circunstancias especiales las Cortes ordenaran el establecimiento de una nueva Audiencia, “en la villa del Saltillo en la América septentrional”.

Esta ley unificó en cuanto a personal a las Audiencias Americanas pues en su artículo 7 dice: Las Audiencias de Asturias, Buenos Ayres, Canarias, Caracas, Charcas, Chile, Cuzco, Guatemala, Guadalaxara, Mayorca, Manila, Quito, Saltillo y Santa Fe, se compondrán cada una de un Regente, nueve Ministros y dos Fiscales. Con excepción de las Audiencias de Lima y México a las cuales le dio un Regente, doce Ministros y dos Fiscales, organizados en dos salas civiles y una sala criminal, cada una con cuatro Ministros.

Las otras tendrían dos salas, para asuntos civiles y criminales en segunda instancia, compuestas de cuatro Ministros y otra de cinco Ministros para conocer en tercera.

Al hablar en el capítulo 2 de las Audiencias en América, hacíamos mención de los llamados Alcaldes de Crimen, que en unas Audiencias se confunden con los Oidores y en otras eran funcionarios apartes. Las Cortes decidieron eliminar esa distinción: "Cesará en todas las Audiencias la diferencia de Oidores y Alcaldes de Crimen. Todos los Ministros de ellas serán unos Magistrados iguales en autoridad y todos tendrán la misma denominación".

También anunciábamos la existencia de Audiencias subordinadas; las Cortes las elevaron a igual categoría que las otras: "Todas las Audiencias serán iguales en facultades e independientes unas de otras, sin que haya asunto del conocimiento exclusivo de ninguna".

Eliminaron de seguidas la Presidencia de las Audiencias en manos del Virrey o del Gobernador y Capitán General: "Ninguna de ellas tendrá en adelante otro Presidente que su Regente respectivo".

Antes de seguir adelante con las facultades concedidas por las Cortes a las Audiencias, hagamos algunas consideraciones sobre los artículos de la ley, que ya hemos enunciado.

De no haberse verificado la Independencia de las naciones americanas, esta ley hubiera indicado la llegada de las Audiencias a la plenitud de su vida: al ser eliminada la Presidencia de manos de funcionarios ejecutivos del gobierno, se les daba la más absoluta separación, puesto que no deberían temer, ni siquiera tomar en cuenta la opinión del funcionario citado como debían hacerlo en casos en que éste no estuviese de acuerdo con lo resuelto por la Asamblea.

Al tener todas igual categoría, ya se iba afianzando cada vez más el proceso de formación de entidades autónomas unas de otras, sin duda de enorme importancia para la integración de las futuras nacionalidades.

Y el aumento y reorganización del personal togado indica bien a las claras que el auge de la actividad jurídica lo hacía indispensable.

Sobre el Derecho Procesal nos trae también nuevos aportes ya que indica la forma de las apelaciones e instancias: debía apelarse en segunda instancia de asuntos criminales y civiles a la Audiencia en una sala y en tercera en otra sala de la misma Audiencia.

Más adelante estudiaremos al detalle las nuevas formas de apelación. El mismo nueve de octubre de 1812 una disposición de las Cortes ordenó a la Regencia "completar o oponer desde luego en la Audiencia que la misma ley designa el número de magistrados que según ella deben tener respectivamente" y de seguidas les da normas precisas para la provisión de estos cargos: "Para ello conservará los Magistrados y Jueces actuales que están hábiles en las plazas que hoy tienen, excepto los que de esos hayan cumplido su sexenio, o los destinará por esta vez en sus respectivas clases a otras Audiencias y partidos donde lo crea conveniente" ... "Las plazas restantes en las Audiencias y Partidos se proveerán a propuesta del Consejo de Estado conforme a la Constitución. Y los que sean propuestos para ellas y para las que vaquen en lo sucesivo además de tener los requisitos que exige el art. 251 de la Constitución, deberán gozar de buen concepto en público, haberse acreditado por su ciencia, desinterés y moralidad, ser adictos a la Constitución de la Monarquía y haber dado pruebas de estar por la Independencia y libertad política de la nación, no debiendo servir de impedimento en lo sucesivo el que sean naturales de la Provincia o Partido en que hayan de ejercer sus funciones".

Estas disposiciones nos dan luces muy claras sobre el auge que las ideas de independencia ya empezaban a tomar aún entre los mismos magistrados de las Audiencias, como lo comprueban además estas otras acerca de los que formaban parte de las Audiencias y no eran de la plena confianza del gobierno español: "Pero si alguno o algunos no merecieren la confianza del gobierno y formando expediente aparecieren fundados los motivos, podrá suspenderles el Consejo de Estado y hará pasar el expediente al supremo Tribunal de Justicia para que los juzgue con arreglo a las leyes".

Podemos observar también que se elimina el obstáculo de ser americano para ocupar cargos togados en las Audiencias de Indias.

Esta ley que estudiamos alejó a las Audiencias del conocimiento "sobre asuntos gubernativos o económicos de sus provincias" y ordenó que "cuando se hallasen pendientes en los Acuerdos y fuesen por su naturaleza contenciosos, se distribuirán por repartimiento en las salas respectivas del Tribunal para su despacho; y los gubernativos o económicos se pasarán luego a las Diputaciones Provinciales para que éstas de acuerdo con los Jefes Políticos superiores, los examinen y clasifiquen, den curso a aquellos en que deban intervenir las mismas Diputaciones, Jefes y Ayuntamientos, según sus respectivas facultades y avisen exactamente de todo a la Regencia del Reyno, remitiéndoles los demás por el conducto de las Secretarías del Despacho a que correspondan, según la clasificación hecha por el Decreto del 6 de abril último, y promoviendo los que consideren más convenientes".

Con todo lo cual se quiso llevar las Audiencias al terreno que propiamente les correspondía, como lo era el campo estrictamente judicial sin intervención alguna en los problemas político-económicos de la región donde se encontraban.

La ley fijó nuevos sueldos y ordenó a los Capitanes Generales que junto con los Intendentes y con las propias Audiencias hicieren la determinación de los que corresponden en adelante a los Ministros de acuerdo con su nueva posición, y que dieran cuenta de todo eso a la Regencia.

Examinemos ahora las facultades conferidas a las Audiencias; la primera facultad que tenían era conocer en segunda y tercera instancia de su distrito, en las circunstancias que más adelante, al hablar del funcionamiento de la apelación, examinaremos al detalle.

Conocían también de las causas de suspensión y separación de los Jueces inferiores de su jurisdicción conforme a lo prescrito por la constitución del Reyno.

Dirimían las controversias de jurisdicción que se suscitaban entre estos mismos Jueces inferiores que estaban radicados en su distrito.

Conocían de los recursos de protección y fuerza que les eran sometidos por sentencias de los Tribunales Eclesiásticos de su Distrito. "Entiéndase comprehendidos en ellos los recursos de nuevos diezmos de que antes conocía el Consejo Real".

Debían recibir de los Jueces inferiores el aviso legal cuando era iniciado un juicio por delitos, y exigían la remisión de las listas de causas civiles y criminales que cursaban en los Tribunales inferiores de su jurisdicción.

Recibirían a los Abogados cumpliendo los requisitos que indicaban las leyes de la materia. Los Abogados recibidos por las Audiencias podrían ejercer su profesión en cualquier pueblo de España y de Ultramar sin otra condición que su inscripción en aquello sitios donde hubiese Colegio de Abogados.

Examinaban a los candidatos a escribanos públicos, quienes sin cumplir con esa formalidad no podrían acudir al Rey o a la Regencia en solicitud del Título correspondiente.

Decretaban la nulidad de aquellas sentencias de los Tribunales de primera instancia, que, aunque no podían ser apeladas por mandato de la ley, adolecían de vicios graves.

Conocerían de la petición de nulidad de sentencias dictadas en tercera instancia o en segunda si causan ejecutoria "para el solo efecto que previene el artículo 269 de la Constitución".

Vistas someramente las nuevas facultades examinemos ahora las disposiciones sobre derecho procesal.

Los Fiscales, (dos según ya hemos visto) debían despachar indistintamente los asuntos civiles o criminales que les fuesen encomendados. Tenían voto en aquellas causas en las que no siendo ellos partes, no había suficiente número de ministros para determinar cuándo era necesario resolver una votación empatada.

El Fiscal de la Audiencia debía ser oído en todas las causas criminales, aunque hubiese acusador y en las causas civiles cuando interesaba a la causa pública o la defensa de la jurisdicción ordinaria.

Les estaba terminantemente prohibido percibir por ningún título ni bajo pretexto alguno derechos o subvenciones.

En los juicios criminales debían hablar en el estrado antes del defensor del reo o de la parte demandada. Sus respuestas en las causas civiles y criminales estaban a la libre disposición de las partes.

Cuando una causa criminal era remitida a la Audiencia por un Juez de primera instancia, debía la Audiencia antes de determinar la vista oír al Fiscal, al reo y al acusador particular si lo había.

Tanto el Regente, como los Ministros y Fiscales no podían desempeñar ninguna comisión, ni tener otra ocupación que el despacho de los negocios de su Tribunal.

Las Audiencias de dos salas tenían, como hemos dicho, una para el conocimiento de las causas en segunda instancia y otra sala para la tercera.

Si se daba el caso de que la sentencia en segunda instancia confirmaba la de la primera, debían acudir a la vista en tercera todos los Ministros restantes de la Audiencia "con el Regente y uno de los Fiscales, o los dos si ninguno fuere parte en el negocio". Siempre era necesario que el Tribunal, al decidir en tercera instancia, tuviera dos jueces más que al decidir en segunda.

"Si para ello no hubiese Magistrados suficientes en la Audiencia se agregarán uno o dos Jueces de letras de la capital que no hubiesen sentenciado la causa de que se trate, y en su defecto la Sala elegirá a pluralidad de votos el Letrado o Letrados que necesite".

En estas Audiencias de dos Salas, cuando en la de segunda instancia se encontrare empatada una votación, la decidía un Ministro de la otra Sala o uno de los Fiscales. En caso de empate en la sala de tercera instancia, la decisión, de no estar el Regente o el Fiscal, la efectuará un Letrado que hubiese sido electo como hemos explicado en párrafos anteriores.

Si el empate ocurría en una Audiencia de tres salas, en cualquiera de ellas le tocaba la decisión a un Ministro de cualquiera de las otras salas.

En las Audiencias de tres salas, la apelación en tercera de una causa civil o criminal se hacía a cualquiera de las otras dos salas, pero si la sentencia apelada era confirmatoria del fallo de primera instancia, debían entonces unirse para la determinación todos los Ministros de las otras dos Salas. En los dos casos en el juicio en tercera instancia también eran necesarios dos jueces más que en el de segunda.

Para la formación de salas, cada año se alternaban los Ministros en orden de antigüedad.

Era indispensable para que la sala pudiese actuar que hubiese tres Ministros presentes por lo menos. Pero si se trataba de causas criminales que se referían a delitos castigados con pena corporal, el número de Ministros no podía pasar de cinco.

Para sentenciar hacían falta por lo menos tres votos conformes; en caso de que la votación fuese hecha por seis o más Ministros era necesaria la mayoría absoluta.

El Regente asistía libremente a la sala que a bien tuviera, pero en las Audiencias de dos salas, si asistía a la de segunda instancia, el Ministro más moderno de ella pasaba a la sala de tercera instancia, mientras el Regente estaba en la de segunda.

Acabada la vista, o revista, la sala no podía disolverse hasta dar sentencia, salvo si uno de los Magistrados exigía ver los autos, o que los jueces declararen ser necesaria información de derecho conforme a la Ley.

Las Audiencias estaban obligadas a tratar con consideración y respeto a los abogados que actuaban ante ellas.

Todos los años, en fecha determinada, debían efectuar una visita general de cárceles y lugares donde hubiere presos sometidos a la jurisdicción ordinaria. De estas visitas era enviado un memorial al Gobierno Español. A estas visitas podían asistir dos miembros del Ayuntamiento.

Los sábados, dos Ministros, por turno, visitaban las cárceles, acompañados de los dos Fiscales, y en tal oportunidad les debía ser presentados todos los presos.

En los juicios sumarísimos de posesión y en los de propiedades que no pasaban de quinientos pesos, la sentencia de segunda instancia confirmase o modificase la de primera, no podía ser apelada.

Si se trataba de un pleito de no más de dos mil pesos fuertes y la sentencia de segunda instancia confirmaba la de primera, tampoco podía apelarse.

Quedaba el recurso de nulidad y en tal caso debía llevarse a efecto la sentencia ejecutoria; pero la parte vencedora proporcionaba a la otra la correspondiente fianza para el caso de que fuese mandado reponer el proceso.

En las Audiencias de tres salas, el recurso de nulidad se presentaba en la sala que no hubiese conocido del caso ni en segunda ni en tercera. Pero en caso de que en la sala restante no quedasen cinco jueces hábiles (jueces que durante el proceso no hubiesen conocido la causa en cualesquiera de las dos instancias anteriores) el juicio era llevado ante otra Audiencia. En ésta decidía en la sala correspondiente.

Si se trataba del recurso de nulidad de una sentencia que causaba ejecutoria por confirmar la sentencia anterior, se vería en cualquiera de las otras dos salas que no hubiese conocido del proceso.

Si se trataba de una Audiencia de dos salas, el recurso de nulidad de una sentencia de segunda instancia que causare ejecutoria debía intentarse ante la sala de tercera instancia.

En todos estos casos deberán asistir cinco Ministros, por lo menos, para conocer del juicio de nulidad. Uno de ellos debía ser el Regente, siempre que no hubiese conocido del mismo juicio en cualquier otra instancia.

El recurso de nulidad debía ser interpretado "en la sala donde se cause la ejecutoria, dentro de los ocho días siguientes al de la notificación de la sentencia".

Una vez presentado el recurso la sala debía admitirlo sin otra circunstancia y enviar los autos originales a la otra sala o Tribunal que le tocase decidir.

Las Audiencias estaban obligadas, una vez terminada la causa, a petición de parte interesada, expedir testimonio de ella, salvo en aquellos casos en que la decencia pública exigía que la causa fuere vista a puertas cerradas.

Esta ley fue recibida en Venezuela por la Audiencia de Caracas que por las circunstancias que examinamos en el capítulo 7 se encontraba para ese entonces en Valencia. Al pie del documento que tenemos a la vista existe un acta que nos arroja luces sobre cómo se hubieron de cumplir las disposiciones que hemos estudiado en la Audiencia Venezolana.

"En la Ciudad de Valencia del Rey, a ocho de febrero de 1813 hallándose en acuerdo ordinario los SS. D. José Francisco Heredia, D. Francisco de Paula Vilches, y D. José Costa y Gali, Decano, Regente Interino, Ministro y Fiscal de la Audiencia de Caracas, que provisionalmente despacha en dicha Ciudad, y Licenciado D. Ignacio Xavier de Uzelay, Conjuez; habiéndose visto el expediente formado sobre el cumplimiento y ejecución de la ley de 9 de octubre que comprehende el nuevo arreglo de Tribunales y Juzgado de Primera Instancia con lo representado por el Sr. Fiscal en treinta de enero proponiendo las dudas que puedan ocurrir sobre el Particular, acordaron que debían hacer las declaraciones siguientes: Primera: Que reservándose únicamente al Tribunal el conocimiento de las primeras instancias en las causas que se siguen, y pueden suscitarse sobre hechos de la Revolución pasada y sus resultas, como radicadas ya las unas efectivamente, y las otras en su origen, no se admitan otras en lo sucesivo, y procedan los jueces en ellas conforme a la Constitución y a lo que previene esta Ley. Segunda: Recibidos respectivamente exemplares de ella, serán responsables los jueces de su más exacta y escrupulosa observancia en todas sus partes; y no se entenderán en todo lo concerniente a la administración de justicia con ninguna otra autoridad que la Audiencia, como se previene expresamente en la Constitución y en la misma ley. Tercera: En los pueblos donde no se hayan establecido los Ayuntamientos Constitucionales, y hasta que éstos se formen, continuarán ejerciendo la jurisdicción ordinaria las mismas personas y con las propias atribuciones que la hayan establecido hasta ahora, según las reglas prescritas en la Ley: y para evitar dudas y competencias se declara. Que los tenientes Justicias Mayores de estas Provincias en los Subdelegados de Ultramar de que se habla en ella. Cuarta: Que este acuerdo se imprima, publique y circule con la ley. Así lo proveyeron y firmaron dichos SS. Ministros, y Conjuez, de que certifico: José Francisco Heredia. Francisco de Paula Vilches. José de Costa y Gali. Ignacio Xavier de Uzelay. Rafael Márquez, Escribano de Cámara habilitado."

Estas fueron las intenciones de los Miembros de la Audiencia de Caracas que entonces comenzaba a sufrir vicisitudes.

CAPÍTULO VI

Influencia de la Audiencia en la vida colonial venezolana

Aunque variadas son las opiniones sobre la influencia de la Real Audiencia en la propia vida de la Colonia, hay que convenir que, dada la categoría e importancia de este Tribunal, el respeto que la ley exigía para sus decisiones y aún para sus miembros, es necesario que su labor fuese tenida muy en cuenta en cualquier estudio referente a la Colonia Venezolana.

Hay quienes hacen pesar sobre la Audiencia la responsabilidad de que hubiera habido tantos litigios en su época y que se desarrollara esa enorme pasión por los combates de la pluma a que eran tan aficionados los criollos como nos dice Depons, pasión que a veces los arruinaba por lo costoso de los pleitos y los fútiles y vanidosos motivos que los llevaban a los Tribunales.

No creemos que tal pueda imputársele a nuestra Audiencia: era algo que emanaba del medio donde ella iba a actuar.

Las necesidades económicas y político-jurídicas de la Capitanía General hacían necesaria la creación de un Tribunal superior de apelación en su propio territorio.

Ya hemos visto al hablar de la fundación de la Audiencia de Caracas cómo fue ella motivada por una representación dirigida desde Maracaybo a S.M. exponiéndole las dificultades con que tropezaban los comerciantes del lugar y la ciudadanía en general al deber acudir hasta Santo Domingo para la resolución de sus pleitos. También hemos hablado de cómo desde los tiempos de Don Simón de Bolívar ya el Ayuntamiento caraqueño elevaba quejas ante el trono español por los inconvenientes que la administración de la justicia traía el deber de acudir en apelación hasta Santo Domingo con la distancia grande que existe entre las costas de Caracas y la Isla y las dificultades con que en ese entonces tropezaba la navegación.

La integración político-territorial de la Capitanía General hacía, además, urgente el que se unificaran también las provincias que la componían desde el punto de vista de la jurisdicción judicial, ya que en caso contrario no tardarían en surgir litigios y reclamaciones por asuntos de choque de jurisdicciones.

Una vez instalada la Audiencia el movimiento judicial tomó enseguida un enorme auge; el cuadro adjunto, preparado con los datos que se encuentran en el A.G.N. son una prueba evidente de cómo fue interviniendo la Audiencia en los diversos aspectos de la vida de la Colonia, pues aunque sentenciaba multitud de casos, no todos habían de ser por asuntos de importancia baladí, sino que sin duda alguna debía resolver y de hecho resolvía importantes negocios que se suscitaban en las relaciones de las autoridades coloniales entre sí, de ellas con los criollos y blancos españoles, y aún con los pardos y finalmente entre todos estos señores por motivos económicos, políticos, etc.

1788	5	1805	266
1789	10	1806	264
1790	175	1807	280
1791	228	1808	398
1792	253	1809	76
1793	236	1810	20
1794	211	1811	
1795	147	1812	
1796	316	1813	3
1797	324	1814	1
1798	247	1815	
1799	323	1816	159
1800	351	1817	386
1801	312	1818	154
1802	236	1819	160
1803	229	1820	112
1804	291	1821	16

Existe por lo tanto un promedio de 220 causas por año, ya que pueden considerarse que fueron solamente 29 años lo que duró la Audiencia, porque no pudo hacerlo en los años 1811, 1812 y 1815.

No gozó la Audiencia de Caracas de la prerrogativa de gobernar en caso de ausencia del Gobernador y Capitán General. S. M. el Rey por Real Cédula del 2 de setiembre de 1778, o sea un poco antes de la creación de la Audiencia de Caracas, creó el cargo de Teniente del Rey a quien daba "amplio poder y facultad para que, en ausencia o falta del Gobernador y Capitán General de Caracas, mande en lo político y militar con la misma jurisdicción y autoridad que lo hace y debe hacer el propio Gobernador y Capitán General a quien debéis substituir en los referidos casos".[1]

En los casos en que ocurrió vacante de la Gobernación y Capitanía General, entro siempre el Teniente del Rey a ocupar interinamente el cargo. La Audiencia nunca quiso oponerse a ello ya que eso no entraba dentro de sus facultades.

Pero, sin embargo, podía ejercer influencia en el Gobierno de otra forma. En efecto, dice sobre esos particulares el viajero Depons, que "El Rey recomienda a los Capitanes Generales consular a las Audiencias las materias arduas del gobierno. Varias cédulas prescriben ante las decisiones de las Audiencias, la misma sumisión que si emanaran directamente del Rey. Todos los lunes y jueves la Audiencia de Caracas consagra una hora y media después de la sesión a asuntos de alta administración. A este acto se le da el nombre de *acuerdo*. El Capitán General casi nunca deja de asistir y mucho menos el Fiscal".[2]

La Audiencia podía proponer libremente al Rey y sin necesidad de ningún intermediario cuanto juzgare conveniente para el gobierno y la justicia, dice el mismo Depons. Y ella era el cuerpo que informaba al Rey de cuanto éste deseaba informarse sobre asuntos en los cuales "se hallen comprometidos Virreyes y Gobernadores". A ella se le encomendaba misiones de toda clase, menos las relativas al empleo "de las Armas".

El Presidente de ella, o sea el Gobernador y Capitán General no estaba obligado a seguir su dictamen en los asuntos de gobierno, pero la Audiencia podía apelar al Rey si el Presidente no seguía el criterio que ella había sentado.

---

1 Este documento se encuentra en la Obra *La Capitanía General de Venezuela*, del Dr. García Chuecos, en la página 55, tomado de *Documentos para la Vida Pública del Libertador* de B. y A. Tomo I, p. 129.

2 DEPONS, *Ob, cit.*, p. 102.

La influencia de la Audiencia en el desarrollo de la vida del Derecho en Venezuela fue de gran importancia. "Se esmeró grandemente en el fomento de los estudios jurídicos y en el enaltecimiento de la abogacía".[3]

Como muestra de estos empeños cita García Chuecos la fundación del primer Colegio de Abogados de Caracas en 1788 y la celebración de una célebre Academia de Derecho Público y Español "de la cual fue uno de los más entusiastas profesores el Regente Doctor Antonio López de Quintana".

Cita también la autorización dada en 1789 al Real Colegio de Mérida para que leyese estudios de Derecho Civil y Canónico.

Don Laureano Vallenilla Lanz nos señala un nuevo aspecto del papel de la Academia en la vida colonial: dice que ella vino con mucho a limitar las facultades de los casi omnímodos Cabildos Coloniales "y en muchas ocasiones amparó a las clases bajas de la Colonia contra el exclusivismo de casta y la tiranía a que está habituando el mantuanismo".[4]

El Dr. Parra Pérez la pinta en forma elocuente: "Se nos presenta, no sólo como el órgano de aplicación de las leyes en su carácter de Tribunal de Alzada, y para ciertas causas de Primera Instancia, sino también como defensora de las libertades públicas y la salvaguarda del colono". "En principio puede afirmarse que la Real Audiencia prolongaba la gran tradición judicial española y aplicaba justamente las leyes".[5]

En cambio, Don Luis Alberto Sucre nos la presenta como un factor más en la formación de las ideas de la autonomía al favorecer, según él, a los europeos: "El establecimiento de la Audiencia no dio el resultado apetecido: en lo jurídico su elevada tarifa imposibilitaba a las clases pobres el goce de sus derechos, entregándolos a la tiranía del Capital. En lo político ningún resultado favorable dio tampoco, porque, aunque en general compuesta por hombres íntegros, se inclinaba, naturalmente, a favorecer los intereses del partido europeo; siguió pues fomentándose entre los criollos la idea autonómica".[6]

---

3 HÉCTOR GARCÍA CHUECOS, Estudios de Historia Colonial Venezolana, Tomo II.

4 LAUREANO VALLENILLA LANZ, *Disgregación e Integración*, p. 74.

5 CARACCIOLO PARRA PÉREZ, *El Régimen Español en Venezuela*, pp. 231 y 232.

6 LUIS ALBERTO SUCRE, Gobernadores y Capitanes Generales de Venezuela, página 299.

Quizá sea demasiado severo el Sr. Sucre en este juicio sobre la Audiencia: Parra Pérez y Vallenilla Lanz opinan lo contrario en lo relativo a las clases bajas y la Audiencia; la multitud de asuntos en litigio nos hace pensar que no todos iban a ser de los ricos mantuanos, mucho menos cuando los mantuanos caraqueños no eran tan numerosos.

Podemos muy bien citar como síntesis las precisas palabras de Héctor García Chuecos sobre el papel de la Audiencia: "Recorrida rápidamente la labor realizada por la Audiencia, no puede decirse que ella fuera perjudicial ni en los días tranquilos de la Colonia ni en los agitados de la guerra de la Independencia. Al contrario, cabe elogiarla por sus lecciones de civismo, de integridad y decoro; siendo dignos de especial mención, todos los esfuerzos que en los primeros años de su vida hiciera por nuestra evolución democrática".

CAPÍTULO VII

La Real Audiencia durante la época de la Independencia

Fue, sin duda, lucida y brillante para los fueros de la justicia y del derecho, el papel que desempeñó la Real Audiencia de Caracas durante el proceso de la Independencia.

Repetidas veces hubo de salir de Caracas perseguida por la guerra. Los altos jefes militares españoles la vejaron sin cuidado alguno para ver en ella un obstáculo a sus intenciones guerreras. Hasta fue suspendida en sus funciones y hubo necesidad de un mandato real para volverla a restablecer.

No vamos a intentar un recuento histórico de todo el proceso de la existencia de la Audiencia durante los años 1810-1821; pero sí queremos hacer destacar el papel de ella en los años que de esta etapa de su vida fueron los más difíciles.

Disuelta por primera vez al declararse la Independencia hubo más tarde de restablecerse en Valencia, a donde la hemos visto en el Capítulo V recibir y acatar la ley de 9 de octubre de 1812 sobre la reorganización de las Audiencias en América. Los Oidores prefirieron a la ciudad de Valencia a continuar en Caracas, para estar así alejados de la ambición de Monteverde, en quien no podían reconocer a la legítima autoridad por ser únicamente el "simple jefe de una expedición afortunada" según el decir de García Chuecos.

Fueron a Valencia y su labor allí merece encomiásticos elogios: "La labor realizada por la Audiencia en su segunda etapa, que corresponde al Gobierno de Monteverde, merece los más entusiastas aplausos de la posteridad. Inspirada en un alto espíritu de justicia sostuvo siempre el imperio de la ley frente al despotismo militar, predicó la equidad ante la arbitrariedad triunfante, aconsejó el perdón y la benevolencia ante las enconadas pasiones que ya desataba la guerra. Presidida por un hombre de la integridad de Heredia, arrostró los odios de sus propios copartidarios los realistas, sostuvo la validez de la Capitulación de la Victoria, y trabajó asiduamente por que se cumpliesen los decretos de indulto expedidos por el Consejo Supremo de la Regencia".[1]

El avance del Libertador en la Campaña Admirable hizo disolver la Audiencia y nos cuenta García Chuecos que unos oidores fueron a Puerto Cabello, otros a Caracas y alguno llegó hasta España.

Pero según datos del mismo García Ch. el 14 de octubre de 1814 se restableció en Puerto Cabello, presidida por Francisco de Paula Vilches como Oidor Decano. En el Archivo General de la Nación existe una Real Provisión de la Audiencia firmada en Puerto Cabello el 19 de diciembre de ese año de 1814.

En febrero del año siguiente de 1815 la Audiencia recibió una orden de la Secretaría de Gracia y Justicia de fecha 13 de julio de 1814 donde el Rey modificaba la ley del 9 de octubre de 1812 y confería de nuevo al Gobernador y Capitán General la Presidencia de la Real Audiencia. El 27 de febrero se juramentó el Mariscal de Campo Don Juan Manuel Cagigal como tal Presidente.[2]

Mientras tanto Boves en Caracas creaba un Tribunal Superior de Apelaciones, que no venía a ser otra cosa sino un auténtico ultraje a la dignidad de la Audiencia.

El 22 de diciembre de ese año de 1814 la Audiencia se dirigió al Rey de España: sus esfuerzos por sofocar las extralimitaciones de los caudillos militares eran vanos, por eso apelaba al Rey: "la suma arbitrariedad con que han procedido y proceden los Jefes Comandantes y Jueces inferiores de esta provincia, ya dilapidando los fondos secuestrados, ya concediendo indulto a personas que no los merecen por ningún título, ya embargando bienes y condenando a muerte sin proceso ni justificación alguna, así a culpados como a inocentes..."

El Rey contestó por Cédula Real del 7 de octubre de 1815, pero meses antes ya Morillo la había disuelto; el 10 de mayo del mismo año 1815 y sus Ministros estaban dispersos. Creó en lugar de la Audiencia un Tribunal Superior de Policía. Junta de secuestros y un Tribunal Superior de Policía. (Sobre estos Tribunales véase un estudio especial que de ellos hizo el Dr. García Ch. en sus "Estudios de Historia Colonial Venezolana", págs. 22 y sigs. del Tomo II).

---

1 HÉCTOR GARCÍA CHUECOS, *ob. cit.*, p. 18.

2 *Idem.*, p. 20.

El 27 de diciembre de 1815, según Real Orden comunicada por Moxó al Oidor Decano de la Audiencia de Caracas Don José Francisco Heredia, S.M. Fernando VII restablecía el alto Tribunal. El 25 de mayo del año 1816 instalóse de nuevo el Tribunal, "habiendo llegado poco antes el Regente, Oidor y Fiscal que estaba en Puerto Rico" (Sobre este particular puede verse en el Apéndice Documental de este trabajo una comunicación de Esteban Varear, secretario real, al Regente y Oidores de la Audiencia de Caracas el 17 de junio de 1818.)

La Audiencia luego de instalada hubo de comenzar de nuevo a intentar el arreglo de los desperfectos causados por los jefes militares españoles.

Así el 23 de marzo de 1816 otra vez acudió al Rey exponiéndole la inconveniente situación que estaba planteada en la provincia a causa de los tribunales y organismos especiales creados por Morillo y por Boves.

La Audiencia consultaba al Rey si "existiendo la mayor y más delicada parte de su jurisdicción en el Consejo de Guerra Permanente y en el Juzgado de Policía, podrían continuar estos Tribunales abocándose al conocimiento de las causas".

Y además que "si habiendo observado el Tribunal de secuestros en cuanto a las confiscaciones las reglas contenidas en el plan que se tomó al tiempo de su instalación, de las que unas eran contrarias a las leyes y otras opuestas a las benéficas intenciones de S.M. debían esas reglas seguir rigiendo en la materia como dictadas por autoridad legítima".

Por último, "si intentando las partes la nulidad de las sentencias de confiscaciones dictadas sin conocimiento de causa, con un juicio no menos ilegítimo, podía la Audiencia tomar conocimiento para deshacer el agravio, pues, aunque por una parte sería interminable el procedimiento, sería sumamente duro por otra, que casi todas las familias de estas provincias quedarán despojadas de sus bienes sin asistencia ni formalidad alguna, y muchas sin tener siquiera noticia de cuál fuere su delito".

El Rey, visto el informe del Fiscal y consultado por el Consejo de Indias resolvió que con respecto al Juzgado de Policía no hubiese dudas puesto que, en marzo de ese mismo año, lo había mandado a suprimir, que con el Consejo de Guerra permanente encargaba al Capitán General que estudiara en Acuerdo el problema y que propusiese solución adecuada. Restablecía el Rey el imperio de la ley sobre la norma arbitraria al ordenar que deberá "La Audiencia gobernar en sus determinaciones por lo que disponen las leyes."

Y, por último, para remediar la injusticia planteada por la Audiencia en los casos de secuestros de bienes, quiso S.M. que la Audiencia oyese a las partes interesadas "con la más escrupulosa exactitud, en las reclamaciones que le hagan de esta especie".[3]

Continuaba siendo la Audiencia de Caracas lo que en su Política Indiana decía Solórzano Pereira de las Audiencias y Chancillerías reales de América: "son castillos roqueros de ellas, donde se guarda justicia, los pobres hallan defensa de los agravios y opresiones de los poderosos y a cada uno se le da lo que es suyo con derecho y verdad".[4]

Trabajo costó, sin embargo, a la Audiencia el hacerse obedecer por hombres como Morillo.

El famoso Fiscal Level de Goda[5] en sus Memorias cuenta con lujo de detalles y a veces exceso de imaginación las peripecias y las diferentes e interesantes situaciones por que pasó la Audiencia Caraqueña en los días agitados en que se aproximaba el triunfo de los Patriotas.

Fue de sumo interés cómo obligó a Morillo en cierta oportunidad a obedecer una Real Provisión que el mismo Morillo al recibirla debió besarla y ponerla sobre su cabeza "como carta de su Rey y señor natural".

También nos cuenta Level cómo fue enjuiciado el Libertador y llamado por medio de edictos y pregones para que compareciera delante del Tribunal, y cómo hubieran de correr cuantos quisieron seguirle juicio: "Llamar a un reo por edictos y pregones, venir el reo y huir el juez, escribano y pregonero, porque no le quieren aguardar ni aún ver su cara, la penetración de V.M. no solamente lo encontrará indecoroso a la Real Audiencia que es viva imagen de S.M. sino también muy cómico y un objeto muy adecuado a las páginas del famoso romance de Cervantes".[6]

En los años 18, 19 y 20 la Audiencia continuó su trabajo en intensa forma como lo demuestra el cuadro que acompaña al capítulo 6 de este trabajo.

La campaña de Carabobo y los avances de Bermúdez sobre la Capital hicieron salir apresuradamente a los miembros de la Audiencia de Caracas.

---

3 Véase Apéndice Documental (N° 9).

4 SOLÓRZANO PEREIRA, p. 271. Capítulo III, Libro IV.

5 LEVEL DE GODA, *Memorias*. Publicadas por el Dr. Vicente Lecuna en el Boletín de la Academia Nacional de la Historia. Nos. 59 y 63.

6 LEVEL DE GODA, *Memorias*. Boletín de la A.N.H. No. 59, p. 201.

El 4 de mayo de 1821 fue firmada la última Real Provisión de ella que se conserva en la A.G.N.

Así terminó su proceso la Real Audiencia y Chancillería de Caracas. Un poco antes había dictado una Instrucción en la cual dice García Chuecos "se reintegró al lleno de sus atribuciones la jurisdicción Real y Ordinaria del Gobernador y Capitán General de la Audiencia, de los gobernadores de Provincia y de los Tenientes, Justicias y Alcaldes de Pueblos".[7]

Tenía esta Instrucción fecha de julio o agosto de 1817 y fue la última regulación española del gobierno en Venezuela.

Entonces acabó sus funciones la Audiencia y Chancillería Real de Caracas. No ha habido después otro Tribunal en la República, como lo dicen los estudiosos de la materia, que pueda comparársele...

---

7 HÉCTOR GARCÍA CHUECOS, *Ob. cit.* p. 34.

APÉNDICE DOCUMENTAL

NÚMERO 1

Creación de la Real Audiencia de Caracas

Señor Intendente de Caracas.

Habiéndose enterado el Rey muy particularmente de la solicitud del Cabildo, Justicia y Regimiento de la Ciudad de Maracaibo sobre que su Magestad se dignase reintegrar su Provincia del dominio, régimen y gobierno de lo Político y Militar y todas sus incidencias del Virreinato de Santa Fe, de que fue segregada por Real Cédula de 8 de setiembre de 1777.

E igualmente de lo que, así el Virrey que fue de dicho reino Don Manuel Antonio Flores y el Fiscal de la Real Audiencia de él, como Us. y el Gobernador de esa Provincia han informado sobre el asunto:

Ha resuelto Su Magestad con vista de todo que continúe la Provincia de Maracaibo unida como está a la Capitanía General e Intendencia de Caracas; observándose lo dispuesto por Real Cédula de 15 de febrero de este año sobre agregación de la ciudad de Trujillo y su jurisdicción al Gobierno de Maracaibo, y creación de la Provincia de Barinas en comandancia separada con calidad de por ahora.

Y para evitar los perjuicios que se originan a los habitantes de dichas provincias de Maracaibo, la de Cumaná, Guayana, Margarita e Isla de Trinidad, comprendidas en la misma Capitanía General, de recurrir por apelación de sus negocios a la Audiencia pretorial de Santo Domingo, ha resuelto el Rey crear otra en Caracas, compuesta por ahora por un Decano Regente, tres Oidores y un Fiscal; dejando igual número de Ministros en la de Santo Domingo y ciñendo su Distrito a la parte Española de aquella isla, la de Cuba y Puerto Rico; a cuyo fin nombra su Magestad desde luego los Ministros que han de servir en una y otra.

Lo participa a Us. de Real Orden para su inteligencia y gobierno. Dios guarde a Us. muchos años. Aranjuez, 13 de julio de 1786. Sonora.

[Documentos para la Vida Pública del Libertador. Blanco y Azpúrua. La Capitanía General de Venezuela. Héctor García Chuecos.]

NÚMERO 2

Personal de la Audiencia de Caracas

EL REY.

Gobernador y Capitán General de la Provincia de Venezuela y ciudad de Santiago de León de Caracas. Para evitar los perjuicios y dispendios que se originan a los habitantes de las Provincias comprendidas en esa Capitanía General de recurrir por apelación en sus negocios a mi Real Audiencia Pretorial de Santo Domingo, he venido por mi Real Decreto de seis de este mes en crear otra en esa capital cuyo distrito ha de extenderse además de la provincia de Venezuela a la de Cumaná, Maracaybo y Guayana y a las dos Islas de Trinidad y Margarita, quedando ceñida la jurisdicción de la expresada Audiencia a la parte Española de aquella isla, de Cuba y Puerto Rico; y el número de sus ministros al Regente, tres Oidores y el Fiscal de lo Civil, que lo ha de ser también de lo Criminal: previniendo que esa nueva Audiencia de Caracas ha de componerse de un Oidor Decano Regente de ella con el sueldo por ahora, de cinco mil pesos; de tres Oidores con el mismo que tienen los de la de Santo Domingo; y un Fiscal que lo ha de ser único de ella don Juan Díaz de Saravia, actual Fiscal Criminal de la misma Audiencia, y mandar que en consecuencia me consulte mi Consejo de Cámara de las Indias desde luego estas cuatro plazas, la primera en Ministros acreditado de otra Audiencia de esos mis Dominios, y las tres restantes en letrados de conocida literatura y práctica de Tribunales. Lo que os participo para que lo tengáis entendido hagáis notorio donde convenga y concurráis en la parte que os toca a su puntual cumplimiento, e inteligencia de que con fecha de este día se comunica esta mi resolución al Gobernador y Capitán General de la enunciada Isla Española, y al Regente y Oidores de aquella Audiencia para que les conste el territorio que se segrega de su respectiva jurisdicción, y se aplica a la nuevamente establecida en esa ciudad; y de esta mi Real Cédula se tomará razón en la Contaduría General de mi referido Consejo. Fecha en San Ildefonso a treinta y uno de julio de mil setecientos ochenta y seis. YO EL REY. — Por mandato del Rey nuestro señor, Antonio Ventura de Taranco.

[Archivo General de la Nación. *Sección Reales Cédulas*.]

NÚMERO 3

Presidencia de la Audiencia de Caracas

EL REY.

Gobernador y Capitán General de la Provincia de Venezuela y ciudad de Santiago de León de Caracas. En Real Orden de diez y ocho de diciembre último he tenido a bien prevenir a mi Supremo Consejo de Indias, teneros declarada a Vos, como Tal Capitán General, la Presidencia de la nueva Audiencia creada en esa Capital, y que sin embargo de lo que se dispone en los títulos que se han librado a los Ministros nombrados para ella, deben jurar en vuestras manos, los que de estos y demás dependientes de la misma Audiencia llegaren a servir sus destinos antes que el Oidor Decano Regente: Lo que os participo para que lo tengáis entendido y dispongáis (Como os lo ordeno y mando), que esta mi Real deliberación tenga su debido cumplimiento, por ser así mi voluntad. Fecha en el Pardo a trece de enero de mil setecientos ochenta y siete. YO EL REY. — Por mandato del Rey nuestro señor, Antonio Ventura de Taranco.

[Archivo General de la Nación. *Sección Reales Cédulas*.]

NÚMERO 4

EL REY.

Regente y Oidores de mi Real Audiencia de la Provincia de Venezuela que reside en la ciudad de Caracas. En carta de 12 de julio del año próximo pasado expusisteis que ofreciéndoseos con frecuencia dudas que podíais disolver sin presencia de las Cédulas respectivas que se avían comunicado a las demás Audiencias de esos Dominios, pedíais se os remitieran ejemplares de todas las que hicieren regla general y no se hallaren insertas en la Recopilación de Leyes de ella, y vista en el Consejo con lo expuesto por mi Fiscal ha parecido ordenaros y mandaros (como lo executo) acudáis a la de Santo Domingo en donde deben estar unidas todas las Reales Cédulas indicadas para que mande sacar y os entregue Testimonio a la letra de ellas a fin de que os sirvan de gobierno y cuidéis de su puntual observancia en ese distrito, lo que os participo para vuestra inteligencia estando en la que por otra de fecha de este se le comunica esta determinación para su inteligencia y cumplimiento por ser así mi voluntad. Fecha en Madrid a diez de febrero de mil setecientos ochenta y nueve.

YO EL REY

Por mandato del Rey nuestro señor:

Antonio Ventura de Taranco.

[Archivo General de la Nación, *Sección Reales Cédulas*, Tomo IV.]

NÚMERO 5

Creación de la Segunda Fiscalía en la Audiencia de Caracas

EL REY.

Presidente y Oidores de mi Real Audiencia de la Provincia de Venezuela en la Ciudad de Caracas.

En carta de veinte y dos, veinte y tres de noviembre de mil setecientos ochenta y siete, hicieron presente al Regente de este Tribunal, el Intendente que fue de esas Provincias Don Francisco Saavedra, y Don Julián Díaz de Saravia, Fiscal de esa mi Real Audiencia, la necesidad que había de crear una segunda Fiscalía, por el considerable aumento que de día en día tomaban los asuntos civiles, Criminales, de protección de Indios, y de mi Real Hacienda siendo igualmente imposible al único Fiscal, no obstante su celo y notoria laboriosidad, atender a su despacho sin exponerse a perder la salud, y experimentarse un grande atraso en todos. Visto en mi Consejo de Indias con lo expresado en el asunto por el actual Intendente Don Esteban Fernández de León en cartas de treinta y uno de agosto y doce de noviembre de mil setecientos noventa y cuatro, lo informado por esa mi Real Audiencia en otra de diez de mayo de mil setecientos noventa y seis y lo que dijeron mis Fiscales, habiéndome consultado sobre ello en catorce de setiembre próximo pasado: he venido a crear una segunda Fiscalía en esa mi Real Audiencia con destino a los negocios de mi Real Hacienda: mandando se supriman los abogados fiscales o promotores nombrados para los referidos asuntos de mi Real Hacienda y os lo participo para que dispongáis tenga por vuestra parte, como os lo mando el debido cumplimiento de la enunciada mi Real resolución, y la supresión de dichos abogados fiscales o promotores; en inteligencia de que a consulta de mi Consejo de Cámara de Indias de diez y siete de enero del corriente año, he venido a nombrar para la referida plaza de Fiscal Segundo de esa mi Real Audiencia, con el sueldo de tres mil trescientos pesos al Dr. Don Francisco Berrio a quien con esta fecha se le expide el título correspondiente. Fecha en Aranjuez a diez y siete de marzo de mil setecientos noventa y ocho.

YO EL REY

Por mandato del Rey nuestro señor:

Silvestre Collar.

[Archivo General de la Nación, Sección Reales Cédulas.]

NÚMERO 6

Real Orden de la Junta central Suprema sobre el fomento de la Isla de Santo Domingo.

Artículo 3: Para facilitar la administración de justicia en la isla de Santo Domingo, estará sujeta, mientras otra cosa no se resuelva, en las apelaciones en causas civiles, en las consultas criminales y recursos de fuerza en materia eclesiástica nuestra Real Audiencia de Caracas, la cual se declara Tribunal superior territorial de dicha isla dejando por consiguiente de serlo nuestra Real Audiencia que reside en Puerto Príncipe.

[Archivo General de Cuba. *Asuntos Políticos*. Leg. 10. sig. 58. Cita de Javier Malagón Barceló. El distrito de la Audiencia de Santo Domingo, Ciudad Trujillo, 1942, pág. 129 Publicaciones de la Universidad de Santo Domingo].

NÚMERO 7

EL REY.

Presidente y Oidores de mi Real Audiencia de Caracas. En carta del veinte y dos de diciembre del año próximo pasado expusisteis la suma arbitrariedad conque habían procedido y procedían los Jefes, Comandantes y Jueces inferiores de esa Provincia, ya dilapidando los fondos secuestrados, ya concediendo indultos a personas que no los merecen por ningún título, y ya embargando bienes y condenando a muerte sin proceso ni justificación ninguna, así a culpados como a inocentes; mediante lo cual y refiriendo el atentado cometido en Puerto Cabello contra cien presos a quienes D. Manuel Arbo tumultuosamente elegido por el Pueblo en Comandante de aquella ciudad y su partido, quitó inhumanamente la vida; solicitáis que para la más acertada administración de justicia, y evitar las competencias que pudieren suscitarse con la jurisdicción militar, me digne resolver en los términos que fuesen de mi Real agrado las dudas siguientes: Primera: cómo tratará esa Audiencia a los delincuentes por pura arbitrariedad. Segunda: Si procederá de oficio a indagar muertes injustas que se han cometido y la dilapidación que se ha hecho de los bienes secuestrados. Tercera: qué hará en el caso de que semejantes excesos resultasen comprobados en las causas, que bien de oficio o a instancia de parte debe formar a los dueños de dichos bienes para decidir sobre su pertenencia con arreglo a las leyes. Y habiéndose visto en mi Consejo de Indias y consultándome sobre ello en veinte y siete de mayo último, he resuelto que mediante tener ya tomadas las providencias que he estimado más oportunas para remediar las calamidades que afligen a esa desgraciada Provincia; guarde esa mi Real Audiencia los indultos que hasta ahora se haya concedido, absteniéndose de proceder contra las personas a quienes se hubiere aplicado a no ser que posteriormente hubiesen cometido nuevos crímenes. Que no se entrometa a indagar las muertes injustas que haya ejecutado ni las dilapidaciones que hayan hecho los Jefes, Comandantes y Jueces subalternos u otra cualquiera persona que por las leyes y Reales Cédulas que rige en la materia no esté sometida a su fuero. Y que, si en las causas que ese Tribunal formase dentro de los límites de su jurisdicción a instancia de parte legítima que reclame, resultasen algunos cargos de gravedad, contra los Jefes y Comandantes militares o contra personas de fuero privilegiado los remita al Capitán General de la Provincia y en falta de esta mi Real Persona. Y os lo participo pura que, así como os lo mando, dispongáis tenga el debido cumplimiento esta mi Real Determinación. Dado en Madrid a siete de octubre de 1815.

YO EL REY

Por mandato del Rey nuestro señor:

Silvestre Collar.

A la Audiencia de Caracas sobre lo resuelto con motivo de su representación relativa a la arbitrariedad con que se manejan los Jefes Militares de aquellas provincias.

[Archivo General de la Nación, *Sección Reales Cédulas*.]

NÚMERO 8

En carta de 27 de mayo del año último, dieron V.S.S. cuenta de que luego de que el Capitán General interino Don Salvador Moxó recibió la orden del propietario Teniente General Don Pablo Morillo para el cumplimiento de la de S.M. de 27 de setiembre de 1815 sobre el restablecimiento de esa Real Audiencia, la comunicó al oidor decano que se hallaba en esa Capital, y que estaban en Puerto Rico, se verificó en 25 de mayo la apertura del tribunal y sucesivamente la posesión de sus ministros y del mismo jefe en calidad de Presidente Interno, en la forma en que refiere el testimonio del expediente que V.S.S. han acompañado.

El Consejo, en su inteligencia ha venido en aprobar todo lo practicado en el asunto, mandando se le comunique a VSS para que les sirva de satisfacción: encargándoles al mismo tiempo, como lo hago, procuren mantener con el Presidente, una correspondencia y armonía tal, cual la reclama el servicio de S.M. y el bien de sus vasallos, sofocando toda semilla de discordia y de antiguos resentimientos.

Dios guarde a VSS muchos años. Madrid, 17 de junio de 1818.

Esteban Vadear.

Sres. Regentes y Oidores de la Real Audiencia de Caracas.

[Archivo General de la Nación, *Sección Reales Órdenes*.]

NÚMERO 9

EL REY.

Presidente, Regente y Oidores de mi Real Audiencia de Caracas. En carta de veinte y tres de marzo de este año dio cuenta el Oidor Decano Dn. José Francisco Heredia del Oficio que le pasó el Capitán General Interino Dn. Salvador Moxó comunicándole la Real Orden expedida en veinte y siete de diciembre de mil ochocientos quince para el restablecimiento de la Audiencia con cuyo motivo solicitó para mayor acierto en el despacho de los negocios me dignase declarar las dudas siguientes: Primera: Si existiendo la mayor y más delicada parte de la jurisdicción de la Audiencia en el Consejo de Guerra Permanente, y en el juzgado de Policía de esa ciudad, podían continuar estos Tribunales abocar así el conocimiento de las causas respecto a no expresarse en Real Orden del restablecimiento de la Audiencia que cesasen en el ejercicio de sus funciones como se hacía con respecto al de Apelaciones y el Secuestros. Segunda: si habiendo observado el Tribunal de secuestros en cuanto a las confiscaciones las reglas contenidas en el plan que se tomó al tiempo de su instalación, de las que unas eran contrarias a las leyes y otras opuestas a mis benéficas intenciones, deberá continuar sirviendo de regla en la materia como dictado por autoridad legítima. Tercera: si intentando las partes la nulidad de las sentencias de confiscaciones de bienes dictadas sin conocimiento de causa, o con un juicio no menos legítimo, podía la Audiencia tomar conocimiento para deshacer el agravio, pues, aunque por una parte sería interminable el procedimiento, sería sumamente duro por otra que casi todas las familias de esas provincias quedaran despojadas de sus bienes sin asistencia ni formalidad ninguna, y muchas sin tener siquiera noticas de cuál fuere su delito. Y habiéndose visto en mi Consejo de Indias, con lo que expuso mi Fiscal y consultándome sobre ello en siete de agosto último, he resuelto que por lo respectivo así el Juzgado de Policía debe continuar en sus funciones, ninguna duda puede ofrecerse en el día, mediante a haberme dignado suprimirle a consulta del referido Consejo de veinte y nueve de marzo de este año y estar mandado que cualesquiera providencias que se estimen necesarias para mantener la tranquilidad y conservar el orden, se tomen con voto consultivo del acuerdo. Que en cuanto al Consejo de Guerra permanente se encargue el Capitán General de esas provincias como se hace por cédula de esa misma fecha, que examinándose en acuerdo pleno la utilidad o perjuicio que pueda traer en las circunstancias de la continuación de dicho Consejo Permanente, le proponga lo que estima más conveniente, quedando sujeto a las resultas bajo su responsabilidad en el caso de no conformarse con su voto.

Que, mediante haber cesado la Junta de Secuestros, debe cesar el reglamento que se le dio para su gobierno, y por consiguiente deberá la Audiencia gobernar en sus determinaciones por lo que disponen las leyes. Y últimamente, que todos los casos en que se hayan decretado las confiscaciones del plano o sin consentimiento de causa, o que haya intervenido algún vicio de nulidad insanable, deben ser oídas las partes interesadas observando la Audiencia con la más escrupulosa exactitud, en las reclamaciones que se le hagan de esta especie, el camino que le está demarcado por las leyes. Y os lo participo para que por esta mi Real Resolución en todas sus partes. Fecha en Madrid a veinte y cinco de setiembre de mil ochocientos diez y ocho.

YO EL REY

Por mandato del Rey No. Sr.

Esteban Vadear.

A la Audiencia de Caracas sobre lo resuelto con motivo de las dudas propuestas por el Oidor Decano para el mejor acierto en el despacho de los negocios que se expresan.

[Archivo General de la Nación. Sección Reales Cédulas.]

NÚMERO 10

Real Provisión al Teniente de justicia de la ciudad de Guanare para que cumpla lo determinado por esta Real Audiencia en los Autos seguidos contra Felipe Palacios por el delito de concubinato y otras delincuencias conforme a lo mandado.

Con Carlos etc. a vos el nuestro Teniente de Justicia Mayor de la ciudad de Guanare, a quien se dirige esta nuestra carta y Real Provisión para que le deis su debido cumplimiento de justicia sabed: que en la Audiencia y Chancillería Real que por nuestro mandato reside en la ciudad de Santiago de León de Caracas, se recibieron los autos seguidos contra Felipe Palacios por el delito de concubinato y otras delincuencias que remitisteis en consulta de la sentencia que en ellos pronunciasteis con dictamen de Asesor en once de diciembre de mil ochocientos dos, cuyo tenor es como sigue: en el pleito y causa criminal que en este tribunal ha pendido y pende de oficio de la Real Justicia contra Felipe Palacios por el delito de concubinato y otras delincuencias conformándome con el dictamen del asesor Dr. Dn. Cristóbal Hurtado de Mendoza abogado de la Real Audiencia del Distrito: vistos etc. fallo atento a los autos y méritos del proceso a que en lo necesario me remito, que debo de condenar y condeno al dicho reo Felipe Palacios a sufrir la pena de dos años de presidio en el de Puerto Cabello con prohibición de volver a esta jurisdicción si no es unido en matrimonio con María de los Reyes después del escándalo que con ella ha dado: consultándose esta sentencia con la Real Audiencia antes de su ejecución los autos originales y quedando testimonio y por esta mi sentencia definitivamente juzgado y administrado justicia así lo pronuncio, mando y firmo. Pedro José Bescansa. Dada y pronunciada fue la sentencia antecedente por el Sr. Dn. José Bescansa, teniente de justicia mayor que lo firmó estando en audiencia pública en Guanare y diciembre 11 de mil ochocientos dos años, ante mí, Benito del Pulgar, escribano público; en el mismo día el, el escribano, notifiqué la sentencia antecedente a Felipe Palacios en su persona leyéndosela de verbo ad verbum a las once de la mañana; y habiéndose pasado al estudio de nuestro fiscal representó lo siguiente: M.P.S. El Fiscal de S.M. ha visto la causa criminal seguida en la ciudad de Guanare contra Felipe Palacios por concubinato y otras delincuencias con la sentencia definitiva en que se le condena a dos años de presidio a Puerto Cabello con prohibición a aquello jurisdicción si no unido en matrimonio Reyes Virgues, y lo alegado en esta segunda instancia y dice: que resultando plenamente comprobado el escandaloso amancebamiento de Palacios con la Virgues por más de ocho años; como también que la conducta de aquél ha sido criminal y viciosa por el hurto, por las altanerías y falta de subordinación y respeto al Magistrado corresponde se desatienda la apelación interpuesta y confirmando la enunciada sentencia se libre para su ejecución la Real Provisión correspondiente. Caracas, 25 de abril de 1804. Rivero. Y en consecuencia de todo, dad por esta el Re... y los ministros, Presidente, regente y Oidores se decretó el auto siguiente: Caracas, mayo diez y ocho de mil ochocientos y cuatro: vistos confírmese la sentencia apelada y para su ejecución líbrese la Real Provisión correspondiente. Así lo proveyeron los señores presidente, regente y oidores y rubricaron. Hay cuatro rúbricas. Dr. Gil Real, abogado. Sres. Presidente Guevara; Regente: López Quintana, Oidores: Arestigueta, Martínez, Está rubricado.

El que se participó al dicho Fiscal en su estudio. Está rubricado. En cuya virtud fue acordado y debidamente de mandar y mandamos librar esta nuestra Carta y Real Provisión por las que os previnimos que luego que las recibáis, procedáis a darle su más exacto y efectivo cumplimiento según se os ordena en el último auto inserto. Así lo haréis so pena de la nuestra merced. Dada en Caracas a seis de agosto de mil ochocientos cuatro. Manuel de Guevara Vasconcelos. Antonio López de Quintana. Felipe Martínez de Aragón.

Ldo. Manuel Ramón Vázquez — Rafael Diego Mérida
(hay rúbrica)

[Archivo General de la Nación. 1ª *Sección La Colonia*, Real Audiencia. Provisiones.]

La real audiencia de Caracas y la capitanía general de Venezuela durante los años caraqueños de Andrés Bello

PRIMERA PARTE

La Real Audiencia de Caracas y la Capitanía General de Venezuela

I. Pedro Grases ha observado que «a partir de 1802 y hasta 1810, no se producirá ningún acontecimiento cultural y político en la Capitanía General en donde no esté visible la mano y la presencia de Bello»[1].

Durante ese tiempo Bello ejerció los cargos de Oficial 2° y 1° de la capitanía General, de Comisario y de Secretario, en lo político de la Junta de Vacuna.

Comenta Amunátegui, que la Secretaría de la Gobernación y Capitanía General, tenía a su cargo asuntos administrativos de toda clase menos los fiscales, y además las Relaciones Exteriores de la Capitanía, entonces activas y frecuentes, con las Antillas Inglesas y Francesas[2].

La existencia y funcionamiento de la Real Audiencia de Caracas, que estaba, como veremos, directamente relacionada con la Oficina de la Capitanía General, tenía que afectar a la actividad de Bello, en la Oficialía del Capitán General.

Tiene por lo tanto suficiente justificación el trazar las líneas generales de lo que fue la Real Audiencia de Caracas, para estudiar el ambiente que rodeó a Bello durante sus años caraqueños.

---

1 *Andrés Bello, Humanista Caraqueño*, Cuadernos Lagoven, agosto 1977, p. 22.

2 *Vida de don Andrés Bello*, Santiago de Chile, 1882, p. 29.

II. En una adecuada interpretación de los antecedentes sociopolíticos de los sucesos de 1810, la creación en 1786 de la Real Audiencia no puede verse como un hecho aislado.

La existencia de la Audiencia guarda una íntima relación con la instalación de la Intendencia, acordada por Real Cédula del 8 de diciembre de 1776, y con la extensión de la competencia del Capitán General de la Provincia venezolana a las Provincias de Cumaná, Guayana, Maracaibo y las Islas de Trinidad y Margarita, según lo decidió en la Real Cédula del 7 de septiembre de 1777.

Sin la Audiencia, la Intendencia quedaba dispareja.

Esa necesidad de la Audiencia, como complemento indispensable de la Intendencia, está indicada así por la señora de Pérez Enciso: «en los recursos de apelaciones de los negocios de gobierno y policía de los pueblos, o sea, en materia de justicia y gobierno o policía, y en los asuntos contenciosos que tenían origen en la jurisdicción Real Ordinaria, los Intendentes dependieron de las Audiencias o Cancillerías»[3].

En tal sentido se señalan las disposiciones de las Ordenanzas de Cuba, de Buenos Aires, y la de Nueva España, y la de 1803.

Además, jurídica y políticamente tenía que ser creada la Audiencia para matizar la autoridad del Capitán General y Gobernador, al ser extendida su jurisdicción a las otras Provincias que señaló la Real Cédula de 1777. El Capitán General, lejos de poder convertirse en un gobernante absoluto por disponer de un campo territorial más amplio en su acción y estar físicamente muy lejos de la Metrópoli, quedó en posición de equilibrio frente al Intendente y al Regente de la Real Audiencia.

Ese cuidadoso triángulo de acción política y gubernativa formaba un sistema de contrapeso mutuo en beneficio de la estabilidad social y de una adecuada aplicación de las leyes.

Ese complejo proceso fue, en cierto modo, completado más tarde por la creación del Real Consulado[4]; así como por la del Arzobispado de Caracas[5], y en cierto modo por la separación de funciones entre la Universidad de Caracas y el Seminario de Santa Rosa[6].

---

3 La Intendencia en España y en América, Caracas, 1966, p. 104.

4 Real Cédula 3 de junio de 1793.

5 Bula del 24 de noviembre de 1803.

6 *Ibídem*.

Es cierto, como lo afirman historiadores venezolanos, que la creación de la Audiencia de Caracas fue el punto culminante de la evolución política previa a la declaración de Independencia, y que la institución de la Audiencia consolidó a la Capitanía General de Venezuela, que había estado limitada en lo administrativo y militar. Por eso cuando se constituye la República, ya existía una unidad político-social, en la cual sólo bastó sustituir a la persona del Soberano.

La estadística de casos resueltos por la Audiencia entre 1788 y 1809 y que da un promedio de 231 casos por año, pone de manifiesto la gran importancia del organismo.

Conviene destacar también que es evidente que tanto la Audiencia como la Intendencia, el Consulado, la Capitanía y el Arzobispado respondían a una necesidad social, originada en la transformación general que se estaba operando a fines del siglo XVIII en las provincias que en 1810 iban a constituir la nación venezolana.

Los diversos hechos mencionados están además directamente conectados con las reformas generales que en toda la América Hispana se operaron durante la segunda mitad del siglo XVIII, como resultado de la transformación del imperio español bajo ja monarquía borbónica.

La Audiencia fue, en definitiva, una pieza en el proceso evolutivo venezolano, que a su vez era un aspecto de la situación general de Hispano América.

III. Por todo lo expuesto, la Audiencia como punto clave y final de la evolución política administrativa, que significaron la Intendencia y la Capitanía, y que completan el Arzobispado y el Consulado, importa a los fines de determinar el ambiente que rodeó a Andrés Bello, en sus años caraqueños.

Ese ambiente lo describió el mismo Bello en su *Resumen de Historia de Venezuela*[7], donde habla de las nuevas producciones agrícolas que «vinieron a elevar su territorio al rango que le asignaba su fertilidad»; del grado «de riqueza y población» a que se vieron llegar los Valles de Aragua «de que apenas habrá ejemplos entre los pueblos más activos e industriosos»; zona donde se encontraban «todas las comodidades que proporciona la economía rural», y que culmina así: «A los impulsos de tan favorables circunstancias se vieron salir de la nada todas las poblaciones que adornan hoy esa privilegiada mansión de la agricultura de Venezuela»[8]; y dentro de esa

---

7 *Obras Completas*, Tomo XIX, p. 49.

8 Archivo de Indias, Sevilla, Audiencia de Caracas, Legajo 374.

sociedad, se formó el gobierno de instituciones que rige al país durante los años que vive Bello en Venezuela.

Como auxiliar del Capitán General, Bello tenía que estar al tanto de la forma como éste tenía que ejercer su autoridad frente a la Audiencia y el Intendente. Además, desde su posición en la Capitanía General, pudo observar un mecanismo político equilibrado, un evidente desarrollo económico y un intenso proceso cultural.

IV. La Real Audiencia de Caracas fue creada por Real Orden el 13 de agosto de 1672, fecha en la cual los Oidores de la Audiencia de Santo Domingo pidieron al Rey que esa Audiencia fuere trasladada a la ciudad de Caracas. El Rey, a propuesta de su Consejo, no aceptó la petición[9]. Años más tarde, el 30 de abril de 1753, el Capitán General de Venezuela, don Felipe Ricardos, pidió al Rey, sin lograrlo, el establecimiento de una Real Audiencia en Caracas[10]. Dice el Sr. Sucre, que en el año de 1769 los Alcaldes de Caracas hicieron igual petición, también sin éxito[11].

El territorio de la que fue provincia de Venezuela antes de estar sometido a su propia audiencia estuvo bajo la jurisdicción de la Real Audiencia de Santa Fe, hasta el 13 de mayo de 1726, fecha en la cual se le sometió a la Audiencia de Santo Domingo[12]. No deja de ser interesante advertir, que pocos días después del 19 de abril de 1810, exactamente el 29, una Real Cédula agregó la Isla de Santo Domingo a la jurisdicción de la Real Audiencia de Caracas[13].

V. Ahora bien, ¿Qué era una Audiencia? No es fácil comparar la institución de la Real Audiencia con ninguno de los órganos actuales del Estado venezolano.

En la Península, las Audiencias estuvieron encargadas sólo de administrar justicia, misión especial de la realeza; actuaban junto al Rey y en su nombre.

---

9 Véase el expediente en el Archivo General de Indias, Sevilla, Santo Domingo 62, Ramo 3.

10 Archivo General de Indias, Audiencia de Caracas, Legajo 77.

11 SUCRE, LUIS ALBERTO, Gobernadores y Capitanes Generales de Venezuela, p. 297, 1ª edición.

12 Real Cédula de esa fecha, en Archivo Histórico Nacional de Colombia.

13 MALAGÓN BARCELÓ, JAVIER, *El Distrito de la Audiencia de Santo Domingo en los siglos XV a XIX*, Santiago de los Caballeros, 1977, pp. 59 y 60.

Dice Alfonso X, en sus «partidas» que quienes administraban justicia debían ser «hombres buenos puestos para mandar a hacer derecho» y que los primeros y los más honrados debían ser los que juzgan en la Corte del Rey[14]. Al ocurrir el descubrimiento de América y su colonización, la lejanía de la persona del Rey determinó, como más adelante insistiremos, que esos organismos, nacidos únicamente para administrar justicia, fueran paulatinamente siendo dotados de facultades políticas y administrativas, hasta llegar a convertirse quizás en el órgano de gobierno más importante dentro de la estructura jurídico-política de las provincias españolas en América.

La Audiencia de Caracas, que fue una de las últimas en ser creada, gozó de las ventajas de la evolución histórica sufrida por las otras Audiencias americanas. Y si bien no tuvo como esas otras Audiencias, la facultad de gobernar la Provincia en los casos de ausencia o falta del Gobernador o Capitán General[15], su influencia fue extraordinaria en la resolución de las cuestiones suscitadas por las relaciones de las autoridades coloniales entre sí, de ellas con los criollos, blancos españoles y pardos, y finalmente, por asuntos económicos, políticos y sociales del momento.

Tema separado lo debe constituir, para otro estudio, la posición de las Audiencias durante la Independencia.

SEGUNDA PARTE

El Presidente, el Regente y los Oidores de la Real Audiencia

I. La Audiencia de Caracas estaba regida:

1) Por las normas contenidas en la Recopilación de Leyes de Indias[16].

2) Por Real Instrucción de Regentes del 20 de junio de 1776.

3) Por las Reales Cédulas Particulares que se referían a su funcionamiento.

4) Por sus propias «Ordenanzas» del 6 de junio de 1805[17].

---

14 *Las Siete Partidas*, Ley Primera, Título IV, Partida III.

15 Tales funciones correspondían al «Teniente del Rey», cargo creado por Real Cédula del 2 de septiembre de 1778. *Documentos para la vida pública del Libertador*, de BLANCO Y AZPÚRUA, Tomo 1°, p. 129.

16 Títulos 15 al 31, Libro II, Tomo I.

17 Archivo General de Indias. Audiencia de Caracas, Legajo 165.

La época a que nos referimos em este Trabajo no comprende la de la vigencia de la Ley del 9 de octubre de 1812, dictada por la Regencia del Reino[18], ni tampoco la de las normas adoptadas durante la época de la Independencia que culminan con la instrucción que el Gobernador y Capitán General Juan Bautista Pardo, dictó el año de 1817[19].

II. Posiblemente el medio mejor para estudiar la influencia de la Real Audiencia en esos años es considerar las Ordenanzas que la propia Audiencia dictó para sí misma, el 6 de junio de 1805, cumpliendo la Real Orden del 8 de diciembre de 1786.

Estas Ordenanzas tienen la particular importancia de haber sido formadas por la Real Audiencia «para su buen régimen y gobierno» teniendo presentes lo dispuesto en las leyes, pero tratando de adaptarlas «al estado actual de las cosas». Así lo dispone la propia Audiencia en el acto por el cual ordenó ponerlas provisionalmente en ejecución y someterlas al Real Consejo de Indias para su aprobación[20].

III. No es éste un estudio adecuado para considerar en detalle la organización de la Audiencia de Caracas. Basta decir, que en ella actuaban su Presidente, que lo era el Capitán General, el Regente, los Oidores, los Fiscales y los Relatores, el Chanciller, el Escribano de Cámara, el Alguacil Mayor, el Receptor de Penas, los Receptores Ordinarios y los Tasadores.

Cada una de las competencias de esos funcionarios quedó rigurosamente delimitada tanto por las Leyes de Indias como por las Ordenanzas de 1805.

Por la naturaleza del presente trabajo sí importa analizar principalmente las relaciones entre la Audiencia y su Presidente y el papel desempeñado en el seno de la Audiencia por el Regente.

---

18 Archivo Arzobispal de Caracas, *Reales Cédulas*, Legajo N° 9, años 1810-1812.

19 *Gaceta de Caracas*, miércoles 29 de octubre de 1817, N° 156 hasta *Gaceta de Caracas*, miércoles 3 de diciembre de 1817, N° 161, edición de 1973, Tomo VI.

20 Las «Ordenanzas» se encuentran en el Archivo General de Indias, Audiencia de Caracas, Legajo N° 165. Fueron publicadas recientemente en el *Boletín del Archivo General de la Nación*, N° 226, año 1974, p. 27.

IV. El Rey, por Real Cédula del 13 de enero de 1787, resolvió que la Presidencia de la Audiencia de Caracas fuera ejercida por el Capitán General[21].

Quedaron así ligadas las funciones y persona del Capitán General a la estructura misma de la Audiencia, con lo cual se creó una delicada relación. Debe hacerse notar que para las Audiencias de Santo Domingo, Panamá, Guatemala, Manila y Santiago de Chile e inicialmente en la de Buenos Aires y la Nueva Granada, las Leyes de Indias también disponían que el Capitán General fuere Presidente de las respectivas Audiencias (Título XV, Libro II, Leyes 1ª al 13) y que, en los Virreinatos, el Virrey ejercía funciones de Presidente de la Audiencia.

Ha existido en la Doctrina jurídica y en los estudios históricos interés en diferenciar las llamadas «Audiencias Pretoriales» de las «Audiencias Menores», distinción basada fundamentalmente en las relaciones entre la Audiencia y el Virrey o Capitán General. Aunque esa distinción pudo tener importancia para otras Audiencias, no fue así con la de Caracas. La situación era especialmente difícil cuando la jurisdicción de un Virrey abarcaba la de varias Audiencias. Tal es el caso del Virreinato de Lima[22]. La Audiencia de Caracas abarcó prácticamente el mismo territorio de la Capitanía General de Venezuela.

Considera Solórzano Pereira[23] que, si bien en principio, las Audiencias de América debían ser iguales a las de la «Península» con su misma potestad y autoridad, la distancia entre la Metrópoli y las Provincias americanas hizo necesario dotar a las Audiencias en América de facultades encaminadas a que no se hiciere agravio a la justicia por la prepotencia de las autoridades llamadas de gobierno.

De allí nace la compleja relación entre la Audiencia y su Presidente, que trató de ser regulada por las Leyes de Indias y en lo que a Caracas se refiere por las Ordenanzas de 1805. De esas normas la más importante fue la prohibición de que el Presidente-Capitán General (de ahora en adelante lo denominaremos sólo «Presidente»), votare en las materias de justicia[24].

---

21 Archivo General de la Nación, sección *Reales Cédulas*.

22 Véase OTS CAPDEQUÍ, Instituciones de Gobierno del nuevo reino de Granada, Bogotá, 1905, p. 64.

23 *Política Indiana*, Libro V, Capítulo III, Tomo IV, p. 41.

24 Ordenanza V, Título II en relación con la Ley 32, Libro II, Título XV.

Dispuso el Rey que la administración de justicia fuere dejada exclusivamente a los Oidores y que los Presidentes firmaren las sentencias sin entrometerse en lo que hubiere sido decidido.

Ello llevaba, necesariamente, a la distinción entre los asuntos de justicia y los de gobierno.

La Ordenanza 11, Título 1°, en concordancia con la Ley 38, Libro II, Título XV, determinó que cuando se ofreciera dida sobre el particular, se aceptase lo que decidieran y votaren el Presidente, el Regente, y la mayoría de los Oidores con el derecho, para quien quisiera disentir de la mayoría, de escribir por sí solo al Rey exponiendo su punto de vista.

Quedó así delimitado el campo de acción de la justicia, preservada, por el voto de la mayoría, de cualquier intromisión abusiva del Presidente.

Esta prohibición al Presidente de la de entrometerse en los negocios de la justicia quedó completada por la Ordenanza 1ª, Título II, que impedía al Presidente sacar a los Jueces de la Audiencia para comisiones y otros cargos, salvo en casos de mucha importancia, evitando así que el Presidente pudiera variar la mayoría enviando fuera de su sede a algunos miembros de la Audiencia.

La Audiencia fue además órgano ante el cual podían apelar las personas agraviadas por cualquier auto que, por vía de Gobierno, proveyere y ordenare el Presidente.

El Rey ordenó que a tales personas se les hiciera justicia en la Audiencia, conforme a las Leyes y Ordenanzas y ordenó al Presidente no impedir las apelaciones y no estar presente en la vista de las causas[25].

Esta apelación no podía ser interpuesta respecto a las decisiones de los Presidentes en materias de gracia y de provisiones de oficios y encomiendas[26].

Previó también la Legislación el caso de que el Presidente se excediera en el ejercicio de sus facultades e impidiere la administración y ejecución de la justicia y para tal situación, encargó a la Audiencia que, sin demostraciones que se pudieren entender de fuera y sin publicidad, hiciere ante el Presidente las diligencias, prevenciones y requerimientos que según la calidad del caso o negocio pareciere necesario, con el derecho de dar aviso al Rey en el caso de que el Presidente perseverase en su irregular conducta[27].

---

25 Ley 35, Libro II, Título XV.

26 Ley 39, Libro II, Título XV.

27 Ley 36, Libro II, Título XV.

Prohibió el Rey al Presidente también oír recursos de apelación contra las decisiones de los Jueces de Primera Instancia, materia privativa de la Audiencia[28], y estar presente cuando se dictaren sentencias relativas a casos en los cuales estuvieren interesados sus parientes, criados y allegados[29].

La facultad de conocer en apelación tanto de las decisiones de Gobierno tomadas por el Presidente como de las de los otros gobernadores distintos al Capitán General, Subtenientes y otros funcionarios, suponía una delicada potestad de muy prudente ejercicio.

Para ello se mandó que antes de tomar decisión, la Audiencia «lo mire mucho» y solicite del autor de la decisión apelada «que le envíe la razón de ello y la causa que le movió a hacer lo que hizo y mandó». Termina la norma de esta manera: «después de ser así informadas y oídas las partes, provean lo que les pareciere justo habiendo considerado al bien público»[30].

Pero, así como la Audiencia servía a modo de Contralor del Presidente no podía negarle a éste los votos consultivos que él le pidiere[31], ya que el Presidente estaba facultado para llamar a los Oidores a fin de oír su parecer en materias y cosas graves[32].

Quizás además el Rey que, sin menoscabo de la autoridad de los Presidentes para promover y determinar en el Gobierno de su jurisdicción «será bien que siempre se comuniquen con las Audiencias en las materias más arduas e importantes para resolver con mejor acierto»[33].

De esta manera, la Audiencia actuaba como órgano consultivo del Presidente en las materias propias de gobierno, función que completaba la que le correspondía cuando participaba directamente en la decisión.

Les estaba prohibido a las Audiencias participar, entrometerse o embarazar las «residencias que se tomaren a su Presidente». La relación entre la Audiencia y su Presidente era por tanto intensa e importante y no simplemente protocolar: era órgano consultivo del Presidente, participaba con él en decisiones de gobierno, conocía en apelación de las resoluciones

---

[28] Ordenanza IX, Título II.

[29] Ordenanza III, Título II.

[30] Ordenanza 54, Título I°.

[31] Ordenanza 67, Título I°.

[32] Ley XI, Título XVI, Libro II.

[33] Ley 45, Título III, Libro III.

adoptadas por ese mismo Presidente y debía vigilar cuidadosamente que el Presidente no se entrometiere, ni entorpeciere la administración de la justicia.

V. Al ser constituida la Audiencia de Caracas, el Rey dispuso que en ella existiere un «Decano Regente».

La institución de los Regentes fue regulada por la Real Instrucción del 20 de junio de 1776[34].

El Regente era el personaje más importante de la Audiencia después del Presidente y tenía a su cargo, con independencia del Presidente, la dirección de la misma en lo contencioso y económico.

La Regencia de la Audiencia de Caracas quedó regulada además por el Título 3° de las Ordenanzas de 1805.

El primer Regente de la Audiencia de Caracas fue el Licenciado don Antonio López de Quintana[35].

Don Antonio López de Quintana, de gran influencia en la Audiencia caraqueña, había sido Fiscal en lo Criminal de la Audiencia de Guadalajara.

En 1809 fue promovido a Ministro del Consejo Supremo de España e Indias y la Junta Suprema Central Gubernativa, en nombre del Rey Fernando, designó Regente a Cecilio Odoardo y Palma[36].

El Archivo de Indias registra el nombramiento de Bernardo José De Roa, el 24 de noviembre de 1811, quien fue ascendido a Consejero de Estado y en su lugar designado de nuevo Cecilio Odoardo y Palma. Jubilado éste, el Rey designó a Ignacio Javier De Ucelay el 14 de septiembre de 1819.

El título de cada Regente contiene una detenida determinación del salario y de las facultades del nombrado.

Debía jurar ante el Capitán General en acto público, tendría un salario de 5.000 pesos anuales, estaba exento del pago de 1 a media a nata, tenía prohibido obligar a nadie que le diere bastimento y transporte, con la advertencia que cualquier contradicción a tal orden sería «cargada en la residencia» con la mayor severidad.

---

34 Véase texto que está publicado en *Revista Chilena de Historia del Derecho*, N° 3. Santiago de Chile, 1964.

35 Real Cédula del 17 de octubre de 1786. Archivo General de Indias, Audiencia de Caracas, Legajo 165.

36 Real Cédula del 27 de octubre de 1809.

Dada la prohibición al Presidente de entrometerse en los problemas de justicia, la figura del Regente resultaba indispensable para el funcionamiento de la Audiencia; desde el punto de vista que interesa a este estudio, se debe resaltar su peculiar posición de independencia.

No podía el Regente ser multado, desterrado, suspendido ni sujeto a ninguna pena por parte del Presidente, sin el consentimiento de los miembros de la Audiencia en acuerdo.

Debía cuidar, con especial celo, el que pudiere requerirse al Presidente que se ajustase a derecho, cuando su conducta entorpeciere la administración de la justicia o excediere de sus facultades legales[37], y debía proteger a las personas para que pudieren libremente y sin temor apelar ante la Audiencia contra las determinaciones del Presidente en materias de gobierno[38]. El Regente, además, debía tomar razón de los presos que hubiere en la cárcel por orden del Presidente[39].

En señal de independencia respecto al Presidente, debía asistir con capa a las reuniones con el mismo Presidente, y a las Juntas que él convocare[40].

Se configuraba así un funcionario que en cierta forma era a modo de un Contralor o Fiscal del Presidente-Capitán General.

VI. Los Magistrados que integraban el cuerpo llamado «oidores» eran cuidadosamente seleccionados por la Cámara de Indias del Real Consejo, escogiendo entre los candidatos a aquel que parecía más adecuado por su experiencia en cargos, títulos académicos, formación profesional y las referencias que el Consejo recibía sobre su capacidad y competencia personal.

En el Legajo 374 de la sección Audiencia de Caracas del Archivo General de Indias figuran las consultas hechas en 1778, para la provisión de los cargos de la entonces recién decretada Audiencia.

Los candidatos alegan «su literatura» (formación intelectual), prendas morales, conocimiento práctico del carácter y genio de los americanos y de las circunstancias propias de América; la Cámara busca letrados de conocida literatura y práctica de tribunales; entre las personas que le son propuestas las hay con estudios de filosofía, teología, leyes y cánones

---

37 Instrucción 43, en relación con la Ley 36, Libro II, Título XV.

38 Instrucción 41, en relación con la Ley 35, Libro II, Título XV.

39 Ordenanza 28, Título 3°.

40 Ordenanza 2, Título 3°.

doctorados en ambos derechos, ejercicios de cátedras y otras labores académicas y titularidad de importantes funciones públicas.

La Legislación Real si bien conectó a las Audiencias con la vida activa de la sociedad que regían, insistió en separar a sus Magistrados de cualquier influencia que pudiere serles perniciosa por llevarlos a adquirir relaciones personales o compromisos o aceptar amistades que interfirieren en la recta y sana formación de sus juicios y opiniones; véanse algunas de esas normas:

1) No podían visitar a vecinos o personas particulares que tuvieran negocios.

2) No podían tratar ni contratar.

3) No podían ser padrinos.

4) No podían asistir a entierros sino en cuerpo.

5) No podían asistir a fiestas particulares[41].

Depons comenta las prohibiciones que observó existían para los Oidores de la Audiencia de Caracas y sus familiares, a fin de colocarlos a la altura de las funciones que la Ley les asigna[42].

Las Ordenanzas de 1805 ratificaron a los miembros de la Audiencia la prohibición de ser padrinos (Ordenanza 47), de asistir a desposorios y a entierros (Ordenanza 48), de tener trato con abogados o litigantes (Ordenanza 49), de acompañarse de negociantes y de impedir que éstos acompañasen a sus mujeres (Ordenanza 56), y sobre todo que impidieren comunicaciones y amistades estrechas y que ni ellos ni sus mujeres, ni sus hijos tuvieren otro medio de vida que no fuere sus salarios y sus propias haciendas, quedándoles expresamente prohibido recibir préstamos y estando obligados a excusar grandes gastos (Ordenanza 51).

El éxito de esas medidas lo pone de manifiesto que no se conocer que ninguno de los Magistrados de la Institución en la etapa previa a la Independencia diera origen a quejas por su actuación. La opinión prácticamente unánime de los historiadores venezolanos alaba la obra de la Audiencia y de sus Magistrados, su integridad y su sentido de la justicia que

---

41 Reales Cédulas del 7 de enero de 1588, 31 de agosto de 1661, 20 de octubre de 1627, 2 de abril de 1637, 13 de septiembre de 1647, en Archivo General de Indias, estante 239, Cajón 1, Legajos 13, 14, 15 y 16.

42 *Viaje a la parte oriental de Tierra Firme*, Edición del Banco Central de Venezuela, Caracas, 1960, Tomo 1, p. 187.

Solórzano Pereira condensa denominándola «Castillos Roqueros», donde se guarda la justicia, los pobres hallan defensa de los agravios y opresiones de los poderosos, y a cada uno se le da lo que es suyo con derecho y verdad[43].

TERCERA PARTE

Intervención de la Real Audiencia en el Gobierno de la Capitanía General de Venezuela

Para disponer de una visión objetiva del papel de la Audiencia en la sociedad venezolana previa a 1810, conviene mencionar aquellas facultades de la Audiencia, distintas de las meramente judiciales y que se referían a su intervención en el Gobierno y Dirección de la Capitanía:

1. *Despacho de Residencias*

Bien conocida es la institución de la «Residencia», regida por el Título XV del Libro V de las Leyes de Indias, y que consistía en un proceso complejo que debía ser llevado a cabo después de haber terminado sus actividades los distintos funcionarios del régimen político administrativo. Mediante el juicio de Residencia se podía establecer con claridad, si el funcionario se ajustó o no a las leyes en el ejercicio de su cargo. Era la Real Audiencia de Caracas, el Tribunal competente para conocer de estos procedimientos excepto en lo que se refería al Capitán General, a los Alcaldes Mayores y a los Ministros Reales, que debían ser residenciados por el Consejo de Indias. El procedimiento de las Residencias fue regulado por las Ordenanzas de 1805[44], acomodado a las normas de las Leyes de Indias.

2. *Control de cárceles*

Dentro de la preocupación general para que las causas penales fueran tramitadas con celeridad, era previsión de la Legislación Indiana, controlar la presencia de presos en las cárceles. Fue ella función del Regente de la Audiencia[45]. A ello se unía el que dos Oidores debían visitar personalmente las cárceles de la Audiencia y ciudad[46], para informarse del tratamiento que se les diere y vigilar la recta y pronta administración de justicia.

---

43 *Política Indiana*, Capítulo III, Libro V, p. 40.

44 Ordenanza 80, Título 1°.

45 Disposición 28, Instrucción de 1776.

46 Ordenanza 1ª, Título 18.

Las cárceles debían estar limpias, barridas y con agua y luz y los presos a salvo de todo maltrato, ofensa o injuria[47].

3. *Control del orden público*

La Audiencia estaba dotada de una facultad general para establecer mecanismos de vigilancia, preventivos de delitos que pudieren cometerse en la cuidad sobre todo de noche, y a tal efecto estaba facultada para ordenar al Teniente de Gobernador y a los Alcaldes Ordinarios y de barrio, para que efectuasen rondas preventivas «de manera que, por falta de diligencia de las dichas justicias, no cese el castigo y no se cometan delitos»[48].

4. *Control de fincas urbanas vinculadas*

Los «vínculos» o mayorazgos eran disposiciones por las cuales una persona hábil podía separar parte de sus bienes para destinarlos al beneficio de una determinada finalidad que bien podía ser la atención de las necesidades de un heredero, de determinados miembros de la familia o el cuidado de atenciones religiosas o sociales.

Estos bienes «vinculados» no podían ser objeto de enajenación alguna, pero podía la Audiencia autorizar su gravamen o venta siempre y cuando se cumplieren determinados requisitos, por ejemplo:

a) Estar en ruinas o amenazar estar en ese estado;

b) No disponerse de bienes, pago para pagar la reparación;

c) Garantizar que los productos serían destinados, en caso de venta, para iguales fines, etc.[49]

5. *Control de la ejecución de sus propias decisiones*

Podía y debía la Audiencia vigilar que sus propias decisiones no fueren burladas por «gobernadores y otras justicias», iniciando al efecto, mediante «pesquisas» pagados por el culpable, una averiguación sobre por qué no fueron cumplidas sus órdenes o provisiones y haciéndolas cumplir por la acción de estas pesquisas.

Nótese que se trata de una facultad que se ejerce con cargo del culpable y a su costa[50].

---

47 Ordenanza 1ª al 14, Título 16.

48 Ordenanza 74, Título 1°.

49 Ordenanza 71, Título 1°.

50 Ordenanza 26, Título 1°.

6. *Ejercicio de Jurisdicción Eclesiástica*

Debía ser la Audiencia Juez en los conflictos de competencia entre Jueces Eclesiásticos (Obispos, Provisores, Vicarios y otros)[51], pero no debía entrometerse en la autoridad y dignidad de la Jurisdicción Eclesiástica sino darle auxilio cuando ello fuere necesario[52].

CUARTA PARTE

Manera de actuar de la Real Audiencia de Caracas

1. *Despacho en nombre del Rey y con su sello*

Dispuso en Rey que para que tuvieren la autoridad que les convenía y se cumpliere y obedeciere lo previsto o mandado por ellas, las Audiencias actuaren en el nombre del Rey, usando el sello real y que sus decisiones fueren obedecidas y cumplidas como si fueren tomadas por el propio Rey[53].

El uso del sello real, que proporcionaba a la Audiencia tan importante autoridad, daba a la misma el carácter de Chancillería y obligaba a la presencia en ella de un funcionario especial llamado el Chanciller del sello.

El sello real debía ser tenido con autoridad y decencia[54], y recibido con toda la veneración que se requiere[55].

Fue remitido a Caracas por primera vez por Real Cédula del 8 de diciembre de 1786[56].

2. *Despacho a puerta abierta*

La Audiencia debía despachar «públicamente a puerta abierta» para que tanto los abogados como los procuradores pudieran entrar y asistir a la vista de los asuntos, a menos que los jueces necesitaren estar solos en cuyo caso sería despejado el lugar[57].

---

51 Ordenanzas 30, 31 y 32, Título 1°.

52 Ordenanza 37, Título 1°.

53 Ley 105, Título XV, Libro II, en relación con Ordenanza 25, Título 1°.

54 Ley II, Título 21, Libro II.

55 Ley 1ª, Título 21, Libro II.

56 Archivo General de Indias, Audiencia de Santo Domingo, Legajo 897.

57 Ordenanza 72, Título 1°.

3. *Secreto de las deliberaciones*

Si bien la vista de las causas debía ser pública, tal como acabamos de señalar, no así las deliberaciones habidas sobre las mismas, en relación a las cuales debía hacerse «hábito y costumbre callar lo que en Audiencia se tratara y platicara por de poca importancia que se juzgue» y bajo grave cargo en la residencia que fuere hecha a cada Oidor[58].

4. *Brevedad de las deliberaciones sobre Indios*

Dispuso el Rey que en los juicios sobre indios se despachare sumariamente guardando sus usos y costumbres, cuando éstos no fueren injustos, evitando hacerles daño con dilaciones y malicias.

Nótese que se ordena primero aplicar por la Audiencia las normas propias de los indios y luego proceder en toda forma de manera sumaria, es decir, breve y sencilla, en beneficio siempre de la justicia[59].

5. *Honores Militares a la Audiencia*

A fin de que se conserve la Audiencia «el respeto y autoridad que son tan debidos e importantes a la Administración de justicia» fue norma que se le hicieran a la Audiencia honores de Capitán General de Provincia, con derecho además para el Regente, a que, en caso de no estar el Presidente recibir los mismos honores que a él correspondían[60].

6. *Voto libre*

No debía ser entorpecido en ningún caso el voto libre de los oidores en los asuntos que se sometieren a su decisión[61].

QUINTA PARTE

La Real Audiencia y la profesión de abogado

Si algo debe serle agradecido a la Real Audiencia de Caracas es su preocupación por el fomento del estudio del Derecho en Venezuela y la dignificación de la profesión de abogado.

---

58 Ordenanza 12, Título 1°.

59 Ordenanza 17, Título 1°.

60 Ordenanzas 3 y 16, Título 19.

61 Ordenanza 11, Título 17.

Atribuye con toda razón y justicia el Dr. Héctor Parra Márquez[62] la iniciativa en este campo al Dr. Antonio López Quintana, primer Regente de la Real Audiencia.

Puede estudiarse la materia distribuida en tres aspectos complementarios:

a) La organización del Colegio de Abogados de Caracas.

b) La creación de la Academia de Derecho Público y Español.

c) La ordenación de la profesión de abogado en las Ordenanzas de 1805.

Primero: *El Colegio de Abogados*

El Decano López de Quintana, en el acto de instalación del Colegio advirtió: «que la Real Audiencia, con práctico conocimiento de las ventajosas utilidades que resultan al gremio de los abogados el establecimiento de un colegio, a semejanza del ilustre de Madrid, se ha servido erigirlo efectivamente y nombrar ministros y oficiales que den principio a tan importante obra y a la formación de estatutos»[63].

El Colegio de Abogados quedó, en cierto modo complementario por la aprobación de la misma Real Audiencia del «Montepío», llevado a cabo en el año de 1790[64].

El estudio cuidadoso que hace Parra Márquez sobre el tema hace innecesario insistir sobre el mismo y permite utilizarlo sólo como referencia dentro del cuadro general que tratamos de determinar.

Segundo: *La Academia de Derecho Público y Español*

La institución nace, como hemos dicho, bajo la iniciativa del Regente López de Quintana, en el año de 1792, con el objetivo de buscar la existencia de un instituto «donde ampliar y perfeccionar los conocimientos jurídicos». La Real Audiencia aprobó y luego el Rey ratificó la existencia de ese organismo «Academia de Derecho Público y Español».

Fue la Academia notable centro de trabajo docente y de investigación, pero litigios sobre técnica y cuestiones subalternas, que también describe Parra Márquez, hicieron languidecer la institución.

---

62 Historia del Colegio de Abogados de Caracas, Tomo 1°, p. 124.

63 18 de agosto de 1788, PARRA MÁRQUEZ, *Obra citada*, p. 127.

64 PARRA MÁRQUEZ, *Obra citada*, p. 201.

En 1804, el mismo Regente don Antonio López de Quintana favoreció la formación de una «Escuela Provisional de práctica forense que no llegó a tener vida real».

Merece elogio el Dr. Parra Márquez por haber recuperado para nuestros estudios jurídicos e históricos la existencia y la documentación de tan importante ensayo de culturización del gremio jurídico venezolano.

Tercero: *La Ordenación de la profesión de Abogado*

No deja de llamar la atención que en las Ordenanzas de 1805 se incluya todo un título destinado a regular el ejercicio de la profesión de abogado. Coincide esa circunstancia con el fracaso de la instalación de la Escuela de Práctica forense de que hemos hablado antes y con el infructuoso deseo de la Real Audiencia, de renovar la existencia de la Academia. Quizás ante esas circunstancias, pareció útil a la Audiencia, no dejar pasar la oportunidad para establecer normas precisas y claras sobre la materia.

Es cierto que las Ordenanzas de 1805, cumpliendo el mandato real que dispuso su formación, tomaron en cuenta las leyes vigentes, pero «adaptándolas al nuevo estado de cosas». Esas leyes vigentes lo eran las contenidas en el Título 24, Libro II, Tomo I de la Recopilación de Leyes de Indias.

La Real Audiencia de Caracas tomó prácticamente todas las normas (30 en total) del referido Título, provenientes de las Ordenanzas de Audiencias dictadas por Felipe II en 1563.

La Ordenanza de 1805 contiene 25 disposiciones y por las circunstancias especiales en que fueron dictadas y que hemos aludido, merece la penas destacarlas como un esfuerzo de la Real Audiencia para ordenar la actividad de los abogados de la época, ante ella y en la vida social. Siendo por tanto tan elevado el número de causas y en consecuencia de tanta importancia el papel de los abogados en la vida del momento es útil hacer una breve relación de los principios fundamentales contenidos en esas Ordenanzas.

Estos principios que están contenidos en las normas del Título Noveno de las Ordenanzas y en las 30 Leyes del Título 24, Libro II, Tomo 1° de las Leyes de Indias se referían a las siguientes cuestiones:

1. *Comprobación de conocimientos*

La condición de «abogado» en la Audiencia la proporcionaba además de la matrícula en el Colegio establecido en Caracas, la aprobación de un examen realizado por la propia Audiencia en unión del Decano y de otros dos abogados de los más antiguos y distinguidos.

De esa forma la Audiencia podía controlar la preparación académica y la formación profesional de quienes actuaren ante ella[65] .

Recuérdese lo que acabamos de indicar sobre la preocupación de la Audiencia para constituir el Colegio de Abogados de Caracas y crear la Academia de Derecho Público.

2. *Normas de conducta profesional*

Las Ordenanzas contienen prácticamente un «Código de Ética» de la profesión de abogado que merece la pena resumir:

a) Los abogados no abogarán en causas injustas ni acusarán injustamente y abandonarán toda causa si llegaren a convencerse de que su parte no tiene justicia (Ordenanza II).

b) Los abogados guardarán y respetarán entre sí la antigüedad derivada de la época de su recibimiento como tales (Ordenanza III).

c) Los abogados no alegarán malicias ni ofensas y actuarán con diligencia, serán fieles a las partes que representen, procurarán que las pruebas sean convenientes, ciertas y verdaderas, examinarán por sí mismos los autos del proceso; no aconsejarán el soborno de testigos y procurarán el respeto a la verdad y al derecho (Ordenanza VI).

d) Los abogados no abandonarán las causas hasta tanto el pleito no sea fenecido (Ordenanza VII).

e) Quien haya sido abogado de una parte en Primera Instancia, no podrá ser de la otra en la 2ª y 3ª instancia (Ordenanza VIII).

f) Los abogados guardarán secreto profesional de los negocios que estuvieren defendiendo (Ordenanza IX).

g) Los abogados deberán tomar relación escrita del encargo de su cliente, firmar con su propio nombre cualquier escrito que presentaren y no repetir alegatos ni presentar escritos innecesarios (Ordenanzas X, XI y XII).

h) Los abogados no deberán plantear preguntas extrañas al negocio ni repetir argumentos ya presentados sino por el contrario alegar con brevedad, excusar preguntas impertinentes y no dilatar los pleitos (Ordenanzas XV, XX y XIII).

---

65 Ordenanza 1ª, Título IX.

i) Los abogados deberán estar prestos para promover la justicia de causas de oficio sin cobrar honorarios (Ordenanza XXII).

j) Los abogados cuando asistieren a los estrados deberán abstenerse de usar trajes propios de empleos militares, políticos o religiosos, aunque tuvieran derecho a ellos.

k) Los abogados deberán pagar a sus clientes el daño que les causaren por su malicia, culpa, negligencia o impericia (Ley IV, Título 24).

l) No podrán ser abogados en la Audiencia los parientes de los Oidores en determinado grado de consanguinidad o afinidad (Ordenanza XXI).

3. *Normas sobre honorarios profesionales*

Las Ordenanzas contienen varias disposiciones de importancia referentes al delicado tema de los honorarios profesionales.

a) Estipulación Previa de Honorarios

Era absolutamente indispensable pactar honorarios antes de iniciar cualquier procedimiento so pena de perder el derecho a recibir remuneración por el trabajo (Ordenanza IV).

b) Estaba prohibido el pacto de «quota-litis» (Ordenanza V).

c) La Audiencia debía tasar el monto de los honorarios (Ordenanza XIX) y en todo caso los que pagaren los indios debían ser moderados (Ordenanza XX).

d) Estaba prohibido a los abogados pactar con sus clientes el seguir el pleito a su costa propia (Ley VIII, Título 28, Libro II, Tomo 1° de las Leyes de Indias).

CONCLUSIONES

Todas las consideraciones que anteceden nos permiten concluir:

1) La Real Audiencia de Caracas fue, durante los años de estada de Andrés Bello en Caracas y hasta el 19 de abril de 1810, una importante institución con evidente influencia en la vida social, política, cultural y jurídica de la colectividad de la Capitanía General de Venezuela.

Es razonable pensar que, dada la íntima relación que existió entre la Real Audiencia de Caracas y la Capitanía General y la posición personal de Bello en esa misma Capitanía, como importante funcionario de la misma, debió la Audiencia ser motivo de interés, atención y preocupación en Bello

Formaba un mecanismo interrelacionado, fundamentado en determinadas ideas políticas, económicas y sociales y en un específico momento cultural.

Los archivos demuestran que ese sistema jurídico era aplicado y funcionaba eficientemente, advertencia necesaria para darse cuenta de su importancia y grado de penetración e influencia en la vida colectiva. El 19 de abril de 1810 se inició un trascendental fenómeno que consiste en el progresivo desplazamiento del orden político-social vigente por otro absolutamente nuevo. Es necesario y útil, por lo tanto, estudiar el reflejo de la nueva situación en el sistema jurídico entonces vigente, que no podía fácilmente ser reemplazado por uno diferente.

La nueva realidad política llevó al cambio del Titular de la autoridad soberana, pero no produjo la inmediata sustitución de un sistema jurídico por otro. Las normas jurídicas anteriores a 1810, por una evidente necesidad social, siguen rigiendo hasta muy avanzada la República y muchas de ellas constituyen todavía la base de importantes disposiciones hoy vigentes. Estamos por tanto ante un problema histórico-jurídico que bien vale analizar. En otra parte[1] he estudiado las características del sistema político venezolano vigente entre el 19 de abril de 1810 y el 5 de julio de 1811. Conviene aquí esquematizar esa situación:

1°) El gobierno surgido el 19 de abril de 1810 se consideró dotado de "soberanía": ¿qué significó esto? Hasta ese día no podía discutirse que la Soberanía residía en la persona del Monarca a la cual todo tenía que estar subordinado.

Pero el hecho de que el Monarca, único sujeto de la soberanía, estuviese desde 1808 físicamente imposibilitado para ejercer las potestades soberanas, llevó a considerar la necesidad de que otro ente pudiera ejercer esa misma soberanía.

Sea cual sea el título alegado para ese ejercicio (la vuelta de la soberanía al pueblo o la acción revolucionaria), lo importante es que el Cabildo o Ayuntamiento de Caracas asumió las facultades del Monarca, para "conservarlas", es decir, para evitar su ejercicio en Venezuela por el gobierno "intruso" de José Bonaparte[2] y hacer de ellas el uso requerido por el interés público.

---

1 Me refiero a mi libro *Las Formas Jurídicas de la Independencia*, publicado en 1962 por el Instituto de Estudios Políticos de la Facultad de Derecho de la Universidad Central de Venezuela.

2 Tanto en España como en América se denominó y denomina "intruso" al Gobierno de José Bonaparte, aplicándole el sentido propio de la palabra: "Que se ha introducido sin derecho", como explica el Diccionario de la Real Academia.

La Constitución de 1811 estableció[4] los principios que regirían el nuevo orden jurídico y previó que el Congreso tendría "pleno poder y autoridad" para hacer "Leyes y Ordenanzas" cuando fueren "necesarias y propias".

El Congreso se percató claramente que no sería fácil ni rápido sustituir el conjunto del ordenamiento jurídico que había venido rigiendo a la comunidad ni era posible derogarlo plenamente y dejar a esa comunidad sin ley para las numerosas relaciones de carácter privado.

En ese orden de ideas, el Congreso adopta una sabia actitud:

Primero: Mantiene vigente el régimen jurídico anterior en todas las materias y puntos que, directa o indirectamente, no se opongan a lo establecido en la Constitución (artículo 228).

Segundo: Deroga, expresamente, todo aquello que en el sistema jurídico anterior fuere contrario a los nuevos principios: por ejemplo, determinadas normas sobre los indios (artículo 201), otras sobre el comercio de negros (artículo 202), otras sobre "pardos" (artículo 203).

El principio general fue pues mantener la vigencia de las normas anteriores, usando las expresiones del Constituyente "el código que hasta aquí nos ha regido", es decir, las disposiciones generales del Derecho de Indias, las propias de la Capitanía y el Derecho Español.

La excepción era la derogatoria, la pérdida de la "fuerza y vigor" de todo lo que pueda oponerse, en forma directa o indirecta, a lo establecido en la Constitución.

Tal expresa posición, expresa en el artículo 228 de la Constitución de 1811, era además la aplicación particular, al derecho anterior a 1810, de otro principio categórico, contenido en el artículo 227, de que no se daría valor a ninguna norma expedida contra el tenor de la Constitución, es decir, la proclama de la supremacía de la Constitución y por ende del Régimen Republicano.

La Constitución, con muy buena técnica jurídica, establece procedimientos adecuados para la revisión progresiva del sistema anterior:

a) Por la adopción por vía legislativa de nuevas normas para sustituir o completar a las anteriores.

---

4 La Constitución fue firmada el 21 de diciembre de 1811. Existen numerosas ediciones de su texto. Hemos manejado la *Edición facsimilar de la edición de 1812*, publicada en Caracas en 1961 por la Corporación Publicitaria Nacional y al cuidado de don Pedro Grases.

b) Por el ejercicio, por parte del Poder Ejecutivo, de la facultad de examinar las sentencias de los Tribunales y de rechazarlas tanto en las situaciones de injusticia evidente y notoria que irrogue perjuicio irreparable como al ser contrarias a la ley, caso en el cual debía pasarlas al Senado para que éste resolviese (artículo 90).

El Ejecutivo podía, así, rechazar una sentencia cuya injusticia se derivase de aplicar una norma del anterior ordenamiento jurídico o también si encontraba que la sentencia, aunque adecuada al derecho infraconstitucional era contraria a la Constitución, enviarlas al Senado para que ese Cuerpo determine si había no tal contradicción y en caso afirmativo ordenare su revisión por el Tribunal *ad-hoc*.

La catástrofe política de 1812 impidió la aplicación de la Constitución y no permitió que las autoridades surgidas entonces y de legitimidad muy discutible restablecieran el orden jurídico anterior.

El esquema político de 1810 quedó, de hecho, derogado en 1812 pero no se volvió al anterior. Surgió un derecho de guerra, de situaciones de emergencia, dictado a veces por jefes militares sin facultades claras para ello y a veces por autoridades que debían considerarse conforme a las normas españolas.

El sistema político anterior a 1810 no volvió a imperar en Venezuela, ni en España, pero al menos en la conciencia jurídica de la generalidad quedó vigente su sistema de normas sustantivas y adjetivas en la porción de territorio donde predominaban las autoridades españolas, en cuanto no contradijese el nuevo derecho de guerra[5] y en los espacios sometidos al Gobierno Republicano mientras no estuviere en contra de los nuevos principios políticos.

Ésa es la situación que encuentra el Libertador Simón Bolívar cuando reinicia, de 1817 en adelante, la reorganización del Gobierno de la República en los territorios que va sometiendo a su control militar y político.

Constituye motivo de gran interés, para conocer bien el espíritu de Bolívar como hombre de Estado, estudiar su preocupación permanente para dotar a la República de un sistema jurídico que permitiere el funcionamiento de las instituciones políticas y la salvaguarda de los derechos de los ciudadanos.

---

5 La situación fue particularmente crítica en las relaciones de la Real Audiencia de Caracas con las autoridades militares, primero con Monteverde y luego con Morillo.

Es importante, en ese sentido, mencionar la clara conciencia del Libertador al examinar, cuidadosamente, las necesidades jurídicas que se presentaban para, frente a ellas, adoptar nuevas disposiciones, pero cuidando de prever la continuación del sistema jurídico español en todo aquello que no hubiese sido legislado o no estuviere en contradicción con el orden republicano.

No resulta necesario, para los fines de este estudio, analizar toda la labor del Libertador en la organización del nuevo Estado, proceso que culmina en su Proyecto de Constitución sometido al Congreso de Angostura en 1819[6], sino únicamente hacer referencia a un conjunto de Decretos, importantes por la materia que contienen y que están elaborados, como ya hemos dicho, para armonizar la necesidad de las nuevas normas con la indispensable aplicación del orden jurídico español.

Proyectamos presentar esa técnica jurídica del Libertador en los diversos aspectos que fue previendo.

1°) *La organización judicial de la República*:

Preocupa al Libertador, en su Cuartel General de Angostura, y como "de primera necesidad", el arreglo y organización de Tribunales que administren justicia; con el "deseo" de dar a los mismos "la libertad e independencia que exige la justicia de los poderes", dicta un Decreto el 6 de octubre de 1817 en el cual crea, en cada Provincia, un "Gobernador Político" con facultad de decisión de asuntos civiles en primera instancia, y en la capital provisional de la República, una "Alta Corte de Justicia" para conocer, en segunda y última instancia, las decisiones de los Gobernadores Políticos de las Provincias y en única instancia de otras cuestiones.

El Decreto establece que los Gobernadores y la Alta Corte de Justicia, en sus procedimientos y decisiones, deberán arreglarse a "las leyes, usos y prácticas que han regido siempre en Venezuela", a menos que estén derogadas o se deroguen en el futuro (artículos 2 y 13)[7].

---

6 Véase su texto en la obra *El Libertador y la Constitución de Angostura de 1819*. Transcripción, notas y advertencias de Pedro Grases, Prólogo de Tomás Polanco A. Publicación del Banco Hipotecario de Crédito Urbano, Caracas, 1970.

7 Véanse *Decretos del Libertador*, Publicaciones de la Sociedad Bolivariana de Venezuela, 1961, Tomo I, página 84.

Para los procedimientos judiciales y en las decisiones respectivas siguen rigiendo las normas "que siempre" han regido en Venezuela, es decir, las normas españolas ordenadas en las tres categorías antes enunciadas.

2°) *Tribunal de Consulado para pleitos mercantiles:*

Bien conocida es la creación, existencia y funcionamiento del Real Consulado en Caracas. Su actividad, relacionada con la actividad del comercio, la solución de litigios entre comerciantes y el fomento de la agricultura y de las actividades mercantiles en general, fue sin duda de alto provecho.

El Libertador, por Decreto de 7 de noviembre de 1817, creó en Angostura un Tribunal de Consulado y ordenó arreglarse en los juicios "a la forma y método establecido en la Cédula de erección del Consulado en Caracas"[8].

3°) *Funcionamiento de las Municipalidades*:

Preocupó a Bolívar en Angostura la necesidad de "una administración regular de Policía Municipal" y organiza para esa ciudad, por Decreto de 6 de octubre de 1817, una "Sala Municipal, integrada por un Presidente, seis Regidores y un Escribano" elegidos Regidores y Presidente por votación popular de los padres de familia[9].

Pero ¿qué haría, para qué serviría, esa Municipalidad? El artículo 17 del Decreto lo establece: sus atribuciones serían "las mismas que señalan las leyes españolas o los Cabildos de Venezuela".

En este caso hay una referencia peculiar, no al derecho municipal español en general, sino a las normas particulares dictadas para los Cabildos de Venezuela, que tenían ciertos matices en el ejercicio de sus facultades.

4°) *Disciplina penal militar:*

La existencia de un ejército, en las condiciones peculiares del momento, obligaba a crear normas de disciplina que orientaran la acción de los jefes para reprimir conducta incorrecta de los cuerpos militares.

El Decreto dictado en San Félix el 7 de junio de 1817[10] establece "un orden general de los juicios, que se observe en todos los ejércitos y guarniciones de la República y que, bajo un método sencillo y breve conozca todos los delitos que puedan someter los militares.

---

8 *Decretos del Libertador*, Tomo I, página 107.

9 Decretos del Libertador, Tomo I, página 87.

10 Decretos del Libertador, Tomo I, página 69.

El Decreto organiza los cuerpos o Consejos Permanentes de Guerra, el Consejo Ordinario, el Consejo para Oficiales y el Consejo para Oficiales superiores. Las normas determinan la integración y funcionamiento de esos cuerpos judiciales militares.

El artículo 4° determinó el siguiente orden de aplicación de las leyes.

1) Las leyes penales impuestas en los bandos del ejército.

2) Las leyes militares o reglamentos publicados por la Autoridad Suprema de la República.

3) Si faltaren los dos anteriores, las normas penales de la Ordenanza española.

Es decir, el mismo principio de la Constitución de 1812: ante la falta de una norma republicana se aplicaría, en materia penal militar, la norma española.

Constituida la Gran Colombia, su primer "Congreso General" adopta, el 30 de agosto de 1821, una nueva Constitución[11]. Ésta, en su artículo 188, declara "en su fuerza y vigor las leyes que hasta aquí han regido en todas las materias y siempre que directa o indirectamente no se opongan a ellas las Leyes y Decretos que expidiera el Congreso".

El sistema es el mismo de 1812 y en base a él se ordena todo el sistema jurídico que va a regir en Colombia, es decir, a Venezuela, Nueva Granada y el Ecuador, hasta la separación ocurrida en 1830.

Trataremos de sintetizar las materias sobre las cuales se establece el nuevo mecanismo jurídico:

1°) *La observancia de las leyes*.

La ley del 13 de mayo de 1825, en su artículo primero, establece el orden con que deben observarse las leyes en todos los Tribunales y Juzgados de la República, civiles, eclesiásticos o mercantiles en materias civiles o criminales[12].

Ese orden va a ser el siguiente:

---

11 *Cuerpo de Leyes de la República de Colombia*, Edición del Consejo de Desarrollo Científico y Humanístico de la Universidad Central de Venezuela, Caracas, 1961, página 7.

12 Cuerpo de Leyes de la República de Colombia, página 352.

1) Las decretadas o que en lo sucesivo decrete el Poder Legislativo.

2) Las pragmáticas cédulas, órdenes, decretos y ordenanzas del Gobierno español, sancionados al 18 de marzo de 1808 que estaban en observancia bajo el mismo Gobierno español en el territorio de la República.

3) Las leyes de la Recopilación de Indias.

4) La Nueva Recopilación de Castilla, y

5) Las de las Siete Partidas.

Conviene llamar la atención sobre el hecho de haberse señalado el 18 de marzo de 1808 como la fecha límite de las normas del Derecho Español aplicables en la República: se trata de la fecha de la detención del Rey Fernando y de la instauración en España del Gobierno de José Bonaparte, considerado allá y aquí como ilegítimo.

La vigencia de las leyes del ordenamiento jurídico anterior estaba condicionada a que directa o indirectamente no estuviesen opuestas a la Constitución o a las leyes y decretos dictados por el Poder Legislativo[13].

2°) *Validez de sentencias dictadas por Tribunales Españoles.*

Durante la evolución política de la República, hubo territorios sometidos a las autoridades republicanas y otros a la jurisdicción del Rey. Pasaban de una a otras manos y en ellos aparecían y desaparecían Tribunales de una u otra autoridad.

Esa situación planteaba, evidentemente, serias dificultades para precisar la validez de tales sentencias, sobre todo cuando ellas, si habían emanado de Tribunales designados por autoridades del Rey, tenían que ejecutarse en zonas bajo el control republicano.

Para evitar dudas, el Congreso por Ley del 8 de abril de 1826[14] decretó que "todas las sentencias, autos y providencias dictadas por autoridades, jueces y Tribunales de lo que después fue la República de Colombia" serían válidas, aunque las autoridades, jueces y Tribunales españoles las hayan revocado o declarado nulas, pero que también eran válidas las sentencias dictadas por Jueces y Tribunales españoles.

---

13 Cuerpo de Leyes de la República de Colombia, página 35.

14 Cuerpo de Leyes de la República de Colombia, página 427.

3°) *Patronato eclesiástico.*

Entre las normas más relevantes por la materia y por su tiempo de vigencia estuvo la Ley del 28 de julio de 1824 que declaró que la República continuaría en el ejercicio del "derecho de patronato" tenido por los Reyes de España en las Iglesias metropolitanas, catedrales y parroquiales de América[15].

4°) *Regulación de las cuestiones mercantiles.*

La extinción del Real Consulado creó dificultades prácticas para el trámite de los negocios contenciosos de comercio.

El sometimiento de tales negocios a los Juzgados de Primera Instancia ocasionó perjuicios y atrasos para los negocios hasta el extremo de que el Congreso se vio obligado a decretar, por Ley del 10 de julio de 1824, la creación de una jurisdicción especial mercantil y ordenó que las causas que tramitara fueran decididas "por las ordenanzas de Bilbao" en tanto en cuanto no se opusieren a las leyes dictadas por el mismo Congreso[16].

5°) *Actividad de los abogados.*

Se plantearon dudas sobre la validez de los títulos de los abogados, recibidos en las antiguas Audiencias de Caracas, Bogotá y Quito. La Ley del 12 de octubre de 1821 acordó que tales abogados continuarían ejerciendo libremente su profesión en todos los Tribunales de la República[17].

6°) *Autoridad de los intendentes.*

La Ley del 2 de octubre de 1821 dividió a la República en Departamentos y al frente de cada uno de ellos colocó para su mando político a un Magistrado denominado "Intendente". A ese funcionario le fueron atribuidas, para las causas de Justicia, Policía, Hacienda y económica de guerra, las facultades contenidas en la Ordenanza dada el 4 de diciembre de 1786 con las solas limitaciones de sustituir las autoridades reales por las republicanas y de no aplicar las normas contrarias al Derecho de la República. Posteriormente la Ley del 6 de octubre de 1821 mantuvo en los Intendentes el conocimiento de la jurisdicción contenciosa para actuaciones derivadas de materias planteadas por los interesados ante los antiguos Tribunales de Cuentas en todo aquello que no correspondiere a la Contaduría General de Hacienda[18].

---

15 Cuerpo de Leyes de la República de Colombia, página 218.

16 Cuerpo de Leyes de la República de Colombia, página 206.

17 Cuerpo de Leyes de la República de Colombia, página 111.

18 Cuerpo de Leyes de la República de Colombia, página 87.

7°) *Disciplina Militar.*

La importancia de la organización y disciplina del ejército y las dificultades de dictar nuevas normas sobre el particular llevaron al Congreso a decretar, el 13 de octubre de 1821, que el Gobierno se encargare "de la ejecución de las últimas leyes españolas en materia de deserciones"[19].

8°) *Características de la moneda.*

El Congreso consideró que las variadas monedas que circulaban en la República producían desorganización y caos, que era necesario reducir todas las circulantes a un mismo peso y ley conocida, y por lo tanto ordenó, por Ley del 29 de septiembre de 1821 que la moneda de oro tendrá el mismo peso y ley que se le daba por el Gobierno español[20].

Sería posible analizar también los diferentes Decretos que dictó el Libertador, siguiendo los mismos principios, en otras partes de América, o sea el mantenimiento de la norma anterior en cuanto no resulte derogada por nuevas disposiciones.

Se podría igualmente llevar a cabo un detenido estudio sobre cómo las normas españolas, a veces con ligeros cambios de redacción, otras con su texto idéntico, pasan a formar parte de la legislación republicana. Pero tal labor no puede hacerse sino para cada institución jurídica en particular[21].

Separada Venezuela de la Gran Colombia, el problema vuelve a quedar planteado, aunque para si solución no se tendrán dificultades.

El Congreso, por Ley de 3 de mayo de 1838[22] adoptó para la República, el mismo sistema decretado por el Congreso de Colombia y que arriba hemos comentado: las Leyes se aplicarían así:

Primero: Las decretadas o que en lo sucesivo decretase el Poder Legislativo.

---

19 Cuerpo de Leyes de la República de Colombia, página 117.

20 Cuerpo de Leyes de la República de Colombia, página 72.

21 A modo de ejemplo menciono que, en octubre de 1974, presenté al II Congreso Venezolano de Historia una exposición sobre la influencia que tuvo la existencia y régimen de la Real Audiencia de Caracas en la regulación de la Corte Suprema de Justicia establecida en la Constitución de 1830 y mantenida, con distintas denominaciones hasta nuestros días.

22 Véase su texto en Leyes y Decretos Reglamentarios de los Estados Unidos de Venezuela, Tomo V, página 453.

Segundo: Las pragmáticas Cédulas, Órdenes y Ordenanzas del Gobierno español, sancionadas hasta el 18 de marzo de 1808 que estaban en observancia bajo el mismo Gobierno español en el territorio que forma la República.

Cuarto: Las Leyes de la Recopilación de Indias.

Quinto: Las de la Nueva Recopilación de Castilla.

Sexto: Las de las Siete Partidas.

La vigencia de todas esas Leyes quedaba sometida a que no fueren opuestas, directa o indirectamente, "a las leyes o Decretos que haya dado o que diere el Poder Legislativo".

Cabe observar que esta Ley tiene dos condicionamientos temporales que merece la pena advertir: uno, el mismo de la Ley colombiana de 1825 y que ya hemos comentado, en cuanto a que se coloca el 18 de marzo de 1808 como fecha límite de que para una Ley dictada por el Gobierno español tuviere vigencia en Venezuela. Era la ratificación del desconocimiento al sistema napoleónico en España y en América el rechazo final a cualquier posible vigencia de una norma emanada de la autoridad intrusa de José Bonaparte y la admisión de la sola legitimidad en América y hasta 1808 de la Corona del Rey de España. La otra era el año de 1827 como límite para la entrada en vigencia de otra clase de normas: las emanadas del Congreso de Colombia. ¿Por qué? Era la no admisión de las facultades extraordinarias asumidas por el Libertador y en consecuencia el desconocimiento de los Decretos dictados por él hasta 1830.

Una situación muy curiosa: ¡El Congreso admitía la vigencia de los actos emanados del Rey de España y rechazaba los de Bolívar!

Con anterioridad a la Ley que citamos, el Congreso había dispuesto por la Ley del 2 de mayo de 1836 que en materia mercantil continuaren vigentes las Ordenanzas de Bilbao.

Ese estado de cosas se mantiene hasta que fue dictado el Código Civil de 1862, que derogó, en la "Disposición final" de la Ley única del Título XXVI "todas las leyes preexistentes en las materias que él (en el Código) se trata". Este Código sólo estuvo nominalmente vigente.

En medio del criterio general de no aceptar los Decretos dictados desde 1827 hasta 1830 por el Libertador, hubo sin embargo una importantísima excepción: El Decreto de Bolívar en Quito el 24 de octubre de 1829, que mantuvo la vigencia de la Ordenanza de Minas de Nueva España, dada en 22 de mayo de 1783, con la expresa advertencia de que la propiedad de cualquier clase de minas pertenecía a la República. El 29 de abril de 1832 el

Congreso venezolano decretó que la Ordenanza de Minas de Nueva España seguía vigente en Venezuela bajo la forma prevista en el Decreto de 1829, es decir, ratificando la propiedad del Estado sobre las minas: en esa forma la República mantuvo en su dominio toda la riqueza minera nacional que antes había pertenecido a la Real Corona de España. No es necesario destacar la importancia de esa situación para nuestra vida económica y política del momento[23].

---

23 El tema lo comentan el Dr. RUFINO GONZÁLEZ MIRANDA, en un estudio publicado en la *Revista del Colegio de Abogados del Distrito Federal*, número 6, pp. 170 a 185, y Ezequiel Monsalve Casado, en su *Manual de Ciencia Jurídica Minera*, Caracas, 1947.

La Real Audiencia de Caracas como antecedente de la Corte Suprema de Justicia

PRESENTACIÓN

Tiene por objeto este trabajo exponer, dentro de límites razonables, el influjo que tuvo la Real Audiencia de Caracas en la organización y funcionamiento del Tribunal Supremo de Justicia que, bajo distintas denominaciones, ha funcionado en la República desde 1830 hasta nuestros días.

Para entender bien muchas de las instituciones jurídicas y políticas de la República, es indispensable acudir a sus antecedentes en el Derecho Español: Resultó imposible formar un sistema jurídico totalmente nuevo en poco tiempo; era, además, norma de elemental prudencia, mantener la vigencia del orden jurídico existente en tanto en cuanto no afectara la existencia del sistema republicano.

Así fue el caso de la Corte Suprema de Justicia, creada en 1830, primero por la ordenación provisional del gobierno de la República y luego por la Constitución del mismo año. Parece evidente que quienes la proyectaron tomaron muy en cuenta tanto la Constitución de Cádiz de 1812 como la Ley dictada por las mismas Cortes de Cádiz, en 9 de octubre de 1812 para regular el funcionamiento del Poder Judicial dentro de lo que entonces se creyó que era todavía la Monarquía española.

No es éste el sitio para estudiar el influjo de la Constitución de Cádiz, en forma directa, en el sistema constitucional venezolano, pero sí resulta adecuado considerar la influencia directa de la Ley de 1812 que hemos citado.

Esta Ley, muy poco conocida hoy en día, ya que apenas es citada en los estudios hechos sobre el particular, fue recibida por la Real Audiencia de Caracas, residente entonces en Valencia, en febrero de 1813. No debe olvidarse que el importante número de casos estudiados y decididos por la Real Audiencia en los años 1816 (159), 1817 (386), 1818 (154), 1819 (160) y

1820 (112), permite pensar que la Ley de 1812, ya conocida por la Audiencia caraqueña, debió haber sido tomada muy en cuenta en su fiel obediencia al orden jurídico. Nuestros historiadores, y entre ellos García Chuecos y Parra Márquez, han destacado, con precisión y certeza, el valiente papel de la Audiencia de Caracas en esos años tan difíciles desde todo punto de vista.

Ocurrida la transformación política de 1830, los juristas del Constituyente de ese año no olvidaron la Ley de 1812 y llevaron muchas de sus normas a la Constitución. Con el tiempo, a la llegada de la Federación, varias normas de la misma Ley de 1812 vuelven a tener vigencia, por ejemplo, en el sistema de apelación de las decisiones de las distintas Salas del Tribunal Supremo.

Otras materias, por ejemplo, el recibimiento de abogados y el conocimiento de recursos eclesiásticos, venían desde la legislación anterior, que reglaba la Real Audiencia, fueron después tomados en la Constitución dictada en 1812 por el primer Congreso Constituyente de la República y continuaron luego en vigencia, en una u otra forma, hasta muy avanzada época de la vida de la República.

Denominaciones formales, como la de "ministro" para los magistrados del Supremo Tribunal, "acuerdo" para sus reuniones y decisiones, siguen teniendo vigencia.

El influjo de las ideas francesas lleva al Constituyente español de Cádiz a impedir la acción de los tribunales en cuestiones políticas y administrativas. Por la misma razón el Constituyente venezolano mantiene al Poder Judicial y desde luego a la Corte Suprema de Justicia, fuera de toda actividad de gobierno. Pero, al instaurarse la Federación el Supremo Tribunal vuelve a tener facultades políticas e incluso, siguiendo las antiguas normas relativas a las Audiencias de México y Perú, las Constituciones de finales del siglo XIX y comienzos de este siglo atribuyen el ejercicio de la Jefatura del Estado al Presidente de la Corte Suprema en caso de desaparición del Presidente de la República.

No se ha estudiado todavía suficientemente el influjo que en el recurso de casación tuvo el recurso de "Nulidad de sentencias" por quebrantamiento de normas procesales o de ley expresa, establecido por la Constitución de Cádiz, regulado por la Ley de octubre de 1812 y adoptado por nuestra Constitución de 1830 y por la ley que la reglamentó.

La Corte Suprema Venezolana, al igual que la Audiencia española, fue tribunal de apelación de las decisiones de los órganos inferiores, pero sobre todo merece la pena destacarse su intervención en la organización y funcionamiento del resto del Poder Judicial, participando en la organización de los distritos judiciales, en la designación de los jueces, el ejercicio de funciones disciplinarias sobre los mismos y en la decisión de las controversias sobre competencias de unos y otros tribunales. Para a nuestro derecho la inspección judicial de las cárceles por los jueces a fin de comprobar el estado en que se encuentran los detenidos.

Noble institución la Real Audiencia, que quizás en Venezuela más que en ninguna parte, sirvió, siguiendo la frase de Solórzano Pereira, para que "los pobres hallen defensa en los agravios y presiones de los poderosos".

PRIMERA PARTE

Establecimiento de los Tribunales de Justica

Al constituirse Venezuela en República independiente resultó indispensable establecer los organismos necesarios para el ejercicio de las distintas funciones estatales; entre ellos tenían que encontrarse los Tribunales de Justicia. Por estar estos encargados de decidir controversias sobre aplicación o cumplimiento de las leyes, su organización, competencias y modo de actuar, debían estar de acuerdo con el nuevo orden jurídico existente.

La imposibilidad de crear todo un sistema jurídico en poco tiempo y las dificultades políticas propias de la época llevaron a que el nuevo Estado se viese obligado a mantener en vigencia las Leyes Españolas en cuanto no contradijeren el sistema republicano.[1] Tales Leyes fueron, poco a poco, adaptadas a las nuevas realidades o sustituidas por otras disposiciones que con frecuencia estuvieron inspiradas en ellas.

Por tanto, indudablemente existió continuidad jurídica, muy relevante, entre la Capitanía General de Venezuela y la nueva República, sin

---

1 Ley de 3 de mayo de 1838 sobre el "Orden de observancia de las Leyes". Esta Ley estableció una prelación de vigencia de normas así: Primero, las leyes dictadas por el Poder Legislativo de la República; segundo: las decretadas por el Congreso de Colombia hasta 1827 inclusive; tercero: las pragmáticas, cédulas, órdenes, decretos y ordenanzas del gobierno español hasta el 18 de marzo de 1808, que estaban en observancia bajo el mismo gobierno español en el territorio de toda la República; cuarto: las Leyes de la Recopilación de Indias; quinto: las de la Nueva Recopilación de Castilla; sexto: Las Siete Partidas. Nótese que quedaron dos lagunas importantes: una las normas dictadas y que tuvieron valor entre el 18 de marzo de 1808 y la primera reunión del Congreso de Colombia; otra las normas dictadas y que tuvieron valor entre 1827 y la primera reunión del Congreso Venezolano.

menoscabo de las consecuencias políticas derivadas de la declaratoria de independencia. Formaba parte de la organización jurídico-política de la Capitanía General de Venezuela un cuerpo plural, denominado "Real Audiencia de Caracas" y con jurisdicción sobre todo el territorio de la Capitanía. Es muy difícil comparar la Real Audiencia con los organismos que posteriormente existieron en el Estado venezolano, ya que sus atribuciones y jerarquía era peculiares dentro del sistema de gobierno de las provincias americanas por el rey de España. Debe recordarse, sin entrar en mayores detalles que España, bajo una sola Corona tenía dos regímenes completamente distintos, uno el gobierno de la Península y el otro de las Provincias Americanas.

Para el gobierno de la Península existieron el Consejo de Castilla y los otros Consejos Reales, posteriormente transformados en los ministerios o secretarías requeridos para la buena marcha del manejo del Estado.

El gobierno de las Provincias Americanas lo ejercía el Rey a través de otro organismo, titulado el Real Consejo de Indias, con su propio ordenamiento jurídico fundamentalmente integrado por las Leyes de Indias. El "Derecho de Castilla" era sólo supletorio respecto al Derecho de Indias y estaba vedado a los organismos políticos gubernativos de la península participar en el trámite y decisión de los asuntos propios del gobierno de las Provincias Americanas.[2]

La distancia entre la Península Ibérica y las tierras americanas y las dificultades de comunicación y transporte, que demoraban el conocimiento, en España y en América, de los temas y decisiones propios del gobierno, obligaron a prever la existencia, en América, de cuerpos políticos dotados de facultades suficientes para ejercer, en nombre del Rey, plena autoridad. El análisis comparado de la evolución jurídico-política de las distintas provincias americanas demuestra las distintas clases de soluciones que la Corona fue adoptando para cada una de esas regiones. En el caso particular de lo que hoy constituye la República de Venezuela es bien conocido el proceso que culmina, en el siglo XVIII, con dos acontecimientos importantes a los efectos de este estudio: Uno la creación de la Capitanía General de Venezuela y otro la de la Real Audiencia de Caracas con jurisdicción en todo el territorio de la Capitanía.

---

2 Así lo disponía la Real Ordenanza de don Felipe II, en San Lorenzo a 22 de septiembre de 1584, que fue ratificada por la Ordenanza 22 del Consejo y posteriormente convertida en la Ley III del Título Segundo, Libro II de la Recopilación de Leyes de Indias.

Las Reales Audiencias existieron en España desde 1371 fecha de la creación de la primera, en las Cortes de Toro. Después del descubrimiento fueron instaladas en distintos sitios de América, empezando por la de Santo Domingo decretada por Carlos V en 1526. En otro estudio he analizado el desarrollo de las Audiencias Americanas y particularmente de la venezolana, tema que ahora no interesa repetir.[3]

La Real Audiencia era un complejo organismo de gobierno en el cual participaba con el Capitán General; ejercía funciones políticas, controlaba la administración pública y funcionaba como tribunal, unas veces con jurisdicción propia y otras como cuerpo de apelación. En la mayoría de los casos la decisión de la Real Audiencia era definitiva; en otros era posible apelar para ante el Real Consejo de Indias.

En el régimen monárquico español la plenitud de la Soberanía residía en la persona del Rey, en cuyo nombre eran ejercidas las distintas funciones del Estado. Tales funciones correspondían a órganos muy diversos, cuyas competencias propias tenían distinto carácter. Así, por ejemplo, el mismo órgano estatal podía ejercer a la vez, funciones de carácter judicial, dictar normas generales y ejecutar decisiones de los organismos superiores. Las ideas políticas que motivaron la Revolución francesa propiciaron, entre otros, un principio muy importante para la organización del Estado que se denominó "de la separación de los poderes", conforme al cual las distintas potestades del Estado debían residir en órganos diferentes. Casi todos los movimientos políticos que se suceden durante los fines del siglo XVIII y el siglo XIX adoptaron, en forma dogmática, semejante principio y en base a él organizaron el Estado. El mismo fenómeno se observa en la Constitución de Cádiz sancionada el 19 de marzo de 1812 y prácticamente en todas las Constituciones Hispanoamericanas sancionadas desde el inicio del movimiento de independencia hasta 1830.[4]

Al producirse en España en 1808 la invasión napoleónica y la consecuente transformación política, una de las repercusiones más importantes fue la reunión de las Cortes en Cádiz. Estas Cortes decretaron para el "buen gobierno y recta administración del Estado" el 19 de marzo de 1812 la "Constitución Política" de la Monarquía española que, por razón de las

---

3 POLANCO ALCÁNTARA, TOMÁS: *Las Audiencias y Chancillerías Reales de Indias*. Revista del Centro de Estudiantes de Derecho de la Universidad Central de Venezuela, números 9 y 10. Caracas, 1948, 57 páginas.

4 Véase la colección incluida en la "Biblioteca" publicada por la Academia Nacional de la Historia: *El Pensamiento Constitucional Hispano-Americano hasta 1830*, 5 volúmenes.

circunstancias, tenía que referirse al gobierno de las tierras que todavía eran conocidas, en España, como "Provincias Americanas".[5]

La Constitución de Cádiz, al organizar la Monarquía siguiendo el principio de la separación de los poderes, separa los órganos del Poder Judicial de los demás órganos del Estado. Integra el Poder Judicial por un Tribunal Supremo de Justicia y diferentes "Audiencias" repartidas en las distintas provincias españolas. Estas Audiencias eran, prácticamente, las mismas creadas por los reyes, pero les fue limitado el conjunto de sus antiguas facultades, reducidas ahora sólo a resolver los procedimientos contenciosos, civiles y criminales con prohibición de intervenir en asuntos gubernativos y políticos que ocurrieren en sus jurisdicciones.

Las Cortes regularon el funcionamiento de las Audiencias por Ley del 9 de octubre de 1812, que trata de armonizar las disposiciones anteriores referentes a las Audiencias con las nuevas de la Constitución de Cádiz. Esta Ley fue recibida el 8 de febrero de 1813, por la Real Audiencia de Caracas, que para ese entonces funcionaba en la ciudad de Valencia.

Lamentablemente la Ley citada no ha sido objeto de estudios detenidos y apenas se hace referencia a ella. Personalmente le dediqué un capítulo en mi trabajo "Las Audiencias y Chancillerías Reales de Indias".[6] La Ley se encuentra en original entre la colección de Reales Cédulas que posee el archivo del Palacio Arzobispal de Caracas.[7]

Es muy importante mencionar ahora que, en Venezuela, al ser dictada la Constitución de 1830, las formas de concepción del Poder Judicial fueron prácticamente tomadas con sus debidas adaptaciones, de la Constitución de Cádiz y de la Ley del 9 de octubre de 1812 dictada por las Cortes de Cádiz.

Aparece ratificada así la continuidad del ordenamiento jurídico que, si bien dejó de estar vigente por todo el fenómeno de la independencia se manifiesta en todo su vigor en la Legislación Republicana.

Llama la atención el hecho de que no se hubiese destacado, hasta el presente, esa importante influencia de la Constitución de Cádiz y de su Legislación Complementaria en el régimen jurídico de la República mientras que se ha insistido tanto en el impacto de la Constitución norteamericana en la orientación política de los Estados latinoamericanos.

---

5 Puede verse su texto en el Tomo V de la colección citada en la nota anterior, página 291 y siguientes.

6 POLANCO ALCÁNTARA, TOMÁS, *ob. cit.*, p. 31 y ss.

7 Colección Reales Cédulas, paquete número 9, años 1810-1821.

Vamos a tratar de sistematizar la forma cómo las disposiciones referentes a las Reales Audiencias pasaron de las normas españolas a las facultades de la Corte Suprema de Justicia de la República y permanecen en el ordenamiento jurídico venezolano, en muchos casos, hasta nuestros días.

Los temas fundamentales serán: la organización y funcionamiento del Alto Tribunal; los Acuerdos de la Real Audiencia; la Corte Suprema como organismo de apelación; la decisión por la Corte Suprema de los conflictos de competencia entre los tribunales inferiores; el recurso de nulidad de sentencias; el "recibimiento" de abogados; el conocimiento de recursos eclesiásticos y la "visita" de cárceles.

SEGUNDA PARTE

I. — *Organización y funcionamiento del Alto Tribunal*

El artículo 7° de la Ley de 9 de octubre de 1812 organizó la Real Audiencia de Caracas, así:

a) Un Regente

b) Nueve Ministros y

c) Dos fiscales[8]

Todos esos magistrados eran de idéntica categoría, y su presidencia correspondía al Regente.

Recuérdese que conforme a la legislación indiana[9] la Presidencia de la Audiencia había correspondido al Capitán General. Con él la Audiencia participaba en las funciones de gobierno y en otras de carácter administrativo, político y hasta legislativo. Convertida la Audiencia en un tribunal, con expresa prohibición de intervenir en otros asuntos, la Presidencia no tenía por qué pertenecer a un funcionario distinto de los jueces o ministros titulares.

---

8 La Audiencia de Madrid debería haber tenido 16 ministros y cuatro salas, otras de la península y algunas de América, 12 ministros en dos salas. Iguales a la de Caracas eran las de Asturias, Buenos Aires, Canarias, Charcas, Chile, Cuba, Cuzco, Guatemala, Guadalajara, Mallorca, Manila, Quito, Saltillo y Santa Fe.

9 Real Cédula de 18 de septiembre de 1786. Su original, en Archivo General de la Nación, Sección *Reales Cédulas*. Texto transcrito en POLANCO, *ob. cit.* p. 48.

El título oficial de los magistrados fue el de "Ministro". Los integrantes de la Audiencia debían quedar divididos en dos SALAS, una para conocer en segunda instancia casos civiles y criminales y la otra para conocer en tercera instancia los mismos asuntos.

Conforme al procedimiento judicial vigente, las decisiones de primera instancia en los asuntos civiles y criminales correspondían a los llamados "Jueces letrados de Partido". Sus decisiones iban, en apelación (en segunda instancia) a una de las SALAS de la Audiencia y de las decisiones de esta Sala se oía apelación en tercera instancia para ante la otra Sala.

Uno de los "Fiscales" era para los asuntos civiles y el otro para los criminales. Cada fiscal tenía derecho de voto en los casos en los cuales no fuese parte.

Este esquema fundamental se refleja en la organización del Supremo Tribunal de la República.

a) La Corte Suprema de Justicia será presidida por uno de sus magistrados sin que ningún funcionario de los otros poderes del Estado participe en su integración y funcionamiento.

b) En las Constituciones de 1812, 1819, 1821, 1857 y 1858 se da el título o denominación de "ministro" a los miembros del Tribunal.

c) En las Constituciones de 1830 y 1857 se mantiene, dentro del tribunal y como parte del mismo a un Magistrado "Fiscal". A este "Fiscal" se le da el carácter de suplente de los otros Magistrados cuando estén temporalmente ausentes. Desde 1850 el Fiscal dejó de ser parte del Tribunal.

d) En las primeras Constituciones de la República (1830, 1857, 1858 y 1864) la Corte, por causa del reducido número de sus Magistrados (5 o 6) funciona siempre en una unidad, pero al aumentarse el número de Magistrados, fueron establecidos nuevos mecanismos y procedimientos que culminan en la Ley de 29 de mayo de 1894[10] en la cual se vuelve al sistema de la Real Audiencia: La Corte queda dividida en Salas facultadas para conocer distintos asuntos y especialmente para que una conozca en apelación de las decisiones de la otra.

Este sistema de apelación de una Sala a otra fue mantenido en el Código Orgánico de 1902. Al constituirse en 1904 la Corte Federal y de Casación continúan existiendo las Salas y así hasta ahora, pero se elimina la apelación de las decisiones de una Sala ante la otra.

---

10 Puede verse en Leyes y Decretos Reglamentarios de Venezuela, Tomo XVII, p. 964.

Desde entonces la Corte adopta como criterio de interpretación de sus actos y decisiones que cada una de las Salas representa a toda la Corte y de allí que, además de por otras razones, no sea posible recurrir a una Sala contra las decisiones de otra. Conviene tomar en cuenta que tal forma de pensar formaba parte de la interpretación más corriente del antiguo derecho español sobre las reales Audiencias, respecto a las cuales y dejando a salvo los casos en que expresamente la ley daba apelación de una Sala a otra, Solórzano Pereira comenta que "en cada una (de las Salas) en hábito y potencia reside la jurisdicción de toda la Audiencia, para que en acto decida y expida todos y cualquier negocio que a tal Sala tocaren y vinieren por relación o en otra manera".[11]

II. — *Los "Acuerdos" de la Real Audiencia*

Durante la existencia de la Real Audiencia de Caracas, se denominó "Acuerdo",[12] la reunión de los Ministros de la Audiencia con los Fiscales y el Capitán General "para deliberar y resolver sobre objetos de aplicación general". En el Derecho de Indias "Acuerdo" tiene también otros significados e incluso se le identifica con cualquier decisión del propio tribunal.[13]

La estrecha relación de la Real Audiencia con el gobierno de la Capitanía le daba como hemos dicho arriba, una especial importancia, sobre todo como cuerpo de deliberación y consulta en temas directamente relacionados con el trato de cuestiones de carácter político y administrativo.

El ilustre tratadista de Derecho Indiano, José María Ots Capdequí, cita al Pro. Haring así: "La Audiencia, actuando como Consejo de Estado, deliberaba con el Presidente ciertos días de la semana en asuntos de la administración pública. Estas sesiones administrativas se llamaban "acuerdos" y las resoluciones adoptadas "autos acordados". Cuando se trataba de los asuntos de la Hacienda Pública se unía a los oidores los oficiales reales. Con el desarrollo del "acuerdo" la Audiencia colonial llegó a adquirir poderes legislativos y administrativos los cuales le dieron en su distrito particular, poderes

---

[11] SOLÓRZANO PEREIRA, *Política Indiana*, Tomo IV, p. 82, edición Compañía Ibero-Americana de Publicaciones. Madrid.

[12] El comentario histórico está tomado de DEPONS, *Viaje a la parte oriental de tierra firme*, publicado en el Boletín de la Academia Nacional de la Historia, tomo XI, número 43, p. 102.

[13] ALTAMIRA Y CREVEA, RAFAEL: *Diccionario Castellano de palabras jurídicas y Técnicas*, tomadas de la Legislación Indiana. México, 1951. Edición del Instituto Panamericano de Geografía e Historia, Estudios de Historia III, publicación número 112, pp. 4 y 5.

en cierto como análogos a los del Consejo de Castilla en España".[14] La Ley de 1812, siguiendo lo ordenado por la Constitución de Cádiz, prohibió a las Audiencias el conocimiento de los asuntos "gubernativos o económicos" y ordenó el paso de los que se hallaren pendientes en sus "Acuerdos" a la respectiva Diputación para que ésta resolviere lo pertinente.

La Audiencia quedó desde entonces como un tribunal exclusivo para asuntos contenciosos de carácter civil y criminal.

En idéntica forma la Corte de Justicia, desde 1830 hasta 1857 fue establecida y organizada sólo para conocer de asuntos civiles y criminales, pero al ser aceptada la Federación como sistema de organización del Estado, el Supremo Tribunal de Justicia (denominado entonces Alta Corte Federal) fue facultado para el ejercicio de otras atribuciones y que el Legislador[15] denomina "políticas". Un poco más adelante,[16] en 1876, se crea, en la propia Alta Corte Federal la "Sala de Acuerdos", cuyas funciones son notablemente ampliadas en la Ley de 29 de mayo de 1894 y en el Código Orgánico de 1902.

La existencia de la "Sala de Acuerdos" fue mantenida en la primera Ley que organizó la Corte Federal y de Casación.[17] Esa Ley atribuyó a la "Sala de Acuerdos", integrada por todos los Magistrados, además de facultades específicas, todos los asuntos que en "materia política y administrativa cometan las leyes a la Corte".[18]

Desde la Ley de 1905 en adelante se eliminó la denominación de "Sala de Acuerdos", pero hasta nuestros días se conserva el término "Acuerdo" para las decisiones de la Corte Suprema que no se refieren a temas contenciosos.

---

14 OTS CAPDEQUÍ, JOSÉ MARÍA: *Manual de Historia del Derecho Español en Indias*. Editorial Losada, Buenos Aires, 1945, pp. 358 y 359.

15 Véase Ley de 25 de mayo de 1867, *Leyes y Decretos Reglamentarios de Venezuela*, Tomo XVIII, p. 55.

16 Véase Ley de 13 de junio de 1876, sobre organización de la Alta Corte Federal, en *Leyes y Decretos Reglamentarios de Venezuela*, Tomo XVIII, p. 48v.

17 Véase Ley de 3 de mayo de 1904, *Leyes y Decretos Reglamentarios de Venezuela*, Tomo XVII, página 924.

18 Ley citada de 3 de mayo de 1904, Artículo 8 de la Ley III. (Nótese que esta Ley de 1904 está subdividida en "leyes" numeradas).

III. — *El Recurso de nulidad de sentencias*

La Ley de 9 de octubre de 1812 atribuyó a las Reales Audiencias la facultad de "conocer de los recursos de nulidad que se interpongan de las sentencias dadas por los Jueces de Primera Instancia, en las causas en que, procediéndose por juicio escrito, conforme a derecho no tenga lugar la apelación; cuyo conocimiento será para el preciso efecto de reponer el juicio devolviéndolo y hacer efectiva la responsabilidad de que trata el artículo 254 de la Constitución". Idéntica facultad se daba respecto de las sentencias de segunda instancia "si causan ejecutoria" y de las sentencias de tercera instancia, que ya no tenía apelación.

Los artículos 254 y 269 de la Constitución de Cádiz establecían la responsabilidad de los jueces, por "falta de observancia de las leyes que reglan el proceso en lo civil y en lo criminal".

De lo expuesto se desprende que el recurso de nulidad ante la Real Audiencia funcionaba así:

a) Tenía que tratarse siempre de una sentencia contra la cual no podía apelarse.

b) La base fundamental del recurso era denunciar infracción de una ley procesal.

c) Si la Audiencia apreciaba la existencia de infracción denunciada se derivarían dos consecuencias: una la "devolución del proceso", es decir, la necesidad de nueva sentencia por el tribunal competente; otra el hacer efectiva la responsabilidad de los jueces que habían intervenido en el procedimiento.

La Constitución de 1830 atribuyó a la Corte Suprema de Justicia potestad para "conocer de los recursos de nulidad contra sentencias definitivas dictadas en última instancia por las Cortes Superiores"[19] pero fue en 1850, en el Código Orgánico de tribunales y juzgados, cuando se vino a regular la materia mediante un procedimiento que prácticamente resultó el mismo de la ley española de 1812:

a) Debía tratarse de una sentencia definitiva (es decir, contra la cual no cabía el recurso de apelación), pero sólo de las dictadas por una Corte Superior.

---

19 Constitución de 1830, Art. 147, numeral 9°.

b) Debía alegarse una de dos razones: a) "infracción de Ley" en el procedimiento, en cuyo caso sería "repuesto" el juicio a costa del tribunal que cometió la infracción y hasta el estado en que dicha infracción fue cometida; b) "quebrantamiento de ley expresa" en la sentencia definitiva, en cuyo caso se abrirá el procedimiento de responsabilidad.

De manera, más o menos parecida, reguló la materia la Ley de 18 de mayo de 1855. La reforma judicial del general Páez (Decreto de 13 de febrero de 1862) eliminó esta facultad. Algunos años más tarde, en 1876 fue establecido el "Recurso de Casación", cuya íntima relación con la institución surgida en la regulación de la Audiencia de Caracas en 1812 no puede negarse.[20]

IV. — *El "recibimiento de abogados"*

La Real Audiencia tuvo, tradicionalmente, la potestad de, mediante una formalidad denominada "recibimiento", habilitar a quienes habían seguido la carrera de derecho, a fin de que pudieren ejercer la profesión de abogado. Esta misma facultad fue atribuida a la Suprema Corte de Justicia por la Constitución de 1812, cuyo artículo 118 la facultaba para "examinar, aprobar y expedir títulos a todos los abogados de la Confederación que acreditaren sus estudios" y quienes, obtenido ese título, quedarían facultados para "abogar" en toda la Confederación.

La Constitución de 1830 guardó silencio sobre el particular, pero la Ley del 18 de mayo de 1836 atribuyó la misma facultad a las Cortes Superiores.[21] En estas Cortes o en sus similares permaneció la misma potestad hasta que la reforma legal de 1953 dio pleno valor, para el ejercicio profesional, al título expedido por las Universidades.

---

20 Ley de 13 de junio de 1876, sobre Recurso de Casación, en *Leyes y Decretos Reglamentarios de Venezuela*, Tomo XVII, p. 52. Debe ser recordado aquí que el "Recurso de Casación" como tal fue previsto, por primera vez, por el Libertador Simón Bolívar en su Proyecto de Constitución de Angostura, Art. 7 del Título VIII como puede verse en la edición del mismo proyecto, hecha por el Banco Hipotecario de Crédito Urbano C.A. (Caracas, 1970), transcripción de Pedro Grases y prólogo de Tomás Polanco A.

21 Véase Art. 5 numeral 11 de esta Ley en *Leyes y Decretos Reglamentarios de Venezuela*, Tomo XVII, p. 817.

V. — *El conocimiento de los recursos eclesiásticos*

Fue facultad de la Real Audiencia "conocer de los recursos de protección y de los de Fuerza que se introduzcan de los Tribunales y Autoridades Eclesiásticas de su jurisdicción"[21bis]

Los recursos de que se habla estaban basados en el Patronato Real del Estado Español sobre la Iglesia Católica y consistían en solicitar la intervención de la Audiencia para que no fuera hecha efectiva una decisión, casi siempre disciplinaria, de la autoridad eclesiástica.

La República, por Ley de 28 de julio de 1824, se declaró en posesión del Patronato Real. Esa Ley atribuyó el conocimiento de los "recursos de fuerzas" a las Cortes Superiores (Art. 9) y dejó a la Corte Suprema de Justicia potestades muy generales sobre la materia. Tal sistema permaneció vigente en la República hasta la entrada en vigor del convenio celebrado entre la Santa Sede y el Estado Venezolano.

VI. — *La Corte Suprema como Tribunal de apelación*

Conforme al Derecho de Indias la Real Audiencia, en determinadas materias tenía jurisdicción originaria, es decir, para conocer en primera instancia y en ciertos casos sin apelación. En los temas gubernativos, políticos y administrativos no se puede hablar de "instancias" ya que la función de la Audiencia no era judicial sino de naturaleza diferente. Pero, en la actividad ordinaria judicial, la Real Audiencia hacía, generalmente, papel de tribunal de segunda instancia en materias civiles y criminales para conocer de la apelación contra decisiones de las múltiples funciones a los cuales estaba atribuida la primera instancia.

La Ley de 1812 atribuyó el ejercicio del poder judicial a jueces y tribunales organizados así: En toda provincia había una "Audiencia" y en acuerdo con ella la Diputación Provincial debía dividir el territorio respectivo en "Partidos" para cada uno de los cuales sería nombrado un "juez letrado" de primera instancia. Este juez tendría diferentes clases de competencias y estaría sujeto a distintos procedimientos según el tipo de juicio de que se tratare; por ejemplo: juicio breve y oral, para casos de poca monta y faltas livianas; juicio breve y escrito para asuntos de cierta cuantía y juicio ordinario cuando la cuantía lo exigiere. Los negocios civiles y los juicios por injurias debían estar precedidos de un procedimiento de "conciliación" ante

---

21bis Ley de 9 de octubre de 1812, Art. 13, facultad cuarta.

el alcalde del pueblo respectivo, quien debía decidir asociado a dos vecinos, calificados como "Hombres buenos".[22]

La sentencia dictada en primera instancia por el juez letrado de partido sería apelable en segunda instancia para ante la Audiencia.

El sistema republicano, conforme a la Ley de 18 de mayo de 1836, mantuvo el régimen de los "Alcaldes conciliadores", estableció los juzgados de primera instancia en cada provincia e interpuso entre éstos y la Corte Suprema a las Cortes Superiores como Tribunales de Segunda Instancia.

La Corte Suprema debía conocer, en segunda instancia de aquellos asuntos que fueran decididos en primera instancia por las Cortes Superiores, y en tercera instancia, de ciertos juicios decididos por las Cortes Superiores en segunda instancia.

La Corte Suprema de Justicia dispuso además de jurisdicción propia para conocer en única instancia de determinados juicios, por ejemplo, juicios criminales contra determinados sujetos (altos funcionarios, diplomáticos, etc.), y para decidir también en única instancia controversias sobre contratos y negociaciones celebrados por el Poder Ejecutivo.

Con el tiempo, los recursos de "apelación" ante la Corte Suprema de Justicia, en materias civiles y criminales van siendo reducidos hasta que, a partir del establecimiento en 1876 del recurso de "casación" el Supremo Tribunal, sólo por vía de casación conoce de materias civiles y criminales, excepto cuando se trata de juicios civiles contra la República o de ciertos juicios criminales contra el Jefe del Estado y algunos altos funcionarios. En materias administrativas se ha ido extendiendo el recurso de "apelación" ante el Supremo Tribunal contra los actos administrativos de las autoridades nacionales y está en pleno desarrollo la jurisdicción contencioso-administrativa en sus diferentes modalidades.

VII. — *Decisión de los conflictos de competencia entre Tribunales inferiores*

Fue facultad de la Real Audiencia "conocer de los conflictos de competencia entre los jueces inferiores".[23] En 1830 la Constitución atribuyó a la

---

22 ALTAMIRA, *Diccionario*, cit. p. 171.

23 Ley de 9 de octubre de 1812, art. 13, facultad tercera.

Corte Suprema el "dirimir las competencias entre los tribunales superiores y entre las de éstos y los demás juzgados".[24]

El "Conflicto de competencia" existe cuando dos o más tribunales sostienen opiniones distintas sobre cuál de ellos debe conocer determinado asunto. Es necesario por lo tanto que algún organismo decida en definitiva y atribuya a uno o a otro la potestad discutida. Así fue la facultad de la Real Audiencia. Establecida la República, la Constitución de 1830 atribuye la misma potestad a la Corte Suprema de Justicia. No parece útil estudiar ahora la evolución de esa atribución en las distintas constituciones del país, pero sí debemos decir que todavía, hoy, bajo la Constitución de 1961, la Corte Suprema de Justicia continúa ejerciendo la facultad de dirimir "conflictos de competencia entre Tribunales, sean ordinarios o especiales, cuando no exista otro Tribunal superior y común a ellos en el orden jerárquico".[25]

VIII. — *La "visita" a las Cárceles*

La Ley de 9 de octubre de 1812 ordenó a las Reales Audiencias mantener un control permanente de las cárceles mediante una visita anual, que debería ser hecha por la Audiencia en pleno y una visita semanal, cada sábado, por dos de sus ministros y los dos fiscales, todas ellas con el objeto de dejar constancia de la situación personal de los presos y del estado en que se encontraban.

La República mantuvo la institución de la visita periódica a las cárceles, pero la atribuyó, por Ley de 18 de mayo de 1835,[26] a las Cortes Superiores. Se ha sostenido hasta nuestros días al menos en teoría, el sistema esquematizado que da a los jueces, un conocimiento directo y personal del estado de los reos sometidos a su jurisdicción.

IX. — *El ejercicio temporal de las funciones de Gobierno*

Felipe II dispuso, por Real Cédula de 25 de mayo de 1596 (Ley LVII, Título XV, Libro II de la Recopilación de Leyes de Indias) que "en faltando el virrey o presidente en tal forma que no pueda gobernar, sucedan en el gobierno las Reales Audiencias". Expresamente había sido ordenado así, en forma especial, respecto al Virreinato de Nueva España para la

---

[24] Constitución de 1830, art. 147, numeral 8°.

[25] Constitución de 1961, art. 215, numeral 9°.

[26] Véase en Leyes y Decretos Reglamentarios de Venezuela, Tomo XVII, p. 817.

Audiencia de México (Ley XLVI, Título XV, Libro II) y al Virreinato del Perú para la Real Audiencia de Lima (Ley XLVII, Título XV, Libro II).

Esas leyes decían: que "Sucediendo fallecer el virrey, TENGAN LA GOBERNACIÓN Y DESPACHEN LOS NEGOCIOS Y COSAS A ELLOS TOCANTES, LOS OIDORES DE NUESTRA REAL AUDIENCIA".

No fue ejercida esta facultad por la Real Audiencia de Caracas en la Capitanía General de Venezuela, pues para ella, el 2 de setiembre de 1778, o sea antes de la creación de la Real Audiencia de Caracas, fue creado el cargo de Teniente del Rey, dotado de amplio poder y facultad para que "en ausencia y falta del Gobernador y Capitán General, mande en lo político y militar con la misma jurisdicción y autoridad que lo hace y debe hacer el propio Gobernador y Capitán General".

Establecida la República y avanzada su evolución política se adopta un procedimiento de sustitución temporal del Presidente de la República que guarde evidente analogía con el de la Real Cédula de Felipe II que se ha citado: la Constitución de 1901 prevé en su artículo 76 que las faltas temporales de los vice-presidentes de la República las cubra el Presidente de la Alta Corte Federal; posteriormente desde la Constitución de 1909 hasta la de 1936, el mecanismo es aún más completo: al cesar el Presidente en el ejercicio de sus funciones, por terminación de período, asume la Presidencia de la República el Presidente de la Corte Federal y de Casación.

En las Constituciones de 1947 y de 1961 se dio al Presidente de la Corte Suprema de Justicia el carácter de suplente del Presidente de la República para el caso de que ocurra falta absoluta y no pueda ésta ser suplida por el Presidente o por el Vice-presidente del Congreso.

Conclusiones

Solórzano Pereira, al referirse a las Reales Audiencias dice: "Porque de verdad no se puede negar que son castillos roqueros de ellas (de las Indias), donde se guarda la justicia, los pobres hallan defensa de los agravios y presiones de los poderosos y a cada uno se le da lo que es suyo con derecho y verdad".

García Chuecos, Parra Pérez, Vallenilla Lanz, Parra Márquez, Morón y cuantos otros han estudiado o se han referido al papel de la Real Audiencia de Caracas elogian, con razón, su papel importantísimo en el buen orden de la vida nacional durante la Capitanía General de Venezuela. La Real Audiencia de Caracas significó la culminación de un proceso político y social que permitió a la antigua provincia transformarse en estado independiente. Sólo por ello merece ser estudiada y tomada en cuenta por quienes se ocupan de esas materias. Pero hemos querido destacar otro aspecto de la influencia y labor de la Audiencia: cómo permaneció y permanece, a través del tiempo, en la organización y funcionamiento del más alto Tribunal de la República.

La mejor alabanza a la Real Audiencia la hicieron los constituyentes de 1830, cuando, al buscar la manera de organizar el Poder Judicial del nuevo Estado no encontraron otro medio mejor para ello que utilizar las normas que habían regido a esa antigua y noble institución.

Ensayo de interpretación histórica de las facultades de la Corte Suprema de Justicia en la Constitución de 1961

PRIMERA PARTE

I. La evolución constitucional de Venezuela, estudiada desde tres puntos de vista: el jurídico, el político y el histórico, pone de manifiesto que, si bien desde 1786 ha existido en Venezuela un Tribunal Supremo, las características de ese Tribunal han sido un reflejo fiel de la situación política de cada época.

A medida que cambia o evoluciona la realidad política, el Tribunal Supremo se transforma para adaptarse a las nuevas situaciones.

II. Durante la etapa anterior a 1810, el Tribunal Supremo lo fue la Real Audiencia de Caracas, creada por Real Cédula del 13 de julio de 1786[1].

La Audiencia era una necesidad del momento tanto a manera de complemento indispensable de la Real Intendencia creada en 1776 como a modo de instrumento para el control de la autoridad del Capitán General, que en lo político y militar abarcaba, prácticamente de 1777, todo el territorio que hoy integra a Venezuela.

La importancia económica de la Capitanía y su crecimiento sociocultural habían originado, además, la urgente necesidad de que los asuntos judiciales venezolanos no fuesen decididos en Santo Domingo o en Santa Fe de Bogotá.

La Real Audiencia de Caracas fue entonces la solución jurídico-política de un requerimiento institucional producido por la evolución social.

---

1 HÉCTOR GARCÍA CHUECOS, *La Capitanía General de Venezuela*, p. 56. Caracas, 1945.

III. De esta forma cuando la República surge en 1811 existe ya en la conciencia política colectiva la idea precisa de que es indispensable a la sociedad la existencia de un Tribunal Supremo y así la Constitución de 1812 prevé la existencia de la Corte Suprema de Justicia (Capítulo IV, Artículos 110 a 118).

Esta Corte fue precedida por el Tribunal Supremo de Apelaciones creado por la Suprema Junta el 20 de abril de 1810 a modo de solución provisional necesaria en el nuevo estado de cosas[2].

La realidad político-militar habida entre 1812 y 1821, al existir de hecho dos distintas jurisdicciones, que la Historia ha llamado la patriota y la realista, determinó que en ambas se hubiesen realizado esfuerzos para mantener vigente un Tribunal Supremo en cada una.

Del lado «realista» mediante el restablecimiento de la Real Audiencia, que actuará con múltiples dificultades y hasta 1821, un poco antes de la Batalla de Carabobo y del lado «patriota» por la permanente preocupación del Libertador de crear y sostener un Tribunal Supremo, que él denominó Alta Corte de Justicia y que instauró, primero en Caracas durante su efímero gobierno de 1813 y luego en Angostura cuando hubo consolidado su posición militar.

Las Constituciones de 1819 y de 1821 ratifican el criterio bolivariano.

IV. Al separarse Venezuela de la Gran Colombia en 1830 se incluyó un Tribunal Supremo en el diseño del Estado: la Corte Suprema de Justicia, denominación que conservan las Constituciones de 1857 y 1858[3].

Durante esta etapa la Corte Suprema de Justicia fue fundamentalmente un Tribunal para conocer, en última instancia o por vía de nulidad, de las decisiones de los Tribunales inferiores.

Fue muy limitado, casi prácticamente eliminada, la intervención de esta Corte en problemas políticos, de Gobierno o administrativos.

Parece ser la razón de ello la evidente influencia que, en la formación de los juristas del momento, tuvo la Constitución de Cádiz y su inmediata aplicación por la Ley dictada por las Cortes el 9 de octubre de 1812 que impedía al Tribunal Supremo participar en problemas políticos y de gobierno.

---

2 Bando de la Suprema Junta en *Textos Oficiales de la Primera República*, Tomo 1°, p. 114. Biblioteca de la Academia Nacional de la Historia, volumen 1°.

3 Constitución de 1830, Artículo 141. Constitución de 1857, Artículo 78. Constitución de 1858, Artículo 106.

La Constitución de 1830 permite a la Corte Suprema ser «Tribunal Especial» en las causas contra el Presidente de la República, los Secretarios del Despacho y los Agentes Diplomáticos de la República; dilucidar controversias originadas por los contratos o negocios que celebre el Ejecutivo y participar en el procedimiento de interpretar las leyes en forma auténtica.

La reforma monaguista de 1857, aunque reduce la competencia de la Corte, exclusivamente, a juzgar y aplicar las leyes civiles y criminales, la faculta para «resolver dudas que se le consulten» por el Ejecutivo o por cualquiera otra autoridad o funcionario.

Después del cambio político de 1858 se amplían otra vez las facultades de la Corte Suprema de Justicia atribuyéndole de nuevo las que tenía en 1830 y dotándola además de la potestad de resolver la inconstitucionalidad de los actos de las legislaturas provinciales y decidir las controversias que se presente entre las Provincias y el Gobierno Nacional sobre cuestiones contenciosas[4].

Era un reflejo del sentimiento federalista que en alguna forma se había manifestado en la Convención de 1858.

Termina esta Constitución una primera etapa de la evolución republicana del Tribunal Supremo, denominado durante esos años Corte Suprema de Justicia, dedicado fundamentalmente a cuestiones judiciales y que sólo en los últimos tiempos de ese período va a iniciar sus funciones de vigilante de la Constitucionalidad.

V. Sucede entonces la llamada Guerra Federal como consecuencia de la cual fue dictada la Constitución de 1864 que da al Estado venezolano una estructura formalmente federal.

La Corte Suprema de Justicia desaparece y se crea la Alta Corte Federal designada por las legislaturas de los Estados y el Congreso y que va a responder a las nuevas necesidades políticas del momento[5].

Esta Corte es Tribunal Especial en las causas contra ciertos altos funcionarios, conoce de los juicios contra la Nación y sobre todo tiene tres competencias de importancia política: dirimir las controversias entre los empleados de los diversos Estados; conocer de los negocios que los Estados quieran someter a su consideración y decidir las colisiones legislativas.

---

4 Constitución de 1858, Artículo 113.

5 Constitución de 1864, Artículo 85.

La Alta Corte tiene además la función de examinar y anular cualquier acto que lesione la independencia de los Estados.

La administración de la Justicia fue atribuida a la competencia exclusiva de los Estados, cuyos Tribunales debían decidir las causas respectivas «sin sujeción al examen de ninguna autoridad extraña».

Se pasa así de un régimen en el cual el Tribunal Supremo ejerce fundamentalmente funciones judiciales y sólo en forma secundaria funciones políticas, a una situación diametralmente opuesta: el Tribunal Supremo va a ejercer fundamentalmente funciones políticas y sólo de manera secundaria limitadas y especiales funciones judiciales.

Esta situación fue mantenida en la Constitución de 1874[6].

La realidad del país puso de manifiesto, inmediatamente, la dificultad que traía consigo la administración de la Justicia como competencia exclusiva de cada uno de los Estados Federales, situación que permitía innumerables variantes de jurisprudencia, incompatibles con la buena marcha de una sana administración de justicia.

Por esta razón, el Congreso, basándose en que los Estados debían tener todos una misma legislación sustantiva, civil y criminal[7], dictó la Ley del 13 de junio de 1876 que estableció el Recurso de Casación, destinado a mantener la unidad de la jurisprudencia en toda la República.

Conviene recordar que el Recurso de Casación fue propuesto por primera vez por el Libertador en su proyecto de Constitución presentado al Congreso de Angostura en 1819.

El Legislador de 1876 atribuyó el conocimiento del Recurso de Casación a la Alta Corte Federal.

Pareció enseguida inconveniente que un Tribunal político, como lo era la Alta Corte Federal, conociese del Recurso de Casación, problema técnico-jurídico cuya solución requiere conocimientos especiales que podrían no poseer los vocales de la Alta Corte Federal.

Esas razones llevan al Congreso de Plenipotenciarios, reunido el año de 1879, a reorganizar el Poder Judicial de la Unión, según Acuerdo del 1° de mayo de 1879, en dos Tribunales: la Alta Corte Federal, «cuerpo regulador de la Federación» y la Corte de Casación para todo lo contencioso, cuyos Vocales deberían ser «letrados» y sus atribuciones «mantener la unidad en

---

6 Constitución de 1874, Artículo 85.

7 Constitución de 1874, Artículo 13, N° 22.

la Legislación Patria con prácticas uniformes y permanentes que constituyan derecho consuetudinario» y «a dar al Recurso de Casación toda la amplitud que exigen los altos fines de la justicia».

En la reforma constitucional de 1881 es acogido el cambio de criterio que se acaba de señalar y se prevén dos Cortes: la Alta Corte Federal, con funciones estrictamente políticas, y la Corte de Casación, para conocer del Recurso de Casación y como Tribunal de los Estados[8].

Esta situación se mantiene en las Constituciones de 1891, 1893 y 1901, o sea cubre la etapa que va desde los fines del predominio de Guzmán Blanco hasta el comienzo del Gobierno de Cipriano Castro[9].

Debe advertirse que la Constitución de 1901 previó que, para determinadas materias, la Corte Federal y la Corte de Casación debían actuar conjuntamente formando lo que denominó el «Supremo Tribunal Federal»[10].

Durante todo este tiempo la dualidad de Cortes, si bien favorece la no politización de los asuntos judiciales, al existir dos vías distintas y dos juegos de órganos jurisdiccionales diferentes, va comprobando, paulatinamente, la dificultad práctica de una bicefalia en la Suprema Potestad Judicial de la República.

La época que comprenden las dos últimas décadas del siglo XIX y el momento inicial del siglo XX había correspondido al intento de institucionalización de la República posterior al Guzmancismo y al evidente resurgimiento económico y cultural que caracteriza ese proceso y que contradictoriamente coincide con una paulatina disolución del Estado y de la autoridad del Gobierno que lleva al fácil acceso al Poder de Cipriano Castro y de Juan Vicente Gómez.

Podría plantearse, como hipótesis de trabajo o tema de meditación, el considerar como posible causa, entre otras, de esa disolución paulatina del Estado, el hecho de que hubieran existido las dos Cortes y el hecho de que al llegar Cipriano Castro al Poder y recuperar el Gobierno su fortaleza política, comienza el proceso de fusión de las dos Cortes en una sola.

---

8 Constitución de 1881, Artículos 76 y 81.

9 Constitución de 1891, Artículos 76 y 81. Constitución de 1893, Artículo 100. Constitución de 1901, Artículo 99.

10 Constitución de 1901, Artículo 106, N° 1.

VI. La Constitución de 1904 funde las dos Cortes en un solo organismo denominado «Corte Federal y de Casación», situación que se mantiene durante toda la época gomecista y hasta la reforma constitucional de 1945 (reformas de 1904, 1909, 1914, 1922, 1925, 1928, 1929, 1931, 1936 y 1945)[11].

Durante todos estos años el Tribunal Supremo de la República va modelando paulatinamente la Legislación Civil y Mercantil de la República con una frecuente jurisprudencia de Casación, cuyo valor no puede negarse, pero hasta 1936 y salvo en contadas oportunidades no hace uso de sus facultades en materias administrativas, políticas y de gobierno.

La reforma política de 1936 origina la aparición de una abundante jurisprudencia política y administrativa sin necesidad de reformas legislativas.

Al ocurrir el golpe de Estado del 18 de octubre de 1945, se mantuvo la existencia de la Corte Federal y de Casación; pero la Junta Revolucionaria de Gobierno limitó sus facultades políticas ante el temor de que la Corte se atreviese a declarar la nulidad de determinados decretos de esa Junta[12].

La Constitución de 1947 devuelve al Tribunal Supremo de la República la denominación de 1830: Corte Suprema de Justicia; pero el golpe de Estado del 24 de noviembre de 1948 restablece la denominación de la Corte Federal y de Casación[13].

VII. En la reforma constitucional de 1953, de nuevo va a ser adoptado el sistema de 1881 de crear dos Tribunales Supremos: la «Corte Federal» para cuestiones político-administrativas y de gobierno y la «Corte de Casación» para conocer el Recurso de Casación en materias civiles, mercantiles y penales[14].

La situación vuelve a ser la misma anterior de 1936 con ligeras variantes:

---

[11] Constitución de 1904, Artículo 89. Constitución de 1909, Artículo 106. Constitución de 1914, Artículo 92. Constitución de 1922, Artículo 94. Constitución de 1925, Artículo 116. Constitución de 1928, Artículo 116. Constitución de 1929, Artículo 116. Constitución de 1931, Artículo 116. Constitución de 1936, Artículo 121. Constitución de 1945, Artículo 123.

[12] Decreto N° 369 del 9 de julio de 1946.

[13] Constitución de 1947, Artículo 218. Acta Constitutiva de la Junta Militar de Gobierno.

[14] Constitución de 1953, Artículo 129.

La Corte de Casación continúa una importante labor de interpretación y ajuste jurisprudencial a la Legislación Civil, Mercantil y Penal de la República.

La Corte Federal trabaja intensamente en materias de Registro Público, Extradición, Expropiaciones, Exequátur y otras cuestiones administrativas, pero casi no ejerce las facultades políticas que le estaban atribuidas.

Ocurrido el golpe de Estado del 23 de enero de 1958 fueron mantenidas las dos Cortes hasta que el Congreso adoptó la Constitución del 23 de enero de 1961.

SEGUNDA PARTE

I. La Comisión Bicameral que tuvo a su cargo preparar el proyecto de la Constitución de 1961 dedicó 16 sesiones al estudio del articulado referente a la Corte Suprema de Justicia. Estas sesiones están repartidas desde el 26 de febrero de 1959 hasta el 23 de noviembre de 1960.

El texto aprobado por la Comisión prácticamente no sufrió cambios en el debate de las Cámaras.

La Comisión trabajó en base a dos ponencias principales: una preparada por el Dr. Martín Pérez Guevara, entonces Senador y otra presentada a petición de la Comisión, por los Profesores Antonio Moles Caubet, Manuel García Pelayo y Tomás Polanco[15].

Durante las deliberaciones de la Comisión fueron siendo ensambladas las propuestas contenidas en ambas ponencias hasta llegar al texto definitivo.

Las actas demuestran que el texto final de la mayoría de las disposiciones de que se trata fue redactado por los doctores Martín Pérez Guevara y Rafael Caldera con participación de los parlamentarios Gonzalo Barrios, Orlando Tovar y Ambrosio Oropeza e intervenciones frecuentes de los Senadores Ramón Escovar Salom y Arturo Uslar Pietri.

En la redacción de las disposiciones transitorias, la Comisión fue asesorada por los miembros de la Corte Federal y la Corte de Casación y el Procurador de la Nación.

---

15 Sesiones Nos. 90 y 94, del 8 y 14 de diciembre de 1959.

II. Los temas sobre los cuales versó principalmente el debate de la Comisión fueron los siguientes:

1. Si debían mantenerse o no las dos Cortes previstas en la Constitución de 1953 o establecer una Corte única.
2. Cuál sería la forma de designar a los Magistrados del Tribunal Supremo.
3. Si la organización de la Corte debía o no estar contemplada en la Constitución.
4. La forma de ejercicio de determinadas competencias de la Corte y en especial el enjuiciamiento del Presidente de la República y la anulación de las leyes por inconstitucionalidad.

III. Sobre el primer tema, el criterio unánime fue establecer una sola Corte bajo la denominación de Corte Suprema de Justicia.

La única opinión disidente fue referida a la situación transitoria que iba a existir entre la promulgación de la Constitución y la designación de la nueva Corte.

Los Magistrados de las dos Cortes entonces existentes recomendaron dejar las dos Cortes funcionando, pero la Comisión prefirió acoger el criterio contrario, es decir, integrar la Corte de una vez.

IV. Con respecto a la designación de los Magistrados del Tribunal Supremo, la primera recomendación hecha fue la del Dr. García Pelayo[16]. «Todos los jueces deben ser juristas y en su escogencia no deben predominar intereses políticos».

Los Profesores universitarios antes mencionados recomendaron que los Magistrados debían tener requisitos adicionales a los ya conocidos, por ejemplo: el ejercicio de la docencia, la profesión de abogado o la judicatura durante el tiempo determinado y que la Corte no estuviere sometida al mismo período del Presidente de la República sino por ejemplo a uno de nueve años, renovable cada tres años[17].

Tales propuestas en definitiva fueron acogidas.

---

16 Acta 90 del 8 de diciembre de 1959.

17 Acta 94 del 14 de diciembre de 1959.

V. El tema de la organización de la Corte fue examinado muy cuidadosamente por la Comisión. El Dr. Uslar Pietri propuso un mínimum de 15 Magistrados y un máximo de 20[18].

En definitiva, se dejó a la Ley la determinación del número de Magistrados.

Igual discusión se planteó respecto a la división de la Corte en Salas.

Después de examinar si era conveniente o no que la Constitución indicara cuáles debían ser las Salas y la competencia de cada una, la Comisión optó por sólo prever la existencia de Salas y dejar que la Ley fijare su número y facultades. Fue éste fundamentalmente el criterio propuesto por los doctores Pérez Guevara y Caldera[19].

VI. El ejercicio de ciertas competencias ocasionó igualmente importantes deliberaciones.

El Dr. Caldera hizo ver su preocupación por la forma de ejercicio de dos facultades importantes de la Corte; una, el juicio al Presidente de la República y otra, la nulidad de las leyes por inconstitucionalidad[20].

Respecto al juicio contra el Presidente de la República, las opiniones en la Comisión fueron diversas: El Dr. Pérez Guevara, el Dr. Orlando Tovar y el Dr. Ramón Escovar Salom se manifestaron partidarios de la actuación de la Corte sin participación de ningún otro órgano del Estado.

Los doctores Rafael Caldera y Gonzalo Barrios fueron de la idea de que el Senado deba autorizar el enjuiciamiento del Presidente por la Corte tal como en definitiva fue aprobado[21].

Respecto a la facultad de la Corte para conocer del juicio de nulidad por inconstitucionalidad, la Comisión siguió el criterio propuesto por los doctores Caldera y Pérez Guevara de someter la materia a la Corte en pleno dejando a salvo la posibilidad de que una Ley Orgánica pudiere atribuir esa competencia a una Sala Federal integrada por el Presidente de la Corte, los Magistrados con competencia en lo contencioso administrativo y dos miembros de cada una de las otras Salas[22].

---

18 Acta 111 del 26 de enero de 1960.

19 Acta 110 del 25 de enero de 1960.

20 Acta 110 del 25 de enero de 1960.

21 Acta 114 del 1° de febrero de 1960.

22 Acta 113 del 1° de febrero de 1960.

TERCERA PARTE

I. Al estudiar la posición de la Corte Suprema de Justicia dentro de la estructura del Estado venezolano, actualmente regulada por la Constitución de 1961, se puede constatar que la Corte no es sólo un Tribunal sino además un órgano político que participa en el manejo del Estado.

El largo tiempo transcurrido para la Corte en una posición que sólo le permitía ejercer funciones judiciales, produjo un desvío de atención hacia otros aspectos de su existencia y funcionamiento, reducidos al simple enunciado legal de las potestades correspondientes.

La vigencia de un efectivo sistema democrático de Gobierno ha cambiado esa perspectiva y permite hoy considerar a la Corte en una manera integral.

II. Los propósitos del Estado, fijados en el preámbulo de la Constitución, delimitan, en cierto modo, la función primordial de la Corte en su actividad de vigilar la exacta aplicación del orden constitucional.

Ese orden constitucional está basado en:

a) El respeto y amparo de la dignidad de la persona humana y de sus derechos.

b) El sistema democrático como único modo de asegurar el respeto de esos derechos y a esa dignidad.

Recuérdese que la Declaración Universal de los Derechos Humanos adoptada por la Asamblea General de las Naciones Unidas el 10 de diciembre de 1948[23], considera que la libertad, la justicia y la paz en el mundo tiene por base el reconocimiento de la dignidad del hombre y de sus derechos y que es esencial que esos derechos y dignidad sean protegidos por un «régimen de derecho» a fin de que «el hombre no se vea compelido al supremo recurso de la rebelión, contra la tiranía y la opresión».

En estas condiciones políticas, la esencia del sistema constitucional no es otra sino la defensa de los derechos humanos mediante el efectivo funcionamiento de un Estado democrático de Derecho.

---

23 Asamblea de las Naciones Unidas, Resolución 217-A-III, 1948.

Es importante, por lo tanto, que, dentro del Estado, existan sistemas que impidan que los derechos humanos sean menoscabados o que se entrabe el funcionamiento del Estado de Derecho.

La función principal de la Corte Suprema de Justicia es precisamente realizar esa doble función dentro del Estado venezolano: asegurar que el Estado de Derecho sea respetado y que los derechos humanos no puedan ser menoscabados y para esos fines tiene la facultad de anular todo acto del Poder Público violatorio de tales principios.

Por esa razón, la Corte tiene que ser colocada, en forma tal dentro del Estado, que sus decisiones no puedan ser discutidas: dispone por eso el artículo 211 de la Constitución que contra las decisiones de la Corte «no se oirá ni admitirá recursos algunos».

Este principio, que ingresa a la Constitución de 1961, desde 1938 había venido siendo criterio de la jurisprudencia de la propia Corte con diferentes argumentos justificativos.

Es posible considerar con lógica que las otras funciones de la Corte son complemento o consecuencia de la que se acaba de explicar.

II. Funciones políticas de la Corte

1) El enjuiciamiento del Presidente de la República

El Presidente de la República es el Jefe del Estado y del Ejecutivo Nacional[24].

Es electo por votación universal y directa y por mayoría relativa de votos[25].

El principio constitucional de que el ejercicio del Poder origina responsabilidad[26] no permite considerar al Presidente exento de esa obligación general.

Puede darse el caso de que sea necesario enjuiciar a quien ejerza la Presidencia de la República.

No es fácil darse cuenta de que se trata de una decisión cuyo contenido político y jurídico es especialmente grave, pero no es compatible la peculiar posición del Jefe del Estado con la posibilidad de que pueda ser enjuiciado ante cualquier Tribunal.

---

24 Artículo 181.

25 Artículo 183, Constitución.

26 Artículo 3.

La Constitución ha reservado esa potestad a la Corte Suprema de Justicia[27]; pero, en consideración a las repercusiones generales de un caso semejante, dispone la misma Constitución que la actividad de la Corte sólo puede llegar, en una primera etapa, hasta la declaratoria de si hay o no mérito para el enjuiciamiento. Si lo hay, debe entonces el Senado de la República autorizar que continúe el enjuiciamiento[28], en cuyo caso el Presidente queda suspendido en sus funciones y la Corte continuará el enjuiciamiento hasta sentencia definitiva.

Es evidente que la suspensión de las funciones presidenciales produce falta temporal del Presidente que debe ser suplida en la forma indicada en la 2ª parte del artículo 188 y que, si la Corte en la sentencia definitiva declara la responsabilidad del Presidente, se produce falta absoluta que origina la necesidad de una nueva elección hecha en la forma indicada en el artículo 187 de la Constitución.

Es claro por lo tanto el importante papel que corresponde a la Corte en el control de la responsabilidad de quien ejerza la Presidencia de la República.

Hemos aludido arriba a la cuidadosa deliberación que sobre esta materia tuvo la Comisión Bicameral encargada de preparar el proyecto de Constitución de 1961.

La solución acordada, al hacer participar al Senado en el enjuiciamiento al Presidente, no tiene antecedentes en la evolución constitucional de Venezuela sino fue propia de las circunstancias existentes en el debate de 1961.

Da la impresión de que la tradición, predominantemente judicial, de la Corte pudo hacer pensar a los miembros de la Comisión que podría resultar improcedente que la Corte conociere, con carácter exclusivo, de un juicio cuya trascendencia política resultaría siempre de peculiar importancia.

De allí el hacer intervenir al Senado, organismo político que podría apreciar, desde ese punto de vista, la conveniencia del juicio al Presidente.

Es interesante advertir que las circunstancias anteriores durante la vida republicana fueron diferentes.

En la Constitución de 1830 la Corte, para juzgar y sentenciar al Presidente, debía reunirse con el Senado convertido en esa forma en un Tribunal especial.

---

27 Artículo 215, numeral 1°.

28 Artículo 150, numeral 8.

La reforma monaguista de 1857 suprimió esa facultad de la Corte que fue restablecida en 1858 cuando se elimina el control político de los hermanos Monagas sobre la República.

Las Constituciones de la época guzmancista, desde la de 1864, no permitieron a la Corte enjuiciar al Presidente de la República.

La reforma de Crespo de 1893 sí permitió a la Corte Federal enjuiciar al Presidente, pero en determinadas circunstancias.

En la primera reforma de Cipriano Castro en 1901, la Corte Federal unida con la Corte de Casación y formando el «Supremo Tribunal Federal» podía conocer del juicio contra el Presidente. Si declaraban que había lugar a la formación de la causa, el Presidente quedaba suspendido.

Cuando el delito era común, la causa pasaba a los Tribunales Ordinarios y de ser político, continuaba en la Corte hasta sentencia definitiva.

Este sistema fue mantenido en las reformas de 1904, 1909, 1914, 1922, 1925, 1929, 1931, 1936, 1945 y 1947.

Semejante facultad permitió a la Corte, en 1909, enjuiciar a Cipriano Castro y suspenderlo en el ejercicio de la Presidencia de la República.

En la reforma de 1953 fueron eliminadas las variantes mencionadas y quedó la Corte con competencia exclusiva para conocer de los juicios contra el Presidente de la República, facultad que utilizó para enjuiciar al Expresidente Marcos Pérez Jiménez.

2) Enjuiciamiento de Altos Funcionarios

Todos los funcionarios del orden político del Estado deben responder por sus actos, pero la posición de algunos de ellos dentro de la propia estructura del Estado hace necesario que, cuando fueren a ser enjuiciados por haber incurrido en responsabilidad y antes de ser iniciado el juicio, se determine por la Corte si hay o no mérito para el enjuiciamiento.

Esa atribución se refiere a los miembros del Congreso o de la propia Corte, de los Ministros, al Fiscal, Procurador y Contralor General de la República, a los Jefes de Misiones Diplomáticas venezolanas y a los Gobernadores de Estado.

La Corte debe, además, proseguir el juicio hasta sentencia cuando se trate de delitos políticos. En el caso de los miembros del Congreso hace además falta el allanamiento acordado por la Cámara respectiva[29].

Nótese que los Expresidentes de la República a que se refiere el 2° párrafo del artículo 148 están comprendidos, como miembros del Senado, en las mismas previsiones que se comentan.

3) Ejercicio de la Presidencia de la República por el Presidente de la Corte

En el caso de ocurrir falta absoluta del Presidente y cuando habiendo ocurrido falta temporal, el Presidente de la República no hubiere designado al Ministro que habría de suplirlo, el Presidente de la Corte Suprema de Justicia, a falta del Presidente y del Vicepresidente del Congreso, debe encargarse de la Presidencia de la República en un caso hasta que se elija un nuevo Presidente y éste tome posesión y en el otro mientras dure la falta temporal. Recuérdese que la falta temporal cuando se prolongue por más de 90 días consecutivos puede ser considerada como falta absoluta por las Cámaras en sesión conjunta[30].

La disposición mencionada tiene importantes antecedentes en la evolución constitucional venezolana.

En las Constituciones de 1874[31] y 1914[32] se previó que las faltas absolutas del Presidente de la República fueren cubiertas por el Presidente de la Corte Federal.

Las Constituciones de 1922[33] y de 1925[34] disponen que el Presidente de la Corte Federal y de Casación ocuparía la Presidencia de la República sólo en caso de falta absoluta del Presidente que no fuera cubierta por los Vicepresidentes (1922) o por el Vicepresidente (1925).

Conforme a las Constituciones que van desde 1909 hasta la de 1931 inclusive, el Presidente de la Corte Federal y de Casación debía encargarse de la Presidencia de la República desde el 19 de abril del año de terminación del período constitucional hasta que tomare posesión el Presidente electo.

---

29 Artículo 215, numerales 2° y 144.

30 Artículos 187 y 188.

31 Artículo 67.

32 Artículo 77.

33 Artículo 77.

34 Artículo 98.

Según la Constitución de 1947[35], el Presidente de la Corte Suprema de Justicia ejercería la Presidencia de la República sólo cuando el Presidente electo no pudiere tomar posesión al terminar el período constitucional o cuando[36] ocurriere falta absoluta del Presidente de la República y no pudiere ser suplido ni por el Presidente ni por el Vicepresidente del Congreso.

Las Constituciones guzmancistas excepto la de 1874 y las gomecistas, excepto la de 1914, no contemplan forma de participación del Presidente de la Corte en el ejercicio de las mencionadas funciones públicas.

Nótese que muy probablemente la situación expuesta puede responder a una cierta falta de confianza acerca de la posibilidad de que la Presidencia de la República pudiere ser ejercida, ni siquiera por breves momentos, por Magistrados Civiles dedicados profesionalmente a la labor de administrar justicia.

La Presidencia, cargo político, ha sido históricamente reservada a quienes ejercen funciones políticas. Sólo al aceptarse la idea de que la Corte sea un organismo también político, se ha admitido que su Presidente pueda ejercer la función política suprema en momentos excepcionales.

4) Toma de juramento al Presidente electo de la República

El candidato electo Presidente de la República toma posesión de su cargo prestando juramento ante las Cámaras reunidas en sesión conjunta.

Es posible que por algunas circunstancias la Cámaras no puedan reunirse dentro del plazo de 10 días señalado para el juramento o que, aunque estén reunidas no tomen o no puedan tomar el juramento.

En ese caso, corresponde a la Corte Suprema de Justicia recibir el juramento del Presidente electo para que éste tome posesión de su cargo.

5) Participación de la Corte en las Funciones Legislativas

a) La iniciativa de las Leyes: La Constitución permite a la Corte presentar a las Cámaras proyectos de leyes relativas a la organización y procedimientos judiciales[37].

---

35 Artículo 194.

36 Artículo 195.

37 Artículo 165, numeral 4°.

b) Discusión de las Leyes: La Corte tiene la facultad de designar a uno de sus Magistrados para que ejerza el derecho de palabra en las Cámaras durante la discusión de las Leyes relativas a la organización y procedimientos judiciales[38].

Nótese que esa facultad de la Corte no supone que el proyecto en discusión hubiere sido presentado por ella, sino sólo que trate de las materias mencionadas.

La decisión de participar corresponde a la propia Corte sin necesidad de invitación previa de las Cámaras.

c) En la promulgación de la Ley: La Constitución atribuye al Presidente de la República la facultad de devolver a las Cámaras una Ley sancionada por éstas y pedirles su reconsideración.

Si las Cámaras insisten en el texto sancionado y el Presidente considera que ese texto es inconstitucional, puede él recurrir a la Corte para que ésta decida acerca de la inconstitucionalidad alegada.

La Corte tiene dos formas de actuar: Decidir en el término de diez días o guardar silencio.

El silencio de la Corte obliga al Presidente a promulgar la Ley en la forma sancionada. Igual efecto tiene una decisión que rechace el alegato de inconstitucionalidad.

La Constitución de 1947 había permitido a los Magistrados de la Corte Suprema de Justicia participar en las discusiones de leyes de procedimiento y en las relativas a la organización del Poder Judicial.

Las Constituciones anteriores no previeron participación alguna de la Corte en el proceso de formación de las leyes excepto mediante el ejercicio de la potestad de recomendar reformas a la legislación, facultad que se le atribuye hasta la de 1947 y la de intervención en la interpretación auténtica de las leyes, tal como lo prevén las primeras Constituciones de la República[39].

6) Colisión de Leyes

Es posible que se presente colisión entre diversas disposiciones legislativas. No se trata de infracciones a la Constitución. Tampoco de situaciones

---

38 Artículo 170.

39 1830: numeral 10, artículo 147; 1857: artículo 82; y 1858: artículo 113, numeral 7°.

de ilegalidad. Sólo de que dos normas de igual rango se contradicen. Debe entonces la Corte resolver la colisión declarando cuál norma debe prevalecer[40].

Puede verse que se trata de una facultad peculiar que tiene carácter prácticamente legislativo: el criterio para determinar por qué una norma prevalece sobre la otra queda íntegramente al juicio de la Corte.

Esta norma ha sido tradicional en la evolución constitucional venezolana a partir de la Constitución Federal de 1864[41].

7) La Declaratoria de Inconstitucionalidad

Es posiblemente la facultad más relevante de la Corte, cuyo ordinario ejercicio supone su facultad de vigilar la plena vigencia de la Constitución.

La Constitución actual prevé varios posibles casos de inconstitucionalidad:

1) De Leyes Nacionales y demás actos de los cuerpos legislativos nacionales.
2) De Leyes Estadales, Ordenanzas Municipales y demás actos de los cuerpos deliberantes de los Estados y Municipios.
3) De Reglamentos y demás actos del Ejecutivo Nacional.

En todos esos casos, cuando la norma o el acto colide con la Constitución, la Corte debe aclarar su nulidad total o parcial según el caso[42].

El criterio para apreciar la colisión es de la estricta competencia de la Corte: ni el constituyente señaló normas sobre el particular, ni tampoco las puede restablecer el Legislador.

Un caso especial de nulidad por inconstitucionalidad lo constituye la violación o menoscabo de los derechos garantizados por la Constitución[43].

La declaratoria respectiva de amparo no es competencia exclusiva de la Corte, salvo cuando la violación o menoscabo proviene de un acto legislativo, nacional, estadal o municipal o de un acto del Ejecutivo Nacional, en cuyo caso la materia sí corresponde exclusivamente a la Corte.

---

40 Artículo 215, numeral 5°.

41 Artículo 89, numeral 9°.

42 Artículo 115, numerales 3°, 4° y 6°.

43 Artículo 46.

Esta facultad de la Corte ha sido tradicional en el derecho constitucional venezolano desde la reforma de 1858 en adelante bajo las distintas modalidades que sería demasiado complejo tratar de resumir en este estudio.

8) El Recurso de Casación

a) Hemos señalado arriba que la Ley del 13 de julio de 1876, ante la imposibilidad de seguir admitiendo las variantes de jurisprudencia que pudieren derivarse de la posible diferente aplicación de la misma Ley por cada uno de los Tribunales de los distintos Estados, estableció el Recurso de Casación ante la Alta Corte Federal.

El Recurso de Casación nace por lo tanto ante un Tribunal Político. Recuérdese que, tal como lo hemos afirmado arriba[44], la primera propuesta de la Casación en Venezuela corresponde al Libertador en el proyecto de Constitución de Angostura.

La imposibilidad de que un Tribunal Político conociere del Recurso de Casación hizo nacer la Corte de Casación, primero por Decreto del 1° de mayo de 1879 y luego por mandato de la Constitución de 1881[45].

Esta Corte nace como «Tribunal de los Estados». Es posiblemente la primera fisura importante que sufrió el «sistema federal» puro: la concentración en un organismo federal de la facultad de revisar actos de los Estados que no debían ser examinados por autoridad extraña a esos Estados.

El pacto federal de 1881 obligó a los Estados a someterse a las decisiones de la Corte de Casación[46].

Esta Corte debía informar al Congreso de los inconvenientes «que se oponen a la unidad en materia de legislación civil o criminal»[47].

Constituida en 1909 la Corte Federal y de Casación, asume el carácter de Tribunal de los Estados y los Estados se obligan a someterse a sus decisiones[48].

De esa forma se mantuvo al menos la apariencia federal considerando primero a la Corte de Casación y después a la Corte Federal y de Casación

---

44 Primera Parte, V.

45 Artículo 81.

46 Artículo 13, numeral 20.

47 Artículo 85, numeral 3°.

48 Artículo 7, numeral 18.

como «Tribunal de los Estados» con lo cual se pretendía no violentar el principio de la Soberanía de cada Estado en materia de administración de la justicia.

b) En la reforma de 1945, al ser atribuida a la competencia nacional todo lo relativo a la administración de la justicia[49] el Recurso de Casación adquiere un nuevo sentido que no excluye el que había venido teniendo.

c) Por de pronto, mediante el Recurso de Casación la Corte Suprema de Justicia puede revisar si la Constitución ha sido o no violada por el Tribunal cuya sentencia es objeto del Recurso.

No es posible solicitar la nulidad de una sentencia por inconstitucionalidad ante la Sala de la Corte que conoce dicho Recurso; pero sí lo es denunciar en esa sentencia infracción a la Constitución mediante el Recurso de Casación por infracción de una Ley expresa: la propia Constitución.

Así la Corte no deja de conocer una inconstitucionalidad cuando la falta proviene de la autoridad judicial.

Esta situación conduciría necesariamente a que la Corte en Sala de Casación, se vea obligada a admitir la «Casación de Oficio» cuando ella misma constate que la sentencia recurrida viola la Constitución y ello no haya sido denunciado por las partes: sería absurdo que el Supremo Tribunal de la República, guardián de la Constitucionalidad y que debe anular las leyes inconstitucionales, constate una infracción a la Constitución por los jueces sentenciadores y se limite a observarlo sin casar la sentencia.

Equivaldría ello a colocar a los Jueces de Instancia por encima de la Constitución.

d) El Recurso de Casación adquirió un sentido de modalidades muy importantes: la unidad de la jurisprudencia adquiere un significado especial. No se trata sólo de que la Ley se aplique de una manera uniforme sino de que se ponga en práctica el principio de la igualdad ante la Ley consagrado en el pacto internacional de Derechos Humanos[50].

---

49 Artículo 15, numeral 7°.

50 Pacto Internacional de los Derechos Humanos, artículo 14, y Carta de los Derechos Humanos, artículo 7.

Los ciudadanos tienen derecho a que la Ley sea aplicada a todos de manera uniforme, es decir, que no se aplique a ciertos ciudadanos de una manera y a otros, que estén en idénticas circunstancias, en forma diferente.

La Casación cuidará el respeto a esa norma impidiendo a los Tribunales de Instancia sustentar criterios distintos frente a las mismas circunstancias.

e) La Casación presenta además un significado constitucional de especial rango al ser la forma máxima como los ciudadanos pueden aspirar a la protección que les ofrece la Ley, en particular en el goce y ejercicio de los Derechos Constitucionales.

La Casación debe vigilar que en los procesos judiciales no se vulnere ninguno de esos derechos y garantías.

Así lo ha venido aceptando la Corte Suprema de Justicia casando las sentencias respecto a las cuales se ha denunciado menoscabo de los derechos constitucionales.

CONCLUSIONES

El estudio que se acaba de realizar pone de manifiesto el carácter de la Corte Suprema de Justicia como órgano político del Estado encargado de vigilar el cumplimiento exacto de la Constitución y el respeto a los Derechos Humanos como principios fundamentales de la existencia del Estado venezolano.

III

LA ACTUACIÓN INTERNACIONAL

LA ACTIVIDAD DIPLOMÁTICA DE ANDRÉS BELLO EN LONDRES

I. *Consideraciones preliminares*

Un aspecto, sin duda interesante, dentro de los tantos de la vida de Andrés Bello, es su actividad diplomática en Londres.

El hecho de que esa actividad diplomática haya sido, en cierto modo, limitada por el escaso número de cargos desempeñados, no reduce su importancia tanto en lo que se refiere a su actuación en Londres como en las repercusiones que tuvo en el futuro de sus actividades intelectuales y políticas y hasta en la orientación misma de su vida.

Jorge Gamboa Correa considera que fueron estos años «la dura época de su especialización, adquirida en el ejercicio de la profesión diplomática, tanto como en el manejo de los tratados y colecciones de jurisprudencia más en boga por aquellos años» (Prólogo al Tomo XXI de las *Obras Completas*, p. XIV).

El Dr. Eduardo Plaza, en su prólogo al volumen I de la Sección Derecho Internacional (*Obras Completas*, Tomo X, p. XXIV) estima que probablemente don Andrés Bello «temperamento normalmente introvertido», quizás no estaba preparado, psicológicamente, para la actividad externa de la diplomacia, que se ejerce con eficacia tanto mayor cuanto más adaptable sea el carácter de una persona y con más soltura se desempeñe en distintos ambientes.

De allí que él considere que a Bello le corresponde el título de Internacionalista más que el de diplomático.

Respetando tan autorizada opinión, tengo la impresión de que Bello, sin menoscabo de su condición de Internacionalista, sí puede y debe ser considerado, con todo derecho y justicia, como auténtico diplomático, mejor como un diplomático científico además de apasionado.

En ese sentido, la carta que Fernández Madrid dirige a Bolívar el 27 de abril de 1827 (transcrita por Amunátegui, p. 310) y que sirve de base a la citada opinión de Plaza, la interpretó más bien como un intento de explicación que Fernández Madrid da al hecho de haberse perdido Bello para Colombia. Argumenta Fernández Madrid que Bello sería útil, por sus conocimientos y por su honradez, empleado al servicio de Colombia en la carrera diplomática «pues él es demasiado tímido y demasiado modesto para vérselas con los cortesanos de Europa». La verdad es, como bien demostró más adelante, que esa supuesta timidez y real modestia de Bello nunca fueron obstáculo para su entereza.

La llamada actividad externa de la diplomacia, que a veces es frívola como dice el Dr. Plaza, no es sino la apariencia formal de una labor delicada y cuidadosa que bien requiere una exquisita preparación so pena de llegar a ser «realmente frívola».

El diplomático necesita talento suficiente para el trato suelto como medio eficaz de conocimiento y de influencia en beneficio de su país.

El contacto humano y directo con los gobernantes, con otros diplomáticos y con los distintos medios sociales que lo rodean, lleva al diplomático a obtener un conocimiento integral y a lograr unas relaciones que no puede adquirir desde su oficina o su biblioteca.

La vida de Bello en Londres demuestra que, mientras fue diplomático en ejercicio cumplió a cabalidad esa misión con resultados realmente positivos: su comunicación frecuente con las autoridades británicas, las relaciones amistosas con agentes diplomáticos acreditados en Londres, el trato con los medios financieros y sus actividades culturales hacían de él el personaje a quien Irisarri consideraba «un diestro componedor de las materias que regían las relaciones de Europa con América» y «el hombre que mejor conocía en Londres las cosas de América y el estado de los intereses de las potencias europeas respecto a nuestro continente» (Feliú Cruz, p. 136).

Tan equivocado es creer que Bello diplomático estuvo reducido a ser un meticuloso lector en la paz de la Biblioteca del Museo Británico como imaginarse a un Bello tímido e introvertido incapaz de desenvolverse en un activo medio social y político. Su correspondencia informa de su presencia en ceremonias y convites de la Corte inglesa y el haber recibido «todas las señales de atención que suelen dispensarse a los enviados de naciones extranjeras» (Carta 4 de mayo de 1827. *Obras Completas*, Tomo XI, p. 144).

II. *Formación de Bello como diplomático*

La preparación de Bello para la diplomacia después de su experiencia obtenida en la misión de 1810, que aludiremos más adelante, debe haberla adquirido durante sus años de estudio y lectura, primero en la Biblioteca de la casa de Miranda en Londres y luego en el Museo Británico. Allí obtuvo los conocimientos teóricos que en su futura vida diplomática pondría en práctica.

Don Pedro Grases ha destacado, con toda razón, la influencia que tuvo en el Bello recién llegado a Londres, el hecho de su vivienda en la casa de Miranda.

Allí estaba la magnífica Biblioteca del General y no puede ser mera coincidencia que aparezcan citadas en su *Derecho de Gentes* obras importantes que tal como lo indica el catálogo del remate de la misma figuraban en esa Biblioteca (véase *Los Libros de Miranda*, estudios de Arturo Uslar Pietri y advertencias bibliográficas de Pedro Grases, ediciones del Cuatricentenario de Caracas, 1966).

Algunas de ellas debió Bello conocerlas desde Caracas. Por ejemplo se sabe que el *Droit des gens* de Emérico Vattel, obra que Bello cita abundantemente en su libro y que formaba parte de la Biblioteca de Miranda (catálogo N° 888) era conocida en Caracas como lo demuestra el hecho de aparecer en la lista de los libros pertenecientes a la Cartilla de Juan Vicente Bolívar y Palacios, hermano del Libertador, al ser hecha la partición de los bienes de su padre, Juan Vicente Bolívar y Ponte (véase Pérez Vila, *La Formación Intelectual del Libertador*, p. 197, 2da. Edición 1979).

Si estaba en la Biblioteca de los Bolívar, tenía que haber estado en otras bibliotecas caraqueñas.

Estaban también en la Biblioteca de Miranda *las Ordenanzas de Luis XIV para la marina* (catálogo N° 644), las obras de Burlamaqui (catálogo N° 105 y 436), la de Grotius, *De Iure Belii ac Pacis* (catálogo N° 369), las de Pufendorf, *Ius Naturae et Gentium* (catálogo N° 658) y la de Wolf, *Droit des Gens* (catálogo N° 356). La *Historia de la Diplomacia Francesa* de Flassan (catálogo N° 341) y el *Diccionario de la Diplomacia* de Vaines (catálogo N° 290).

No es ilógico pensar por lo tanto que todas esas obras, que Bello cita repetidas veces, hayan sido conocidas por él en la Biblioteca de Miranda.

De esa forma, cuando Bello se inicia en la diplomacia en 1822, unía su antigua práctica en la Capitanía General con la experiencia de la misión de 1810 y un cuidadoso estudio científico de las relaciones internacionales.

Todos esos factores fueron, sin duda, los que le permitieron enfrentar con éxito las misiones que le fueron encomendadas y producir el impacto que causaba en quienes se acercaban a su trato.

III. *Primeras experiencias*

La primera experiencia diplomática de Bello, si puede llamarse así, fue el manejo que tuvo a su cargo, como relaciones de la Secretaría del Capitán General de Venezuela de las relaciones de dicho funcionario con las autoridades de las Antillas inglesas y francesas que «en la época señalada eran bastante activas y frecuentes» (Amunátegui, p. XXXII). Bello ya manejaba el francés y el inglés y era quien recibía, estudiaba y traducía las comunicaciones de los funcionarios ingleses y franceses y las contestaba, previo informe al Capitán General.

Es muy probable, por no decir seguro, que tal ejercicio acostumbró a Bello, entonces joven de apenas 22 años, al uso del lenguaje y de la práctica diplomática que tienen su propio estilo y características.

También da la impresión de que esa su habilidad y conocimientos explican por qué tiene parte tan activa en la preparación de los documentos relativos a la labor de los comisionados de la Junta Suprema de Venezuela ante el Gobierno inglés en 1810.

Ni Bolívar ni López Méndez tenían su experiencia de redacción y trato diplomáticos.

Sostengo el criterio, que bien puede estar equivocado, de que las actividades de la misión mencionada no pueden ser comprendidas dentro de las acciones diplomáticas de Bello, ya que la responsabilidad política de las mismas correspondió, sin duda alguna, a Bolívar y subsidiariamente a López Méndez y no a Bello.

El Dr. Plaza parece ser de opinión semejante al considerar en su prólogo arriba citado, que el carácter de Bello era de auxiliar técnico y no de miembro político de la misión.

Debe hacerse notar que esta misión tenía características muy especiales ya que para el momento (1810) todavía Venezuela no se había constituido en Estado soberano y no era técnicamente posible hablar de misiones diplomáticas propiamente dichas.

La participación de Bello en la misión de 1810 tiene por esas razones características que ameritan un estudio distinto del que es objeto de esta ponencia.

IV. *Las misiones diplomáticas de Bello en Londres*

La primera designación, propiamente diplomática, de Bello es la de Secretario Interino de la Legación de Chile en Londres, nombramiento fechado el 1° de junio de 1822 (Amunátegui, p. 185), cargo que ejerce hasta abril de 1824. El 9 de diciembre de 1824 fue designado Secretario de la Legación de Colombia y posteriormente actuó como Encargado de Negocios de Colombia en Londres en ausencia del titular.

En esas funciones de Secretario accidental y Encargado dura hasta su viaje a Chile en 1829.

En septiembre de 1828, fue nombrado Plenipotenciario en Portugal y Agente confidencial en París (Amunátegui, p. 302), cargos que no llegó a ejercer.

La vida diplomática de Bello en Londres va así desde 1822 hasta 1829. Para su mejor conocimiento, es útil referirse a las consideraciones que hace Héctor Gros Espiell en su ponencia, presentada a este mismo Congreso, relativo al *Estado del Derecho Internacional durante los años londinenses de Bello*.

Gros hace notar en ella la actividad de Jorge Canning como Secretario de Estado para las Relaciones Exteriores del Gobierno inglés y el alto interés de Inglaterra en admitir la Independencia de los países latinoamericanos. Igualmente señala Gros cómo durante esos años hace crisis y desaparece la Santa Alianza e Inglaterra extiende su poderío económico y comercial en el mundo.

V. *Conceptos de Bello sobre la diplomacia*

Bello se refiere, ampliamente, a la misión diplomática en la parte III de sus *Principios de Derecho Internacional*, y advierte haber consultado sobre la materia a Vattel y a Martens.

En esos comentarios Bello señala:

El objeto más esencial de las misiones diplomáticas es mantener la buena inteligencia entre los respectivos gobiernos, desvaneciendo las preocupaciones desfavorables, y sosteniendo los derechos nacionales con una firmeza templada por la moderación. Es un deber del Ministro estudiar los intereses mutuos de los dos países, sondear las miras y las disposiciones del gobierno a quien está acreditado, y dar cuenta a su soberano de todo lo que pueda importarle. Debe así mismo velar sobre la observancia de los tratados, y defender a sus compatriotas de todo vejamen e injusticia. Circunspección, reserva, decoro en sus comunicaciones verbales y escritas, son cualidades absolutamente necesarias para el buen suceso de su encargo. Aun en los casos de positiva desavenencia y declarado rompimiento, debe el Ministro ser medido en su lenguaje y mucho más en sus acciones, guardando puntualmente las reglas de cortesía que exige la independencia de la nación en cuyo seno reside, y las formalidades de etiqueta que la costumbre ha introducido.

Importa no menos al Ministro granjearse la confianza de los otros miembros del cuerpo diplomático, y penetrar los designios de las potencias extranjeras con relación a la corte en que reside, para promoverlos o contrariarlos según convenga a los intereses de su nación, punto delicado en que no siempre es fácil conciliar las máximas del honor y la moral con la habilidad diplomática.

El secreto es en general una condición indispensable de las comunicaciones diplomáticas; este deber se extiende a todos los órganos destinados a ellas, desde el supremo jefe de la nación y los secretarios de estado, hasta los ínfimos funcionarios de las legaciones y consulados. Traficar con los secretos de un gobierno es un medio de que personas de alto carácter se han servido, con harto escándalo, para la rápida adquisición de una brillante fortuna. Nada más indigno de un hombre de honor que semejante conducta (p. 401, Tomo X).

Tales advertencias manifiestan claramente la experiencia adquirida en el ejercicio de cargos diplomáticos.

VI. *La acción diplomática de Bello*

A. Notas generales

Mantuvo Bello siempre las virtudes que él mismo consideraba necesarias al diplomático: circunspección, reserva, decoro, lenguaje medido, conducta cortés, respeto a la etiqueta, conciliación de las máximas del honor y de la moral con la habilidad, discreción, firmeza templada por la moderación, concepto claro de la justicia, estudio constante, fidelidad a su gobierno.

El estudio sistemático de sus documentos destinados tanto para la Cancillería chilena como para la colombiana, ponen de manifiesto el ejercicio constante de esas cualidades.

A reserva del análisis posterior que haremos, los documentos diplomáticos de Bello demuestran cuidadosa meticulosidad, sobre todo en lo que se refiere a la rendición de cuentas del manejo de fondos; minucioso informe sobre toda cuanta gestión se le hubiera encomendado; constante observación de la política inglesa y europea en general; recomendaciones acertadas en materia política exterior y frecuente y cortés trato con las otras misiones diplomáticas acreditadas en Londres.

Es importante incluso en las épocas actuales exigir más a un diplomático.

B. Las instrucciones diplomáticas y políticas

Llamo la atención sobre el hecho de que la dificultad y tardanza de las comunicaciones hacía en la época, especialmente difícil y complejo el trabajo diplomático.

El Plenipotenciario debía serlo integralmente ya que por muy minuciosas que fuesen las instrucciones de su gobierno, nunca podían abarcar todas las posibilidades prácticas que se irían presentando y cuyo estudio y resolución tenían que quedar a su juicio, ya que no le era factible pedir instrucciones que en ningún caso llegarían a tiempo.

Además, el evidente desconocimiento o mejor el incompleto conocimiento de la realidad política europea del momento por parte de las nacientes y todavía no organizadas Cancillerías americanas impedía a éstas formular instrucciones precisas.

El éxito del diplomático estaba por tanto confiado a su habilidad y acierto.

Tales problemas sobre el oportuno recibo de instrucciones y la amplitud de las mismas preocupaban a Bello.

En carta al Canciller chileno, fechada 8 de mayo de 1823, explicaba: «la distancia a que se halla Chile es un nuevo motivo que hace necesario se extienda ese Supremo Gobierno en sus instrucciones».

Su interés por las instrucciones lo basaba en su convencimiento de que le era imposible «discutir proposición alguna específica sin recibir instrucciones y noticias». Consideraba no poder dar explicaciones positivas y terminantes al Ministro británico sin tener instrucciones para no asumir compromiso alguno que pudiera serle desagradable al Gobierno que representaba.

Pedía por tanto que esas instrucciones abrazaran «todos los casos y puntos que pueda alcanzar su sabia previsión» (la del Gobierno chileno) y además que fuesen renovadas a menudo (*Obras Completas*, Tomo X, p. 433).

Más tarde y en el mismo sentido rogaba al Canciller de Colombia noticias sobre «las relaciones de Colombia con otros estados del continente y en especial con las Confederaciones Mexicana y Americana: sus miras respecto a Cuba y Puerto Rico, los actos del Congreso de Panamá y otros varios».

Y hacía ver que no le era posible otra conducta, si no le llegaban «noticias más extensas y frecuentes de las que solemos recibir» sino guardar un silencio a veces vergonzoso o correr el peligro de proceder y hablar a tientas. Y con su timidez característica pedía al Ministro le hiciera «la justicia de creer que no es una vana curiosidad» la que le movía a hacerle ese pedido, «sino el deseo de que el representante de Colombia, cualquiera que sea, pueda desempeñar ese encargo de un modo honroso al Gobierno» (*Obras Completas*, Tomo X, p. 446).

Parecía Bello estarse anticipando a una situación que iba a perdurar en la actividad de nuestra diplomacia: actuar sin instrucciones, guardar un silencio «a veces vergonzoso» o correr el peligro de «proceder y obrar a tientas por falta de información».

Debe destacarse que ese fino sentido de responsabilidad de no actuar nunca para asumir obligaciones o compromisos inadecuados o inconvenientes para el Gobierno que representaba y su pleno convencimiento de que «de otra manera no puede entablarse negociación alguna con buenos efectos».

Complemento lógico de esa manera de pensar en su cuenta rigurosa a la Cancillería colombiana sobre el estado de los encargos que le habían sido hechos a la misión diplomática que estaba bajo su dirección.

Casi toda su correspondencia contiene referencias de ese tipo de una asombrosa precisión y con abundantes detalles.

C. Dificultades económicas

Las misiones de Bello fueron cumplidas además en medio de grandes dificultades económicas, con lo cual parece haberse establecido un precedente para las futuras actividades diplomáticas de la República.

Las asignaciones presupuestarias para la Legación londinense además de ser exiguas llegaban siempre tarde o no llegaban. La última partida de 3.000 pesos llegó incompleta a Londres después de haberse marchado Bello y el Ministro Fernández Madrid debió disponer de ella para otros fines (Amunátegui, p. 310).

La carencia de fondos limitaba considerablemente su posibilidad de acción.

El 3 de abril de 1829, advierte al Ministro: «la falta absoluta en que nos hallamos de fondos, no me deja arbitrio para cumplir con las órdenes comunicadas» (*Obras Completas*, Tomo X, p. 448).

Algo más tarde insiste: «por mis anteriores oficios había visto V.S. la extrema indigencia a que nos hallábamos reducidos» (*Obras Completas*, Tomo X, pp. 452 y 453).

La situación había sido permanente. En 1827 advertía: «en el tiempo que estuvieron los negocios de esta Legación a mi cargo, se ha representado repetidas veces al Gobierno la escasez y urgencia en que nos constituye a todos sus empleados en Europa la falta de fondos para el pago de sueldos y gastos» (*Obras Completas*, Tomo XI, p. 161).

Y cuando Fernández Madrid se encarga de la Legación, Bello le rinde cuentas con esta advertencia: «Le deben ya a V.S. y a los demás individuos de la Legación algunas mesadas de sueldo y apenas hay con qué atender a los más precisos gastos de escritorio y portes de correo por algunos días. El estado de la Legación en Roma es todavía peor» (*Obras Completas*, Tomo XI, p. 164).

Siglo y medio más tarde, la situación señalada por Bello no pareciera corregirse todavía.

El manejo de los fondos llevó a Bello a una escrupulosa rendición de cuentas sobre la forma como los había invertido.

Son abundantes los detalles que da a su Gobierno sobre la fecha de recibo de cantidades de dinero o de valores, la forma como los mismos fueron cambiados o vendidos, el tipo de cambio utilizado o el precio de la venta. La persona del comprador y de sus representantes, la cantidad recibida, la forma de su inversión y los detalles y comprobantes de las mismas.

Las finanzas de la República colombiana no favorecían en nada el poder corregir esa situación. Llegó un momento en que se trata de economizar por todas partes con un rigor que lleva hasta a reducir a Bello el escaso sueldo que se le había asignado (Decreto del 23 de noviembre de 1826. Amunátegui, p. 228).

Bello lo consideró un desaire y así lo escribe a Bolívar en carta del 21 de abril de 1827.

Bolívar le contesta desde Caracas haciéndole ver con pesar que siente infinito «la situación en que usted se halla colocado» y le menciona que su influjo con el Vicepresidente Santander, Encargado del Poder Ejecutivo, es muy débil pero que ha pedido a Revenga «que escriba al Secretario del Exterior interesándole en favor de usted».

La gestión de Bolívar tiene un efecto inmediato porque el 7 de septiembre Restrepo escribe a Bello que, en la disposición referente a su sueldo, «no influyó algún otro motivo sino el de economizar gastos» (véase la correspondencia citada en Amunátegui, pp. 228 a 232).

Bello le había escrito a Bolívar cuando se consideró desairado por la rebaja de su sueldo: «V.E. me conoce y sabe que un sórdido interés no ha sido nunca móvil de mis aspiraciones. Si yo hubiera puesto jamás en balanza mis deberes con esa especie de consideraciones, estuviera hoy nadando en dinero, como lo están muchos de los que han tenido acceso a la Legación de Colombia desde más de seis años a esta parte y no me hallaría reducido a mi sueldo para alimentar mi familia. Estoy ya a las puertas de la vejez y no veo otra perspectiva que la de legar a mis hijos por herencia la mendicidad» (Amunátegui, p. 229).

Obliga a reflexionar semejante carta. La mesura de Bello al escribir, su cuidado permanente en todo cuanto tenía que ver con la fama ajena hace especialmente dura su advertencia de que no faltaba quien se había enriquecido acercándose a la Legación de Colombia. ¡Dura advertencia!

La situación llega al extremo que para el 30 de noviembre de 1828 Fernández Madrid escribe a Bolívar que por espacio de un año no se habían pagado los sueldos a Bello; situación que lo lleva al estado de desesperación que motiva haber decidido retirarse del servicio de la República y añade: «resolución que me consta le ha sido en extremo dolorosa».

Curioso camino adopta el destino con sus decisiones. De haberse pagado los sueldos de Bello con regularidad, quizás hubiera sido Agente en Francia, Ministro en Portugal y luego Ministro en los Estados Unidos como lo pretendía el Canciller Vergara en carta a Bolívar el 15 de febrero de 1829.

Bello, dolorido, desairado y triste, cargado de familia, sin rentas y con un año sin cobrar su sueldo, se fue a Chile con esa «dignidad modesta de la virtud que no abandonó su frente» para usar la frase que él utilizó en honor de Roscio.

Perdió Colombia un diplomático, pero ¿acaso esa pérdida no ocasionó su gigantesca labor en Chile? Podríamos decir con civismo que fue una pérdida fecunda.

D. La técnica diplomática de Bello

El Dr. Plaza en su prólogo citado propone una clasificación de la correspondencia diplomática de la Misión colombina en Londres, en 12 secciones que él califica de «grupos muy generales» pero orientadores sobre varios de los campos en los cuales Bello adquirió «varios conocimientos que luego utilizaría en su *Principio de Derecho Internacional*» (Tomo X, p. 21).

Para los fines propuestos en esta ponencia adopto otro criterio encaminado a destacar los aspectos que más me interesan en la actividad diplomática de Bello.

La acción diplomática de Bello está puesta de manifiesto en sus notas a los dos Gobiernos que representó, el chileno y el colombiano.

Al analizar las que aparecen publicadas en las *Obras Completas* (Tomo X, XI, XXI y XXXII) es posible percatarse de la técnica diplomática de Bello tanto en sus informes políticos como en las noticias administrativas y financieras.

1. El lenguaje

Sin extenderse en el estudio del lenguaje utilizado por Bello que es preciso y claro, las notas diplomáticas de Bello son breves, concisas, se refieren a temas concretos, expuestos de manera integral y de modo de dar al Gobierno, en pocas líneas, una idea completa de lo que debía conocer.

Para poder exponer de esa manera temas complejos, era necesario un manejo del idioma.

2. La sinceridad

Las notas de Bello son de una asombrosa sinceridad. No le interesa complacer con noticias optimistas cuando considera su deber exponer la verdad. Así lo hace, junto con Santos Michelena, en las noticias que da sobre el estado del crédito colombiano en el mercado londinense (Tomo XI, pp. 112 a 115).

3. Posición protocolar

Bello considera muy bien su posición de Secretario y Encargado de Negocios y procura no interferir las funciones del Ministro titular ni excederse de las que corresponden a su cargo y al informar a la Cancillería colombiana lo hace constar, pues «no hubiera sido regular» una conducta contraria (Tomo XI, p. 145).

Cuidado especial de Bello fue no apartarse en lo más mínimo de las instrucciones que recibía.

Hemos hecho notar arriba su preocupación por la amplitud de tales instrucciones y siempre procura establecer una relación exacta entre lo que él ha hecho y lo que se le ordenó hacer.

4. Informes

Trata atentamente de informar al Gobierno colombiano y al inglés lo que puede interesar respecto a la situación política inglesa o americana, cuyos efectos mutuos eran particularmente interesantes. Por ejemplo, el año

27, advierte cómo las noticias de la llegada de Bolívar a Bogotá habían producido una subida del valor de los vales colombianos «que se hallaban en el último grado de abatimiento» (Tomo XI, p. 120).

5. Observaciones y recomendaciones políticas

Quizás más importante que los aspectos formales de esas notas son las observaciones políticas y las recomendaciones subsecuentes que formula Bello a través de ellas.

Desde su puesto de observación en Londres trata de explicar al Gobierno colombiano y al chileno, la forma como en Europa se está recibiendo la realidad de la Independencia; las repercusiones de la Independencia americana en la política europea y propone las medidas políticas que en su opinión resultaban aconsejables.

En ese sentido, Bello trata de ir a la médula de cada problema. En 1823 informa al Gobierno chileno cómo la filosofía de la Santa Alianza le hacía imposible a las grandes potencias del continente «aprobar nuestra revolución y reconocer nuestra independencia» (Tomo X, p. 430).

Advierte además las diferencias entre el gabinete británico y la Santa Alianza causada por los intereses comerciales ingleses, el rechazo político de Inglaterra, las pretensiones de la Santa Alianza y su diferente filosofía, que no le impediría adaptarse en cualquier momento a realidades políticas caso de parecer ello aconsejable (Tomo X, p. 439).

Señala en esa oportunidad que toda la acción diplomática debe encaminarse a tratar de lograr el reconocimiento británico. Con ese objeto advierte que para los ingleses el punto esencial para llegar a ese reconocimiento es la robustez que deben demostrar los nuevos Estados.

Con mucho tino menciona las políticas de contraste de parte de los gobiernos borbónicos de Francia y España: España estaba tratando de obtener ayuda para la reconquista militar de América y Francia organizaba una red de espionaje para fomentar desorden en América y desacreditar los gobiernos populares.

Cuando años más tarde se obtiene el reconocimiento, al menos en lo que a Colombia se refiere, Bello reorienta sus noticias y recomendaciones en otro sentido: «me parece de suma importancia aprovechar todas las coyunturas que se presenten de entablar relaciones con los Estados extranjeros» (Nota del 5 de abril de 1829, Tomo XI, p. 446) y con esa orientación recomienda conciliarse la buena voluntad de la Prusia (ídem, p. 446).

6. Operaciones diplomáticas de Bello

Bello negocia con el agente residente en las Ciudades Hanseáticas la designación de un Cónsul para La Guaira (Tomo XI, p. 149), con el Ministro Plenipotenciario de Baviera, el establecimiento de una oficina comercial en La Guaira (Tomo XI, p. 133). Y en igual sentido, con la representación de los Cantones suizos acreditados en Londres (Tomo X, p. 445).

Muestra gran preocupación por lograr con las ciudades de Hamburgo, Lubeck y de Bremen acuerdos para trato igual a barcos colombianos y de esas ciudades con el objeto de obtener un intenso trato comercial (Tomo XI, p. 130).

Le preocupan intensamente las decisiones del Gobierno español para abrir sus puertas al tráfico con América y previene a Colombia de que ello no es ni útil económicamente ni interesante desde el punto de vista político (Tomo XI, p. 130).

Negocia con el Embajador de Portugal la solución amistosa de un incidente causado por un corsario colombiano (Tomo XI, p. 135).

Mantiene cordialísimas relaciones con el Embajador de Holanda y el Ministro de los Estados Unidos y en su momento advierte al Gobierno colombiano las dificultades de comenzar a negociar un armisticio con España que propone remitir a cuando esté «desembarazada la República de sus dificultades actuales y fuerte en la concordia de sus provincias» (Tomo X, p. 447).

La diligencia de Bello le permite ocuparse de un estudio militar sobre el ejército británico y de coleccionar informes sobre colegios y academias militares, táctica, maestranza, almacenes y parques militares y se lamenta de no poder remitir mapas, tratados y memorias para el arreglo de un tratado de límites con la Gran Bretaña «por una falta absoluta de fondos».

VII. *Conclusiones*

Bello fue por tanto un diplomático integral, activo y eficaz, que basó su actividad en un claro concepto de la política internacional y en un extenso conocimiento científico. Por esas razones, bien puede Bello ser señalado como modelo para el diplomático latinoamericano.

Bello ha debido sentir gran satisfacción al recibir el Oficio que Restrepo, como Ministro de Relaciones Exteriores de Colombia, le dirige el 7 de septiembre de 1827 acusando recibo de las comunicaciones dirigidas por Bello mientras fue Encargado de Negocios cerca de Su Majestad Británica.

Dice Restrepo: «El Gobierno de la República ha quedado satisfecho del modo con que Ud. Se ha conducido en tan importante encargo y de sus oportunas observaciones y noticias.

Tengo orden expresa del Vicepresidente de hacer a Ud. esta manifestación y de asegurarle que el Gobierno tendrá presente sus servicios y el mérito que con ellos ha contraído para premiarlo debidamente» (Amunátegui, p. 231).

Ha sido el reconocimiento general de América el premio a esos servicios.

Advertencias bibliográficas

1. Se ha utilizado para esta ponencia la colección de las *Obras Completas* de Andrés Bello, edición de Caracas. A ella están referidas las citas de los Tomos respectivos que fueron consultados.

2. Se utilizó la *Vida de don Andrés Bello*, por Miguel Luis Amunátegui. Edición de Chile de 1884.

3. Se utilizó la obra de Guillermo Feliú Cruz, *Bello y la redacción de los documentos oficiales de Chile*. Edición de la Biblioteca Rojas Astudillo. Caracas, 1957.

La obligatoriedad y validez de la Carta de Derechos y Deberes Económicos de los Estados

I. *Introducción*

El señor Presidente de México manifestó en Santiago de Chile, el 19 de abril de 1972, ante la III Conferencia de las Naciones Unidas sobre Comercio y Desarrollo (UNCTAD), que era necesario fortalecer los "precarios fundamentos legales" de la economía internacional e indispensable proteger a los Estados débiles, advirtió la necesidad de desprender la cooperación económica "del ámbito de la buena voluntad para cristalizarla en el campo del derecho", invitó a trasladar "los principios concretos de solidaridad entre los hombres a la esfera de las relaciones entre los países" y propuso, en conclusión, que de adoptare un texto internacional en el cual fuere reconocida la situación por él expuesta.

La Conferencia de las Naciones Unidas sobre Comercio y Desarrollo (UNCTAD) en su Resolución 45-111 del 18 de mayo de 1972 acogió la idea del señor Presidente de México y señaló "el carácter precario de los instrumentos jurídicos internacionales" que rigen actualmente las relaciones económicas entre los Estados y la imposibilidad de establecer un orden internacional justo y un mundo estable en tanto no se formulare una Carta que proteja debidamente los derechos de todos los países y en particular los de los países en desarrollo".

La Asamblea General de las Naciones Unidas, en su Resolución 3201 del 9 de mayo de 1974, admitió que era necesario establecer un nuevo "orden económico internacional" basado en la equidad, la igualdad soberana, la interdependencia, el interés común y la cooperación de todos los Estados.

Dicha Resolución se fundamenta, entre otras razones, en que a pesar de que durante las últimas décadas el logro mayor y más significativo "ha sido la liberación de gran número de pueblos y de naciones de la dominación colonial y extranjera", convertido así en "miembros de la comunidad de pueblos libres" y de que "se han alcanzado progresos técnicos en todas las esferas de las actividades económicas que proporcionan la posibilidad de mejorar el bienestar de todos los pueblos, sin embargo, "los últimos vestigios de la dominación extranjera y colonial, la ocupación foránea, la discriminación racial, el *apartheid* y el neocolonialismo en todas sus formas siguen contándose entre los mayores obstáculos para la pena emancipación y el progreso de los países en desarrollo y de todos los pueblos interesados. Los beneficios del progreso tecnológico no son compartidos equitativamente por todos los miembros de la comunidad internacional. Los países en desarrollo, que constituyen el 70% de la población mundial, reciben únicamente el 30% de los ingresos mundiales. Ha resultado importante lograr un desarrollo uniforme y equilibrado de la comunidad internacional con el actual orden económico internacional. La disparidad entre los países desarrollados y los países en desarrollo continúa aumentando, en un mundo regido por un sistema que se estableció en una época en que la mayoría de los países en desarrollo ni siquiera existían como Estados independientes y que perpetúa la desigualdad".

La evolución sociopolítica de los últimos años había puesto de manifiesto la necesidad de enfrentar, como una nueva realidad, que en los países en desarrollo no se ha originado y se está integrando un nuevo sistema jurídico.

La situación es el resultado de un largo proceso durante el cual sucesivas manifestaciones de distintos organismos internacionales, de Jefes de Estado de los países en desarrollo y de instituciones científicas y universitarias, han hecho ver la necesidad de crear un "nuevo" sistema jurídico para los países en desarrollo.

Este sistema u orden jurídico tiene necesariamente que rechazar las situaciones arriba mencionadas y que señaló como negativas la Resolución 3201 y debe estar orientado por nuevos principios, probablemente los mismos aceptados por las Naciones Unidas.

Todo lleva a la necesidad de acuerdos generales en la comunidad internacional para alcanzar una exacta determinación de los derechos y deberes que corresponden a cada pueblo.

Ese fue el objetivo que persiguió la aprobación de la Carta de Derechos y Deberes Económicos de los Estados por la Asamblea General de las Naciones Unidas en su Resolución 3281 (XXIX) de fecha 12 de diciembre de 1974.

La Carta había sido objeto de un cuidadoso, largo y complejo proceso de elaboración desde la propuesta a la Tercera UNCTAD en el año 1972 por el Presidente de México.

Hubiera sido ideal la aprobación del documento por la totalidad de los Estados miembros de las Naciones Unidas. Pero a pesar de que la propia Asamblea acordó que una "Carta" semejante sería un instrumento eficaz para el logro de los objetivos a que arriba he hecho alusión, lamentablemente no se pudo obtener unanimidad cuando fue propuesto el texto respectivo.

Las proporciones de la votación le dan, sin embargo, una particular importancia a ese documento: 120 Estados o sea el 88,23% votaron a favor, 6 Estados o sea el 4,41% votaron en contra y 10 Estados, o sea el 7,35% se abstuvieron de votar.

La reacción ante la Carta ha resultado particularmente interesante. Es evidente que el documento no ha sido grato a los Estados desarrollados como lo demuestran ciertos trabajos publicados en revistas especializadas y que cuidadosamente analizan lo que podemos denominar los aspectos "negativos" de la Carta. La opinión pública de los países en desarrollo, posiblemente por falta de suficiente información, no ha proporcionado todavía a la Carta el apoyo que ella necesita.

II. *Planteamiento del tema*

Los países en desarrollo han tenido hasta ahora sus propios sistemas o regímenes jurídicos pertenecientes, en principio, a cualquiera de las grandes "familias" que el Derecho Comparado encuentra en el mundo de hoy: la romano-germánica, la anglosajona y la socialista, a veces compartidos entre una y otra y, además, en varias zonas tal como sucede en los pueblos musulmanes y judíos relacionados con ideologías filosóficas o religiosas que se reflejan en la vida jurídica.

Pero, es muy cierta la advertencia hecha por el Profesor René David: "Dos derechos no pueden ser considerados como pertenecientes a una misma familia, aunque utilicen los mismos conceptos y las mismas técnicas, cuando ellos se basan en principios filosóficos, políticos o económicos opuestos y buscan realizar dos tipos diferentes de sociedad".

Tal es en el fondo el problema básico que ha motivado la tesis expuesta ante la III UNCTAD por el Presidente de México y aceptada definitivamente en 1974 por las Naciones Unidas: el sistema político, social y económico de los países en desarrollo es diferente y en algunos aspectos está en conflicto con el de los países desarrollados. Por tanto, los sistemas jurídicos que organizan a los países desarrollados y que orientan su funcionamiento no pueden ser los que necesitan los países en desarrollo, y si esos países en desarrollo no crean sus propios sistemas jurídicos el Derecho no pasará en ellos de ser una estructura formal sin consecuencias sobre la vida práctica y real, con grave menoscabo del orden, del respeto al ser humano y de las posibilidades de desarrollo.

La situación enunciada repercute sobre la estructura jurídica actual de los Estados en desarrollo, aunque en ellos se continúen utilizando técnicas y conceptos jurídicos del Derecho Anglosajón o de los Sistemas romano-germánicos.

Las actuaciones específicas del Tercer Mundo, encaminadas al logro de un desarrollo integral todavía no alcanzado y que requiere una transformación completa del actual régimen de cada país y el establecimiento de un nuevo orden económico internacional, forman la vía hacia un nuevo sistema jurídico que habrá de venir, que se está ya formando y que requiere un considerable esfuerzo para establecer sus bases ideológicas.

Es obligatorio entonces plantear, analizar y estudiar nuevos conceptos jurídicos y dar diferente contenido o significado a otros ya tradicionales. Todo se proyecta a la transformación del derecho interno de cada Estado y de las relaciones político-jurídicas de los Estados entre sí.

Esa situación da una especial importancia a la Carta de Derechos y Deberes Económicos de los Estados, pues a pesar de haber sido elaborada atendiendo fundamentalmente a consideraciones no jurídicas sino políticas y económicas contiene el esquema general de otro significado de la soberanía de cada Estado al determinar cuáles son los derechos y deberes inherentes a esa soberanía entendida en función de las nuevas necesidades y principios.

Al considerar el contenido del concepto de "soberanía" hace hoy falta integrar en ella todas las facultades necesarias para que cada Estado alcance el desarrollo a que tiene derecho o lo mantenga si ya lo hubiere logrado y como consecuencia necesaria en las relaciones de un Estado con otro u otros, sea cual sea el grado de desarrollo de los Estados participantes, debe tomarse en cuenta el legítimo ejercicio de esos derechos como inherentes a la soberanía de cada uno y necesarios para el desarrollo.

Se crea así una problemática jurídica totalmente distinta que obliga a un diseño diferente del concepto de Estado, de sus facultades y de sus relaciones.

La Carta de Derechos y Deberes Económicos de los Estados aparece en esa forma, como la base necesaria para poder elaborar al menos el esquema general de ese "nuevo derecho" de que hemos venido hablando, importancia especial que necesita ser destacada antes de toda otra consideración.

Por esa razón el estudio de la obligatoriedad y valides de la Carta de Derechos y Deberes Económicos de los Estados no puede ser hecho considerándola como una "simple Resolución" entre las tantas adoptadas por la Asamblea General de las Naciones Unidas sino como un documento fundamental para la elaboración de lo que se aspira que llegue a ser el "derecho" de los países en desarrollo.

III. *Los derechos y deberes soberanos en función del desarrollo*

Aunque la Carta mantiene la tesis necesaria e inevitable de la "igualdad soberana de todos los Estados", pretende que la soberanía esté orientada al logro de los objetivos de desarrollo propuestos y por eso distingue los derechos y deberes que, en función del desarrollo corresponden a todos los Estados de los que son propios los países desarrollados y de los países en desarrollo e insiste, en cuanto a los países desarrollados, en enunciar sus deberes y en cuanto a los otros preferentemente en enunciar sus derechos.

No significa ello establecer alguna desigualdad en beneficio de los países en desarrollo sino hacer el esfuerzo de tratar de nivelar su situación con la de los países desarrollados. Es en concreto la aplicación del principio de la "justicia social internacional" aceptado en la Carta como fundamental para las relaciones internacionales y conforme al cual los países dotados de mayor riqueza y poderío tienen mayores deberes frente a los países débiles o pobres.

Con ese criterio, en la Carta se distinguen:

1) Los derechos que corresponden a todos los Estados: 28) Los derechos que corresponden, en particular, a los Estados en desarrollo; 38) Los deberes propios de todos los Estados; 48) Los deberes propios de los países desarrollados, y 58) Las responsabilidades comunes de todos los Estados ante la comunidad internacional.

Los derechos enunciados en la Carta como "propios" de la soberanía de cada Estado y en función del desarrollo son:

1) Elegir su sistema económico, político, social y cultural (Art. 1).
2) Ejercer libremente soberanía plena y permanente, incluso posesión, uso y disposición sobre su riqueza, recursos naturales y actividades económicas (Art. 2-1).
3) Reglamentar las inversiones extranjeras en su jurisdicción (Art. 2-2a).
4) Reglamentar y supervisar a las empresas trasnacionales (Art. 2-2b).
5) Nacionalizar, expropiar o transferir bienes extranjeros (2-2c).
6) Aprovechar los avances y desarrollo de la ciencia y de la tecnología (Art. 13).
7) Practicar el comercio internacional (Art. 4).
8) Asociarse en organizaciones de Estados productores de materias primas (Art. 5).

9) Participar en la adopción de decisiones sobre materias económicas, financieras y monetarias mundiales (Art. 10).

10) Participar en las organizaciones regionales, subregionales e interregionales necesarias para lograr su desarrollo económico y social (Art. 12).

Paralelamente a esos "derechos", la Carta establece "deberes" para cada Estado:

1) Promover el desarrollo económico, cultural y social de su pueblo (Art. 7).

2) Contribuir al desarrollo del comercio internacional de mercancías (Art. 6).

3) Cooperar con los demás Estados en los campos económico, social, cultural, científico y tecnológico (Art. 9).

4) Cooperar para mejorar la eficacia de las organizaciones internacionales (Art. 11).

5) Cooperar para promover el logro de un desarme general y completo bajo el control internacional (Art. 15).

6) Cooperar para promover la expansión y liberalización del comercio mundial (Art. 14).

7) Procurar que los recursos liberados del desarme sean destinados a financiar las necesidades del desarrollo (Art. 15).

8) Eliminar el colonialismo, la discriminación y otras situaciones similares (Art. 16).

9) Coexistir pacíficamente (Art. 26).

10) Conducir las relaciones económicas tomando en cuenta los intereses de los demás (Art. 24).

La Carta señala como deberes específicos de los países desarrollados:

1) La cooperación con los países en desarrollo para el logro de su desarrollo tecnológico (Art. 13-3).

2) La ampliación, mejora y aplicación de sistemas de preferencias arancelarias generalizadas y no recíprocas (Art. 18).

3) El otorgamiento a los países en desarrollo de trato preferencial no recíproco (Art. 19).

4) La atención peculiar a los países en desarrollo menos adelantados o sin litoral o insulares (Art. 25).

A las normas anteriores se unen las disposiciones referentes a las responsabilidades comunes a todos los Estados ante la comunidad internacional: 1) Las relativas a los fondos marinos y oceánicos y subsuelo (Art. 29), y 2) Las referidas a la protección, preservación y mejoramiento del medio ambiente (Art. 30).

IV. *Valor jurídico de las normas contenidas en la Carta*

La Carta contiene tres criterios básicos referentes a la validez de sus normas:

1° Criterio de subordinación:

La Carta es considerada por ella misma (Art. 33-1) como subordinada a dos clases de normas:

a) Las disposiciones de la Carta de las Naciones Unidas;

b) Las medidas o decisiones tomadas de acuerdo o en cumplimiento de esas disposiciones.

Tales decisiones y medidas pueden ser tanto las adoptadas por los propios órganos de Naciones Unidas como por los Estados miembros ya sea internamente o por medio de Tratados o Acuerdos bilaterales y multilaterales.

La Carta de Derechos y Deberes Económicos de los Estados es, por tanto, jurídicamente de rango inferior al de la Carta de las Naciones Unidas y sus normas no podrían contradecir las de aquélla.

2° Criterio de unidad de interpretación y de aplicación:

La Carta no puede ni debe ser objeto de interpretaciones aisladas o parciales (Art. 33-2) pues todas sus disposiciones tienen que ser consideradas como relacionadas entre sí y cada una de ellas entenderse en función de las otras.

Tal situación se deriva de que el propósito de la Carta es uno solo: la obtención o establecimiento de un nuevo orden internacional que sea justo y equitativo. Ese nuevo orden debe ser el resultado de la aplicación de decisiones armónicas, que de ser adoptadas o aplicadas separadamente y sin relación entre ellas podrían distorsionar el objeto perseguido.

Este criterio interpretativo constituye, además, base para la idea expresada de que la Carta llevará a la formación de un nuevo sistema jurídico.

La Sociedad que se trata de formar debe ser nueva, distinta y equitativa. Como nueva, no podrá ser la de ahora; como justa y equitativa, tampoco puede tener las características de la presente. El régimen jurídico actual responde a la actual sociedad. Una sociedad diferente tendrá que tener su sistema jurídico propio que requerirá la unidad intrínsecamente necesaria de su conjunto.

3° Criterio de vigencia dinámica:

El desarrollo, esencialmente, no puede ser estático, pues la sociedad debe ir lográndolo progresivamente y aún así, cuando parece haberlo obtenido, siempre deberá no solamente mantenerlo sino adaptarlo a los nuevos factores que se vayan presentando.

En cada momento de esa evolución, surgirán necesidades específicas que serán distintas de las anteriores y de las que en el futuro llegarán. Esas diferencias pueden ser y serán de hecho muy importantes. Si la Carta de Derechos y Deberes Económicos de los Estados hubiese sido ligada en forma definitiva a una determinada situación, se habría incurrido en el grave error de haber paralizado la natural evolución requerida por el desarrollo.

Por tales razones, la Carta es de un carácter esencialmente dinámico, manifestado en los siguientes principios:

a) La carta debe ser examinada cada cinco años por la Asamblea General (Art. 34);

b) Tal examen debe ser referido a la aplicación de la Carta, deberá ser sistemático y completo, abarcará todos los progresos realizados, verificará las mejoras y adiciones que puedan resultar y culminará con recomendar las medidas apropiadas;

c) El examen debe tener en cuenta cómo han evolucionado todos los factores sociales, económicos, jurídicos y de otra índole que guardan relación con los principios en que se basa la Carta con sus finalidades.

Si la Carta hubiera adoptado cualquier forma rígida, su periódica adaptación al natural y necesario proceso evolutivo hubiera resultado imposible o particularmente difícil.

Esos tres criterios o características fundamentales de la Carta permiten mantener una constante labor creativa de carácter jurídico que guarde relación con el nuevo orden económico internacional.

V. *Consecuencias jurídicas de la aceptación de la Carta*

El conjunto de derechos y deberes enunciado en la Carta, al ser aceptados como tales por cualquier Estado, implica la adaptación y transformación de su régimen jurídico interno y de la forma de enfrentar sus relaciones internacionales.

Esas repercusiones tienen que ser:

1) Examinar si su derecho vigente es o no compatible con el ejercicio de los derechos y el cumplimiento de los deberes contenidos en la Carta.

2) La adopción de las disposiciones jurídicas necesarias para el ejercicio de los derechos y cumplimiento de los deberes mencionados.

3) La derogación o reforma de las disposiciones vigentes que se opongan o que impidan el cumplimiento de esos deberes y el ejercicio de esos derechos.

Partiendo de esos supuestos, la situación jurídica planteada viene a ser la que inicialmente señalábamos: la estructuración de todo un sistema de derecho para los países en desarrollo, pues su situación tiene características distintas de la de los países desarrollados, en los cuales los derechos enunciados en la Carta han sido, son y serán ejercidos sin mayores dificultades. El problema verdadero consiste en que los países en desarrollo también puedan ejercerlos.

Tales consideraciones se hacen diametralmente opuestas en lo que se refiere a los deberes: en los países en desarrollo habrá fácil disposición para cumplirlos mientras que en los países desarrollados se manifiesta cierta resistencia, no sólo para cumplirlos, sino incluso para aceptarlos como tales.

Ello explica por qué fueron países desarrollados los que en la Asamblea General de las Naciones Unidas, en 1974, votaron en contra o se abstuvieron en la aprobación de la Carta y por qué muchos de los juristas de los países desarrollados, al estudiar el tema casi siempre estiman que la Carta no tiene otra calificación jurídica que la aceptada, en forma general por ellos, para las Resoluciones de la Asamblea de las Naciones Unidas, es decir, las de simples "recomendaciones" carentes de obligatoriedad.

Si se entendiera la Carta de esa manera, ningún impedimento tendrían los Estados desarrollados en continuar ejerciendo los derechos de los cuales se han sentido siempre titulares y nada les obligaría a aceptar y a cumplir los deberes enunciados en la Carta, ya que se trataría sólo de recomendaciones que, a su libre arbitrio, podrían o no acoger cómo y cuándo lo estimen oportuno.

Para los juristas de los países en desarrollo, el problema se hace diferente: por de pronto, el crecido número y porcentaje de los Estados que en la Asamblea aprobaron la Carta, proporciona un respaldo político suficientemente justificativo a las reformas jurídicas que ella supone. La Carta ha acogido además realidades jurídicas que van cobrando fuerza progresiva.

La adopción, en los países en desarrollo, de medidas jurídicas como consecuencia directa del ejercicio de los derechos reconocidos en la Carta tiene, por tanto, el fundamento ético-jurídico que implica el respaldo de los 120 Estados que aprobaron los principios contenidos en la Carta. No puede fácilmente discutirse a un Estado el ejercicio de un derecho que más del 88% de los países de la comunidad internacional han aceptado como inherente a la soberanía.

El ejemplo más importante que puede darse de la Carta y hasta ahora, de ejercicio por un Estado en desarrollo de los derechos reconocidos por ella, es el de la nacionalización de la industria del petróleo, acordada por Venezuela, pues el Estado venezolano, al nacionalizar la industria petrolera, señaló expresamente que estaba haciendo uso de un derecho que la Carta reconoce como propio de su soberanía.

Las consideraciones anteriores permiten advertir que, por ellas, la forma como han sido hasta ahora estudiados los efectos jurídicos de las Resoluciones de las Naciones Unidas no son aplicables al análisis de los efectos y Valdez de la Carta.

La intención expresada por Rumania sobre que era esencial aprobar un documento universalmente aceptable y que pudiere ser aplicado por todos los Estados, no podría resultar en la práctica ya que se trataba de cambiar el sistema de relaciones económicas internacionales, con la evidente transformación, no sólo de la estructura interna de esas relaciones sino prácticamente de toda la vida internacional y del sistema propio de la unanimidad de los países.

Políticamente no hubiera sido jamás posible forzar a los países que negaron su voto para que aceptaren los nuevos planteamientos como válidos y obligatorios para ellos, ni tampoco obtener que los países que votaron afirmativamente renunciaran a sus propósitos de lograr ese nuevo orden para ellos indispensable.

Sostener que una resolución adoptada por ciento veinte Estados es una simple recomendación de carácter moral, por el hecho de que seis Estados se negaron a votar, resulta incomprensible e inaceptable. Evidentemente existe un momento en el cual la importancia ética y política de una tan grande mayoría de Estados soberanos convierte lo aprobado por ellos en una auténtica obligación jurídica, sean cuales sean los Estados que negaron su voto.

La magnitud política de la aprobación de la Carta obligará a la implantación progresiva y generalizada de los principios fundamentales que ella contiene, dentro de la natural elasticidad que suponen las condiciones sociales y económicas de la humanidad.

Los países desarrollados tendrán que admitir, con el tiempo, la vigencia de los principios contenidos en la Carta como indispensables para consolidar la paz en beneficio de todos. La cooperación internacional es ya una realidad jurídica en las relaciones entre los Estados. Esa cooperación es tanto más necesaria cuanto que la interdependencia de los Estados es también una realidad indiscutible en la existencia de la comunidad mundial. El mantenimiento de la paz implica la adopción de un nuevo orden económico internacional como el que se propone a través de la Carta o la imposición por los Estados disidentes de medidas de fuerza de muy precaria vigencia y de consecuencias inaceptables.

Tales circunstancias llevarán necesariamente a los países desarrollados a aceptar la necesidad de aplicar los nuevos principios, que respetan los derechos de los países en desarrollo, dentro de un sistema que garantice la igualdad soberana, el beneficio mutuo y equitativo y la estrecha interrelación de los intereses de todos los Estados.

Esas consideraciones hacen pensar y concluir que el examen periódico de la Carta, que realizará la Asamblea de las Naciones Unidas, irá demostrando una progresiva aceptación de la misma hasta el logro de su universal vigencia.

VI. *Ejemplos explicativos del nuevo orden jurídico*

Una vez que los distintos Estados en vía de desarrollo y que aprobaron la Carta se ven en la necesidad de dar una nueva estructura a su régimen jurídico, esa decisión no puede ser sólo un problema de teoría jurídica, sino que tiene que manifestarse en la adopción inmediata de distintas clases de normas y sistemas que desarrollen los principios jurídicos enunciados.

Posiblemente algunos Estados deberán comenzar por reformar su propia Constitución, ya que algunos de sus textos constitucionales podrían resultar incompatibles con el desarrollo de los principios contenidos en la Carta.

En otros Estados la reforma constitucional no será necesaria, ya que sus actuales Constituciones fueron adoptadas precisamente con la misma línea jurídico-política que orientó la Carta.

La reforma exigida por la Carta en el ordenamiento jurídico de los países en desarrollo (supuestas las suficientes bases constitucionales) se refiere necesariamente tanto a la estructura misma del Estado y a su funcionamiento como a todo el conjunto jurídico que abarca el Derecho Privado.

Veamos algunos ejemplos:

El ejercicio de la potestad de nacionalizar determinará, en la organización administrativa del Estado, la existencia de organismos de la naturaleza que cada Estado considere oportuna (establecimientos públicos, empresas del Estado, etc.), y que se convertirán, a la larga, en la pieza prácticamente más importante de la actividad estatal, por constituir el centro de cuyo funcionamiento dependerá toda su vida económica y social.

Por esas mismas causas, el sistema fiscal respectivo deberá ser objeto de importantes transformaciones: las empresas que explotaban materias primas y que fueron nacionalizadas, habían sido los "contribuyentes" de mayor importancia y, por tanto, los sistemas fiscales fueron organizados para lograr que esas empresas pagasen puntualmente impuestos casi siempre elevados; con ese mecanismo, el Estado obtenía fondos para atender a las necesidades colectivas. Pero al ser nacionalizadas tales empresas, el sistema de recolección de fondos para el Estado posiblemente ya no podrá ser el establecimiento de impuestos a sus propias empresas, sino la utilización directa de los proventos o beneficios que dichas empresas pueden producir.

Las exigencias que el Estado hacía a las empresas que explotaban los recursos naturales, en materias distintas de las impositivas y que, antes de la nacionalización, afectaban a los beneficios correspondientes a los propietarios de las mismas empresas, afectarán, después de la nacionalización, a los beneficios del propio Estado. Ese cambio, en algunos campos, es particularmente delicado, por ejemplo, en las relaciones con los sindicatos de trabajadores que ya no están ante un inversionista extranjero, sino ante el propio Estado.

Las diversas situaciones de orden jurídico administrativo exigidas por las nacionalizaciones implican otras importantes reformas jurídicas, por ejemplo, en cuanto al mercado de ingreso y cambio de divisas y, por tanto, al régimen monetario, a los sistemas de Contraloría y hasta el mismo sistema de planificación del Estado al tomar éste para sí la explotación de sus recursos naturales.

La transformación jurídico-administrativa del Estado se manifiesta igualmente en el manejo de sus relaciones exteriores ya que, cuando ese Estado debe adoptar una política coordinada con la de otros Estados, participar en el funcionamiento de organizaciones internacionales y ser sujeto activo y pasivo en los distintos aspectos de la cooperación internacional, sus relaciones exteriores afectan e influyen su funcionamiento integral y, por tanto, necesitan una nueva modalidad de organización y un grado de importancia totalmente diferente.

La cooperación internacional modifica y condiciona, además, gran parte del sistema administrativo del Estado.

Pero no es sólo en el campo público donde el Derecho necesita transformarse para desarrollar los principios contenidos en la Carta, sino también en el campo propio del Derecho Privado.

El Derecho Civil requiere un cuidadoso proceso de revisión: conceptos básicos, como los de persona jurídica, domicilio, estado y capacidad de las personas, etc., quedan afectados por las disposiciones referentes a inversiones extranjeras, a la transferencia de tecnología y al comercio de invisibles.

Instituciones jurídicas tradicionales, por ejemplo, el régimen patrimonial del matrimonio, el sistema sucesoral y la teoría general de las obligaciones y contratos, reciben transformaciones, a veces radicales, otras tímidas pero que luego se generalizan y cobran importancia.

El concepto de propiedad se presenta con un nuevo contenido y se reforma la manera de adquirir la propiedad y de transmitirla, la titularidad de la misma y los derechos y facultades que confiere.

Todos los contratos que suponen (o pueden suponer) adquisición o transferencia de una propiedad reciben nueva regulación legislativa.

El Derecho Mercantil también resulta objeto de revisión: el concepto de comerciante y el ejercicio del comercio quedan transformados al regularse la nacionalidad del comerciante y el origen de su capital. Todo el régimen societario queda modificado para adaptarse a las regulaciones derivadas de los convenios de integración y de regulación de inversiones extranjeras; igual sucede con el régimen de seguros y el de institutos de crédito.

Las anteriores consideraciones están referidas a experiencias concretas, reflejadas en la Carta o causadas por ella y ponen de manifiesto la necesidad de contemplar otras situaciones.

Para el examen de la validez de la Carta puede, por último, ser interesante examinar si la misma ha sido o no aplicable en un determinado país y en las relaciones internacionales.

Ello demostrará la posibilidad de la aceptación de la Carta sin desconocer los problemas que implica la situación peculiar de los Estados que votaron a favor.

Examinemos como caso de un Estado particular el de Venezuela.

La Carta adoptada en 1974 resulta plenamente compatible con la Constitución venezolana de 1961. Ese hecho llama la atención por la circunstancia de demostrar que un país en desarrollo, como Venezuela, trece años antes de que la Carta fuera aprobada por la Asamblea General, ya había establecido principios jurídicos que luego serán reconocidos en la Carta. Y el caso de Venezuela no es único.

La Constitución venezolana señala como propósitos del Estado:

1) La cooperación con las demás naciones en los fines de la comunidad internacional.

2) El respeto recíproco de la soberanía de las naciones.

3) La autodeterminación de los pueblos.

4) La garantía universal de los derechos humanos.

5) El rechazo de la guerra y de la conquista.

6) El repudio del predominio económico como instrumento de política internacional.

7) La integración económica latinoamericana.

8) El desarrollo económico y el bienestar y seguridad de los pueblos latinoamericanos.

9) La defensa de los recursos naturales del territorio nacional.

10) La reserva al Estado de determinadas explotaciones.

Esas disposiciones, que están vertidas en la Carta de Derechos y Deberes Económicos de los Estados, permitieron a Venezuela votar afirmativamente por la aprobación de esa Carta y aplicar los principios reconocidos en ella.

En el orden internacional, antes de la Carta y después de ella, han existido acuerdos y normas sobre todo entre los países en desarrollo que muestra que las disposiciones de esa misma Carta forman parte del pensamiento jurídico del momento.

1) La Carta reconoce el derecho de los Estados de asociarse en agrupaciones de productores de materias primas con distintos propósitos vinculados al desarrollo de cada uno de ellos: el 14 de septiembre de 1960, Irak, Irán, Kuwait, Arabia Saudita y Venezuela, países a los cuales se unieron después otros, constituyeron la organización de países exportadores de petróleo con el propósito de asegurar

entradas estables a los países productores, abastecimiento adecuado a las naciones consumidoras y justa ganancia al capital invertido en la industria del petróleo, todo ello con el objeto de impedir que las modificaciones en los precios del petróleo impuestas por las compañías explotadoras del mismo afectaren la marcha de los programas de desarrollo de los mismos países productores.

La experiencia positiva derivada del funcionamiento de esa organización demostró la bondad de su principio básico, la posibilidad de aplicarlo entre países productores de otras materias primas y de consagrarlo como un derecho esencial a la soberanía de los Estados.

2) La Carta señala el deber que tienen los Estados de promover el logro del desarme general y complejo bajo un control internacional eficaz: el 14 de febrero de 1967, los Estados latinoamericanos firmaron el Tratado de Tlatelolco, en el cual convinieron en excluir el territorio de la América Latina bajo su jurisdicción del uso de armas nucleares y crearon un mecanismo de control internacional que garantice su aplicación.

La exitosa aplicación del tratado, ratificado y en vigor en un rápido proceso diplomático, puso de manifiesto que los Estados suscritores del mismo aceptan plenamente como deber suyo, la promoción del desarme y el control eficaz de su vigencia. El Tratado de Tlatelolco impide que países en desarrollo utilicen fondos necesarios para su desarrollo en innecesaria competencia en el uso de armas nucleares y los lleve en cambio a utilizar la energía para fines pacíficos.

3) La Carta reconoce a los Estados el derecho a participar en agrupaciones de cooperación subregional, regional e interregional para lograr su desarrollo económico y social: serviría de ejemplo (y no precisamente único) el acuerdo de integración subregional, suscrito el 26 de mayo de 1969, por Bolivia, Colombia, Chile, Ecuador y Perú, al cual se adhirió luego Venezuela y que abarca todo un conjunto de materias directamente vinculadas al desarrollo económico y social de la subregión.

4) La Carta establece el deber de todos los Estados de cooperar eficazmente en las esferas económica, social, cultural, científica y tecnológica: el 17 de octubre de 1975, los Estados latinoamericanos suscribieron el convenio creador del sistema económico latinoamericano que en esencia trata de regular el régimen de la cooperación entre ellos para el logro del desarrollo económico y social.

Pueden citarse, además, las normas que se han ido adoptando sobre inversiones extranjeras, empresas trasnacionales, acuerdos multilaterales sobre productos básicos, transferencias de tecnología, preferencias arancelarias, comercio de invisibles, control de riquezas naturales, regulación de las riquezas marinas y oceánicas, protección del medio ambiente, etc., para darse cuenta de que los principios y normas contenidos en la Carta han estado, están y seguirán formando parte de un derecho vigente y no de simples recomendaciones de sólo valor moral.

VII. *Conclusiones*

1° La abundancia y variedad de todos esos temas supone y requiere un próximo e importante esfuerzo de sistematización y organización. De lo contrario, no habrá un sistema jurídico propiamente dicho, sino un conjunto inarmónico de disposiciones variadas, sin orden ni concierto y con grave peligro de contradicciones que hagan estéril todo el esfuerzo hecho hasta el presente.

2° El considerable volumen de materias, a las cuales se refiere la necesidad de las reformas legislativas sugeridas por la Carta, convierte a ese documento en factor impulsor y orientador de la reforma jurídica de los países en desarrollo, con lo cual va mucho más allá de poder ser calificada como simple Resolución de la Asamblea y cuyo valor jurídico pueda ser equivalente o comparable al de las otras múltiples Resoluciones adoptadas por la misma Asamblea en sus distintos años de trabajo.

La cooperación internacional en materia laboral referida al Acuerdo de Cartagena*

PRIMERA PARTE

I. *La Constitución y la cooperación internacional*

A) Idea básica

El régimen jurídico venezolano tiene que estar, en todos sus aspectos, basado en la Constitución de la República. En ella están definidos el límite de acción del Estado, los derechos y deberes de los ciudadanos y todos los otros factores que integran la concepción de la República como un Estado de Derecho.

B) El texto constitucional

Uno de los temas, tradicionalmente no analizado en nuestro Derecho Público, pero que tiene fundamental importancia, sobre todo a partir de la Constitución de 1961, es el señalamiento de los "propósitos" que persigue el Estado venezolano y que están determinados en el "Preámbulo" de la misma Constitución. En él se señala, como uno de tales propósitos: "cooperar con las demás naciones y de modo especial con las Repúblicas hermanas del Continente, en los fines de la comunidad internacional..."

---

* Por la naturaleza de las normas citadas en este trabajo: Constitución de Venezuela (CR), Carta de las Naciones Unidas, Resoluciones de la Asamblea General, Acuerdo de Cartagena, Convenio Simón Rodríguez, Decisiones de la Comisión del Acuerdo de Cartagena, etc., no se ha considerado necesario indicar fuentes.

La "cooperación" con los demás Estados es, por consiguiente, en el Derecho venezolano, no sólo un principio constitucional sino uno de los propósitos mismos que persigue el Estado.

La cooperación internacional, conforme a la Constitución, tiene:

a) *Un objeto*: El logro de los fines de la comunidad internacional.

b) Un destinatario general: Las demás naciones.

c) *Un destinatario especial*: Las naciones del continente.

d) Una serie de bases, a saber:

   1) El recíproco respeto de las soberanías.

   2) La autodeterminación de los pueblos.

   3) La garantía universal de los derechos individuales y sociales de la persona humana.

   4) El repudio de la guerra y de la conquista como instrumentos de política internacional.

   5) El repudio del predominio económico también como instrumento de la política internacional.

El ámbito de acción de la cooperación internacional queda así muy claro y definido para todos los distintos aspectos que supone la actuación de la República.

C) La Carta de las Naciones Unidas

Es necesario, sin embargo, para la mejor precisión del tema, determinar cuáles son esos "fines de la comunidad internacional". Están definidos en la "Carta de las Naciones Unidas", firmada el 6 de julio de 1945, entre otros países, por Venezuela. Su artículo 1°, Capítulo I, precisa los propósitos de la ONU, a saber:

a) Mantener la paz y la seguridad internacional.

b) Fomentar entre las naciones relaciones de amistad basadas en el principio de la libre determinación de los pueblos y la igualdad de derechos.

c) Realizar la cooperación internacional en la solución de los problemas internacionales de carácter económico, social, cultural o humanitario y en el desarrollo y estímulo del respeto a los derechos humanos y a las libertades fundamentales de todos.

d) Servir de centro que armonice los esfuerzos de las naciones para conseguir estos propósitos comunes.

La Carta de las Naciones Unidas y la Constitución de la República, en lógica armonía, delimitan por lo tanto el ámbito de acción de la cooperación internacional con los siguientes principios:

1° La cooperación internacional es uno de los propósitos que persigue la comunidad internacional.

2° La ONU es el centro de armonización de los esfuerzos que se lleguen a hacer para lograr el propósito de cooperación que anima a los países miembros de la Organización.

3° La cooperación internacional abarca todos los propósitos de la comunidad internacional, pero en especial la solución de los problemas económicos, sociales, culturales y humanitarios y el respeto y estímulo de los derechos humanos y de las libertades de todos.

D) Formas de la cooperación internacional

Ahora bien, basada en esos principios y por Venezuela, la cooperación internacional puede ser realizada:

a) Con todos los países o Estados, en forma general y mediante la participación en las gestiones y acciones de la ONU.

b) Con la propia Organización de Naciones Unidas mediante los Órganos señalados en la Carta y sus organismos especializados.

c) Con los miembros de la comunidad de Estados Americanos, con inclusión de los Estados Unidos o sin ese país.

d) Con los miembros de la subregión andina.

e) Con países que coincidan con Venezuela en su interés por determinados fines.

f) Con determinado país.

Esa cooperación puede abarcar todos los temas posibles o estar referida a un determinado aspecto, por ejemplo, la materia cultural, la sanitaria, la técnica, etc.

La Carta de la ONU dedica su Capítulo IX específicamente a la Cooperación internacional en materia económica y social, como actividad propia de la Organización y para la promoción de determinados aspectos de sus propósitos y a tal fin prevé que "Todos los miembros se comprometen a tomar medidas conjuntas o separadamente, en cooperación con la Organización", para la realización de los propósitos específicamente señalados en el capítulo comentado.

E) Conclusiones preliminares

En resumen, la cooperación internacional es:

a) Un principio básico de la vida internacional,

b) Una obligación internacional de todo Estado.

c) Un propósito fundamental, fijado en la Constitución venezolana para el Estado.

Esa cooperación internacional se refleja en la actividad internacional de Venezuela (mediante la participación del país en actividades que la persigan) y en la acción interna del país, (en cuanto al funcionamiento de su Administración).

La cooperación puede estar encaminada a suministrar al país a título gratuito o no, lo que él necesita, o a que Venezuela sea el país que suministre, también gratuitamente o no, lo que requiera la comunidad internacional o un país o grupo de países.

Un análisis global de la cooperación permitirá determinar en cada momento si el país está recibiendo más o menos de lo que él está dando a otros o a la comunidad.

II. *Dirección y manejo de la cooperación internacional*

La cooperación internacional, como actividad del Estado venezolano, sea cual sea su sentido para Venezuela, debe ser conducida por el Presidente de la República, como Jefe del Poder Ejecutivo que es (artículo 181 de la CR) y como director de las relaciones exteriores del país (artículo 190, núm. 5, CR).

Es, además, materia de la competencia nacional y no la de los Estados ni de las Municipalidades (artículo 136, núm. 1, CR), sobre ella puede legislar el Congreso (artículo 139, CR) y como actividad de la Administración Pública Nacional está sujeta al control del mismo Congreso (artículo 139 *in fine*, CR).

Cuando se trata de cooperación, en materia militar y consistente en el empleo de misiones militares venezolanas en el exterior o extranjeras en Venezuela, debe ser previamente autorizada por el Senado (artículo 150, núm. 4, CR).

Dispone la Constitución que los Ministros son los órganos directos del Presidente de la República. La actuación y competencia de esos Ministros, además de por la Constitución, está regida por la Ley Orgánica de la Administración Central. Según ella, es de la competencia del Ministerio de

Relaciones Exteriores "la actuación internacional de la República" (artículo 25, núm. 1) y "la conducción de las relaciones con otros Estados". De allí que la cooperación internacional, en cuanto forma parte de la actuación internacional de la República, es un aspecto de las relaciones con otros Estados, es de la competencia del Ministerio de Relaciones Exteriores.

Pero, la cooperación internacional supone que el Estado dé o reciba. Determinar qué puede Venezuela dar, o qué debe recibir, no pueden ser materias propias del Ministerio de Relaciones Exteriores.

Es necesario que las decisiones en esos aspectos de carácter técnico y administrativo provengan de los otros Ministerios. Expresamente lo ha señalado la Ley Orgánica de la Administración Central en cuanto a política aduanera con respecto al Ministerio de Hacienda (artículo 26, núm.. 7), en materias económicas al Ministerio de Fomento (artículo 28, núm.. 15), en temas de salud al Ministerio de Sanidad y Asistencia Social (artículo 30, núm.. 16), en asuntos laborales al Ministerio del Trabajo (artículo 32, núm.. 5), etc. Es evidente además que, sin necesidad de previa o expresa disposición de la Ley, cada Ministerio tiene que precisar la porción de cooperación que Venezuela pueda dar o recibir.

La Ley ha querido además que sea la Oficina Central de Coordinación y Planificación de la Presidencia, la que estudie las pretensiones de los distintos Despachos e Institutos Autónomos en cuanto a "asistencia técnica" o sea cooperación que recibirá Venezuela y considere las posibilidades venezolanas de oferta de asistencia a otros gobiernos o a organismos internacionales, es decir, cooperación que prestará Venezuela (artículo 47, núm. 17 y 20).

Esas normas administrativas no impiden sino deben facilitar el ejercicio de la facultad propia del Ministerio de Relaciones Exteriores en cuanto a que, si bien internamente, dentro del país y a los efectos de su Administración Pública, cada Despacho puede y debe preparar lo conducente, la materia corresponde a la Cancillería cuando supone relación con otro Estado o con organismos internacionales. Otra conclusión sería contraria al buen orden del Gobierno.

III. *El tratamiento de la cooperación internacional en la O.N.U.*

A) Declaraciones de Naciones Unidas

Es casi imposible exponer, sistemáticamente, todas las declaraciones hechas por la ONU en materia de cooperación internacional, ya que forman un importante conjunto de Resoluciones de la Asamblea General, del Consejo Económico y Social (ECOSOC), de la UNCTAD y de los organismos especializados. Resulta mejor para los efectos que interesan, señalar los principios contenidos en dos de esos documentos, que, por su importancia y fecha reciente, tienen especial valor actual: la Declaración sobre el "Establecimiento de un nuevo orden económico internacional", de mayo de 1974 (Res. 3201-S-VI) y el "Programa de Acción" correspondiente (Res. 3202-S-VI) y la "Carta de los Derechos y Deberes Económicos de los Estados" (Res. 3281 XXIX de 12 de diciembre de 1974).

1) El nuevo orden económico internacional:

La Asamblea General consideró urgente ese "Nuevo Orden Económico Internacional", que debe estar fundamentado en "la equidad, la igualdad soberana, la interdependencia, el interés común y la cooperación entre todos los pueblos" y estableció como principio del mismo que debe ser respetada: "la más amplia cooperación entre los Estados miembros de la comunidad internacional, basada en la equidad y que permita eliminar las disparidades que existen en el mundo y asegurar la prosperidad de todos".

El "Programa de Acción" considera como indispensable la cooperación entre los países en desarrollo, llevada a cabo mediante la confianza mutua entre ellos y en los planos regional, subregional e interregional para la adopción de un conjunto de medidas, entre las cuales se destaca el control de las riquezas naturales.

Podemos deducir, por tanto, que en relación al "nuevo orden económico internacional", la cooperación internacional:

a) Es una de las bases de ese nuevo orden económico internacional.

b) Tiene que estar fundamentada en la equidad.

c) Debe estar encaminada a eliminar las disparidades entre los pueblos y asegurar la prosperidad de todos.

d) Tiene que ser desarrollada también entre los pueblos en vías de desarrollo, en todos los planos bajo el supuesto de la confianza mutua.

2) La Carta de los Derechos y Deberes Económicos de los Estados:

La Carta ratifica lo expresado en la Declaración sobre el "Nuevo Orden Económico Internacional" en el sentido de que la cooperación internacional es fundamental para ese nuevo orden, y añade que "una autentica cooperación entre los Estados, basada en el examen en común de los problemas económicos internacionales y en la acción conjunta respecto de los mismos, es esencial para cumplir el deseo de toda la comunidad internacional de lograr un desarrollo justo y racional a nivel mundial". Considera además que la "cooperación internacional para el desarrollo" debe ser uno de los principios por los cuales se rijan las relaciones de toda índole entre los Estados y establece que tal cooperación es necesaria entre otros aspectos en:

a) La explotación de recursos naturales compartidos entre dos o más países.

b) La libre organización de las relaciones económicas entre los Estados.

c) El facilitar relaciones económicas internacionales más racionales y equitativas.

d) En la promoción del progreso económico y social en todo el mundo y en las esferas económica, social, cultural, científica y tecnológica.

e) En la eficacia en la acción de las organizaciones internacionales.

f) En la efectividad en el logro de los fines de las organizaciones subregionales.

g) En el acceso de todos a la ciencia y la tecnología.

h) En la expansión y liberalización del comercio mundial.

i) En los esfuerzos para el logro del desarrollo económico y social.

j) En la defensa y conservación del medio ambiente.

La cooperación internacional pasa así de ser mero principio a expresarse en actuaciones concretas de la conducta de los Estados.

La Carta ratifica la "equidad" como base de la cooperación y el uso de esa cooperación, en sus diferentes modalidades, como medio para alcanzar a nivel mundial un desarrollo justo y racional.

B) Formas de la Cooperación Internacional

La forma como la Carta de los Derechos y Deberes Económicos de los Estados plantea la cooperación internacional es consecuencia del proceso que transformó su régimen inicial, que la Asamblea General de la ONU estimó que era peligroso para los países en desarrollo cuando recibían cooperación o asistencia de los países desarrollados.

El punto de peligro consistía en que la forma de prestar algunas formas de cooperación a los países que la requerían era mediante asistencia financiera, proporcionada en forma bilateral y mediante condiciones que creaban, muchas veces, mayores dificultades que las que deseaban solucionar. Fue la denominada "ayuda atada". Los préstamos en condiciones de plazo, de interés o de garantía que suponían esfuerzos inalcanzables por el país deudor o también las inversiones en equipos que, por pago del precio de suministro de repuestos, de servicios de mantenimiento, de personal técnico y de regalías, implicaban erogaciones mayores que los resultados positivos de su utilización.

De allí la tendencia, creciente en la ONU, a transformar la política bilateral en este campo en una acción de la propia ONU en busca de una mayor seguridad y justicia en las formas de cooperación.

Por esas razones la Asamblea de la ONU estableció los principios bajo los cuales podía y debía llevarse a cabo la cooperación:

1) La cooperación, en ninguna de sus formas, debe constituir un pretexto para ninguna clase de injerencia de un país en los asuntos internos del otro.

2) La cooperación, en ninguna de sus formas, debe ser prestada sino sólo a los Gobiernos que la soliciten.

3) La cooperación debe responder a las necesidades del país interesado y ser prestada en la forma en que este país lo solicite.

4) La realización de las labores de cooperación debe estar confiada al mejor tipo de personal humano de que se disponga.

Hay necesidad también de diferenciar "cooperación" de "asistencia". Este último término tiene, lamentablemente, sentido distinto en inglés, en español y en francés.

En términos generales, cooperación implica cierto plano de igualdad entre quienes actúan, mientras que el de asistencia no, pues quien la recibe está generalmente en posición inferior en algún respecto a quien la presta. De la etapa de uso de la "asistencia" se ha pasado al esfuerzo de la "cooperación" por estimar que los países en desarrollo, que generalmente han sido receptores, están hoy en condiciones de aportar, en esa relación, ciertos factores que produzcan equilibrio con lo que provienen de los países desarrollados.

Puede afirmarse que la "asistencia" es una forma de "cooperación" y en la cual debe cuidarse, atentamente, de que no se den los aspectos negativos que antes se han señalado.

IV. *Maneras y formas de la cooperación*

A) Maneras de cooperar

La cooperación internacional puede ser realizada de maneras distintas según las determinaciones y necesidades de los participantes en la relación que se forme.

En efecto, puede ser a través de:

1) Los organismos especializados de las Naciones Unidas.

2) Las organizaciones internacionales creadas para atender situaciones o materias especiales que por su complejidad o singularidad así lo requieran.

3) Pactos entre Estados interesados.

B) Fines de la cooperación

La cooperación puede estar destinada a atender o crear situaciones de carácter general o a la solución de casos particulares de un determinado Estado.

1) La cooperación cuando atiende situaciones de carácter general se manifiesta en la adopción de las siguientes situaciones:

   a) Establecimiento de políticas comunes entre los Estados en orden a facilitar la solución del problema planteado o la obtención de la finalidad propuesta.

   b) Adopción de normas jurídicas de carácter internacional que deben ser respetadas por todos los Estados.

   c) Compromisos entre los Estados, para adoptar cada uno legislaciones especiales propias, pero inspiradas en determinados principios comunes.

   d) Adopción, por los Estados, de medidas uniformes de carácter administrativo.

   e) Intercambio de informaciones.

   f) Realización conjunta de determinados planes o proyectos.

La cooperación logra así el efecto perseguido al orientar tanto la acción oficial de cada uno de los Estados como la de los particulares obligados por ella, en direcciones políticas, legislativas o administrativas coincidentes para la obtención del fin propuesto o de la solución del problema planteado.

2) Cuando la cooperación atiende a situaciones de orden particular de un determinado Estado, se expresa de manera diferente y puede consistir en:

   a) El suministro de los fondos necesarios total o parcialmente para la finalidad perseguida.

b) La realización de las labores materiales o técnicas necesarias para esa actividad.

c) El suministro del personal especializado para los fines que se requieran.

d) El entrenamiento, capacitación técnica o enseñanza del personal propio que el país receptor va a requerir.

Esas labores de cooperación pueden ser realizadas a título gratuito o a título oneroso. En el segundo de los casos hay necesidad de devolver el capital utilizado, de pagar sus intereses o de garantizarlo en debida y suficiente forma. También puede ser manifestado el carácter oneroso en la obligación de compra y uso de determinados equipos de procedencia previamente fijada, en el pago de los servicios de mantenimiento y repuestos de esos equipos, de regalías y del personal utilizado, en el uso de medios determinados de transporte, de determinadas empresas aseguradoras, bancarias o financieras, etc. En esos aspectos radica la peligrosidad de la cooperación cuando ella ocasiona compromisos más graves que las situaciones que se pretende solucionar.

El suministro de personal al menos implica respecto al mismo:

a) Facilidades de ingreso y salida del país.

b) Reconocimiento de inmunidades frente a la acción de Tribunales civiles y penales.

c) Exoneración de impuestos.

d) Suministro de vivienda, manutención y transporte.

e) Aseguramiento del pago de salarios en moneda previamente escogida.

Tales medidas pueden ser consecuencia de la aplicación de los principios generales sobre inmunidades de los funcionarios de las Naciones Unidas, de sus organismos especializados y regionales y de las organizaciones internacionales creadas por acuerdo de los Estados; o de aplicación de las legislaciones nacionales que en esa materia está vigente en cada Estado o de previsiones de los acuerdos de cooperación suscritos entre los Estados.

La realización de esas actividades se puede referir a:

a) Determinación de las necesidades del país receptor.

b) Preparación de anteproyectos y proyectos para programas, obras específicas o fines similares.

c) Ejecución de los proyectos y programas.

d) Verificación de resultados de los programas y proyectos.

La cooperación puede consistir en que se participe en el tema de que se trate, se asuma su realización, se ejecute conjuntamente o se asesore al país receptor en la medida en que éste lo solicite.

SEGUNDA PARTE

I. *La cooperación internacional en materia laboral y social en el Acuerdo de Cartagena*

Existe abundante literatura jurídica sobre la manera como la Organización Internacional del Trabajo ha sido, desde su creación, uno de los mejores instrumentos de la comunidad jurídica internacional en sus propósitos de cooperación, precisamente en el campo de las relaciones laborales que es el propio de esa organización.

Pero tiene carácter novedoso la forma de cooperación internacional establecida en el Acuerdo de Cartagena, firmado el 26 de mayo de 1969, por Bolivia, Colombia, Chile, Ecuador y Perú y al cual se adhirió posteriormente Venezuela.

Los aspectos económicos del Acuerdo, por su importancia objetiva, pueden, en un momento determinado alterar la orientación de su proceso de ejecución.

Por tales motivos, conviene hacer notar que el Acuerdo de Cartagena sólo usa lo técnico y lo económico, según se desprende de su artículo 1°, “con la finalidad de procurar un mejoramiento persistente en el nivel de vida de los habitantes de la subregión”.

Por esa razón, en el convenio existe un conjunto de previsiones que obligan a la cooperación internacional entre los países miembros, precisamente para el logro de esa finalidad de carácter eminentemente social.

II. *Previsiones especiales*

La primera de esas disposiciones se refiere a la evaluación periódica de los resultados del proceso de ejecución del Acuerdo, tomando en cuenta, entre otros factores, “la generación de nuevos empleos”. La razón es evidente ya que está demostrado, de manera fehaciente, que una de las causas que entorpecen “el desarrollo equilibrado y armónico” de los países miembros, es el insuficiente número de empleados para atender las necesidades de la subregión.

Esa exigencia del Acuerdo de Cartagena debe orientar en gran parte el desarrollo tecnológico de la zona.

Así, la Decisión 24 de la Comisión del Acuerdo, al estudiar las condiciones bajo las cuales se administraría en la subregión la inversión extranjera y la tecnología importada, ha establecido, entre los factores que deben ser tomados en cuenta para impartir la aprobación administrativa a las negociaciones correspondientes, el examen de cómo la nueva inversión extranjera o la tecnología que se importe generan empleos nuevos o permiten entrenamiento positivo del personal nacional ya existente y la preparación de nuevo personal.

La Decisión 84 ordena además examinar cuidadosamente el efecto de la tecnología en la ocupación, que puede distinguirse entre aquel que significa desplazamiento injustificado de mano de obra y el que motiva efectos negativos psicológicos o físicos en los trabajadores.

El Acuerdo de Cartagena prevé específicamente, como mecanismo y medidas para alcanzar sus objetivos, la armonización de las políticas sociales de los países miembros y la aproximación de sus legislaciones nacionales en la materia pertinente (Art. 3, letra A).

La estrategia para el desarrollo de la subregión que debe ser adoptada por los países miembros, tiene que tener, entre otras metas fundamentales, "incrementar la generación de ocupación" (Art. 25, letra B) y es necesario a los países miembros iniciar inmediatamente, con la mira de llegar a un régimen de planificación conjunta para el desarrollo integrado del área, el proceso de armonización de sus políticas sociales (Art. 26).

Es también obligación de los países miembros incluir en sus planes nacionales de desarrollo, las medidas necesarias para asegurar el cumplimiento de las metas antes señaladas, es decir, el incremento de la generación de ocupación y la armonización de sus políticas sociales.

Particular importancia tiene en la materia el proceso de desarrollo industrial de la subregión, que debe ser alcanzado mediante la realización concreta de programas sectoriales en los cuales es indispensable tomar en cuenta los recursos disponibles en mano de obra, el mejoramiento de su productividad y su utilización eficaz (Art. 32, letra C), así como los requerimientos de su capacitación (Art. 37, letra C).

Para el caso de que se recomiende el establecimiento de "empresas multinacionales" para la instalación, ampliación o complementación de determinadas industrias, tales empresas deben propender entre otros fines a un mejor ordenamiento y utilización de la mano de obra (Art. 38).

El Acuerdo de Cartagena dio también trascendencia especial al sector agropecuario considerado como uno de los mecanismos indispensables para el logro del desarrollo de la subregión (letra B, Art. 26 en concordancia con Art. 25 y 31).

En el régimen agropecuario el primer objetivo que se persigue es el mejoramiento del nivel de vida de la población rural (Art. 69, letra A) al cual están destinados los programas objeto de las medidas que la Comisión debe tomar periódicamente a propuesta de la Junta (Art. 70).

No es el caso estudiar la situación especial pactada en el Acuerdo de Cartagena, en las materias señaladas y en lo que se refiere a Bolivia y Ecuador, países a los cuales se les reconoce el derecho de alcanzar un ritmo más acelerado de desarrollo económico, para disminuir gradualmente las diferencias que existen entre la subregión.

III. *El Comité Asesor y los convenios posteriores*

El sistema inicial del Acuerdo de Cartagena previó la existencia de un Comité Asesor Económico y Social integrado por representantes de los empresarios y de los trabajadores de los países miembros (Art. 22).

Este Comité Asesor debería llevar a cabo funciones de carácter consultivo tanto para la Junta como para la Comisión del Acuerdo; pero la especial trascendencia de la materia obligó a los países miembros a suscribir un Convenio especial, denominado "Simón Rodríguez", firmado en Caracas el 26 de octubre de 1973 y modificado por un protocolo adicional de fecha 12 de mayo de 1976.

Este Convenio estableció un sistema especial para lo relativo a la armonización de las políticas sociolaborales de la subregión. Al efecto, se prevé la existencia de 3 organismos: una Secretaría Permanente con el encargo de analizar los asuntos relacionados con la integración sociolaboral (Art. 11); un Órgano técnico-auxiliar, compuesto por los representantes personales de los Ministro del Trabajo de los países miembros (Art. 9); y la Conferencia de Ministros del Trabajo que debe reunirse al menos anualmente.

A través de la Comisión de Delegados se puede llegar a Acuerdos para ser adoptados en la Conferencia de Ministros.

Tales Acuerdos se dividen en dos clases:

a) aquellos que tienen relación con la armonización de políticas sociolaborales de la subregión y que requieren su incorporación al sistema legislativo de los países miembros, y

b) los no relacionados con esa armonización de las políticas sociolaborales de la subregión.

La diferencia entre unos y otros radica en el procedimiento para su entrada en vigencia en los países miembros.

En los primeros, es indispensable que sean transmitidos a la Comisión del Acuerdo y por intermedio de la Junta para que se adopten las correspondientes Decisiones.

Por la naturaleza de la Conferencia, integrada por Ministros, y por tanto órganos directos de los Jefes de Estado de los países miembros, no corresponde a la Comisión y mucho menos a la Junta, calificar los Acuerdos adoptados por los Ministros sino limitarse a adoptarlos en forma de "Decisión".

Es de suponerse que los Plenipotenciarios que constituyen la Comisión no pueden contrariar ni disentir de los Acuerdos adoptados por quienes son, con jerarquía superior a la suya, tanto en el orden político como en el jurídico, órganos directos de los Jefes de Estado de los países miembros.

La Decisión adoptada por la Comisión entrará en vigencia en cada país miembro en la forma prevista en su respectivo régimen de participación en el Acuerdo de Cartagena. En el caso de Venezuela, si la materia no es de la reserva legal, entrará en vigencia cuando así lo disponga el Ejecutivo Nacional; pero si lo contemplado en el Acuerdo de los Ministros del Trabajo y adoptado en la correspondiente Decisión pertenece a la competencia legislativa, tendrá que ser aprobada por Ley del Congreso.

En el segundo de los casos, o sea, cuando no se trate de cuestiones relacionadas con la armonización de las políticas sociolaborales de la subregión andina, el Acuerdo de la Conferencia de Ministros del Trabajo es obligatorio inmediatamente después de su adopción, a menos que el propio Acuerdo prevea un plazo para su entrada en vigencia o que requiera una Ley nacional para su cumplimiento, en cuyo caso la entrada en vigencia, para cada país que lo ratifique, dependerá de que se dicte dicha Ley nacional y de que la ratificación haya sido efectuada al menos por 4 países.

La Ley nacional, por lo tanto, no hará obligatorio esta clase de Acuerdos sino cuando se hubiere operado la ratificación de otros 3 países.

Una importante norma del Convenio "Simón Rodríguez" establece que todo Acuerdo de los Ministros del Trabajo debe ser adoptado por unanimidad.

No puede dejar de llamarse también la atención sobre el Convenio "Hipólito Unanue", adoptado el 18 de diciembre de 1971 por los Ministros de Salud de los países miembros del Pacto Andino, en el cual se establecieron principios de cooperación internacional entre los países miembros en problemas de carácter prioritario para ellos, entre otras materias la salud ocupacional, sobre la cual se propusieron desarrollar acciones para presentar estudios, formular normas y desarrollar programas, así como estudiar la situación del sector salud en el proceso de formación de recursos humanos y capacitación de personal.

Los dos Convenios citados, el "Hipólito Unanue" y el "Simón Rodríguez", al actuar por medio de reuniones de Ministros que deliberan sobre materias de su especialidad y adoptan acuerdos relativos a ellas, constituyen, sin duda alguna, un mejoramiento político-diplomático de los mecanismos originales y de carácter general adoptados en el Acuerdo de Cartagena, en el cual no están previstas las reuniones de Ministros sino de Plenipotenciarios, cuyo rango y facultad de decisión es inferior, al menos según las previsiones de la legislación venezolana.

IV. *Conclusiones*

La visión de conjunto de las disposiciones comentadas pone de manifiesto el uso de la cooperación internacional, entre un determinado grupo de países y para una especifica materia (los países andinos y las cuestiones sociolaborales), aspecto importante del cumplimiento del deber de Venezuela conforme a su Constitución de cooperar con las demás naciones en el logro, entre otros fines, de la garantía universal de los derechos sociales de la persona humana.

Los comentarios anteriores ponen de manifiesto la especial importancia de las materias laborales y sociales como medios necesarios para el logro de los objetivos previstos en el Acuerdo de Cartagena.

Muy probablemente, los Acuerdos de los Ministros del Trabajo para el cumplimiento del objetivo de aproximación de las legislaciones nacionales en materia social lleguen, a corto plazo, a producir un importante fenómeno de transformación del Derecho del Trabajo mediante el establecimiento de normas que regulen el uso de la mano de obra de un país en otro, que impidan el aprovechamiento de situaciones negativas de carácter laboral para el logro de indebidos beneficios, que no permitan que las mejoras sociales incidan desfavorablemente en los procesos de desarrollo y que orienten las inversiones extranjeras y la tecnología importada al mejoramiento de las condiciones de trabajo en el área andina, a la creación de nuevos empleos y la mejor capacitación del trabajador. Todo, como dice el Art. 1° del Acuerdo de Cartagena, con la finalidad de procurar un mejoramiento en el nivel de vida de los habitantes de la subregión.

Ese proceso se encuentra en su etapa inicial. Hasta ahora apenas han sido señalados los objetivos y diseñados los mecanismos respectivos. Corresponderá a los Miembros del Acuerdo de Cartagena el logro material de esos fines dentro de los principios declarados por las Naciones Unidas, sostenidas por la Organización Internacional del Trabajo y con los instrumentos constitucionales y legales que, al menos para Venezuela, hemos tratado de resumir en este estudio.

El Derecho Internacional Público y dentro de él, la cooperación internacional, tienen por lo tanto una nueva dimensión, de aplicación inmediata, como medios para el logro del desarrollo integral de los países miembros del Acuerdo de Cartagena.

LA DELEGACIÓN DE VENEZUELA EN GINEBRA

PRIMERA PARTE

I. *Origen y evolución de la Delegación Permanente en Ginebra*

A. Etapa inicial ante la Sociedad de las Naciones

En el año 1920 Venezuela ingresó a la Sociedad de las Naciones; pero no creó en Ginebra, como sí lo hicieron otros países latinoamericanos (Bolivia, Brasil, Chile, Colombia, Cuba, Haití, México, Nicaragua, Paraguay y Perú) una "Delegación Permanente" propiamente dicha sino que solamente, y en base a recomendación hecha al Ministro de Relaciones Exteriores por la primera Delegación venezolana a la Asamblea de la Sociedad de las Naciones, fue instalada en Ginebra una Oficina observadora venezolana con rango consular.

Ginebra había adquirido importancia, como sede de la Sociedad de las Naciones y centro de propaganda internacional, por las constantes reuniones en ella de Asambleas, congresos y comisiones de carácter político, científico, social y económico.

La Oficina venezolana en Ginebra fue destinada a "procurar de un modo permanente la información que el Gobierno de la República hubiere menester; suministrar a la Secretaría General de la Sociedad de las Naciones los datos, documentos, etc., que pudieran interesarle acerca de nuestro país; colaborar con las Delegaciones venezolanas a las Asambleas y Conferencias; guardar los archivos de esas mismas Delegaciones y facilitar en cuanto fuera dable sus trabajos y gestiones" (Informe presentado el 7 de abril de 1923 por Manuel Arocha, Jefe de la Oficina venezolana en Ginebra al Ministro de Relaciones Exteriores, Dr. P. Itriago Chacín).

En 1928 Venezuela crea su Delegación Permanente ante la Organización Internacional del Trabajo.

En el año de 1936 se creó la Delegación Permanente venezolana ante la Sociedad de las Naciones, pero el Delegado Permanente se retiró apenas dos años después, o sea en 1938, sin ser sustituido. En julio de 1940, Venezuela se separó de la Sociedad de las Naciones.

Al retirarse Venezuela de la Sociedad de las Naciones quedaron en Ginebra la Delegación ante la OIT y la Oficina Consular las cuales, la consecuente limitación y posterior extinción de las actividades de la Sociedad de las Naciones, se mantuvieron hasta 1949 atendiendo solamente los problemas más inmediatos. Los asuntos principales que podían suscitar algunos de los Organismos existentes en Ginebra eran atendidos directamente desde Caracas por la Cancillería.

B. La Delegación Permanente ante la Oficina de las Naciones Unidas en Ginebra y los Organismos Internacionales con sede en la misma ciudad

En el año de 1949 Venezuela crea su Delegación Permanente en Ginebra, separada de la Oficina Consular y a cargo, desde 1951, de un Ministro Plenipotenciario cuya actividad fundamental era atender a la Oficina Internacional del Trabajo, la Organización Internacional para los Refugiados, la Organización Mundial de la Salud, la Organización de las Naciones Unidas para la Alimentación y la Agricultura, la Unión Internacional de Telecomunicaciones y la Unión Postal Universal.

La progresiva creación y el desarrollo de otros Organismos va haciendo cobrar importancia a la actividad de la Delegación Permanente. Por tal razón, desde el año 1961, se otorga el rango de Embajador al Delegado Permanente.

El número, importancia y actividad de estos Organismos había determinado que la Organización de las Naciones Unidas resolviese crear, en Ginebra, una Oficina bajo la dirección de un funcionario con rango de Secretario General Adjunto.

La Oficina de las Naciones Unidas se ocupa de todas aquellas cuestiones de las Naciones Unidas que no correspondan en Ginebra a un Organismo específico y que por alguna razón u otra requieren alguna actividad. La Oficina de las Naciones Unidas coordina, además, los aspectos diplomáticos y protocolares de la presencia en Ginebra de las Delegaciones Permanentes de los países miembros.

El Embajador-Delegado Permanente es acreditado por lo tanto ante el Secretario General Adjunto, Director de la Oficina de las Naciones Unidas en Ginebra, a través de cuya Oficina queda también acreditado ante todos los Organismos Internacionales con sede en Ginebra.

II. *Los Organismos Internacionales con sede en Ginebra*

C. Distintas clases de Organismos

En Ginebra existen dos clases de Organismos Internacionales: los intergubernamentales y los no gubernamentales. Los primeros están integrados por los Estados miembros. Estos Estados miembros no necesariamente deben ser también miembros de las Naciones Unidas. Además, determinados miembros de Naciones Unidas no pertenecen a algún o algunos Organismos Intergubernamentales. Los Organismos no gubernamentales, denominados más bien "Organizaciones", tienen carácter privado pero los Gobiernos manifiestan evidente interés ante los mismos.

En Ginebra tienen actualmente su sede los siguientes Organismos Internacionales:

a) Gubernamentales

1. Comisión Económica para Europa.
2. La Conferencia de las Naciones Unidas sobre Comercio y Desarrollo (UNCTAD), su Junta y sus Comisiones.
3. Alto Comisionado de las Naciones Unidas para los Refugiados.
4. Oficina Internacional del Trabajo.
5. Organización Mundial de la Salud.
6. Unión Internacional de Telecomunicaciones.
7. Organización Meteorológica Mundial.
8. Acuerdo General sobre Tarifas Aduaneras y Comercio (GATT).
9. Organización Mundial de la Propiedad Intelectual.
10. Comité Intergubernamental para las Migraciones Europeas.
11. Organización Europea de Libre Comercio.
12. Organización Europea para la Investigación Nuclear.
13. Secretaría Internacional de Servicio de Voluntarios.
14. Organización Internacional de Protección Civil.

b) Organismos no Gubernamentales: Son aproximadamente doce y entre ellos pueden citarse, como las más importantes:

1. El Comité Internacional de la Cruz Roja.

2. Liga de Sociedades de la Cruz Roja.
3. La Unión Interparlamentaria.
4. La Comisión Internacional de Juristas.

Las labores de la Delegación Permanente se ejercen primordialmente ante los Organismos Intergubernamentales. No por eso deja de tener que ocuparse, en la medida que aconsejan las necesidades e intereses de la República, de las organizaciones privadas y entre ellas especialmente del Comité Internacional de la Cruz Roja.

D. La actividad de los Organismos Internacionales

Los Organismos antes enunciados tienen origen, características y actividades diversas. A través del tiempo han ido adquiriendo progresiva importancia y sus relaciones con Venezuela cada día se intensifican. Esos Organismos, además de su funcionamiento ordinario, suponen cada año Asambleas, Conferencias, reuniones especializadas, etc.

Sin desconocer el aspecto predominante en la actividad de cada uno de los Organismos Internacionales es erróneo pensar que, en esa actividad, un determinado campo, el económico, el político, el jurídico o el técnico es más importante que otro: para cada reunión, asamblea, sesión o época la importancia de un campo predomina sobre la de otros para inmediatamente cambiar el panorama en la reunión, asamblea o sesión siguiente, sin que tenga nada de raro que en reuniones simultáneas de Organismos diferentes predominen en cada uno de ellos aspectos distintos.

E. Especial consideración sobre la Conferencia de las Naciones Unidas sobre Comercio y Desarrollo (UNCTAD)

Es conveniente hacer una mención especial de la Conferencia de las Naciones Unidas sobre Comercio y Desarrollo (UNCTAD). Su rápida evolución desde que la Asamblea General, en 1964, creó la "Conferencia" como un órgano de Naciones Unidas y le señaló atribuciones y organización, así como la importancia que los países en desarrollo han dado a su actividad y funcionamiento, todo ha determinado que la atención de UNCTAD aparezca como una de las más importantes labores que deben desarrollarse en Ginebra.

Resulta útil destacar que la UNCTAD, por las materias de que trata en sus diversas Comisiones (Productos Básicos, Manufacturas, Transporte Marítimo, Comercio Invisible y de la Financiación relacionada con el Comercio, Transferencia de Tecnología, etc.), está prácticamente conectada con la actividad de toda la Administración Pública en sus aspectos técnicos, pero por ser el principal centro de acción internacional donde los países en desarrollo pueden hacer sentir su acción y por la repercusión de sus trabajos en la vida de esos mismos países en desarrollo tiene importancia política permanente.

Venezuela no es miembro del Acuerdo General sobre Aranceles Aduaneros y Comercio (GATT), pero sigue con interés los trabajos de este Organismo, estrechamente vinculado a UNCTAD, y en especial los del Comité de Comercio y Desarrollo, el cual se ocupa de los problemas que confronta el comercio exterior de los países en vías de desarrollo y propone soluciones.

SEGUNDA PARTE

I. *Consideraciones previas sobre el carácter jurídico y diplomático de las Delegaciones Permanentes*

Las "Delegaciones Permanentes" ante la Organización de Naciones Unidas y los Organismos Internacionales no tienen definido todavía un claro status jurídico y diplomático. La misma Convención de Viena de 1961 no les resulta aplicable integralmente. Por eso la Comisión de Derecho Internacional se ha ocupado del tema y de estudiar varios proyectos sobre el particular en orden a sistematizar la materia, como puede verse en el documento correspondiente incluido en el Anuario de la Comisión, Año 1969, Volumen II.

Esta falta de definición precisa de objetivos repercute para las Delegaciones en varios aspectos diferentes pero muy relacionados entre sí:

1. La propia naturaleza de la "Delegación" en su estructura y organización.
2. Sus relaciones con el Gobierno que la acredita.
3. Sus relaciones con el Organismo (u Organismos) ante el cual está acreditada.
4. Sus relaciones con el Gobierno del país donde funciona.

Tal situación, general de todas las "Delegaciones Permanentes", se manifiesta con toda claridad en la Delegación Permanente de Venezuela en Ginebra.

Ésta surge, como se ha visto, por causa de las circunstancias y se va adaptando a ellas en la medida de sus posibilidades; pero, repentinamente, el violento incremento de la actividad de los Organismos Internacionales y la reorientación de la política exterior venezolana se traduce para ella, la Delegación Permanente en Ginebra, en una "crisis de crecimiento" que hace especialmente difícil y delicado su estado actual y su futuro.

II. *Estructura y funcionamiento de la Delegación Permanente de Venezuela en Ginebra*

A. Estructura

La Delegación Permanente en Ginebra está a cargo de un Embajador, asistido por un equipo de funcionarios, con distintas categorías diplomáticas.

B. Funcionamiento interno

El funcionamiento de la Delegación Permanente abarca dos aspectos:

a. La actividad de los funcionarios dentro de la Delegación: está regida, en lo posible, por un Reglamento Interno, dictado conforme a lo previsto en la Ley de la materia.

b. La actividad de los funcionarios cuando deben participar en las diversas labores de los Organismos Internacionales. No es posible establecer regulaciones respecto a la participación en Conferencias o reuniones; se ha dispuesto, en el Reglamento, que los funcionarios actuarán conforme a las instrucciones del Ministerio de Relaciones Exteriores y bajo la dirección del Jefe de Misión a quien deben mantener informado de todo lo hecho.

III. *Relaciones de la Delegación Permanente con el Ministerio de Relaciones Exteriores*

A. Situación actual

1) Con el propio Despacho

La Delegación Permanente en Ginebra es, desde luego, un órgano del Servicio Exterior de la República y le corresponde actuar, como toda otra representación diplomática venezolana acreditada en el extranjero, mediante vinculación especial y única, por razones institucionales, con el Ministerio de Relaciones Exteriores, quien de acuerdo a la Ley y como órgano del Presidente de la República, debe procesar, orientar y dirigir la política exterior de Venezuela.

La relación necesaria de la Delegación con el Despacho de Relaciones Exteriores se manifiesta en dos sentidos:

a. Del Despacho hacia la Delegación: se reciben instrucciones generales o especiales para determinadas situaciones, criterios y orientaciones sobre la forma de actuar en las relaciones internacionales y la documentación que el Ministerio estime de interés.

b. De la Delegación hacia el Despacho: se envían noticias, informes, propuestas de acción y la documentación que se origina tanto en los Organismos Internacionales como en la propia Delegación.

2) Con la Delegación Permanente de Venezuela ante las Naciones Unidas en New York

La Delegación en Ginebra debe mantener colaboración con la Delegación en New York, ya que existen materias que se tratan alternativamente en New York y en Ginebra y muchas otras que corresponden, evidentemente, a ambas Delegaciones.

3) Con el Instituto de Comercio Exterior

La creación del Instituto de Comercio Exterior, por Ley de 14 de agosto de 1970, como organismo adscrito al Ministerio de Relaciones Exteriores y encargado de realizar estudios, hacer análisis, presentar proposiciones, rendir informes y elaborar proyectos y propuestas al Ejecutivo Nacional sobre materias de comercio exterior, ha motivado lógicamente una importante vinculación entre dicho Instituto y la Delegación Permanente en Ginebra.

La Delegación Permanente en Ginebra, como uno de los organismos a que se refiere el artículo 24 de la citada Ley del 14 de agosto de 1970, debe suministrar al Instituto de Comercio Exterior todas las informaciones y datos originados en Ginebra y requeridos por el mismo para el desempeño de sus funciones.

4) Con la Representación de Venezuela ante la FAO

La Delegación Permanente necesita contacto con la Representación venezolana ante la FAO ya que en Ginebra se producen abundantes informaciones que para dicha representación resultan de utilidad.

5) Con la Embajada de Venezuela en Berna

La coincidencia de estar ambas Misiones diplomáticas acreditadas en Suiza obliga, desde luego, a la Delegación Permanente en Ginebra a una relación constante con la Embajada venezolana en Berna a cuyo caro está toda la variada labor protocolar de relaciones de la Delegación con los Gobiernos de otros países (por ejemplo: para la obtención de visas requeridas por el personal de la Misión o de delegaciones especiales) y aquellas relaciones con el Gobierno suizo que no corresponda tramitar por intermedio de la Delegación Permanente observadora de Suiza en Ginebra.

B. Dificultades de la Delegación Permanente en sus relaciones con el Ministerio de Relaciones Exteriores

1) Con el propio Despacho

Puede estimarse que las dificultades especiales de la Delegación Permanente en sus relaciones con el Ministerio de Relaciones Exteriores son las siguientes:

a. Las relaciones de la Administración Pública venezolana con las Organizaciones Internacionales que funcionan en Ginebra parecen haber motivado la idea (evidentemente errada) de que las cuestiones propias de la relación de tales Organismos Internacionales no forman parte de la política exterior de Venezuela y por lo tanto escapan a la jurisdicción del Ministerio de Relaciones Exteriores.

Esa situación es propia de la vida administrativa de los países subdesarrollados y produce serias dificultades funcionales que entorpecen un buen y eficaz funcionamiento.

b. En la gran mayoría de las veces las delegaciones que asisten a reuniones en Ginebra acuden a las mismas sin haber recibido instrucciones del Despacho con lo cual su actividad, sometida al azar de la improvisación, se hace más compleja.

2) Con el Instituto de Comercio Exterior

Especial mención debe hacerse en lo que se refiere a las dificultades de la Delegación con el Instituto de Comercio Exterior.

La Ley es categórica en cuanto a que dicho Instituto tiene el carácter de asesor del Gobierno Nacional y en especial del Ministerio de Relaciones Exteriores.

Expresamente está vedado por la Ley al Instituto, el adoptar decisiones, materia que corresponde expresamente al Ejecutivo Nacional.

No ha sido el criterio del Instituto pues en repetidas oportunidades ha pretendido impartir instrucciones a la Delegación.

IV. *Relaciones de la Delegación con los demás Organismos del Gobierno*

A. Consideraciones generales

La especial importancia que para Venezuela tienen los trabajos que se realizan en Ginebra determina una importante labor de relación entre los Organismos Internacionales y los correspondientes en la Administración Pública venezolana.

De allí la necesidad que existe para el país de que la Delegación mantenga estrecha colaboración, por intermedio del Ministerio de Relaciones Exteriores, con dichos organismos públicos mencionados.

B. Situaciones particulares

Parece importante destacar las especiales vinculaciones que han debido surgir entre los distintos Despachos ministeriales y otros organismos públicos y los Organismos Internacionales en Ginebra, en lo que a esta Delegación se refiere.

1) *Con el Ministerio de la Defensa.* Por las actividades de la Organización Meteorológica Mundial (OMM).

2) *Con el Ministerio de Sanidad y Asistencia Social.* Por las actividades de la Organización Mundial de la Salud (OMS) en especial su reunión anual. Por las actividades de la Comisión de Estupefacientes. Por la acción de la Comisión de Población, Medio Humano; por la preparación del Códex Alimentario.

3) *Con el Ministerio de Agricultura y Cría.* En todo lo relacionado en las reuniones de UNCTAD sobre Productos Básicos, agrícolas (café y cacao) y en lo relativo a informaciones o actividades de la FAO.

4) *Con el Ministerio del Trabajo.* En lo referente a la actividad de la OIT; su Conferencia anual, a la cual regularmente asiste el Ministro del Trabajo de Venezuela; en lo relativo a los Convenios, Recomendaciones y Resoluciones y a la aplicación de éstos a nivel nacional; en las decisiones importantes del Consejo de Administración; en el conocimiento de publicaciones e informaciones.

5) *Con el Ministerio de Transporte y Comunicaciones.* Por las actividades de la Unión Internacional de Telecomunicaciones (UIT) y de la Comisión del Transporte Marítimo de la UNCTAD.

6) *Con el Ministerio de Energía y Minas.* La existencia en Ginebra de la reunión periódica del Grupo Informal de Países Productores de Hierro y la celebración de Consultas del Secretario General de la UNCTAD con los países productores y consumidores del mineral de hierro, así como el tratamiento del hierro como uno de los productos básicos a que se refiere el trabajo de la Comisión respectiva de la UNCTAD, ha obligado a la Delegación a establecer inmediata colaboración con el Ministerio de Minas e Hidrocarburos al cual está atribuido, por la Ley, lo referente a los distintos aspectos de la producción del mineral de hierro en Venezuela. Tiene también

importancia con respecto a este Despacho el envío al mismo de las informaciones originadas en Ginebra sobre comercialización del petróleo.

7) *Con el Ministerio de Justicia.* La intensificación de la lucha mundial contra el consumo indebido de estupefacientes ha llevado a la Delegación a mantenerse en continua relación con el Ministerio de Justicia para suministrarle toda la documentación que sobre la materia se produce en Ginebra. Además, la Delegación debe suministrar al Despacho de Justicia la documentación originada en Ginebra sobre aspectos jurídicos particulares como la Condición Jurídica de la Mujer, del Menor, etc.

8) *Con otras Organizaciones oficiales.* CORDIPLAN (Oficina Central de Coordinación y Planificación de la Presidencia de la República) tiene atribuida por Decreto N° 66 de 28 de mayo de 1959, la coordinación de las actividades de asistencia técnica y las consideraciones y estudios de la asistencia técnica suministrada a Venezuela por Organismos Internacionales.

La Delegación necesita comunicación con el Instituto Nacional de Cooperación Educativa (INCE), la Corporación Venezolana de Guayana, la Comisión de Administración Pública, el Consejo Nacional de Investigaciones Científicas y Tecnológicas (CONICIT), CADAFE, la Compañía Anónima Venezolana de Navegación, etc.

C. Dificultades de la Delegación Permanente en sus relaciones con los otros Organismos públicos venezolanos

1) Trato directo de los Despachos y Organismos venezolanos con los Organismos Internacionales

Como quiera que muchos de los Organismos que funcionan en Ginebra evolucionaron antes de que la Delegación pudiera estar relacionada con ellos, surgieron dos situaciones negativas: primero, que tales Organismos, por la falta de actividad ante ellos de la Representación Permanente venezolana en Ginebra, se acostumbraron a tratar directamente con los Despachos ministeriales venezolanos correspondientes, y segundo, que no existiendo actividad en la Delegación Permanente sino ante algunos Organismos Internacionales, los Organismos públicos venezolanos que se interesan en cuestiones relacionadas con otros Organismos Internacionales, tendían y tienden a dirigirse a éstos directamente sin hacerlo por intermedio de la Delegación ni del Ministerio de Relaciones Exteriores.

Tal situación determina que los problemas propios de los Organismos en Ginebra cobren a veces para la Delegación Permanente especial complejidad y dificultad:

a. La Delegación desconoce muchas veces qué están tratando determinados Despachos ministeriales con determinados Organismos Internacionales en Ginebra.

b. Ese desconocimiento impide aprovechar, en beneficio de la República, las ventajas que pueden derivarse de una acción coordinada de carácter político y organizativo.

c. Ese desconocimiento hace más difícil el que, en un momento determinado, la Delegación pueda auxiliar a las representaciones que esos mismos Despachos envían a reuniones técnicas, sobre todo cuando en dichas reuniones se presentan problemas de política internacional o que suponen aplicación de mecanismos, costumbres o sistemas utilizados en otros Organismos.

No es tampoco extraño no raro que se presenten en Ginebra delegaciones designadas por Organismos venezolanos para reuniones internacionales sin que la Delegación esté enterada; que se presenten funcionarios públicos venezolanos, también enviados a misiones especiales, sin participación a la Delegación y que los Organismos Internacionales avisen a la Delegación Permanente la llegada de solicitudes o la visita de personas enviadas por el Gobierno venezolano, igualmente, sin conocimiento ni noticia ni de la Delegación ni del Ministerio de Relaciones Exteriores.

Debe insistirse en lo ya dicho arriba de que toda la situación señalada es característica de la vida administrativa de los países subdesarrollados.

2) Adopción de instrucciones ilegales e inconvenientes por funcionarios incompetentes

La práctica viciosa e inadecuada, existente en la Administración Pública conforme a la cual cada funcionario se siente capaz, jurídicamente, de dirigirse a quien quiera para la materia de desee, ha determinado que con frecuencia lleguen a la Delegación instrucciones que emanan de las personas más variadas.

V. *Relaciones de la Delegación con los Organismos Internacionales Gubernamentales con sede en Ginebra*

A. Consideraciones generales

Los Organismos Internacionales que funcionan en Ginebra suponen para la Delegación:

1. La atención de las necesidades derivadas del funcionamiento de los mismos.
2. La atención de reuniones periódicas o extraordinarias de los distintos cuerpos que integran dichos Organismos.

Esa actividad obliga a la Delegación a visitar continuamente las sedes de los distintos órganos, relacionarse con sus funcionarios, estar presentes en las reuniones especializadas, estudiar la documentación producida, enviar la misma a los Organismos venezolanos y participar en la redacción de los informes que cada reunión supone.

Los Organismos Internacionales presentan tres clases fundamentales de problemas:

1. Los problemas propios de su especialidad y que son peculiares a cada Organización.
2. Los problemas que se derivan de las relaciones de cada Organismo con el Gobierno venezolano.
3. Los problemas de política internacional que se reflejan en los Organismos en referencia.

B. Dificultades encontradas en las relaciones de la Delegación Permanente con los Organismos Internacionales

Todas las circunstancias son favorables para que la Delegación Permanente de Venezuela tenga las mejores relaciones con los Organismos Internacionales que tienen sede en Ginebra. Las dificultades que se encuentran no son fundamentalmente debidas a dichos Organismos sino a circunstancias propias de la Administración Pública venezolana.

Podría clasificar dichas dificultades en la forma siguiente:

1. Designación tardía de representantes

Las Delegaciones más importantes (incluso algunas latinoamericanas y africanas) suelen presentarse a las reuniones internacionales muy bien preparadas e integradas; las designaciones de sus representantes a reuniones internacionales son hechas con suficiente anticipación y en consecuencia los delegados tienen posibilidad y tiempo para preparar su participación correspondiente.

En cambio, las Delegaciones venezolanas suelen, tradicional y generalmente, designarse a última hora sin que sus participantes tengan, por tanto, tiempo suficiente para preparar sus intervenciones en la forma adecuada. Sólo casos excepcionales se liberan de la regla enunciada.

2. Políticas contradictorias

Las relaciones directas de los Organismos públicos venezolanos con los Organismos Internacionales, sin intervención de la Cancillería ni de la Delegación, determina que se hayan presentado y puedan presentarse políticas contradictorias de Venezuela en los diversos Organismos o que al plantearse problemas políticos peculiares de las representaciones especiales no puedan actuar en la forma debida.

3. Inadecuado uso de las Delegaciones

El hecho evidente de que exista la viciada costumbre de utilizar indebidamente las representaciones a Conferencias Internacionales para fines privados de algunos asistentes y no para los estrictos fines oficiales a que están destinadas, determina que, en su caso, la amplitud de las delegaciones no responda a la eficiencia de las mismas y que además los trabajos del informe final de las Comisiones sean omitidos o presentados con demasiada tardanza.

La experiencia ha demostrado que cuando esos defectos son corregidos, la actuación venezolana en las Conferencias ha sido ampliamente satisfactoria.

4. Inconvenientes en el trámite de candidaturas venezolanas

Especial mención debe hacerse de la dificultad que plantea normalmente la preparación y trámite de las candidaturas venezolanas a Organismos Internacionales.

Venezuela no utiliza muchas posibilidades de figurar en Organismos Internacionales debido a que no se conocen esas posibilidades por quienes deben decidir o a que no se hace en forma oportuna la correspondiente tramitación. Se han perdido lamentablemente posiciones que hubieran sido de mucho interés para la República. En otros casos la presentación de la candidatura venezolana es inoportuna por tardía o se presenta ya cuando los demás países se han asegurado suficiente mayoría.

Por último, al no existir la centralización de los trámites de candidaturas se pierden esfuerzos, se duplican gestiones y los resultados pueden ser a veces negativos.

5. Falta de pago de las contribuciones venezolanas

El Gobierno de Venezuela no ha sido siempre cuidadoso en el pago de las cuotas que le corresponden en los distintos Organismos Internacionales y, por tanto, con frecuencia aparece el nombre del país en las listas de los deudores morosos que suelen repartirse a las Cancillerías de todo el mundo.

VI. *Relaciones de la Delegación venezolana con las Delegaciones Permanentes de otros países*

A. Consideraciones generales. Los "Grupos" de Delegaciones

Las relaciones de la Delegación Permanente con las otras Delegaciones Permanentes presentan varias modalidades.

1. Las que le corresponden con una cualquiera Delegación en particular.
2. Las que corresponden a la Delegación venezolana respecto al Grupo Latinoamericano.
3. Las que corresponden a la Delegación venezolana respecto al Grupo de los 77.
4. Las que corresponden a la Delegación venezolana respecto al conjunto de Delegaciones acreditadas en Ginebra.

Las Delegaciones Permanente acreditadas en Ginebra han evolucionado, paulatinamente, a agruparse para todas sus actuaciones, según las listas formadas por la Asamblea General de Naciones Unidas en orden al funcionamiento de la Conferencia de las Naciones Unidas sobre Comercio y Desarrollo.

a) Las Delegaciones latinoamericanas forman el "Grupo Latinoamericano".

b) Las Delegaciones de los países africanos forman el "Grupo Africano".

c) Las Delegaciones de los países asiáticos y de Yugoslavia forman el "Grupo Asiático".

d) Las Delegaciones de los países desarrollados forman el "Grupo B".

e) Las Delegaciones de los países socialistas forman el "Grupo D".

Cada "Grupo" tiene un "portavoz" o "Presidente" designado por riguroso orden alfabético y por tiempo limitado. Generalmente los "Grupos" actúan por separado para establecer sus políticas de acción y posteriormente los respectivos "Presidentes" se reúnen para estudiar si hay o no posiciones de acuerdo.

Hay que mencionar que los "Grupos" Latinoamericano, Africano y Asiático integran el llamado "Grupo de los 77" (nombre debido al número de países originalmente partes en dicho Grupo) y que también tiene su "Presidente" o "portavoz".

Aunque ha sido costumbre de los Grupos actuar siempre por el consenso u opinión unánime de todos sus integrantes, ello no ha irrespetado la independencia de cada Delegación para sostener, cuando lo ha creído oportuno, sus propios puntos de vista.

B. Relaciones con las otras Delegaciones en particular

Las relaciones con las Delegaciones en particular se verifican de manera análoga a las propias relaciones bilaterales. Desde luego que existen limitaciones propias que se derivan de las costumbres diplomáticas y de las instrucciones de Cancillería en cuanto a la existencia o no de relaciones diplomáticas con los países correspondientes.

C. Relaciones con las Delegaciones Latinoamericanas y el correspondiente "Grupo"

Las Delegaciones de los países latinoamericanos en Ginebra corresponden a tipos fundamentales:

a) Las delegaciones muy organizadas como las de Brasil, Chile y Argentina, que, mediante un personal amplio y una suficiente dotación material, atienden a todas las cuestiones que se tratan en Ginebra.

b) Las Delegaciones que atienden sólo los asuntos que interesan a sus respectivos países y que, en consecuencia, tienen un personal especializado para tal clase de asuntos, como es el caso de las actuales Delegaciones de Uruguay, Ecuador, Perú y Trinidad y Tobago.

c) Las Delegaciones que sirvan de base de operaciones para las misiones especializadas que vienen a Ginebra; tal es el caso de la de México.

d) Otros países tienen Delegaciones integradas por una o dos personas que tratan, dentro de sus problemas particulares, de ocuparse de aquellos temas que interesan a su país, pero sin disponer de equipos auxiliares ni personal diplomático.

También debe mencionarse que determinados países son representados en Ginebra por sus respectivos Cónsules, generalmente ciudadanos suizos.

La reunión de las distintas Delegaciones latinoamericanas en el Grupo Latinoamericano ha sido un excelente factor de acción común y política de acuerdo que, hasta el presente, acusa resultados positivos. Asimismo, ha parecido conveniente a los intereses latinoamericanos el extender el "Grupo" a todos los Organismos Internacionales donde pueda ser útil.

La actividad del Grupo Latinoamericano supone reuniones periódicas que deben ser atendidas por el Jefe de Misión y durante la etapa de la presidencia en grupos que requieren trabajos especiales como son las convocatorias de las reuniones correspondientes, preparación de las minutas, el trabajo secretaria, etc.

D. Con el "Grupo de los 77"

La reunión en este "Grupo" de todos los países en vías de desarrollo ha sido de especialísima importancia política e internacional. Desde luego que frecuentemente se hace difícil armonizar las posiciones que se adoptan por los distintos Grupos que lo integran pues pueden tener intereses contrarios, distintos e incluso contradictorios, pero la realización del esfuerzo de contacto, así como las posiciones que en defensa de intereses comunes se han adoptado frente a los países desarrollados, permite señalar a ese "Grupo" como útil y conveniente y a las buenas relaciones con el mismo.

TERCERA PARTE

I. *Características especiales de la vida internacional de Ginebra*

Es útil presentar en forma sistemática la situación de la vida internacional en Ginebra y las nuevas posibilidades distintas de las ya conocidas, que de ella se desprenden para beneficio de la República.

A. Defensa de los intereses de los países en desarrollo

El hecho de que en Ginebra funcione la Conferencia de las Naciones Unidas sobre Comercio y Desarrollo (UNCTAD), y que dicha Conferencia sea el órgano de Naciones Unidas al cual los países en desarrollo han podido demostrar más fuertemente su importancia, ha dado a la actividad en Ginebra una peculiar trascendencia en lo que se refiere a la situación y aspiraciones de esos países que forman el Tercer Mundo.

En efecto, la Conferencia se ocupa, entre otros temas, pero con una gran intensidad, del estudio de los llamados productos básicos, del transporte marítimo, del comercio denominado invisible, de la financiación del desarrollo, de la trasmisión de tecnología y de otros temas que son esenciales para la vida de los países en desarrollo. Es lógico, por lo tanto, de que éstos tengan puesta toda su atención en tales actividades.

B. Posibles contactos con los países socialistas y del "Tercer Mundo"

Tal como se ha explicado antes los países que forman el "Tercer Mundo" están reunidos en el denominado "Grupo de los 77", integrado por los "Grupos" Latinoamericano, Africano y Asiático. Frente a los países del "Grupo de los 77" están el Grupo de los países desarrollados y el de los países socialistas.

En ninguna otra parte como en Ginebra se puede observar el contraste entre los países desarrollados y los países del "Tercer Mundo" y ese contraste, a veces violento, motiva el que los países del "Tercer Mundo" encuentren entre sí puntos de coincidencia que los obligan a políticas comunes.

Entre los países del "Tercer Mundo" y los países en desarrollo aparecen los países socialistas con su peculiar estructura ideológica, política y económica.

Debe tomarse en cuenta que entre los países en desarrollo se presentan frecuentemente motivos de controversia por causa de los diversos intereses que motivan la necesidad de la colocación de sus productos, la obtención de servicios y la búsqueda de financiamiento para el desarrollo.

II. *Variedad de las posibilidades de la vida en Ginebra en beneficio del país*

Todo lo anterior ha traído como consecuencias que las situaciones internacionales que se tratan en Ginebra no tengan, como podría parecer a primera vista, mero carácter económico, sino que revistan especial trascendencia política.

En efecto, observando el problema, desde el ángulo de nuestro país, se contemplan varios panoramas que merece la pena señalar:

1. Aplicación de la justicia social internacional

Venezuela ha sostenido como uno de los puntos básicos de su filosofía, en la política internacional, el de la justicia social internacional. Esa justicia social internacional obliga a múltiples consecuencias que inciden en las relaciones de los países en desarrollo entre sí y de éstos frente a los países desarrollados. Por ejemplo, Venezuela debe sostener que es principio de justicia social internacional el que las fuentes internacionales de colaboración para el desarrollo sean más intensas para los países que más lo necesitan, por ejemplo, para muchos países africanos.

Ahora bien, la defensa, en la práctica, de situaciones semejantes, ocasiona diferencias políticas por lo que se refiere a las aspiraciones de otros países, especialmente los latinoamericanos con los cuales Venezuela tiene importantes relaciones diplomáticas y que no están de acuerdo en aceptar semejantes consecuencias, porque inciden en el volumen de la ayuda que, a su vez, podrían ellos recibir. Manejar, por lo tanto, el criterio aplicable a la situación explicada excede de lo simplemente económico para convertirse en problema político importante: ¿hasta dónde y cómo aplicar las consecuencias de un principio de filosofía política en armonía con el sostenimiento de excelentes relaciones con países estrechamente vinculados a Venezuela?

2. Participación en la defensa en común de los productos básicos originarios de países en desarrollo

Venezuela, como país productor de petróleo, de hierro, de cacao y de café, debe también tratar de colocarse en armonía con los otros países que, por presentar igualdad en los productos naturales que exportan, pueden presentar también igualdad en el interés sobre los precios de dichos productos en el mercado internacional, los sistemas de su comercialización, etc.

Esas coincidencias que han llevado, por ejemplo, a la creación de la OPEP, del Grupo Informal de los Países Productores de Hierro, de las Asociaciones de países productores de café, Cacao, Cobre, Estaño, etc., todo lo cual supone relaciones políticas que orientan los Convenios económicos.

Esas negociaciones políticas implican, a veces, frecuentes y fuertes encuentros entre los representantes de los países desarrollados que defienden sus intereses y los representantes de los países en desarrollo que hacen lo propio con los suyos. Dichos encuentros requieren, evidentemente, consideraciones de orden político que tomen en cuenta todos los aspectos que puedan afectar la vida del país.

3. Mejor conocimiento de los países socialistas

La presencia de los países socialistas en desarrollo y de los países desarrollados y con una filosofía política y un sistema económico peculiar, hace indispensable el conocimiento de esas modalidades y el estudio de diversas situaciones que, en el orden político internacional, podría derivarse al acercarse o alejarse de ellos en búsqueda de beneficios económicos o al renunciar a posibles ventajas en tales tratos.

4. Posibilidades de obtención de ayuda técnica

Las actividades de los Organismos estrictamente técnicos que funcionan en Ginebra presentan múltiples posibilidades de ayuda técnica, la mayoría de las veces sin costo alguno para el país y que se traduce en informaciones importantes y en la posibilidad de formación y entrenamiento de personal, suministro de colaboración para el estudio y realización de proyectos de interés social, etc., etc.

5. Relaciones con países con los cuales no hay vinculación diplomática

Debe destacarse la presencia, en Ginebra, de una gran cantidad de Delegaciones de países con los cuales Venezuela no tiene actualmente relaciones diplomáticas; se trata fundamentalmente de países africanos y asiáticos. Ginebra se encuentra, respecto a esos países, más cerca, geográficamente, que la ciudad de New York donde también hay representaciones de muchos de ellos. Esa posición particular, en lo geográfico, de Ginebra, permite utilizar dicha ciudad como sede de contactos con las Delegaciones de los países antes mencionados, es decir, de acceso a aquellos países que no tienen relaciones diplomáticas con Venezuela, pero con los cuales es útil e interesante mantener constante relación.

6. Ventajas en organizaciones no gubernamentales

En Ginebra existen, como se ha dicho, Organismos Internacionales no gubernamentales que por las diversas actividades que realizan suponen, también para Venezuela, notable interés y de cuya existencia y actividad podría obtenerse provecho cuantioso.

7. Acción en órganos de Naciones Unidas no utilizados por Venezuela

En Ginebra existen organismos de las Naciones Unidas especialmente relevantes en la vida internacional y que, por razones de muy diversa índole, Venezuela, hasta el presente, no ha tomado en cuenta: me refiero, concretamente, al Comité de Desarme de las Naciones Unidas, en el cual otros países latinoamericanos como Argentina, Brasil y México tienen distinguida actuación; y la Comisión del Derecho Internacional que, en los últimos años, se ha ocupado de dos temas: el "Derecho del Mar" y el "Derecho de los Tratados", sumamente importante para Venezuela.

8. Consideración final

Todo lo anterior pone de manifiesto que concebir la Delegación Permanente en Ginebra como una simple gestión ante la Organización Internacional del Trabajo o como campo reservado exclusivamente a algunos economistas preocupados por aspectos técnicos de la UNCTAD, significaría perder para el país múltiples oportunidades de provecho y beneficio.

Conclusiones

Del estudio de las situaciones planteadas en las partes anteriores de este informe he deducido algunas conclusiones:

I. Objetivos de la Delegación

Se podría concebir la Delegación Permanente en Ginebra con los siguientes objetivos:

A. Actividad de información

Esta actividad de información debe estar orientada en dos sentidos distintos: uno la información que la Delegación pueda suministrar al Gobierno, y otro la información que sobre Venezuela pueda suministrar la Delegación Permanente a los Organismos Internacionales existentes en Ginebra y a los Delegaciones de otros países.

La información al Gobierno Nacional podría abarcar los siguientes aspectos:

1. Documentos producidos en Ginebra y que interesen a los distintos órganos del Gobierno venezolano;
2. Información no documental, pero de interés para el Gobierno;
3. Noticias y referencias sobre la situación política internacional tal como se presenta en las relaciones con las demás Delegaciones y en los Organismos Internacionales;
4. Informes al Gobierno de Venezuela de posibilidades, favorables o no al país, en materias relativas a posiciones internacionales de Venezuela, ayuda técnica que Venezuela pueda recibir o suministrar y candidaturas de Venezuela a distintos Organismos Internacionales.

La información a nombre del Gobierno de Venezuela podría abarcar:

1. A las Organizaciones Internacionales: la información de carácter técnico que éstos requieren de Venezuela y referente a la posición venezolana sobre cuestiones relacionadas al funcionamiento y actividad de dichas Organizaciones;
2. Respecto a otros países, las cuestiones que sean convenientes de acuerdo a las relaciones diplomáticas de Venezuela con dichos países y a los intereses nacionales;
3. Existe también la posibilidad de utilizar esa actividad de información para transmitir, a los medios de comunicación de masas, las noticias referentes a cuestiones venezolanas que pueden hacerse del conocimiento general por intermedio de las distintas fuentes que para ese fin existen en Ginebra.

B. Actividad de representación y negociación

La delegación Permanente de Venezuela en Ginebra debe intervenir, a nombre del país, en la negociación de los asuntos de interés que se plantean en Ginebra en las distintas Organizaciones Internacionales o ante las Delegaciones de otros países:

a) Colaborando, en la forma que corresponda, en la preparación de la participación de Venezuela en actividades de la vida internacional. La forma de dicha colaboración no puede ser previamente determinada puesto que dependería de las condiciones y características peculiares de cada actividad.

b) Participando en Ginebra en las actividades internacionales. La experiencia y facilidades de la delegación hacen lógicamente necesario que ella deba participar, junto con las Delegaciones especiales, en toda actividad venezolana que se realice en las Organizaciones que tienen sede en Ginebra.

Sería útil, al efecto, armonizar la participación de los organismos técnicos venezolanos con la de la Delegación, tal como lo hacen, normalmente, todos los países que en Ginebra tienen una adecuada representación diplomática utilizada en beneficio de su país.

c) La representación de Venezuela en las actividades internacionales. En determinadas circunstancias podría corresponder a la delegación la representación de Venezuela en negociaciones con otras Delegaciones, con los grupos regionales o en los Organismos Internacionales con sede en esta ciudad.

C. Estudio de los diversos aspectos que plantea el funcionamiento de los Organismos Internacionales y de las Delegaciones de otros países en Ginebra y la formulación al Gobierno Venezolano de las propuestas pertinentes

La presencia de las Delegaciones y Organismos en Ginebra le permite cumplir las finalidades señaladas y el estudio de los distintos aspectos que se van presentando y consecuencialmente la formulación de propuestas al Gobierno de Venezuela. Corresponde, desde luego, al Ministerio de Relaciones Exteriores analizar dichas propuestas y adoptar las que estime convenientes.

II. Estructura y funcionamiento de la Delegación

a) Campos de acción

El análisis de las posibilidades y necesidades de actuación internacional en Ginebra permitiría a la Delegación actuar en los siguientes campos:

1. En la atención de las distintas Comisiones que integran la UNCTAD.
2. En la atención de la Organización Internacional del Trabajo y los otros Organismos de carácter sociopolítico.
3. En la atención de los distintos organismos técnicos que funcionan en Ginebra.

4. En el estudio, observación y análisis de la actividad de los países latinoamericanos, africanos y asiáticos en sus distintas modalidades.

5. En el estudio, observación y análisis de los países socialistas.

6. En el estudio, observación y análisis de la actividad de los países desarrollados.

b) Características del personal diplomático para Ginebra

Para la realización de esas actividades la Delegación requiere un personal diplomático suficiente. La observación de la realidad de otras Delegaciones importantes ha puesto de manifiesto que conviene, en lo posible, establecer para el personal diplomático acreditado en Ginebra, rangos o jerarquías especiales distintas de las que se utilizan en la diplomacia bilateral. La tendencia habida a utiliza mayoritariamente en Ginebra funcionarios de menor rango diplomático, disminuye su campo de negociación. Sería recomendable que el personal diplomático acreditado en Ginebra (a excepción del Embajador y de quien deba sustituirlo), sea solamente en dos niveles: el de Consejero de la Embajada y el de Secretario de la Embajada sin otra diferenciación. Manteniendo en cada uno de dichos dos niveles un personal suficiente la capacidad operativa de la delegación aumenta. Bien podía establecerse que dicho rango sería sólo a los efectos de la acreditación ante las Naciones Unidas y en ningún caso afectaría la posición personal del funcionario, ni su carrera diplomática y demás consecuencias como remuneración, antigüedad, ascenso, etc. Ello es tanto más fácil cuanto que el personal que podría trabajar en Ginebra no es generalmente de carrera y por lo tanto tiene menos dificultades en cuanto a lo que se refiere a rango diplomático.

El personal que se designe para Ginebra debe necesariamente ser interdisciplinario, integrado, por tanto, con personas de profesiones diferentes que trabajen en equipo atendiendo los objetivos de la Delegación.

Todos estos funcionarios tienen que actuar en común actividad, en plena armonía de trabajo y en colaboración para que la labor de la Delegación sea realmente útil, de lo contrario ella se diluye o se pierde.

Conviene mencionar que las personas que trabajaren, en la forma indicada, en Ginebra, adquirirían un entrenamiento importante para prestar sus servicios, posteriormente, a otros Organismos del Estado, especialmente para el Ministerio de Relaciones Exteriores.

El personal asignado para Ginebra necesita una mínima formación diplomática, una suficiente preparación básica y técnica y conocimientos de idiomas para poder actuar en forma discreta.

III. Creación en el Ministerio de Relaciones Exteriores de una oficina de contacto con la Delegación en Ginebra

El análisis de las dificultades encontradas en las relaciones de la Delegación con el Ministerio de Relaciones Exteriores y con los demás Organismos públicos venezolanos, pone de manifiesto que, lo fundamental del problema reside en que no existe coordinación ninguna en los asuntos que van o vienen de o a Ginebra. Parece, por lo tanto, recomendable que la Cancillería creare una Oficina de relaciones o contacto con Ginebra, que recibiere toda la documentación, informes y solicitudes que la Delegación presente a Caracas y que a su vez comunicare a Ginebra todas las informaciones del Despacho y del resto de los Organismos de la Administración Pública.

Esta misma oficina bien podría atender las relaciones con la Delegación en New York y quizás respecto a Delegaciones de la República en otras Organizaciones.

Consideración final

Debo terminar repitiendo las mismas palabras con que hace más de medio siglo don Manuel Arocha terminó el que en su momento presentara al Dr. Pedro Itriago Chacín, entonces Ministro de Relaciones Exteriores: "Consecuencia fatal de la importancia que esta Oficina tiene por las circunstancias especiales en que le toca desarrollar su actividad, en un centro de tan intensa vida internacional como Ginebra, y a lado de los Representantes de otros Gobiernos que gastan grandes sumas en propaganda, es la que debiera estar excepcionalmente bien instalada y gozar de suficiente asignación para gastos".

CONVENIOS SUSCRITOS ENTRE LOS GOBIERNOS DE VENEZUELA Y ESPAÑA

ACUERDOS SUSCRITOS POR EL MINISTRO DE ASUNTOS EXTERIORES DE ESPAÑA Y EL EMBAJADOR DE VENEZUELA EN DICHO PAÍS

(Cambios de residencia de sus nacionales y otorgamientos de la nacionalidad)

G.O. N° 30.504 de 19 de septiembre de 1974.

Ministerio de Asuntos Exteriores. Número 67. — Madrid, 4 de julio de 1974.

Señor Embajador:

Tengo a honra dirigirme a Vuestra Excelencia con el objeto de expresar que el Gobierno de España está dispuesto a convenir con el Gobierno de la República de Venezuela, el intercambio de la información relativo a los otorgamientos, a petición propia, de la nacionalidad española a ciudadanos venezolanos y de la venezolana a nacionales españoles. En consecuencia, en todos los casos en que el Gobierno español otorgue la nacionalidad a petición de un ciudadano venezolano, lo pondrá en conocimiento del Gobierno venezolano a través de la Embajada de Venezuela en Madrid. A su vez en todos los casos en que el Gobierno venezolano otorgue la nacionalidad a petición de un nacional español, lo pondrá en conocimiento del Gobierno español a través de la Embajada de España en Caracas.

Al declarar que la presente Nota y la respuesta en iguales términos de Vuestra Excelencia, serán consideradas como constitutivas de un Acuerdo entre los dos Gobiernos, a partir de la fecha, aprovecho esta ocasión para reiterar a Vuestra Excelencia las seguridades de mi más alta y distinguida consideración.

PEDRO CORTINA MAURI
Ministro de Asuntos Exteriores

A su Excelencia el Señor Don Tomás Polanco Alcántara. Embajador Extraordinario y Plenipotenciario de Venezuela en España. Madrid.

República de Venezuela. — Embajada en España. — Número 1/24/01060. — Madrid, 4 de julio de 1974.

Señor Ministro:

Excmo. Sr. D.

Pedro Cortina Mauri

Ministro de Asuntos Exteriores

Caracas.

Tengo la honra de acusar recibo a Vuestra Excelencia de su Nota del día de la fecha, que dice lo siguiente:

Tengo a honra dirigirme a Vuestra Excelencia con el objeto de expresar que el Gobierno de España está dispuesto a convenir con el Gobierno de la República de Venezuela, el intercambio de la información relativo a los otorgamientos, a petición propia, de la nacionalidad española a ciudadanos venezolanos y de la venezolana a nacionales españoles. En consecuencia, en todos los casos en que el Gobierno español otorgue la nacionalidad a petición de un ciudadano venezolano, lo pondrá en conocimiento del Gobierno venezolano a través de la Embajada de Venezuela en Madrid. A su vez en todos los casos en que el Gobierno venezolano otorgue la nacionalidad a petición de un nacional español, lo pondrá en conocimiento del Gobierno español a través de la Embajada de España en Caracas.

Al declarar que la presente Nota y la respuesta en iguales términos de Vuestra Excelencia, serán consideradas como constitutivas de un Acuerdo entre los dos Gobiernos, a partir de la fecha, aprovecho esta ocasión para reiterar a Vuestra Excelencia las seguridades de mi más alta y distinguida consideración.

Tengo el honor de confirmar a Vuestra Excelencia que el Gobierno de la República de Venezuela, animado también por los mismos propósitos expresados en su citada nota, está conforme con lo que en ella se determina y con la nota de Vuestra Excelencia y la presente respuesta se consideren como constitutivas de un Acuerdo entre los dos Gobiernos.

Aprovecho esta ocasión para reiterar a Vuestra Excelencia las seguridades de mi más alta y distinguida consideración.

TOMÁS POLANCO ALCÁNTARA
Embajador de la República de Venezuela

CONVENIO DE COOPERACIÓN CULTURAL ENTRE LOS GOBIERNOS DE LA REPÚBLICA DE VENEZUELA Y DE ESPAÑA

G.O. N° 30.998 de 8 de JUNIO de 1976.

PREÁMBULO

Los Gobiernos de Venezuela y de España, conscientes de la Comunidad espiritual entre sus pueblos y deseosos de incrementar sus relaciones culturales y estrechar los vínculos de todo orden a este respecto, resuelven concertar un Convenio de Cooperación Cultural, a cuyos efectos delegan sus poderes, por parte de la República de Venezuela en su Embajador en Madrid D. Tomás Polanco Alcántara, que exhibe su Plenipotencia extendida en debida forma, y, por parte de España en su Ministro de Asuntos Exteriores, D. Laureano López Rodó. Por consiguiente, ambas Partes prestan su conformidad al siguiente articulado:

Convenio de Cooperación Cultural entre
los Gobiernos de la República de Venezuela
y de España

ARTÍCULO 1°

Las Altas Partes contratantes, conscientes de los lazos que tradicionalmente unen a sus pueblos, fomentarán, de común acuerdo y en la medida de sus posibilidades, cuanto contribuya al mejor conocimiento de su cultura e historia, así como al desarrollo de actividades en los campos Educativo, Científico, Literario y Artístico.

ARTÍCULO 2°

Las Altas Partes contratantes se esforzarán en salvaguardar la pureza e integridad de la Lengua Española, y en favorecer su armónico desarrollo. A estos efectos dispensarán su apoyo a las actividades de las instituciones culturales nacionales e internacionales dedicadas a ese fin, especialmente a las respectivas Academias de la Lengua y promoverán y facilitarán las relaciones e intercambios entre ellas.

Las Altas Partes contratantes darán a los individuos de número de la Academia Venezolana de la Lengua y de la Real Academia Española, facilidades especiales en los viajes que hicieren, de uno a otro país, para efectuar trabajos relacionados con objetivos y fines de este Convenio.

ARTÍCULO 3°

El Gobierno de Venezuela establecerá, en la ciudad de Caracas, un Instituto que tendrá como objetivo el estudio e investigación del estado y evolución de la Lengua Española en América. El Gobierno de España prestará a ese Instituto su colaboración y apoyo. A estos efectos serán celebrados entre las Altas Partes acuerdos que fijarán la forma de tal colaboración.

ARTÍCULO 4°

Los Gobiernos de las Altas Partes contratantes se comprometen a mantener estrecha colaboración para impedir y reprimir, en la forma prevista en la legislación de cada país, el tráfico ilegal de obras de arte, documentos, libros y otros objetos de valor histórico, arqueológico o artístico. Los Gobiernos de las Altas partes contratantes, sin menoscabo de tal colaboración, estudiarán y acordarán el régimen recíproco más conveniente para lograr esos fines y facilitar la devolución al país de origen, de los referidos bienes que, exportados en forma ilegítima, se encuentran en sus territorios.

ARTÍCULO 5°

Las Altas Partes contratantes facilitarán a sus profesores, científicos, escritores, periodistas, artistas y otras personas la realización de viajes y visitas con objeto de dictar cursos o conferencias, escribir o preparar obras, artículos literarios, trabajos periodísticos, exposiciones o llevar a cabo otras actividades similares sobre materias artísticas, científicas, históricas o literarias, de interés para cualquiera de los dos países. Asimismo, las Altas partes contratantes fomentarán las visitas y actuaciones de orquestas, grupos o conjuntos nacionales de música, folklore y teatro. Al efecto, acordarán, a título de reciprocidad, la concesión de facilidades especiales para el otorgamiento de visados, cumplimiento de formalidades aduaneras, fiscales, o de otro orden administrativo.

ARTÍCULO 6°

Las Altas Partes contratantes fomentarán el estudio, la investigación y la enseñanza de la Historia común. En consecuencia, tomarán las medidas posibles y necesarias en orden a que los textos oficiales o autorizados destinados a la enseñanza de la Historia y la Geografía se ajusten a la realidad histórica y al respeto mutuo.

Además, dada la especial importancia de los archivos, bibliotecas y museos para el conocimiento y estudio de la Historia y Geografía respectivas, las Altas Partes contratantes acordarán las condiciones y modalidades especiales para el acceso de sus nacionales a dichos centros.

ARTÍCULO 7°

Las Altas Partes contratantes promoverán y facilitarán la celebración de reuniones, seminarios, cursos, coloquios y otras actividades destinadas al estudio e investigación de los hechos históricos que interesen a ambos países. Promoverán, además, el intercambio entre sus instituciones culturales dedicadas a estudios históricos, principalmente entre sus respectivas Academias de la Historia. Para tales fines, las Altas Partes contratantes se otorgarán, en su momento y a título de reciprocidad, las mismas facilidades previstas en el artículo 2° de este Convenio.

ARTÍCULO 8°

Las obras artísticas, literarias, científicas, musicales, dramáticas, líricas, folclóricas, cinematográficas, radiofónicas, televisivas y otras de análogo carácter, protegidas por la legislación de una de las Altas Partes contratantes, gozarán en el territorio bajo jurisdicción de la otra parte, de la protección que ésta conceda a las obras de referencia en su propio territorio, sin perjuicio de lo previsto en los Acuerdos o Convenios Internacionales que obliguen a ambas Partes.

ARTÍCULO 9°

Las Altas Partes contratantes intensificarán en lo posible el intercambio, distribución y venta de libros, folletos, revistas y publicaciones periódicas, en condiciones tales que los hagan asequibles al mayor número de lectores. Las Altas Partes contratantes procurarán favorecer la constitución y actividad de empresas editoriales venezolano-hispanas que estuviesen destinadas a la publicación de textos de enseñanza, o de cultura general, adecuados a los respectivos programas oficiales.

ARTÍCULO 10

Las Altas Partes contratantes, mediante los acuerdos que al efecto celebren, determinarán aquellas de sus respectivas publicaciones oficiales o realizadas por empresas bajo control estatal, que serán objeto de intercambio permanente y fijarán los establecimientos, bibliotecas y dependencias administrativas a los cuales estarán destinadas tales publicaciones. Sin menoscabo de lo antes previsto, las Bibliotecas Nacionales de cada una de las Altas

Partes contratantes mantendrán dentro de sus respectivas organizaciones, secciones especiales, destinadas a conservar obras referentes a los distintos aspectos de la vida, la Historia, la Geografía, la Ciencia, las Artes, la Literatura y cuanto interese para conocer al otro país.

ARTÍCULO 11

Las Altas Partes contratantes otorgarán, en su momento y en la medida permitida por sus normas administrativas, las facilidades necesarias para la intensificación de las relaciones entre sus respectivas estaciones oficiales de radio y televisión, mediante programas culturales, artísticos, educativos y folclóricos principalmente.

ARTÍCULO 12

Las Altas Partes contratantes determinarán mediante acuerdos especiales, la forma en que sus Bibliotecas, Museos, Centros de Enseñanza u otras instituciones públicas o privadas puedan canjear obras de arte originales o reproducidas, fotografías, diapositivas, filmes, microfilmes, documentos, muebles, trajes, objetos folklóricos y cualquier otro elemento de recuerdo o relación con el patrimonio histórico, artístico o arqueológico de uno u otro país.

ARTÍCULO 13

Las Altas Partes contratantes, en atención al crecido número de venezolanos que siguen estudios en España y de españoles que cursan estudios en Venezuela, manifiestan su expresa voluntad de proteger y ayudar a los nacionales del otro país y favorecerles en la obtención del mayor provecho en sus trabajos.

ARTÍCULO 14

Los nacionales de las Altas Partes contratantes que deseen entrar y permanecer en el territorio de la otra, con el solo objetivo de seguir determinados estudios, podrán obtener gratuitamente el correspondiente visado y el permiso de residencia. Este permiso les será otorgado por todo el tiempo de la duración de los estudios respectivos, podrá ser prorrogado mediante solicitud justificada del interesado, le habilitará para celebrar contratos de arrendamiento de vivienda en nombre propio y de su familia y no le permitirá realizar actividad lucrativa alguna. Las mismas facilidades serán otorgadas a las personas que acrediten como razón de su viaje la realización de misiones relacionadas con los objetivos y fines de este Convenio.

ARTÍCULO 15

Las Altas Partes contratantes establecerán tablas de equivalencia por niveles a los fines de la prosecución de los estudios en los respectivos centros de enseñanza de cualquier orden y grado, teniendo en cuenta la legislación vigente tocante a materias de estudio no comunes en ambos países.

ARTÍCULO 16

Sin perjuicio de las normas que regulan la autonomía universitaria en ambos países, las Altas Partes contratantes cuidarán de que los organismos competentes examinen y decidan con espíritu de equidad y compresión las solicitudes de equivalencias y validez de estudios universitarios efectuados por sus nacionales en el territorio de la otra Parte, así como también las peticiones de inscripción en cursos de doctorado para obtener los respectivos títulos.

ARTÍCULO 17

Las Altas Partes contratantes convienen en estudiar la posibilidad de establecer conforme a sus respectivas legislaciones, centros de Enseñanza cuyos estudios pueden gozar de validez en ambos países, y, en consecuencia, suscribir, eventualmente, un Convenio Especial. Asimismo, considerarán la posibilidad de creación de Centros Culturales en ambos países.

ARTÍCULO 18

Las Altas Partes contratantes convienen en crear, en Madrid, un COLEGIO MAYOR que estará regido por las normas administrativas al efecto acordadas por las Altas partes y que será destinado a albergar y atender a estudiantes venezolanos y de otros países en la proporción fijada por la reglamentación correspondiente.

ARTÍCULO 19

A la entrada en vigencia de este Convenio, las Altas Partes contratantes crearán simultáneamente en Caracas y en Madrid, una comisión coordinadora integrada por representantes de sus Ministerios de Relaciones Exteriores o Asuntos, de Educación y de las respectivas Misiones Diplomáticas. Ambos Gobiernos podrán, previa notificación a la otra Parte, incluir en estas comisiones a las personas e Instituciones que estimen conveniente. Las comisiones coordinadoras se reunirán siempre que fueren convocadas por sus Presidentes y en todo caso lo harán en Caracas y Madrid, anualmente, con preferencia en el mes de enero, al objeto de examinar el estado de aplicación de este Convenio y formular las recomendaciones pertinentes.

En fe de lo cual los Plenipotenciarios arriba mencionados firman el presente Convenio en dos ejemplares de un mismo tenor e igualmente válidos y auténticos y lo sellan, en Madrid a veintiocho de junio de mil novecientos setenta y tres.

Por el Gobierno de la República de Venezuela,

TOMÁS POLANCO ALCÁNTARA
Embajador de Venezuela en España

Por el Gobierno del Estado Español,

LAUREANO LÓPEZ RODÓ
Ministro de Asuntos Exteriores

CONVENIO BÁSICO DE COOPERACIÓN TÉCNICA ENTRE EL GOBIERNO DE LA REPÚBLICA DE VENEZUELA Y EL GOBIERNO DE ESPAÑA

G.O. N° 30.338 de 23 de febrero de 1974.

PREÁMBULO

El Gobierno de la República de Venezuela y el Gobierno de España, animados por el deseo de consolidar las relaciones amistosas existentes entre sus respectivos países,

Conscientes del interés común de promover el desarrollo económico y social de ambas naciones,

En reconocimiento de las ventajas recíprocas que resultarán del intercambio coordinado de conocimientos científicos, técnicos y prácticos para la consecución de los objetivos mencionados,

Han convenido en concluir un Convenio Básico de Cooperación Técnica y nombran para este fin, como sus Plenipotenciarios:

Su Excelencia el Presidente de la República de Venezuela, al Señor Doctor Tomás Polanco Alcántara, Embajador de Venezuela en España, y

Su Excelencia el Jefe del Estado Español, al Señor Don Laureano López Rodó, Ministro de Asuntos Exteriores,

Quienes convienen en lo siguiente:

ARTÍCULO I

1. Ambas Partes se prestarán cooperación técnica en todos los campos de interés para ambos países.
2. Ambas Partes elaborarán y ejecutarán conjuntamente programas y proyectos de cooperación técnica con el propósito de acelerar y asegurar el desarrollo económico y el bienestar social de las dos Naciones.

3. Los programas y proyectos específicos de cooperación técnica serán ejecutados con arreglo a las disposiciones del presente Convenio y a las contenidas, en su caso, en los Acuerdos Complementarios, hechos por separado y por escrito, basados en el presente Convenio y concertados entre los organismos competentes de ambas Partes.

ARTÍCULO II

La Cooperación técnica prevista en este Convenio y en los Acuerdos Complementarios derivados del mismo podrán consistir:

a) En el intercambio de información científica y tecnológica, que se llevará a cabo por los Organismos designados por ambas Partes, especialmente Institutos de Investigación y Tecnología, Centros de Documentación y Bibliotecas especializadas.

b) En el intercambio de técnicos y expertos para prestar servicios consultivos y de asesoramiento en el estudio, preparación y ejecución de programas y proyectos específicos.

c) En la organización de seminarios, ciclos de conferencias, programas de formación profesional y otras actividades análogas.

d) En la concesión de becas o subvenciones a candidatos de ambos países, debidamente seleccionados y designados, para participar en el otro país en cursos o períodos de formación profesional, entrenamiento o especialización en los campos de interés común.

e) En el estudio, elaboración y ejecución conjunta o coordinada de programas y proyectos de investigación y/o desarrollo.

f) En el envío o intercambio de material y equipos necesarios para el desarrollo de la cooperación acordada.

g) En la utilización en común, mediante los acuerdos previos necesarios, de instalaciones científicas y técnicas.

h) En cualquier otra actividad de cooperación técnica que se acuerde entre los dos países.

ARTÍCULO III

El intercambio de información científica y tecnológica previsto en el artículo anterior se regulará por las normas siguientes:

1. Las Partes podrán comunicar las informaciones recibidas a los organismos públicos o instituciones y empresas de utilidad pública, en las que el Gobierno tenga poder de decisión.

2. Las Partes podrán limitar o excluir la difusión de informaciones a que se refieren los Acuerdos Complementarios elaborados conforme al punto 3 del artículo I.

3. La difusión de informaciones podrá también ser excluida o limitada cuando la otra Parte, o los Organismos por ella designados, así lo decidan antes o durante el intercambio.

4. Cada Parte ofrecerá a la Otra, garantías de que las personas autorizadas a recibir informaciones no las comunicarán a organismos o personas que no estén autorizadas a recibirlas, de acuerdo con el presente artículo.

ARTÍCULO IV

Las Partes podrán, siempre que lo juzguen necesario, solicitar la participación de Organismos Internacionales en la financiación y/o ejecución de programas y proyectos que surjan de las modalidades de cooperación técnica contempladas en este Convenio o en los Acuerdos Complementarios que se deriven del mismo.

ARTÍCULO V

La participación de cada Parte en la financiación de los programas y proyectos de cooperación técnica que se ejecuten según las disposiciones del presente Convenio será establecida, para cada caso, en los Acuerdos Complementarios previstos en el punto 3 del artículo I.

ARTÍCULO VI

1. En el marco de la Comisión Mixta Hispano-Venezolana, instituida de conformidad con el Comunicado Conjunto del 26 de junio de 1971, los Representantes de las Partes se reunirán por lo menos una vez al año con el fin de:

   a) Identificar y definir, los sectores en que sería posible la realización de programas y proyectos específicos de cooperación técnica, asignándoles un orden de prioridad.

   b) Proponer, considerar y aprobar programas y proyectos de cooperación técnica.

   c) Evaluar los resultados de ejecución de proyectos específicos con vistas al mayor rendimiento de las actividades emprendidas en el marco de este Convenio.

2. Cada una de las Partes podrá, en cualquier momento, presentar a la Otra, propuestas de cooperación técnica utilizando al efecto los usuales canales diplomáticos.

ARTÍCULO VII

los técnicos o expertos solicitados para prestar servicios consultivos y de asesoramiento serán seleccionados por la Parte que los envíe teniendo en cuenta las especificaciones contenidas en la petición. Dicha Parte comunicará sus nombres y calificaciones a la Otra para su previa conformidad.

En el ejercicio de sus funciones, dicho personal mantendrá estrechas relaciones con las autoridades competentes del país en que preste sus servicios y seguirá las instrucciones de las mismas para el cumplimiento de lo dispuesto en el presente Convenio y en los Acuerdos Complementarios derivados del mismo.

ARTÍCULO VIII

A los efectos de la realización de los programas y proyectos previstos en el presente Convenio y los Acuerdos Complementarios derivados del mismo, se observarán las normas siguientes:

1. Los artículos enviados por una Parte a la Otra necesarios para la realización de los programas y proyectos serán exonerados del pago de derechos aduaneros o de cualquier otra tasa, gravamen o impuesto y no podrán ser cedidos o transferidos, a título oneroso o gratuito, en territorio del país receptor.
2. Los salarios que reciban de su país los técnicos, expertos e investigadores enviado por una de las Partes al territorio de la Otra para la ejecución de los programas y proyectos no estarán sujetos al pago de impuesto sobre la renta.
3. Ambas Partes permitirán a los técnicos, expertos e investigadores que trabajen en la ejecución de programas y proyectos, la importación libre de derechos e impuestos a la importación y de derechos consulares y similares, de los siguientes artículos:
   a) Los efectos de uso personal y de los miembros de su familia, siempre que se observen las formalidades que rigen la materia;
   b) Un automóvil por persona o grupo familiar, que se importe para su uso personal. Esta importación se autorizará con carácter temporal y con sujeción a las formalidades vigentes en cada uno de los dos países.

Terminada la misión oficial se concederán facilidades similares para la reexportación de los artículos mencionados.

4. Las Partes permitirán la libre transferencia a su país de origen de la remuneración que los técnicos, expertos e investigadores reciban en el ejercicio de sus funciones.

5. Cada Parte otorgará a los técnicos, expertos e investigadores enviados por la Otra las facilidades adicionales que las autoridades administrativas del país receptor puedan conceder posteriormente al personal de cooperación técnica bilateral.

6. Las exoneraciones y facilidades enumeradas en los puntos precedentes serán concedidas por las Partes a título de reciprocidad y de acuerdo con la legislación nacional de los respectivos países.

ARTÍCULO IX

Cada una de las Partes adoptará las medidas necesarias para facilitar la entrada, permanencia y circulación de los técnicos, expertos e investigadores de la Otra que se encuentren en el ejercicio de sus actividades dentro del marco del presente Convenio y de los Acuerdos Complementarios derivados del mismo, con sujeción a las disposiciones que rigen las respectivas legislaciones sobre extranjeros.

ARTÍCULO X

Corresponderá a las autoridades competentes de cada Parte, de acuerdo con la legislación interna vigente en los dos países, programar y coordinar la ejecución de las actividades de cooperación técnica internacional previstas en el presente Convenio y en los Acuerdos Complementarios derivados del mismo, y realizar al efecto los trámites necesarios. En el caso de España, tales atribuciones competen al Ministerio de Asuntos Exteriores y, en el caso de Venezuela, a la Oficina de Coordinación y Planificación de la Presidencia de la República (CORDIPLAN).

ARTÍCULO XI

El presente Convenio entrará en vigor en la fecha en que ambas Partes se notifiquen el haber cumplido con las formalidades constitucionales o legales requeridas para tal fin.

ARTÍCULO XII

1. La validez del presente Convenio será de cinco años prorrogables automáticamente por períodos de un año, a no ser que una de las Partes participe a la Otra, por escrito, con tres meses de anticipación por lo menos, su voluntad en contrario.

2. El presente Convenio podrá ser denunciado por escrito por cualquiera de las Partes y sus efectos cesarán tres meses después de la fecha de la denuncia.

3. La denuncia no afectará a los programas y proyectos en ejecución, salvo en caso de que las Partes convengan de otra forma.

EN FE DE LO CUAL, los Plenipotenciarios de los dos Gobiernos firman el presente Convenio, en dos ejemplares originales igualmente válidos y estampan en ellos sus respectivos sellos.

Hecho en San Sebastián el día diez de agosto de mil novecientos setenta y tres.

Por el Gobierno de la República de Venezuela,

Tomás Polanco Alcántara
Embajador de Venezuela en España

Por el Gobierno Español,

Laureano López Rodó
Ministro de Asuntos Exteriores

IV

LOS DERECHOS HUMANOS

CONSIDERACIONES PRELIMINARES Y ESQUEMÁTICAS SOBRE LA REPERCUSIÓN DE LOS DERECHOS HUMANO EN EL RÉGIMEN JURÍDICO VENEZOLANO

Venezuela votó en la Asamblea General de las Naciones Unidas el 10 de diciembre de 1948 por la aprobación de la Declaración Universal de los Derechos Humanos (Resolución 217-A III). Igualmente, dio su voto afirmativo a la Declaración hecha por la Conferencia de Teherán, el 13 de mayo de 1968, en el sentido de que esa Declaración Universal era obligatoria para la comunidad internacional (ONU, documento S.73.XIV.2, página 19).

Esa actuación de Venezuela dentro de las Naciones Unidas responde a su obligación, en calidad de firmante de la Carta de las Naciones Unidas, para tomar conjunta o separadamente con los demás países miembros y con la organización de las medidas necesarias para promover "el respeto universal a los derechos humanos y a las libertades fundamentales de todos" (artículos 55 y 56 de la Carta de las Naciones Unidas).

Venezuela, además, dio su voto afirmativo en la Novena Conferencia Internacional Americana (Resolución XXX, Bogotá 1948) para la adopción de la Declaración Americana de los Derechos y Deberes del Hombre; firmó y ratificó la Convención Americana sobre Derechos Humanos (Ley del 14 de junio de 1977; Gaceta Oficial N° 31.256 de la misma fecha). Como miembro de la Organización de los Estados Americanos, Venezuela proclamó los mismos Derechos Humanos como uno de los principios de la comunidad americana (Carta de la OEA, 30 de abril de 1948, Ley del 21 de diciembre de 1951, *Tratado Públicos y Acuerdos Internacionales de Venezuela.* Tomo IX, página 479).

Igualmente suscribió Venezuela el Pacto Internacional de los Derechos Económicos, Sociales y Culturales (Ley del 27 de enero de 1978, Gaceta Oficial N° 2.146 Extraordinaria del 28 de enero de 1978). El Pacto Internacional de Derechos Civiles y Políticos y el Protocolo Facultativo de dicho Pacto (ambas leyes del 27 de enero de 1978, Gaceta Oficial N° 2.146 Extraordinaria del 28 de enero de 1978).

Consta, además, que Venezuela ha dado su voto afirmativo para la aprobación de todos los otros instrumentos internacionales aprobados en las Naciones Unidas referentes a distintos aspectos del reconocimiento y protección de los derechos humanos.

Esa abundante actividad internacional venezolana en el reconocimiento y proclamación de los Derechos Humanos plantea el problema jurídico de determinar la forma como esos instrumentos internacionales quedan insertados en el régimen jurídico de Venezuela y las relaciones que pueden existir entre tales regulaciones internacionales y las normas de la legislación interna de Venezuela.

La acción de las Naciones Unidas en materia de derechos humanos ha sido muy intensa y cuidadosa. Ha procurado ir abarcando los distintos campos de acción relacionados con esa materia y en los cuales puede haber habido interés en declaraciones especiales. En ese sentido tenemos:

a) La libre determinación de los pueblos como garantía fundamental de los derechos humanos (resolución 1.514 (XV) de 14 de diciembre de 1960).

b) La prevención y eliminación de toda forma de discriminación racial (Convención en rigor desde el 4 de enero de 1969) de discriminación en materia de empleo y ocupación, en vigor desde el 15 de junio de 1960); de discriminación en materia de enseñanza (en vigor desde el 22 de mayo de 1962), de eliminación de discriminaciones en perjuicio de la mujer (resolución 2.263, XXII) de 7 de noviembre de 1967.

c) La prevención y eliminación del delito de genocidio (en vigor desde el 12 de enero de 1951).

d) La protección de la mujer casada en cuanto a su nacionalidad, a los apátridas y de los refugiados (Convenciones de 11 de agosto de 1958, 6 de junio de 1960 y 22 de abril de 1954, respectivamente).

e) La protección de la libertad sindical y la libertad de derecho de sindicalización (en vigor desde el 4 de julio de 1950).

f) Derechos políticos de la mujer (en vigor desde el 7 de junio de 1954).

g) Derechos del niño (Resolución 1.386 (VIV) de 20 de noviembre de 1959. (Véase el texto de todos estos documentos en Recopilación de Naciones Unidas, documento S.73.XIV.2).

I.— *El Orden Constitucional*

El "Preámbulo" de la Constitución de Venezuela, redactado por los doctores Rafael Caldera, Arturo Uslar Pietri y Gonzalo Barrios (Acta N° 13 del 16 de abril de 1959 de la Comisión redactora del proyecto. Tomo I, volumen I, página 32), establece que es propósito del Estado venezolano "la garantía universal de los derechos individuales y sociales de la persona humana" y que el orden democrático es el único e irrenunciable medio de asegurar los derechos y la dignidad de los ciudadanos.

La Constitución contiene un Título dedicado a enunciar los derechos y garantías de la persona humana con la expresa advertencia de que tal enunciación no niega los otros derechos que "siendo inherentes a la persona humana, no figuren expresamente en ella" (artículo 50, Constitución de la República).

La Constitución declara nulo todo acto del Poder Público que viole o menoscabe los derechos que ella garantiza después que incurren en responsabilidad los funcionarios y empleados públicos que ordenen o ejecuten tales actos (artículo 46, Constitución de la República); y determina que los Tribunales ampararán a todo habitante de la República en el goce y ejercicio de los derechos y garantías que ella establece (artículo 49, Constitución de la República).

Es norma, además, de la Constitución, que la República debe cooperar con las demás naciones en los fines de la comunidad internacional, uno de los cuales es, como hemos visto, el respeto universal a los derechos humanos y a las libertades fundamentales de todos (artículo 55 de la Carta de las Naciones Unidas).

De las disposiciones constitucionales citadas se desprende que el Estado venezolano considera como una de las razones de su existencia el respeto a los derechos humanos, acepta las responsabilidades que por tal razón se derivan y posee un mecanismo interno de rango constitucional para el logro de esos fines.

II.—*Amplitud de la disposición del artículo 50 de la Constitución*

El artículo 50 de la Constitución admite la existencia de derechos y garantías que sean inherentes a la persona humana y que no figuren expresamente dentro de los enunciados en el Título III de la misma Constitución. Señala que tales derechos pueden ser ejercidos plenamente aún en caso de falta de ley que los reglamente.

Es importante, por lo tanto, tratar de precisar cuáles serían esos derechos inherentes a la persona humana y que no están enunciados en el Título III de la Constitución.

La Convención Americana sobre Derechos Humanos, la Declaración Americana sobre Derechos y Deberes del Hombre, el Pacto Internacional de Derechos Económicos, Sociales y Culturales y el Pacto Internacional de Derechos Civiles y Políticos reconocen que la Declaración Universal de los Derechos Humanos es el enunciado fundamental de los derechos inherentes a la dignidad de la persona humana, y cada uno de tales documentos, en particular y de acuerdo a sus propósitos y ámbito de aplicación, pautan la forma que le es propia, respecto a esos derechos.

Parece razonable, por lo tanto, admitir que todos esos documentos internacionales referidos complementan el enunciado de los derechos y garantías contenidos en el Título III de la Constitución.

Esos documentos, además (excepto la Declaración Americana), están aprobados por leyes de la República y, por tanto, forman parte de su régimen jurídico interno.

Todos esos documentos constituyen, como leyes internas de la República, la norma reglamentaria que regula el ejercicio de los derechos en ellos consagrados.

Por último, los mismos documentos son la expresión del cumplimiento por Venezuela de un compromiso internacional que debe ser respetado fielmente.

Establecida así la categoría jurídica de esos documentos, deben estudiarse las consecuencias que se derivan de su propio contenido y de sus relaciones con el resto del ordenamiento jurídico nacional.

III.—*Esencia jurídica de los Derechos Humanos*

La Declaración Universal de los Derechos Humanos consideró "que era esencial que los Derechos Humanos sean protegidos por un régimen de derecho, a fin de que el hombre no se vea compelido al supremo recurso de la rebelión contra la tiranía y la opresión".

La Constitución de la República, por otra parte, considera el orden democrático como el único medio de asegurar los derechos y la dignidad de los ciudadanos.

De ambas declaraciones se desprenden conclusiones de especialísima importancia jurídica y política:

1. Existe una relación de causa a efecto entre protección de los derechos humanos y régimen democrático. Es decir, no se pueden proteger los derechos humanos eficazmente sino dentro de un régimen democrático y es de la esencia del régimen democrático proteger los derechos humanos. No es posible entonces calificar como democrático un régimen de gobierno, cualquiera que sea su naturaleza y estructura, que no proteja íntegramente los derechos humanos.
2. Cuando los Derechos Humanos no son protegidos por el Estado, estamos en presencia de un sistema de tiranía y opresión contra el cual es lícito "el supremo recurso de la rebelión". Se trata de doctrina sentada por las propias Naciones Unidas.
3. El reconocimiento y protección de los Derechos Humanos constituyen la base de la libertad, la justicia y la paz en cada una de las naciones y en el mundo; es decir, no puede haber libertad, ni justicia, ni paz si los Derechos Humanos no son reconocidos y protegidos.
4. La proclamación de Teherán señala otros aspectos de importancia política y jurídica en el reconocimiento y defensa de los Derechos Humanos y que se refieren a determinados aspectos de la acción del Estado encaminados a remover obstáculos severos que impiden tal finalidad:
   a) La eliminación de la discriminación racial.
   b) La eliminación del colonialismo.
   c) La no realización de actos de agresión.
   d) El subdesarrollo económico y social.
   e) La negación de los derechos económicos, sociales y culturales.
   f) El analfabetismo.
   g) La discriminación de la mujer.
   h) El abandono del niño, el joven y la familia.
   i) El uso inadecuado de la ciencia y la tecnología.
   j) El uso de recursos humanos y materiales inmensos con fines armamentistas.
5. Los Derechos Humanos y las relaciones que se enuncian en los números anteriores justifican y explican el interés de las Naciones Unidas como organización y de cada uno de sus miembros en el

tema de Derechos Humanos; al extremo de considerarse indispensable su protección y reconocimiento para el desarrollo de las relaciones amistosas entre las naciones incluso para la existencia misma de cada nación.

Todo explica que tanto el Derecho Internacional Público como el Derecho interno de cada país, sobre todo en los países en desarrollo, están evolucionando rápidamente hacia la construcción de un nuevo régimen jurídico o de una nueva orientación del derecho que tenga como objetivo el reconocimiento y la defensa de los Derechos Humanos.

IV.—*El Orden Jurídico Venezolano y los Derechos Humanos*

Se debe tratar de examinar cómo ha enfrentado el Estado venezolano, a través de su legislación, su compromiso constitucional e internacional de proclamar y defender los Derechos Humanos.

El enunciado de Derechos y Garantías a que se refieren los seis (6) documentos internacionales de que se viene hablando, plantea respecto a la Constitución de la República las siguientes situaciones:

1. Aquellos derechos respecto a los cuales las normas de los documentos internacionales coinciden con lo establecido en la Constitución.

En estos casos no es necesario plantear ningún problema especial.

2. Aquellos derechos reconocidos en los documentos internacionales, pero sobre los cuales la Constitución guarda silencio.

Parece razonable que tales derechos deban considerarse incorporados al sistema vigente en Venezuela por dos razones: Una, por la aplicación del artículo 50 de la Constitución; y la otra, porque los Pactos Internacionales y la Convención Americana son Ley de la República y la Declaración Universal de la Declaración Americana no son sino aplicación de principios expresamente reconocidos por la República (artículo 128 de la Constitución).

3. Aquellos derechos con respecto a los cuales la norma constitucional venezolana es más amplia que las normas internacionales, situación perfectamente clara, ya que en ningún caso la aplicación de los documentos internacionales puede llevar a una interpretación restrictiva de la Constitución.

4. Aquellos derechos respecto a los cuales las normas internacionales son más amplias que la Legislación venezolana.

En este caso hay que distinguir dos situaciones: Una, que la norma venezolana esté contenida en la Constitución, en cuyo caso ésta debe ser aplicada preferentemente incluso en los campos respecto a los cuales Venezuela no hizo reserva expresa al ratificar los documentos internacionales.

La otra se refiere a cuando la norma venezolana no es de carácter constitucional. Debe entonces aplicarse preferentemente la norma internacional.

Cada una de estas modalidades deberá ser considerada al estudiar los distintos derechos que contemplan los documentos internacionales.

V.—*Restricciones a los Derechos Humanos*

La Convención Americana y los dos Pactos Internacionales permiten que el goce y ejercicio de los Derechos y libertades reconocidos en ellos puedan ser objeto de restricciones por parte de los Estados miembros.

Es indispensable, por tanto, precisar la forma y alcance de tales restricciones.

a) Límites de las restricciones.

La Constitución venezolana establece en límite a la potestad de restringir los derechos garantizados por ella: la Ley no puede violar ni menoscabar esos derechos, so pena de nulidad (artículo 46). La Corte Suprema de Justicia, en tales casos, debe declarar la nulidad. Ello supone para la Corte la necesidad de examinar la naturaleza de cada derecho y el contenido de la restricción y precisar si esta última viola o menoscaba a aquél.

La Convención Americana ha previsto restricciones que puedan derivarse de las siguientes razones: la seguridad, el orden, la salud o la moral públicas; los derechos o libertades de los demás; el interés de la seguridad nacional y la seguridad pública.

Se ha considerado también como posible que las restricciones se deriven de la propia naturaleza del derecho.

El examen de la Corte deberá, por lo tanto, tomar en cuenta tales factores para considerar si en un determinado caso se han dado o no las razones permitidas para que un determinado derecho pueda ser restringido o no.

b) Deben distinguirse al efecto esas restricciones en dos categorías: las de carácter permanente y las de carácter temporal.

Primera Categoría: Aquellos que no pueden ser objeto de restricción alguna.

Determinados derechos, por su propia naturaleza, no pueden ser objeto de limitación alguna ni temporal ni permanente. Es el caso específico del derecho a la vida, a la integridad de la persona y a no ser condenado a penas perpetuas.

Es inconcebible que tales derechos estén sujetos a limitación alguna.

Segunda Categoría: Derechos enunciados en forma general y sin limitaciones, pero que pueden ser reglamentados, en cuanto a su ejercicio, por el Legislador.

La Constitución de Venezuela ha previsto como competencia del Poder Nacional la Legislación Reglamentaria de las garantías, materia sobre la cual puede el Congreso legislar (artículo 139, en relación con el numeral 24 del artículo 136).

Esta Legislación desde luego no puede referirse a aquellos derechos comprendidos en la primera categoría enunciada.

Tercera Categoría: Derechos cuyo ejercicio debe estar necesariamente sometido a las normas que contenga una Ley.

Este último caso plantea en Venezuela una delicada dificultad derivada de que el artículo 50 de la Constitución expresamente determina que la falta de Ley Reglamentaria no menoscaba el ejercicio de los derechos enunciados en ella.

Podría interpretarse esta norma en el sentido de que, si bien tales derechos no reglamentados pueden ser ejercidos, sólo los Tribunales pueden precisar ante la falta de esa Ley, qué límite debe haber en el goce y ejercicio de los mismos.

VI.— *Criterios de interpretación*

El criterio general que establecen la Convención Americana y los Pactos Internacionales es que en ningún caso la interpretación de las normas sobre los Derechos Humanos debe permitir ni la negación de tal derecho o libertad, ni su limitación en una medida mayor que la prevista en él.

No puede la interpretación del Pacto limitar cualquier derecho o libertad no previsto en ellos, pero sí en las normas propias del Estado respectivo.

Tampoco la interpretación de los documentos internacionales debe llevar a excluir cualquier derecho o garantía inherente a la persona humana, derivado de la forma democrática de gobierno o de cualquier acto internacional.

Nótese que la Comisión Interamericana de Derechos Humanos está facultada para absolver consultas sobre cuestiones relacionadas con los Derechos Humanos.

Igualmente, la Corte Interamericana de Derechos Humanos, a pedido de un Estado parte en esa Convención, puede interpretar la Convención sobre Derechos Humanos para determinar si ha habido o no violación de ella, o si hay o no colisión entre la norma internacional o la ley nacional.

Debe, por último, advertirse que las interpretaciones de los Pactos no pueden en ningún caso menoscabar las disposiciones de la Carta de las Naciones Unidas y de sus organismos especializados, así como tampoco podrían interpretarse los Pactos en menoscabo de los derechos de cada pueblo a disfrutar y utilizar plenamente sus riquezas y recursos naturales.

VII.— *Deberes de los Estados derivados de los documentos internacionales*

La firma y ratificación de la Convención Americana y de los Pactos Internacionales hace nacer para los Estados una serie de obligaciones de importancia, a saber:

1. Respetar los derechos y libertades reconocidos en ella.
2. Adoptar las medidas legislativas o de otro carácter necesarias para hacer efectivos tales derechos y libertades.
3. Establecer recursos judiciales sencillos y rápidos para amparar a las personas víctimas de violaciones a sus derechos fundamentales.
4. Garantizar que serán cumplidas las decisiones de los Tribunales de amparo de los Derechos Humanos.
5. Someterse a los procedimientos que se interpongan ante la Comisión Interamericana.
6. Someterse a las decisiones de la Corte Interamericana.
7. Facilitar el funcionamiento de la Comisión Interamericana.
8. Cumplir las decisiones de la Corte.

Entre las obligaciones que adoptan los Estados miembros de los Pactos Internacionales, me ha parecido interesante destacar dos: una, el deber de informar a las Naciones Unidas sobre la marcha de las medidas que fuere adoptando cada Estado en esa materia; la otra, el sometimiento a la jurisdicción de los organismos internacionales.

a) El deber de información: Lo establece el artículo 16 del Pacto sobre derechos económicos, sociales y culturales, y el artículo 4° del Pacto sobre derechos civiles y políticos.

El primero de los Pactos mencionados requiere la presentación de informes "sobre las medidas que hayan adoptado los Estados y los progresos realizados con el fin de asegurar el respeto a los derechos" reconocidos en el Pacto. Estos informes deben ser presentados al Secretario General de las Naciones Unidas, quien a su vez transmitirá copias al Consejo Económico y Social "para que los examine". Igualmente se enviarán copias a los organismos especializados en las materias correspondientes.

Los informes en cuestión deben ser presentados por etapas y conforme a un programa que establecerá el Consejo Económico y Social y pueden señalar las dificultades y circunstancias que afectan el grado de cumplimiento de las obligaciones contraídas.

De esa manera se establece un sistema internacional que permite la publicidad de los intentos de cada Estado en cumplir sus obligaciones, se crea una forma de presión evidente derivada de esa publicidad y se ordena u organiza, mediante el Programa aludido, la forma como esa obligación va a ser cumplida.

Estos informes pueden parecer a su vez hechos del conocimiento de la Asamblea General por decisión del Consejo Económico y Social.

No queda, por lo tanto, esa obligación de cada Estado sujeta a su simple voluntad: hay una forma de presión internacional derivada de la obligación de publicidad a través de la cual se podrá ver si hay o no cumplimiento del deber aceptado en el Pacto.

En materia de derechos civiles y políticos, la situación es diferente: el informe debe ser presentado al Comité de Derechos Humanos y este Comité puede examinarlos, hacerles comentarios y transmitirlos al Consejo Económico y Social. Pueden hacerse los mismos comentarios anteriores.

b) El sometimiento a la jurisdicción de los organismos internacionales.

El tema se presenta, para Venezuela, en lo que se refiere a la Convención Americana.

Ésta establece una Comisión y una Corte (artículo 33). La Comisión no crea problemas jurídicos muy especiales debido a que su jurisdicción se limita a recibir y estudiar peticiones que les formulen personas, grupos de personas o entidades no gubernamentales (artículo 44) y para admitir y estudiar las comunicaciones que un Estado parte le presente sobre violaciones de los derechos humanos por otro Estado parte (artículo 45).

La Comisión tiene una facultad de ser informada sobre los hechos pertinentes, practicar investigaciones si lo acepta el Estado interesado, buscar soluciones al problema en estudio y presentar sus informes sobre el resultado de la gestión (artículo 5°) con proposiciones y recomendaciones.

La Corte va más allá: una vez que su competencia haya sido reconocida como obligatoria (artículo 62) la Corte puede en su decisión ordenar que se garantice al lesionado el goce de su derecho o libertad concluido, que se supere, si fuere procedente, las consecuencias de la infracción y hasta tomar medidas provisionales que estime convenientes (artículo 63).

No se ha visto todavía actuar a esta Corte y será interesante observar la forma cómo podrá hacerlo en el ámbito americano.

VIII.—*Los Derechos Humanos en la Constitución Política Venezolana*

El tema derechos humanos ha estado siempre ligado íntimamente a la nacionalidad venezolana. Desde los mismos comienzos de la vida independiente, los derechos humanos fueron proclamados como parte esencial en la vida jurídica del nuevo Estado.

Correspondió la iniciativa en el tema a Juan Bautista Picornell, uno de los integrantes del grupo que pretendió derrocar la monarquía española en el año de 1796, y que por tal razón fue deportado a Venezuela, donde participó, junto con José María España y Manuel Gual en la conspiración famosa que, aunque culminó de hecho en un fracaso, dejó, desde 1797, sembrados los principios revolucionarios que años más tarde darían pie a nuestra Independencia.

Picornell, en unión probablemente con otras personas, publicó una obra titulada *LOS DERECHOS DEL HOMBRE Y DEL CIUDADANO, con varias máximas republicanas y un discurso preliminar dirigido a los americanos* (supuesto pie de imprenta en Madrid, 1797, y que contiene una traducción de la Declaración hecha por la Asamblea francesa el 24 de junio de 1793).

Esta obra, estudiada cuidadosa y detalladamente por don Pedro Grases (*La Conspiración de Gual y España*, primera edición, Caracas, 1949. Segunda edición, Caracas, 1978), tiene una enorme repercusión en nuestra vida jurídica y política.

El estudio de Grases demuestra que su texto fue el utilizado en la declaración de los derechos del pueblo, hecha el 1° de julio de 1811, por la sección legislativa de la provincia de Caracas (véase *Gaceta de Caracas* del 25 de julio de 1811); fue fundamental en la redacción de la Constitución de 1812, influyó notablemente en las constituciones provinciales de Mérida (1811) y Barcelona (1812) y en la Constitución de Angostura.

Conviene llamar la atención sobre el importante hecho de que no debe confundirse la traducción hecha por Picornell sobre el texto francés de 1789, con las que se hicieron, por ejemplo, por el prócer Nariño, de la declaración francesa de 1793 y por Manuel García de Sena de la Declaración Americana de 1780.

Pero lo que importa es que, durante todo el proceso jurídico de la Independencia, la preocupación por la defensa y declaración de los Derechos del Hombre se consideró tema fundamental.

Proclamada la República, la Constitución de 1830 muestra todavía huella de ese estado de ánimo, pero es en 1863, cuando el Mariscal Juan C. Falcón, como Presidente de la República, dicta el 18 de agosto de 1863 su *Decreto de Garantías*, redactado por su Ministro del Interior Guillermo Tell Villegas, con la colaboración del señor Víctor José Ariza y del Dr. Diego Bautista Urbaneja. Este Decreto garantiza a los venezolanos la vida, la propiedad, la inviolabilidad del hogar doméstico, el secreto de los papeles y correspondencia, la libre expresión del pensamiento, la instrucción, el sufragio, la asociación pacífica, el de petición y obtención de respuesta, la libertad personal, la libertad natural, la libertad de industria, la igualdad ante la Ley, la seguridad personal y la abolición de la esclavitud (González Guinán, *Historia Contemporánea de Venezuela*, Tomo VIII, páginas 168 y ss.).

De allí en adelante, no ha faltado en ninguna Constitución venezolana una parte dedicada a la proclama y garantía de los Derechos Fundamentales del Hombre.

La libertad religiosa en la Declaración de los Derechos del Hombre y en el Ordenamiento Jurídico Venezolano

Presentación

El tema que se me ha asignado se refiere a la "Libertad de Religión y de Cultos" tanto en la Declaración de los Derechos del Hombre como en nuestro actual ordenamiento constitucional.

La Declaración de San Francisco en 1945

Es importante recordar que, cuando apenas se está acabando la última —ojalá sea la última— guerra mundial, los pueblos del mundo se reúnen en la ciudad de San Francisco y suscriben un Documento importantísimo: la Carta Constitutiva de las Naciones Unidas, en la cual manifiestan:

Que para preservar a las generaciones venideras del flagelo de la guerra que dos veces durante nuestra vida ha infligido a la humanidad sufrimientos indecibles, se ven precisados —entre otras declaraciones importantes que hacen— a reafirmar la fe en los derechos fundamentales del hombre, en la dignidad y el valor de la persona humana, en la igualdad de los derechos de los hombres y mujeres y de las naciones grandes y pequeñas.

Y para el logro de esos fines se obligan los pueblos del mundo *a practicar la paz y la tolerancia como buenos vecinos.*

La Declaración de 1948

Esa magnífica declaración, en la cual los pueblos del mundo, después, repito, de haber terminado una tremenda guerra, donde la humanidad acababa de probar el arma más terrible que la había azotado durante toda su historia, afirman que es necesario "practicar la tolerancia y reafirmar la fe en los derechos fundamentales del hombre, en la dignidad y en el valor de la persona humana, en la igualdad de derechos de los hombres y de las mujeres", es básica como punto de partida para la que luego va a venir, años más tarde, ya organizadas las Naciones Unidas, cuando en la Asamblea General, del año 1948, se proclama, para todos los pueblos de la humanidad, un documento también importantísimo denominado *Declaración Universal de los Derechos del Hombre*.

Basado ese documento en la Declaración original de San Francisco en 1945, afirma que hay que considerar:

Que el desconocimiento y menosprecio de los Derechos del Hombre han conducido a actos de barbarie que sublevan la conciencia de la humanidad, y que el advenimiento de un mundo futuro, donde los seres humanos sean libres para hablar y creer, librados del terror y la miseria, han sido proclamados como la más alta aspiración del hombre.

Aquella preocupación pues, que encontraron los pueblos el año 45, al decir que era necesario reafirmar la fe en los derechos fundamentales del hombre, se ratifica en 1948, cuando se declara, específicamente, en las Naciones Unidas, que era indispensable advertir que, el haber desconocido esos derechos fundamentales del hombre antes del año 45 había sido causa de profunda desazón en la vida y en la historia de la humanidad y que era además necesario establecer un régimen de derecho que protegiera al hombre en sus facultades para que éste no se viera obligado a rebelarse contra la tiranía y la opresión.

Por primera vez en la historia de la humanidad se advierte, por parte de *ésta misma*, que habrá que reconocer y proteger, con un "Régimen de Derecho" las facultades del hombre como tal, la dignidad de la persona humana, porque de lo contrario *el hombre se verá obligado a rebelarse contra la tiranía y la opresión.*

En esta declaración cuya hermosura y belleza no será nunca suficientemente bien ponderada, las Naciones Unidas

Proclaman la presente declaración universal de los derechos del hombre, como el ideal común que han de alcanzar todos los pueblos y naciones a fin de que todos los individuos y órganos de la sociedad, teniendo constantemente esta declaración en el espíritu, se esfuercen por medio de la enseñanza y la educación, por desarrollar el respeto de estos derechos universales, y por asegurar con medidas progresivas de orden nacional e internacional su reconocimiento y aplicación universales y efectivas, tanto entre los pueblos de los mismos Estados miembros, como entre los pueblos y territorios colocados bajo su jurisdicción.

Las Naciones Unidas, pues, han exigido a todos los individuos, a todos los Estados, que, usando la educación y la enseñanza, se inculque el respeto al derecho y a la libertad de cada quien, y se aplique universalmente, en todos los países, esa "declaración de derechos de la persona humana" para que pueda haber un ideal común que traten de alcanzar todos los pueblos y naciones, al practicar la tolerancia y convivir en paz como buenos vecinos.

Reflejo de ambas en nuestro Ordenamiento constitucional

En esos derechos que tratan las Naciones Unidas de establecer, tenían que reflejarse de alguna forma en el ordenamiento constitucional que rige la República, suscritora de tal Declaración. Por eso, si de da lectura a la parte introductoria de la Constitución, en lo que pudiéramos llamar los puntos fundamentales de donde parte el Poder Constituyente para adoptar la Constitución, se advierte que entre los propósitos que tiene el Estado venezolano para subsistir, entre otros, está "el mantenimiento de la igualdad social y jurídica, sin discriminaciones derivadas de raza, sexo, credo, condición social; el cooperar con las demás Naciones con el objeto de que se consiga la garantía universal de los derechos individuales y sociales de la persona humana y el proclamar y amparar la dignidad humana".

Por primera vez, también en nuestro ordenamiento constitucional, se incluye dentro de la Carta Fundamental de la República, la necesidad del reconocimiento y de la proclamación de la declaración de los derechos de la persona humana como parte importantísima, como parte básica, como puntos de partida del ordenamiento jurídico de la República.

La libertad de conciencia y de religión en la Declaración de 1948

Entre los derechos que se establecen específicamente en la declaración de 1948, en su artículo 18 uno que es el que hoy nos corresponde analizar, y es el que *se refiere a la libertad de pensamiento, conciencia y religión.*

Dice el artículo 18 de la Declaración:

Toda persona tiene derecho a la libertad de pensamiento, de conciencia y de religión. Ese derecho implica la libertad de cambiar de religión o de convicción, así como la libertad de manifestarla individualmente, tanto en público como en privado, por la enseñanza, la predicación, el culto y el cumplimiento de los ritos.

Ahora, ¿cómo se explica ese interés mundial en proteger y reconocer el derecho de todo hombre de profesar una religión o creencia y a manifestarla pública o privadamente? Es útil hacer notar que, cuando los hombres se disponen a pensar y a reflexionar sobre cuáles son los derechos fundamentales que han de ser proclamados como necesarios para que se pueda vivir en paz, se incluye como pieza importantísima esa especial alusión a la libertad de pensamiento, de conciencia y de religión, a la libertad de profesar una religión, y de cambiarla (si se cree conveniente), a la libertad de manifestar en público o en privado, individual o colectivamente, la fe religiosa que se tenga y explicarla mediante la predicación, el culto y el cumplimiento de los ritos. ¿Por qué esto?

LAS DISCRIMINACIONES RELIGIOSAS Y SU ORIGEN

El señor Arcot Krishnaswami, que tiene la particular situación de ser el Relator especial de la "Subcomisión de Discriminaciones y Protección de Minorías de la Comisión de Derechos Humanos del Consejo Económico y Social de la ONU", presentó, en el año 1960, un informe al Secretario General de las N.N.U.U. sobre las discriminaciones en materia de prácticas religiosas en el mundo entero, y sostiene que el mantenimiento de la libertad religiosa es esencial a la paz internacional, porque su negación en épocas pasadas y su no reconocimiento ha engendrado y engendra todavía incontables sufrimientos y persecuciones contra grandes grupos de población.

Es interesante que este distinguido jurista califique el derecho a la libertad de conciencia y religión como "el más preciado de los derechos humanos", y que no vacile en afirmar, además, "que la aspiración al mismo se ha convertido en una de las fuerzas políticas más poderosas y de mayor difusión que tiene la historia del mundo", y que presente en su apoyo un argumento impresionante: que si bien todas las religiones, casi sin excepción, proclaman como base fundamental de su filosofía el amor al prójimo y la satisfacción de las necesidades de los demás, han sido las guerras religiosas, a través de toda la historia del hombre, las que han producido los azotes más grandes, las persecuciones más terribles, las crueldades más espantosas.

El cristianismo, católico o protestante, el budismo, el judaísmo, el confucionismo y el hinduismo, las religiones que tienen mayor cantidad de adeptos en el mundo entero, todas proclaman como base fundamental el que hay que amar al prójimo, sin embargo, en la historia de todas esas religiones hay múltiples actos que se han manifestado en forma de tales guerras religiosas, de una crueldad que en otra clase de situaciones no se han podido presentar.

Es verdad, también, y debe afirmarse, que muchas de las guerras religiosas han tenido de "religiosas" solamente la denominación, y que en ellas se ha tratado únicamente de utilizar el pretexto de la religión, la fuerza que en el hombre significa el ideal y la fe religiosa como argumento para impulsarlo a luchas que en el fondo son políticas, económicas o simplemente militares.

LA LUCHA CONTRA LA INTOLERANCIA

No puede pensarse que, si Cristo señaló como la diferencia de sus discípulos de los demás hombres, que se caracterizarían por el amor que demostrarían a los demás, no puede pensarse, repito, que un cruzado, en sus famosas guerras, armado de una espada, provisto de una armadura (armas entonces modernas) irrumpa de repente en el mundo musulmán, atropelle mujeres, robe propiedades, destruya bienes y vaya a decir que lo está haciendo para defender la fe de Cristo.

Son fuerzas económicas, son fuerzas políticas, son fuerzas militares las que han utilizado la idea religiosa para llevar al hombre, bajo el pretexto de defender una fe determinada, a olvidarse de las bases fundamentales de esa fe, a lanzarse contra otros hombres para dominarlos, para conquistarlos, para someterlos a su voluntad, a su interés, a su particular deseo, sistema o régimen.

Donde ha habido hombres que piensen, en todas las religiones, en todas las épocas, en todas las creencias, se ha proclamado la tolerancia: Cristo predicó a sus apóstoles que su reino no se defendía con la espada; también Asoka, protector que fue del budismo, y el mismo Mahoma, fundador del islamismo, en todos se encuentra como punto fundamental la enseñanza que dan a sus discípulos que "el prójimo debe ser amado, el prójimo debe ser respetado, la paz reinar, la paz debe ser la guía fundamental que rija al hombre en toda su vida". Santo Tomás y Suárez no vacilan en proclamar la tolerancia.

El gran John Locke escribió una carta, *A la tolerancia*, publicada un año después de la Revolución inglesa, donde se empeña en afirmar que hay que respetar la voluntad de cada quien, como único factor que lo ligase a una religión, y consecuencialmente, que todos los creyentes debían tener sus instalaciones religiosas adecuadas y practicar sus ritos.

Hay que advertir, sin embargo, que Locke no se atrevió a extender esta libertad de profesar una religión, esta libertad de tener instalaciones religiosas adecuadas y de practicar ritos, a la religión católica, quizás por el espíritu momentáneo en que Inglaterra se encontraba en aquella época, de una fuerte lucha, en el fondo también política, contra el Papado.

ALGUNOS REFLEJOS LEGISLATIVOS DE LA ACEPTACIÓN DE LA TOLERANCIA

Ese espíritu de tolerancia que parte de los fundadores de religiones y de los filósofos va poco a poco entrando en los ordenamientos jurídicos y justamente en casi todos los pueblos se van introduciendo normas que, en una forma u otra, admiten, reconocen, que el hombre tiene derecho a profesar libremente la religión que, también libremente, hubiera escogido.

Hay aspectos sumamente interesantes en la materia que lamentablemente no podemos desarrollar por falta de tiempo. Podría citarse, por ejemplo, cómo Suiza establece en 1829 que cada Cantón decidía soberanamente, por mayoría, la religión que la minoría debía tener, y poco a poco, lo va extendiendo hasta que en 1874 proclama la plena libertad de conciencia y de religión. Inglaterra después de la tremenda lucha originada por la Reforma, donde se persigue a los católicos y a quien no profese la religión oficial del Estado, en la declaración presentada recientemente al Secretario de las Naciones Unidas sobre este tema de libertad religiosa, afirma que ya en Inglaterra cualquier religión puede ser libremente profesada y que si acaso existe una religión oficial, es a los efectos únicamente protocolares sin que se manifiesten ninguna clase de diferencias, ninguna clase de desigualdades entre las personas que profesan una u otra religión o entre las iglesias de diferentes credos.

Reacción contemporánea contra la intolerancia

Debemos hacer mención expresa a tres documentos importantísimos de fecha reciente sobre el tema de que hablamos: no voy a poder hacerlo en orden cronológico por razón de la brevedad del tiempo.

Paulo VI y la Batalla de Lepanto

El primero no ha sido todavía suficientemente destacado en toda la belleza y el profundo significado que tiene. Se trata de lo siguiente:

Recordarán ustedes todos cómo fue una de las grandes batallas, ganadas por la cristiandad frente al islamismo, la batalla de Lepanto, célebre, entre otras múltiples razones, por haber participado en ella el famoso Miguel de Cervantes, el “Manco de Lepanto”. Las banderas, que las fuerzas de la cristiandad arrebataron a los turcos estaban, como un trofeo de guerra, en el Vaticano; el año pasado, el Papa Paulo VI decidió llamar al Embajador de Turquía y hacerle entrega en acto público y solemne, de las banderas de Lepanto diciéndole: “éste es el símbolo de que la Iglesia Católica quiere dar de que las guerras religiosas, para nosotros, se han acabado. Nuestra mayor batalla contra ustedes fue la batalla de Lepanto, en esa batalla nosotros les arrancamos la bandera que en este acto yo les devuelvo, esa clase de luchas religiosas han terminado para nosotros”.

La Declaración del Concilio Vaticano II

El segundo de los documentos recientemente manifestados en torno a la libertad religiosa es el de la Declaración Conciliar de 7 de diciembre de 1965 referente a esta materia, o sea que todo hombre tiene derecho de profesar la religión que deseare.

El Concilio Vaticano —dice el texto de la declaración— declara que la persona humana tiene derecho a la libertad religiosa. Esta libertad consiste en que todos los hombres han de estar inmunes de coacción, tanto de grupos particulares como de grupos sociales y de cualquier potestad humana, y esto de tal manera que en materia religiosa ni se obligue a nadie a orar contra su voluntad y conciencia, ni se le impida que actúe conforme a ella en privado, y en público, solo o asociado con otros, dentro de los límites debidos. Declara además el Concilio —tomo las palabras del propio texto del documento respectivo— que el derecho de libertad religiosa está realmente fundado en la dignidad misma de la persona humana, tal como se conoce por la palabra revelada de Dios y por la misma libertad religiosa ha de ser reconocido, dice el Concilio, en el ordenamiento jurídico de la Sociedad, de forma que llegue a convertirse en un Derecho Civil.

La Iglesia Católica pues, no vaciló en proclamar un su último Concilio, que "es inherente a la persona humana" el tener libertad religiosa y que "no es lícito a nadie" coaccionar a ninguna persona en una determinada forma, para que profese una religión, para que cambie una determinada religión o para impedirle que pública o privadamente, solo o con otros creyentes, la pueda manifestar en forma lícita que sea conveniente al bien común.

Es verdad que ya antes del Concilio Vaticano II, el Papa León XIII, el Papa Pío XII y el gran Papa Juan XXIII lo habían hecho ver en forma clara, pero nunca había sido en forma tan terminante, en forma tan larga y detallada, como en el Documento Conciliar al cual acabo de hacer alusión.

No hubo en el Concilio ningún otro tema que provocare una discusión tan larga y tan difícil como la declaración referente a la libertad religiosa.

El primer proyecto se presentó en el año de 1962, antes de reunirse la 1ª Sesión del Concilio y para cada sesión se presentó una versión distinta del Documento que en definitiva fue aprobado.

Una bien organizada minoría de personajes eclesiásticos (de países europeos y también de algunos países latinoamericanos) bajo el pretexto de que los documentos no eran suficientemente claros, tuvieron la habilidad de demorar y de casi hasta impedir la discusión.

Hay documentos publicados, gracias a la sagacidad de los periodistas, que invadían hasta donde les era posible las oficinas privadas de las actuaciones conciliares, que cuentan escenas interesantes, por ejemplo, en una de ellas, donde a la vista de las maniobras que esa pequeña minoría había realizado, para tratar de impedir que el documento pro-libertad religiosa fuera discutido, 17 Cardenales, reunidos en rápida y urgente Asamblea privada, se presentaron ante el Papa para exigirle, respetuosamente, que la declaración sobre libertad religiosa fuera incluida en los temas de Concilio y fuera debatida. Y fue entonces necesaria toda la suprema e indiscutible autoridad de Paulo VI, para que la minoría desistiera de sus maniobras, y el tema pudiera ser llevado al Concilio, donde finalmente fue aprobado por una gigantesca cantidad de votos que demostraban que era ésa la conciencia de la gran masa de la cristiandad representada en el Concilio.

El documento conciliar, aprobado como doctrina oficial de la Iglesia, parte del principio de que el hombre por medio de su conciencia conoce los dictámenes de la Ley divina, y que, en consecuencia, está obligado a actuar solamente según los dictámenes de esa conciencia, sin poder ser coaccionado exteriormente en la forma del ejercicio de la religión, en la forma de manifestar su adhesión a la voluntad divina, o en la forma como deba actuar.

Es, por lo tanto, dijo el Concilio, "una injuria a la persona humana y a Dios, el negarle al hombre el derecho a la religión, dejando a salvo el justo orden público". Además, la acción religiosa pertenece a un campo que, por trascender del orden temporal, no puede ni debe quedar bajo la intervención del Estado, si éste pretende impedir sus religiones.

La libertad religiosa, según el Concilio, abarca tanto el ejercicio individual como el colectivo, a través de comunidades religiosas, en las que el hombre, por su naturaleza social, trata de asociarse para todas sus actividades y entre ellas para la religiosa. Tales comunidades religiosas tiene por tanto el derecho a existir y a actuar pública y privadamente.

Estima también el Concilio que *cada familia tiene derecho de ordenar su vida religiosa domestica bajo la dirección de los padres, y que a éstos y sólo a éstos corresponde el derecho de determinar la forma de educación religiosa que sus hijos han de recibir. Considera el Concilio que no se puede por lo tanto ni obligar a los padres a que sus hijos asistan a una instrucción religiosa que no corresponda a su convicción, ni impedir a los padres que puedan instruir religiosamente a sus hijos, si así lo desean.*

Respecto al Estado, considera el Concilio que es deber de las autoridades, no sólo garantizar a los ciudadanos el libre ejercicio de la religión, escogida por cada quien, según su conciencia, sino que la igualdad jurídica de todos no debe se jamás perturbada por supuestos razonamientos religiosos.

Dice el Concilio, "sería un absurdo del Estado imponer por la fuerza una religión, imponer por la fuerza el abandono por alguien de una religión a la que no desea seguir perteneciendo".

Ahora bien, si bien se proclama la libertad religiosa, se acepta la necesidad de que sea ella limitada contra los abusos que pueden derivarse de su uso y de la violación de los intereses colectivos.

Es sumamente importante que el Concilio quiso destacar que su proclamación de la libertad religiosa no era una innovación en la fe cristiana, sino que ella estaba profundamente unida a la tradición y a la fe católica, desde la enseñanza del mismo Cristo y las enseñanzas prácticas de sus apóstoles.

El Documento conciliar termina pidiendo que en aquellos países donde todavía no tiene vigencia tal libertad religiosa llegue pronto el momento en que todos los hombres puedan disfrutar de ella.

Derivaciones de la Declaración de 1948 sobre Derechos del Hombre

Es necesario destacar que las enseñanzas del Concilio están en un todo acordes con las declaraciones de la ONU a la que ya hemos hecho alusión sobre libertad religiosa. Recordemos que el artículo 18 de la Declaración de 1948 de los Derechos del Hombre dice textualmente:

Toda persona tiene derecho a la libertad de pensamiento, de conciencia y de religión; este derecho implica la libertad de cambiar de religión, de convicción, así como también la libertad de manifestarla individualmente en público como en privado, mediante la enseñanza, la predicación, el culto y el cumplimiento de los ritos.

El primer aspecto de esta disposición de la ONU es el de proclamar que es un derecho fundamental del individuo.

No tan solo en la declaración del año 48 sino en una "propuesta" de *Declaración universal de derechos civiles y políticos* que la ONU tiene en proyecto para ser aprobada por todos los países del mundo, se obligarían todos los países del mundo a mantener en sus legislaciones la libertad religiosa y a la no distinción entre los ciudadanos por motivos de orden religioso.

El segundo aspecto importante en esta declaración es la íntima ligazón que tiene el derecho de la libertad religiosa con la igualdad, conforme a lo cual, no es posible establecer entre los hombres distinciones por diferencias de vocación religiosa.

Es necesario, sin embargo, destacar las diferencias que existen entre las dos situaciones que presenta este artículo 18: Por una parte, existe el derecho de profesar una religión o creencia y de cambiar de ella cuando cada quien lo estime libremente, y por otra, el de manifestar pública o privadamente, en forma individual o colectiva mediante la enseñanza, la práctica y la observancia.

La primera parte de la declaración del artículo 18 se refiere a un derecho que puede ser ejercido sin limitaciones, pues pertenece al campo privado donde no es lícito al Estado intervenir; profesar o no una religión, cambiar de religión o de creencia, son actos que pertenecen al fuero interno de la conciencia, vedado al Estado; no así la manifestación pública de la creencia de la religión, donde sí tiene el Estado derecho a establecer, conforme al Artículo 18 de los Derechos del Hombre, algunas limitaciones.

El artículo 29 del pacto de los Derechos del Hombre establece cuándo, cómo y para qué puede el Estado limitar el ejercicio de cualquiera de tales derechos. Tal artículo dispone:

1) Que las limitaciones deben ser establecidas por una Ley, para que tengan carácter general y no simplemente subjetivo. Es posible limitar un derecho, pero por Ley, en forma que esa limitación tenga un carácter, repito, general y no simplemente particular, subjetivo.

2) El fin de las limitaciones no puede ser otro sino garantizar la armonía en el ejercicio de los derechos de todos, y de satisfacer las justas exigencias de la moral, del orden público y del bienestar general en una sociedad democrática.

Así pues, los Derechos del Hombre no pueden limitarse por cualquier clase de fines y formas. Solamente pueden limitarse por Ley y para que se garantice el ejercicio de todos, para satisfacer las justas exigencias de la moral, del orden público y del bienestar general de una sociedad democrática.

3) Y, por último, dice el artículo 29, ningún derecho puede jamás ser ejercido en contra de los propósitos y principios de las NN. UU.; nadie podrá hacer uso de los derechos que proclaman las NN. UU. en contra de los mismos propósitos y principios que tiene dicha organización para su existencia y fundamento, pues en ella los hombres tratan de buscar la manera de vivir en paz como buenos vecinos.

Recordemos que en la primera enmienda hecha a la Constitución de los EE. UU. se decidió específicamente, que no puede el Congreso de la Unión dictar Ley que obligue a alguien a profesar una determinada fe religiosa.

La Corte Suprema de los Estados Unidos, en 1940, al interpretar esta primera enmienda, manifestó que era ilícito para el Estado norteamericano dictar una Ley que impusiera, en alguna forma, un credo o la práctica de un culto. El fuero interno de la conciencia dice la Corte, no puede ser vulnerado por el Estado mediante la imposición de un culto o de una creencia por medio de la Ley. Pero en el segundo aspecto, o sea en la práctica externa, sí es posible la limitación.

La Corte Suprema de la India, país importante a este respecto porque en él conviven múltiples organizaciones religiosas, ha dicho que "todo aquello que siendo exigido por un rito o religión no contradiga la moral, el orden o la salud pública, puede, lícitamente, ser realizado".

La multiplicidad de creencias y de las exigencias que cada una de esas creencias tiene hizo que se planteara hasta dónde era lícito el que se manifestaran públicamente las formas distintas de enseñanza, las formas distintas de ritos. Por eso fue que la Corte Suprema de la India manifestó que "todo aquello que sea exigido por un rito o religión y que no contradiga a la moral, al orden, o a la salud pública, puede, lícitamente, ser ejercido".

Es también importante señalar que ese derecho que establece la declaración puede ser ejercido en forma individual, o en forma colectiva. ¿Por qué? Porque como lo declaró el Concilio y dicen las NN. UU., "el hombre tiene tendencia natural o asociarse para todas sus actividades y es lógico que se asocie también para practicar y manifestar una determinada fe religiosa". Las actividades, pues, de manifestación de fe religiosa a través de colectividades dedicadas exclusiva o principalmente a ese fin, son perfectamente lícitas y compatibles con el espíritu de la declaración de los Derechos del Hombre y del Ciudadano. Tales comunidades religiosas tienen por tanto derecho a existir, derecho a ser reconocidas y respetadas para que libremente, dentro de la Ley, puedan actuar.

Problemática de la convivencia de grupos religiosos

Ahora bien, el problema se hace delicado cuando en un grupo social coexisten varias religiones con diferente fuerza de las unas respecto a las otras. Si en alguna comunidad los distintos grupos religiosos suelen tener más o menos la misma fuerza, entre ellos llegan de hecho a un pacto de armonía y no se suelen presentar persecuciones ni conflictos religiosos.

La historia de la India, país donde, como decía antes, conviven muchas religiones, pero cada una de ellas con suficiente fuerza frente a las otras, demuestra que, a pesar de la diversidad de religiones, casi se puede decir que nunca ha habido conflictos de tipo religioso.

En cambio, en los países en los que un grupo mayoritario domina, ese grupo tiende siempre a tratar de imponerse a la minoría, a tratar sobre todo que esa minoría no capte más adeptos, a tratar de aplastar a la minoría, y a tal fin no vacila en usar la fuerza del Estado.

También se presentan problemas en los países donde suele haber grupos, no mayoritarios, pero sí importantes, que tengan influencia económica o política a la vez que religiosa, y que tratan de usar su influencia política o económica para imponer determinadas creencias religiosas.

Es básica pues a la paz social la admisión efectiva de lo dispuesto en el Artículo 18 de la Declaración de los Derechos del Hombre y, por ello, así como las Naciones Unidas al proclamar los Derechos del Hombre y del Ciudadano manifestaron la necesidad de que por medio de la enseñanza y de la educación se aprendiera a respetar en los hombres los derechos fundamentales que a cada uno de ellos corresponda, también el Concilio nos enseña que "este Concilio Vaticano implora a todos, *pero especialmente a aquellos que cuidan de la educación de otros, que se esmeren en formar hombres que acatando el orden moral, obedezcan a la autoridad legítima y sean amantes de la genuina libertad. Hombres que juzgan las cosas con criterios propios, a la luz de la verdad, y ordenen sus actividades con sentido de la responsabilidad y que se esfuercen en secundar todo lo verdadero y lo justo, asociando gustosamente su acción con la de los demás*".

El problema pues de la libertad religiosa, en el fondo se convierte en un problema de educación que está a cargo de quienes tienen la posibilidad de enseñar e instruir a futuros ciudadanos para mostrarles la forma de convivir unos con otros, mediante el respeto a la persona y a las creencias de cada quien, y fundamentalmente a la genuina libertad.

PUNTOS FUNDAMENTALES DE CONFLICTO EN EL EJERCICIO DE LA LIBERTAD RELIGIOSA

La libertad religiosa se manifiesta también en las siguientes cuestiones:

1) *El cambio de religión o creencia*

Se acepta que todo ciudadano tiene el derecho de cambiar de religión o de creencia si así lo estima conveniente o adecuado a los dictámenes de su conciencia. Pero no lo puede recibir seguramente con agrado la religión de la cual se separa la persona. Por tal se observa que los grupos religiosos ven con mucho placer el que una persona vega a ellos proveniente de otro grupo religioso, pero con dificultad aceptan que uno de sus adeptos abandone esa creencia y pase a otra.

Y es necesario observar cómo las Naciones Unidas han insistido en recomendar a los Estados que traten de proteger como característica fundamental de la libertad de conciencia y de religión, el derecho que tiene cada quien a abandonar una religión si así lo desea (como bien lo afirma también el Concilio) y pasar a otra donde su conciencia le mande que debe estar, y que ese paso sea pacífico y no le ocasiones medidas coercitivas de ninguna índole.

2) *En segundo lugar,* la libertad religiosa presenta problemas en el mundo en lo que se refiere a *la educación de los hijos* pues a pesar de que se mantiene, como principio, el derecho de cada padre a educar a sus hijos en la forma religiosa que ellos (los padres) resuelvan libremente, la manera de ejercer ese derecho suele traer consecuencias graves cuando el Estado se niega a admitir tal facultad de enseñar a los hijos en la creencia religiosa que el padre escoja, o cuando la presencia de discusiones entre los padres de distintas religiones, coloca a los jueces en la necesidad de decidir en qué clase de religión sea educado el hijo: en la religión de la madre o en la del padre.

3) Las formas de *manifestar la religión al exterior* también son motivo de conflicto en torno al problema de la libertad religiosa.

Así en primer lugar, la exigencia de templos o sitios de culto. Toda religión necesita un templo o sitio de culto: para que la libertad religiosa sea efectiva, se requiere el respeto a la existencia de los templos, y a los sitios de cultos, en los cuales se puedan profesar en forma pública o privada las distintas manifestaciones.

Una de las formas de intolerancia religiosa que el mundo presenta es la negativa, en los países en los cuales la libertad religiosa no tiene vigencia, para admitir que las creencias nuevas o minoritarias puedan tener instalaciones y templos propios para el culto que profesan.

En segundo lugar, las manifestaciones públicas del culto, porque estas manifestaciones públicas están íntimamente ligadas con la libertad de manifestar que también tiene todo ciudadano, no sólo por la Constitución de la República sino también por otros artículos de la Declaración de los Derechos del Hombre; esas manifestaciones públicas del culto pueden traer conflictos de orden público, tanto cuando se encuentran entre sí profesiones religiosas contrarias o contradictorias, como cuando las manifestaciones públicas del culto alteran el orden público que la ciudadanía está obligada a respetar y el Estado está obligado a mantener.

En tercer lugar. El uso de ornamentos y emblemas religiosos suele ser también motivo de dificultades en la historia y la práctica de la libertad religiosa: Hay países que prohíben el uso externo de uniformes, distintivos, hábitos, etc., que signifiquen determinadas concepciones religiosas, unas veces por una de tantas manifestaciones de intolerancia, y otras para defender a las personas, miembros de una determinada comunidad religiosa, de desprecios, de manifestaciones de desafecto o de repudio de parte de grupos mayoritarios que difícilmente admitan en su conciencia, no acostumbrada a la libertad, la presencia de clérigos, sacerdotes, monjes o como se llamen, de una religión distinta de la suya.

4) *La observancia de días y horas de descanso*, que muchas religiones imponen a sus adeptos, es también motivo de conflictos en la práctica de la libertad religiosa. Hay religiones que hacen obligatorio a sus adeptos no trabajar en determinados días u horas; la forma de armonizar esa obligación religiosa de no trabajar, con la obligación civil de trabajar en esos mismos días, suelen ser motivo de problemas que han llevado a la necesidad de que el Estado los solucione, en acuerdo con las empresas o con las Iglesias correspondientes.

5) *Las prácticas funerarias* de algunas religiones no siempre suelen estar en concordancia con las exigencias sanitarias modernas.

Por ejemplo, la cremación de cadáveres, el control de los cementerios, etc.

Ha sido motivo de conflicto difícil de solucionar en muchos países, entre el Estado y las distintas religiones, cómo arreglar, en forma armónica, que las prácticas funerarias, a la vez que las exigencias sanitarias, respeten las exigencias religiosas.

6) *La celebración y disolución de los matrimonios* son motivo también de grandes conflictos con la libertad religiosa.

Muchos países se niegan a admitir los efectos civiles de matrimonio celebrado ante autoridades religiosas.

Casi todas las religiones establecen la necesidad de que el matrimonio para que sea lícito, debe ser celebrado según su determinado rito.

Algunos países remiten a los ritos de la religión de cada quien la celebración del matrimonio. Otros simplemente la prohíben o la relegan a un segundo plano, permitiendo solamente que el matrimonio religioso pueda realizarse en el momento en que la persona ha cumplido ya con las normas civiles sobre el particular.

Pero si bien la celebración del matrimonio puede ser fácilmente solucionable en base a que la ceremonia religiosa se celebre después de la ceremonia civil, no así respecto a la disolución del matrimonio.

Hay religiones, como la católica, que no permiten que el matrimonio lícito y válido sea disuelto, mientras que las legislaciones estatales permiten que el divorcio rompa el vínculo matrimonial.

Algunos países suelen entonces remitir a la religión de cada quien la posibilidad de que el vínculo sea disuelto: "Si su religión se lo permite usted podrá disolver su matrimonio. Si su religión no se lo permite, usted no podrá disolver su matrimonio".

Pero los observadores del tema consideran que el remitir la norma civil a la norma religiosa implica una intromisión del Estado en el campo de la conciencia de cada quien, que lejos de favorecer puede perjudicar altamente la práctica de la libertad religiosa.

7) *La propagación de enseñanzas propias de cada doctrina religiosa* suele ser motivo de conflictos y dificultades. Aunque existe, también proclamado por la Constitución y por las Naciones Unidas, la libertad de manifestar libremente el pensamiento de cada quien, y entre esas manifestaciones de pensamiento se encuentra el pensamiento religioso, cuando se llega al tema religioso, suelen entonces presentarse dificultades y problemas en las prédicas que los adeptos de una religión puedan hacer para obtener la sumisión o la adopción de esa religión por parte de otras personas.

8) *Las observancias prácticas, estéticas e higiénicas* que muchas religiones exigen, por ejemplo, la circuncisión requerida a los judíos, la abstinencia de carne exigida por la Iglesia Católica, el no ingerir carne de ciertas clases de animales, que imponen algunas religiones, pueden ser también origen de conflicto porque, los que no creen en aquello lo consideran costumbres carentes absolutamente de valor y los que sí creen le dan una importancia extraordinaria que serían incapaces de violar. Prefieren en la India morir de hambre antes de comer carne de vaca, los judíos padecen hambre a comer carne de cerdo, y lo mismo entre los católicos, quienes en el día de abstinencia se niegan a probar carne, aun a falta de otra cosa que comer.

También sucede que el no haber tenido una adecuada enseñanza en materia de la propia religión lleva a sectarismos y exageraciones, lleva a situaciones inadecuadas para la vida moderna como lo exige la colectividad.

9) Otro motivo de conflicto en torno a la libertad religiosa lo constituye *la formación del personal eclesiástico.* Cada religión quiere formar su propio personal y una formación de personal ocasiona conflictos con el Estado en cuanto a la intromisión que

éste puede tener en esa formación y en cuanto al reconocimiento de los estudios eclesiásticos para futuros estudios civiles en el caso de que la persona abandone su estado eclesiástico y se dedique a la vida civil.

10) *El juramento*, que algunos países exigen para ciertas actividades, suele ser también motivo de dificultades y conflictos porque hay religiones que prohíben a sus súbditos jurar, y en ocasiones, las exigencias del Estado en ese sentido son absolutas, por ejemplo, para el desempeño de cargos públicos, para la declaración ante autoridades judiciales, etc.

11) En último lugar, en los Estados que no admiten existencia oficial de religiones, o que no respetan suficientemente el ejercicio de la libertad religiosa, suelen también entrar en conflicto con religiones cuando exigen a personas eclesiásticas *prestar servicio militar*, por ejemplo, saliendo de conventos donde están dedicados a actividades religiosas o de institutos de formación eclesiástica donde se están preparando para ser futuros monjes, clérigos o sacerdotes.

La libertad religiosa y las relaciones de Iglesia y Estado

En la libertad religiosa tiene una importancia el tema de las relaciones entre la Iglesia y el Estado.

Existen y han existido distintas situaciones en torno a ese tema: Una primera es que el Estado adopte una religión oficial.

Hay tendencia a que desaparezca la religión oficial. Incluso Inglaterra cuya religión oficial es la anglicana, ha manifestado, ya lo hemos dicho, oficialmente también, a las Naciones Unidas, que esa "oficialidad" de la religión anglicana es simple y meramente protocolar, sin que se traduzca en la imposición de esta religión a ningún súbdito del gobierno inglés.

El segundo caso es el reconocimiento y admisión por el Estado de varias religiones nacionales. Por ejemplo, el caso actual de Yugoslavia, donde en todos los actos el Jefe del Estado está acompañado de los Supremos Jerarcas de las religiones más importantes en ese momento en su país: la religión ortodoxa no católica y la religión católica.

En tercer lugar, la separación entre la Iglesia y el Estado, donde el Estado se manifiesta en una absoluta neutralidad frente al problema de la existencia de las religiones y de sus relaciones, y se limita sólo a intervenir en forma limitativa cuando las circunstancias lo exigen.

En cuarto lugar, la regulación por el Estado sobre asuntos religiosos. Ha sucedido que el hecho de que el Estado se resuelva a regular asuntos religiosos depende mucho de las formas anteriormente expuestas. En los países donde existe una religión oficial, es frecuente y necesario que el Estado trate de dictar normas sobre materia religiosa.

Así cuando Venezuela era una colonia española y España tenía como religión oficial el cristianismo, en las Leyes de Indias, que regían el manejo de las colonias, hay largos capítulos dedicados a asuntos exclusivamente religiosos.

Las religiones han protestado enérgicamente contra el hecho de que el Estado asuma la facultad de dictar normas sobre organización, sistemas y régimen de creencias.

En los casos en los cuales el Estado reconoce varias religiones, el problema se centra en cómo se verifica ese reconocimiento y hasta dónde la necesidad de este reconocimiento no afecta la libertad religiosa en sí.

En los países en los cuales existe una separación absoluta entre la Iglesia y el Estado, no se presenta dificultad porque el Estado mantiene libertad religiosa, como actualmente en los Estados Unidos de Norteamérica.

También es tema importantísimo en esta materia el de las relaciones financieras entre el Estado y las Iglesias.

En algunas organizaciones se acostumbra el que el Estado financie las actividades religiosas. En otras el que el Estado proteja las actividades religiosas desde el punto de vista financiero, otorgándoles exoneraciones de impuestos, ayudas económicas en determinados momentos, facilidades crediticias para sus actividades educacionales de culto, etc.

Ahora bien, en los países en los cuales se proclama una absoluta libertad religiosa y separación entre la Iglesia y el Estado, se ha llegado a la conclusión de que el Estado debe mantener igualdad entre las religiones, dando a todas lo mismo, o al menos en forma proporcional a la cantidad de adeptos que cada una tenga, o debe abstenerse de intervenir, financieramente, en la protección de determinadas Iglesias, porque eso contraría los principios de igualdad de los ciudadanos.

CONCLUSIONES DE HOY

El panorama mundial es francamente positivo. Da la impresión de que ha calado en la conciencia del hombre que es necesario y fundamental el respeto a la libertad religiosa, y que ha llegado a la mente de los dirigentes de los Estados que el mantenimiento de la libertad religiosa es también fundamental para la misma vida de los Estados y que es gravísimo, es abusivo, es, como dice el Concilio, una injuria a la conciencia del hombre y a Dios, el que el Estado trate de intervenir en materia religiosa.

La libertad religiosa en Venezuela

Terminaremos ahora, como última parte de esta charla, estudiando el caso venezolano. Nuestra Constitución, por lo pronto, prohíbe en su Declaración o Preámbulo, toda discriminación basada en el credo de la persona, por lo que no sería lícito en Venezuela ninguna clase de norma legislativa que estableciera discriminación basada en la creencia religiosa de la persona que la profese.

La materia "religión" está contemplada en dos artículos constitucionales, uno que se refiere a la religión en general y otro que se refiere sólo a la Iglesia Católica. El primero es el Artículo 65 que dice:

Todos tienen el derecho de profesar su fe religiosa y ejercitar su culto pública o privadamente, siempre que no sea contrario al orden público o a las buenas costumbres.

El culto está sometido a la inspección del Ejecutivo Nacional de conformidad con la Ley. Nadie podrá invocar creencias o disciplinas para eludir el cumplimiento de las leyes y para impedir a otros el ejercicio de sus derechos.

Y el Artículo 130 referente a la Iglesia Católica en particular dice:

En posesión como está la República del Derecho de Patronato Eclesiástico, lo ejercerá conforme lo determine la Ley; sin embargo, podrán celebrarse convenios o tratados para regular las relaciones entre la Iglesia y el Estado.

El Artículo 65 que acabamos de leer establece lo siguiente:

1) El derecho de profesar la fe religiosa escogida por el ciudadano está garantizado por el Estado. El Estado venezolano garantiza *a todos* (y cuando dice "todos" son los nacionales o extranjeros, sea cual sea el estatus por el cual una persona esté en Venezuela) el derecho de escoger libremente la fe religiosa que su conciencia le exija.

2) Nadie puede ser discriminado por motivos religiosos.

3) Todos tienen derecho a ejercitar, pública o privadamente, su culto siempre que esa manifestación pública del culto no sea contraria al orden público y a las buenas costumbres.

4) El Estado tiene facultad de inspeccionar todos los cultos, es decir, el ejercicio público del culto.
5) No se puede usar una creencia religiosa para eludir el cumplimiento de una Ley o para exigir a un ciudadano el no ejercicio de sus derechos.

Esta situación tiene la característica de ser una garantía constitucional, por lo tanto, como tal, en primer lugar, sólo una Ley del Congreso puede reglamentarla en forma ordinaria.

La Constitución establece en el artículo 126, numeral 34, en relación con el artículo 139, que el Congreso es el único competente para reglamentar las garantías ciudadanas. Por lo tanto, ninguna norma, que no sea una Ley, puede reglamentar la práctica de la forma pública de ejercer la libertad religiosa.

En segundo lugar, ningún acto del Poder Público puede menoscabar ni violar el derecho de ejercer la libertad religiosa porque ese acto sería nulo y haría incurrir en responsabilidad al funcionario o autoridad que lo ordene o ejecute; así lo impone el artículo 46 de la Constitución.

Todo ciudadano, conforme al Artículo 49 de la misma Constitución, tiene además derecho a ser amparado por los Tribunales para ejercer el derecho de profesar su fe religiosa y ejercerla pública o privadamente en actos no contrarios a la moral y las buenas costumbres.

Esta disposición constitucional todavía nadie la ha utilizado.

La Constitución claramente dice que los ciudadanos pueden ser amparados por los Tribunales en el ejercicio de los derechos que la Constitución garantiza. Por lo tanto, todo ciudadano tiene derecho a dirigirse a un Tribunal en solicitud de amparo cuando en sus prácticas religiosas, públicas o privadas, sea perturbado por la acción de otro particular e incluso por la acción del mismo Estado.

Por último, el Presidente de la República, con la aprobación del Consejo de Ministros (o de la Comisión Delegada), puede suspender o restringir esta garantía cuando se den las condiciones previstas en el artículo 24, o sea, una calamidad pública o conflicto nacional o internacional, pues entonces las garantías ciudadanas todas pueden ser suspendidas o restringidas y entre estas garantías, la garantía de profesar públicamente las creencias religiosas.

Entre las posibilidades que entonces tiene el Presidente de la República está la de suspender el ejercicio público del culto.

Pero jamás puede el Presidente de la República intervenir, con la suspensión de garantías, en la conciencia de cada quien, imponiendo durante esta suspensión de garantías la práctica de determinada fe o creencia religiosas.

El Patronato Eclesiástico

Decíamos que la Constitución tenía dos posiciones, una referente a las religiones en general, a la que acabamos de hacer alusión, puesto que tal se aplicaría a cualquier religión que profese cualquier ciudadano que esté en Venezuela, y otra referente a la Iglesia Católica cuando en el artículo 130 habla del Derecho de Patronato Eclesiástico, del cual dice la República estar en posesión; pero igualmente permite celebrar tratados con la Iglesia para regular sus relaciones.

La redacción actual fue adoptada el año 47, mantenida el 53 y repetida el 61, y al parecer (porque la historia no se conocer, al menos de una manera clara), el texto del artículo fue presentado, previo pacto de caballeros entre el Episcopado Nacional y el Gobierno entonces imperante en la República.

Se afirmó que la República estaba en "posesión" del Derecho de Patronato Eclesiástico, se sometió a la Ley la regulación del ejercicio de tal derecho, y se previó la posibilidad de "un convenio o tratado que regularizara las relaciones entre la Iglesia y el Estado".

Hay que advertir que la existencia del Patronato en sí no ha sido, en verdad, en la Historia de Venezuela, motivo de auténticos conflictos de hecho entre la Iglesia y el Estado. Los conflictos habidos en Venezuela entre la Iglesia y el Estado a través de la historia han sido motivados casi siempre por problemas políticos distintos a la vigencia de las leyes del Patronato Eclesiástico. Si recurrimos a la historia, sabremos por ejemplo que tanto en el caso de Monseñor Guevara y Lira, como en el caso de Mons. Montes de Oca, lo que originó la violenta diferencia entre la Iglesia y el Estado, no fue la aplicación de la Ley del Patronato Eclesiástico sino fueron situaciones completamente diferentes, en las cuales indudablemente hubo entre otros factores elementos políticos. Quizás, en la única vez en la que puede hablarse de que el Patronato originó dificultades entre la Iglesia y el Estado, fue en la de Monseñor Ramón Ignacio Méndez.

La Ley llamada de Patronato Eclesiástico, como hemos dicho proveniente de la época de la Gran Colombia, y regulada como estaba el Estado frente a la Iglesia Católica. El Estado intervenía en la designación de las autoridades eclesiásticas, en la creación de entidades eclesiásticas y controlaba el régimen de los bienes eclesiásticos.

Son ésos los tres aspectos más importantes del Patronato Eclesiástico.

La práctica del Patronato

Hubo, sin embargo, entre la Iglesia y el Estado, una especie de *modus vivendi* de hecho, en el sentido de que el Estado procuraba no ejercer las facultades que tenía por la Ley y la Iglesia trataba de al menos respetar las formas de la Ley.

Esto es muy delicado y se requiere dejar una idea clara sobre el particular; el Estado procuraba no ejercer las facultades que tenía por la Ley; y con ello evitó conflictos con la Iglesia durante mucho tiempo, pues los que se produjeron en Venezuela entre la Iglesia y el Estado, insisto, como ya dije, que no fueron causados por el propio Patronato.

Sin embargo, la Iglesia y el Estado estaban de acuerdo en que había que sustituir tal situación por un régimen nuevo y por ello fue el Convenio vigente entre Venezuela y la Santa Sede, que regula la intervención del Estado, en los problemas de la Iglesia Católica y en su funcionamiento en el país.

¿Cómo venía funcionando entonces la Ley de Patronato Eclesiástico?

Había el acuerdo de no discutir, de lograr una actuación simultánea, artificial pero que entraba mucho en las relaciones entre los dos poderes.

Quiero recalcar que yo no soy ni he sido nunca defensor del Patronato, pero objetivamente es cierto que el Patronato Eclesiástico, como tal, no ocasionó conflicto importante entre la Iglesia y el Estado, porque ambas partes manejaron el tema con una extraordinaria prudencia.

Cambio de situación hacia un Convenio

La primera posibilidad de convenio fue en la Asamblea Constituyente de 1946 en la que el Dr. Andrés Eloy Blanco manifestó a la Cámara que había llegado el Gobierno a un acuerdo con la Jerarquía por el cual se mantuvo, como principio de la República el que se tratara de llegar a un entendimiento entre la Iglesia y el Estado. Ese entendimiento fue el que posteriormente se firmó en fecha reciente, el 6 de mayo de 1964, como sustitutivo del antiguo patronato y regulador de las relaciones entre la Iglesia y el Estado.

COMPARACIÓN ENTRE EL CONVENIO DE 1964 Y EL PATRONATO

Vamos a ir examinando, viendo comparativamente la situación de uno de los tres aspectos que señalamos:

1°) Designación de autoridades eclesiásticas

a) En primer lugar, Obispos

El Código de Derecho Canónico es terminante al declarar que los Obispos los designa el Papa: es atributo del Sumo Pontífice el designar a la persona que va a ser Obispo.

En el Derecho Canónico, hay un mínimum de normas sobre el régimen organizativo de la Iglesia Católica. Esta tiene un sistema administrativo centralizado en la persona del Papa, quien posee autoridad suprema, y cuyo régimen funciona en base a dos grandes organizaciones: una territorial y la otra personal. El Papa está asistido para el gobierno de su Iglesia por un número particular de sujetos llamados Cardenales.

Ahora, por lo que respecta a nuestro país, la organización de Roma no afecta al Estado venezolano ni a la realidad de Venezuela.

El Código de Derecho Canónico dice: "Al Obispo lo designa el Papa", la Ley de Patronato Eclesiástico en cambio decía que cuando ocurriera la vacante de una Diócesis, el Ejecutivo informaría al Congreso, que entonces el Congreso designaría un candidato y éste sería presentado a la Santa Sede para su nombramiento.

Esa Ley fue hecha durante la época de la Gran Colombia, recién eliminado el régimen español en América y como adaptación del viejo Patronato español por el cual al Rey de España le correspondía la facultad de presentar al Papa la persona que iba a ser Obispo de un determinado sitio. El Papa se había comprometido con los Reyes a que el sujeto que ellos le presentaran como candidato él lo hacía Obispo. El sistema de Patronato en Venezuela creó un régimen parecido.

En la práctica jamás la Santa Sede impuso a ningún Obispo sin que previamente se hubieran cumplido las formas de la Ley, ni tampoco el Estado se empeñó nunca en designar a un Obispo sin que la Iglesia lo hubiera aceptado. Discutido diplomáticamente el asunto sólo cuando ya estaba resuelto se informaba oficialmente al Congreso y al Papa.

En cambio, el Convenio con la Santa Sede establece que, en caso de que ocurra una vacante, el Papa nombra al candidato, pero se compromete a que, antes de nombrarlo, lo avisa al Gobierno por vía diplomática, y si el Presidente tiene objeciones que hacerle, por ejemplo, de índole política, el Papa se compromete a no nombrarlo y a presentar otro candidato.

¿Qué se llama objeciones y por qué se coloca esta causa?

La Iglesia siempre ha admitido que la persona que va a ocupar la jerarquía suprema de una Diócesis no debe ser, en principio, sujeto que cree problemas de orden público o problemas de orden político al Gobierno imperante. Por eso la labor previa de que si bien el Papa elige al sujeto lo presenta primero al Estado y como las conversaciones son secretas, no hay divulgación del problema.

El Derecho concordatario prevé una serie de circunstancias que se clasifican como razones políticas: ejemplo: que el candidato no tenga la nacionalidad por nacimiento del país en el cual va a ser Obispo; que el candidato sea manifiestamente adversario político del Gobierno; o que el Gobierno tenga razones para pensar que la presencia de ese Obispo ocasione problemas de orden público.

b) Cabildos y Capítulos

Cada Obispo tiene junto a sí un grupo de eclesiásticos denominados canónigos que forman un cuerpo colegiado llamado Cabildo o Capítulo. Es, repito, un cuerpo colegial que auxilia al Obispo en el gobierno de la Diócesis respectiva.

El Patronato establecía que los miembros del Capítulo o Cabildo eran designados por el Presidente de la República. El Convenio que serán nombrados por la autoridad eclesiástica correspondiente.

c) Los Párrocos

Las Diócesis y Arquidiócesis están divididas en pequeños pedazos llamados Parroquias. El Patronato establecía que los Párrocos eran nombrados por el Gobierno respectivo, salvo los Interinos, que los nombraba el Obispo. El Convenio dice que el Párroco lo nombre el Obispo, pero que se notifica al Gobierno del nombramiento.

2°) Entidades Eclesiásticas

Quiero advertir lo siguiente: esta materia interesa a los Abogados desde un punto de vista exclusivamente profesional. ¿Por qué? Porque en la vida práctica del Abogado se tropieza frecuentemente con entidades eclesiásticas con las cuales tiene que contratar a nombre de un cliente, o con las cuales tiene alguna clase de relaciones. Ejemplo: Problemas de deslinde, problemas hipotecarios, donaciones, etc., por tanto, es muy importante tener una idea clara de ellas porque de lo contrario se puede incurrir en equivocaciones, ya que esas entidades son muchísimas, y de grandes patrimonios.

El Derecho Canónico prevé que se constituyen dos tipos de entidades eclesiásticas: Unas de carácter territorial y otras de carácter personal.

En cuanto a las segundas no puede negarse a nadie el derecho de agruparse, para el fin lícito de practicar una actividad religiosa y, en consecuencia, el Convenio con la Santa Sede específicamente habla de que:

El Estado venezolano, de conformidad con la Constitución, reconoce el derecho de organización de los ciudadanos católicos para promover la difusión y actuación de los principios de la Fe y moral católica mediante las asociaciones de Acción Católica, dependientes de la Autoridad Eclesiástica, las cuales se mantendrán siempre fuera de todo partido político.

O sea que reconoce la facultad de asociarse los católicos, como tengan a bien, para fines exclusivamente religiosos.

Ese artículo era innecesario puesto que asociarse es una garantía constitucional; sin embargo, quiso establecerse específicamente en el Convenio: la única limitación que trae es muy importante en cuanto a que no permite que esas entidades, dedicadas a finalidades exclusivamente de difusión de la moral y de la fe católica, estén conectadas a cualquier partido político. Es una regulación del derecho ciudadano de asociarse, pues si bien la Constitución garantiza a todo ciudadano el derecho a asociarse, aquí se dice, en Ley, que cuando alguien ejerce el derecho de asociarse en un partido político, no puede ser simultáneamente con el derecho de asociarse en una agrupación religiosa.

En lo que se refiere a las entidades que tienen una determinada circunscripción, territorial, son las Arquidiócesis, las Diócesis, las Parroquias, los Vicariatos, las Prefecturas; esa clase de entidades eclesiásticas territoriales es también facultad de la Santa Sede establecerlas, de acuerdo con el Derecho Canónico. En la vieja Ley de Patronato se creaban esas entidades por Ley.

El Convenio establece que la Santa Sede erigirá libremente en Venezuela las Diócesis y Arquidiócesis que tenga a bien, con la sola indicación de que deberá informar al Gobierno a fin de llegar a un acuerdo con él en canto a la existencia de la misma y en cuanto al territorio que abarque.

Dice el Artículo 5 del Convenio:

La erección de nuevas Arquidiócesis, Diócesis y Prelaturas Nullius y las modificaciones de los límites existentes se harán por la Santa Sede previo acuerdo con el Gobierno.

Ninguna parte del territorio venezolano dependerá de un Obispo cuya sede esté fuera de las fronteras de la República.

Cuando hayan de erigirse nuevas Diócesis o modificarse los límites de las actuales, se procurará que los límites diocesanos coincidan, en lo posible, con las divisiones políticas del territorio nacional.

Este régimen sustituye por completo al anterior. En el anterior una Ley creaba la Diócesis o la Arquidiócesis. En el actual la crea la Santa Sede, pero con sólo estas limitaciones:

1° Ninguna parte del territorio venezolano dependerá de un Obispo cuya sede esté fuera de las fronteras de la República; y

2° Cuando hayan de erigirse nuevas Diócesis o modificarse los límites de las actuales, se procurará que los límites diocesanos coincidan, en lo posible, con las divisiones políticas del territorio nacional.

Puede un Obispo que resida en Venezuela tener jurisdicción fuera de Venezuela, pero no puede ninguna parte del territorio de Venezuela estar sometida a un Obispo que no resida en Venezuela.

En cuanto a las parroquias, dispone el Convenio en el Artículo 10 que la "erección de nuevas Parroquias se hará libremente por los Obispos diocesanos, los cuales comunicarán a la primera Autoridad Civil de la jurisdicción la erección y los límites de las nuevas Parroquias, así como los cambios de límites de las Parroquias ya existentes".

En el Derecho Canónico, el Ordinario es la suprema autoridad y en el caso de entidades territoriales, el Obispo; si éste muere se encarga del gobierno el Vicario Capitular hasta tanto la Santa Sede nombre un Administrador Apostólico u otro Obispo o Gobernador. Ese funcionario llamado Ordinario puede crear Parroquias, pero se le obliga a que lo comunique a la autoridad civil respectiva.

Ahora bien, toda esta materia importa, porque el Convenio, en el artículo 4°, establece específicamente que gozan de personalidad jurídica civil, "las Diócesis, los Capítulos Catedrales, los Seminarios, las Parroquias, las Órdenes, Congregaciones religiosas y demás Institutos de perfección cristiana canónicamente reconocidos".

Además, dice que "las Instituciones y entidades particulares que, según el Derecho Canónico tienen personalidad jurídica, gozarán de la misma personalidad jurídica ante el Estado una vez que hayan sido cumplidos los requisitos legales".

Este artículo es fuente de extraordinarias confusiones.

Vamos a tratar de sistematizar un poco la letra del Convenio:

Allí existen tres clases de entidades, a las cuales se reconoce personalidad jurídica:

A. *La Iglesia Católica.* Se la llama "persona jurídica de carácter público". La interpretación más correcta es que eso no es otra cosa sino una cortesía del Estado para con la Iglesia, sin ninguna otra consecuencia jurídica. De acuerdo con nuestro Derecho positivo, las personas jurídicas son capaces de obligaciones y derechos, las personas jurídicas pueden, por ejemplo, contratar, demandar y ser demandadas, las personas jurídicas necesitan personas naturales que las representen. Ahora bien, la Iglesia Católica como tal, por su propia organización, no tiene ni puede tener en Venezuela esa personalidad jurídica que el Convenio le reconoce, por lo menos entendiendo por una persona jurídica lo que el Código Civil entiende como tal. Habría problemas de este tipo: ¿Quién representa a la Iglesia Católica en Venezuela? Nadie. ¿Podría tener bienes la Iglesia Católica en Venezuela? No. ¿Podría contraer obligaciones en Venezuela? Tampoco.

Entonces parece que lo que se quiso hacer con esa primera parte del artículo 4° fue una simple declaración de cortesía del Estado para con la Iglesia, al reconocer a la Iglesia como persona de Derecho Público; quizá han debido añadir "de Derecho Público Internacional", porque la simple mención "persona de Derecho Público" trae otra consideración muy importante y es que las personas de Derecho Público se crean, se regulan y se extinguen por leyes que dicta el Congreso y jamás podría el Congreso dictar una ley que creare, regulara o extinguiera a la Iglesia Católica en Venezuela.

El problema fundamental reside en lo siguiente: a veces en el Derecho Canónico se utilizan expresiones exactamente iguales a las que se usan en el Derecho del Estado, pero que tienen un contenido jurídico completamente distinto. Cuando el Derecho Canónico habla de "personalidad jurídica de la Iglesia" se refiere a algo completamente diferente a lo que refiere el artículo 4° del Convenio. Esa declaración del artículo 4°, insisto en que no tiene ninguna relevancia jurídica entre nosotros y que quizá ha debido añadírsele la palabra "internacional".

Hay quien dice que se quiso establecer el carácter público de la Iglesia para que no se entendiera que la Iglesia era una entidad privada, pero no creo que, dada la finalidad del Convenio, que fue exactamente la de terminar con el Patronato, tal interpretación tenga algún objeto.

B. Ahora, de acuerdo con el Convenio, todas las otras entidades eclesiásticas a que se refiere el Artículo 4°, una Orden religiosa, una Parroquia, etc., tienen personalidad jurídica civil y, por lo tanto, son capaces de obligaciones y derechos. Por esa razón, se dice en el Convenio que cuando se crea una Parroquia se notifique a la Autoridad Civil, para que haya constancia del nacimiento de la nueva persona jurídica llamada Parroquia. Por eso, también se dice que cuando las Diócesis se crean, es "de acuerdo con el Gobierno"; ese acuerdo va a servir de prueba para indicar qué es, cuándo se creó, etc., porque desde ese momento nace la personalidad civil.

Entonces tenemos que las Diócesis, los Capítulos Catedrales, los Seminarios, las Órdenes, Congregaciones religiosas y demás Institutos de perfección cristiana canónicamente reconocidos tienen personalidad jurídica derivada de su existencia canónica. Importa, por lo tanto, referirse al Derecho Canónico para averiguar cuándo se verificó el reconocimiento del Instituto, quién lo maneja, cómo lo maneja y cómo puede disponer de los bienes respectivos.

C. El tercer grupo a que se refiere el artículo 4° es a "las instituciones y entidades particulares que, según el Derecho Canónico, tienen personalidad jurídica.

El Derecho Canónico prevé que además (además, no en vez) de los Cabildos, las Diócesis, las Arquidiócesis, etc., hay otra serie de Cuerpos a los cuales también les reconoce personalidad jurídica. Entonces dice el Convenio que estas instituciones "gozarán de la misma personalidad jurídica ante el Estado, *una vez que hayan sido cumplidos los requisitos legales*"; para los otros basta el "reconocimiento", pero para estos otros, es necesario que se cumplan las formalidades legales.

¿Cuáles son esas formalidades legales? Las que establece el Código Civil venezolano, en el Artículo 19, que ordena: "La protocolización de su acta constitutiva en la Oficina Subalterna de Registro del Departamento o Distrito en que hayan sido creadas, donde se archivará un ejemplar auténtico de sus Estatutos".

El Convenio, al decir "Órdenes y Congregaciones religiosas" no dice nada, porque, canónicamente, hay toda una gama de entidades dentro de una misma Orden o Congregación a cada una de las cuales se reconoce personalidad jurídica canónica. Hay una Institución llamada "la Orden Religiosa" que tiene personalidad jurídica canónica. Dentro de la Orden Capuchina, por ejemplo, hay provincias, casas, cada una de las cuales tiene personalidad jurídica canónica; entonces la pregunta que se hace el intérprete es si cuando se habla aquí de personalidad jurídica canónica, a qué se refiere: ¿a las Órdenes, a las Provincias o a las Casas?

Estas entidades eclesiásticas importan por el tema que se refiere a los bienes de las entidades eclesiásticas.

Hay una primera clase de bienes eclesiásticos que está fuera del comercio y sobre los cuales no puede hablarse propiamente de tráfico ni de ejercicio sobre ellos de derechos, por esa especialísima característica que tienen y son los que están específicamente dedicados al culto. Un bien que está dedicado exclusivamente al culto es un bien que está fuera del comercio y sobre el cual no puede hablarse de ejercicio de ninguna clase de derechos ni exigirse ninguna clase de deberes.

Ahora bien, los bienes de las entidades eclesiásticas que no estén específicamente destinados al culto están regidos por el Derecho común, pero la Ley de Patronato Eclesiástico preveía que los mismos eran administrados por funcionarios designados también conforme a dicha Ley.

Estos funcionarios eran, para las Parroquias y los Cabildos Metropolitanos, un sujeto que recibía un nombre extraño: Mayordomo de Fábrica, para administrar los bienes de la Parroquia, y para administrar los bienes del Cabildo el Mayordomo de la Catedral.

Estos Mayordomos de Fábrica eran elegidos por el Gobierno previa convocatoria de los vecinos hecha por el Párroco con toque de campanas: la Ley establecía que el Párroco debía tocar las campanas convocando a los feligreses para que éstos eligieran tres candidatos entre los cuales el Gobierno designaría el Mayordomo de la Parroquia.

El Convenio con la Santa Sede acabó con ese sistema. ¿Por qué? Porque los bienes de la Parroquia solían muchas veces estar colocados a nombre de la Diócesis.

La Ley no preveía quién manejaba los bienes de la Diócesis. En consecuencia, los manejaba el Obispo; el Párroco podía además constituir, paralela a la Parroquia, una asociación civil y así los bienes, si no estaban a nombre de asociaciones civiles y en esa forma, la Parroquia en sí no tenía bienes.

El Convenio acabó con tal, pues tanto las Parroquias como los Cabildos pueden tener bienes propios y se manejan conforme a las normas del Derecho Canónico. Ejemplo: el Párroco maneja los bienes de la Parroquia, lo que significa disposición y administración en el lenguaje del Código Civil. El Deán (es el Presidente del Cabildo) maneja los bienes del Cabildo en las Diócesis donde hay tales.

El Derecho Canónico da esta facultad de "manejo" pero con ciertos límites en cuanto al monto de la operación respectiva.

Allí reside el interés práctico en el tema. El que va a contratar con una Diócesis debe saber que quien suscribe el documento por la Diócesis tiene que ser el Obispo y si el Obispo va a contraer una obligación por una cantidad mayor de la que está autorizado por el Derecho Canónico necesita el consentimiento de su superior, o sea, tiene que consultar a Roma.

Ahora, respecto a las Congregaciones y Órdenes religiosas, la situación es mucho más confusa; el Convenio con la Santa Sede que está elaborado con lenguaje difícil desde el punto de vista canónico, da personalidad jurídica a las Órdenes y Congregaciones religiosas y a los llamados Institutos de perfección cristiana. Ahora bien, esas Órdenes y Congregaciones religiosas tienen una personalidad jurídica mundial, v.g., la Orden Capuchina, que tiene su organización mundial, con su Superior General que reside en Roma y se rige conforme a sus Estatutos que el Papa aprobó. Esa Orden tiene Provincias, que son circunscripciones territoriales que a veces abarcan un país o un Continente, según el caso y también cada una de las Provincias tiene propia personalidad canónica; y tienen Casas; canónicamente se llama una "Casa Religiosa" un sitio donde habitan, en comunidad, un mínimum de dos o tres religiosos bajo un Superior, y cada una de estas Casas tiene personalidad jurídica canónica. Así, cuando el Convenio dice que las Órdenes y Congregaciones tienen personalidad jurídica canónica, no sabemos si se refiere a la Orden o Congregación mundial, o a las Provincias, o a las Casas. Ello trae problemas en cuanto a sus bienes. ¿Quién maneja el bien? Es el Jefe de la Casa, o el de la Provincia o quien representa a la Congregación mundial.

Para evitar estas dificultades, casi siempre las Entidades eclesiásticas, Órdenes o Congregaciones, no usan esa personalidad jurídica que les da el Convenio, sino que funcionan bajo una asociación civil, o una Compañía Anónima con acciones al portador. Cualquiera que sea la fórmula, los bienes eclesiásticos de esas entidades no están escriturados a nombre de la respectiva Congregación, sino a nombre de la asociación civil, sociedad o compañía, que ellos libremente hayan escogido.

Si las Congregaciones y Órdenes religiosas adoptan la forma de sociedad civil, debe entenderse que en el contrato de sociedad la muerte de un socio puede determinar la terminación de la sociedad y la parte del socio en la sociedad se transmite a los herederos; es un grave error para ellas usar la forma de la sociedad civil; además, el Código Civil habla de que las sociedades civiles persiguen un fin económico y las entidades religiosas no deben perseguir un "fin económico". Si adquieren carácter de Compañía Anónima el problema es más difícil, porque, al tener carácter mercantil, la posibilidad de exoneración de impuestos por diferencias de ingresos y egresos se suprime.

La forma de asociación civil elude el tener que aplicar los problemas que ocasiona la sociedad.

La personalidad jurídica eclesiástica civil es una norma en el Convenio que en la práctica no puede tener todavía ninguna aplicación.

Está previsto también en el Convenio la posibilidad de establecer situaciones de equivalencia entre estudios eclesiásticos y estudios civiles.

Y, además, una situación muy importante cuyas consecuencias jurídicas son bastante delicadas: el Convenio establece en forma categórica, la garantía del Estado venezolano al libre ejercicio del culto católico. En consecuencia, ninguna clase de actos de culto puede ser perturbada por la intervención administrativa.

Esa disposición del Convenio deroga, evidentemente, las normas del Código Civil que se refieren, por ejemplo, a que no se puede celebrar el matrimonio eclesiástico sin haber celebrado antes el matrimonio civil y deroga también la norma que se refiere al bautizo, de que no se puede ser bautizado sin la previa inscripción en el Registro Civil. por lo tanto, ni el matrimonio ni el bautizo, ambo actos de culto, pueden ser perturbados por la intervención de la autoridad administrativa. De acuerdo con el Convenio, puede lícitamente celebrarse el matrimonio eclesiástico sin previa celebración del matrimonio civil y puede efectuarse el bautizo son previa inscripción en el Registro Civil.

A eso se une lo siguiente: la legislación nuestra se caracteriza por una influencia, un poco rara hoy, pero vivida hace algunos años, de una creciente y extraña desconfianza hacia el elemento que se dedica a la vida religiosa. Se observan cantidad de normas discriminatorias que aparecen en la Legislación, sobre las personas que se dedican a la vida religiosa. La Constitución de la República establece, por ejemplo, que el Presidente de la República, los Ministros, los Miembros de la Corte, etc., deben ser de estado seglar. El Código Civil incapacita a los ordenados *in sacris* para recibir donaciones. Habría que estudiar hasta dónde el libre ejercicio del culto trae como consecuencia el que se considere que las normas legales (no las constitucionales) puedan estar derogadas. Distinto es el caso de las otras normas que establecen incapacidades paralelas a las de la Ley canónica. Ejemplo: la Ley de Abogados prohíbe a quien sea Ministro de un culto ejercer la profesión de abogado y el Código de Derecho Canónico también prohíbe a quien sea sacerdote ejercer la profesión de abogado. Además de eso, el Código Canónico prohíbe a los sacerdotes ser Jueces en juicios civiles y la Ley Orgánica del Poder Judicial no permite ser Juez de la República a quien sea sacerdote de un culto lícitamente establecido en la República. De modo que hay que distinguir aquellas normas discriminatorias que coinciden con la Legislación eclesiástica y aquéllas que no tienen justificación.

Termino así esta exposición, y doy las más expresivas gracias a la Academia por la invitación que me hiciera para llevar la palabra en este acto.

V
LA PROPIEDAD

LAS TRANSFORMACIONES DE LA PROPIEDAD EN FUNCIÓN DEL DESARROLLO

Introducción

Para mí es un privilegio y un honor haber sido invitado por la Academia de Ciencias Políticas para tomar parte en este ciclo de charlas sobre la colaboración del jurista en el desarrollo nacional. Es una distinción que agradezco, porque me permite exponer las ideas que sobre el particular he meditado largamente en mis trabajos de Profesor Universitario y de colaborador en diversos aspectos de la organización jurídica administrativa del país.

Es además grato ver, una vez más, cómo, al igual que en pasada oportunidad en relación al tema de los Derechos Humanos, esta Academia, cumpliendo con su función legal de contribuir al progreso del Derecho y de la Legislación del país, da un paso al frente en la preocupación por colocar al Derecho, no como una ciencia destinada únicamente al placer intelectual de los juristas, sino como un instrumento de profunda influencia en la vida social, y en particular en la dignificación de la persona humana y la obtención del progreso para toda la colectividad nacional.

Ello es perfectamente explicable, pues en el docto Cuerpo patrocinador de este ciclo de charlas, sólo pueden estar reunidos ciudadanos, que como dice la Ley, deben ser "hombres sabios" que posean "incontestable e indiscutible competencia en el dominio de las Ciencias Políticas".

Considero justo destacar, aunque sea brevemente, la influencia que, como organizadores, tanto en la oportunidad en que este Cuerpo se ocupó de difundir ideas sobre los derechos humanos, como ahora que se dedica a los problemas jurídicos del desarrollo, han tenido, entre otras personas, entonces el Dr. Ángel Francisco Brice y ahora el Dr. René De Sola, ambos hombres de elevado mérito, ciudadanos destacados, profesores universitarios de primera clase, de vida pública intachable y que no pudieron dejar de hacer sentir su honda preocupación social y venezolana al presidir el Cuerpo Académico.

El desarrollo y la Constitución

El Estado de Derecho tiene, como característica fundamental, que todo su mecanismo debe estar subordinado a la Constitución. Y la Constitución ha venido a ser, no un simple cuerpo orgánico de las piezas básicas del Estado, sino además un instrumento que contiene los principios fundamentales bajo los cuales vive y existe la comunidad política.

La Constitución contiene, por lo tanto, el programa mínimo de convivencia social y el compromiso de llevar la acción colectiva hacia determinados fines y mecanismos que están orientados, con esa vieja frase, pero siempre nueva, a la búsqueda del bien común.

Dentro de tal orden de ideas, quiero mencionar cómo la Constitución vigente, en su artículo 95 señala, como deber del Estado, "PROMOVER EL DESARROLLO ECONÓMICO" y como obligación del Presidente de la República (mandato del artículo 191), el presentar todos los años al Congreso un Mensaje en el cual el Presidente tiene que exponer "LOS LINEAMIENTOS DEL PLAN DE DESARROLLO ECONÓMICO Y SOCIAL DE LA NACIÓN".

Es pues claro y definitivo en nuestro ordenamiento constitucional que la acción del Estado venezolano debe tener, como centro principal, la promoción del desarrollo bajo los lineamientos generales que establezca el Presidente de la República, al cumplir su deber de hacer valer la Constitución.

Desarrollo y Derecho

El término "desarrollo", por ser comparativo, es equívoco y requiere precisar, con toda exactitud, bajo qué sentido se está utilizando: se habla con demasiada frecuencia de países desarrollados y subdesarrollados y dentro de estos últimos, de países en vías de desarrollo y de sociedades estancadas.

Como bien lo afirma ROSTOW, la historia moderna hace ver no sólo que es posible el desarrollo económico, sino que es una condición necesaria para la consecución de otros objetivos igualmente convenientes: la dignidad nacional, la ganancia personal, un mejor medio de vida para todos, la educación, la modernización, la creación de nuevas instituciones para el manejo de capitales, el incremento de las inversiones, surgimiento de nuevas empresas, etc. La llamada sociedad tradicional, en la cual no es posible aplicar en forma regular y sistemática la ciencia y la técnica moderna, se basa en un sistema global estático y fatalista que crea todo un conjunto de valores y formas de vida que se manifiestan en el ordenamiento jurídico y político.

En un momento histórico toda esa estructura, en muchos países, se ha roto y la sociedad se lanza hacia la madurez; así en Estados Unidos, Alemania, Rusia, Francia, Inglaterra, Italia, Canadá, etc.

En otras partes la situación estática permanece en forma indefinida.

Nosotros en Venezuela pretendemos haber comenzado a movernos para obtener el progreso y beneficio de la madurez.

Esa realidad impone revisar el orden jurídico existente para comprobar si el mismo facilita o retarda el progreso, en el primer caso para aspirar a su conversación y perfeccionamiento, en el segundo para luchar por su cambio inmediato.

Desarrollo y Propiedad

Dentro de todo ese cuadro, seductor y amplísimo, me ha correspondido hoy estudiar la problemática que ofrece el régimen jurídico de la propiedad en función del desarrollo.

No puede menos que hacerse notar cómo la problemática de la propiedad está íntimamente ligada al desarrollo.

Puede afirmarse que la llamada sociedad tradicional, a que antes hice alusión, se caracteriza, entre otras notas, por una situación estática de la propiedad, defendida en su concepción absoluta y atribuida a un pequeño número de personas.

Las sociedades estancadas del mundo contemporáneo toman para sí ideas semejantes y las mantienen en su escaso acervo cultural. Los países desarrollados en cambio han transformado el contenido de la propiedad y manteniendo el mismo principio es que es indispensable la propiedad para la vida social, han advertido, sagazmente, que a la vez es necesario, fundamental, que la propiedad no sea un privilegio de unos cuantos sino un derecho ejercido por el mayor número de personas.

La propiedad se concibe entonces como un medio o instrumento requerido por el bienestar colectivo.

En los países en vías de desarrollo aparece la lucha evidente entre dos corrientes en conflicto: la una la que trata de mantener los viejos y ya caducos conceptos sobre el contenido de la propiedad; la otra que quiere llegar al otro extremo de pensar en la eliminación de la propiedad como solución definitiva del problema económico social del desarrollo.

Surge claramente que la verdad no puede encontrarse ni en un sitio ni en otro; sostener que la propiedad debe ser eliminada es totalmente inadmisible, pero también lo es tratar de pensar que hay que mantener un sistema que con el tiempo demostró su fracaso.

Considero que es sano entonces el que los hombres dedicados al estudio del Derecho podamos dar, en este momento, en que la necesidad de negar los extremos obliga a buscar una tercera solución, cuál sería, en un país como el nuestro, el verdadero problema jurídico de la propiedad. Ello implica analizar, por una parte, el mecanismo jurídico actual que rige la propiedad y por la otra sus efectos en la sociedad para comprobar si han promovido o impedido el desarrollo.

Concepto de Propiedad Tradicional

Debe recordarse que la Constitución venezolana, así como la mayoría de las Constituciones del mundo moderno, no han definido nunca a la propiedad. El Constituyente ha dejado tal labor al Legislador y éste lo ha hecho, al menos en Venezuela, en el Código Civil, cuyo artículo 545 dice:

La propiedad es el derecho de usar, gozar y disponer de una cosa de manera exclusiva con las restricciones y obligaciones establecidas por la ley.

La propiedad aparece así plasmada en tres piezas fundamentales: el uso, el goce y la disposición, atribuidas, en forma exclusiva, al titular del derecho.

Es importante recordar cómo, hasta nuestro Código de 1922, la propiedad aparece en nuestro Derecho calificada como absoluta: sólo se detenía esta posibilidad ilimitada de goce y disposición ante una expresa prohibición de determinado uso establecida por la Ley. Así el artículo 523 del Código de 1922, el 523 del de 1916, el 462 del de 1904, el 456 del de 1896, el 449 del de 1880 y el 444 del de 1873.

Recordamos sin embargo que el Código de 1867 había previsto expresamente la posibilidad de que las leyes y reglamentos establecieren limitaciones al derecho de doce y disposición de una cosa atribuidos a su propietario (artículo 351) y que el artículo 1 de la Ley I del Título II del Código de 1862 había concebido a la propiedad como el derecho real, en una cosa corporal, para gozar y disponer de ella arbitrariamente, no siendo contra la Ley o el derecho ajeno.

Limitaciones a la Propiedad

Seis reformas sucesivas al Código Civil olvidaron el principio establecido en 1867 que permitía al Legislador y al Poder Reglamentario fijar limitaciones a la propiedad.

No quiere decir esto que la conciencia jurídica del país había estado extraña a la problemática señalada. Y a tal efecto, es sumamente importante destacar que, a pesar del calificativo de absoluta que a la propiedad se vino adjudicando a través del tiempo, por sucesivas repeticiones en la Constitución y en el Código Civil y del carácter inviolable y exclusivo de la propiedad, al ser dictada la "Ley de Servidumbre de conductores eléctricos" que obliga al propietario de un inmueble a tolerar la presencia de cables y postes en su propiedad, fue intentado recurso de inconstitucionalidad contra esa Ley ante la Corte (entonces Federal y de Casación) y ésta, en sentencia de fecha 27 de julio de 1933, bajo una ponencia del Dr. Aníbal Sierralta Tellería, entendió que el mandato constitucional que obligaba a los propietarios a observar las disposiciones que establecieran las leyes en beneficio de la comunidad justificaba la validez de cualquier norma legislativa que podría crear "limitaciones", admitiendo expresamente que "sabido es que cuando el interés social lo exige, el Legislador puede, en muchos casos, limitar el goce individual del derecho de propiedad", todo ello "para evitar que el progreso y el bienestar de la sociedad no se encuentren detenidos en su marcha por las pretensiones del interés individual".

Arribamos así a la reforma del Código Civil de 1942, en donde llega a admitirse la eliminación del calificativo "absoluto" para el derecho de propiedad y a propuesta de los entonces Diputados Alfonso Espinosa y Rafael Caldera, hoy miembros de este Ilustre Cuerpo, se comienza a aludir a la función social del derecho de propiedad al establecerse en su definición el sometimiento de la propiedad a posibles obligaciones. (Véase el Diario de Debates número 31 correspondiente a la sesión del 3 de julio de 1942 en la Cámara de Diputados).

Poco antes y en cierto modo, el Constituyente de 1936 había puesto la primera piedra, por decirlo así, para el proceso que iba a comenzar, cuando el numeral 2 del artículo 32 de la Constitución estableció, sin dejar de reconocer el carácter INVIOLABLE de la propiedad, que ésta estaría sujeta a las contribuciones legales, y que los propietarios quedaban obligados a acatar las disposiciones que creara el Legislador en beneficio de la comunidad y permitió además que la Ley pudiese crear restricciones y prohibiciones especiales para la adquisición y transferencia de determinadas propiedades por razón de su naturaleza, si situación en el territorio nacional o su condición.

No quiero extenderme en otras consideraciones de carácter histórico acerca de la evolución de la propiedad en las Constituciones anteriores ya que ello, para fines de esta charla, carece de interés.

La reforma del Código Civil de 1942 es posiblemente la raíz de la importante transformación que se opera en la Constitución venezolana en el año de 1945, en la reforma promulgada poco antes del golpe de estado de ese año.

El Constituyente sigue la tradición de declarar a la propiedad INVIOLABLE, pero permite que ella esté sujeta no sólo a las contribuciones fijadas por el Legislador, como antes dijo la Constitución de 1936, sino también a las RESTRICCIONES Y OBLIGACIONES QUE ESTABLEZCA LA LEY POR RAZONES DE INTERÉS PÚBLICO O SOCIAL y que el Legislador pudiere establecer prohibiciones especiales además de para la adquisición y transferencia de la propiedad por determinadas razones, ya admitidas en 1936, también para el uso y disfrute de la propiedad por auténticas razones.

En la Constitución de 1947 se reconoce expresamente la función social de la propiedad y se fundamentan en ella, en dicha función social, las restricciones, contribuciones y obligaciones que para la propiedad fija la Ley por fines de utilidad pública o social.

Igual disposición aparece en la norma constitucional vigente de 1961, artículo 99.

El proceso descrito lleva por tanto a determinar que nuestro actual sistema constitucional no solamente no ha vuelto a sancionar la inviolabilidad de la propiedad, sino que expresamente ha querido que en virtud de su función social la propiedad pueda ser sometida por el Legislador a restricciones, a obligaciones y a contribuciones.

Merece la pena ahora examinar cómo ha hecho uso el Legislador de esa facultad: hay toda una gama de disposiciones que implican a) restricciones al uso, al goce y a la disposición; b) obligaciones por el uso, el goce y la disposición; y c) contribuciones causadas por el uso, el goce y la disposición de la propiedad. Es interesante e importante pasearse por todo ese conjunto para tener una idea clara de la transformación que su conjunto determina en la propiedad en sí.

Si hacemos un pequeño esquema, no polémico, sobre el contenido de la propiedad veremos que la facultad de uso implica para el propietario de una cosa la posibilidad de servirse de ella, la facultad de goce la de sacar provecho de la cosa, la de disponer, la de poder hacer salir el bien del propio patrimonio o de crear sobre el tal bien un derecho real en beneficio de un tercero.

Bajo esos conceptos podemos acudir a la Legislación vigente para examinar cómo se han ido estableciendo restricciones, obligaciones y contribuciones para cada una de tales facultades:

1°) LA FACULTAD DE USO:

Ese derecho o facultad de servirse de una cosa supone en el Derecho vigente en Venezuela lo siguiente:

1) *Obligaciones*: La obligación de utilizar en las propiedades urbanas:

a) Los servicios públicos suministrados por el Estado, lo que incluye la prohibición, tanto de servirse a sí mismo como la de utilizar servicios prestados por terceros: me refiero a los servicios de aguas blancas y servidas, de aseo urbano, de teléfono, de energía eléctrica en algunas partes de la República, situación que tiende a extenderse y no a restringirse.

b) En la propiedad agraria, la obligación de explotar en forma eficiente la tierra y de acuerdo a sus características (Véase letra a del artículo 19 de la Ley de Reforma Agraria) como una de las derivaciones de la función social de la tierra.

c) La obligación de someterse a las normas técnicas en el uso de instrumentos de telecomunicaciones.

2) *Restricciones*:

a) Las determinaciones de zonificación que restringen expresamente no sólo al destino de la propiedad, sino su volumen de edificabilidad, su altura, su aspecto arquitectónico, etc.

b) Las prohibiciones contenidas en la Ley Forestal de Suelos y Aguas sobre el uso de zonas calificadas como parques nacionales (artículo 12), como zonas protectoras (artículo 19), como cuencas hidrográficas (artículo 22).

c) Las disposiciones de la Ley de Reforma Agraria suponen explotación eficaz de los factores de producción que se encuentran en una determinada propiedad (artículo 19, letra a).

3) *Contribuciones*:

La contribución más importante causada por el uso es sin duda el llamado impuesto de frente, cuyo establecimiento está atribuido por la Constitución a las municipalidades y que se origina por el simple carácter de propietario, independientemente de todo otro elemento de juicio, aunque se calcula, según sistemas distintos que toman en cuenta otros factores importantes.

2°) LA FACULTAD DE GOCE:

1) *Obligaciones establecidas para el goce*:

a) Es sumamente importante recordar cómo en las zonas urbanas la Ley prohíbe mantener viviendas urbanas desocupadas y ordena al propietario darlas en arrendamiento, es decir, hace obligatorio el goce de los frutos civiles del inmueble.

b) La propiedad agraria no puede ser mantenida inexplotada so pena de expropiación.

2) *Restricciones establecidas al goce:*

a) El goce de los frutos civiles de un inmueble urbano está limitado por la regulación administrativa del canon máximo de arrendamiento.

b) Las características del arrendamiento de la tierra agraria, en cuanto a los derechos que puede crear para el propietario, están cuidadosamente marcados en la Ley como disposiciones de orden público.

3) *Contribuciones causadas por el goce:*

La Legislación de impuesto sobre la renta hace percibir al Estado un porcentaje estimado en dinero del producto del goce de un bien obtenido por su propietario.

3°) LA FACULTAD DE DISPOSICIÓN:

1) *Obligaciones*:

a) Determinados instrumentos de telecomunicaciones, los bienes de importancia artística, histórica y arqueológica y cierta clase de naves no pueden ser enajenados sin haber sido antes ofrecidos al Estado que tiene el derecho preferente de adquirirlos.

b) No es posible ejercer el derecho de disposición de bienes inmuebles sin antes haber cumplido el deber de pagar cualquier cantidad que se adeude al Estado por concepto de impuesto sobre la renta.

2) *Restricciones:*

No es posible enajenar por el régimen de propiedad horizontal o de venta de parcelas sino mediante documento protocolizado.

3) *Contribuciones*:

La ganancia obtenida en la enajenación de un bien causa un impuesto en beneficio del Estado.

Este esquema, no completo, demuestra que la antigua inviolabilidad de la propiedad ha sido sustituida por un complejo sistema a través del cual el Estado, por vía legislativa, ha ido paulatinamente reduciendo el campo de la libertad del propietario hasta que puede llegarse a decir que quizás estamos en presencia de un instituto de contenido distinto al que tenía cuando el Código Napoleón dio la definición que tanto tiempo ha venido ateniéndose con la concepción de este derecho.

No hay que alarmarse ante ello: el concepto de la propiedad del Código Napoleón no ha sido el único, ni el último, ni el mejor.

Se debe en este momento tomar nota de cómo la acción estatal no se ha detenido allí sino que, por razones de orden público, de carácter sanitario, de carácter fiscal o de protección a la economía nacional, el Estado se ve obligado, con relativa frecuencia, a declarar como "cosas que en Venezuela no pueden ser objeto de propiedad lícita" a determinados objetos que como las armas y explosivos pueden causar trastornos en la colectividad, o de alimentos y medicinas producidos en el país o introducidos en él son violación de las normas sanitarias, o de cosas, por ejemplo, automóviles que producidas en el exterior se hubieren introducido al país sin el cumplimiento de las formalidades fiscales, y aún más el caso de cigarrillos y licores que aunque fabricados en el país no hubieren ocasionado el pago de los impuestos correspondientes.

En todos estos ejemplos no se trata de establecer un límite o una restricción sino de eliminar la propiedad en sí sobre toda esa clase de objetos.

Las nuevas formas de Propiedad

Todo el régimen jurídico que comentamos ha llevado a la formación de un sistema de normas que rigen, en el caso de los bienes inmuebles, a dos grandes grupos de propiedades sobre los cuales merece la pena hacer especial mención; me refiero a la propiedad inmobiliaria situada en zonas llamadas rurales y a la propiedad inmobiliaria situada en zonas clasificadas como urbanas.

Por de pronto, el Estado se ha reservado el calificar a una propiedad como urbana o rural estableciendo las líneas divisorias correspondientes en los planos de zonificación del territorio nacional. Y esa clasificación incide, en forma extraordinaria, sobre la propiedad en sí: no sólo cambia su destino, distinto económicamente en una u otra, sino que además se altera su valor comercial, su utilización como posible garantía, el sistema para la expropiación que es diferente en ambos casos y la forma de pago de la indemnización correspondiente que es también distinta.

La Propiedad Agraria

La propiedad ubicada en la zona denominada como agraria tiene señalada en la Ley una forma específica de cumplir su función social: El complejo integrado por la Ley de Reforma Agraria, por la Ley Forestal de Suelos y Aguas y por la aplicación, en su caso, de las normas de la Legislación de minas y de hidrocarburos constituye todo un extraordinario panorama que en mi opinión puede abarcar las siguientes consideraciones generales:

1.- La primera y más relevante característica de la tierra agraria es su posibilidad de ser o no económicamente explotable. Si lo es las responsabilidades que se hacen recaer sobre el propietario comienzan por crear para él la obligación, no el derecho, de explotar la tierra, es decir, de usar y gozar de ella, pero no como a bien lo tenga, sino en forma eficiente, de acuerdo con sus características y con la zona donde se encuentre. Véanse a tal efecto el numeral 1 del artículo 19 de la Ley de Reforma Agraria en concordancia con el artículo 24 de la misma.

2.- Si la tierra no es económicamente explotable, queda bajo el libre ejercicio sobre ella de la propiedad por parte de su propietario pero entra entonces en juego la legislación forestal de suelos y aguas y la legislación de minas e hidrocarburos: así el propietario no puede realizar ninguna clase de actividad de deforestación sin la previa autorización administrativa (artículo 7 LFSA), no puede efectuar labor alguna, que no sea de simple conservación en las zonas llamadas protectoras (artículo 19 de la misma) y tiene que tolerar, si tal es el caso, la acción de quienes fueren concesionarios de minas o hidrocarburos sin producir en tales actividades alteración o alguna clase de perturbaciones pues a ellas la Ley las declara de utilidad pública.

3.- Volviendo al caso de que la tierra fuere económicamente explotable, el propietario además de dedicarse a tal explotación como ya lo hemos dicho, so pena de expropiación debe efectuar tal explotación en forma personal y bajo su responsabilidad financiera, debe respetar las normas vigentes en materia de conservación de recursos y además acatar las normas vigentes en materia laboral y de seguridad social.

En resumen, la tierra agraria debe ser explotada por su propietario en beneficio no sólo suyo, sino de toda la colectividad. No es un simple derecho de uso y goce, sino un categórico deber, una evidente obligación legal de hacer, que se proyecta además de hacia el campo económico de la producción también hacia otros de carácter social laboral y de interés colectivo en la protección de la naturaleza.

La Propiedad Urbana

La propiedad ubicada en las zonas urbanas no ha dejado tampoco de cambiar totalmente:

1.- Por de pronto la zonificación urbanística determina el destino de cada propiedad en cuanto a si puede ser dedicado a vivienda unifamiliar o multifamiliar, a actividades comerciales, a industriales, a usos especiales de educación, de asistencia hospitalaria, de carácter deportivo, etc. Ese destino lo fija el Estado y no puede ser alterado por los particulares.

2.- La norma urbanística ordena además el volumen de edificación, la altura máxima y a veces hasta las líneas generales del diseño arquitectónico.

3.- Las disposiciones de tipo urbanístico van unidas a normas sanitarias que tienden a proteger la salud colectiva e individual sobre ventilación, iluminación, servicios sanitarios, uso de aguas, etc. y normas de carácter técnico sobre materiales, formas de construcción, seguridad de las mismas, etc.

4.- A las normas señaladas se le une la obligación que ya hemos señalado antes, de usar, en forma obligatoria, los servicios públicos suministrados por el Estado.

Función social de la Propiedad y desarrollo económico

Ese difícil sistema, que no puede ser objeto de una charla como ésta sino de una rápida visión, coloca en manos del Estado el control de la propiedad, para que ella no sea utilizada en el solo beneficio del propietario, sino para que determine provecho y beneficio para toda la colectividad.

El uso prudente de tales facultades por parte de los órganos estatales permitirá que éstos puedan hacer que la propiedad sea o no un instrumento que favorezca o no la obtención del desarrollo económico y social de la Nación.

Pero, conviene destacar, que el problema del desarrollo económico y social no es solamente lograr que cada propietario haga de su propiedad un uso que beneficie únicamente a sus intereses y también a los de los demás integrantes de la colectividad, sino que tiene que lograr un segundo objetivo: que exista el mayor número de propietarios.

Quiero insistir sobre el hecho claro y evidente de que el desarrollo económico está en función directa del número de propietarios.

Allí nos encontramos ante otra problemática: dispone el Código Civil que la propiedad se adquiere por ocupación, por efecto de los contratos, por sucesión y por prescripción. Debe anotarse que la ocupación y la prescripción no pueden señalarse sino como situaciones, si no de excepción, al menos como especiales que no pueden constituir la regla general; que la sucesión supone que el causante haya previamente adquirido la propiedad y que, salvo en el caso de donación, en todos los demás contratos la adquisición por alguien de la propiedad supone el pago del precio o la entrega de bienes de valor equivalente.

El problema fundamental del desarrollo radica allí: la inmensa mayoría de los ciudadanos en los países subdesarrollados están, en forma absoluta y total, incapacitados para pensar en la más remota posibilidad de convertirse en propietarios de los bienes fundamentales para su existencia mediante nada que se parezca al pago del precio.

En el seminario sobre problemas de la urbanización en América Latina, realizado del 6 al 18 de julio de 1958, en Santiago de Chile por la CEPAL, la UNESCO, la OIT y la OEA, se concluía, como fenómeno común a toda la América Latina que al común de los ciudadanos le era imposible adquirir la más barata y sencilla de las viviendas al precio ínfimo que fuere factible.

Pero, estudiemos el caso concreto de Venezuela para que nuestra atención no se diluya.

Vamos únicamente a examinar los datos fundamentales:

La exposición de motivos de la Ley de Reforma Agraria y acudo a ese documento por ser de fácil acceso para todos y por la unanimidad que se logró por sus redactores, nos trae datos cuya clara brutalidad basta por sí misma:

El 20% de las familias campesinas no pasa de 400 Bs. en su ingreso anual per cápita.

El 13% apenas llega a 800 Bs. anuales.

El 14% sólo llega a sobrevivir.

O sea que el 47% de las familias campesinas, prácticamente la mitad de las mismas no puede, mientras no cambie su situación, pensar en ninguna forma de dispone de fondos para adquirir ni pagar lo que no sea la simple comida o sustento, cuando ni siquiera ello.

Esta situación está completada por otra no menos grave: para la fecha de la publicación del documento, de los 29 millones y medio de hectáreas laborales que había en Venezuela, el 74,45%, es decir, las tres cuartas partes, pertenecía al 1,69% de los propietarios dueños de 6.759 fundos de un mil hectáreas cada uno.

Si pasamos a la zona urbana la situación es similar.

El informe oficial de 1962 sobre la situación de la vivienda urbana en Venezuela demuestra la existencia de sólo 821.000 viviendas urbanas de los cuales 182.000 corresponden a la clasificación como ranchos.

De ese gran total, si bien un elevado porcentaje ya goza de agua, servicios sanitarios y electricidad, todavía quedan miles y miles de viviendas que tienen techo de paja, paredes y suelos de barro, que no tienen servicios sanitarios ni disponen de agua con facilidad.

Pero lo que es más importante para los fines de nuestra charla es otra información:

Hay un total de 884.000 viviendas, entre rurales y urbanas, que se declararon como propias, es decir, que sus propietarios pagaron el precio original pactado para la adquisición. Pero, el Banco Central de Venezuela, en su Informe de 1965, advierte que en Venezuela hay, invertidos en hipotecas, fundamentalmente urbanas, una cifra que alcanza a los doce mil millones de bolívares, de los cuales 46,47% son a plazos que no llegan a dos años y 47,96% a un interés que oscila entre el 10 y el 12% anual.

Si a todo lo anterior se une que, según las informaciones también oficiales del Gobierno Nacional, el 73,64% de las familias tienen ingresos mensuales menores a 1.000 Bs. y de ellas el 44,28% no llega a 500 Bs. mensuales, se comprende que la advertencia de 1959 en el seminario en Santiago de Chile no sólo es absolutamente cierta en el país, sino que constituye además una situación socialmente explosiva.

Estamos allí frente al gran reto que presenta el desarrollo: hay que superar semejante situación o simplemente perecer.

Los estudios comparativos sobre el desarrollo en distintos países del mundo han puesto de manifiesto que no es posible concebir el desarrollo sino en una forma integral: es decir que no sólo interesa lo económico, sino lo económico en función de lo social, de la persona del hombre, a quien hay que llevar el estado de dignidad a que tiene derecho.

La declaración de los derechos del hombre ha proclamado el derecho de todo ser humano a ser propietario, pero en esa situación ¿cómo podrá llegar a serlo? ¿Y de qué?

Algunas soluciones

Podemos afirmar que nuestro derecho ha comenzado a presentar interesantes soluciones al problema, que si bien no serán perfectas ni únicas al menos constituyen ensayos que merece la pena conocer como punto de partida para futuras innovaciones.

Como ya lo dije antes, no es solamente útil el tratar de que cada propiedad cumpla con su función social, sino que exista además el mayor número de propietarios.

La imposibilidad de usar los contratos como medio para el logro de ese fin lleva entonces a la aparición de otras formas de adquisición de la propiedad en base a un origen diferente como por ejemplo la adjudicación administrativa.

No es una figura extraña en nuestro Derecho pues fue heredada del viejo sistema español donde de la propiedad originaria de la Corona, se derivan por actos de concesión, casi siempre gratuitos, muchas de las propiedades de los primitivos vecinos; y en nuestra legislación de tierras baldías de tan fecundas consecuencias, todavía no suficientemente estudiadas en la economía de nuestro país.

Así han nacido la dotación agraria y la adjudicación de vivienda urbana.

Ambas figuras contemplan un régimen nuevo de propiedad que no sustituye sino se añade al tradicional, tratando de completarlo y evitar sus defectos y negativas consecuencias.

La dotación agraria

La dotación agraria regulada por la Ley de Reforma Agraria consiste en el suministro, al campesino, de un complejo integrado por tierra, asistencia crediticia y ayuda técnica.

Dispone la Ley que la tierra se entregue en propiedad, pero todo el conjunto está sujeto a normas de gravedad e importancia:

a) Por de pronto, el beneficiario de la dotación no puede ser sino una persona incluida dentro de determinadas condiciones de hecho que en su conjunto tienen que llevar a considerarlo como un auténtico campesino, provisto de familia, pero desprovisto de tierra y deseoso de trabajar. No importa que sea nacional o extranjero, que sea o no casado. Basta que tenga más de 18 años y que tenga una familia a su cargo.

b) La dotación supone un proceso previo de selección de las tierras y de preparación de las mismas, labores que tienen que estar a cargo del Instituto Oficial competente.

c) La dotación se adjudica realmente por acto administrativo que origina las siguientes situaciones de derecho:

Uno: La obligación, no el derecho, de explotar la tierra.

Dos: La obligación de hacerlo en forma eficiente y con respecto de las normas laborales, de conservación de recursos y de tipo crediticio.

Tres: La obligación de hacerlo con la familia.

La dotación no se hereda propiamente, sino que a la muerte del adjudicatario si los familiares no se acuerdan sobre la administración el acto adjudicatorio es revocado.

El abandono de la parcela o de la familia, la negligencia en la explotación y el incumplimiento de las obligaciones legales y crediticias trae consigo la revocatoria del acto adjudicatorio.

Esta adjudicación puede ser gratuita u onerosa, puede ser individual o colectiva.

En caso de ser onerosa, no puede ser cobrado el precio a menos de 20 años ni por cuotas que excedan del 5% anual del valor bruto de las cosechas obtenidas.

¿Este sistema dará resultado? Es por lo menos una estructura jurídica nueva que al parecer se adapta a la realidad y que crea una propiedad *sui generis* donde los conceptos tradicionales de uso, goce y disposición se transforman en deber de uso, obligación de explotación y limitación en la disposición. Se origina no en un contrato sino en un acto estatal, se crea en función de la situación económica y familiar del individuo y no en su beneficio exclusivo.

La adquisición de vivienda

Otro sistema de interés es el de la adjudicación de la vivienda urbana:

El sistema se divide en función de la situación económica del interesado. Las normas vigentes clasifican a las personas en tres grandes grupos: el primero de ellos el que requiere de una ayuda integral del Estado como único medio para adquirir vivienda; el segundo que supone una colaboración importante, aunque no integral para la misma finalidad; el tercero el que requiere la participación estatal en alguna forma para facilitarle la adquisición de la vivienda.

Para el primer grupo está el Banco Obrero; para el segundo el sistema nacional de ahorro y préstamo; para el tercero la banca hipotecaria.

En uno el Estado prácticamente lo hace todo; en el otro aporta una colaboración básica; en el tercero facilita el funcionamiento del sistema.

Examinaremos algunas características comunes de los dos primeros sistemas que son los que llevan a crear una auténtica forma nueva de propiedad:

1) Por de pronto no pueden aspirar a la adjudicación sino quienes no sean propietarios de otros bienes destinados a vivienda. No se trata de fomentar actividades comerciales sino de lograr solucionar la dificultad de la falta de vivienda.

2) Tiene preferencia quien sea padre de familia;

3) Debe el solicitante ser, como dice la Ley "persona de trabajo" y reunir condición de persona de conducta honesta.

El bien sobre el cual se trata de que la adjudicación debe ser una vivienda, ya sea que forme parte de un conjunto ya esté individualizada. Lo importante es que la Legislación ha determinado valores máximos de la misma para que se usen los fondos estatales no sólo en el mayor número de viviendas sino también en viviendas que no sean de lujo.

Ahora bien, ¿cuáles son las facultades del propietario?:

a) La Ley ha sustituido el derecho al uso por un deber de uso pues es indispensable destinar a vivienda únicamente a ese fin y no a ningún otro. No hay pues derecho al uso sino deber de uso y no es un derecho que puede o no ser ejercido sino un deber que tiene que ser cumplido.

b) Se ha eliminado el derecho de goce en cuanto a que el propietario, en forma ordinaria, no puede dar en arrendamiento el inmueble y beneficiarse de la renta.

c) Se limita el derecho de disposición en cuanto que el inmueble no puede ser gravado ni en ninguna forma enajenado sin el consentimiento previo del Instituto adjudicante y con la expresa modalidad de que el tal Instituto adjudicante tiene el derecho preferente de adquirirlo por el mismo precio de la adjudicación, derecho que se extiende hasta por 20 años de la fecha de la adjudicación.

No hay tiempo ni necesidad en extendernos más en tal análisis sino en contemplar cómo ha surgido el sistema: si nos damos cuenta de que es el único medio a través del cual una gran mayoría de personas puede adquirir vivienda habremos de concluir que, si sigue funcionando, en pocos años, será el sistema que regirá la mayoría de las propiedades urbanas que llegue a haber en el país. De ahí su importancia.

Conclusión

Podemos terminar por lo tanto afirmando que al menos en el campo de la propiedad, el Derecho Venezolano, ante el problema del desarrollo no ha quedado estático, sino que en forma audaz ha previsto las bases constitucionales necesarias e incluso ha originado las primeras normas legislativas para que puedan atenderse los problemas sociales y económicos fundamentales.

Pero el camino no está todavía terminado: apenas se está iniciando un proceso en el cual una vez que hemos entrado, por cumplimiento de un deber profesional y patriótico, los juristas no sólo no podemos salir, sino que tenemos que continuar adelante.

Muchas gracias, señores, por su atención.

El régimen jurídico de la vivienda en Venezuela

I. Presentación del problema

1. *Consideraciones previas*

La "Declaración Universal de los Derechos del Hombre" proclama como uno de los elementos necesarios para la felicidad de los pueblos, el derecho de toda persona a un "domicilio" (vivienda) que le asegure, junto con la alimentación, el vestido, los cuidados médicos y la seguridad social, un nivel de vida suficiente para su persona y su familia.

Nadie puede dudar de la importancia que tiene la vivienda para la vida individual y social: aunque no hubiere existido la "Declaración" citada, el tema estaría fuera de discusión.

En las zonas donde el desarrollo económico y social está suficientemente avanzado, existe un número bastante considerable de viviendas y una actividad crediticia paralela que permite, dentro de límites razonables, que pueda afirmarse que la *dificultad* socioeconómica de dotar a cada familia de una vivienda está prácticamente solucionada o puede solucionarse.

A pesar de ello la vivienda sigue constituyendo en tales países un problema importante que, como bien lo dice la *Declaration of National Housing Policy* del Congreso de los Estados Unidos en la *Housing Act*, aprobada el 15 de julio de 1949, "afecta al bienestar general, la seguridad de la Nación y la salud y el nivel del pueblo" y que en consecuencia, el lograr tan pronto como sea posible que cada familia americana tenga una vivienda "decente" contribuye, evidentemente, a "la salud, crecimiento y seguridad de la Nación", por todo lo cual ha sido adoptada una amplia y fecunda legislación sobre vivienda.

2. *El caso europeo*

En Europa, inmediatamente después de la guerra y por causa de ella la necesidad de vivienda se vio considerablemente aumentada. Conforme a documento preparado por la Comisión de Asuntos Sociales del Consejo Económico y Social de las Naciones Unidas, la situación era entonces la siguiente:

> *Se ha calculado que en Checoslovaquia, Noruega y Hungría del 3 al 4 por ciento de los edificios destinados a habitación quedaron totalmente destruidos por la guerra. Esa cifra es aproximadamente de un 5 por ciento para Italia; de un 6 a 9 por ciento para Austria, Francia, los Países Bajos y el Reino Unido; de más de 10 por ciento para la Unión de Repúblicas Socialistas Soviéticas, y de un 20 por ciento por lo menos para Alemania, Grecia, Polonia y Yugoslavia. En total, probablemente resultaron totalmente destruidas 10.500.000 viviendas y parcialmente por lo menos 3.500.000. además, mientras que en la preguerra se construían anualmente más de 1.500.000 casas, las tareas de reparación y conservación quedaron muy descuidadas. En consecuencia, el déficit de la postguerra debido a los daños y a la reducción del volumen de las construcciones fue quizás de un 20 por ciento aproximadamente del número total de casas existentes en Europa. No en todos los países se sintieron los mismos efectos, pero es evidente que en cada uno de ellos la vivienda constituye uno de los problemas más urgentes, y se están haciendo esfuerzos de diversa intensidad para solucionarlo.*

La situación expuesta llevó a una activa política oficial de vivienda que el Documento arriba citado resume así:

> *Desde la segunda guerra mundial, los gobiernos han ido asumiendo funciones cada vez mayores en el financiamiento de la vivienda y el mejoramiento de la comunidad, como parte de su política económica y social general, y las medidas de carácter práctico que las autoridades competentes, centrales o locales, adoptan en un gran número de países se adaptan a las posibilidades económicas del país y a sus programas generales de desarrollo.*

3. *Situación en los países en desarrollo*

Ahora bien, en los países en vías de desarrollo el problema es de una mayor gravedad. Véase cómo lo exponen los técnicos de las Naciones Unidas:

Se ha calculado que, en los países menos industriales, hay 150.000.000 de familias, aproximadamente, que carecen de hogares y de condiciones sanitarias suficientes. Muchas de estas familias carecen por completo de albergue. En los países económicamente desarrollados se estima que hacen falta, por lo menos, 30.000.000 de viviendas. Por lo tanto, el problema de proporcionar viviendas y servicios de la comunidad de las personas que constituyen los grupos de ingresos más reducidos ha cobrado enormes proporciones en el mundo entero. Al mismo tiempo, las Constituciones y otras leyes fundamentales de muchos países han proclamado, entre disposiciones de carácter social, el derecho de todo ciudadano a tener un hogar que responda a las necesidades fundamentales del hombre. Es evidente, pues, que la escasez de capital para inversiones y la atención que ha de prestarse a otras necesidades igualmente apremiantes exigen la movilización eficaz y el empleo prudente de los recursos disponibles para poder satisfacer estas enormes necesidades con desembolsos relativamente reducidos.

En el caso particular de América Latina, el reciente "Informe" correspondiente al año 1966, del Banco Interamericano de Desarrollo ratifica esa situación así:

Al comparar la actual oferta de casas con las necesidades resultantes del deterioro de las viviendas y del mayor número de grupos familiares, se obtiene una primera aproximación al déficit habitacional. Según la Unión Panamericana, la escasez de viviendas en toda la América Latina ascendía a cerca de 25 millones de unidades en 1951, en la cual estaban comprendidas 15 millones de casas rurales que debían ser reemplazadas. En el medio urbano cerca de 4,2 millones de viviendas también necesitaban ser reemplazadas, y otros 5,6 millones debían ser rehabilitadas. La Comisión Económica para la América Latina calculó que, para absorber el aumento de la población y hacer frente a las necesidades de reemplazo, se tenían que construir por lo menos unas 960.000 unidades al año durante el decenio 1950-1960, cifra que se desdobla en 630.000 unidades al año en las zonas urbanas y 330.000 en las rurales. A partir de 1960 la necesidad anual se eleva a más de 1,1 millones de unidades, o sea, 785.000 en las ciudades y 356.000 en los campos. Para 1967 la necesidad pasará a los 2,6 millones de viviendas: 1,8 millones en las ciudades y poblaciones mayores y 738.000 en las zonas rurales. Sin embargo, todo parece indicar que tanto en el período 1950-1960 como después de 1960 la actividad constructora fue insuficiente en comparación con el aumento de la población.

Aunque casi toda la familia sigue teniendo alguna clase de albergue, el lento ritmo de crecimiento de la construcción de viviendas ha contribuido a agravar el déficit, tanto desde el punto de vista cualitativo como cuantitativo. Como es natural, la disminución del volumen de construcciones residenciales contribuye a agravar la desocupación y los problemas derivados del bajo nivel de ingresos, de lo cual resulta que aquellos grupos que son precisamente los más afectados por la escasez de viviendas carecen de los ahorros e ingresos que serían necesarios para adquirir las nuevas viviendas que se construyen. Mientras tanto, el déficit sigue aumentando a causa del deterioro, la existencia de casas improvisadas, tales como las que se encuentran en las barriadas y favelas, y la necesidad de hacer frente a la formación de nuevos hogares.

Cerca de 45 millones de personas, o sea aproximadamente el 40 por ciento de la población urbana de la América Latina, viven en condiciones de extrema aglomeración, con tres o más personas por cuarto, en unidades construidas con materiales improvisados que apenas sirven para albergar en condiciones mínimas a sus ocupantes. Dado que escasamente la mitad de las viviendas urbanas cuentan con servicios de agua potable y aún menos con servicios sanitarios, las condiciones higiénicas de las actuales viviendas las convierten en focos de contagio de enfermedades endémicas. En las zonas rurales se calcula que menos del 10 por ciento de las casas tienen estos servicios y el otro 90 por ciento consiste en chozas de adobe que han cambiado poco desde los tiempos precolombinos. En el cuadro siguiente se muestran las condiciones reinantes en algunos países para los cuales existen cálculos más o menos recientes.

4. *Consecuencias*

De lo expuesto se deduce que si en los países desarrollados es indispensable la presencia e intervención estatal con la adopción de activas e intensas políticas de vivienda sin cuya ayuda el común de los ciudadanos no puede adquirir su hogar, en los otros países la acción estatal en ese sentido es tanto más vital que puede considerarse sin vacilación, como una de las más indispensables, casi esencial, en una eficiente administración pública.

Ello ha traído como consecuencia toda una estructura jurídica peculiar, que, aunque varía de país a país, presenta elementos comunes de mucho interés que vamos a tratar de sistematizar a través del caso venezolano.

El tema índice sobre el concepto de la propiedad privada, y lleva a la formulación de otras formas jurídicas de mucho interés para la evolución del Derecho en los pueblos en vías de desarrollo.

Las formas ya conocidas de la propiedad, reguladas en el Código Civil, no van siendo ni pueden ser *preteridas ni desconocidas*, todo lo contrario; pero a su lado aparecen nuevas instituciones que sin desplazar a la propiedad tradicional (al menos sobre la vivienda) tratan de permitir al común de los ciudadanos disfrutar de una vivienda, que, a través del sistema, hasta ahora vigente, no habían podido obtener.

El problema, que es universal, ha llamado poderosamente la atención de los estudiosos en la materia, situación que el Profesor Díez-Picazo resume así:

> *¿Esta configuración especial de la propiedad urbanística, limitaciones y deberes, autoriza a pensar que se ha producido un tránsito hacia una institución nueva distinta? Algún autor, recientemente, así lo ha entendido, de manera acaso un tanto audaz, con fundamento en la idea expresada ya por relevantes expositores italianos y franceses, de que no existe una forma única de propiedad; de que no hay propiedad, sino propiedades; se ha pretendido que la propiedad urbanística es una figura jurídica nueva que ha de situarse junto a las demás formas especiales de propiedad agraria, forestal, de mina, de pisos, etc.*

El hecho de que la cantidad de viviendas que se tiene que edificar sea tan grande y que ellas se regulen en su gran mayoría por las nuevas formas parece indicar que, a la larga, el nuevo sistema que se está creando será prácticamente el "derecho común" y el sistema ahora utilizado, aunque deberá ser mantenido, funcionará como un sistema de excepción.

Debe hacerse notar, por lo que a Venezuela respecta, que, en la última reforma constitucional, de 1961, se incluyó en el propio texto de la Constitución una expresa disposición, contenida en el Artículo 73, conforme a la cual el Estado, mediante Ley, debe proveer lo conducente a facilitar, a cada familia, una vivienda cómoda e higiénica. Así la Legislación que exista o se dicte sobre régimen de la vivienda, que, dentro del régimen Federal, que al menos en teoría exista en Venezuela, corresponde al Poder Nacional, tiene claro fundamento como deber constitucional del Estado.

II. VIVIENDA Y FAMILIA EN VENEZUELA

Según las informaciones oficiales del Gobierno de Venezuela, el número de viviendas existentes en Venezuela para 1961 era de 1.472.258 unidades, dato que llevó a la "Comisión Presidencial para el desarrollo urbano y la vivienda" a estimar que, en base al número de familias existentes en el país, el déficit nacional de viviendas debe ser estimado, para 1964, en 800.000 unidades, cifra que se incrementará en 50.000 unidades por año.

A) *Características físicas de la vivienda*

Conforme al Censo de 1961 la situación física de las viviendas censadas, o sea el total de 1.472.258 era la siguiente:

1. *Viviendas Urbanas:*	821.000	
Viviendas Rurales:	442.000	
2. *Tipo de Vivienda*:		
Casa-Quinta	695.000	urbanas: 501.000
Apartamento	95.000	
Piezas:	43.000	
Ranchos:	493.000	urbanas: 182.000
3. *Servicios*:		
a) Con agua:	619.000	urbanas: 442.000
Sin agua:	707.000	urbanas: 283.000
b) Con WC	550.000	
Sin WC	449.000	
c) Con baño	469.000	
Sin baño	857.000	
d) Con electricidad	805.000	
Sin electricidad	467.000	
e) Combustible usado		
Kerosene	644.000	
Gas	191.000	
Leña	461.000	

4. *Calidad física*

a) *Materiales de las paredes*

Bahareque	529.000	urbanas: 178.000
Cemento	507.000	urbanas: 449.000
Adobe	123.000	
Madera	46.000	
Otros	121.000	

b) *Materiales techo*

Teja	225.000
Platabanda	199.000
Lám. met.	616.000
Asbesto	73.000
Otros	212.000

c) *Materiales piso*

Tierra	439.000
Cemento	864.000
Ladrillo	16.000

d) *Distancia del acueducto para las "sin agua"*

Menos de 200 mts	439.000
De 200 a 400 mts	134.000
Más de 400 mts	132.000

e) *Ubicación de la cocina*

En sitio especial	865.000
En dormitorios	256.000
En otro sitio	205.000

5. *Instalaciones adicionales*

a) Radio	649.000	48%
b) Televisión	197.000	14%
c) Nevera	397.000	30%
d) Lavadora	175.000	14%

B) *Características socioeconómicas de la relación familiar de la vivienda*

Según el mencionado informe de la Comisión Presidencial, el reparto socioeconómico de las familias venezolanas es el siguiente en relación a la vivienda:

1. El 3,7% tiene ingresos mensuales superiores a Bs. 3.000, paga por su vivienda más de Bs. 900 mensuales y vive en casas que valen más de Bs. 78.000.
2. El 10,14% de las familias tiene ingresos mensuales entre Bs. 1.500 y 3.000; paga por su vivienda entre Bs. 375 y 900 mensuales y vive en casas que valen entre Bs. 30.000 y 70.000.
3. El 12,52% de las familias tiene ingresos mensuales entre Bs. 1.000 y 1.500; paga por su vivienda entre Bs. 150 y 375 mensuales y vive en casas que valen entre Bs. 18.000 y 30.000.
4. El 29,35% de las familias tiene ingresos mensuales entre Bs. 500 y 1.000; paga por su vivienda entre Bs. 75 y 150 mensuales y vive en casas que valen entre Bs. 9.000 y 18.000.
5. El 17,12% de las familias tiene ingresos mensuales entre Bs. 300 y 500; paga por su vivienda entre Bs. 30 y 35 mensuales y vive en casas que valen entre Bs. 4.000 y 9.000.
6. El 27,17% de las familias tiene ingresos mensuales menores de Bs. 300; paga por su vivienda entre Bs. 0 y 30 mensuales y vive en casas que valen entre Bs. 0 y 4.000.

En resumen, se afirma que el 73,64% de las familias venezolanas tiene ingresos mensuales menores de Bs. 1.000 y entre ellas, el 44,28% no llega a Bs. 500 mensuales.

C) *Características financieras de las "viviendas"*

Según las mismas informaciones del Censo, hay un total de 884.000 viviendas que son llamadas "propias", es decir que sus ocupantes dicen haber pagado íntegramente su precio; 423.000 viviendas que están en período de pago y 340.000 viviendas que están "arrendadas".

Este dato es, aparentemente, halagador, si no se le compara con los anteriores en cuanto a la calidad física de la vivienda llamada "propia" y que debe complementarse con las informaciones del Banco Central sobre la existencia de hipotecas en Venezuela.

En efecto, tanto en las noticias provenientes de cada uno de los documentos anuales que produce el Banco Central de Venezuela, como en la del estudio particular sobre el mercado hipotecario publicó dicho Instituto, en el año de 1965, se constatan los siguientes datos:

1. La inversión en préstamos hipotecarios es una de las más elevadas de cuantas constituyen la estructura de las inversiones en el país: Para fin de 1965 la cantidad invertida en hipotecas asciende a 11.780 millones de bolívares.

2. El mayor porcentaje de préstamos hipotecarios corresponde a operaciones que presentan, como garantía, hipoteca sobre bienes urbanos.

3. En los préstamos hipotecarios predominan los que son hechos por prestamistas "no institucionales" sobre los efectuados por prestamistas "institucionales" públicos o privados.

La marcada tendencia reciente que presentan los préstamos provenientes de prestamistas institucionales no significa disminución ni en la cuantía ni en la importancia porcentual de los préstamos no institucionales.

4. La hipoteca sobre propiedades rurales prácticamente no tiene importancia.

5. Dentro de los préstamos hipotecarios sobre bienes urbanos predominan los que se otorgan a no más de dos años (46,37% para 1964) y entre 10 al 12% (42,96% para 1964).

Es muy claro por lo tanto que gran parte, o mejor, casi la totalidad de las propiedades urbanas en Venezuela están hipotecadas y que dichas hipotecas tienen, en un elevadísimo porcentaje, un plazo muy corto de vencimiento y suponen un elevado interés anual.

III. NECESIDAD DE LA INTERVENCIÓN ESTATAL

A) La insuficiencia de la actividad privada

El análisis del mercado hipotecario venezolano nos ha demostrado la existencia de una cantidad que llega a cerca de los Doce mil millones de bolívares (Bs. 12.000.000.000) que están utilizados en su gran mayoría en el financiamiento de la adquisición o construcción de inmuebles destinados casi todos a viviendas. Se observa, como se ha dicho en ese estudio, que dentro de esa cantidad predominan los préstamos hechos por los que se denominan inversionistas "no institucionales", es decir, propietarios indiscriminados de dinero que lo facilitan a quienes lo necesitan. Estos préstamos, según lo observado en un cuarenta y siete por ciento (47%) son a plazo que no pasa de dos años y más o menos en la misma proporción a un interés que llega al doce por ciento (12%) anual.

Tales condiciones, si se pretende mantenerlas para financiar las viviendas que requieren las tres cuartas partes (3/4) de las familias venezolanas con ingresos mensuales inferiores a Bs. 1.000 resultan absoluta y totalmente inadecuadas.

Por otra parte, se hace imposible exigir u obligar a los particulares que coloquen su dinero a plazos mayores y a más bajo interés pues ello implica regulaciones a la inversión de capital que traerían graves repercusiones económicas que no son deseables.

Los organismos oficiales venezolanos han manifestado que, para la consideración exacta del problema, deben distinguirse tres sectores de interesados.

1. Aquellos que no requieren ayuda inmediata o directa del Estado;
2. Los que requieren sólo cierta colaboración estatal (directa o indirecta según los casos), sin la cual no podrían adquirir fácilmente una vivienda cómoda e higiénica; y
3. Los que necesitan una ayuda integral del Estado para la adquisición de su vivienda.

El primero y segundo grupo (sobre todo éste), que son numéricamente pequeños, pueden ser atendidos por los inversionistas institucionales privados, como lo son los Bancos Hipotecarios, las empresas aseguradoras y las entidades de ahorro y préstamo, pero hay que tomar en cuenta que las mismas no pueden operar sino dentro del marco que permiten las circunstancias económicas del país.

Por ejemplo, la Banca Hipotecaria, para obtener el dinero que requieren sus operaciones, tiene que colocar cédulas hipotecarias en el mercado de valores y así disponer de fondos. Si estas cédulas no las ofrece con un interés suficientemente atractivo, es decir, elevado, difícilmente serán adquiridas por los inversionistas. En tal forma el Banco, al tener que pagar por sus cédulas un interés de determinado porcentaje, se ve obligado a exigir a las personas a quienes presta dinero un interés todavía más alto.

La misma estructura de las cédulas (cuyo respaldo lo constituyen los préstamos hipotecarios otorgados por el Banco emisor) implica, además, para que el público inversionista tenga confianza en ellas, que exista la proporción de Ley entre el monto total de las cédulas emitidas y la parte no pagada de los créditos hipotecarios acordados por el Banco emisor. Cada uno de estos créditos, a su vez, tiene necesariamente que cumplir un mínimum de condiciones entre las cuales está que su monto no puede pasar de cierta proporción entre el valor del inmueble que sirve de garantía y el monto del crédito. La ley fija ese porcentaje en un 75% pero la práctica mercantil no ha permitido pasar, ordinariamente, de un sesenta por ciento (60%), lo que indica, para el prestatario, la necesidad de obtener, de otras maneras, entre un veinticinco (25%) y un cuarenta por ciento (40%) del valor del inmueble que va a adquirir, si es que quiere utilizar los servicios de la Banca Hipotecaria.

El Estado ha tratado de aliviar la situación expuesta, adquiriendo de los Bancos Hipotecarios cédulas hipotecarias que paguen un interés menor, a fin de permitir a tales Bancos prestar dinero también a un interés menor, pero no sólo el interés alto sino además el plazo y la elevada proporción crédito-valor inmueble, es lo que determina la menor o mayor facilidad para el prestatario modesto en la utilización de los créditos.

Las Empresas de Seguros están autorizadas por la Ley para invertir sus reservas matemáticas y de riesgos en diversas clases de operaciones que directa o indirectamente inciden sobre el financiamiento de la vivienda; así el cincuenta por ciento (50%) de las reservas de las empresas que operan en el ramo de garantías financieras debe estar invertido en obligaciones emitidas por compañías anónimas constituidas en Venezuela, lo que permite utilizar tales cantidades en Cédulas Hipotecarias de Bancos Hipotecarios nacionales y ampliar la capacidad crediticia de éstos. En cuanto a las reservas matemáticas y de riesgos en curso no más de un veinte por ciento (20%) pueden estar invertidas en hipotecas inmobiliarias y en cédulas hipotecarias y no más de cincuenta por ciento (50%) en préstamos garantizados con hipoteca sobre bienes urbanos, siempre y cuando el monto del crédito no pase de sesenta por ciento (60%) del valor del inmueble.

Las inversiones de estas empresas en el mercado hipotecario, de las entidades de ahorro y préstamo, los informes del Banco Central de Venezuela y antes de la existencia de la Banca Hipotecaria, fueron las únicas instituciones que facilitaban dinero a largo plazo para operaciones inmobiliarias.

Hay también que advertir la creciente influencia, con mejor intención que resultado en el mercado hipotecario, de las entidades de ahorro y préstamo (existentes desde 1961). El crecimiento de ese tipo de préstamos hipotecarios privados aparece marcadamente influido por el Estado, mediante el redescuento a esas entidades de ahorro y préstamo de los préstamos hechos por ellas.

Merece la pena llamar la atención sobre los esfuerzos realizados, sin fines de lucro, por varias instituciones privadas, como por ejemplo la Fundación de la Vivienda Popular, con resultados excelentes y dignos de estímulo dentro del medio en el cual se han desarrollado, pero lógicamente imposibles de utilizar para la solución del problema nacional.

B) *La acción del Estado*

El enunciado que acabamos de hacer sobre la necesidad de la vivienda en las condiciones socioeconómicas de la familia venezolana determina que sea difícil encontrar una solución distinta a que fuere el Estado quien proporcione capital por el monto necesario para financiar la adquisición de los terrenos y el costo de la construcción de las viviendas requeridas.

Ahora bien, la utilización de fondos públicos en el destino señalado tanto por la magnitud necesaria como por las características de la inversión supone una particular problemática jurídica que requiere el estudio de diversos aspectos, distintos pero complementarios.

El primero se refiere a la creación y financiamiento de los organismos necesarios para las diversas actividades que suponen las operaciones antedichas. El segundo implica la formulación normativa de la manera como el Estado prestará su colaboración o ayuda financiera a las personas que requieren viviendas.

I) *Consideraciones de orden fiscal*

El hecho anotado de que el financiamiento de viviendas debe provenir principalmente de fondos públicos supone que ellos sean obtenidos por el Estado del Tesoro Nacional o de operaciones de crédito público y obliga a determinar las consecuencias que eso implica desde el punto de vista jurídico constitucional.

1. *Provisión de fondos*

En primer lugar, cuando se pretende destinar a planes de vivienda alguna cantidad del Tesoro Nacional el gasto correspondiente debe estar previsto en la Ley de Presupuesto del año en curso o en un "Crédito Adicional" decretado conforme a la Ley si la cantidad prevista no hubiere sido suficiente o la Ley de Presupuesto no contiene disposición alguna sobre el particular.

a. *Previsiones ordinarias*

El Ejecutivo necesita contemplar, año a año, en el Proyecto de Ley de Presupuesto, las cantidades necesarias para atender la programación del financiamiento de la vivienda: La inclusión de la partida respectiva en el proyecto está ampliamente justificado por otro mandato constitucional, el tantas veces citado del Artículo 73, que obliga al Estado a proveer, en Ley, lo conducente para facilitar a cada familia la adquisición de una vivienda cómoda e higiénica.

b. *Previsiones extraordinarias*

Si la partida asignada a gastos en vivienda resulta insuficiente debe recurrirse al método o sistema de los créditos adicionales según los requisitos ordinarios para esa clase de erogaciones. Recuérdese que conforme al Artículo 227 de la Constitución, los créditos adicionales requieren el voto favorable del Consejo de Ministros y la autorización de ambas Cámaras en sesión conjunta o en su defecto, de la Comisión Delegada.

c. *El uso del crédito público*

De no utilizarse fondos del Tesoro sino el producto de operaciones de crédito público, éstas deben ser autorizadas en cada caso por Ley del Congreso conforme al Artículo 231 de la propia Constitución, para que luego el Presidente de la República, en Consejo de Ministros, negocie el correspondiente empréstito por órgano del Ministro de Hacienda (Artículo 190, Estatuto Orgánico de Ministerios).

2. *Control ordinario y extraordinario por el Congreso*

El plan de acción de la administración en materia de vivienda está sujeto al control del Congreso, en los términos establecidos en el Artículo 139 de la Constitución, que supone la presentación anual a las Cámaras de una información razonada y suficiente de lo hecho en el año civil inmediatamente anterior y de los planes para el año siguiente, acompañada tal información de la cuenta de los fondos manejados en ese campo. El Congreso puede también dictar normas especiales sobre fomento de la vivienda popular como lo prevé el numeral 19 del Artículo 136 de la Constitución. El

Congreso podrá, además, efectuar las investigaciones que juzgue conveniente sobre los planes de vivienda y su ejecución, en cuyo caso debe recibir, de los funcionarios e Institutos encargados de la materia, toda la documentación e información que el cuerpo legislativo requiera (Artículo 160 de la Constitución).

No debe olvidarse que el control, vigilancia y fiscalización de todas las operaciones de inversión de fondos del Tesoro o de crédito público en materia de vivienda debe ser ejercida por la Contraloría General de la República.

II) Consecuencias de orden jurídico en la propiedad

a. *Consideraciones generales*

Las tres categorías arriba señaladas pueden llevar, por lo tanto, a que el régimen jurídico de la vivienda tenga que orientarse dentro de sistemas distintos, en un primer caso con regulaciones que comprenden a todo tipo de vivienda y en otros con disposiciones que alcanzan a determinados casos y no a los demás.

Dentro del primero, tenemos las regulaciones urbanísticas conforme a las cuales toda vivienda, edificada por cualquiera, o financiada como sea, tiene que estar acorde con las disposiciones urbanísticas ya conocidas.

La propiedad en sí se ve alterada, únicamente, por las consecuencias que se derivan de la aplicación de las normas urbanísticas correspondientes.

b. *Influencia del financiamiento oficial*

Cuando en el financiamiento de la construcción de la vivienda o de la consecución del terreno interviene el Estado, el problema cambia de aspecto por completo.

1. *Uso y modalidades peculiares de la compraventa*

No es fácil (hasta ahora) la adquisición por alguien de una vivienda sino mediante la figura jurídica de la compra-venta que es además la que mayormente se usa. Otras formas jurídicas de obtener la propiedad, como por ejemplo la prescripción adquisitiva, la donación, la permuta, la dación en pago, tienen estadísticamente tan poca importancia que no justifican, dentro de este trabajo, un estudio sistemático de las mismas.

La compra-venta puede referirse al inmueble en su totalidad o sólo al terreno donde posteriormente se edifique una construcción de mayor o menor tamaño e importancia. En todo caso, ya sea que se adquiera el inmueble completo, ya se compre el terreno y luego se edifique la construcción, el adquirente necesita disponer de los fondos necesarios para pagar el precio total en un caso y el costo de la obra y el precio del terreno en el otro. Si no dispone de esos fondos debe recurrir para obtenerlos al crédito en cualquiera de sus distintas figuras.

Ahora bien, cuando tal crédito proviene de las diversas formas de financiamiento estatal, la propiedad de la vivienda adquirida así presenta en nuestra actual legislación las siguientes modalidades:

1. *Respecto a la persona adquirente:* En términos generales puede afirmarse que la tendencia legislativa lleva, en ejecución de la norma constitucional que se viene citando repetidas veces, a que la adquisición de la propiedad esté ligada a la existencia y funcionamiento de la familia. No existen en el Derecho actual formas reguladoras a través de las cuales se defina qué es una familia y la manera como esa familia, una vez definida, podrá adquirir los derechos que implica la vivienda y aceptar los deberes correspondientes. Pero, hasta tanto tales normas sobre la propiedad familiar no tengan cuerpo en la legislación nacional, debe advertirse, en términos generales, que la persona a quien el Estado, en forma directa o indirecta, financia la adquisición de la vivienda, debe reunir determinadas características su capacidad para celebrar el contrato correspondiente:

a) En primer lugar, es norma muy generalizada, que no puedan aspirar a la ayuda estatal sino personas que no sean propietarios de otros inmuebles: tal es la disposición expresa en la Ley del Banco Obrero y ha sido además práctica que tal circunstancia fuere razón de trato preferencial para la obtención de préstamos otorgados por la Banca Hipotecaria conforme a los Decretos 611 (de 1961) y 733 (de 1967) y en las operaciones de las Entidades de Ahorro y Préstamo.

El citado criterio legislativo supone que se determine con claridad que la limitación expresada se refiere a inmuebles destinados a "casa de habitación" y no a otros tipos de inmuebles ya que evidentemente el objeto de la ley sólo es tratar de proporcionar viviendas a quien no la tiene y en ningún caso mejorar de fortuna a quien ya está dotado de bienes.

Algunas dificultades de interpretación se han presentado cuando el aspirante a la ayuda crediticia estatal es propietario de parcelas de terreno o de propiedades inmuebles no habitables. Una mayor claridad debe esperarse en las futuras reformas legislativas sobre la materia.

b) La segunda clase de las características señaladas se refiere a la condición familiar del solicitante. Tanto la legislación del Banco Obrero, el Decreto 611, el Decreto 733 (Artículo 22) y el Decreto 655 sobre el Sistema Nacional de Ahorro y Préstamo, hacen referencia expresa a la condición del aspirante como "padre de familia" y en todo caso a la estrecha vinculación que tiene que haber entre la existencia de una familia cuyo miembro principal solicita el préstamo y el otorgamiento del préstamo en sí. Así también se acata la disposición constitucional ya comentada conforme a la cual el Estado debe proteger a la familia como célula fundamental de la sociedad y velar por el mejoramiento de su situación moral y económica.

c) La tercera de las exigencias que se hacen al solicitante es su condición de "persona de trabajo". Recuérdese que la Constitución establece en el Artículo 54, que el trabajo es "un deber de toda persona apta para prestarlo". Si el trabajo no da, en su resultado normal, que es el salario, lo suficiente para la adquisición de la vivienda, es lógico que la sociedad complete lo necesario a tal fin, proporcionando ayuda financiera adecuada a quien cumpla con el deber constitucional de trabajar. Aparece esta exigencia en la letra "B" del Artículo 17 del Reglamento de la Ley del Banco Obrero, la letra "D" del Artículo 7 del Decreto 611, el Artículo 21 del Decreto 655 sobre el Sistema Nacional de Ahorro y Préstamo y la letra "D" del Artículo 6 del Decreto 733.

d) Otras exigencias están referidas a la persona del solicitante, como condicionantes adicionales de su capacidad jurídica para recibir ayuda crediticia; su buena conducta, su relación financiera de ahorrista con una Entidad de Ahorro y Préstamo, o con el Banco Obrero, etc.

2. *La cosa objeto del contrato*

a) *Consideraciones generales*

Es o debe ser una vivienda. Para que una "cosa" se denomine "vivienda" se requiere que reúna las características y condiciones mínimas de habitabilidad que establecen las normas técnicas y sanitarias al respecto. Habrá necesidad de precisar si en vista de la norma constitucional vigente debería adoptarse una disposición legal por la cual se prohíba la negociación de viviendas que no reúnan las condiciones mínimas de habitabilidad. Recuérdese que ya existe una norma parecida que prohíbe y hace inválido el contrato de arrendamiento de las viviendas que no estén en las condiciones señaladas. Hay además que precisar si las características y exigencias establecidas en las ordenanzas y reglamentos vigentes son suficientes para determinar que una particular construcción se pueda considerar como higiénica a los fines de vivienda.

Recuérdese que la edificación destinada a vivienda no puede estar ubicada en cualquier sitio, sino donde las normas sobre zonificación permiten la construcción de viviendas.

b) *Las características físicas del inmueble*

El sistema norteamericano, regido por la *Federal Housing Administration*, ha elaborado una larga lista de especificaciones que debe tener todo inmueble que aspire la protección financiera del F.H.A.

El Estado venezolano no ha dictado hasta el presente normas inmediatas sobre las características físicas de debe reunir un inmueble financiado, directa o indirectamente, con ayuda oficial.

Pero sí hay que indicar que, en líneas generales, todo inmueble en Venezuela debe ajustarse a las exigencias técnicas señaladas por las normas urbanísticas.

Las Entidades de Ahorro y Préstamo por su parte han preparado algunas exigencias mínimas para los inmuebles que se fueren a edificar con su colaboración. Y en cierto modo en los Decretos Ejecutivos 611 y 733 hay algunas normas que regulan el tamaño del inmueble y la calidad de su construcción así:

El Decreto 611 no permite financiar viviendas cuyo valor por metro cuadrado de construcción exceda de Bs. 300 (Artículo 7, letra B) y el Decreto 733 tampoco admite financiar viviendas que tengan un valor superior a Bs. 80.000 en su conjunto (terreno y construcción) ni que pasen de Bs. 350 por metro cuadrado de construcción.

Las anteriores determinaciones demuestran la orientación legislativa hacia un tipo de viviendas que sea físicamente proporcional a la situación económica de las personas de medianos o modestos recursos y en ningún caso para la utilización de los recursos estatales para el financiamiento de operaciones inmobiliarias utilitarias.

3. *Las facultades del propietario:* Arriba señalamos que el hecho que se utilicen fondos provenientes del Tesoro Público para financiar directa o indirectamente las adquisiciones del inmueble por parte de las personas que lo requieran, implica una grave incidencia en las facultades que integran el derecho de propiedad. Recuérdese de una cosa de manera exclusiva, aunque con las limitaciones establecidas por la Ley.

Conviene indicar previamente a cualquier otra consideración, que la adquisición bajo el régimen de compra-venta implica lógicamente para el adquirente o comprador la obligación de pagar el precio. Los datos estadísticos que se analizan en otro lugar demuestran, con suficiente claridad, que aproximadamente a las tres cuartas partes (3/4) de las familias venezolanas les es completa o absolutamente imposible cumplir con la obligación propia de todo comprador, ya que el precio suele ser, al menos, medianamente elevado.

Hay por tanto que obtener una fórmula jurídica adecuada para suministrar los fondos necesarios al adquirente de la vivienda, de modo que éste pueda pagar el precio de la misma. Se ha demostrado ya que ello no es posible, si tales fondos provienen de instituciones oficiales que, utilizando dineros públicos u obtenidos de financiamiento externo, puedan facilitar las cantidades de dinero necesarias, sin ánimo de lucro, para ser devueltos a plazos suficientemente largos y con intereses muy bajos que permitan establecer cuotas y por tanto condiciones de pago acordes con la situación económica de gran parte (mayoritaria) de la población.

Lo expuesto determina que la operación de adquisición tiene que ir unida a un préstamo de dinero con características peculiares de plazo y de interés y la constitución, en favor del mutuante, de una garantía suficiente sobre el inmueble para respaldar el cumplimiento de las obligaciones del adquirente mutuario.

Este contrato, por tales exigencias financieras, no podrá ser celebrado como ya dijimos sino con organismos oficiales, que son los únicos que, como mutuantes, pueden por su naturaleza predominantemente social y no comercial, fijar condiciones de plazo e interés que el mutuario necesite y aceptar un respaldo no lo suficientemente sólido como el que requiere cualquier otra persona o entidad al invertir fondos propios o ajenos.

En unas legislaciones, como la norteamericana, el Estado no utiliza fondos propios ni obtenidos del exterior para suministrar fondos a los mutuarios en orden al pago del precio de la vivienda que éstos adquieran, sino que se limita a garantizar al mutuante particular el cumplimiento de las obligaciones del mutuario con lo cual, ante la garantía solidaria del Estado, es fácil obtener fondos privados que aunque se prestan a los adquirentes de viviendas, sin que éstos deban proporcionar al mutuante las garantías hipotecarias que exigiría normalmente. En otros casos, como en Francia, el Estado no presta garantía a favor del mutuante, sino que financia al mutuario, a modo de subsidio, parte o la totalidad de los intereses que éste deba pagar al mutuante.

La intervención oficial de fondos públicos o de créditos externos, para suministrar fondos a los mutuarios o para garantizar sus obligaciones, determina que la operación de compra-venta tenga necesariamente que estar controlada y sometida a la vigilancia estatal para que el inmueble adquirido reúna condiciones mínimas que sean proporcionales al precio que por él se va a pagar.

Acabamos de explicar una activa participación estatal en el control de la calidad del objetivo vendido, en las normas del F.H.A. que establecen que sólo viviendas construidas con las especificaciones técnicas de ese organismo puedan ser objeto de financiamiento con el aval estatal.

Cuando el vendedor no es un particular sino el Estado u otro organismo oficial, la problemática jurídica cambia ya que no hay entonces necesidad de préstamos, sino que el Estado admita que el precio de la vivienda le sea pagado por el adquirente en un determinado plazo con o sin intereses.

El problema de la obtención de fondos no es del particular sino únicamente del Estado para lograr financiar los costos de construcción y lo hace con su propio peculio ya sea usando el Tesoro Público o mediante financiamiento externo.

La experiencia latinoamericana ha demostrado la amplia utilización de crédito externo para suministrar fondos a entes oficiales en orden a financiar planes generales o especiales de edificación de viviendas.

Así el Estado, técnicamente otorga "créditos" a cada adquirente por la parte no pagada del precio de la vivienda adquirida, crédito que puede ser por el total de dicho precio o por una parte sustancial del mismo.

Ahora bien, ya sea que el Estado financie o respalde al adquirente suministrándole préstamos o fianzas para que éste pague al vendedor directamente, ya sea que el Estado venda a los particulares las viviendas necesarias, la activa intervención estatal obliga a importantísimas consecuencias sobre la propiedad de la vivienda adquirida.

A) *El derecho de uso*

El derecho de uso supone, por lo pronto, la facultad de su titular de ejercerlo o no, es decir, en el caso concreto de un inmueble destinado a vivienda, de habitarla o no, incluso de destinarla a otras finalidades si así lo estima conveniente.

La Ley del Banco Obrero determina expresamente que los inmuebles adquiridos del Banco no pueden ser destinados sino exclusivamente a habitación del adquirente y de los miembros de su familia o de personas a su cargo; igualmente las viviendas adquiridas con financiamiento proveniente del sistema de ahorro y préstamo también pueden ser destinadas únicamente a habitación de la familia del adquirente. Asimismo, el financiamiento previsto en los Decretos 611 y 733 está directamente destinado a la adquisición de vivienda para habitación del solicitante y de su familia.

No existe en estos casos, por lo tanto, un propio *derecho de uso*, sino prácticamente un *deber de uso*.

En tal sentido, el Artículo 26 de la Ley del Banco Obrero expresamente faculta a ese Banco para "dar por resuelta la venta" hecha o para considerar vencido el plazo otorgado para el pago del préstamo, si el adquirente de la vivienda o el deudor del préstamo destina el inmueble adquirido a una finalidad distinta al de su habitación familiar, a menos que el Banco Obrero diera su consentimiento previo y por escrito.

Disposiciones similares se encuentran en las normas de operación del sistema de ahorro y préstamo. La situación es tanto más delicada cuanto que, en el caso concreto del Banco Obrero, todo acto violatorio de las citadas disposiciones prohibitivas es "nulo de nulidad absoluta", si además llega a ser protocolizado se considera inexistente y se estima tal cambio de uso como delito, enjuiciable en procedimiento oral y que lleva al autor de ser sancionado con multa de Bs. 50 a Bs. 300 o con arresto proporcional.

B) *El derecho de goce*

Implica la facultad de recibir los frutos naturales o civiles de la cosa sobre la cual se ejerce el derecho de propiedad. En el caso de un bien inmueble destinado a habitación, los frutos civiles son los proventos derivados de dar en arrendamiento el inmueble respectivo o de permitir su uso bajo otro título, pero a cambio de una contraprestación económica.

Conforme a las normas ya citadas los inmuebles adquiridos del Banco Obrero o con financiamiento proveído por éste, no pueden permitir dar al inmueble un destino distinto del de habitación familiar del adquirente y determinan que de por sí sea imposible ejercer el "derecho de goce" respecto a tales inmuebles, con lo cual se llega a las conclusiones idénticas a las ya señaladas sobre el derecho de uso.

Pero para evitar dudas, el Legislador expresamente ha determinado en los artículos 21 y 24 de la Ley del Banco Obrero, que los inmuebles adquiridos según tal Ley no pueden ser arrendados mientras no se hubiere cancelado la deuda asumida para con el Banco, a menos que el Instituto autorice, por decisión de la Junta Directiva, y en caso de circunstancias graves, quedando entonces el inmueble bajo la administración del Banco.

Tal como está redactada la Ley, si bien la prohibición de arrendamiento termina con el pago de la deuda, sí permanece vigente aún la prohibición de cambio de destino, que no tiene plazo señalado.

Los inmuebles adquiridos con el financiamiento proveniente del Sistema de Ahorro y Préstamo, conforme a las normas operacionales del sistema, no pueden tampoco ser dados en arrendamiento.

Los construidos con fondos provenientes del sistema citado del Decreto 611 sí pueden serlo, pero bajo la expresa modalidad que aparece en los contratos respectivos, de que en tal caso el producto de la renta se destinará al pago de la deuda tenida con el Banco acreedor.

C) *Derecho de disposición*

La facultad de disposición, por la cual, el propietario de un bien voluntariamente cede o compromete, a título oneroso o gratuito, la propiedad de un bien o dispone la forma como a su muerte habrá de regirse la propiedad del mismo (su bien), tiene importantes alteraciones en los casos de que se viene hablando.

Por de pronto, los inmuebles adquiridos del Banco Obrero no pueden ser enajenados ni traspasados mientras pese sobre ellos la garantía que se hubiere constituido a favor del Banco (Artículo 21 de la Ley del Banco Obrero) y, además, el Banco tiene el derecho preferente, que lo otorga el Artículo 22 de la misma Ley, para readquirir los inmuebles que hubiere vendido hasta dentro de los veinte (20) años siguientes a la fecha de la operación de compra-venta. El Banco puede no ejercer tal derecho.

Al igual que lo dicho antes y como garantía del respeto a esa disposición la realización de las operaciones señaladas sin las formalidades legales está sancionada con nulidad absoluta, su protocolización es inexistente y hace incurrir al infractor en el delito castigado con Bs. 50 a Bs. 3.000 de multa o arresto proporcional.

ESTRUCTURA DE LA PROPIEDAD EN LA REFORMA AGRARIA VENEZOLANA

INTRODUCCIÓN

1. *Consideraciones previas*

Se ha considerado, en forma universal, que el desarrollo económico y social, armónico e integral de un país de los llamados «subdesarrollados» requiere en forma esencial, realizar la «reforma agraria».

Ello implica, necesariamente, precisar el sentido de tal expresión para cada caso, ya que las circunstancias peculiares hacen que la problemática de uno sea completamente distinta de la de otros.

Respecto a Venezuela, se estima fácilmente, que hay tres elementos graves que constituyen la base misma de la cuestión planteada:

a) La existencia de una parte importante de la población nacional clasificable como rural, que, si bien en los últimos años ha disminuido en su importancia porcentual respecto a la población total de la República, no ha dejado de estar afectada por graves problemas de carácter cultural (analfabetismo), de carácter social (enfermedades, falta de atención sanitaria, etc.) y de carácter económico (bajísimos ingresos).

b) La concentración de la tierra productiva en muy pocas manos, hasta llegar a que las tres cuartas partes de la tierra laborable (74,45% de la superficie total) se encuentra en manos del 1,69% de los propietarios.

c) La abundancia de tierras propiedad de entidades públicas.

Ante esos factores negativos el Legislador ha proclamado la necesidad de «transformar las estructuras del país» y a tal efecto existe todo un conjunto de normas que llegan, en opinión de muchos, hasta integrar una nueva Rama del Derecho, llamado Derecho Agrario, que regula las formas jurídicas necesarias para llevar a la práctica esa transformación estructural de que se habla.

Este nuevo Derecho, el Derecho Agrario, parte de la idea de que «todo hombre tiene derecho a ser propietario de la tierra no tanto en consideración de un título, sino más bien en razón del trabajo que realiza sobre la misma en condiciones productivas y justas». Además, el «Derecho Agrario tiene evidentes características de Derecho protector, muy parecido al carácter que presentó y hoy admitido en todas partes, el Derecho del Trabajo». El Derecho del Trabajo elimina la idea de la igualdad en las relaciones de producción, ya que las diferencias económicas y sociales colocan a una de las partes, la más débil, en posición de inferioridad, situación que da al Estado la obligación de intervenir, con carácter supletorio, para cubrir las fallas de esa parte débil[1].

2. *Regulación de la Reforma Agraria*

A) *Evolución legislativa*

La primera Ley Agraria es de fecha 13 de septiembre de 1945 y apenas tuvo aplicación. Fue sustituida por la Ley del 18 de octubre de 1948, a su vez reemplazada por el Estatuto Agrario de 28 de julio de 1949, derogado por la Ley vigente del 5 de marzo de 1960.

B) *Normas vigentes*

Actualmente las normas fundamentales vigentes son:

a) La propia Constitución, no sólo en sus principios generales, sino específicamente en las previsiones del artículo 105 y en la atribución general de la materia al Poder Nacional.

b) La Ley de Reforma Agraria del 5 de marzo de 1960.

c) El Reglamento de la Ley de Reforma Agraria del 8 de febrero de 1967.

Estas disposiciones han sido objeto de amplio comentario jurisprudencial sobre determinados aspectos, sobre todo en cuanto a la función social de la propiedad y los fines generales de la reforma agraria. Haremos oportuna alusión a dichas decisiones judiciales.

3. *Ámbito de aplicabilidad de la Ley*

La Legislación agraria tiene diferentes ámbitos de acción, complementarios entre sí, pero, a los fines de nuestro estudio interesan fundamentalmente dos:

---

1 Véase Exposición de Motivos de la Ley de Reforma Agraria (p. 17). Se ha utilizado la edición ordenada por el Ministerio de Agricultura y Cría en 1961 (N° 1 Colección Estudios Agrarios).

A) El ámbito personal: la ley no es aplicable, en principio, a toda clase de personas sino a determinados sujetos, denominados «Beneficiarios» y en quienes se reúnen condiciones de tipo económico (insuficiencia o falta de propiedad y de recursos), tipo social (ubicación en zonas agrarias) y otros elementos de carácter familiar, ambiental, etc.

B) El ámbito espacial: la Ley no se aplica a todo el territorio nacional sino únicamente dentro de las llamadas zonas rurales o agrarias.

A estos efectos, conviene recordar que las porciones no cubiertas por agua en el territorio del país se pueden dividir en tres grandes grupos:

a) Las zonas urbanas, destinadas fundamentalmente a la habitación, al comercio, a las labores industriales y a la actividad y ubicación de los organismos públicos.

b) Las zonas agrarias, destinadas a la producción agrícola, pecuaria y forestal.

c) Las zonas suburbanas en las cuales se confunden las dos primeras sin precisas delimitaciones.

Como quiera que cada zona requiere sus instalaciones propias, conformes al destino fundamental que les corresponde, el Estado, al preparar tales instalaciones o al preverlas para el futuro en los planes de desarrollo, fija, unas veces mediante actos expresos, y otras mediante decisiones indirectas, el límite de cada una de ellas[2].

4. *Objetivos*

Visto todo lo anterior nos interesa precisar, con claridad, que nuestro estudio se va a referir a la forma como, mediante la Legislación agraria, se trata de transformar la situación jurídica de las tierras ubicadas en el ámbito espacial de aplicabilidad de la misma Ley Agraria, en función de tratar de solucionar los problemas señalados en las consideraciones previas (véase número 1) y en tal sentido analizaremos:

A) La exigencia, bajo sanción de expropiación, de que las tierras de propiedad privada ubicadas en la zona agraria cumplan con una determinada forma de función social.

---

2 Véase el Capítulo 1° del Título 4° de la Ley de Reforma Agraria, artículos 119 y 120.

B) La afectación de las tierras de entidades pública a los fines de Reforma Agraria.

C) La dotación de tierras a los beneficiarios de la Reforma Agraria.

PRIMERA PARTE

LA FUNCIÓN SOCIAL DE LA PROPIEDAD PRIVADA UBICADA EN LA ZONA AGRARIA

1. *Notas previas*

Las legislaciones de las últimas décadas vienen admitiendo, normalmente, la función social de la propiedad. Sin embargo, dado que el contenido de semejante concepto ha sido objeto de las más variadas discusiones e interpretaciones, el Legislador quiso determinar exactamente su sentido en la propiedad agraria.

Se trata allí de un complejo de situaciones en las que intervienen factores de orden técnico (explotación eficiente), de orden financiero (inversiones personales del propietario) y de interés colectivo (cumplimiento de normas laborales respecto a los recursos naturales renovables y acatamiento a las disposiciones sobre catastro).

De darse, en su conjunto, todas estas circunstancias, se presume que la propiedad está cumpliendo la función social que le corresponde, es decir, que existe no solamente para beneficio del propietario sino también, en algún modo, de la comunidad. Pero de no darse la función social y ser la tierra económicamente explotable es posible su expropiación.

Las anteriores consideraciones hacen necesario distinguir entre las siguientes situaciones:

1° Tierras económicamente explotables y realmente explotadas en forma eficiente.

2° Tierras económicamente explotables y no explotadas en forma eficiente.

3° Tierras económicamente no explotables.

La última categoría no interesa ya que, por la imposibilidad o dificultad de su explotación, su destino no llega a tener trascendencia a los fines de la reforma agraria, para los cuales no son útiles de manera directa. Ello no impide que puedan ser expropiadas para otras razones de utilidad pública, si así lo estima conveniente la Administración Pública.

La primera de las clases mencionadas ocupan el extremo opuesto, es decir, son tierras en principio inexpropiables, salvo que circunstancias extraordinarias lo hicieren necesario. Esta situación peculiar conlleva algunas consecuencias ventajosas para el propietario en caso de que se proceda a la expropiación y que luego aludiremos.

La incidencia fundamental de la expropiación va sobre las tierras que, siendo económicamente explotables, no cumplen con la función social que les corresponde.

2. *Determinación legal de la función social en la propiedad agraria*

La Ley de Reforma Agraria en su artículo 19 determina:

> *A los fines de la Reforma Agraria, la propiedad privada de la tierra cumple con su función social cuando se ajusta a todos los elementos esenciales siguientes:*
>
> *a) La explotación eficiente de la tierra y su aprovechamiento apreciable en forma tal que los factores de producción se apliquen eficazmente en ella de acuerdo con la zona donde se encuentra y con sus propias características.*
>
> *b) El trabajo y dirección personal y la responsabilidad financiera de la empresa agrícola por el propietario de la tierra, salvo en los casos de explotación indirecta eventual por causa justificada.*
>
> *c) El cumplimiento de las disposiciones sobre conservación de recursos naturales renovables.*
>
> *d) El acatamiento de las normas jurídicas que regulen el trabajo asalariado, las demás relaciones de trabajo en el campo y los contratos agrícolas en las condiciones que señala la Ley.*
>
> *e) La inscripción del predio rústico en la Oficina Nacional de Catastro de Tierras y Aguas de acuerdo con las disposiciones pertinentes.*

Conviene por lo tanto analizar cada uno de esos elementos con vista a la jurisprudencia de la Corte Suprema de Justicia y de los Tribunales de Instancia.

A) *Explotación racional de la tierra*

Puede verse en la Ley que para que se hable de «explotación» es indispensable que se conjuguen varios elementos, a saber:

a) Explotación eficiente.

b) Aprovechamiento apreciable.

c) Aplicación de los factores de producción de acuerdo a la zona y a las características propias de la zona donde se encuentra.

Hay dentro de esos elementos un conjunto de exigencias que debe ser visto progresivamente, pero en su conjunto: En la actualidad la tierra debe ser explotada, es decir puesta en actividad, pero no de cualquier modo o forma sino de tal manera que dicha explotación dé resultados apreciables, es decir que sea eficiente. Alguna sentencia ha establecido que el hecho de que sólo el 10% de la finca esté explotado permite considerar al fundo como «inculto»[3]. Debe entenderse, por lo tanto, que es necesario unir la extensión misma de la explotación dentro de la finca con el provecho de esa actividad. En tal forma, mucho provecho en poca extensión o poco provecho en gran extensión no podrían considerarse satisfactorios. Así lo ha establecido la Corte Suprema de Justicia[4] que exige además la comprobación de tales extremos mediante experticia.

Tómese en cuenta por último que la explotación de una finca supone que debe ser hecha de acuerdo a sus propias características derivadas de su suelo, topografía, clima, etc. y de la región en la cual se encuentra ubicada, predominantemente agrícola, ganadera o forestal, con medios de comunicación o sin ellos, cercana a mercados o no, etc.

B. *Intervención personal del propietario*

El Legislador quiere que exista, para que se pueda hablar de función social, una relación inmediata y directa entre el propietario y la tierra de que se trate, salvo en casos eventuales.

---

3 Una sentencia del Tribunal de Primera Instancia del Estado Monagas precisó que «cuando la explotación económica llega apenas a un porcentaje mínimo (10%) de la superficie del fundo, debe considerarse a ese fundo como inculto» (Sentencia del 11 de enero de 1962). Véase Resumen en Documento 9, p. 97 «Reforma Agraria».

4 «La explotación racional de la tierra está determinada por dos factores: Uno, la realidad y eficacia de la explotación y otro, el volumen de la misma. Tal materia tiene que ser comprobada mediante experticia, prueba idónea para verificar dichos elementos».

(Sentencia de la Corte Suprema de Justicia del 23 de octubre de 1963). Véase Resumen CJ—53 «Reforma Agraria», p. 66.

La jurisprudencia ha venido admitiendo, como elemento probatorio de tal extremo legal, que existan créditos otorgados al propietario por el Banco Agrícola y Pecuario u otros institutos crediticios para ser destinados, precisamente, a la explotación de la finca en referencia, así como también que se compruebe en forma pertinente, que el propietario hubiere actuado personalmente en el manejo de la finca y en su explotación[5].

La Ley, rigurosamente, estima contraria a la función social cualquier sistema indirecto de explotación y señala, a modo de ejemplo, el uso de los arrendatarios, aparceros, medianeros y ocupantes. Quizás un mejor estudio de razones económicas permita hacer notar que no debería ser tan categórica la previsión legislativa, pues en determinadas circunstancias de hecho, resultaría más beneficioso al campesino el sistema de arrendamiento u otro parecido que el mismo régimen de la propiedad. Pero ante la expresa norma legal vigente sólo puede admitirse la explotación indirecta en los casos «eventuales» que debidamente sean justificados.

C) *La conservación de los recursos naturales*

El tercer elemento es el cumplimiento de las disposiciones sobre conservación de recursos naturales renovables. Existe un dispositivo constitucional en el cual se ordena que es deber del Estado velar por la conservación de los recursos naturales renovables del país[6].

En ese sentido establece la Ley de Reforma Agraria que, para que el propietario pueda hablar de que su finca está siendo explotada conforme a la función social, debe conservar los recursos naturales renovables que en su finca se encuentren. Probarlo es un problema de testigos y de experticia referente a la existencia o no de quemas, aguas, conservación de bosques, aprovechamiento de los árboles según su tamaño, edad, etc.

D) *Cumplimiento de las normas sociales*

En cuarto lugar, está el «acatamiento a las normas jurídicas que regulen el trabajo asalariado, las demás relaciones de trabajo en el campo y los contratos agrícolas en las condiciones que señala esta Ley».

---

5 Véase Sentencia de la Corte Suprema de Justicia de fecha 10 de junio de 1963. Documento CSJ—32, p. 46, «Reforma Agraria».

6 El artículo 106 de la Constitución dice:

El Estado atenderá a la defensa y conservación de los recursos naturales de su territorio y la explotación de los mismos dirigida primordialmente al beneficio colectivo de los venezolanos.

En el Derecho del Trabajo el Estado ha adoptado como una de sus obligaciones, velar por que en las relaciones entre patronos y trabajadores se cumplan algunos principios esenciales de justicia social, como son salario mínimo, horario sano de trabajo, posibilidad de celebrar contratos colectivos, existencia de normas de seguridad social, etc., y sea cual fuere la orientación que se tenga en esa materia el hecho es que ya nadie discute la necesidad de que exista una Legislación del trabajo y que se respete.

Ahora bien, ello es relativamente sencillo en las ciudades, pero no en el campo donde es mucho más difícil y la autoridad del dueño de finca, todavía casi patriarcal, se presta al abuso sobre el trabajador: falta de asistencia médica, salario miserable, etc.

Por esta razón la Ley exige que el propietario, si pretende que su finca está cumpliendo con la función social, no le basta probar el elemento técnico, el financiero y el respeto a recursos naturales, sino que hace falta probar también el respeto al factor humano.

Un ciudadano que tiene conflictos permanentes con los trabajadores de su finca no puede pretender que su fundo esté cumpliendo una función social.

En cierto modo es una prueba negativa difícil de comprobar de que se ha violado la Ley. Se ha admitido, casi siempre, en los juicios que ha habido sobre el tema, que el respeto a las normas de la Legislación laboral se prueba mediante declaraciones de testigos idóneos que manifiestan no haber visto ni conocido problemas laborales en la finca.

E) *Inscripción en el Catastro*

Para que se entienda que el predio está cumpliendo con su función social, es indispensable que esté inscrito en la Oficina Nacional de Catastro de Tierras y Aguas.

El Catastro no es otra cosa sino una lista de fincas en la que se indica, respecto a cada una, sus características fundamentales en cuanto a linderos, superficie, propietarios, etc.

La inscripción de un fundo en el Catastro supone el análisis de los títulos de propiedad y de los planos correspondientes en orden a determinar exactamente la legitimidad de los derechos del propietario y la ubicación y medidas de la finca.

La duda sobre la legitimidad de los títulos puede dar origen a que se intenten las acciones legales respectivas de parte de la República (en caso de que la finca se encuentre en zonas de tierras baldías) y las dificultades de interpretación de los planos, respecto a ubicación y linderos de la finca supondrá, desde luego, los deslindes necesarios para la exacta determinación de los derechos de cada propiedad.

El Catastro es progresivo, ya que es prácticamente imposible realizarlo de una vez en toda la República.

La Ley ha querido hacer depender tal progresividad de la existencia o no en determinadas zonas de conflictos agrarios o de problemas de conservación de recursos naturales renovables.

El Catastro no es una Institución nueva de la República; había sido ya previsto, antes de la Ley de Reforma Agraria, por la Legislación de Tierras Baldías y por una reglamentación complementaria en base a la cual se venía elaborando[7].

El Catastro fue regulado legislativamente como de utilidad pública.

El hecho de que no exista Oficina de Catastro en una determinada zona o de que esté apenas recientemente fundada exonera al propietario del deber de acreditar la finca respectiva en dicho Catastro[8].

En otros países, e incluso en el nuestro bajo el régimen catastral previsto en la Legislación de Tierras Baldías, el Catastro funciona por la sola acción del Estado que realiza los trabajos correspondientes a medida que las posibilidades de la Administración lo determinen.

Si bien la Ley declaraba como se ha dicho, de utilidad pública el Catastro, el hecho cierto es que prácticamente tuvo poca importancia ya que no ha sido muy general, de parte de los propietarios el cumplimiento de su obligación de inscribir el fundo en el Catastro[9].

Su trascendencia para la Reforma Agraria motivó que se cambiara el procedimiento, es decir, que no se verifique la inscripción por la sola acción del Estado, sino mediante solicitud del interesado, solicitud que además es obligatoria. No cumplir esta obligación puede traer consigo, como sanción, el desconocimiento de la función social que cumple la finca y la expropiación de la misma y no solamente la expropiación sino además el pago del precio en bonos tipo «A».

---

7 Ley de Tierras Baldías y Ejidos del 9 de agosto de 1936. Artículos 5, 6, 7, 8, 9, 10, 11 y 12 y Reglamento de fecha 21 de agosto de 1936.

8 Véase, por ejemplo, Sentencia de fecha 10 de junio de 1963 de la Sala Político-Administrativa de la Corte Suprema de Justicia, en «Reforma Agraria», p. 46.

9 Véase Sentencia de fecha 28 de junio de 1962, Tribunal de Primera Instancia del Estado Monagas, en «Reforma Agraria», p. 104.

El manejo del Catastro está confiado a una Oficina Nacional de Catastro de Tierras y Aguas, que depende del Ministerio de Agricultura y Cría, pero debe funcionar en estrecha cooperación con el Instituto Agrario Nacional y las Oficinas de Cartografía del Ministerio de Obras Públicas. Tales relaciones son evidentes, en cuanto a la Cartografía por los aspectos técnicos del Catastro y en cuanto al Instituto Agrario Nacional por la conexión inmediata entre Catastro y Reforma Agraria.

Hay que advertir, tal como lo hace el Reglamento de 1936, que el efecto del Catastro es puramente administrativo y no incide sobre el derecho de propiedad ni tampoco sobre los efectos derivados de la aplicación de la Legislación de Registro Público.

Esta advertencia es sumamente importante para el dueño de la finca inscrita en el Catastro, tanto frente a los particulares con quienes debe discutir sus relaciones con base a las normas del Código Civil, como ante la República que, por admitir una finca en el Catastro no renuncia a ninguna reclamación ni derecho que le corresponda y que tendrá que ventilarse por la vía que para cada tipo de acción sea pertinente.

3. *El pago de la expropiación agraria*

Dice el artículo 101 de la Constitución:

Sólo por causa de Utilidad Pública o de interés social, mediante sentencia firme y pago de justa indemnización, podrá ser declarada la expropiación de cualquier clase de bienes. En la expropiación de inmuebles con fines de reforma agraria o de ensanche y mejoramiento de poblaciones y en los casos que por graves razones de interés nacional determine la Ley, podrá establecerse el diferimiento del pago por tiempo determinado o su cancelación parcial mediante la emisión de bonos de aceptación obligatoria, con garantía suficiente.

A) *La deuda agraria*

Al propietario se le sustituye su propiedad, de la cual se le priva, forzosamente, con una indemnización. Esa indemnización es indispensable para que se pueda hablar de expropiación. Pero la propia Ley dice que, en caso de la expropiación para la reforma agraria, el pago se puede demorar o puede ser entregado a plazos. El Legislador fue facultado por la Constituyente para que estructurara una forma de pago, no al contado, sino a plazos y en ese sentido se instituyó la *deuda agraria*.

B) *Características*

La Ley de Reforma Agraria permite crear una deuda pública interna, no externa, destinada a financiar el proceso de la Reforma Agraria. Se ha denominado «Bono» el documento donde consta la obligación del Estado de pagar una cantidad a un plazo determinado.

La posesión material de ese título legítimo determina la prueba de la existencia del derecho de recibir su valor.

La Ley regula cuidadosamente la emisión de esos títulos, pues, en términos generales, el Legislador venezolano no permite al Estado que, por la sola voluntad del Ejecutivo, se pueda obligar a la República a pagar a plazos mayores de un año, sino que requiere el procedimiento llamado de Crédito Público.

C) *Procedimiento*

Para utilizar el crédito público tiene que intervenir en primer lugar el Banco Central. Éste debe opinar si le parece aceptable o no la operación que se proyecta. Después el Congreso, por Ley, autoriza la operación y determina las características de la Deuda Pública que se va a emitir; luego el Ejecutivo Nacional contrata la Deuda Pública respectiva; para ello debe opinar el Consejo de Ministros; finalmente el Ministro de Hacienda tramita todo lo que se refiere a la colocación de esa Deuda Pública. Tal es la mecánica de la Deuda Pública que también se aplica cuando quien contrata la Deuda Pública no es precisamente el Ejecutivo sino un Instituto Autónomo. Si el Instituto Autónomo resuelve hacer una emisión de la Deuda Pública, la propone al Consejo de Ministros y si éste la aprueba se remite al Banco Central y luego al Congreso.

La Deuda Agraria se maneja exactamente igual como cualquier tipo de Deuda Pública.

Hay que advertir que las exigencias del ordenamiento del Crédito Público son de orden público y por lo tanto de necesario cumplimiento. La omisión de alguno de estos requisitos trae como consecuencia la inexistencia de la Deuda Pública. En este sentido recuérdese el *artículo 232 de la Constitución:*

> *El Estado no reconocerá otras obligaciones que las contraídas por órganos legítimos del Poder Público, de acuerdo con las leyes.*

D) *Forma de la deuda agraria: Los tipos de Bonos*

Esta Deuda Pública Agraria se diferencia de las demás, no por la tramitación, sino por razones de la finalidad a la cual está destinada. He hecho notar que la Deuda Pública Agraria no se diferencia de las demás porque no han faltado extrañas opiniones que consideran que por su finalidad social no está sujeta a los requisitos formales ni a las exigencias legislativas de cualquier tipo de Deuda Pública.

La diferencia entre esos Bonos de la Deuda Agraria radica en los distintos derechos que otorgan a su titular.

Los Bonos «A» y «B» son Bonos transferibles, nominativos, a largo plazo y bajo interés. La diferencia entre el Bono «A» y el Bono «B» radica en el tipo de finalidad para los cuales se pueden utilizar. En el Bono «B», el plazo es menor, el interés es un poco más alto, pero los dos son nominativos e intransferibles.

Los Bonos «C» sí son transferibles, tienen mayor interés, no necesitan ser nominativos y así pueden ser emitidos al portador.

¿Por qué la diferencia? Esa diferencia radica en el tipo de finca cuyo precio se puede pagar con ellos. Cuando la propiedad cumple con su función social, pero tiene que ser expropiada por razones excepcionales, el precio de la tierra se paga con Bonos «C» y por tanto transferibles. Cuando la propiedad no cumple con su función social el precio se paga con Bonos «A» intransferibles y cuando se trata de otras adquisiciones de tierra que tenga que hacer el Instituto Agrario para otros fines de reforma agraria, el precio también se paga en Bonos «B», igualmente intransferibles para evitar irregularidades.

La intransferibilidad de los Bonos «A» y «B» origina diversas consideraciones para hacer menos dura la estricta interpretación de la Ley.

Por de pronto el Instituto Agrario Nacional ha admitido la posibilidad de que los Bonos «A» y «B», a pedido del expropiado, sean nominados inicialmente en beneficio de terceras personas, argumentándose al efecto que la intransferencia se opera al ser emitido el bono y no sobre la deuda que origina dicha emisión[10].

El Ministerio de Agricultura y Cría es severo en la no admisión de los Bonos «A» y «B» para el pago por terceros de obligaciones con el Plan Ganadero.

Debe advertirse que esa instransferencia no es absoluta ya que la Ley permite algunas situaciones peculiares y de excepción que la hacen posible:

---

[10] Véase Dictamen CJ-45 del 27 de enero de 1965, Documento IAN, 8 p. 294, «Reforma Agraria».

a) Los Bonos «A» y «B» son admisibles como garantía de préstamos que reúnan estas condiciones:

   1. Que sean otorgados al expropiado y no a terceros.
   2. Que el otorgamiento lo haga un Instituto financiero oficial.
   3. Que el préstamo sea hecho para fines agrícolas o industriales.

b) Igualmente pueden admitirse los Bonos «A» y «B» en pago de créditos agrícolas siempre y cuando:

   1. El deudor sea el expropiado.
   2. El acreedor sea un Instituto oficial crediticio.
   3. El préstamo hubiere sido hecho para fines agrícolas o pecuarios.
   4. La obtención del préstamo hubiere sido anterior a la publicación de la Ley de Reforma Agraria.

La transferencia se opera también *mortis causae*; sin embargo, no se ha discutido la posibilidad de que estos Bonos sean legados a quien no sea heredero legítimo del causante.

Especial dificultad trae consigo para la consideración de la no intransferencia de los Bonos las situaciones derivadas de la cesión de bienes, la quiebra, el estado de atraso y el remate judicial.

No ha habido, hasta el presente, decisiones jurisprudenciales sobre estos problemas y habría que aplicar a ellos los principios generales derivados del Código Civil, del Código de Comercio y de la Ley de Reforma Agraria.

Posiblemente la «cesión de bienes» no alcance a los bonos de la Deuda Agraria tipos «A» y «B», ya que conforme al artículo 1.943 del Código Civil, si bien la cesión judicial no confiere a los acreedores la propiedad de los bienes cedidos (en este caso en los bonos), sino el derecho de hacerlos vender, este derecho no es admisible respecto a tales bonos.

Los acreedores sólo podrán percibir la renta o interés de los bonos y posiblemente recibir el valor de los mismos una vez que su plazo hubiera vencido.

Situación parecida existe en el caso de «estado de atraso» con la advertencia de que los Bonos Agrarios «A» y «B» no pueden ser liquidados junto con el resto del patrimonio del deudor, sino que habrá que tomar medidas especiales, por parte del juez, con respecto a la porción del patrimonio integrado por tales bienes.

En las situaciones de «quiebra» el problema es más complejo, ya que como quiera que la masa de acreedores representada por el Síndico realmente sustituye al deudor, podría interpretarse que los Bonos «A» y «B» pasan en tal caso a ser propiedad de la masa; los Síndicos pueden administrar tales Bonos, pero no podrían en ningún caso efectuar con ellos actos que envuelvan enajenaciones no permitidas por la Ley.

El Instituto Agrario Nacional ha opinado que los Bonos «A» y «B» no pueden ser objeto de remate judicial por su misma instransferencia[11].

Todo ello pone de manifiesto la necesidad de que el Legislador regule, más cuidadosamente, la problemática de estos Bonos en sus relaciones con el resto del ordenamiento jurídico nacional.

SEGUNDA PARTE

TIERRAS PÚBLICAS Y REFORMA AGRARIA

1. *Introducción*

El Legislador venezolano, al establecer la necesidad de realizar la reforma agraria, debió de tomar en cuenta que gran parte de las tierras que son útiles para la reforma agraria pertenecen a entidades públicas. No hay datos estadísticos ni censales sobre la extensión de estas tierras. Sólo conocemos que la Exposición de Motivos de la Ley de Reforma Agraria determina que para la fecha de preparación del proyecto de ley había ya más de setecientas mil hectáreas disponibles de inmediato[12].

Advirtió dicha Exposición de Motivos que gran parte de esas tierras, propiedad de entes públicos, están sin desarrollar, ociosas, incultas e inadecuadas o parcialmente desarrolladas. Por tal razón, la Ley prevé la figura de la «afectación» de esas tierras de entidades públicas a los fines de la reforma agraria.

Ello requiere determinar cuáles son esas tierras propiedad de entidades públicas y qué significa la afectación a la reforma agraria.

2. *Tierras afectadas*

El Legislador determinó expresamente que, como principio general las tierras baldías, los fundos rústicos pertenecientes a Institutos Autónomos

---

[11] Véase Dictamen CJ-1.051 de fecha 22 de octubre de 1964, Documento IAN, 4, «Reforma Agraria», p. 287.

[12] Véase Exposición de Motivos de la Ley de Reforma Agraria, p. 12.

Nacionales y los inmuebles rurales que pasen al patrimonio nacional en razón y como consecuencia de enriquecimientos ilícitos contra la cosa pública, se consideran tierras afectadas a la reforma agraria[13].

Además, extendió dicha afectación a tierras pertenecientes a los Estados y las Municipalidades y a los establecimientos públicos de esas entidades, pero bajo los convenios que al efecto celebre el Ejecutivo Nacional cuando ello fuere necesario[14].

Igualmente afectó a la reforma agraria los ejidos en cuanto no fueren aprovechados para el ensanche de las poblaciones y el común aprovechamiento de los habitantes de la cabecera del Municipio.

Esta última norma, contenida en la Ley de 1960, fue aceptada por la Constitución de 1961, en la que se permitió la enajenación de ejidos para fines de reforma agraria[15].

Debe advertirse que las normas referidas transforman parcialmente el sistema previsto en la Ley Orgánica de Hacienda Pública para el manejo de bienes de la Nación y de Institutos Autónomos y tiene aplicación preferente a las normas de cualquier otra disposición legal que exista en el país, tal como lo prevé el artículo 208 de la propia Ley de Reforma Agraria.

3. *La afectación*

Ni la Exposición de Motivos, ni los estudios previos realizados por la Comisión redactora del proyecto de Ley explican con claridad el sentido de esa expresión. Parece ser, y así lo hemos sostenido en otras oportunidades, que «afectación» significa que el Legislador quiere dar a las «tierras afectadas» destino *preferente* para la reforma agraria. Esto implica que no es un destino «único» sino sólo que tiene prioridad respecto a otras posibles utilizaciones.

En consecuencia, la prioridad determina que no es factible enajenar, gravar ni arrendar las tierras afectadas a la reforma agraria, a menos que el

---

13 Ley de Reforma Agraria, artículo 10.

14 Ley de Reforma Agraria, artículo 11.

15 Constitución, artículo 32:

Los ejidos son inalienables e imprescriptibles. Sólo podrán enajenarse para construcciones en los casos establecidos en las ordenanzas municipales que las mismas señalen. También podrán enajenarse con fines de reforma agraria aquellos que determine la Ley, pero siempre se dejarán a salvo los que requiera el desarrollo de los núcleos urbanos.

Ejecutivo Nacional lo autorice por ser necesario para otros fines de utilidad pública y social. En este caso, ante la presencia de otro específico fin de utilidad pública o social, el Ejecutivo Nacional prefiere la utilización de esas tierras para tales fines y no para la reforma agraria.

Adviértase que se requiere, primero la utilidad pública o social del nuevo fin y luego la decisión expresa del Ejecutivo Nacional sobre el caso concreto.

En varias oportunidades el Ejecutivo Nacional ha hecho uso de esas facultades, particularmente en la preparación de tierras para obras de riego; en el destino de tierras públicas para el desarrollo regional; en la utilización de grandes extensiones para instalaciones militares o para campos de experimentación de Institutos Universitarios, etc.

En cada uno de estos casos el Ejecutivo Nacional ha considerado que el destino específico propuesto hace preferible que la zona correspondiente deje de dedicarse a la reforma agraria y se utilice para otro objetivo[16].

El Legislador expresamente exige además que el Ejecutivo Nacional transfiera al Instituto Agrario Nacional en forma gratuita y sin autorización del Congreso ni de otros Organismos del Poder Público, los inmuebles de propiedad nacional afectados a la reforma agraria y que, si ello fuere necesario, celebre arreglos, contratos o convenios con las Municipalidades o Estados para la transferencia de las tierras de éstos al Instituto Agrario Nacional, cuando sus tierras sean necesarias a los fines de la reforma agraria.

Nótese que no existe, como se ha creído, un traspaso *ope legis* de la propiedad al Instituto Agrario Nacional, sino que es indispensable el acto particular y concreto del Ejecutivo, ya por la transferencia de la tierra nacional al Instituto Agrario Nacional, ya que, por el convenio con el Estado o Municipalidad, para que éstos acepten la transferencia en cuestión. Ello resulta lógico porque así la adjudicación de tierras al Instituto Agrario Nacional se hace en forma progresiva, de acuerdo al proceso de realización de la reforma agraria, y además permite al Ejecutivo ir seleccionando los casos en los cuales otros fines de utilidad pública o social hagan necesaria la utilización de tierras públicas para finalidades distintas a la reforma agraria.

La afectación de tierras públicas para fines de reforma agraria tiene particular importancia en el caso de las tierras baldías y de la superficie ocupada por explotaciones de hidrocarburos o mineras.

---

16 Véase Documento MAC-18, Memorándum CJ-00198 del 22 de febrero de 1961. «Reforma Agraria», p. 184.

En estos últimos casos el uso de las tierras respectivas para los fines de reforma agraria está sujeta a que el Ejecutivo Nacional acuerde destinarlas a esa finalidad, previo los arreglos concretos, las expropiaciones necesarias y la garantía, en todo caso, de que la Reforma Agraria no entorpezca las explotaciones de hidrocarburos o minas que también son de utilidad pública.

Iguales consideraciones pueden hacerse cuando las tierras públicas no están ocupadas por explotaciones mineras o de hidrocarburos, sino por servicios públicos u otras obras, por ejemplo, en el caso de tierras destinadas a vías públicas, riego, construcción de aeropuertos u otras que requieren extensiones considerables de terreno.

Da la impresión de que el Legislador quiere que, dentro del ordenamiento administrativo derivado del Plan de la Nación, se establezca la forma de armonizar el establecimiento de servicios públicos u otras actividades con los planes de realización de la reforma agraria.

Problema más complejo es el de las tierras baldías.

Hay que entender que la transferencia fijada por el Legislador no se refiere a las salinas y a las islas marítimas, fluviales y lacustres, que por mandato de la Constitución no pueden ser enajenadas[17].

La Ley había prohibido enajenar determinadas clases de tierras baldías en base a sus características físicas, su ubicación respecto a ríos, mares o por la forma de su vegetación. No está claro, en el actual panorama jurídico nacional, si la disposición de la Ley de Reforma Agraria, que afecta a las

---

17 Constitución, artículo 136, numeral 10:

El Régimen y administración de las minas e hidrocarburos, salinas, tierras baldías y ostrales de perlas; y la conservación, fomento y aprovechamiento de los montes, aguas y otras riquezas naturales del país.

El Ejecutivo Nacional podrá, en conformidad con la Ley, vender, arrendar o dar en adjudicación gratuita los terrenos baldíos; pero no podrá enajenar las salinas, ni otorgar concesiones mineras por tiempo indefinido.

La Ley establecerá un sistema de asignaciones económicas especiales en beneficio de los Estados en cuyo territorio se encuentren situados los bienes que se mencionan en este ordinal, sin perjuicio de que también puedan establecerse asignaciones especiales en beneficio de otros Estados. En todo caso, dichas asignaciones estarán sujetas a las normas de coordinación previstas en el artículo 229 de esta Constitución.

Los baldíos existentes en las islas marítimas, fluviales y lacustres no podrán enajenarse, y su aprovechamiento sólo podrá concederse en forma que no envuelva, directa ni indirectamente, las transferencias de propiedad de la tierra.

tierras baldías a los fines de reforma agraria, se refiere también a las tierras baldías inalienables por mandato de la Ley. Posiblemente fue una inadvertencia del Legislador que no tomó en cuenta el problema específico a que se viene haciendo alusión. Hay que pensar que, dentro de la prudente administración de sus facultades que haga el Ejecutivo, es de presumirse que no hará transferencia, a los fines de reforma agraria, de tierras jurídicamente inalienables, ya que ello alteraría las posibilidades posteriores del Instituto Agrario Nacional para la adjudicación de las mismas tierras a los beneficiarios de la reforma agraria.

El Legislador sólo contempla, como excepción a la afectación general de tierras baldías dentro de la situación que venimos estudiando, las zonas denominadas «parques y bosques nacionales, reservas forestales, zonas protectoras, monumentos naturales y artísticos y santuarios de la fauna»; esa enumeración, aparentemente amplia, no cubre sin embargo todas las demás posibilidades que la Ley de Tierras Baldías determina para la enajenación de las tierras denominadas «baldías».

Queda también pendiente de determinar si el Ejecutivo Nacional puede todavía hacer uso de la facultad que le otorga la Ley de Tierras Baldías, para declarar inalienables determinadas tierras baldías cuando existan razones que a su juicio lo justifiquen[18].

Por otro lado, debe recordarse que la legislación de Tierras Baldías permite a los ocupantes de tierras no inalienables adquirir la propiedad de las tierras ocupadas mediante el cumplimiento de una serie de formalidades administrativas que culminen en la adjudicación de los títulos correspondientes que aseguran la propiedad[19].

---

18 Puede leerse al efecto el documento MAC-9, Dictamen CJ-01264 del 12 de octubre de 1968, «Reforma Agraria», p. 175. Una situación particular fue planteada por el Decreto Presidencial del 5 de noviembre de 1964, por el cual se transfieren al I.A.N. todas las tierras baldías ubicadas en los Distritos y Estados enumerados en dicho Decreto. El mismo fue objeto de severas críticas alegándose haber desconocido los derechos adquiridos por ocupantes de dichas tierras, por incluir tierras inalienables y por debilitar la garantía de préstamos ganaderos hechos por el Fondo de Fomento Pecuario.

19 Véase al efecto los Memoranda CJ-00304 del 3 de mayo de 1965 y CJ-0040 del 15 de enero de 1965. Documento MAC-106 y MAC-107 respectivamente. Memorándum CJ-00348 del 17 de mayo de 1965, Documento MAC-105, «Reforma Agraria», pp. 272, 273 y 274.

El Legislador, en el artículo 16 de la Ley de Reforma Agraria, reduce la posibilidad de adquirir la propiedad de tales tierras a las extensiones declaradas inexpropiables o sea 150 hectáreas de primera clase o sus equivalentes en otras clases. Dicho derecho solamente podrá ser ejercido, en caso de que la ocupación de baldíos hubiera sido anterior, en más de un año, a la fecha de promulgación de la Ley y que tal ocupación haya sido pacífica. Esto afecta la posición jurídica de las personas que antes de la vigencia de la Ley venían ocupando grandes extensiones de baldíos y que de no haber sido dictada la Ley de Reforma Agraria, podrían haber pasado a ser de su propiedad, previo el cumplimiento de las formalidades previstas.

TERCERA PARTE

LA DOTACIÓN

1. *Consideraciones previas*

La Constitución de la República dispone que la Ley debe establecer normas encaminadas a «*dotar*» de tierra a los campesinos y trabajadores rurales[20].

La «dotación», como figura jurídica, ha venido siendo regulada en el ordenamiento agrario de la República y llega así a constituir una figura autóctona, no relacionada con ninguna de las demás instituciones jurídicas tradicionales del Derecho Positivo, pudiendo decirse que es típica del Derecho Agrario y que sólo dentro de su espíritu y sistema puede y debe ser analizada.

Posiblemente debe afirmarse que es una forma nueva de propiedad que no sustituye, sino se añade, a los sistemas tradicionales regidos por el Derecho Civil.

La Constitución ordena que al dotarse de tierras a un campesino o trabajador rural se le provea de los medios necesarios para hacerla producir.

Por tal causa hay que entender que la dotación comprende tres factores complementarios: tierra cultivable, asistencia técnica y asistencia crediticia.

---

[20] Constitución, artículo 105:

El régimen latifundista es contrario al interés social. La Ley dispondrá lo conducente a su eliminación y establecerá normas encaminadas a dotar de tierra a los campesinos y trabajadores rurales que carezcan de ella, así como a proveerlos de los medios necesarios para hacerla producir.

No es factible establecer criterios generales acerca de cada uno de los tres elementos señalados, puesto que ello depende de las peculiares condiciones de cada caso, pero todo estudio debe estar orientado a acatar el principio constitucional y sus dos exigencias fundamentales: que el trabajador disponga de tierra y tenga lo necesario para hacerla producir.

2. *Adjudicatario de la dotación*

La Ley no permite adjudicar dotaciones a cualquier persona, sino únicamente a aquellos sujetos que reúnan determinados requisitos, de carácter estrictamente personal, social y económico.

El elemento personal se ha señalado en la edad no inferior a los 18 años; el económico en carecer de tierras o poseerlas en cantidad insuficiente y el social en el comprometerse a trabajar la tierra, personalmente si carece de familia, o con el conjunto que integran sus ascendientes, descendientes y colaterales (si los hay).

El Legislador ha querido, sin embargo, establecer un orden de prelación entre quienes se encuentren en idénticas circunstancias. Ese orden de prelación coloca, en primer lugar, al ocupante por cualquier título de tierras obtenidas de la adjudicación o a quien trabaje en ella; en segundo lugar, a los padres de familia; en tercer lugar, a los egresados del Servicio Militar; en cuarto lugar, a los agricultores y criadores; en quinto lugar, a los que hubieren terminado estudios de Técnica Agraria y, en sexto lugar, a los extranjeros residentes en el país y a los inmigrantes que sean agricultores y criadores.

Ahora bien, como pueden darse situaciones objetivas de igualdad, el Legislador, además del orden de prelación, ha querido establecer ciertas preferencias:

a) En beneficio de quienes tengan más años dedicados al cultivo de las tierras respectivas, norma que se justifica tanto por la mayor experiencia que pueda tener la persona en el aprovechamiento de la tierra, como por el arraigo que ello le ha traído con la colectividad y medio circunvecino.

b) En igualdad de circunstancias, la Ley manda al padre de familia mayor, y

c) También en igualdad de circunstancias, a aquellas personas que hubieren demostrado mayor eficacia y capacidad de trabajo.

Hay que llamar la atención sobre varios aspectos que se han señalado y que son particularmente novedosos, entre los cuales el más resaltante es el de dar plena capacidad al mayor de 18 años, para recibir la dotación y efectuar todas las operaciones necesarias para la administración de la misma, sin la intervención de sus representantes legales.

Debe destacarse:

1) El hecho de que el Legislador insiste repetidas veces en la actividad agraria en función de la familia y no del individuo aislado, cumpliendo así el mandato constitucional por el cual el Estado debe proteger a la familia como célula fundamental de la sociedad;

2) La insistencia legislativa en que quienes trabajan en una tierra permanezcan en ella y no sean trasladados a otro sitio desvinculándolos del medio en que se han desenvuelto.

Se ha insistido anteriormente en advertir que el adjudicatario debe carecer totalmente de tierras o parcelas en cantidad suficiente. No se puede precisar con toda exactitud cuándo una extensión de tierra es o no suficiente ya que ello depende de sus condiciones topográficas y agrológicas y de la capacidad productiva de la parcela que permita un progresivo mejoramiento económico, un eficaz desarrollo de la explotación y el incremento de la producción nacional. Se trata de factores circunstanciales que requieren apreciaciones técnicas sobre los cuales es imposible establecer criterios matemáticos en las normas legislativas.

La Ley ha previsto también que la adjudicación de las tierras puede ser a título gratuito o a título oneroso. A título gratuito cuando la condición socioeconómica del adjudicatario justifique la dotación que lo va a incorporar a la vida económica productiva del país y a título oneroso cuando las condiciones económicas del adjudicatario permitan estimar que el interesado podrá cumplir con sus obligaciones sin perjuicio de su estabilidad económica.

Para proteger aún más a estas personas a quienes se exija el pago de las tierras que se les hubiere adjudicado, la Ley no permite plazos menores para el pago de 20 años, ni mayores de 30 años. Además, el pago debe comenzarse a hacer, no en forma inmediata sino cuando la naturaleza de los cultivos lo permita por haber comenzado a obtenerse de ellos algún provecho y en ningún caso antes de tres años después de haber hecho la adjudicación.

El pago anual no puede pasar del 5% de las ventas brutas de los productores de la parcela; la situación familiar del adjudicatario le permite además pretender una rebaja en el precio total de la parcela a razón de 5% por cada ascendiente, por cada descendiente menor de 15 años y por la esposa o concubina.

El adjudicatario tiene además el derecho de que no se le cargue en el precio el costo de las obras de beneficio común destinadas a servicio público de los centros agrarios[21].

La relación entre el adjudicatario y su parcela está denominada por la Ley como «propiedad», a cuyo efecto determina que el procedimiento de adjudicación culmina en el otorgamiento de un título que debe ser inscrito en el Libro de Registro Agrario y en la Oficina Subalterna correspondiente[22].

Debe advertirse, en forma marginal, que la referencia a la Oficina Subalterna de Registro entraba y complica el proceso de adjudicación, ya que la Ley de Registro Público exige que todo título que se vaya a registrar debe ser manuscrito y también copiado en forma manuscrita en los protocolos que se llevan en cada Oficina.

El procedimiento de Registro venezolano, mientras no sea sustancialmente modificado, será una dificultad insuperable para realizar los objetivos de la Ley de otorgar títulos a los adjudicatarios de dotaciones.

La Ley estipula que el título lleve la clara expresión de los derechos y deberes del adjudicatario respecto a su parcela.

El análisis de estos derechos y deberes determina precisamente el contenido de la nueva forma de propiedad, tema sobre el cual merece la pena hacer un análisis especial.

3. *Elementos de la dotación*

La propiedad tradicional, regulada principalmente por el Código Civil, consiste en un grupo de facultades que corresponden a una persona (denominada «propietario») sobre un determinado bien y que se refieren al uso, goce y disposición de dicho bien.

Ese régimen de propiedad, que se deriva del Código Napoleón y a través de él del Derecho Romano, responde a un determinado sistema económico y social.

Los paliativos que las transformaciones, también de orden económico y social, operadas en los últimos tiempos, han introducido en el primitivo concepto absoluto de la propiedad, consisten en la adopción de

---

21 Ley de Reforma Agraria, artículo 65.

22 Véase ley de Registro Público, artículos 79 y 90 y Ley de Reforma Agraria, artículo 75.

«limitaciones» al ejercicio de esas tres facultades antes referidas, no han sido suficientes para las presentes etapas de la vida de los pueblos en vía de desarrollo y por eso ha surgido la necesidad de crear formas nuevas de propiedad mejor adaptadas a las peculiares características de cada país y momento.

No es aventurado afirmar que, precisamente el caso de la dotación agraria es uno de esos tipos de nueva forma de propiedad que ha regulado la legislación venezolana con peculiares características jurídico-económicas.

Examinaremos los lineamientos generales de esas características:

A) *Dotación y familia*

Tal como hemos explicado anteriormente el adjudicatario de la dotación no puede ser cualquier persona, sino sólo aquella que se encuentre dentro de las expresas condiciones señaladas en la Ley. Pero merece la pena llamar la atención, de nuevo, sobre el hecho de que el Legislador quiere establecer un vínculo jurídico entre la familia del adjudicatario y la dotación.

El concepto de familia no está definido en la Ley, pero habrá que entender, por el conjunto de disposiciones de la Legislación Agraria, que se entiende como «familia» e grupo integrado por el adjudicatario, descendientes menores que conviven con él, ascendientes que igualmente conviven con él, la cónyuge o concubina y algunos parientes colaterales. Esa unidad socioeconómica, denominada «familia» es bastante difícil de regular por el Legislador a pesar de las continuas referencias que hace a ella.

B) *El deber de uso*

La dotación supone, no el derecho al uso de la parcela como derecho que puede ser o no ejercido, sino el deber de explotar eficientemente la parcela y conservar sus instalaciones y mejoras.

Ésta debe ser manifiesta tanto en el destino que se debe dar a la parcela y que no puede ser distinto de los directamente relacionados con los fines de reforma agraria, como en los resultados mismos de la actividad de explotación de la parcela que tienen que estar acordes con lo que pueda esperarse de sus condiciones particulares.

C) *La explotación directa*

No existe el derecho al goce de la parcela, es decir, no es factible percibir rentabilidad de la explotación indirecta de la parcela a través de la labor de terceras personas distintas del adjudicatario y su familia.

D) *El derecho de disposición*

a) *Por acto entre vivos*

El derecho a disponer de la parcela está limitado a que se realicen los actos de enajenación con personas que puedan también considerarse como beneficiarios de la reforma agraria y que sean previamente autorizados por el Instituto Agrario Nacional.

b) *Mortis causae*

Situación peculiar es la de la situación jurídica que se plantea en caso de fallecimiento del adjudicatario. La Ley impone a los herederos acordar entre ellos un régimen común de administración; de no hacerlo o en el caso de que decidan hacer partición, la adjudicación puede ser revocada bajo condición de que:

a. Se entregue a los herederos el valor de las mejoras o bienhechurías existentes y, en caso de adjudicación a título oneroso, reintegrarles las cantidades que hubieren sido pagadas a cuenta del precio, deducidos desde luego los montos de las deudas que tuviere el adjudicatario al morir con los Organismos de la Reforma Agraria.

b. Que el Instituto entregue la parcela a uno cualquiera de los familiares que reúna las condiciones propias del adjudicatario.

No se han presentado, hasta ahora, situaciones relevantes producidas por transmisiones *mortis causae* de dotaciones agrarias.

El texto de la Ley da a entender que sea dudosa la posibilidad del adjudicatario de disponer de su parcela por testamento, pues ello traería variadísimas complicaciones sobre los derechos del legatario y su situación. Quizás no sea antijurídico pensar que el legado sería válido sólo en el caso de que el legatario, para la fecha de la apertura de la sucesión reúna las condiciones exigidas por la Ley a los solicitantes de adjudicación pero que sería nulo de no reunir el legatario tales condiciones. Tampoco ha habido normas legales de carácter fiscal referentes a la situación de los herederos ante el Fisco Nacional por causa de la herencia de la dotación.

Es evidente y sin discusión, que la dotación debe considerarse como pequeña o mediana propiedad rural, cuya adquisición, *mortis causae*, no causa el pago del impuesto sucesoral[23].

---

[23] Ley de Impuesto sobre sucesiones, donaciones y demás ramos conexos. Artículo 4, parágrafo único.

Ahora bien, tendría que discutirse si, en caso de ser revocada la adjudicación por no haber habido acuerdo entre los distintos herederos, la cantidad que pague el Instituto Agrario debe o no considerarse como incluida en la herencia y si está o no gravada con el impuesto sucesoral correspondiente. Quizás la solución negativa sea la más justa y adecuada.

E) *Adquisición de la dotación*

La forma de adquirir la propiedad de la dotación no es ninguna de las previstas en el artículo 796 del Código Civil, sino la adjudicación por acto administrativo. Esta adjudicación supone un procedimiento previo, que se inicia no de oficio sino a solicitud de interesado y que supone la formación de un expediente en el cual conste haberse comprobado y analizado el conjunto de condiciones y características del solicitante y culmina con la decisión de adjudicación adoptada por el Instituto Agrario Nacional y que debe constar en un título que se inscribe, como ya se ha comentado, tanto en el Registro de la Propiedad Agraria como en el Registro Subalterno correspondiente.

Insistimos en la crítica hecha anteriormente, sobre el absurdo sistema del doble registro que complica y entraba el proceso de adjudicación.

F) *Terminación de la dotación*

Así como la propiedad es adquirida por la adjudicación, se pierde por la revocatoria de la adjudicación. Esta revocatoria debe también ser acordada por el Instituto Agrario Nacional y supone otro procedimiento administrativo que requiere varias etapas, a saber:

a) Constatación de la infracción habida y amonestación inicial al infractor.

b) Constatación de la reincidencia del infractor.

c) Opinión del Comité Administrativo del Centro Agrario respectivo sobre la procedencia de la revocatoria.

d) Decisión del Directorio del Instituto Agrario Nacional.

La decisión del Instituto, cuando se basa en incumplimiento de las obligaciones de conservación de recursos naturales renovables es apelable ante el Ministro de Agricultura y Cría y cuando se basa en cualquiera otra causa, sólo es recurrible, por vía contenciosa, ante la Sala Político-Administrativa de la Corte Suprema de Justicia.

El Supremo Tribunal de la República ya ha admitido la procedencia de este recurso, perfectamente lógico dentro del cuadro general de la legislación administrativa venezolana, por tratarse pura y simplemente de la revisión de la legalidad de un acto administrativo[24].

Igual recurso procede contra la decisión del Ministro de Agricultura y Cría cuando éste conoce, por vía de apelación, de la decisión del Instituto Agrario Nacional.

La falta que ocasiona la revocatoria es precisamente el incumplimiento de los deberes inherentes a la propiedad de la dotación y a los que hemos hecho alusión anteriormente, es decir, uso indebido de la parcela, explotación indirecta de la misma, incumplimiento de las obligaciones familiares o de las obligaciones financieras (a las que seguidamente haremos alusión) y, por último, falta reiterada a las normas de conservación de recursos naturales.

Es interesante llámar la atención sobre este tipo de propiedad peculiar que se adquiere y se pierde por acto administrativo y que está sujeta a continua vigilancia de la Administración, en cuanto al cumplimiento de los deberes inherentes a la misma.

G) *Inembargabilidad de las instalaciones de la dotación*

Se debe destacar que los bienes que integran la dotación, o sea las plantaciones, semillas, animales, enseres y útiles necesarios para su cultivo y explotación no pueden ser objeto de medidas judiciales preventivas o ejecutivas solicitadas por particulares, salvo que el deudor hubiere asumido la obligación que dé origen a la medida, con la previa autorización del Instituto Agrario Nacional[25].

H) *Dotación en patrimonio familiar*

También es inherente mencionar que el adjudicatario de una parcela en dotación, puede convertirla en «patrimonio familiar» solicitando la correspondiente declaratoria del Instituto Agrario Nacional, decisión que éste también puede adoptar de oficio.

El patrimonio familiar así integrado es inalienable, indivisible, no está sujeto a medidas judiciales, no puede gravarse y sólo puede verse afectado

---

24 Véase sentencia de la Sala Político-Administrativa de la Corte Suprema de Justicia publicada en la Gaceta Oficial Extraordinaria N° 1.240 del 1° de octubre de 1968.

25 Ley de Reforma Agraria, artículo 85.

en caso de revocatoria de la adjudicación, de expropiación por causa de utilidad pública o de ser aprobado, previa autorización del Instituto Agrario Nacional, en la constitución de cooperativas agrícolas.

El carácter de patrimonio familiar es revocable cuando fuere acordado a solicitud de interesado, pero previa justificación y después de cinco años de su constitución.

El panorama jurídico que ofrece el patrimonio familiar agrario es un magnífico precedente para futuras instituciones similares en la propiedad urbana[26].

I) *Dotación y ayuda técnica*

La dotación no es la sola propiedad de la tierra, sino que, tal como lo dispone el artículo 57 de la Ley, supone la asistencia crediticia y la enseñanza técnica necesaria.

La asistencia técnica comprende a su vez, en beneficio del adjudicatario, dos aspectos complementarios, la instalación de servicios públicos y las obras de infraestructura entre otras las de vialidad, riego, saneamiento, plantas de beneficio, equipo, servicio de maquinaria, almacenes, caminos de penetración, etc. La realización de esas obras y servicios está a cargo exclusivo del Estado y escapa, por completo, a las posibilidades del beneficiario de la Reforma Agraria.

Otro aspecto lo constituyen los servicios que comprende la extensión, o sea la enseñanza al campesino de las técnicas necesarias para su trabajo y que debe ser realizada con base a programas coincidentes con los de otros Institutos del Estado que se ocupan de la enseñanza y la asistencia social[27].

J) *Dotación y crédito*

La dotación supone el servicio de crédito agrícola en sus diferentes modalidades para mejora de las instalaciones, solución de problemas económicos ocasionados por catástrofes naturales, etc.

---

26 La Constitución establece, en su artículo 73, que la Ley debe favorecer la organización del patrimonio familiar inembargable. Las disposiciones respecto al patrimonio familiar agrícola están en los artículos 102 y 108 de la Ley de Reforma Agraria.

27 En este sentido, la labor del Instituto Agrario Nacional debiera estar coordinada con la del INCE (Instituto Nacional de Cooperación Educativa).

La naturaleza de estos créditos en los cuales se persigue una finalidad más social que económica, lleva a modalidades especiales que escapan al estudio de este trabajo.

CONCLUSIÓN

Debe verse así la dotación agraria como un complejo de tierra, asistencia y crédito a través del cual se trata de obtener, por parte del Estado, la finalidad arriba señalada, de transformar la estructura agraria nacional, considerando tanto el aspecto humano que suponen las condiciones de vida del trabajador como el aspecto económico, o sea la productividad de la población y de la tierra.

DOCUMENTOS Y LEYES CONSULTADOS

INFORME de la Subcomisión Legal de la Comisión de Reforma Agraria. Dos Tomos. Caracas, 1959 (Publicado por el Ministerio de Agricultura y Cría).

LA LEY DE REFORMA AGRARIA EN LAS CÁMARAS LEGISLATIVAS (Debates parlamentarios). Dos Tomos. Caracas, 1961 (Publicado por la Oficina de Publicaciones y Prensa del Congreso).

REFORMA AGRARIA. Caracas, 1966. Publicado por la Comisión para Reglamentar la Ley de Reforma Agraria. Contiene jurisprudencia y la doctrina administrativa sobre Reforma Agraria.

EXPOSICIÓN DE MOTIVOS DE LA LEY DE REFORMA AGRARIA Y LEY DE REFORMA AGRARIA. Ministerio de Agricultura y Cría. Caracas, 1961 (N° 1, Colección Estudios Agrarios).

LEY DE REFORMA AGRARIA de 5 de marzo de 1960. Gaceta Oficial Extraordinaria N° 610 de 5 de marzo de 1960.

REGLAMENTO DE LA LEY DE REFORMA AGRARIA. Gaceta Oficial Extraordinaria N° 1.089 de 2 de marzo de 1967.

LEY AGRARIA de 13 de septiembre de 1945. En *Compilación Legislativa de Venezuela.* Anuario 1945, p. 1.140.

LEY AGRARIA de 18 de octubre de 1948. En *Compilación Legislativa de Venezuela.* Anuario 1948-1949, p. 505, Año 1948.

ESTATUTO AGRARIO de 28 de junio de 1949. En *Compilación Legislativa de Venezuela.* Anuario 1948-1949, p. 341, Año 1949.

VI
DERECHO Y DESARROLLO

Validez de la Carta de Derechos y Deberes Económicos de los Estados

(Bases Jurídicas del Desarrollo)

Planteamiento de la cuestión

Al terminar la segunda guerra mundial se produjeron varios fenómenos políticos y sociales, entre los cuales conviene destacar dos: el surgimiento de la Organización de las Naciones Unidas y la transformación, en Estados soberanos, de los territorios que habían sido, antes de la guerra, dependencias de Países europeos.

La Organización de las Naciones Unidas, abierta para la entrada de todos los Estados que existen en el mundo, se convirtió al poco tiempo y como era lógico, en foro adecuado para tratar asuntos y negocios que llegasen a ser de interés común internacional.

Los nuevos Estados afrontaron, al nacer, severas dificultades para orientar adecuadamente a las comunidades respectivas, hacia un orden que, en lo político, en lo social, en lo jurídico y en lo económico, fuese distinto del sistema que los regía desde siglos atrás.

La existencia de esos nuevos Estados hizo aparecer inmediatamente, una situación peculiar en un campo especialmente complejo. Los países europeos, casi todos intensamente industrializados, habían venido utilizando las materias primas producidas en sus antiguas dependencias, ubicadas en África, Asia y América. Al ser transformadas esas dependencias en nuevos Estados, el suministro de tales materias primas debió comenzarse a hacer bajo una forma diferente. No se trataba ya de lograr sólo una manera de abastecer los requerimientos de las industrias del país adquirente, sino además de encontrar la forma de obtener los medios financieros requeridos para atender a las necesidades de los nuevos Estados, productores de esas materias primas.

No podía tardar en aparecer el evidente conflicto de intereses. El consumidor de materias primas aspira siempre a adquirir las que necesita al precio más reducido posible, mientras que el productor desea obtener por ellas la mayor remuneración, sobre todo cuando se trata de riquezas naturales que no son renovables y que por tanto se pueden producir, vender y utilizar una sola vez. Ese problema era de los que tendría que ser considerado por las Naciones Unidas.

También resultó que los nuevos Estados se vieron obligados a estudiar la organización requerida por sus países, para ir adecuado la forma de satisfacer sus necesidades fundamentales a las diversas posibilidades derivadas de la explotación de sus materias primas.

En esa misma condición se encontraron los países de América Latina, que, convertidos desde más de siglo y medio atrás en Estados Soberanos, también son casi todos productores de materias primas que son adquiridas por los países industrializados. El estudio de la realidad de ambos tipos de Estados, los productores de materias primas y los adquirentes de las mismas, puso de manifiesto otro interesante fenómeno social. Mientras en los países productores la mayoría de la población no tiene ni puede tener sus necesidades satisfechas, en los países industrializados una porción importante, a veces casi total de la población, sí puede encontrar la forma de satisfacer, al menos en forma elemental, las necesidades fundamentales de la vida humana. Apareció así por primera vez, en la literatura social y política la clasificación de los países en dos grandes grupos: los desarrollados, casi todos poseedores de una gran industria y en los cuales sus habitantes pueden tener sus necesidades vitales satisfechas y los subdesarrollados o en vías de desarrollo, cuyos pobladores no pueden, en alto porcentaje, encontrar la forma de satisfacer sus necesidades fundamentales.

La situación de los países en desarrollo, tanto de los recientemente creados como de los ya centenarios en vida política independiente, se hizo en pocos años más grave por el hecho de que, mientras los precios de las materias primas vendidas por ellos manifestaron una clara tendencia a la baja, los precios de los productos industrializados, que tenían que adquirir para lograr niveles aceptables de vida, subieron progresivamente.

Esa realidad económica y social se tradujo en la disminución de los medios disponibles para que ellos pudiesen alcanzar su desarrollo integral, en el agravamiento de los problemas internos y en situaciones críticas originadas por la imposibilidad de cumplir los compromisos externos. En ciertos casos, lamentablemente muy generalizados, incluso la ayuda recibida por ellos, de parte de algunos países industrializados, vino a resultar en extremo onerosa y se convirtió en nueva fuente de situaciones de orden negativo.

Todo ello llevó a las Naciones Unidas a convocar a una Conferencia especial, que luego se convirtió en un organismo permanente denominado la UNCTAD, con el objeto de estudiar soluciones al delicado problema planteado.

Las circunstancias expuestas tuvieron inmediatas repercusiones en el campo jurídico, que se han manifestado tanto en el campo propio del Derecho interno de cada país como en las relaciones internacionales.

Los intentos de regulación contenidos en cuerpos normativos armónicos para la ordenación de las cuestiones, propias del desarrollo y comunes a los distintos países, han sido objeto del trabajo de los diferentes organismos de Naciones Unidas, particularmente de su Asamblea General, de su Consejo Económico y Social y de la UNCTAD a través de sus comisiones especializadas.

El más importante documento, en ese sentido, es la Carta de los Derechos y Deberes de los Estados, aprobada por la Asamblea General el 12 de diciembre de 1974 (Resolución 3281 (XXIX) con la mayoría de 120 votos a favor, 6 votos en contra y 10 abstenciones. Ese documento está ampliamente comentado en un libro, publicado en octubre de 1976 por iniciativa del Gobierno de México y la participación de un grupo de latinoamericanos preocupados por ese tema y entre los cuales tuve el honor de ser invitado.[1]

Documentos de trascendencia en ese mismo sentido lo son sin duda los proyectos de "Código de Conducta de las empresas trasnacionales", de "Código de Conducta de las Conferencias navieras" y de "Código de Conducta sobre transferencia de tecnología". No pueden olvidarse las distintas Resoluciones de la Asamblea General, del ECOSOC y de la UNCTAD relativas al nuevo orden económico internacional, la soberanía de las riquezas naturales, la actividad de las empresas trasnacionales, al sistema monetario internacional, al desarrollo del comercio mundial, a la cooperación económica, a la transferencia de tecnología, a las inversiones extranjeras, a la atención del medio ambiente, al uso de las riquezas marítimas, etc. Existe, de esa manera, un amplio cuerpo normativo, en el cual está contenida la aspiración de los pueblos en desarrollo en la búsqueda de un orden internacional más justo y equilibrado que permita vida armónica y de mutuo respeto entre los pueblos para que todos y cada uno de ellos puedan alcanzar y mantener su desarrollo integral.

---

1 *Derecho Económico Internacional*. Obra colectiva. Primera Edición. México, 1976. Fondo de Cultura Económica.

Está pendiente el trabajo de sistematizar, de ordenar y de valorar el esfuerzo que toda esa labor normativa ha significado. Esa misión es un reto para los juristas de este momento que encontrarán en esas disposiciones un derecho vivo, que ha sido el producto de la angustia mundial por la paz y el desarrollo, y que tendrá que abrirse paso en el presente hacia un futuro mejor.

Para esa faena se requiere, como instrumento fundamental, que los textos de todos esos documentos sean divulgados para su exacto conocimiento, respeto y aplicación. No sabemos exactamente por qué causa los acuerdos de los Organismos de Naciones Unidas resultan casi desconocidos para la opinión pública, no solamente de nuestro país sino de otros de América Latina.

Sirva a modo de ejemplo la citada carta de los Derechos y Deberes Económicos de los Estados, como hemos dicho aprobada desde diciembre de 1974 y, sin duda alguna, el documento más importante de la diplomacia política y jurídica de los últimos años, y de la cual, no sólo su texto y características, sino su propia existencia ha sido prácticamente ignorada, incluso en los medios en los cuales debió ser conocida, analizada y divulgada. Contrasta esa situación con la que se observa en los países desarrollados, en donde los interesados tienen continua información por revistas especializadas, estudios importantes y hasta por la prensa diaria, sobre la actividad de los organismos internacionales, sus debates y sus acuerdos. Puedo recordar por ejemplo que la Carta de los Derechos y Deberes Económicos apenas publicada, fue severamente objetada, en artículos y estudios aparecidos en revistas jurídicas y políticas europeas.

En ese mismo orden de ideas llama la atención que aun la misma Organización de Países Exportadores de Petróleo, la OPEP, de cuya existencia y buen funcionamiento depende en gran parte nuestro presente y nuestro porvenir, no ha sido objeto de los suficientes estudios monográficos, de libros divulgativos, etc.

Los países en desarrollo han tenido por tanto que afrontar la necesidad de crear un sistema jurídico adecuado a la concreta finalidad de obtener su desarrollo integral, es decir, poder satisfacer las necesidades fundamentales de la mayoría de su población.

En los nuevos Estados la creación de ese orden jurídico ha sido menos difícil que en los Estados latinoamericanos, pues éstos disponían de un orden jurídico que, al menos formalmente, estaba instaurado desde la oportunidad de la Independencia y con profundas raíces en el ordenamiento español previo a 1810.

Es muy importante tomar en consideración que los juristas que se han ocupado del tema distinguen, con claridad, dos posiciones jurídicas, complementarias pero diferentes: La una es el "derecho al desarrollo", cuyo titular es el Estado, y que consiste en el derecho a no ser sujeto, ni por la comunidad internacional, ni por los otros Estados, a ninguna clase de imposiciones que paralicen o retarden el desarrollo.

La otra es el "derecho del desarrollo", integrado por las distintas normas jurídicas encaminadas a la obtención del desarrollo.

El uno tiene un carácter, predominantemente pasivo, el otro es eminentemente activo.

CARACTERÍSTICAS DEL NUEVO DERECHO

Por las extensas características del tema que no ocupa haremos sólo referencia a las formas más generales de creación del derecho en los países en desarrollo.

El primer aspecto que se puede considerar, en ese orden de ideas, es la necesidad de que las normas jurídicas abarquen, con su vigencia y protección efectiva, a la totalidad de los habitantes de un país y no solamente a una parte de ellos. En segundo lugar, se debe indicar la necesidad de que el derecho favorezca al desarrollo integral y no lo entorpezca. Por último, tiene que ser señalado que es menester crear y adoptar formas jurídicas adecuadas para resolver las nuevas situaciones. La generalidad de la aplicación de las normas jurídicas ha sido un principio tradicionalmente admitido en el derecho universal y está vigente plenamente en los países desarrollados, pero no tiene verdadera efectividad en los países en desarrollo, por su estado cultural, por su situación económica y hasta por razones de orden histórico, no ha estado ni amparada ni protegida ni regulada por el derecho vigente. La vigencia efectiva del derecho ha estado y está limitada a una delgada capa de la sociedad y no se extiende por todo el ámbito del país.

Es importantísimo hacer notar que el derecho del desarrollo, si quiere ser efectivo, no puede negar su protección a nadie sino tratar de extenderla lo más posible. Por ejemplo, no se trata de eliminar la propiedad, sino de procurar que exista el mayor número de propietarios. No se trata de privar a nadie de su libertad, sino de procurar que todos gocen de esa libertad.

Lo que sucede, con frecuencia, es que la extensión necesaria para que el derecho proteja y ampare a todos, supone crear nuevas formas jurídicas que permitan a todos el goce efectivo de los derechos ciudadanos, para que éstos no sean simples enunciados teóricos. Por ejemplo: la organización y funcionamiento de sistemas crediticios a plazo largo han permitido el acceso a la propiedad de la vivienda de porcentajes importantes de la población, a quienes no les era posible llegar a adquirir propiedades, por faltarles los recursos necesarios para el pago del precio.

Las nuevas formas jurídicas procuran evitar las acostumbradas diferencias entre derecho público y privado y entre normas de derecho interno y de derecho internacional.

Las circunstancias especiales bajo las cuales nace el nuevo orden jurídico obligan a que el derecho interno reciba, con una mayor facilidad, las normas antes que hubieran sido clasificadas como de derecho internacional.

Debo hacer notar que esas características no son claras y definidas sino tendencias, que en términos generales se observan, pero con tan marcada insistencia que motiva la conveniencia de mencionarlas.

También, en términos generales, se observan en los recientes procesos jurídicos fenómenos de importancia como lo son, entre otras, la atribución progresiva de competencias de tipo legislativo al Jefe del Estado y de facultades cuasi-constitucionales a funcionarios de orden administrativo. Esos fenómenos implican un cambio radical que se ve venir en la estructura del Parlamento, en el cual parece que predominará su función política de control sobre la función legislativa y una gran incógnita en relación a las funciones del Poder Judicial, mucho más respecto a éste cuanto que la estadística mundial demuestra una creciente disminución, proporcional, de los litigios que son sometidos a la decisión de los Jueces.

Se ha observado en el sistema jurídico tradicional, un delicado y negativo proceso de esclerosis que permite la vigencia formal de normas adoptadas cuando las circunstancias políticas, sociales y económicas eran totalmente distintas. El más joven de nuestros Códigos fue sancionado durante la última guerra mundial. A los otros Códigos les tocó nacer en tiempo de la guerra del 14. La legislación sanitaria fue sancionada cuando la población de Venezuela no llegaba a los 2 millones de habitantes. La ley que rige al Distrito Federal data de 1936. La legislación de Hacienda es, prácticamente, la misma que hizo aprobar Román Cárdenas. El Supremo Tribunal de la República estuvo regido, a pesar de la reforma constitucional de 1961 y hasta apenas unos días, por leyes dictadas en 1953 para las dos Cortes que establecía la Constitución vigente. La legislación de Educación adoptada en 1955 para una población escolar que no pasaba del medio millón de estudiantes continúa todavía vigente.

Todas esas normas jurídicas son respetables, tuvieron gran significación al ser adoptadas e incluso originaron importantes y positivas transformaciones en nuestra historia jurídica; pero el correr del tiempo las ha superado; mantenerlas vigentes ha dado lugar a que las necesidades sociales parecen haber consagrado la absurda posibilidad de que una ley quede derogada por la falta de uso o por la imposibilidad material de su aplicación.

A todo lo anterior se ha unido una severa crisis de la libertad individual en todas sus manifestaciones; el particular, el ciudadano, se encuentra prácticamente indefenso frente a la gran fuerza del Estado, de los grupos de presión, de los medios de comunicación y de los organismos sindicales y profesionales; además vive rodeado de un aparato tecnológico que le condiciona, no siempre en forma positiva, y le impide utilizar plenamente su libertad.

Está demostrado en forma fehaciente, que el desarrollo integral de un país no consiste únicamente en alcanzar cifras e indicadores económicos satisfactorios, sino que requiere promover, reconocer y respetar la dignidad y libertad del ser humano como centro de la vida social.

Por eso debe decirse que el punto de partida del derecho del desarrollo, en todas sus manifestaciones tiene que consistir en la admisión y reconocimiento de los derechos del hombre y en su efectiva defensa contra todo tipo de totalitarismo o de intervención abusiva.

Las consideraciones precedentes hacen obligatorio mencionar que está planteado a los juristas un reto o desafío fundamental para la sociedad. Los pueblos tratarán de alcanzar el desarrollo; si en ese camino son conducidos por normas jurídicas de sana inspiración democrática, ese desarrollo será logrado dentro del respeto y atención debidos a la dignidad del hombre; y sólo es posible ello si los hombres de leyes se deciden a tratar al desarrollo como un problema propio y a aportar al mismo las luces que requiere.

En caso contrario, o sea un desarrollo reducido a términos puramente económicos y técnicos, se convertirá a la larga en un nuevo totalitarismo que, cualquiera que sea su signo, destruirá la libertad y con ella la dignidad del hombre.

ALGUNAS MATERIAS REGULABLES

La búsqueda de las nuevas normas jurídicas, necesarias para lograr el desarrollo, ha puesto de manifestó un conjunto de mecanismos usados por el Estado contemporáneo en los países en desarrollo y entre los cuales podemos encontrar los siguientes:

1) La cooperación internacional.

2) Los acuerdos de integración regional y subregional.

3) Los sistemas de planificación.

4) El control de las inversiones extranjeras.

5) La regulación de la transferencia de tecnología.

6) El control del Estado sobre las riquezas naturales.

7) La atención jurídica a la protección del medio ambiente.

8) El intento de regulación del uso de las riquezas contenidas en el mar y en el subsuelo marítimo.

9) La nueva regulación de la propiedad agraria y urbana.

10) El control, inspección y vigilancia del Estado sobre las actividades individuales que repercuten en el interés general.

11) La realización por el Estado de actividades tendientes a fomentar la construcción de viviendas y las labores agropecuarias industriales.

12) La protección del medio humano, mediante mecanismos de amparo a la familia, y de seguridad social, de educación y de cuidado de la juventud y de la ancianidad.

Esos doce diversos mecanismos o sistemas se manifiestan, en nuestro régimen legal vigente, en un conjunto de normas jurídicas, de diferente categoría, algunas de las cuales expresan claramente las tendencias que arriba señalamos. Por ejemplo, no provienen del Parlamento, permiten al funcionario administrativo intervenir donde antes correspondía al Juez, etc.; esas normas lucen guiadas por evidente sana intención, pero están redactadas frecuentemente con ausencia o insuficiencia de aportes jurídicos que pudiesen haber contribuido a su mejor elaboración, esas normas presentan, muchas veces, para el jurista, dificultades en su estructura orgánica, su lenguaje resulta inadecuado, tienen contradicciones, desconocen principios constitucionales y adolecen de otros defectos similares que se hubiesen podido evitar de que los juristas hubieran intervenido más intensamente en el proceso de su formación.

Debemos reconocer que, en la mayoría de los casos, la responsabilidad ha sido nuestra por no haber querido o no haber podido entender que, los problemas del desarrollo también eran problemas jurídicos y no simples cuestiones técnicas extrañas a nuestro estudio y consideración.

En otra oportunidad he recordado que el Arcipreste de Hita, cuando escribió el Libro del Buen Amor, llamó "Abogados de romance" a aquellos que, como el que defendió la raposa de su pleito contra la zorra del Alcalde Don Ximio, perdían litigios por no saber latín y estar limitados al conocimiento de los idiomas llamados de romance: al ignorar el latín no tenían acceso a los grandes textos jurídicos entonces redactados en ese idioma; pues bien, hoy el Arcipreste llamaría "Abogados de romance", no a los que no saben latín, sino a los que desconocen esas grandes transformaciones que se están operando en el mundo. Posiblemente nosotros, los profesores de nuestras Facultades de Derecho, seremos inculpados por razón de haber formado "Abogados de romance", en lugar de los juristas que necesita el desarrollo de nuestros pueblos.

Ante la imposibilidad de examinar con detalle y ni siquiera en sus líneas generales los doce puntos que he señalado arriba, me limitaré a escoger dos que considero de la mayor actualidad, novedad y trascendencia; la planificación como técnica de gobierno y el control de las riquezas naturales no renovables.

En otra oportunidad, desarrollé ante esta Academia, por invitación que me hizo su entonces Presidente, el tema de la transformación de la propiedad en función del desarrollo. Lamento que el tiempo no permita analizar los otros temas que he propuesto y que son fecundos en sus aspectos jurídicos, notable fuente de interés y de preocupación.[2]

Planificación y Derecho

En los países en desarrollo ha sido particularmente importante, buscar la manera como puedan adecuar sus distintos recursos a la progresiva atención de sus problemas.

Es así como se puso de manifiesto la importancia que debía tener el uso de las técnicas de la planificación como instrumento de gobierno.

Consiste fundamentalmente la planificación en determinar, lo más exactamente posible, las necesidades de un país; precisar cuáles son sus posibilidades, de toda índole, para satisfacer esas necesidades; establecer un orden de prioridad en el proceso de satisfacción de las necesidades sociales, y escoger los mecanismos adecuados para precisar cómo y cuándo van a ser satisfechas las necesidades colectivas en la prioridad escogida y con los medios de que se disponga.

---

2 *Las transformaciones de la propiedad en función del desarrollo*. Conferencia dictada en la Academia de Ciencias Políticas y Sociales el 15 de mayo de 1968. Era Presidente de la Academia el prof. Dr. René de Sola.

Fue la planificación una técnica usada inicialmente en los países socialistas y que luego sirvió, con provecho, en varios países de economía de mercado como Italia, Francia y España.

Esa razón, o sea el haberse utilizado, tanto por países de un sistema socialista, como por lo de economía de mercado, permite considerar que bien podía ser también utilizada, con ventaja, por los países en desarrollo; no se trata de un esquema de orden ideológico o de carácter filosófico, económico, político o social, sino de una mecánica o técnica, de gobierno y administración, que puede ser utilizada con resultados satisfactorios, cualquiera que sea el sistema político o económico, que se desee mantener o establecer en un Estado determinado.

Ahora bien, esa técnica de gobierno supone, necesariamente, un sistema jurídico que la regule, ya que ella va a incidir sobre la actividad del Estado, su propia organización y sus relaciones con los particulares.

Esa técnica de gobierno es una forma de ejercicio del Poder Público, que debe estar sujeta a la Constitución y a las leyes, tal como lo dispone el artículo 117 de la Constitución vigente en Venezuela.

Sin una base jurídica suficiente, la planificación sería una abusiva interferencia en la actividad de los particulares, mientras que, regulada por el derecho, se convierte en armónico camino para el logro del desarrollo de la colectividad que conlleva el bienestar de cada individuo.

Todos los países de América Latina tienen en la actualidad leyes que regulan el uso de la planificación; he tenido la oportunidad de recopilar esas leyes y de estudiarlas comparativamente en un libro publicado en 1974 por la Oficina Central de Coordinación y Planificación del Gobierno de Venezuela.[3]

En Venezuela, la planificación ha venido siendo ensayada desde hace tiempo, en aspectos parciales de la Administración Pública. Es importante destacar que la primera mención sobre su necesidad, la encontramos en el Proyecto de Constitución presentado en 1819 al Congreso de Angostura por el Libertador Simón Bolívar y con referencia al sistema de educación requerido por el país.

Un concepto semejante, o sea la necesidad de adoptar un plan nacional para la educación, fue expuesto en 1912 al Congreso, de la Memoria que le

---

[3] *La Planificación en América Latina* (Legislación básica) Recopilación y prólogo de Tomás Polanco Alcántara. Ediciones de Cordiplán. Caracas, julio de 1974.

presentó el entonces Ministro de Instrucción Pública Dr. José Gil Fortoul. Pueden considerarse como intentos en este mismo sentido, la atribución otorgada al Banco Central de Venezuela, desde su creación el año de 1941, en lo referente a la política monetaria y crediticia del Estado, y ciertas facultades concedidas, desde 1946, al Consejo Nacional de Economía en la coordinación de las actividades económicas del país. En el año de 1947 se elaboró el primer "Plan nacional de vialidad". En 1948, fue creada la Comisión Nacional de Urbanismo, cuyos trabajos servirán de base para las futuras labores de la planificación espacial. En 1948 fue creada también la Corporación Venezolana de Fomento a la cual se atribuyó, especialmente, la facultad de estudiar un "plan general de fomento de la producción" y "planes anuales de ejecución", todos ellos destinados a tratar de obtener el desarrollo económico del país.

Es útil hacer alguna referencia a ese dispositivo legal: el Plan que debía ser elaborado tendría que tomar en cuenta todas las posibilidades del país, sería preparado con la colaboración de los organismos públicos y de los particulares y puesto en práctica mediante planes anuales, aprobados por el Presidente de la República. En 1949 se comenzó a ejecutar el plan nacional de obras de riego. Más adelante entraron en vigencia planes especiales para edificaciones escolares y hospitalarias. Ese proceso culminó en el Decreto N° 492, dictado por la Junta de Gobierno el 30 de diciembre de 1958, conforme al cual se estableció en el país un "sistema nacional de planificación", bajo la responsabilidad del Presidente de la República y con la asesoría de una Oficina Especial Técnica, denominada Oficina Central de Coordinación y Planificación, después conocida por sus siglas Cordiplán.

Con la Constitución de 1961 y en la forma que más adelante estudiaremos, la planificación quedó establecida como técnica de gobierno del Estado Venezolano. No ha sido sencillo, ni rápido el proceso necesario para crear todos los mecanismos legales y administrativos requeridos por el uso de la planificación como técnica del gobierno.

Los distintos Planes nacionales, adoptados desde 1958 en adelante, encontraron serias dificultades para su aceptación por la propia Administración Pública y por la falta general de conocimientos sobre la materia, la necesidad de utilizar informaciones incompletas, datos estadísticos no recientes ni confiables y un personal sin la preparación técnica, además del poco convencimiento colectivo de que se estaba ante un nuevo sistema de administrar el país que resultaría, a la larga, fundamental para el logro del desarrollo integral de la Nación. Sin embargo, paulatinamente, el sistema de planificación se fue imponiendo con la adopción de medidas para la organización de los cuerpos planificadores, el uso de la regionalización de la actividad administrativa, la existencia y ejecución de planes específicos de particular importancia como los relativos a la actividad petroquímica, electrificación, siderurgia, vialidad, recursos hidráulicos, etc., la obligatoriedad impuesta por varias leyes a diversos organismos, de sujetar sus actividades a los fines previstos en el Plan de la Nación, y el progresivo entrenamiento del personal idóneo requerido por las oficinas planificadoras.

El Constituyente de 1961 otorgó al Presidente de la República la facultad de establecer los lineamientos generales del Plan de la Nación, en la oportunidad de presentar su mensaje anual al Congreso. Quedó así establecido, que al Presidente y sólo al Presidente le corresponde como Jefe del Estado la potestad de determinar las alternativas que han de ser escogidas para la satisfacción de las necesidades nacionales, es decir, precisar el orden de prioridad que ha de tener ese proceso y la forma y oportunidad de satisfacción de esas necesidades. Para ello, el Presidente dispone, conforme a la ley, del auxilio de la oficina técnica creada por el Decreto N° 492 del 30 de diciembre de 1958 y de los Ministerios del Despacho, a los cuales la reciente Ley orgánica de la administración central atribuyó la facultad de planificar la política del Estado en los diferentes sectores contemplados en el Plan de la Nación.

No quiere decir lo anterior que el Congreso de la República no participe en el proceso planificador. De conformidad con la Constitución, los Ministros deben informar anualmente al Congreso de sus planes para el año próximo. Esos planes no pueden ser otros sino los contemplados en la porción correspondiente del Plan de la Nación.

El Congreso, al examinar la Memoria de un Ministro, no solamente puede interpelarle sobre esos planes, sino que además puede censurar los mismos y mediante acuerdo calificado de la Cámara de Diputados, llegar hasta su destitución.

El examen de las Memorias tiene que abarcar, también, la verificación de la forma como se han ejecutado los planes en el año a que cada Memoria se refiere. Pero, la parte más importante de la acción del Congreso es, probablemente, en la elaboración del presupuesto de gastos del Estado, el cual, conforme a la Ley orgánica de régimen presupuestario del 30 de julio de 1976, es absolutamente indispensable que esté adecuado al Plan de la Nación en sus distintas estrategias, políticas, programas y metas propias de cada sector.

Esa Ley, unida al decreto presidencial N° 1.454 de fecha 9 de marzo de 1976 que impone a la administración pública la obligatoriedad de obtener las metas previstas en el Plan de la Nación, hace que el proceso planificador quede transformado así en la técnica de gobierno del Estado Venezolano. Todas esas disposiciones, de ser aplicadas correctamente, están destinadas a transformar, en relativamente poco tiempo, la marcha y funcionamiento de la Administración Pública, pues obligan a que toda la actividad del Estado esté encaminada a la obtención de las metas señaladas en el Plan de la Nación, a que el presupuesto de gastos del Estado sólo signifique el suministro de fondos para el logro de los fines escogidos, mediante una necesaria adecuación entre erogaciones y propósitos y hace incurrir en responsabilidad personal a los funcionarios que no logren alcanzar las metas propuestas. Estas normas están unidas a la facultad que, a la Contraloría General de la República, otorga su nueva Ley Orgánica, para poder examinar la eficacia de las entidades públicas sujetas a su control, así como el resultado de la gestión administrativa. El control de la Administración Pública no trata, por tanto, de averiguar ahora sólo si se ha gastado una cantidad de dinero, y si existen o no los comprobantes, sino precisar si las metas formuladas han sido o no logradas y de hacer exigir la responsabilidad personal del funcionario que no llegue a obtenerlas.

Si esas normas son respetadas, se deberán formular sólo metas razonables que puedan ser alcanzadas y habrá que hacer trabajar a la Administración Pública en la forma más adecuada para la búsqueda de esas metas.

LAS NACIONALIZACIONES

El control del Estado sobre sus riquezas naturales depende, en gran parte, de la naturaleza de estas riquezas; cuando se trata de aquellas que, como lo productos agropecuarios, pueden obtenerse en forma permanente, al Estado le basta fomentar y asegurar su explotación y garantizar luego una sana política de precios, pero, cuando se trata de riquezas naturales no renovables, como son por ejemplo el gas natural, el hierro y el petróleo, la posición jurídica del Estado tiene que ser totalmente diferente.

Las Naciones Unidas han declarado, en diversos documentos, que culminaron en la Carta de los Derechos y Deberes Económicos de los Estados, la Soberanía plena que cada país ejerce sobre sus riquezas.

En lo que a riquezas minerales se refiere, ese principio jurídico no es nuevo para nosotros, ya que estaba consagrado en la legislación de Indias y gracias al Libertador pasó a la legislación republicana; pero era de importancia, en las actuales condiciones del mundo, que fuera reconocido internacionalmente.

Las riquezas minerales, por su carácter no renovable, necesitan ser explotadas con la máxima prudencia que permita obtener el mejor provecho posible y razonable ya que, verificada la extracción, el producto no volverá a obtenerse.

Además, en el caso de Venezuela, cuya vida económica depende fundamentalmente de la explotación de sus riquezas minerales, no se trata únicamente de obtener ese mayor provecho posible sino de invertir los fondos obtenidos en forma tal que, a la larga, la colectividad disponga de otras fuentes de riqueza de carácter más estable y que aseguren el permanente desarrollo del país. Ha sido reconocido también internacionalmente que cada Estado puede, en ejercicio de su soberanía, nacionalizar las riquezas que considere oportunas.

Venezuela ha ejercido ese derecho soberano, en los últimos años, sobre el gas natural, el hierro y el petróleo.

Un manejo prudente del tema, por parte del Estado venezolano, ha permitido que tales nacionalizaciones hayan sido pacíficas y ajustadas a derecho, sin menoscabo de los legítimos intereses de quienes venían explotando esas riquezas, pero desde un punto de vista estrictamente jurídico, la nacionalización no soluciona toda la problemática derivada de la explotación de las riquezas minerales. Esa explotación supone necesariamente la utilización de una tecnología que no puede, por su propia naturaleza, ser nacionalizada. Además, esas riquezas se consumen fuera del país y por lo tanto su utilización implica, mecanismos de transporte y de mercadeo, que tampoco pueden ser objeto de nacionalización. Es necesario por lo tanto colocar en sus justos límites el significado y alcances jurídicos de la nacionalización del hierro y del petróleo, todo ello en función del desarrollo del país.

Al ser adoptada esa decisión política y jurídica, el Estado asume el cometido de realizar en forma directa prácticamente toda la actividad de la explotación en las etapas en las cuales sea técnicamente posible.

Para realizarla, han sido creadas sendas empresas públicas, una para el hierro y otra para el petróleo, ambas bajo el control exclusivo del Estado.

Esas empresas públicas, Petróleos de Venezuela y Ferrominera del Orinoco, se han convertido así en las piezas más trascendentes del aparato estatal ya que, de su adecuado funcionamiento y de su éxito financiero, depende la salud del país.

No pueden por lo tanto ni ser consideradas como simples compañías anónimas, en las cuales el Estado sea el único accionista, ni tampoco tratadas al igual de las otras empresas estatales.

Ellas suponen un régimen jurídico especial en la selección de sus directivos, en sus normas de organización y funcionamiento, y en el control a que deben estar sometidas.

La nacionalización implica además una reforma orgánica dentro de la Administración Pública, y obliga a modificar parte considerable de la legislación nacional para adecuarla a las nuevas circunstancias. El tema es demasiado extenso y sólo pueden hacerse de él algunas referencias a sus aspectos más importantes.

En la organización administrativa es indispensable transformar la organización y competencia del Ministerio de Minas e Hidrocarburos convertido ahora en Ministerio de Energía y Minas.

Dada la existencia de las grandes empresas estatales, a través de las cuales el Estado realiza y controla su propia actividad explotadora, las antiguas funciones de inspección y vigilancia sobre las compañías mineras y petroleras que estaban adheridas al Ministerio de Minas, han tenido que ser substituidas por dispositivos legales que atribuyan a ese despacho en su actual denominación, la dirección y manejo, en nombre del Presidente de la República, de la política petrolera y minera del país.

La participación de Petroven y de la Ferrominera se hace indispensable para determinar los ingresos del Estado y en consecuencia condicionar la adopción del Plan de la Nación y las previsiones presupuestarias correspondientes.

La legislación impositiva necesita ser transformada y cambiar de orientación ante la desaparición del más importante contribuyente que lo eran las empresas mineras y de hidrocarburos. El principal ingreso del Estado será de ahora en adelante el producto de su propia actividad industrial y comercial y no el pago de impuesto por particulares.

El control fiscal deberá ser reorientado, más hacia el control de gestión de las empresas nacionales, que hacia las verificaciones contables y técnicas indispensables que se harían a contribuyentes de otras épocas. Las cuestiones laborales y como consecuencia de ellas las contrataciones colectivas y las relaciones de la administración pública con sus servidores, tendrán que recibir una seria mudanza o cambio, por una parte por el hecho evidente de que el patrono de los trabajadores en Hidrocarburos y Minas no serán las empresas trasnacionales sino el propio Estado, y por otra parte el Estado tendrá que contemplar y en alguna forma solucionar el difícil problema que le ocasiona el hecho de que una parte de sus servidores, los del hierro y el petróleo, tienen un tratamiento preferencial con respecto al común de las personas que están a su servicio.

La protección jurídica, el impulso y el desarrollo de la tecnología nacional, se convierten en cometidos fundamentales de la administración pública para ir substituyendo progresivamente, y hasta donde fuere posible, la tecnología importada por la tecnología nacional.

Por último, la actuación internacional de Venezuela cobra características especiales.

Es imposible absolutamente desarrollar una efectiva acción para colocar nuestro petróleo en el mercado sin el apoyo de un servicio exterior eficiente, dotado de los medios humanos, materiales y técnicos necesarios.

Es indispensable además una eficaz acción internacional para el desarrollo de nuestra flota petrolera, que en una difícil labor tendrá que ser armonizada con los delicados intereses de las grandes conferencias navieras.

Además de todo, la acción multilateral de la OPEP requiere el complemento de una diplomacia bilateral eficaz y oportuna.

Todo ello implica una transformación absoluta de nuestras relaciones internacionales, la adopción de una política internacional adecuada a las finalidades del Plan de la Nación y a los propósitos generales del Estado venezolano, y la creación de un auténtico servicio exterior.

Como puede verse, la nacionalización del hierro y del petróleo no terminan en el acto nacionalizador, sino que ese acto es el paso inicial de un inmenso proceso jurídico y administrativo, paralelo a otro proceso jurídico y económico, y mediante los cuales se creará la pieza más importante que requiere el desarrollo del país.

CONSIDERACIONES FINALES

Con las anteriores consideraciones, pretendo haber cumplido el encargo que me hizo esta Academia. No puedo ahora menos de recordar las palabras que pronunció en la sesión inaugural de este ilustre Organismo, el doctor José Gil Fortoul, a quien, como Ministro de Instrucción Pública, correspondió el honor de proponer al Congreso de la República, en 1912, que se constituyese la Academia de Ciencias Políticas y Sociales.

Dijo el Dr. Gil Fortoul que quería y aspiraba a que esta Academia se desarrollase como organismo joven, vivaz, emprendedor, adecuado a nuestro medio, con el temperamento impulsivo, la sangre ardorosa y el espíritu reformador de nuestra adolescente democracia. Esas palabras del maestro me han servido de base para atreverme a exponer, probablemente con alguna audacia, las ideas anteriores.

He creído y creo que el derecho debe ser la realización de la Justicia.

Estoy convencido de que la justicia no puede alcanzarse, en nuestros pueblos, sino mediante el desarrollo, y porque creo en la existencia del derecho y en la eficacia de la justicia, estimo, como absolutamente seguro, que el desarrollo es imposible sin la guía del derecho, ya que, como dijo también ante esta Academia el Maestro Gil Fortoul, ni el hombre, ni las sociedades, ni la especie humana, hubieran perdurado bajo el predominio de la fuerza y de la iniquidad.

La planificación en América Latina

I. Extensión del fenómeno planificador

A partir de la reunión de los Presidentes Latinoamericanos en Punta del Este, se generalizó en América Latina el uso de la planificación, como instrumento de Gobierno; paulatinamente fueron apareciendo en cada uno de los países las distintas leyes para regular la existencia, facultades y funcionamiento de los órganos planificadores.

Pocas veces se ha presentado en Latinoamérica el fenómeno de que, en un breve tiempo, todos los países adopten una determinada institución jurídico-administrativa y la hagan funcionar. Ello demuestra, no sólo la divulgación del sistema de planificación como instrumento moderno de Gobierno, sino también la confianza puesta en dicho sistema como instrumento adecuado para lograr el desarrollo económico y social. No nos corresponde discutir si tal confianza ha sido o no exagerada y cuáles han sido los resultados prácticos de la planificación americana, sino únicamente hacer referencia al hecho de su rápida extensión por todos nuestros países. Desde el punto de vista de la mera forma jurídica, en la mayoría de ellos se pueden observar que se han adoptado leyes formales u otros instrumentos jurídicos con rango de Ley bajo las diversas denominaciones propias del ordenamiento jurídico de cada país.

En algunos, como el caso de Venezuela y Uruguay, la planificación ya se ha convertido en institución constitucional desarrollada luego por el Legislador.

Ha habido numerosos e interesantes estudios sobre los distintos aspectos de la planificación, pero, lamentablemente, no ha llamado todavía la atención de los juristas y se corre el peligro de que la actividad planificadora se realice, si no al margen del derecho, por lo menos sí con notable ausencia de consideraciones jurídicas, situación que puede afectar su interés dentro de un Estado de derecho que respete las libertades individuales.

II. PLANIFICACIÓN Y ALTERNABILIDAD DEMOCRÁTICA

A partir de la reunión de los Presidentes Latinoamericanos en Punta del Este, se generalizó en América Latina el uso de la planificación, como instrumento de Gobierno; paulatinamente fueron apareciendo en cada uno de los países las distintas leyes para regular la existencia, facultades y funcionamiento de los órganos planificadores.

Pocas veces se ha presentado en Latinoamérica el fenómeno de que, en un breve tiempo, todos los países adopten una determinada institución jurídico-administrativa y la hagan funcionar. Ello demuestra, no sólo la divulgación del sistema de planificación como instrumento moderno de Gobierno, sino también la confianza puesta en dicho sistema como instrumento adecuado para lograr el desarrollo económico y social. No nos corresponde discutir si tal confianza ha sido o no exagerada y cuáles han sido los resultados prácticos de la planificación americana, sino únicamente hacer referencia al hecho de su rápida extensión por todos nuestros países. Desde el punto de vista de la mera forma jurídica, en la mayoría de ellos se pueden observar que se han adoptado leyes formales u otros instrumentos jurídicos con rango de Ley bajo las diversas denominaciones propias del ordenamiento jurídico de cada país.

En algunos, como el caso de Venezuela y Uruguay, la planificación ya se ha convertido en institución constitucional desarrollada luego por el Legislador.

Ha habido numerosos e interesantes estudios sobre los distintos aspectos de la planificación, pero, lamentablemente, no ha llamado todavía la atención de los juristas y se corre el peligro de que la actividad planificadora se realice, si no al margen del derecho, por lo menos sí con notable ausencia de consideraciones jurídicas, situación que puede afectar su interés dentro de un Estado de derecho que respete las libertades individuales.

III. FORMA JURÍDICA DE LA PLANIFICACIÓN

En algunos países europeos se utiliza el procedimiento de imponer por ley a la Administración un "plan" de acción que ella debe ejecutar.

Los países latinoamericanos han preferido un mecanismo diferente: la Administración se "autoimpone" un plan que ella prepara y debe ejecutar dentro de los límites de tiempo que los propios organismos administrativos han establecido.

No se ha efectuado todavía una valoración comparativa de las bondades de uno y otro método. Posiblemente para los países americanos sea preferible todavía el que ellos han implantado y quizás en un futuro se llegue a adoptar la solución europea cuando ya la planificación haya alcanzado suficiente prestigio, efectividad y autoridad.

IV. La planificación como facultad Presidencial

Los instrumentos jurídicos que regulan la planificación en Hispanoamérica atribuyen al Jefe del Estado (denominado en casi todos los países latinoamericanos "Presidente de la República") la dirección suprema de la función planificadora.

Ello indica, por una parte, la importancia dada a la planificación en sí a colocar la suprema dirección de la misma entre las funciones del Jefe del Estado. Por la otra demuestra que, al analizar la mejor forma de organizar los sistemas de planificación, bien claro ha podido verse que sólo con la autoridad y prestigio propios del Jefe del Estado es posible lograr los objetivos de la planificación.

La forma de intervención del Presidente en la función planificadora, es distinta según los diferentes tipos de Gobierno:

a) En determinados casos la función presidencial se limita a "dirigir" el proceso de planificación, dirección que se ejecuta a través de organismos especializados.

b) En otros casos el Presidente de la República preside el organismo planificador y toma parte muy activa en sus deliberaciones y decisiones.

c) En otros países el Presidente ejerce, por sí mismo, la función planificadora y tiene a su lado organismos que le auxilian y aconsejan en tal función.

La experiencia ha demostrado, claramente, que el Presidente no puede intervenir personalmente en el proceso mismo de planificación, sino únicamente establecer las líneas generales de la misma e imponer con su autoridad personal las soluciones adoptadas.

La existencia de esa nueva facultad presidencial, la función planificadora, posiblemente repercuta, en un futuro muy próximo (probablemente ya lo está produciendo), en el fenómeno de que la planificación, al condicionar toda la actividad del Estado, se convierta en la función más importante, en la práctica, del Presidente de la República respecto a la Administración Pública y a su funcionamiento.

V. Planificación y organización administrativa

Al aparecer la planificación y adquirir la trascendencia que posee, evidentemente tienen que producirse efectos importantes en la Organización Administrativa.

El primero de tales efectos se refiere al rango y autoridad del organismo planificador; el segundo a su ubicación dentro de la Administración Pública y el tercero a la relación del organismo planificador con otros organismos administrativos y políticos del Estado.

A) Rango y autoridad del Organismo Planificador

La imposibilidad material de que el Presidente de la República realice, por sí mismo, la función planificadora, obliga a la existencia de un organismo técnico que lleve a cabo los aspectos materiales de tal función.

En las diversas leyes se observa distintas soluciones adoptadas en torno a la existencia y organización de tales organismos; en algunos casos actúa mediante una oficina técnica y un organismo directivo pluripersonal de carácter político; en otros solamente existe el organismo técnico correspondiente.

Inicialmente, hubo tendencia a no confundir el organismo planificador con un Ministerio, pero posteriormente han ido surgiendo los "Ministerios de Planificación" o se le ha dado al Jefe de la oficina técnica la denominación de Ministro.

Las razones por las cuales no se quería denominar "Ministro" al Jefe Técnico del organismo planificador y a este órgano "Ministerio" era con el objeto de evitar que repercutan en la planificación las distintas variantes políticas que afectan a los Ministros. Sin embargo, parece que la falta de plasticidad de los distintos sistemas jurídicos para concebir un nuevo tipo de funcionario distinto a los Ministros, pero con una cierta autoridad técnica sobre los mismos, hace aparecer la necesidad de denominar "Ministro" al Jefe del organismo planificador y "Ministerio" a su oficina.

En el caso venezolano se mantiene todavía, al menos en teoría dentro de la línea inicial; así, el jefe del organismo técnico planificador no es Ministro y por tanto carece del derecho de palabra en las Cámaras, no tiene voto en el Consejo de Ministros, al cual puede asistir si es invitado, no puede ser encargado de la Presidencia de la República ni tampoco separado de su cargo por decisión de la Cámara de Diputados.

La denominación de "Ministro" se ha venido imponiendo en tal forma que el reciente Congreso o reunión de Jefes de Planificación hispanoamericanos en Madrid en 1973 se denominó de "Ministros de Planificación".

Conviene destacar que un Ministerio, como órgano del Presidente de la República para realizar un determinado sector de las funciones administrativas, tiene que ser distinto en su organización y consistencia de la Oficina Planificadora, que debe cubrir todos los aspectos de la administración y no solamente un sector de ella.

B) Ubicación del organismo planificador dentro de la Administración Pública

La solución que se dé al problema del rango del organismo planificador condiciona la ubicación de la misma dentro de la Administración Pública.

Las formas principales han sido dos: Un organismo técnico de la Presidencia de la República o un Ministerio similar a los demás.

Inicialmente, la planificación se atribuyó a un organismo adscrito a la Presidencia, pero con su propio sistema de funcionamiento orientado a la atención de los fines propios de la planificación. Esta clase de organismos, al derivar su autoridad directamente de la de la Presidencia de la República, podía intervenir en todos los distintos ramos de la Administración sin tendencia a predominar sobre los demás: era la autoridad presidencial la que lo orientaba. Al convertirse los organismos planificadores en Ministerios, se plantean numerosos problemas derivados del supuesto predominio de ese Ministerio sobre los demás y las naturales dificultades que ello trae consigo.

C) Relaciones del organismo planificador con los demás organismos de la Administración Pública

Los organismos planificadores en varios países absorbieron organismos ya existentes y que eran fundamentales para su funcionamiento; por ejemplo, las oficinas de estadísticas y censos, las de preparación de presupuesto, las de contabilidad nacional, etc., no ha sido ello un fenómeno general ya que, en otras partes, la oficina planificadora ha tenido que repetir esas funciones o servirse de las informaciones que otros organismos les suministran.

VI. PLANIFICACIÓN Y REGIONALIZACIÓN

Todos los países contemplan en sus legislaciones respectivas algún sistema de regionalización, es decir, de división del territorio en zonas más o menos uniformes en cuanto a sus características y que se tratan de convertir en unidades de desarrollo.

Las leyes no establecen cuáles son las regiones ni tampoco las características de una región para ser considerada como tal, sino que prevén la posibilidad de la regionalización, organizan cuerpos regionales de planificación, les fijan facultades y determinan las relaciones que deberá haber entre el Organismo nacional y los regionales.

La experiencia práctica va demostrando que la regionalización tiende a sustituir las antiguas divisiones administrativas por otros repartos del territorio nacional en forma más racional.

Al existir las regiones y las oficinas de planificación regional se hacen necesarios "los planes regionales" que van a contemplar todos los distintos aspectos de la planificación que importan a la región correspondiente.

En la elaboración de los planes nacionales hay dos tendencias muy claras: una, según la cual los planes se deben originar en las regiones y ser acoplados en el órgano nacional y otra que procede de manera contraria, es decir, que los planes se originen en la Oficina Central y a las regiones sólo corresponda ejecutar lo que a ellas toque por razones territoriales. Probablemente la determinación de cuándo debe usarse uno u otro sistema dependa del grado de desarrollo alcanzado por las regiones.

VII. PLANIFICACIÓN SECTORIAL

El conjunto de actividades administrativas suele ser dividido por sectores, es decir, por grupos de materias afines: sector público y sector privado; sector agropecuario, industrial, sanitario, cultural, habitacional, etc.

Se han previsto organismos sectoriales de planificación con el objeto de preparar los materiales de trabajo que luego son ensamblados en los planes nacionales.

El sector administrativo y su oficina de planificación requieren la elaboración de planes sectoriales que están referidos a los aspectos concretos de la planificación en los temas que importan o interesan a ese determinado sector de la Administración.

Así sucede en la planificación regional, el grado de desarrollo de la planificación sectorial depende del estado evolutivo de los órganos administrativos que se ocupan de cada uno de los sectores y por tanto de su capacidad para poder señalar o no la bondad de los planes que desean adoptar.

VIII. PLANIFICACIÓN Y ACTIVIDAD PRIVADA

Casi todas las leyes insisten en que la planificación es normativa y obligatoria para el sector público y orientadora para el sector privado, es decir, que los organismos públicos quedan obligados por los planes nacionales, sectoriales y regionales, mientras que los particulares sólo serán "orientados" por dichos planes en cuanto a sus respectivas actividades.

Puede afirmarse que tal determinación es sólo teórica, pues a veces mucha más libertad tiene un organismo público poderoso para separarse de las líneas generales de la planificación, que un particular que no encuentra para él la necesaria protección estatal si no se adapta a los requerimientos de la planificación oficial.

IX. PRINCIPALES FUNCIONES DEL ORGANISMO PLANIFICADOR

Es muy variado el conjunto de funciones que las distintas leyes atribuyen al organismo planificador; trataremos de sistematizarlas:

1. *Preparación de los planes a corto, medio y largo plazo*

Ello forma parte de la naturaleza misma del organismo planificador. Le corresponde, con base a las metas fijadas por la autoridad política, elaborar planes de acción administrativa ya sea para cortos, medianos o largos plazos, ya sea para ámbitos nacionales o regionales o con carácter integral o sectorial.

2. *Participación en la preparación del Presupuesto de Gastos*

Casi todos los países atribuyen al organismo planificador una intervención más o menos intensa en la preparación del presupuesto anual de gastos.

Parece muy lógica tal atribución ya que, sólo mediante el correspondiente presupuesto que señale los fondos necesarios para las distintas actividades administrativas, es como puede ejecutarse un plan de cualquier carácter.

Si el organismo planificador no interviene en la preparación del presupuesto, éste (el presupuesto), puede hacer inútil cualquiera de los planes.

No es uniforme la forma de intervención en la preparación del presupuesto; va desde atribuir al organismo planificador la labor preparatoria del presupuesto hasta sólo emitir opinión en relación al proyecto de presupuesto preparado por otros organismos.

3. *Control de la Estadística*

En pocos países el organismo planificador tiene a su cargo la recopilación y manejo de los datos que van a formar la estadística nacional. Parece razonable que, siendo así que los planes tienen que basarse en realidades que demuestra la estadística, el propio organismo planificador tenga a su cargo la preparación de esa estadística. Por el contrario, se corre el peligro de que, al utilizar el órgano planificador datos suministrados por otro cuerpo, podría este no tener a la mano la información requerida por el organismo planificador o también que, con notables problemas financieros y evidente confusión, se establezcan dos sistemas estadísticos paralelos.

4. *Contabilidad Nacional*

Algunos Estados atribuyen al organismo planificador el llevar la contabilidad nacional.

Las razones pueden ser parecidas a las alegadas respecto de la estadística, ya que el mecanismo de contabilidad nacional es un instrumento importante para los efectos del control de la ejecución del plan; también está expuesto a utilizar datos extraños si el organismo planificador no lleva contabilidad nacional, cuando trate de realizar las funciones específicas de verificar si el plan ha sido o no ejecutado.

5. *Operaciones de Crédito Público*

Varios son los países que atribuyen al organismo planificador la función de participar, de una u otra forma, en la negociación de operaciones de crédito a largo plazo, ya sea dentro del país o fuera de él y que comprometan al Estado a pagar determinadas cantidades en épocas futuras.

La intervención del organismo planificador está entonces orientada a examinar, tanto las características mismas de la operación, como los fines a que está destinada y la forma como habrán de reintegrarse al acreedor los fondos facilitados.

6. *Reforma Administrativa*

La realidad evidente de que las estructuras administrativas no están adaptadas para ejecutar los planes supone el desarrollo económico y social de los países, obligan a plantear la necesidad de una adecuada reforma administrativa. Por esa razón, en ciertos Estados esta función está atribuida al organismo planificador para que la realice directamente o a través de organismos especializados.

7. *Ordenación Territorial*

La Ley Venezolana atribuye al organismo planificador la función específica de preparar los planes de ordenación territorial. No he encontrado esta facultad en otros instrumentos jurídicos de los demás países latinoamericanos; parece tal función bastante razonable dado el hecho de que la ordenación territorial puede ser (o es en la práctica) uno de los mejores instrumentos para la ejecución de los planes de desarrollo.

8. *Reforma Fiscal*

En algunos Estados se atribuye al organismo planificador la facultad de opinar e intervenir en la preparación de los proyectos de leyes que tengan relación con el sistema fiscal del país, ya sea para organizar la administración fiscal, ya sea para establecer o modificar los impuestos y otras contribuciones existentes.

Esta facultad está claramente relacionada con la función planificadora, puesto que de las reformas fiscales pueden derivarse importantes variaciones en los ingresos que se esperan para la ejecución de los planes preparados.

9. *Auxilio a otros Organismos del Estado*

En varios Estados específicamente se determina que la Oficina Planificadora sirva de auxilio al Congreso o Parlamento para que éste pueda obtener las informaciones que requiere tanto en sus funciones políticas de control como en la labor legislativa; en algunas oportunidades, este auxilio al Congreso está delimitado a campos específicos y en otros, las atribuciones de tipo general.

10. *Coordinación de la Asistencia Técnica*

Son muchos los Estados que atribuyen al organismo planificador la función específica de coordinar la asistencia técnica que presta o que recibe el país. Parece lógica esta facultad puesto que la mayor o menor posibilidad del país para recibir asistencia técnica o para darla puede condicionar la posibilidad o imposibilidad de ejecutar los planes previstos.

11. *Coordinación con los planes de otros países*

Específicamente Colombia y en cierto modo Ecuador, facultan al organismo planificador para coordinar los planes nacionales con los de los otros países con los cuales mantengan proyectos de integración regional. Ello está derivado de un principio contenido en el Pacto de Cartagena conforme al cual los países miembros se comprometen a coordinar sus respectivos planes de desarrollo.

Todos los países centroamericanos mantienen la necesidad de que los distintos organismos planificadores atiendan a las labores de coordinación que sean necesarios para el logro de los objetivos de la integración centroamericana.

12. *Control en la ejecución del Plan*

Varios países atribuyen al organismo planificador la función específica de vigilar o controlar la forma como el plan preparado está siendo ejecutado por la Administración. Se ha discutido si convenía o no mantener esa facultad en el organismo planificador, pues podría o no ser útil que el control y la ejecución del plan lo realice un organismo distinto al que lo formula.

Quizás una reforma administrativa a fondo podría atribuir a los organismos contralores del Parlamento esta potestad de vigilar si la Administración cumple o no con los planes previamente preparados.

X. NATURALEZA DEL PLAN

No existe un criterio definido sobre en qué consiste un plan de desarrollo. Para determinadas tendencias, el plan de desarrollo es la suma de los planes sectoriales y regionales. Para otras tendencias, del Plan Nacional se deben deducir y desglosar los planes sectoriales y regionales.

En todo caso, el concepto general de plan implica la adopción por la autoridad política de unas metas, luego la elaboración por la oficina técnica respectiva del estudio de las posibilidades de alcanzar esas metas, del tiempo necesario para ello y del procedimiento que será utilizado.

Los planes son a largo plazo, generalmente, cuando exceden de cinco años; a mediano plazo, cuando no pasan de 5 y a corto plazo, cuando se refieren al año en curso.

Ya señalamos arriba que en determinados casos la Administración se impone el plan a sí misma; en otros, el plan es impuesto por el Parlamento, convirtiéndolo en Ley. En América Latina, actualmente, sólo la legislación colombiana prevé la aprobación del plan por una Ley del Congreso. La legislación venezolana establece que los lineamientos generales del plan son comunicados por el Presidente al Congreso, sin que éste intervenga en su adopción o rechazo. El Congreso venezolano sólo tiene, mediante el examen de las "memorias" que los Ministros deben presentarle anualmente, la potestad de verificar si el plan se ha cumplido o no. En aquellos países donde el plan no tiene carácter de Ley, se discute muchísimo sobre su naturaleza jurídica. La conclusión provisional a que parece haberse llegado es que el plan se convierte en una autorregulación administrativa sujeta a las variantes que la experiencia aconseja a la propia Administración.

XI. INTEGRACIÓN DEL ORGANISMO PLANIFICADOR

Los organismos planificadores suelen estar integrados en los cuerpos políticos respectivos en la forma siguiente:

1° El Jefe del Estado o la persona que le representa, ya que en algunos países permiten al Presidente delegar en uno de sus Ministros o en otra persona la dirección inmediata del organismo planificador.

2° Los Ministros, ya sean en cuerpo o ya sean algunos específicamente determinados por la Ley.

3° Varios países exigen la presencia en el organismo planificador del Presidente del Banco Central respectivo, con el objeto de que la política monetaria establecida por el Banco Central esté coordinada con las políticas a largo plazo que fije el organismo planificador.

4° En algunos países se requiere la presencia de los representantes de la actividad privada dentro de los organismos políticos directores de la planificación, tema del cual haremos alusión más adelante.

ESQUEMA INTERPRETATIVO DE LAS NORMAS VENEZOLANAS SOBRE NACIONALIZACIÓN DE LA INDUSTRIA EXTRACTIVA DEL HIERRO Y DE LOS HIDROCARBUROS

I. PRESENTACIÓN GENERAL DEL TEMA

El problema fundamental en las actuales relaciones entre los países desarrollados y los países en desarrollo es la política de los productos básicos, situación que convierte el tema en la cuestión de más entidad que debe enfrentar cada uno de esos países sea cual sea el grado de su desarrollo.

Un documento de la Organización de las Naciones Unidas pone de manifiesto que, hecha la exclusión del petróleo "aproximadamente dos docenas de los productos básicos que más importancia tienen en el comercio mundial representan las dos terceras partes de la actividad económica exportadora de los países en desarrollo". TD/B/c. 1/166 de 9 de diciembre de 1974.

De allí la influencia que el tema tiene en la estructura jurídica de cada país para tratar una materia que tanto repercute en su vida propia y en sus relaciones con la comunidad internacional.

Ese estado de cosas está contemplado en la Carta de los Derechos y Deberes Económicos de los Estados, en la cual, respecto al tema de los productos básicos, se encuentran las siguientes definiciones jurídicas:

1) La soberanía sobre ellos, plena y permanente, de cada Estado y que abarca el uso, la posesión y la disposición de las riquezas naturales (Art. 2 N° 1).

Esa es la definición del *Derecho Soberano*, de cada país, sobre sus riquezas naturales y entre ellas especialmente sobre las materias primas que se encuentren en su territorio y que pueden y deban ser explotadas. Este derecho lleva consigo el de regular la forma de explotación de esas materias primas, la determinación de qué beneficios corresponden al Estado por esa explotación e incluso la nacionalización o reserva al Estado de la explotación misma, íntegramente o en alguno de sus aspectos.

2) El derecho de todo Estado de asociarse con otros Estados productores de materias primas con el fin de desarrollar sus economías nacionales (Art. 5) y la realidad de existencia de pactos de asociación de cada país con otros que se encuentren en iguales condiciones a fin de asegurar una política común en la materia.

3) El derecho de celebrar acuerdos multilaterales, a largo plazo y sobre productos básicos, para el desarrollo del comercio internacional de los mismos (Art. 6).

4) El derecho de cada Estado de participar, plena y efectivamente, en la adopción de soluciones internacionales a los problemas económicos y desde luego a los relativos al comercio de productos básicos (Art. 10).

5) El derecho de todo Estado de aprovechar los avances de la ciencia y de la tecnología para acelerar su desarrollo económico y social (Art. 13).

Sobre esos principios se debe construir, en el "Nuevo Orden Económico Internacional", el esquema jurídico que, dentro de cada país y en las relaciones internacionales, va a regular el tema de los productos básicos.

Por su propia naturaleza la cuestión no puede ser únicamente de derecho interno; necesita tratamiento internacional ya que los productos básicos no son, ni pueden ser, de exclusivo consumo nacional, sino que su trascendencia radica en la utilización de los mismos en otros países mediante el comercio internacional, que no admite regulaciones unilaterales sino acuerdos internacionales.

Cada uno de esos temas necesariamente debe verse desde dos puntos de vista complementarios:

a) El que compete a la Soberanía propia de cada país, y que supone el derecho a adoptar las medidas que cada quien estime apropiadas y el derecho a que se respeten esas medidas.

b) El que compete a negociaciones con otros interesados sobre aquellos aspectos que no pueden ser materia de regulaciones nacionales y que supone el derecho a participar en esas negociaciones, en plano de igualdad y el de hacer respetar los acuerdos y decisiones que en ellas se tomen.

Se crea así un tratamiento mixto de los problemas jurídicos relativos a los productos básicos, que es por tanto propio del derecho interno y del derecho internacional y que se diferencia de la forma como hasta el presente habían venido siendo tratados en la metodología jurídica.

Las normas nacionales son inútiles si no contemplan los aspectos internacionales del tema y las normas internacionales son inaceptables si no respetan la soberanía nacional.

Con ese criterio estudiaremos los problemas que sobre el particular presenta el régimen y los intereses venezolanos en esa materia.

La Resolución 3202 (S/VI), adoptada el 1° de mayo de 1974 en la 2229 Sesión Plenaria de la Asamblea General de la ONU y relativa al "Programa de acción sobre el establecimiento de un nuevo orden económico internacional", establece que, en relación a las materias primas debía hacerse lo posible para:

1) Eliminar las formas políticas negativas que impiden el pleno ejercicio de la soberanía sobre los recursos naturales de cada país.

2) Adoptar las medidas en orden a que los recursos naturales sirvan a los países en desarrollo para la atención de sus problemas nacionales y lograr su desarrollo acelerado.

3) Facilitar el funcionamiento y fomentar la consecución de los objetos de las asociaciones de países productores.

4) Tratar de obtener una relación justa y equilibrada entre los precios de los productos naturales exportados por los países en desarrollo.

5) Adoptar las medidas para solucionar o mejorar el problema de los verdaderos precios de los productos naturales exportados por los países en desarrollo.

6) Cuidar de la ampliación de los mercados para los productos naturales en competencia con los sintéticos.

7) Adoptar las medidas para fomentar la elaboración de las materias primas en los mismos países que la producen.

Esta Resolución de la ONU señala con toda claridad los límites exactos del tema: se parte de un problema jurídico de soberanía, es decir, que afecta a la esencia misma de los Estados; ese tema estrictamente jurídico lleva a uno primordialmente político; como lo es el destino de los productores naturales para el beneficio y desarrollo del país que lo produce; y además conduce a una serie de medidas de política económica internacional, como lo son el funcionamiento de las asociaciones de países productores y la búsqueda de un equilibrio sano entre los países de los productos que se exportan y los que se importan por los países en desarrollo; todo supone la atención a los precios en sí de los productos (tema económico y político) su competencia con los productos sintéticos (problema técnico y económico) y la necesidad de su elaboración en el mismo país que lo produzca (cuestión política, jurídica, social, técnica y económica).

La Organización de las Naciones Unidas, en su búsqueda de la paz y de la armonía mundial, estimó necesario, al crear su Conferencia para el Comercio y Desarrollo (UNCTAD), asignar a la misma, mediante una Comisión permanente, la atención del problema de los productos básicos.

Esta Comisión, integrada por un grupo de países designados cada cierto tiempo por la Conferencia, sirve de "foro" para el estudio de los problemas planteados por los productos básicos, la discusión de soluciones a esos problemas y la negociación de Convenios sobre los mismos.

Esos problemas son fundamentalmente dinámicos, ya que continuamente está variando la situación que origina el volumen de producción, las necesidades mundiales, la repercusión de la técnica en los procesos de producción, mantenimiento, transporte, almacenaje, etc. y los resultados de las negociaciones que se celebran entre los distintos países y que a su vez dependen de otros condicionantes políticos.

Los productos básicos han sido calificados a los fines de su atención por la UNCTAD en: alimentos de primera necesidad; minerales industriales esenciales, materias primas de origen agrícola y bebidas y frutos tropicales. Para cada tipo de producto se requiere una actitud política, jurídica y técnica diferente, ya que ante cada uno de ellos varía su grado de necesidad, sus riesgos técnicos y económicos y su influencia en quien lo produce y quien lo necesita y consume.

Al analizar la situación, en lo que a cada país se refiere, es necesario tomar en cuenta su situación peculiar en relación a tres consideraciones que están interrelacionadas:

a) La posición del país como productor de determinadas materias primas. Por ejemplo, en el caso de Venezuela en relación al petróleo y al hierro.

b) La posición del país como importador de otras materias primas que no produce o de las cuales dispone en cantidad insuficiente para sus necesidades.

c) La posición general del país derivada de ser "país en desarrollo", en su política de cooperación con los demás países del área andina, con los países americanos en general, con los otros países en desarrollo y con la comunidad internacional.

El orden jurídico nacional se deberá orientar, en cuanto a su régimen interno, al tratamiento requerido por las materias primas producidas en Venezuela y en lo relativo a la actitud internacional, en participar en las negociaciones relativas a la colocación de nuestros productos en el mercado internacional, la defensa de sus precios y a la adquisición por Venezuela de los productos que necesita y no posee, todo sin menoscabo de la atención venezolana a los intereses generales de los países en desarrollo.

Conviene precisar que se han usado aquí indistintamente los términos "riquezas naturales", "productos básicos" y "materias primas", todos los cuales tienen el mismo significado en cuanto a lo que a efectos jurídicos se refiere con sólo leves matices diferenciales.

En términos generales el término que se use depende de la finalidad que se persiga: todos son *riquezas naturales* viéndolos desde el punto de vista de su origen, que es debido, fundamentalmente, a la acción de la naturaleza y no del hombre; todos son "productos básicos" o sea fundamentales para la actividad del mundo actual y prácticamente ninguno se usa en su estado original, sino son la "materia prima" necesaria en un proceso posterior de industrialización.

Desde el punto de vista venezolano el problema puede y debe ser analizado partiendo de las consideraciones que ofrece el análisis de la Constitución.

II. CARÁCTER DE LOS "RECURSOS NATURALES Y DE SU EXPLOTACIÓN"

1) *Principio General*: La Constitución establece, como deber del Estado, atender a la "conservación" y "defensa" de los recursos naturales de su territorio y que la explotación de los mismos "esté dirigida primordialmente al beneficio colectivo de los venezolanos" (Art. 108).

Están por tanto diferenciadas en el texto constitucional:

a) La obligación de conservar los recursos naturales.

b) La obligación de defensa de los mismos recursos.

c) La posibilidad de su explotación.

d) La finalidad de que esa explotación sea en beneficio, no individual de nadie, sino colectivo de todos los venezolanos.

De esa forma es jurídicamente posible explotar esos recursos siempre que tal explotación se haga con criterios de conservación de los mismos y esté orientada hacia el beneficio colectivo.

Los términos "conservación" y "defensa" parecen coincidir, pero tienen diferencias técnicas de importancia según el tipo de recursos de que se trate. Aquellos que se renuevan con el uso o explotación prudente se "conservarían" adoptando, en toda actividad explotadora, técnicas adecuadas de renovación y se "defendería" evitando cualquier explotación no renovadora; los que no se renuevan sino se consumen por el uso se tendrían que explotar únicamente en la medida en que ello sea indispensable y siempre procurando obtener, en cada acto de explotación, el máximo de provecho para la colectividad.

El beneficio colectivo hay que interpretarlo, en sentido suficientemente claro y orientado hacia que:

a) La existencia y mantenimiento del recurso natural debe beneficiar a toda la colectividad.

b) El acto de explotación debe producir resultados positivos para toda la colectividad.

c) El acto de explotación no debe dañar a la colectividad.

d) La explotación no debe perjudicar los intereses de las generaciones futuras. Si se trata de los recursos que pueden renovarse, debe estar garantizada su renovación para que esas generaciones puedan también disfrutar de ellos y si se trata de recursos no renovables, las generaciones futuras de habitantes del país tienen el derecho de que, al explotar hoy esos recursos, se obtenga con esa explotación resultados de carácter definitivo o importante para el beneficio permanente de la República.

Corresponderá al Legislador determinar los actos que serán necesarios para asegurar esas formas de explotación y establecer adecuados métodos de conservación y defensa.

2) *Competencia Especial del Legislador*: La Constitución atribuye al Poder Nacional y por tanto a la competencia legislativa "el régimen y administración de las minas o hidrocarburos, salinas, tierras baldías y ostrales de perlas y la conservación, fomento y aprovechamiento de los montes, aguas y otras riquezas naturales del país (Art. 136, numeral 10). Se han previsto también "impuestos" a las minas e hidrocarburos (Art. 136).

El constituyente ha reservado a las Cámaras en sesión conjunta y "debidamente informadas por el Ejecutivo Nacional" de todas las circunstancias pertinentes, autorizar, dentro de las condiciones que ellas fijen y además de previo el cumplimiento de las formalidades legales "nuevas concesiones de hidrocarburos" y de los otros recursos naturales que determine la Ley (Art. 126).

Está prevista por lo tanto en la Constitución la competencia general del legislador sobre la materia, la competencia específica de las Cámaras para analizar el otorgamiento de nuevas concesiones de hidrocarburos y la posibilidad de que el Legislador pueda extender ese procedimiento a otros recursos naturales.

Nótese que las facultades otorgadas por el constituyente al legislador abarcan: régimen, administración, conservación, fomento y aprovechamiento de los recursos naturales y establecimiento de contribuciones e impuestos a esas actividades.

La norma comprende, según la distinción que arriba hemos hecho, tanto a los recursos naturales renovables como a los no renovables.

3) *Reserva al Estado*: El constituyente ha permitido al Estado "reservarse determinadas industrias, explotaciones o servicios" de interés público y por razones de conveniencia nacional (Art. 97, 2do. párrafo). Esta norma debe ser analizada detalladamente por ser especial su significado y trascendencia jurídica.

La situación peculiar de Venezuela, en acuerdo a las consideraciones anteriores, deberá contemplar:

a) El examen de la situación jurídica en que se encuentran aquellas riquezas naturales que para el país tienen importancia dado su carácter de productos de exportación (el caso del hierro y de los hidrocarburos) y por lo tanto fuente importante de recursos para financiar el desarrollo nacional.

b) El examen de los mismos aspectos respecto a aquellos otros productos de exportación que no tienen importancia de tanta magnitud, pero que sí interesan al país como el café y el cacao.

c) Idénticas consideraciones respecto a la posición general del país ante los problemas jurídicos que plantea el comercio de los productos básicos, no exportados por Venezuela, pero sí por otros países en desarrollo.

d) Las consideraciones jurídicas referentes a los productos o riquezas naturales venezolanas que son objeto de explotación interna y no de exportación y que por tanto no plantean problemas de orden internacional para Venezuela.

III. LOS PROBLEMAS PLANTEADOS POR EL HIERRO Y LOS HIDROCARBUROS

La importancia de los mismos para la vida del país radica en ser la fuente nacional más importante (casi la única) de lo recursos financieros para atender a los gastos e inversiones públicos y de influir, por esa vía, en todo el proceso de desarrollo nacional.

En el caso particular de los hidrocarburos, la situación tiene una modalidad adicional derivada de la posición del petróleo venezolano en el mercado mundial y de las relaciones de Venezuela con los demás países productores y exportadores de petróleo.

IV. POSICIÓN JURÍDICA DE AMBAS ACTIVIDADES DE EXPLOTACIÓN

El Estado venezolano, por actos legislativos, se reservó la actividad de explotación del gas natural, de los hidrocarburos en general y del mineral de hierro.

Hay que precisar que tales actos legislativos se refieren en particular "a la industria de explotación" y no al material físico que se denomina "gas natural", "hierro" o "hidrocarburos". Tales materiales, conforme a la legislación venezolana tradicional, han sido y son propiedad del Estado y no necesitan declaratoria adicional sobre ellos.

Esa situación viene desde el Derecho de Indias, establecido por España antes de 1810 para sus provincias americanas y conforme al cual las minas pertenecían a la Corona y no al propietario del suelo donde ellas se encontraren. Posteriormente, el Libertador Simón Bolívar, por decreto de 24 de octubre de 1829, estableció que la República ejercería, respecto a las minas, los mismos derechos que habían correspondido a la Corona Española. La legislación de la República, a partir de 1830, mantuvo hasta el presente, sin vacilación ni reforma, el mismo principio.

En esas condiciones el Estado venezolano, en su condición de titular de todos los derechos que podían ser ejercidos sobre los minerales que se encuentren en su territorio, otorgaba a los particulares "concesiones" y "permisos" (según el caso) para que éstos pudieren explotar tales minerales.

Los actos legislativos arriba aludidos cambiaron esa situación jurídica al determinar que la actividad de explotación sería ejercida, directamente y únicamente por el Estado, sobre los minerales existentes en el país y calificables como gas, hidrocarburos y hierro y en consecuencia terminó la vigencia de todas las concesiones y permisos otorgados con anterioridad para esas actividades y se eliminó la posibilidad de otorgar nuevas concesiones o permisos con idénticos fines.

Ese y no otro es el sentido jurídico que tienen las operaciones políticas y jurídicas llamadas de "nacionalización" del hierro, del gas natural y de los hidrocarburos.

V. Ubicación jurídica del concepto de nacionalización

Es inútil, bajo un punto de vista estrictamente jurídico, advertir, antes de toda otra consideración que pueda hacerse sobre el particular, que la comunidad internacional, a través de toda una importante serie de documentos emanados de la Asamblea General de las Naciones Unidas ha considerado que la facultad de "nacionalizar" una determinada actividad (entendida en el sentido que acaba de ser precisado en el párrafo anterior), es una derivación directa e inmediata de la soberanía de cada Estado.

La última, hasta el presente, de tales declaraciones, corresponde a la decisión 3201 (S-VI) del 1° de mayo de 1974 en la cual se dice que el "nuevo orden económico internacional" debe basarse en el respeto, entre otros, de los siguientes principios:

> "... La plena soberanía permanente de los Estados sobre sus recursos naturales y sobre todas sus actividades económicas. A fin de salvaguardar esos recursos todo Estado tiene el derecho de ejercer un control efectivo sobre ellos y su explotación, con medios ajustados a su propia situación, incluso el derecho de nacionalización o transferencia de su propiedad a sus nacionales, siendo este derecho una expresión de la plena soberanía permanente de cada Estado. No se puede someter a ningún Estado a ningún tipo de corrección económica, política o de otra índole para impedir el pleno ejercicio de este derecho inalienable".

La materia en sí fue ratificada luego en el Art. 2 de la Carta de los Derechos y Deberes Económicos de los Estados.

Conforme a esa Declaración de las Naciones Unidas:

a) La facultad de nacionalizar es uno de los principios sobre los cuales debe estar basado el nuevo orden económico internacional.

b) La facultad de nacionalizar es una "expresión" de la soberanía del Estado.

c) El ejercicio de esa facultad no puede acarrear para el Estado ninguna consecuencia traducida en coerciones económicas, políticas o de otra índole.

Se trata, por tanto, en lo que a nacionalización se refiere, de una actividad inherente a la condición misma del Estado y que no está ni puede estar sujeta a condicionantes.

No tiene importancia, a los fines jurídicos de calificar el ejercicio de esa potestad, que en la Constitución de un país soberano esté o no establecida, como facultad del Estado, la de nacionalizar sus riquezas naturales. El acto de nacionalizar tampoco está, ni puede estar sujeto, a recursos de inconstitucionalidad por violación de la Constitución. Solo podrá discutirse, si fuere el caso, cuestiones de competencia del órgano que acuerda la nacionalización, pero no la decisión de nacionalizar que es un acto de soberanía.

Tampoco es posible la discusión jurídica sobre la oportunidad y los medios de la nacionalización, ya que es materia reservada a la sola decisión de cada Estado, atendiendo a su propia situación, que él y sólo él puede apreciar por intermedio de sus órganos competentes. Toda decisión legislativa de nacionalizar, como expresión de ejercicio de la soberanía resulta constitucionalmente inatacable. Y esta decisión puede ser optada por cualesquiera de las vías previstas en la Constitución para el ejercicio de la potestad legislativa del Estado.

La Asamblea General de Naciones Unidas ha previsto dos situaciones diferenciadas, una la nacionalización en sí, otra la reserva a nacionales de determinadas actividades.

En el primer caso se trata de que el Estado asuma las labores nacionalizadas, y en el segundo que, en determinado Estado los nacionales del mismo y únicamente esos nacionales, sean quienes puedan realizar tales labores en concurrencia o no con el Estado.

En ambos tipos de situaciones se aplican los mismos principios analizados.

La forma de la nacionalización influye permanentemente en el proceso jurídico y político de la misma.

VI. FORMA DE LA NACIONALIZACIÓN

a) *Instrumento de nacionalización*: Han sido actos legislativos de las dos clases permitidas por el sistema constitucional venezolano: en cuanto al gas natural y los hidrocarburos en general, mediante sendas leyes dictadas por el Congreso y en lo relativo al mineral del hierro, un Decreto-Ley Presidencial previa la habilitación legislativa.

b) *Oportunidad y razones de la nacionalización*: Fue apreciada soberanamente por el Estado venezolano al establecerse en todos los actos legislativos de nacionalización que ella fue acordada "por razones de conveniencia nacional" (Art. 1°, Decreto 580 y Art. 1°, Ley del 20 de agosto de 1975). Es decir, fue el Estado y sólo el Estado quien decidió cuándo era oportuna la nacionalización bajo el solo fundamento de que convenía a los intereses nacionales.

c) *Mecanismo de la nacionalización*: Se ha previsto que el Estado, en el caso de los hidrocarburos, pueda "ejercer directamente" las actividades relacionadas con la nacionalización (Art. 5. Ley) y que, en cuanto al hierro y al gas natural, lo pueda hacer mediante instrumentos administrativos adecuados, a saber:

a) Un instituto autónomo ya existente como lo fue, para el hierro, la Corporación Venezolana de Guayana y para el gas natural, la Corporación Venezolana del Petróleo.

b) Entes de su propiedad creados para el manejo de los hidrocarburos.

El Estado se ha reservado para sí y no para sus nacionales la explotación del petróleo, es decir, ha usado la primera de las fórmulas señaladas y no la segunda. La existencia de esos entes ejecutores en nombre del Estado de las actividades propias de la nacionalización supone interesantes consecuencias a las que aludiremos más adelante.

a) Las labores técnicas relacionadas con la explotación petrolera y ferrosa: la investigación en sí y los procedimientos técnicos derivados de esa investigación pertenecen a quienes los sean, realizan y financian; el Estado necesita llegar a acuerdos con ellos para obtener la cesión de sus conocimientos y la autorización necesaria para el uso de las técnicas correspondientes.

b) El transporte internacional: por los sitios por donde se realiza y los medios que utiliza no está en la jurisdicción de Venezuela y supone acuerdos que celebre el Estado con los interesados para el logro de la debida coordinación de sus intereses con los de Venezuela.

c) El mercadeo internacional, que también se realiza fuera de la jurisdicción de Venezuela y por instrumentos y medios técnicos, jurídicos y económicos que escapan a su control.

El hecho de que tales actividades no hubieran sido nacionalizadas por Venezuela ni puedan serlo no impide:

a) La participación en ellas del Estado venezolano en la medida que esté al alcance de sus posibilidades y

b) Que se tienda a que esa participación sea cada vez mayor.

VII. Materias que pueden ser objeto de estudio

Pueden estudiarse en esta materia las siguientes cuestiones:

a) Antecedentes de la nacionalización.

b) El procedimiento utilizado para nacionalizar.

c) La forma de la nacionalización.

Los dos primeros aspectos parece que tienen en estos momentos relativa poca importancia en el análisis integral de la cuestión, ya que, en el primero, se trata de consideraciones que mucho interesan pero que tienen, en el momento, que ceder ante el estudio de las circunstancias actuales y el segundo de etapas que una vez superadas no repercuten en el futuro.

VIII. SISTEMATIZACIÓN ADMINISTRATIVA DE LA NACIONALIZACIÓN

Supuesta la decisión de nacionalizar y adoptada la legislación necesaria se plantean dos cuestiones de importancia jurídica, una en cuanto al conjunto de medidas que deben ser tomadas para que pueda iniciarse el proceso de la nacionalización ya acordada; otra las que corresponden a la ejecución misma de la nacionalización.

Las primeras tienen un carácter temporal, las segundas son de carácter permanente.

Interesan las segundas ya que las primeras, una vez adoptadas, dejan de tener trascendencia, mientras que las otras constituyen principios permanentes.

En ese orden de ideas el proceso de nacionalización de las explotaciones mencionadas (gas natural, hierro e hidrocarburos) presenta otros tres aspectos complementarios:

a) El cese de la vigencia de toda concesión o permiso expedido anteriormente para la realización de esas explotaciones por parte de particulares.

b) La prohibición de que se expidan en el futuro nuevas concesiones o permisos de explotación.

Es importante advertir que tales aspectos no han supuesto innovaciones especiales en el orden jurídico venezolano ya que utilizan conceptos e instituciones ya previstas en el Derecho Venezolano.

La jurisprudencia, en algunos casos el legislador y en forma unánime la doctrina, han establecido que la vigencia de las concesiones y permisos puede terminar por decisión unilateral del Estado siempre y cuando se pague al interesado una justa compensación o indemnización.

Está previsto, en la legislación minera vigente, que el Estado pueda reservarse la explotación de determinados minerales y en la legislación de hidrocarburos que las actividades contempladas en ella, como objeto de los distintos tipos de concesiones, pudieren ser realizadas directa y exclusivamente por el Estado (Art. 3, numeral 1, Ley de Hidrocarburos, texto reformado el 7 de agosto de 1967).

Las Leyes de 1971 y 1975 y el Decreto presidencial 580 sólo aplicaron, por acto legislativo, esos principios vigentes a los tres casos concretos mencionados y en consecuencia se dispuso la finalización de las concesiones anteriores, la reserva al Estado de las labores de explotación y la ejecución directa por éste de las mismas y paralelamente el procedimiento para indemnizar a los que teniendo algún derecho fueron lesionados por las decisiones legislativas mencionadas.

IX. LAS ACTIVIDADES NACIONALIZADAS CONVERTIDAS EN COMETIDOS ESTATALES

Convertidas las diversas actividades nacionalizadas en "cometidos estatales" hay que contemplar respecto a ellas lo siguiente:

1) Órgano al cual corresponden.

2) Titulares de esos órganos y su designación.

3) Finalidades que cada uno perseguirá.

4) Competencia otorgada a los mismos.

5) Régimen interno.

6) Sistema de control sobre ellos.

Para algunas de estas materias, sólo se aplicarán los principios generales ya establecidos en el Derecho Venezolano. Para otras existen normas especiales.

Conviene también distinguir, en la actitud del Estado frente a las actividades nacionalizadas, cuatro distintas posiciones, cada una dotada de su propia naturaleza:

a) La dirección de la política nacional sobre minas e hidrocarburos.

b) La dirección técnica de la actividad explotadora.

c) La dirección administrativa de la actividad explotadora.

d) El manejo comercial de la explotación.

Hay que proceder al análisis sistemático de todas esas cuestiones para adquirir una idea general de su conjunto:

A) *Dirección Política de la actividad explotadora*

La materia corresponde al Ministerio de Energía y Minas como órgano del Presidente de la República para esa finalidad. Así lo ha determinado en forma general el Art. 35, numeral 1 de la Ley Orgánica de la Administración Central, y en particular respecto a los hidrocarburos, el Art. 2 de la Ley de 1975 y el Art. 1 del Decreto-Presidencial 1.123 del 30 de agosto de 1975 y el Art. 3 del Decreto Ley 580 respecto al mineral de hierro.

La dirección política implica la adopción de las decisiones fundamentales que habrán de regir la actividad reservada al Estado, así como la coordinación de las mismas con otras actividades y cometidos estatales.

Esa facultad es una derivación inmediata de la condición del Presidente de la República como Jefe del Poder Ejecutivo Nacional, que debe ser ejercida por medio del Ministro correspondiente señalado en la Ley Orgánica (el de Energía y Minas), que el Presidente no puede ceder ni delegar y de cuyo ejercicio debe dar informe al Congreso en su mensaje anual.

Las decisiones políticas del Presidente de la República en esta materia sólo pueden ser políticamente discutidas por el Congreso en cuanto a su efectividad, conveniencia u oportunidad, pero no pueden ser objeto de recursos jurídicos de ninguna especie, salvo cuando se pueda difícilmente alegarse respecto a ellas el vicio de ilegalidad.

Esas decisiones políticas del Presidente se pueden referir tanto a los aspectos nacionales internos de la actividad explotadora como a las repercusiones internacionales de las mismas.

La prudencia propia de la conducción de los negocios del Estado obliga al Presidente a la utilización de los informes y opiniones de los demás órganos del Estado competentes, pero sólo como un auxilio para la adopción de las decisiones que sólo al Presidente corresponden y de las cuales el Ministro de Energía y Minas debe ser solidario y ejecutor.

B) *Dirección técnica, administrativa y comercial de las actividades nacionalizadas*

Corresponde, en principio, al ente administrativo al cual el Estado encargó la realización directa de cada una de esas labores: en el caso del gas natural, la Corporación Venezolana del Petróleo, en el del hierro, la Corporación Venezolana de Guayana y en el de los hidrocarburos, Petróleos de Venezuela.

Esta dirección, de carácter general en los tres aspectos señalados, debe corresponder a dos líneas de mando: desde arriba, subordinación total a las decisiones políticas que adopte el Presidente de la República, y hacia abajo, imposición jerárquica a los entes jurídicos directamente encargados de la realización de todas las actividades reservadas.

X. La ejecución de las actividades nacionalizadas

Tomada la decisión de nacionalizar y convertida la explotación del gas natural, de los hidrocarburos y del hierro en una actividad o cometido del Estado, hay que estudiar la posición que la organización y funcionamiento de la Administración Pública corresponde a esas actividades y su forma de operar.

A) *Órganos competentes*

Los órganos competentes para la realización de las actividades nacionalizadas son de dos tipos:

a) *Órganos encargados de las decisiones políticas*

Lo son el Presidente de la República y el Ministro de Energía y Minas. El Presidente como Jefe del Poder Ejecutivo Nacional (Art. 181 CR) y el Ministro de Energía y Minas como órgano directo del Presidente para estas materias. (Art. 193 CR en relación con Art. 35 de la LOAC).

b) *Órganos encargados de las decisiones técnicas, administrativas y comerciales*

La situación administrativa correspondiente está ordenada en dos niveles diferentes: uno el que corresponde a los órganos a los cuales una disposición legal expresa ha confiado la condición de "medio" para que el Estado realice las actividades nacionalizadas y que lo son, la Corporación Venezolana del Petróleo para el gas natural, la Corporación Venezolana de Guayana para el hierro y Petróleos de Venezuela para los hidrocarburos; otro el que está atribuido a las empresas que fueren creadas "para el desarrollo regular y eficiente" de tales actividades, como lo son la Ferrominera del Orinoco S.A. en cuanto al hierro y las distintas empresas petroleras en lo que se refiere a los hidrocarburos.

Debe mencionarse que la Corporación Venezolana del Petróleo quedó transformada en una de las empresas filiales de Petróleos de Venezuela al darse la ejecución a la disposición del párrafo tercero del Art. 6 de la Ley Orgánica que reservó al Estado la industria y el comercio de los Hidrocarburos.

Este estudio se concreta a los "órganos o medios definidos por las leyes" y sólo se referirá a las empresas subsidiarias en tanto en cuanto ello sea necesario.

B) *Titulares de esos órganos y su designación*

Existen dos sistemas diferentes por la naturaleza misma del ente administrativo respectivo: en el caso del hierro se trata de un Instituto Autónomo, la Corporación Venezolana de Guayana y en el de los hidrocarburos, de una Compañía Anónima, Petróleos de Venezuela.

La Corporación Venezolana de Guayana, creada conforme al Decreto del 29 de diciembre de 1960 como Instituto Autónomo adscrito a la Presidencia de la República, tiene el régimen propio de tal y está dirigida por un Directorio de cinco miembros, uno de ellos con la denominación de Presidente y todos designados por el Presidente de la República.

Petróleos de Venezuela, creada conforme a Decreto Presidencial número 1.123 del 30 de agosto de 1975, tiene forma de Compañía Anónima y está administrada por un Directorio integrado por nueve miembros designados, mediante Decreto, por el Presidente de la República (Cláusula décima sexta y décima séptima del Título IV, Art. 2 del Decreto 1.123). Su régimen es peculiar y no el general de las sociedades anónimas.

C) *Finalidades y competencia de cada uno*

El problema fue tratado en los dos casos con la misma técnica, pero con sentido lógicamente diferentes:

a) *Situación con el hierro*: A la Corporación Venezolana de Guayana por su carácter de medio del Estado para ejercer la industria de explotación del hierro y para cumplir ese cometido, le fue ordenado por el legislador constituir una o más empresas, siguiendo los métodos previstos en los artículos 11, 12 y 13 de su Estatuto y con las siguientes modalidades:

   i. El capital de esas empresas debe ser, en su totalidad, del Estado Venezolano.

   ii. Ese capital debe estar constituido con las instalaciones, equipos y bienes de cualquier naturaleza que pertenecían a las empresas concesionarias y a sus matrices, filiales, subsidiarias y asociadas y que estaban afectos a las concesiones que se extinguieron en virtud de las nacionalizaciones.

La actividad explotadora continúa, por tanto, después de la nacionalización, con las mismas instalaciones, equipos y bienes de las antiguas concesionarias y que han pasado, de su patrimonio al del Estado, luego de asignado por éste a la CVG y aportados por la CVG a la empresa creada al efecto.

No hay por tanto como consecuencia de la nacionalización discontinuidad técnica en la actividad explotadora, pero sí administrativa: pues la maneja, después de la nacionalización, la empresa creada a ese efecto por la CVG, como propietaria del capital; a su vez la CVG debe someterse a las instrucciones que reciba del Presidente de la República.

b) *Situación con el petróleo*: Petróleos de Venezuela debe "cumplir y ejecutar la política que en materia de hidrocarburos dicte el Ejecutivo Nacional" (Art. 1, Decreto 1.123).

El estudio coordinado de la Ley de 1975 con este Decreto permite determinar con claridad el objeto y competencia de la Compañía.

El Estado se reservó (Art. 1 de la Ley) todo lo relativo a la exploración, explotación, manufactura, refinación, transporte, almacenamiento y comercio interior y exterior de petróleos, asfaltos y demás hidrocarburos.

Para realizar esas actividades, la Ley prevé la posibilidad de ejercerlas directamente o mediante "entes de su propiedad" (Art. 5) y con tal fin el Ejecutivo Nacional debe organizar la administración y gestión de esas actividades mediante la creación de empresas propiedad del Estado, bajo la forma de compañías anónimas, sujetas a las disposiciones del Ejecutivo Nacional y una de esas empresas tendrá la coordinación, supervisión y control de las demás (Arts. 6 y 7).

El Estado, por medio del Decreto Presidencia 1.131, creó Petróleos de Venezuela y le asignó la función específica de planificar, coordinar y supervisar la acción de las sociedades de su propiedad, controlar las actividades de estas últimas y otras labores que por el momento no interesa señalar (cláusula segunda, Art. 2, Decreto 1.131).

Las empresas propiedad de Petróleos de Venezuela realizan por tanto las actividades relacionadas con la explotación del petróleo, bajo la coordinación, control y planificación de la empresa matriz y ésta a su vez está subordinada a las decisiones del Ejecutivo Nacional.

Puede verse, que se han tejido dos redes administrativas que van desde la actividad explotadora, realizada por cada una de las industrias nacionalizadas, hasta las decisiones que con respecto a ellas dicte el Ejecutivo Nacional y para ejecutar sus decisiones se dispone, en un caso, de un instituto autónomo que controla las empresas de su propiedad y en el otro de una compañía anónima estatal que también controla las empresas creadas por ella y de las cuales es propietaria.

XI. RÉGIMEN ADMINISTRATIVO DE LA ACTIVIDAD EXPLOTADORA

1) *El hierro*

Conforme a la Ley que rige la materia, la Corporación Venezolana de Guayana debe aplicar, para el manejo de la explotación del hierro:

a) Las disposiciones del Decreto-Ley N° 580.

b) Las disposiciones pertinentes de su Estatuto.

c) Las reglamentaciones que al efecto dicte el Ejecutivo Nacional.

Estas tres clases de normas, cuya prelación establece el mismo Decreto-Ley N° 580, no impide la aplicación de otras de carácter legislativo o reglamentario que puedan regir la materia, pero en estos sentidos:

a) Cuando no hay disposición expresa en el Decreto-Ley N° 580 se deben aplicar las normas contenidas en otras leyes.

b) Cuando hay disposición expresa en el mismo Decreto-Ley, ella es de aplicación preferente (Art. 13).

La anterior aclaración no se refiere, desde luego, a las normas de orden constitucional ni a las de leyes orgánicas que tienen preferencia sobre las leyes especiales entre ellas sobre el Decreto-Ley.

2) *El petróleo*

La Ley que reserva al Estado la industria y el comercio de los hidrocarburos establece, para Petróleos de Venezuela, el siguiente orden de aplicación de las normas legales:

a) La propia Ley citada y sus Reglamentos.

b) Los Estatutos propios de la Empresa.

c) Las disposiciones del Ejecutivo Nacional.

d) Las normas de Derecho común que le fueren aplicables.

Probablemente no es absolutamente correcto que ese sea el orden exacto de prelación de normas, ya que su aplicación literal podría crear confusiones, difíciles de resolver, entre normas de diversa categoría. Por ello es conveniente efectuar un análisis de la naturaleza jurídica de Petróleos de Venezuela del cual se va a derivar el régimen que le es aplicable.

a) *Previsiones legales*: El Legislador en cuanto a los hidrocarburos no quiso escoger la forma jurídica de los "entes" que podrían ser utilizados por el Estado para ejercer las actividades propias de las industrias nacionalizadas. Se limitó a establecer:

   i. Que serían "entes" de propiedad estatal (Arts. 5 y 6).

   ii. Que serían creados con las formas jurídicas que el Ejecutivo Nacional considere convenientes.

   iii. Que, en el caso de revestir la forma de compañía anónima, podría ser constituida con un solo socio (Art. 6).

Esas disposiciones legales tienen la prudencia necesaria para no someter a formas rígidas una materia que por su naturaleza tiene que ser elástica y cambiante. Será, por tanto, responsabilidad política del Ejecutivo Nacional determinar cuál será la forma que debe ser utilizada en cada tiempo.

Sí puede afirmarse es que esa forma no puede ser la de Instituto Autónomo cuya creación, por mandato constitucional, está reservada a la Ley (Art. 230 CR).

b) *Previsiones Reglamentarias*: En uso de la potestad que le fue conferida por la Ley citada, el Presidente de la República dictó el Decreto 1.123 del 20 de agosto de 1975, para crear una "empresa estatal", bajo la forma de compañía anónima, con la denominación de "Petróleos de Venezuela".

La empresa es compañía anónima y cumple la exigencia legal de ser propiedad exclusiva del Estado venezolano (cláusula cuarta) que es su solo accionista.

Su organización básica está estipulada en principio según las normas formales generales del Código de Comercio y para ese efecto tiene previsto denominación (Petróleos de Venezuela), domicilio (Caracas), duración (50 años), capital (2.500.000.000,00 Bs.), acciones nominativas (propiedad de la República). Asambleas Ordinarias y extraordinarias, Administración por un Directorio, ejercicio económico (1° de enero a 31 de diciembre) y Comisario.

Hay que considerarla como de una forma jurídica especial y no como compañía anónima ordinaria, tanto por el cometido que tiene a su cargo como por las transformaciones que, por causa de ese cometido, requiere su régimen propio. En efecto, el Decreto reglamentario, al organizar la compañía le fija un sistema especial, diferente del previsto en el Código de Comercio y que se manifiesta en la continua y necesaria intervención del Ejecutivo Nacional para la adopción de decisiones que, en el régimen ordinario, del Código de Comercio sólo corresponden a órganos de la propia compañía.

Tales materias son:

i. Forma y oportunidad de pago de la parte no pagada del capital social.

ii. Designación del Directorio.

iii. Determinación del tiempo de actividad de cada Director.

iv. Fijación del monto de la reserva legal.

La sociedad está además obligada a cumplir todas las disposiciones que dicte el Ejecutivo Nacional.

La naturaleza misma de la sociedad excluye la posibilidad de aplicar a ella determinadas normas del Código. Podemos señalar como ejemplo:

i. El Libro de Actas de la Junta de Administración (Directorio) no puede ser "reservado" respecto al accionista único que es la República (Art. 261 Cco.)

ii. No tiene sentido, respecto a la compañía, las normas del Código sobre transferencia de la propiedad de las acciones sociales, gravamen de las mismas, disminución de capital, separación de socios, venta forzosa de acciones cuyo capital no haya sido pagado en todo o en parte, emisión de obligaciones, etc.

iii. Merece la pena en particular analizar el problema específico de la Asamblea.

Como en toda compañía anónima se ha previsto que la suprema dirección y administración de la sociedad radica en la Asamblea y que tal Asamblea puede ser ordinaria o extraordinaria.

El problema se deriva de que, teniendo la compañía un único accionista que lo es la República, el mecanismo propio del Código de Comercio para la regulación del funcionamiento de una Asamblea no tiene aplicación.

La cláusula undécima atribuye la representación de las acciones de la República al Ministro de Energía y Minas y a los demás Ministros que determine el Presidente de la República. Podría discutirse la validez constitucional de esa previsión ya que el representante patrimonial de la República, por mandato constitucional, es el Procurador General de la República (Art. 202, numeral 1).

Ahora bien, el Directorio, si bien tiene un amplio campo de acción autónoma, debe estar sujeto a las disposiciones del Ejecutivo Nacional y la sociedad no tiene otro fin sino cumplir y ejecutar la política que, en materia de hidrocarburos, dicte el Ejecutivo Nacional por órgano del Ministro de

Minas en las actividades que le sean encomendadas. Resulta evidente, por lo tanto, que tiene que haber una íntima y permanente correlación entre la compañía y el Ejecutivo Nacional, en un todo diferente de la que existe normalmente entre los accionistas y los administradores de una compañía anónima.

No es posible por tanto pensar que en esta empresa son aplicables las normas del Código de Comercio sobre el funcionamiento general de las Asambleas, por ejemplo, las que se establecen sobre el diferimiento por falta de información (Art. 288), oposición ante el Juez Mercantil (Art. 291), etc.

Da la impresión de que, en la misma forma como se varió el régimen del Código para regular otras materias, se ha podido suprimir la existencia de la Asamblea y atribuir las facultades correspondientes al Ejecutivo Nacional por órgano del Ministro de Energía y Minas. Hacer convocar una Asamblea a la cual sólo pueden asistir el Ministro de Energía y Minas y los otros Ministros que señale el Presidente (que van a estudiar actos que ya conocen y que fueron ejecutados por su orden), es crear un órgano social innecesario y hasta perjudicial por los inconvenientes que puedan derivarse por la omisión o incumplimiento de las formalidades que afecten la validez de las decisiones.

Es inútil mencionar que las empresas públicas no tienen por qué estar sometidas a las formalidades que están revistas en el Código de Comercio para atender intereses privados muy diferentes y a veces incompatibles con los intereses públicos confiados a las empresas estatales.

XII. EL RESULTADO FINANCIERO DE LA NACIONALIZACIÓN

Tanto el Decreto-Ley 580 como la Ley de 1975, establecieron que las empresas que fueron creadas para llevar a cabo las labores propias de la industria nacionalizada estarían sujetas al pago de impuestos, tasas y contribuciones nacionales.

Así se dispone:

> "*Art. 11*: La empresa o empresas que de acuerdo con el Artículo 10 del presente Decreto constituya la Corporación Venezolana de Guayana, pagarán al Fisco Nacional los impuestos, tasas y contribuciones nacionales, pero no estarán sujetas a ninguna clase de impuestos estatales o municipales" (Decreto Ley 580).

> "*Art. 7*: Las empresas a que se refiere el artículo anterior ... quedarán sujetas al pago de los impuestos y contribuciones nacionales establecidos para las concesiones de hidrocarburos, así como, en cuanto

le sean aplicables, a las otras normas que respecto a éstas contengan leyes, ordenanzas y circulares... No estarán sujetas a ninguna clase de impuestos estadales o municipales" (Ley de 1975).

Dejando a un lado la posible discusión sobre la exención de impuestos municipales por la Ley Nacional, que la Corte Suprema de Justicia ha rechazado ya por inconstitucional, conviene analizar la materia de fondo que tratan las leyes en referencia.

No parece lógico, a primera vista, que empresas del Estado, que van a suplir al mismo la fuente principal de sus ingresos, estén sujetas a impuestos. El impuesto supone que quien lo paga no es el propio Estado sino todo lo contrario, que se paga al Estado. Las empresas de que se habla son "medios" del Estado para realizar una actividad que el Estado y sólo el Estado puede realizar como lo son las industrias nacionalizadas.

Cuando las mismas actividades eran llevadas a cabo por concesionarios, éstos estaban obligados a pagar al Estado una serie de impuestos de variada naturaleza, encaminados todos a lograr que una porción importante del beneficio obtenido en la explotación fuere al Estado por la vía de los impuestos. El resto del beneficio permanecía en su poder como legítima ganancia en una actividad permitida por la Ley.

Al realizarse la actividad explotadora por empresas estatales, la Ley de 1975 y el Decreto 580, aparentemente, mantienen el mismo sistema: una parte queda en la empresa, su ganancia, y otra va al Estado (los impuestos). Pero lo que sucede es que, lo que queda en las empresas como ganancia es también ganancia del Estado y por lo tanto tienen el mismo destino que los impuestos.

Parece ser que la situación debe ser interpretada sólo como orden provisional, es decir, que hasta tanto la experiencia no determine una mejor forma de ingresar al Fisco Nacional los proventos provenientes de la explotación del hierro y del petróleo se mantiene el sistema de impuestos como una ficción. Tendrá que llegar el momento en que se determine un sistema diferente mediante el cual todos los ingresos netos fueren a parar al Estado por un mecanismo diferente al de los impuestos.

Esa necesidad vendrá de que todo el mecanismo fiscal vigente, en la forma de calcular los impuestos y de contabilizar los ingresos y egresos está preparado en base a suponer que quien lo lleva a cabo es un particular, situación que motiva necesidades de inspección, reparos, reclamos, procedimientos y recursos de defensa, etc., incompatibles con la actividad de empresas públicas que no podrían ir contra decisiones del mismo Estado ni ser sujetas a las inspecciones y controles propios de los particulares, sino a los específicos entes del Estado.

XIII. Los administradores de las empresas

A) El caso del petróleo: Dispone la Ley de 1975 que "los directivos, administradores, empleados y obreros de las empresas y por tanto de Petróleos de Venezuela no serán considerados funcionarios o empleados públicos, pero que sin perjuicio de esa situación se le aplicarán a los directivos y administradores las disposiciones de los Arts. 123 y 124 de la Constitución".

La primera de tales normas se refiere a la prohibición de ejercicio simultáneo de más de un destino público remunerado y la segunda a la incapacitación de quienes estén al servicio de la República para celebrar contrato alguno con entes públicos, ni por sí ni por interpuesta persona ni en representación de otro.

En esa forma se establece con claridad con respecto a los directores y administradores de tales empresas:

1) Sin ser funcionarios públicos son servidores de la República.

2) No pueden celebrar contrato alguno con entes públicos.

3) No pueden ejercer destinos públicos remunerados.

B) *El caso del hierro*: En el caso del hierro debe distinguirse entre la situación de la CVG y la de la empresa o empresas que ella cree. Sobre la Corporación Venezolana de Guayana, es evidente que sus directivos son funcionarios públicos con todas las derivaciones que ello significa. Pero sobre las empresas que cree la Corporación en ejecución a lo previsto en el Decreto 580 la situación es diferente. Debería existir respecto a ellos una norma similar a la del Art. de la Ley de 1975 para las empresas petroleras estatales y es muy posible que una interpretación integral y extensiva de la situación lleve a concluir que, aun faltando la norma expresa, debe aplicarse una situación jurídica similar.

XIV. El objeto de las empresas

Comoquiera que el sistema de la nacionalización no respondió a un sistema armónico, sino que atendió a las diversas circunstancias del hierro y del petróleo es útil hacer distinciones:

A) *El hierro*

La atribución a la Corporación Venezolana de Guayana de la materia está dentro del objeto general fijado a ese ente público por su Decreto Orgánico tanto en forma general (Art. 7) como en aquellas normas que se refieren al manejo de la industria del hierro y del acero (Arts. 29 y 30). La empresa Ferrominera del Orinoco, constituida en ejecución del Decreto 580 se convierte así en una de las actividades de la CVG en tanto en cuanto ella tiene atribuida la función específica de llevar a cabo estas labores.

B) *El petróleo*

La situación es distinta: El Estado creó una empresa específica, Petróleos de Venezuela, para llevar a cabo las labores que se reservó. Le dio forma de compañía anónima y en ella distingue:

1) Funciones específicas: la coordinación, supervisión y control de las actividades de las demás empresas estatales petroleras (Art. 6, base segunda).

2) Funciones propias: cumplir y ejecutar la política que en materia de hidrocarburos dicte el Ejecutivo Nacional (Decreto 1.123, Art. 1).

3) Funciones generales: las señaladas en la cláusula segunda del Título 1 del Art. 2 del Decreto creador en tanto en cuanto no están comprendidas en las dos anteriores.

4) Funciones encomendadas: El legislador ha confiado a Petróleos de Venezuela después de su creación nuevas actividades, por ejemplo, el control de la industria petroquímica (véase Ley de 1977) y la implementación y ejecución de los complejos petroquímicos de Paraguaná y de Oriente (Decreto 1.389).

XV. SISTEMAS DE CONTROL JERÁRQUICO Y DE AUTO CONTROL

Es un principio general en materia administrativa que el órgano superior debe controlar las actividades del órgano inferior, control que abarca la totalidad de las actividades y en las cuales el subalterno debe acomodar su conducta a las disposiciones del que le sigue en jerarquía.

Ese principio ha sido adoptado por la legislación vigente relativa al funcionamiento de la Administración Pública centralizada con las siguientes normas:

1° Es deber y atribución de cada Ministro "orientar, dirigir, coordinar, supervisar y controlar las actividades del Ministerio" sin perjuicio de otras funciones contraloras (Art. 20, numeral 1° LOAC).

Estando la actividad de las industrias nacionalizadas atribuidas al Ministerio de Energía y Minas deberá el Ministro del ramo ejercer esa facultad, en términos generales y en la medida en que el Presidente de la República le instruya o él.

2° Es también deber y atribución de cada Ministro ejercer sobre los Institutos Autónomos adscritos al Ministerio las funciones de coordinación y control que le correspondan conforme a la Ley Orgánica respectiva y a las leyes especiales de creación (Art. 20, numeral 11, LOAC).

La Corporación Venezolana de Guayana por su Decreto creador está adscrita al Presidente de la República, pero en tanto en cuanto tiene a su cargo las labores que le encomendó el Decreto 580 sus actividades deben estar sometidas al control del Ministerio de Energía y Minas.

A lo anterior se une, como es lógico, el control que corresponde, en la industria del hierro, a la CVG sobre la empresa por ella creada para llevar a cabo las labores que se le encomendó por el Decreto 580 y en materia de hidrocarburos el control de Petróleos de Venezuela sobre las empresas de hidrocarburos.

No existe en la Ley ninguna norma sobre la CVG y su control sobre "Ferrominera"; habrá que aplicar al caso los principios generales vigentes sobre la materia.

La actividad referente a las empresas de hidrocarburos sí ha sido objeto de una detenida consideración por el Legislador y el poder reglamentario y que puede ser sistematizada así:

1) *Principio general de control*

La Ley permite que el Ejecutivo Nacional, al crear las empresas que juzgue necesario para el desarrollo regular y eficiente de la actividad nacionalizada, "atribuya a una de ellas las funciones de coordinación, supervisión y *control* de las demás" (Art. 6 bases primera y segunda).

El Ejecutivo Nacional hizo uso de esa facultad y atribuyó a Petróleos de Venezuela las funciones de control de la acción de las otras empresas en sus actividades de exploración, explotación, transporte, manufactura, refinación, almacenamiento, comercialización o cualquiera otra actividad de su competencia en materia de petróleo y demás hidrocarburos (Título I, cláusula segunda, Art. 2).

2) *Forma de ejercicio del control*

La función de control está atribuida al Directorio (número 5, cláusula vigésima séptima) unida a la de supervisar las actividades de las empresas filiales y en especial "vigilar que cumplan sus decisiones".

Se están manejando tres verbos de significado muy relacionado: controlar, supervisar y vigilar. Da la impresión que no se trata sino de tres modalidades de ejercer la misma función, la de atender a que la conducta de cada empresa se sujete a las finalidades que le fueron encomendadas.

En esa potestad de señalar a las empresas filiales cuáles son las actividades que deben desempeñar, está la esencia de la actividad controladora de Petróleos de Venezuela.

Por eso, al analizar sus distintas potestades se pueden observar los campos que en esa materia le corresponde y que están relacionados con los distintos campos de la actividad: política, técnica y científica en materia de petróleo; política de formación de personal para la industria y política de comercialización del petróleo y demás hidrocarburos; en cada una de esas materias habrá "decisiones" de Petróleos de Venezuela y luego la función de verificar si las empresas filiales han acatado o no esas decisiones.

A la función de control está unida la de coordinación de todas las empresas en los campos que señala la cláusula vigésima del capítulo V del Título III, del Derecho, a saber: exploración, producción, transporte, refinación, mercado interno, mercado externo y relaciones internacionales, investigación y protección ambiental, desarrollo de recursos humanos, relaciones industriales, materiales y equipos, administración y finanzas y otras necesarias.

En cada uno de estos campos debe procurar Petróleos de Venezuela que todas las distintas empresas actúen en forma "coordinada" y desde luego, el objetivo requiere ejercer oportunamente funciones de control para obligar a someter las labores de cada una a la acción general del conjunto.

3) *El control parlamentario*

Es una simple aplicación de los principios generales contenidos en la Constitución:

1) La Corporación Venezolana de Guayana, las empresas por ella creadas (Ferrominera del Orinoco), Petróleos de Venezuela y sus filiales son parte de la Administración Pública. Están por tanto sometidas, en forma general, al control del Congreso en la forma prevista en el último párrafo del artículo 139 de la Constitución.

2) Los cuerpos legislativos y sus comisiones pueden realizar sobre la actividad de las empresas que llevan a cabo las actividades nacionalizadas "las investigaciones que juzguen convenientes" y tienen facultad para conocer tanto las declaraciones que presenten las personas que llamen a comparecer ante ellas como los documentos y otras informaciones que sobre el caso requieren (Art. 160 de la Constitución).

3) El Ministro de Energía y Minas debe dar cuenta razonada y suficiente al Congreso, en su Memoria anual, sobre la gestión de la actividad de explotación del hierro y del petróleo y demás hidrocarburos y de los planes para el año siguiente en esas materias (Art. 197 de la Constitución).

4) El Presidente de la República debe dar cuenta anual al Congreso, en su Mensaje, de los aspectos políticos y administrativos de su gestión en lo que se refiere al manejo de las actividades nacionalizadas y explicar, dentro de los lineamientos del Plan de la Nación la porción que en dicho Plan corresponde al tema de las mismas actividades.

No hay por tanto ningún aspecto de las actividades nacionalizadas que no pueda o no deba ser conocido por el Congreso. La intervención de éste puede llegar hasta el voto de censura al Ministro de Energía y Minas por la gestión de las actividades nacionalizadas, que puede acarrear la remoción del Ministro y su enjuiciamiento si la mayoría de la Cámara de Diputados, por las dos terceras partes de los principios generales de la Constitución el Ministro responde de sus actos aún en el caso de que obre por orden expresa del Presidente y de que los actos acordados en Consejo de Ministros sólo le libera de responsabilidad el haber salvado oportunamente su voto (Art. 196).

4) *La intervención de la Contraloría General de la República*

La calificación de Instituto Autónomo para la Corporación Venezolana de Guayana y de "empresas estatales" para las creadas en orden a llevar a cabo las actividades nacionalizadas determina que estén sometidos al control, vigilancia y fiscalización de la Contraloría General de la República, en los términos señalados en la Ley Orgánica que la rige y que en resumen pueden catalogarse así:

1) Respecto a la CVG:

i. La Contraloría puede practicar intervenciones periódicas o constituir en ella unidades permanentes de control.

ii. Puede establecer modalidades de control preventivo si acaso no se acatan sus recomendaciones y observaciones o si, en acuerdo con el Presidente de la República, requiere la salvaguarda del interés público.

iii. Puede formular reparos si evidencia irregularidades que causen prejuicios pecuniarios.

iv. Debe recibir un balance general, sus estados de ganancias y pérdidas y de ejecución presupuestaria y el análisis de sus cuentas.

v. Puede evaluar su gestión financiera.

vi. Debe informar de sus resultados al Congreso y al Ejecutivo Nacional.

2) Respecto a todas las empresas que lleven a cabo las actividades nacionalizadas, la Contraloría puede:

i. Practicar auditorías.

ii. Ejercer funciones de control de gestión para determinar si la actividad de las referidas empresas es adecuada a las decisiones adoptadas y a los planes y objetivos que le hubieran sido señalados.

3) Respecto a todas las entidades que tienen la labor de llevar a cabo las actividades nacionalizadas, la Contraloría puede:

i. Efectuar estudios organizativos, estadísticos, económicos y financieros.

ii. Efectuar investigaciones de cualquier naturaleza y con todo ello puede determinar:

   i. El costo de los servicios.

   ii. Los resultados de la gestión administrativa.

   iii. La eficacia con que operen todas esas entidades.

Toda la actividad de los entes públicos que lleven a cabo las actividades nacionalizadas está por tanto sometida al control de la Contraloría General de la República.

Debe destacarse la diferencia específica que hay entre el tipo de control, estrictamente fiscal, que existió en nuestra anterior legislación y el que regula la vigente Ley. No se trata de cuestión contable y financiera de precisar la forma como los dineros públicos se han gastado conforme a las previsiones de la Ley, sino de determinar, mediante el examen del costo de los servicios y de la eficacia de la acción controlada, si mediante ella se logra el grado de adecuación de los resultados a lo previsto en el Plan de la Nación y a las decisiones políticas adoptadas oportunamente para la ejecución de dicho Plan.

Esta información, transmitida al Presidente de la República y al Congreso, permitirá a los mismos efectuar las correcciones necesarias, adoptar las oportunas medidas y darse cuenta de si la actividad nacionalizada está llevándose a cabo dentro de la situación y previsiones adoptadas en su momento.

La gestión de la Contraloría no impide sino complementa las que pueden corresponder a los demás organismos de control que hemos señalado anteriormente.

XVI. RÉGIMEN PRESUPUESTARIO DE LOS ENTES PÚBLICOS QUE LLEVAN A CABO LAS ACTIVIDADES NACIONALIZADAS

Tanto por disposición expresa de las normas jurídicas que las rigen (Art. 7 de la Ley de 1975 y Art. 3 del Decreto 580) como por virtud de las previsiones de la Ley Orgánica de Régimen Presupuestario (Art. 1, numerales 1 y 3), el proceso presupuestario de los entes públicos que llevan a cabo ya sea como instituto autónomo (la CVG) ya como empresas del Estado (Petróleos de Venezuela, Ferrominera del Orinoco y las compañías subsidiarias de ambas) está sujeto a las normas de esa Ley.

Recuérdese que esta Ley por su carácter de "orgánica" es de aplicación preferente sobre otras normas contenidas en leyes especiales.

Pueden distinguirse principios generales del régimen presupuestario y normas especiales para el caso que estudiamos.

1) *Principios generales*

a) El presupuesto de cada uno de esos entes debe expresar la forma que está prevista para captar y asignar recursos en orden al cumplimiento de las metas que cada uno de ellos tiene asignadas en el Plan de la Nación. A tal efecto, debe seguir las orientaciones que determine el Plan Operativo Anual, en el cual el Ejecutivo Nacional tiene que haber determinado las actividades que dentro de las previsiones del Plan de la Nación deben ser ejecutadas en el año correspondiente.

b) El presupuesto debe señalar los ingresos y los gastos sin que los segundos excedan a los primeros. Los ingresos deben estar discriminados por sus distintas fuentes.

c) El presupuesto debe estar dividido en programas y proyectos, en cada uno de los cuales tiene que describirse su relación con las políticas contenidas en el Plan de la Nación, así como deberán estar definidos los objetivos y metas para el ejercicio respectivo, todo ello dentro del denominado sector de energía y minas de la planificación nacional.

d) El presupuesto debe indicar la unidad administrativa responsable del cumplimiento de cada meta, programa o proyecto.

Todos estos principios, de carácter general, ponen de relieve con toda claridad la inmediata relación entre la actividad de los entes públicos que llevan a cabo las actividades nacionalizadas y el resto de la actuación administrativa del país. Ellos forman parte de la Administración Pública, recibirán recursos (si los necesitan) para realizar sus actividades y tales actividades deberán estar contempladas en el Plan de la Nación, relacionadas con las demás a cargo del Estado.

2) *Disposiciones especiales*

a) La actuación presupuestaria de los entes públicos que lleven a cabo las actividades nacionalizadas debe estar de acuerdo con "los lineamientos de la política sectorial" que les imparta el Ministro de Energía y Minas.

   La decisión política correspondiente no es por tanto facultad del propio ente sino del Ministro como órgano del Presidente de la República. El ente ejecuta esa política.

   El régimen presupuestario es quizá la forma práctica más importante de expresar ese principio que tiene carácter general.

b) El proyecto de presupuesto, aparte de ser elaborado conforme a las instrucciones que imparta la Oficina Central de Presupuesto, debe ser aprobado por el Ministro de Energía y Minas, como ratificación de su autoridad política sobre los mismos. Posteriormente, antes de ser sometidos al Congreso tienen que recibir la aprobación definitiva del Presidente de la República en Consejo de Ministros.

c) Cuando se trata de empresas estatales, el Ejecutivo debe verificar, antes de aprobar el presupuesto respectivo, el grado de adecuación del mismo en cuanto a la forma de lograr objetivos, metas y programas propios y los del Plan de la Nación.

d) El Ejecutivo Nacional debe decidir sobre el monto de las utilidades que deberán ser ingresadas al Fisco Nacional y la oportunidad de su entrega.

e) Cuando las circunstancias lo aconsejen el Presidente de la República puede limitar determinados programas o proyectos de las empresas y señalar los gastos de operación o de inversión que quedarán afectados.

El régimen presupuestario de estos entes públicos los coloca bajo la dependencia directa del Presidente de la República en cuanto a la fijación de la política que deben seguir, la imposición de formas de actuar acordes con los lineamientos del Plan de la Nación, el control permanente sobre la ejecución de programas y proyectos y la colecta de las utilidades líquidas en beneficio del Fisco.

Estos entes públicos son por lo tanto medios de acción para el logro de recursos que serán destinados a los fines y metas señalados en el Plan de la Nación, bajo la suprema dirección del Presidente de la República, como Jefe del Poder Ejecutivo y por órgano del Ministerio de Energía y Minas.

Este aspecto pone de relieve la transformación habida en el Estado Venezolano, con el proceso de nacionalización, al incorporar a los medios de gobierno del Presidente de la República un nuevo y poderoso instrumento (los entes de que se viene hablando) como medio para el logro de los objetivos determinados por el mismo Presidente en el Plan de la Nación y la nueva ubicación que corresponde al Ministro de Energía y Minas como medio y órgano del Presidente en esas labores.

El Ministerio de Energía y Minas, de simple inspector técnico de la actividad de explotación de minerales y de hidrocarburos, como lo era fundamentalmente antes de la nacionalización del hierro y del petróleo se convierte así en el instrumento fundamental de gobierno del Presidente de la República.

XVII. Uso del crédito público por los entes que lleven a cabo las actividades nacionalizadas

Por expreso mandato de la Ley Orgánica de Crédito Público (Art. 2, numerales 1, 2 y 3), todos los entes públicos están sujetos a las normas de dicha Ley en las operaciones de crédito público que puedan realizar.

En general se considera como de crédito público el asumir obligaciones por entes públicos cuyo cumplimiento esté previsto pata ejercicios fiscales distintos del corriente.

El uso del crédito público por los entes públicos está sujeto al control superior del Presidente de la República, quien en Consejo de Ministros debe aprobar toda operación de esta naturaleza para que tenga validez, supuestas además las autorizaciones complementarias del Congreso, mediante Ley y la opinión que debe expedir el Banco Central de Venezuela.

El régimen de crédito público en cuanto a los entes que tienen a su cargo llevar a cabo las actividades nacionalizadas tiene dos modalidades que lo diferencian del régimen general. Una el sistema aplicable a la CVG que es el ordinario previsto en la Ley Orgánica de la materia. Otro es el específico de las empresas creadas, tanto por la CVG conforme al Decreto 580 como por el Ejecutivo Nacional en la forma prevista en la Ley de 1975. Para estas últimas no se aplica el régimen de la Ley de Crédito Público (parágrafo único de su Art. 50) en tanto en cuanto las operaciones respectivas no estén avaladas o garantizadas en alguna forma por la Nación. Tales operaciones estarán dentro de las que deben estar contempladas en su sistema normal de actuación y previsto en los respectivos presupuestos y sometido al mecanismo de aprobación propio de los presupuestos señalados y que ya ha sido estudiado.

XVIII. ESPECIAL JURISDICCIÓN JUDICIAL PARA LOS ENTES PÚBLICOS QUE LLEVEN A CABO LAS ACTIVIDADES NACIONALIZADAS

Ha querido el Legislador que las cuestiones judiciales que puedan originar actividades nacionalizadas no estén sometidas a la jurisdicción ordinaria, sino a otra especial regulada en la Ley Orgánica de la Corte Suprema de Justicia.

La razón tenida para ello es simple: es lógico que la actividad fundamental de carácter económico que el Estado realiza esté amparada por los privilegios de que goza el Estado mismo, ya que quien realiza esas actividades es el Estado mismo y los medios que él utiliza para llevarlas a cabo únicamente son simples instrumentos administrativos que no alteran la esencia de la actividad estatal. Es a través de ellos como actúa el Estado venezolano, no otro ente diferente.

Por esa situación, fue sugerido al Legislador y aceptado por éste que las acciones de cualquier naturaleza que se propongan contra los entes públicos referidos (la Corporación Venezolana de Guayana y las empresas estatales que llevan a cabo las actividades nacionalizadas) queden sometidas:

a) A la Corte Suprema de Justicia, en Sala Político-Administrativa, cuando la cuantía exceda de cinco millones de bolívares y su conocimiento no esté atribuido a otra autoridad. (Ley Orgánica de esa Corte, Art. 42, numeral 15 en concordancia con Art. 43).

b) A la Corte Primera de lo Contencioso-Administrativo, cuando la cuantía exceda de un millón de bolívares y no llegue a cinco, e igualmente el conocimiento de la causa no esté atribuido a otra autoridad. (Art. 185, numeral 6°).

c) A los Tribunales a los cuales corresponda la jurisdicción contencioso-administrativa, cuando la cuantía no exceda de un millón de bolívares y tampoco su conocimiento sea de la competencia de otra autoridad. (Art. 182, numeral 2°).

En todos estos casos se aplicará el procedimiento propio del juicio ordinario:

a) En una única instancia cuando corresponda su conocimiento a la Corte Suprema de Justicia.

b) Si la materia es propia de los otros dos Tribunales, cuando conozca en Primera Instancia la Corte Primera de lo Contencioso-Administrativo, irá en apelación a la Corte Suprema de Justicia (Art. 185 *in fine*), pero si en Primera Instancia ha conocido uno de los otros Tribunales que tengan atribuida la jurisdicción contencioso-administrativa, conocerá en apelación la Corte Primera de lo Contencioso-Administrativo (Art. 181 *in fine*).

XIX. La regulación internacional de la actividad petrolera

Entre los días 10 y 14 de septiembre de 1960, se reunió en Bagdad una Conferencia, integrada por representantes de Irak, Kuwait, Arabia Saudita y Venezuela, todos países productores y exportadores de petróleo y que tenían y continúan teniendo programas, necesarios para su desarrollo, financiados con las entradas derivadas de la explotación y exportación de petróleo y que además cuentan, en alto grado con el petróleo, para poder financiar sus presupuestos de gastos anuales.

Esta situación fue considerada como unida a otras dos, igualmente graves: la una que en las condiciones tecnológicas del mundo para poder mantener y mejorar niveles de vida se depende del uso del petróleo como fuente de energía; la otra que el petróleo es una riqueza perecedera, que se agota con el uso y que debería ser paulatinamente reemplazada.

En tal estado de cosas se hizo evidente que cualquier alteración en los precios del petróleo afectaría, necesariamente, a la ejecución de los programas mencionados y causaría también graves perjuicios a todas las naciones consumidoras del producto.

Lo enunciado se estimó agravado por el hecho de que, por estar la explotación del petróleo en manos de compañías multinacionales, las modificaciones ya efectuadas por ellas en los precios del producto alteraban los intereses de los países productores en forma incompatible con su soberanía.

Se planteó así un problema de suma gravedad ante el cual los países presentes en la reunión decidieron:

1.- Crear un sistema que, mediante la regulación de la producción, atendiese a las siguientes finalidades:

a) Asegurar una entrada estable a los países productores.

b) Asegurar un abastecimiento eficiente, económico y regular de petróleo a las naciones consumidoras.

c) Asegurar una justa ganancia para su capital a quienes inviertan en petróleo.

2.- Comprometerse a una conducta unánime y coordinada de los países presentes para evitar cualquier situación de orden particular que pudiere ser creada fuera de ellos para impedir los efectos del sistema previsto.

3.- Formar un organismo permanente, la Organización de Países Exportadores de Petróleo, para consultas regulares entre sus miembros, unificación de sus políticas y adopción de actitudes coincidentes ante los problemas planteados a la reunión, todo para salvar sus intereses individuales.

La decisión produjo graves consecuencias en el orden jurídico internacional y que iban a transformar la posición de los países en desarrollo frente al conjunto de los países industrializados al ser tratado el tema bajo sus dos modalidades posibles: el derecho en sí de crear organizaciones como la OPEP y las posibilidades de acción de ese tipo de organizaciones.

La Organización, una vez creada, tuvo necesidad de ordenar su régimen interno, normas contenidas en sus Resoluciones II-5 y II-6, adoptadas entre el 15 y el 21 de enero de 1961. En ellas se distinguieron dos cuerpos plurales, uno denominado la Conferencia, integrada por representantes de los países miembros y que deberá reunirse dos veces por año, preferentemente en las capitales de los países miembros (u otro sitio aconsejable) y la Junta de Gobernadores, designados por la Conferencia, a razón de un Gobernador y su suplente por cada país, uno de los cuales tendrá el carácter de Presidente, designado por la Conferencia para periodos de dos años y con la doble función de Secretario General de la Organización y su representante legal. Esta Junta de Gobernadores tiene un carácter permanente y deben reunirse al menos cada tres meses. Se hace notar que mientras la Conferencia debe actuar por unanimidad, la Junta de Gobernadores necesita mayoría simple.

La Secretaría General dispondrá de personal con el carácter de funcionarios internacionales y de departamentos de carácter técnico, de administración y de relaciones públicas. En el primero de los departamentos existen secciones geológicas, de producción, de mercado, jurídicas y financieras.

La OPEP ha dedicado su actuación a ir estudiando la situación del mercado petrolero en el mundo para adoptar medidas, que, aplicadas unánimemente por sus miembros, permitan obtener los fines perseguidos. Esas medidas han sido el control de la producción, la fijación de los precios y la creación de sus fuentes informativas suficientes para la mejor preparación de lo que fuera a ser decidido.

Paulatinamente, los estados miembros de la OPEP han ido adoptando, cada uno dentro de su propia estructura jurídica, resoluciones encaminadas a nacionalizar la industria del petróleo con cuyas medidas se facilita al máximum la capacidad del Estado para llevar a cabo el ejecutar las decisiones de la OPEP.

Conviene hacer notar que la OPEP no es un organismo especializado de las Naciones Unidas, sino propio de sus países miembros, por lo tanto, no está sujeto al control de la Asamblea General ni del Consejo de Seguridad. Tampoco es necesario a sus miembros someter sus diferencias internas a la Corte Internacional de Justicia y según la doctrina más generalmente admitida, la OPEP como tal no podría ser parte de ninguna controversia ante la misma Corte. Por razones adicionales de orden político más que jurídico no parece probable que los miembros de la OPEP estén interesados en someter los problemas de la organización al Tribunal Internacional.

Se debe advertir que la Carta de los Derechos y Deberes Económicos de los Estados, en su Art. 5 reconoce el derecho de todos los estados productores de materias primas de asociarse para el logro de sus fines propios de desarrollo y exigen a los demás Estados el reconocer ese derecho absteniéndose y abstenerse de adoptar medidas económicas y políticas que lo puedan limitar.

En la práctica tenida hasta ahora la representación de Venezuela en la Conferencia de la OPEP la ha tenido el Ministro que actualmente se denomina de Energía y Minas (antes Minas e Hidrocarburos), situación que si bien podría ser no del todo clara bajo el régimen del Estatuto Orgánico de Ministerios de 1950, quedó definida en la Ley Orgánica de la Administración Central, conforme a la cual la representación de la República en Organismos Internacionales, conferencias y cualquiera otros actos internacionales, corresponde al Ministro de Relaciones Exteriores "a menos que el Presidente de la República encargue la representación a otro Ministro o funcionario público" (Art. 25, numeral 1).

Como quiera que el Gobernador correspondiente a Venezuela no es designado por el Gobierno venezolano sino por la Conferencia no se plantea el problema de si debe o no ser aplicada la designación a dicho funcionario el dispositivo constitucional conforme al cual los Jefes de las Misiones Permanentes Venezolanas deben contar con la previa autorización del Senado.

El Gobernador por Venezuela no tiene por tanto el carácter de Jefe de Misión lo cual no impide que si el Gobierno venezolano lo tiene a bien le confiera el rango de Embajador.

Las resoluciones de la Conferencia se han venido publicando en la Gaceta Oficial de la República, contenidas en una Resolución del Ministerio de Minas e Hidrocarburos y hoy de Energía y Minas. Se ha interpretado, al parecer, que tales actos son de los llamados "ordinarios" en las relaciones internacionales y que por tanto conforme al Art. 128 de la Constitución requieren aprobación por Ley del Congreso.

En la estructura actual derivada de la nacionalización de la industria del petróleo y la creación de Petróleos de Venezuela, esta compañía, en su actuación internacional en el mercado petrolero y en el control que debe ejercer sobre la explotación petrolera en el país debe ser ejecutora de la política que en la Organización de Países Exportadores de Petróleo hubiere aceptado el Ejecutivo Nacional: recuérdese que al ser creada dicha empresa, fue señalado como cometido suyo "cumplir y ejecutar la política que en materia de hidrocarburos dicte el Ejecutivo Nacional por órgano del Ministerio de Energía y Minas". La política puede derivarse de decisiones internas o de ejecución de acuerdos de la OPEP.

XX. LA REGULACIÓN INTERNACIONAL DE LA EXPLOTACIÓN DEL HIERRO

Los países en desarrollo productores de hierro no controlan la mayoría de la producción mundial de ese mineral, ya que parte importante y decisiva en esa producción corresponde a Suecia, Canadá y Australia.

Esa razón, unida al hecho de que sus diferentes volúmenes de existencia y los niveles distintos de explotación, condicionan actitudes políticas diferentes en lo que a precios se refiere, han impedido la creación de una Organización Internacional de Países Productores de Hierro. Sólo se ha logrado, después de varios esfuerzos, llegar a la creación de un Comité Gubernamental Consultivo, en el cual se reúnen las informaciones mundiales sobre el material de hierro y que sirve de foro de conversación, trato y negociación entre los distintos productores. Los objetivos perseguidos van hacia la regulación de los transportes internacionales de mineral y el estudio de la tecnología de su explotación y uso, y la transferencia de la misma para estar al alcance de los otros países en desarrollo.

ANÁLISIS ESQUEMÁTICO DE LOS ASPECTOS JURÍDICOS PRINCIPALES DEL CONTRATO DE ARRENDAMIENTO FINANCIERO

I. ANTECEDENTES

El contrato de arrendamiento financiero de bienes es una figura jurídica de reciente uso: adquiere relevancia en los Estados Unidos, aproximadamente hacia 1950 y en Europa, especialmente en Francia, de 1960 en adelante. Se ha convertido desde entonces en un mecanismo financiero de amplia y especial divulgación, de fácil manejo y de utilidad evidente.

Un autor francés explica así esa realidad: "En un mercado financiero difícil los jefes de empresas vieron, en el arrendamiento financiero, la posibilidad de utilizar los equipamientos más modernos sin recargar su gestión financiera con el peso de una adquisición que un progreso científico y técnico acelerado convertirían bien pronto en una carga inútil" (Crémieux-Israel, p. 1).

Su estudio tiene el mayor interés por la manera como evoluciona, desde la forma de un contrato innominado, surgido de relaciones entre partes que van investigando cómo solucionar sus problemas financieros y técnicos, hasta convertirse en una nueva institución jurídica, regulada cuidadosamente por el legislador en lo que se refiere a las relaciones entre los participantes en el contrato, en sus efectos frente a terceros y en su trato fiscal por el Estado.

Tiene además la característica histórico-técnica de haber aparecido en el Sistema anglosajón y luego penetrado en el ambiente jurídico latino. Ello debe mencionarse porque, al jurista no acostumbrado al sistema propio del *common law*, se le hace, a veces, difícil de entender la naturaleza intrínseca del arrendamiento financiero que se aleja bastante de formas tradicionales ya conocidas.

II. CONCEPTO

El arrendamiento financiero se entiende en general como un contrato complejo de ejecución continuada, cuya descripción es necesario hacer:

a) Una persona está interesada en el uso de determinados bienes, pero por razones que no importan cuáles sean, no desea adquirirlos, de una vez, en propiedad.

b) Esa persona informa de su deseo e interés a una empresa financiera especializada.

c) La empresa financiera especializada adquiere entonces de quien corresponda, los bienes que desea utilizar la persona que se le ha presentado como interesada en el negocio.

d) Ya adquiridos esos bienes la empresa financiera especializada los entrega a la persona interesada para que ella haga uso de ellos en la forma y por el tiempo que al efecto se convenga.

e) La empresa financiera especializada no deja de ser propietaria del bien entregado.

f) Por ejercer el derecho de uso el interesado acepta pagar una cantidad de dinero a la empresa financiera. Ese pago puede ser hecho de una vez, en forma de abonos periódicos o mediante entregas parciales en tiempos y por montos previamente convenidos.

g) La empresa financiera acepta que el interesado, en un determinado momento y mediante el pago de una cantidad de dinero cuyo monto se establece previamente o al menos se determina la forma de calcularlo, pueda adquirir la propiedad del bien que tiene recibido y que está usando.

Para el trato financiero del contrato se considera primero la cifra total de la operación (cantidad invertida por el arrendador financiero), se determina luego la tasa de interés que debería obtener el arrendador por su capital, y se fija, mediante cálculos adecuados, el monto de cuotas periódicas pagaderas durante el lapso de tiempo previsto para la duración del contrato. Estas cuotas se denominan "contraprestaciones dinerarias". Como cada una de ellas incluye pagos a cuenta de capital y de cancelación de intereses sobre saldos deudores, es posible en todo momento saber cuál es el saldo de capital debido. Ese saldo de capital será la base del precio por el cual el arrendatario financiero podrá en cualquier momento adquirir el bien arrendado y debe serle añadida la suma que se fije, en el contrato, como compensación al arrendador financiero por el ejercicio de la opción que le hace cesar en goce del interés. Esta compensación no procede cuando ya ha terminado el tiempo del contrato en cuyo caso sólo se pagaría, para ejercer la opción, la parte que estuviere pendiente de pagar en el capital (valor residual) más los gastos que se hubieren ocasionado.

III. EVOLUCIÓN QUE SE OBSERVA EN LA ADMISIÓN DEL CONTRATO

1) En el sistema jurídico anglosajón, especialmente en el norteamericano, no hubo mayor problema en la adopción del arrendamiento financiero de toda clase de bienes. En los países europeos, la utilidad financiera de la nueva figura llevó rápidamente al legislador a dictar normas reguladoras para permitir su más fácil y seguro uso.

2) En Venezuela, la legislación bancaria de 1975 previó la existencia de empresas que se dediquen a "dar bienes de arrendamiento financiero", las sometió a las disposiciones reglamentarias que dicte el Ejecutivo Nacional y a la inspección, vigilancia y fiscalización de la Superintendencia de Bancos y exigió que para poder realizar esas operaciones se obtuviere previamente autorización del Ejecutivo Nacional (Artículo 4 Ley General de Bancos y otros Institutos de Crédito de 22 de abril de 1975). Esa misma legislación contiene normas destinadas a regular la existencia de las empresas que ya venían realizando operaciones de arrendamiento financiero de bienes (Artículo 185).

La fecha de entrada en vigencia de la Ley Bancaria del 22 de abril de 1975 es el límite de tiempo de dos etapas del contrato de arrendamiento financiero en Venezuela:

Uno: hasta esa fecha ese contrato era legítimo, pero no estaba regulado por la Ley en forma especial y podía ser celebrado por cualquier persona ya como arrendador, ya como arrendatario.

Dos: de esa fecha en adelante la figura jurídica en referencia se convirtió en un "Contrato Financiero", cuya celebración, como arrendador financiero, fue reservada a empresas que obtuvieron la previa autorización del Ejecutivo Nacional.

3) El Ejecutivo Nacional, en fecha 4 de septiembre de 1982, dictó el Decreto número 1.611 (Gaceta Oficial N° 32.554 del 7 de septiembre de 1982) en el cual estableció las "Normas sobre arrendamiento financiero de bienes". Lo hizo en ejercicio de la potestad que tiene conferida por el Artículo 4 del Decreto 674 de 8 de enero de 1962, es decir, como acto normativo regulador de garantías constitucionales suspendidas y por tanto con fuerza jurídica similar a la de la Ley ordinaria.

4) Hasta la entrada en vigencia del Decreto presidencial número 1.611, el contrato de arrendamiento financiero, a pesar de su legitimidad indiscutible, como contrato innominado no prohibido por la Ley y por tanto lícito, encontraba ciertas dificultades de orden jurídico entre las cuales podemos señalar las siguientes:

   1) El Artículo 1.579 del Código Civil entiende como "venta a plazo" los arrendamientos de cosas muebles con la obligación de transmitir al arrendatario, en cualquier tiempo, la propiedad de las cosas arrendadas.

Esta norma, que fue adoptada en la reforma de 1942 con la finalidad de proteger a los arrendatarios de posibles estafas y manejos indebidos, creaba serios inconvenientes para la ejecución de las operaciones de arrendamiento financiero, pues al ser considerado técnicamente como una "venta a plazo" todo contrato de arrendamiento que incluyere la cláusula de transmisión obligatoria de la propiedad del bien arrendado al arrendatario, el arrendador dejaba de ser propietario del bien objeto del contrato y éste entraba al patrimonio del arrendatario. Era, desde entonces, parte de la prenda común de sus acreedores (Artículo 1.864 del Código Civil) y el arrendador tenía que buscar una causa legítima de preferencia para colocarse en situación de privilegio frente a otros acreedores del arrendatario.

Para evitar esos inconvenientes y poder celebrar contratos de arrendamiento financiero la práctica comercial ideó utilizar a un tercero, generalmente una persona jurídica de capital poseído o controlado por el arrendador, a quien se otorgaba separadamente el derecho de adquirir el bien arrendado y que a su vez lo cedía, por otro contrato, al arrendatario.

No dejaron de formularse dudas acerca de la legitimidad de este sistema, pero la Corte Suprema de Justicia, en sentencia de fecha 19 de noviembre de 1981, decidió que al no poder ser confundidas jurídicamente personas jurídicas diferentes como eran el tercero y el arrendatario, no era admisible que los derechos del tercero se considerasen como pertenecientes al arrendador y por tanto no existía en ese caso la figura prevista en el Artículo 1.589 del Código Civil.

   2) No siendo propietario del bien, el arrendador no podía depreciar no amortizar el costo del mismo para poder alegar una posible deducción en sus enriquecimientos, a los efectos del cálculo del impuesto sobre la renta.

El Decreto presidencial 1.611 ha solucionado esas cuestiones al determinar, en su Artículo 19, que el "arrendamiento financiero no estará sujeto a las disposiciones legales sobre arrendamiento" con lo cual le da autonomía y excluye la posible aplicación al mismo de las normas del Artículo 1.589 del Código Civil.

IV. CARACTERÍSTICAS GENERALES DEL CONTRATO DE ARRENDAMIENTO FINANCIERO

Primero: En cuanto a la persona del arrendador financiero.

El contrato de arrendamiento financiero sólo puede ser celebrado por empresas dedicadas a esa actividad, de manera habitual o regular, que se consideren "Institutos de crédito", y necesitan para existir y funcionar una autorización expresa del Ejecutivo Nacional. Esas empresas tienen que expresar, en su denominación, que son "empresas de arrendamiento financiero".

Toda persona, natural o jurídica, que no esté comprendida en las previsiones mencionadas en el párrafo anterior, no tiene por aplicación necesaria del Artículo 1.144 del Código Civil, "capacidad" para celebrar esta clase de contratos.

Segundo: En cuanto a la persona del arrendatario financiero.

No existe ninguna limitación especial en ese sentido y, por tanto, toda persona natural o jurídica puede celebrar, en principio, contratos de arrendamiento financiero con empresas autorizadas al efecto. Al determinar en casos particulares la posibilidad de celebrar el contrato, hay que tomar en cuenta las normas que regulan tanto la capacidad de las personas naturales como la actividad de las personas jurídicas.

Conviene mencionar que, aunque no se apliquen al contrato de arrendamiento financiero las normas sobre arrendamiento, hay que estudiar si celebrar ese contrato es o no, por parte del arrendatario financiero, un acto de "simple administración" y, además, si puede considerarse que, en las personas jurídicas y de acuerdo con la naturaleza misma de su actividad u objeto, puede comprenderse dentro de la "administración ordinaria". No podría darse una respuesta definitiva a esta cuestión sino después de analizar, en cada caso, la clase de negocios de la respectiva persona jurídica y la forma como están reguladas las potestades de sus representantes. Parece prudente advertir que celebrar este tipo de contratos muy probablemente excede de la "simple administración", por significar compromisos a cierto plazo de adquirir derechos de consideración, pero es posible apreciar que prudentemente puede mencionarse que sí está comprendido dentro de los límites de la actividad que jurídica y comercialmente se ha denominado "administración ordinaria". Por esa razón puede afirmarse, como corolario y sin temor a error, que un mandatario requiere para celebrar esta clase de contratos, de al menos un poder de administrar pero que no esté limitado a la ejecución de actos de "simple administración".

Tercero: Terminología.

La no aplicabilidad al tipo de contrato que se viene analizando de las normas legales sobre arrendamientos ordinarios, obliga a utilizar, siempre, las expresiones completas: "ARRENDAMIENTO FINANCIERO", "ARRENDADOR FINANCIERO" y "ARRENDATARIO FINANCIERO", a fin de evitar toda confusión entre una y otra figura jurídica.

Cuarto: Bienes objeto del contrato.

Tanto la ley bancaria en su Artículo 4 como las "Normas" del Decreto 1.611 se refieren a "BIENES" en general, sin ninguna clase de distinciones. El objeto del contrato de arrendamiento financiero puede por tanto ser un bien mueble o inmueble.

Si acaso pudo haber duda, antes del Decreto 1.611, en cuanto a los bienes inmuebles, el referido Decreto aclaró plenamente la situación al determinar, en su Artículo 10, que los "institutos que se dediquen a operaciones de arrendamiento financiero podrán adquirir bienes inmuebles para tal fin". Esta norma que es diferente a la contenida en el numeral 6 del Artículo 153 de la Ley General de Bancos y otros Institutos de Crédito, que prohíbe a los Bancos e Institutos de Crédito ser propietarios de inmuebles distintos a los destinados a sus propias oficinas y de sus almacenes, no puede ser interpretada sino en el sentido, muy preciso, de que los Institutos referidos sí pueden adquirir bienes inmuebles, pero únicamente para destinarlos a operaciones de arrendamiento financiero y no para otros fines.

Quinto: Plazo del contrato.

El legislador precisa que el contrato debe determinar el "período de tiempo" durante el cual el arrendatario financiero podrá utilizar el bien objeto del contrato; a diferencia de otros contratos bancarios, para los cuales la Ley precisa el tiempo máximo de duración, la materia está remitida a la decisión de la Superintendencia de Bancos (Artículo 3), seguramente para permitir la adaptación de estos contratos a los distintos tipos de bienes y a las condiciones del mercado.

V. NATURALEZA DEL CONTRATO

Uno: El contrato de arrendamiento financiero es una operación bancaria financiera y no un contrato bancario de crédito.

En efecto, el contrato bancario de crédito supone, por su esencia misma, que se ha creado una relación jurídica de tal naturaleza que una de las partes es fundamentalmente deudora de la otra de una cantidad de dinero. En todas las operaciones crediticias el Instituto Bancario es, por causa de ellas, acreedor de su cliente; éste se libera de sus obligaciones pagando a su acreedor la cantidad debida.

En el contrato de arrendamiento financiero, el Instituto financiero arrendador invierte una cantidad de dinero, pero no entregándola al cliente (arrendatario financiero) sino adquiriendo un bien. El cliente, a su vez, no es deudor de toda esa suma de dinero sino sólo de una "contraprestación dineraria" de vencimiento periódico y que se causa por el uso que él hace del bien objeto del contrato.

El beneficio del Instituto financiero arrendador reside en que, esa "contraprestación dineraria", que debe pagarle el arrendatario financiero, tiene que ser calculada en tal forma (como ya explicamos en la letra "g" de la sección II de este estudio), que no solamente sean resarcidos los costos de operación y los recargos y comisiones que determine el contrato, sino que se le paguen los intereses del capital invertido en el negocio. Ese capital, el invertido en la operación, o sea el precio del bien, va también siendo amortizado con esos pagos periódicos, pero el arrendatario financiero no lo debe en su integridad e incluso puede que no llegue nunca a amortizarlo totalmente.

Por esta situación jurídica el arrendador financiero incluye en su activo el valor íntegro del bien objeto del contrato mientras que el arrendatario financiero no puede incluir en su activo ese valor del bien, pero sí tiene la posibilidad de considerar el monto total de la contraprestación dineraria, que va pagando por el ejercicio del derecho de uso del bien objeto del contrato, como un "gasto" deducible tanto a los efectos fiscales como contables.

Dos: Es de la naturaleza del contrato de arrendamiento financiero el ser "complejo", es decir, está integrado por varias etapas que son subsiguientes unas a las otras y de ejecución continua.

Primera etapa: Comprende dos aspectos que suponen operaciones diferentes, la una la propuesta del negocio y su aceptación, con lo cual queda pactada la operación y la otra la adquisición que hace la empresa de bien señalado por el interesado.

La propuesta del negocio tiene sus propias características técnicas en cuanto requiere que ambas partes examinen con prudencia, claridad y precisión las modalidades del negocio propuesto y los derechos y obligaciones mutuos. Se trata de cuestiones que escapan a las consideraciones jurídicas, por ejemplo:

- ¿Puede o no el interesado cumplir sus obligaciones?
- ¿Es su negocio capaz de rendir beneficios suficientes para asegurar la buena marcha del arrendamiento financiero?
- ¿El bien del contrato puede o no resistir en actividad el plazo previsto y en caso de llegar a quedar en el patrimonio del arrendador financiero, puede o no peste colocarlo en el mercado para recuperar su inversión?

El otro aspecto consiste en la adquisición del bien objeto del contrato, hecha por la empresa arrendadora financiera, pero conforme a las especificaciones indicadas por el interesado.

El interesado, en su condición de futuro usuario del bien para su propio interés, tiene el derecho de "indicar" las características del bien objeto del contrato. En su favor se derivará que si el bien adquirido no tiene esas especificaciones no estará obligado a recibirlo. En su contra, que no puede oponer a la arrendadora financiera, para liberarse de sus obligaciones, ninguna consecuencia directa de esas características que tenga el mencionado bien.

Una ve concluida la primera operación de esta Primera Etapa, es decir, convenido el contrato, el negocio es irreversible en el sentido de que ninguna de las partes puede desistir del contrato sin estar obligada a indemnizar a la otra.

La adquisición del bien debe estar sujeta a todas las variantes derivadas de la naturaleza del bien:

a) Puede tratarse de bienes para cuya adquisición sea necesaria una autorización administrativa especial: hay que entender entonces que la operación queda condicionada, primero, a que la empresa arrendadora financiera solicite esa autorización y la tramite, y segundo, a que la autorización le sea expedida. Lo primero es de la sola responsabilidad de la arrendadora financiera y no debe obligarse a ello si no está en condiciones de hacerlo; la segunda se convierte en una condición resolutoria del contrato.

b) Debe tratarse de bienes cuya propiedad pueda ser legítimamente adquirida, porque su importación no está prohibida o porque su tenencia no la prohíbe ninguna norma válida.

c) Especial consideración requieren (pero ello escapa a la naturaleza de esta opinión), los elementos del negocio de adquisición del bien que se refieren a sus posibles variaciones del valor, el problema de su transporte al país o dentro del él, los seguros que deben respaldar su traslado al sitio donde será entregado al arrendatario financiero y cuándo es necesario, el uso de divisas para su adquisición.

Segunda etapa: Entrega del bien al interesado y uso por éste del mismo.

Es evidente que la entrega supone primero el derecho del arrendatario financiero a examinar si el bien tiene o no las características indicadas por él y luego el deber de usarlo para el fin al cual está destinado, con todas las garantías, seguros y controles de mantenimiento necesarios.

Tercera etapa: Adquisición del bien por el arrendatario financiero.

Las "Normas" determinan la posibilidad para el arrendatario financiero de optar entre varias soluciones:

a) Que por no estar interesado en su adquisición devuelva el bien al arrendador financiero.

b) Que el bien objeto del contrato sea sustituido por otro del interés del arrendatario financiero.

c) Que, una vez vencido el plazo de vigencia del contrato, se convenga en un nuevo plazo o se estipule una prórroga del mismo.

d) Que el arrendatario financiero desee adquirir la propiedad del bien objeto del contrato.

Cada una de esas soluciones depende de la forma como esté planeado el negocio entre las partes y que está en relación directa con la clase de bienes de que se trate.

VI. EL ARRENDAMIENTO FINANCIERO INMOBILIARIO

Partiendo de la idea ya expuesta acerca de la legitimidad indudable del arrendamiento financiero de bienes inmuebles, este tipo de negocios ofrece algunas modalidades propias que es necesario advertir:

1.- *Naturaleza y destino de bien*

Algunas legislaciones prohíben el arrendamiento financiero inmobiliario para fines de habitación y lo reservan para inmuebles de uso comercial, industrial o profesional. Nuestras "Normas" no establecen nada sobre el particular de lo cual puede y debe deducirse que es legítimo el contrato cualquiera que sea el destino y uso del bien arrendado financieramente. Es necesario, sin embargo, señalar que en el contrato no se puede atribuir al inmueble un uso diferente del permitido por las disposiciones urbanísticas que le sean aplicables.

Igualmente debe anotarse que por sus características fiscales es posible que la operación no sea compatible con intereses específicamente personales y no comerciales: Resulta evidente que un inmueble, recibido por una persona en arrendamiento financiero no puede ser inscrito por ella como su vivienda principal ni tampoco le es posible pretender que se le acepte, como desgravamen, lo que hubiere pagado a modo de contraprestación dineraria.

Es útil determinar si el inmueble consiste en un terreno y determinadas construcciones, si es sólo un terreno en el cual no hay construcciones o si se trata de un terreno en el cual el arrendador financiero o el arrendatario financiero se comprometen a levantar determinadas construcciones. En cada uno de esos casos hay que fijar, contractualmente, las obligaciones mutuas derivadas de la finalidad pretendida por las partes en el contrato, tema que pertenece a la libre negociación comercial y jurídica.

Conviene también mencionar que, comoquiera que se habla en forma general de "inmuebles", no debe olvidarse que hay inmuebles por su naturaleza (Artículo 527 del Código Civil), inmuebles por su destinación (Artículo 528 *ejusdem*) y, por último, inmuebles por su objeto (Artículo 530 *ejusdem*). Si bien, en teoría, el contrato sería posible con cualquiera de estos tipos de inmuebles, en la relación financiera sí habría que analizar, cuidadosamente, el bien inmueble de que se trate en una operación cualquiera para determinar su aceptación o no como objeto del contrato de arrendamiento financiero, problema éste que es de orden técnico y no jurídico.

2.- *Naturaleza de la adquisición inmobiliaria*

La propiedad del inmueble adquirido para ser objeto de una operación de arrendamiento financiero inmobiliario presenta varias modalidades de interés:

a) Entra al patrimonio de la empresa financiera en una forma especial: hemos advertido arriba que un Instituto de Crédito no puede, por regla general, ser propietario de bienes inmuebles, salvo los destinados a sus propias oficinas. (No hacemos referencia a aquellos que adquiere, por vía de excepción, para poner a salvo sus derechos en los casos previstos por el Artículo 160 de la Ley General de Bancos y otras Institutos de Crédito). Las "Normas" permiten a los Institutos de Crédito autorizados para actuar como arrendadores financieros, que puedan adquirir inmuebles, pero sólo para destinarlos a esa finalidad. No es posible para ellos, por lo tanto, ejecutar con tales inmuebles ninguna otra clase de operaciones. Por tal razón parece razonable aconsejar que la adquisición del bien en referencia debe mencionar el destino que se le dará y que la adquisición ya sea o no en el mismo documento debe ser hecha en forma simultánea con la operación de arrendamiento financiero.

b) El bien inmueble dado en arrendamiento financiero figura en el activo de la empresa financiera arrendadora, pero tiene sobre sí, a modo de un gravamen especial, el derecho del arrendatario a adquirirlo. Tema que estudiaremos por separado.

VII. La adquisición del inmueble por el arrendatario financiero

Hemos explicado antes que en la naturaleza del contrato de arrendamiento financiero está que el arrendatario pueda durante la vigencia del contrato adquirir el bien objeto del mismo. En tal sentido el contrato incluye, necesariamente, una estipulación por la cual el arrendador financiero, como propietario del bien objeto del contrato, se compromete a venderlo al arrendatario financiero durante la vigencia del plazo fijado en el contrato y por un precio determinado en el mismo o que es determinable conforme a ciertas reglas establecidas al efecto.

Se trata de una "promesa unilateral de venta" hecha por el arrendador financiero y que en el lenguaje de la práctica comercial suele denominarse "Opción de venta" estipulada en beneficio del arrendatario financiero y que éste puede o no "ejercer".

Nuestra jurisprudencia equipara ambas figuras "Opción de venta" y "Promesa unilateral de venta" como el compromiso de una persona (en este caso del arrendador financiero) de vender un determinado bien (el que ha sido objeto del contrato) a una cierta persona (el arrendatario financiero) dentro del plazo y por el precio fijados en el contrato. (Pueden verse las Sentencias dictadas en fecha 12 de mayo de 1958 y 29 de octubre de 1959, por las Cortes Superiores respectivas de la jurisdicción judicial competente en la ciudad de Caracas en Jurisprudencia de los Tribunales de la República, Vol. VII, páginas 1.011 y 1.004).

Esta promesa unilateral de venta, por la naturaleza del contrato de arrendamiento financiero, tiene algunas notas peculiares:

Por la especialidad de la titularidad de la propiedad, en lo que se refiere al arrendador financiero, éste tiene una limitada capacidad para negociar el bien objeto del contrato. En una "promesa unilateral de venta" pactada con otra persona, existe el peligro de que desconozca o ignore voluntariamente la promesa y venda el inmueble a otra persona. En tal caso del incumplimiento de la "obligación de hacer" que contiene la "promesa de venta" obliga al promitente a pagar daños y perjuicios a la otra parte, pero no afecta la validez de la venta hecha al tercero.

En el caso del arrendamiento financiero inmobiliario, el arrendador financiero NO puede disponer libremente de la propiedad pues carece de capacidad para ello, ya que la Ley solamente le permite ser propietario del bien inmueble para el fin, determinado y concreto, de darlo en arrendamiento financiero. Cumplido ese fin, su capacidad de disposición está regida en adelante sólo por el contrato ya firmado. Una venta o gravamen de ese inmueble a tercera persona sería por tanto anulable por incapacidad de una de las partes (Artículo 1.142 del Código Civil).

Esa situación hace necesario que el contrato de arrendamiento financiero sea protocolizado en defensa de los intereses de terceros.

No se trata con ello de obtener una constancia de "la verdad de las declaraciones de las partes sobre el hecho jurídico a que el instrumento se contrae" y que pueda surtir efectos tanto entre las partes como frente a terceros (Artículo 1.360 del Código Civil), sino de lograr un resultado adicional: que los terceros, al estar en cuenta de la operación, lo estén también de que no es posible, aun pagando daños y perjuicios al arrendatario financiero, adquirir el bien objeto del contrato sin exponerse a que la operación sea anulable.

La Ley de Registro Público se refiere a las "opciones de venta" al fijar el monto de los derechos de registro que deben ser cobrados por el Registrador (párrafo antepenúltimo del numeral 1° del Artículo 114). La protocolización del contrato de arrendamiento financiero inmobiliario puede ser hecha en el Protocolo Primero llevado en la Oficina Subalterna de Registro que tenga jurisdicción sobre el inmueble. Es importante hacer notar que en ese documento se deben citar los títulos de propiedad del inmueble arrendado y debe solicitar que se estampen las notas marginales correspondientes.

No está de más mencionar que la identificación del inmueble debe ser hecha en la forma exigida y que el documento tiene que respetar todas las exigencias formales de los títulos que deben registrarse.

VIII. LA EXPROPIACIÓN DEL INMUEBLE OBJETO DEL CONTRATO

Es posible que durante la vigencia del contrato el inmueble objeto del mismo sea expropiado por causa de utilidad pública o social. Es necesario, por tanto, analizar las diversas situaciones que pueden entonces presentarse y que se reflejarán en las relaciones entre las partes.

Estas consideraciones parten del supuesto de que para la fecha del contrato no hubiere existido un Decreto que declare la necesidad de que se ceda, en parte o totalmente, el inmueble objeto de contrato para una obra de utilidad pública o social. De existir ya ese Decreto, la situación sería diferente puesto que las partes, en cuenta del procedimiento iniciado, aceptan al firmar el contrato, el correr el riesgo de enfrentar voluntariamente sus consecuencias.

Primera situación: Ocupación previa del inmueble.

El Tribunal, de acuerdo con la Ley, al iniciar un procedimiento de expropiación o durante él, puede acordad la "ocupación previa" del inmueble objeto del mismo. tal decisión supone que el ente expropiante consigne en el Tribunal la cantidad que se hubiere fijado, como valor del inmueble, por la Comisión *ad hoc* constituida a tal fin. Dispone la Ley, "si el propietario se conformare con el avalúo realizado y no hubiere otra oposición justificada, el juicio se dará por concluido" (Artículo 51 Ley de Expropiación por causa de utilidad público o social).

Hay que anotar que la Ley ordena al Juez que acuerde una inspección ocular del inmueble "para poner constancia de todas las circunstancias de hecho que deben tomarse en cuenta para justipreciar total o parcialmente la finca de que se trate y las cuales pueden desaparecer o cambiar de estado por el hecho de la ocupación" (Artículo 52).

Se necesita examinar si las siguientes modalidades son o no procedentes:

1) ¿El propietario, que lo es el arrendador financiero, puede o no sin la anuencia del arrendatario financiero conformarse con el avalúo realizado en el procedimiento judicial?

Es muy claro que el hecho de la ocupación previa impide al arrendatario financiero "el goce pacífico de la cosa arrendada". Esta situación es evidente cualquiera que sea el contenido que se quiera dar al derecho de "uso" que se concede al arrendamiento financiero por causa del contrato. Por su parte, el arrendador financiero, por un "hecho del Príncipe" se encuentra imposibilitado de cumplir su obligación de mantener a la otra parte en la situación de goce de la cosa objeto del contrato.

El contrato de arrendamiento financiero, en ese momento, deja de existir por no ser posible su objeto (Artículos 1.141 y 1.155 del Código Civil).

2) La Ley traslada los créditos hipotecarios o privilegiados que existían sobre el inmueble expropiado al precio del mismo (Artículo 40). ¿Podría, por analogía, pensarse que los derechos del arrendatario financiero se traslada también de pleno derecho, sobre el precio?

En ese caso se plantearía entre las partes una situación de conflicto de intereses de difícil solución y que debe ser evitada por oportunas previsiones contractuales.

Parece aconsejable que en ese sentido esté previsto en el contrato:

a) Que la ocupación previa da por terminado el contrato.

b) Que se determine una fórmula, justa y proporcional, que tome en cuenta la cantidad ya pagada como amortización de capital por el arrendatario financiero en las contraprestaciones dinerarias ya canceladas, el valor del inmueble fijado por la Comisión de avalúo y el tiempo transcurrido del contrato, para que entonces el precio que pague el ente expropiante sea repartido, según esa fórmula, entre el arrendador financiero (quien habría así recibido las cantidades pagadas por el arrendatario financiero más la parte que le corresponda en el precio) y el arrendatario financiero (quien a cambio de no poder ejercer sus derechos contractuales, recuperaría al menos en parte, las cantidades ya pagadas).

c) Que el propietario (arrendador financiero) no pueda dar su conformidad al precio sin la anuencia del arrendatario financiero.

d) Que, en caso de no llegarse a un acuerdo sobre tal particular, el arrendatario financiero deba adquirir el inmueble ejerciendo la opción para seguir él, en calidad de propietario, todo el procedimiento de oposición.

e) Que ambas partes puedan, de común acuerdo, oponerse a la aceptación del precio y continuar así el procedimiento.

Segunda situación: Ocupación temporal del inmueble.

La Ley permite a quien ejecuta una obra de utilidad pública, ocupar temporalmente una propiedad que no será expropiada pero que se requiere, por no más de seis (6) meses prorrogables por otros tantos, para proyectar, replantear, construir o reparar la obra correspondiente.

Si esa propiedad ocupada es el inmueble objeto del contrato, evidentemente que la situación del arrendatario financiero puede sufrir, sin culpa ni responsabilidad del arrendador financiero, una seria alteración que depende de la amplitud de la ocupación.

La Ley ordena a quien ocupa la propiedad ajena en esas condiciones "indemnizar al propietario oyéndolo y a justa regulación de expertos" (Artículo 50).

Puede darse que la ocupación temporal perturbe en tal forma el uso del inmueble por el arrendatario financiero que haga imposible la continuación "in situ" de su actividad; puede que tal ocupación no impida, aunque moleste, la actividad del arrendatario financiero o que esa molestia sea tan leve que no tenga importancia.

En el último de los casos mencionados no hay repercusiones jurídicas mayores, pero sí en los otros dos.

Si se da el caso de que la ocupación temporal impide el uso del inmueble por el arrendatario, y durante un lapso que, en justicia perturba de modo definitivo su presencia en el sitio, hay que concluir que el contrato queda sin objeto posible y por tanto su existencia desaparece. Por tal situación convendría establecer contractualmente una situación similar a la prevista para la ocupación previa.

Pero si sólo se produce un perjuicio, resulta claro que el arrendatario financiero tiene derecho a que se le pague una indemnización y que esa indemnización debe provenir del ocupante temporal, aunque sea recibida por el propietario. De allí que el propietario, al hacerse "oír" para que sea fijada la indemnización, debe estar acompañado del arrendatario financiero o tomar en cuenta sus argumentos y así tiene que ser previsto contractualmente.

Tercera situación: La expropiación del inmueble.

Las situaciones procesales correspondientes son:

1) Tanto el arrendador financiero como el arrendatario financiero tienen el derecho de considerarse "emplazados" por el Auto que dicte el Tribunal de la causa y en consecuencia a comparecer ante el Tribunal por sí o por medio de apoderado.

2) Ambos tienen el derecho de hacer oposición a la expropiación.

3) Sólo el propietario puede formalmente llegar a un "avenimiento" sobre el precio.

4) El arrendatario financiero tiene derecho de exigir, por sí mismo, tanto el pago de los perjuicios que hubiere sufrido como el de las mejoras efectuadas en el inmueble.

5) La indemnización debe tomar en cuenta la situación en que queda el propietario por el efecto del juicio en el contrato.

Ahora bien, planteado el juicio y emplazadas ambas partes, se abren varias posibilidades:

- Que el procedimiento se refiera a la totalidad del inmueble.
- Que el procedimiento se refiera sólo a una parte del inmueble:
    a) Que la parte no expropiada del inmueble permita al arrendatario financiero continuar su actividad sin perjuicio mayor.

b) Que la parte no expropiada del inmueble permita al arrendatario continuar su actividad, pero sufriendo perjuicios de consideración.

c) Que la parte no expropiada del inmueble impida al arrendatario financiero continuar su actividad, pero no que el inmueble tenga otros destinos que le sean propios.

– Que el procedimiento tenga una duración tal que exceda del previsto para la vigencia del contrato.

Puede verse, por lo tanto, que no es posible, actuando prudentemente, dejar esa compleja serie de situaciones sin la correspondiente previsión contractual.

Dejando a salvo la posibilidad de que el contrato establezca otras previsiones que las partes estimen oportunas, pueden estipularse las siguientes:

1) En caso de expropiación ambas partes actuarán de común acuerdo en todos los trámites procesales.

2) El arrendador financiero, como propietario, no se opondrá a que el arrendatario exija el pago de aquellas indemnizaciones que le sean propias y que en ningún caso correspondan a la otra parte.

3) El precio total o parcial que se obtenga en el juicio se deberá repartir en la forma prevista en la letra "b" de la parte final de la *Primera situación* estudiada en la presente sección.

4) Si la expropiación se refiere a la totalidad del inmueble, el contrato quedará sin vigencia al ser dictada la sentencia definitiva o llegarse a un convenimiento.

5) Si la expropiación sólo se refiere a una porción del inmueble y en el resto no expropiado se puede continuar llevando a cabo la actividad del arrendatario financiero, el contrato debe considerarse que continúa vigente, pero, es justo, si fuere el caso, estipular nuevas previsiones en cuanto al precio del mismo.

6) Si el inmueble no es expropiado totalmente, pero la parte que quede de él no es apta para la continuación de las labores del arrendatario financiero, el contrato debe darse por terminado.

IX. LOS SEGUROS COMO PROTECCIÓN ADICIONAL DE LAS PARTES

La legislación venezolana sobre préstamos hipotecarios bancarios a largo plazo hizo obligatorio que los inmuebles que garanticen esos préstamos estuvieren "asegurados contra incendio" (Ley General de Bancos y otros Institutos de Crédito, Artículo 37). La práctica bancaria, desde 1968, ha añadido al contrato de seguro contra incendio el seguro contra terremoto.

Esas previsiones van en beneficio de ambas partes puesto que, de ocurrir el siniestro previsto, la indemnización que pague el asegurador compensa la pérdida que pueda haberse ocasionado y que lesiona a ambos patrimonios.

Por idéntica razón resultan interesantes adoptarlas en el contrato de arrendamientos financiero, especialmente en el caso del arrendamiento financiero de bienes inmuebles.

Por lo que podemos conocer, también en otros países, especialmente en Francia, se ha acostumbrado a completar la estructura del contrato de arrendamiento financiero con contratos de seguro contra diversos riesgos, especialmente los de incendio.

Se plantean entonces varias preguntas:

Una: Riesgos que deben ser asegurados.

Parece razonable advertir que la determinación de cuáles deben ser los riesgos que estarían cubiertos por seguros durante la vigencia del contrato, debe ser guiada por dos factores, uno, la naturaleza del bien de que se trate y la otra, el tipo de actividades que serían desarrolladas por el arrendatario en ejercicio del derecho de uso que le otorga el contrato.

Se hace de esa manera necesario un acuerdo de las partes sobre la materia, que debe formar parte del contrato como estipulación expresa del mismo y que en todo caso debe respetar la voluntad del arrendador financiero quien es, como propietario del inmueble hasta que no sea ejercida la opción de venta, la persona a quien en principio más afecta un siniestro en caso de llegar a presentarse.

Dos: Monto de la suma asegurada.

Lógicamente ella dependerá de los riesgos que se aseguren y del valor de los posibles perjuicios, pero tomando en cuenta dos aspectos importantes; uno, la actividad del arrendatario financiero; otro, la naturaleza misma del bien objeto del contrato.

Tres: Pago de la prima.

Normalmente el pago de la prima debe ser por cuenta del arrendatario financiero, dejando a salvo el derecho financiero de pagarla cargando su monto al arrendatario financiero como un incremento de la contraprestación dineraria.

Cuatro: Vigencia del Seguro.

Estando ligados íntimamente el contrato de arrendamiento financiero y los contratos de seguro que lo complementan, es útil pactar que, si lo contratos de seguro dejan de estar vigentes, se afectará la vigencia del contrato de arrendamiento financiero.

Debe ser estipulación contractual que el arrendatario financiero se comprometa a ejecutar lo necesario para el mantenimiento de los seguros y a no ejecutar nada que afecte tal situación.

Entre las medidas positivas en tal sentido está el pago oportuno de la prima, con la salvedad hecha en el número anterior y entre las conductas de otro sentido podemos citar:

a) Abstenerse de todo aquello que pueda agravar el riesgo asegurado.

b) Tomar todas las medidas necesarias para evitar los siniestros, en especial mediante el acatamiento de normas administrativas.

c) No cambiar el uso del inmueble previsto en los contratos (tanto en el arrendamiento financiero como en los de seguro).

d) Dar aviso al arrendador financiero y al asegurador de todo siniestro que ocurra.

Cinco: Destino de la indemnización.

Es voluntad de las partes, al celebrar el contrato de arrendamiento, que éste sea mantenido vigente durante el tiempo previsto en el mismo. por tanto, parece lógico estipular que, de producirse un siniestro en el inmueble objeto del contrato y una vez pagada la indemnización, ésta se destine a la reparación del inmueble para que continúe destinado al fin que le es propio.

Se presentan entonces posibilidades, que deben ser previstas contractualmente:

a) Que el monto de la indemnización sea suficiente para pagar las reparaciones, situación que no ofrece duda en cuanto a su única interpretación posible, o sea su destino íntegro a la reparación.

b) Que el monto, que en definitiva pague el asegurador, no sea suficiente para cubrir el pago de las reparaciones que requiera el inmueble, situación en la cual hay que determinar a cargo de quién debe quedar el pago del resto y que debe depender de estos factores:

    1) Si el arrendador financiero es quien debe pagar el saldo de precio de las reparaciones, hay que hacer variar proporcionalmente el monto de la cantidad por la cual el arrendatario financiero podrá adquirir el inmueble.

2) Si el arrendatario financiero es quien debe pagar la diferencia, no debe pretenderse variante en el precio del ejercicio de la opción de venta.

3) Si el arrendatario financiero, al ocurrir el siniestro ejerce la opción de venta, recibirá la indemnización y le dará el destino que desee sin que el arrendador pueda oponerse a ello o tenga intervención en el caso.

Seis: Imposibilidad de reparar el inmueble.

Las partes deben prever en el contrato la situación que existirá entre ellas en el caso de que, una vez ocurrido el siniestro y pagada por el asegurado la indemnización, la reparación del inmueble no sea posible por razones de orden técnico, por disposición de la autoridad o por cualquier otro motivo válido.

La solución que se dé al caso debe estar en relación con el destino que las partes pacten para la indemnización, el monto de la misma, la cantidad ya pagada por el arrendatario como amortización de capital invertido en la operación por el arrendador financiero y el valor de ejercicio de la opción.

X. ASPECTOS FISCALES DE ARRENDAMIENTO FINANCIERO

Todo comerciante, y lo es el Instituto de Crédito que actúe como arrendador financiero, por las normas del Código de Comercio (Artículo 32 y ss.), está obligado a llevar contabilidad de todas sus operaciones. Esa contabilidad debe ser llevada, en los Institutos de crédito regidos por la ley bancaria, "según el Código e instrucciones que para cada tipo de empresas" determine el Ejecutivo Nacional por medio de la Superintendencia de Bancos (Artículos 124 y ss. de la Ley General de Bancos y otros Institutos de Crédito). Tal determinación, en cuanto a las empresas de arrendamiento financiero y para esta fecha, no ha sido todavía establecida.

La contabilidad debe expresar, claramente, todas las operaciones que haga el comerciante. La misma culmina, periódicamente, con el "balance y la cuenta de ganancias o pérdidas"; ésta debe demostrar, con evidencia y exactitud, los beneficios obtenidos y las pérdidas sufridas (Artículo 35 del Código de Comercio).

La contabilidad, al reflejar todas las operaciones del comerciante, produce determinadas consecuencias de orden fiscal, unas referidas al ámbito nacional y otras al municipal.

Una de esas consecuencias fiscales es la de determinar si el comerciante ha obtenido o no un "enriquecimiento neto" que cause impuesto sobre la renta.

El Legislador ha insistido en establecer, como una obligación expresa de todo contribuyente, llevar sus libros y registros exigidos por la ley "en forma ordenada y ajustada a los principios de contabilidad generalmente aceptados" (Artículo 98, Ley de Impuesto sobre la Renta).

Una empresa de arrendamiento financiero, en su triple condición de comerciante, instituto de crédito y contribuyente, debe reflejar, en su contabilidad, todas sus operaciones, especialmente aquellas que le son específicas.

Una de ellas es la del arrendamiento financiero inmobiliario: La empresa, conforme al Artículo 11 de las "Normas" contenidas en el Decreto 1.611 puede adquirir inmuebles para destinarlos únicamente al fin de su arrendamiento financiero. El inmueble así adquirido entra al patrimonio de la empresa financiera.

Ese ingreso del inmueble al patrimonio de la empresa supone el pago de los derechos de registro, por el monto que determina la Ley correspondiente y que, salvo pacto en contrario, son del cargo del adquirente, es decir, la empresa financiera (Artículo 127, numeral 1, Ley de Registro Público).

Ya ingresado ese inmueble al "patrimonio del contribuyente", la empresa propietaria lo debe dar en arrendamiento financiero. Esa operación traerá para ella otras varias consecuencias de orden contable y fiscal:

1) El arrendatario financiero, conforme al contrato y a la Ley, deberá pagar a la empresa financiera, periódicamente, una "contraprestación dineraria" por ejercer el derecho de uso del inmueble objeto del contrato. Recibir esa contraprestación dineraria significa para la empresa financiera obtener un enriquecimiento "por la cesión del uso" de un bien inmueble y que la Ley considera disponible para ella desde el momento en que es pagado (Artículo 3, Ley de Impuesto sobre la Renta). Ese enriquecimiento va a formar parte del "ingreso bruto global" de la empresa financiera como contribuyente (Artículo 16 *ejusdem*).

2) Obtenida la total cantidad que para ella es "ingreso bruto global", la empresa debe calcular su "renta bruta" de acuerdo a las normas de la Ley; una vez fijada esa renta bruta, puede hacer de ella las deducciones que la Ley le permite a los efectos de obtener su "enriquecimiento neto" y en consecuencia fijar el monto del impuesto que deberá pagar.

3) Cabe entonces esta pregunta: ¿Puede la operación de arrendamiento financiero inmobiliario general "cotos" para determinar la renta bruta y "deducciones" para obtener el enriquecimiento neto?

   a. *Costos*: La ley permite que, cuando el inmueble llegue a ser vendido se sume, al importe del bien, el monto de las mejoras y el de "los derechos de registro" (Artículo 35, parágrafo segundo, Ley de Impuesto sobre la Renta). El preciso efecto en el tiempo (cuando se venda el inmueble) no tiene probablemente otra repercusión fiscal sino al derecho de anotar, en la contabilidad, tanto el monto de las mejoras como el de los derechos de registro para su oportuna aplicación.

   b. *Deducciones*: La Ley permite como "deducción" sobre la renta bruta "una cantidad razonable" para atender dos finalidades: la depreciación de activos permanentes y la amortización del costo de "otros elementos invertidos en la producción de la renta". La Ley además permite "depreciar" los inmuebles invertidos como "activos permanentes en la producción de la renta".

Ahora bien, cuando una empresa arrendadora financiera adquiere un bien inmueble y lo destina al único fin que le es propio, o sea al arrendamiento financiero, que le producirá un enriquecimiento gravable, es indiscutible que tiene en su activo permanente un elemento, que en este caso es un inmueble, destinado a la producción de la renta gravable que le es propia.

Para determinar qué es la "producción de la renta" hay que analizar la actividad propia de cada contribuyente. En el caso de las empresas de arrendamiento financiero la producción de su renta la obtienen principalmente mediante operaciones de arrendamiento financiero mobiliario e inmobiliario. Para producir esa renta deben adquirir los bienes que darán en arrendamiento financiero. En el caso específico de los bienes inmuebles, el Legislador, en el Decreto 1.611 (Artículo 11) levanta la prohibición general para los Institutos de Crédito de adquirir bienes inmuebles y les permite hacerlo con el único fin de destinarlos al arrendamiento financiero.

Ese inmueble, adquirido así y para ese fin, tiene entonces dos características indiscutibles: una, que forma parte del activo permanente de la empresa y otra, que está destinado o invertido, por mandato de la Ley, en la producción de la renta que le es propia.

Resulta, por tanto, que tales inmuebles pueden ser objeto de "depreciación" en una cantidad razonable y que esa depreciación debe considerarse como una "deducción" para la obtención de enriquecimiento gravable de la empresa arrendadora financiera.

c. *Enriquecimiento neto*: La empresa financiera a los efectos de calcular el impuesto sobre la renta no puede apreciar cada operación de arrendamiento financiero inmobiliario como una individualidad, sino que tiene que tomar en cuenta la totalidad de las operaciones de su giro. La Ley venezolana, salvo para determinados casos, obliga a una consideración global del enriquecimiento neto del contribuyente.

En ese sentido debe el contribuyente, en este caso la empresa de arrendamiento financiero, considerar como "ingreso bruto" el monto total de las contraprestaciones financieras que durante cada ejercicio reciba de la contraparte en el contrato y apreciar, como "deducción" que se hará a su renta bruta, la cantidad razonable que determine para depreciar el inmueble objeto de la operación.

Aquí conviene formular algunas precisiones:

1) En el activo permanente de la empresa, el valor dado al inmueble objeto de la operación deberá en cada ejercicio fiscal, ser reducido en la cantidad que se fije como depreciación correspondiente a tal ejercicio. El valor dado al referido inmueble debe ser el costo de su adquisición según el respectico documento, el monto de las mejoras efectuadas en él por la empresa y el de los derechos de registro. No es seguro que la Administración del Impuesto sobre la Renta admita que el valor sobre el cual se calcule la depreciación sea ese total, sino que muy probablemente sólo aceptará para esos efectos sumar al costo de adquisición el monto de las mejoras y sólo permita añadir el monto de los derechos de registro en el momento de la venta si ella llega a ocurrir.

2) La contraprestación dineraria debe abarcar, según el Artículo 2 de las "Normas" (Decreto 1.611) "amortización del precio, intereses, comisiones y recargos previstos en el contrato". El total de la contraprestación debe ir, como hemos dicho, a "ingresos brutos" de la empresa, pero la contabilidad necesita hacer las distinciones necesarias para determinar claramente la parte del capital que está ya amortizada y la que falta por amortizar, el monto de los intereses respectivos y la cantidad que por concepto de "comisiones y recargos" se fuere pagando. Es posible que estos últimos dos conceptos estén previstos para ser pagados por el arrendatario de una vez o en menos ejercicios fiscales de los que corresponden al tiempo de duración del contrato.

3) Es importante advertir que resulta perfectamente posible a los efectos fiscales, colocar el valor del inmueble en una "cuenta de orden" y ubicar, en el actico de la empresa arrendadora financiera, la cantidad utilizada para adquirir ese inmueble más sus intereses y proceder entonces, no a depreciar el inmueble, sino a amortizar, anualmente, el monto total de la inversión (capital más sus intereses). En ese caso la "cuenta de orden" correspondiente debe ser ajustada, en cada ejercicio, de modo que corresponda exactamente al monto no amortizado de la inversión. En esa forma se considera la inversión hecha (capital más sus intereses) como "elemento invertido en la producción de la renta" a tenor de lo previsto tanto en el numeral 5° del Artículo 39 de la Ley de Impuesto sobre la Renta, como el Artículo 63 del Reglamento respectivo.

El resultado que aplique un sistema u otro desde el punto de vista fiscal es el mismo.

Por parte del arrendatario financiero, la celebración del contrato obliga al pago periódico de una contraprestación dineraria en la forma que se ha ya comentado.

Esos pagos son deducibles por él de su renta bruta, ya que plenamente caen dentro del concepto de "gasto normal y necesario, hecho en el país con el objeto de producir la renta" (Artículo 39, numeral 22 de la Ley de Impuesto sobre la Renta), sin que pueda ser objetada en ningún caso por proceder en tal forma.

Ahora bien, la evolución del contrato puede llevar a que el bien inmueble, por cualquiera de las circunstancias previstas en el contrato, quede en el patrimonio de la empresa financiera o pase al patrimonio del arrendatario financiero al ejercer éste la opción de venta que le fue otorgada. En tales casos hay otras consecuencias fiscales:

a) *Permanencia del bien en el patrimonio del arrendador financiero*

Esta situación no repercute fiscalmente en el arrendatario financiero, pero sí en el arrendador financiero.

Si el monto de la inversión hecha por él no llega a ser totalmente amortizado, ese saldo será para el arrendador el "costo" que podrá deducir al vender el inmueble a otra persona y ese costo se tomará además en cuenta como "valor" para los efectos previstos en el Artículo 160 de la Ley General de Bancos y otros Institutos de Crédito.

b) *Pase del bien al arrendatario financiero*

En el caso de que, conforme al contrato, el bien que sea adquirido por arrendamiento financiero ingrese a su patrimonio por el valor de rescate (el precio fijado en el contrato) mantendrá derecho a efectuarle ningún añadido ni a incrementarlo por los pagos ya hechos con anterioridad al arrendador financiero.

Debo mencionar que los criterios anteriores coinciden con los que fueron expresados por el ciudadano Ministro de Hacienda al ser consultado sobre el régimen fiscal aplicable a los arrendamientos financieros y expresar la opinión de su Despacho en Oficio número H-268 de fecha 4 de mayo de 1982 dirigido a la Asociación Bancaria de Venezuela.

Desde el punto de vista fiscal municipal y para la mayoría de las Municipalidades, el pago que recibía la empresa arrendadora financiera como contraprestación dineraria constituye un "ingreso bruto" utilizable para el cálculo del impuesto municipal denominado "Patente de Industria y Comercio".

XI. PREVISIÓN MISCELÁNEA EN EL CONTRATO

PRIMERA: *Las mejoras*

Es posible que durante la vigencia del contrato se ejecuten o instalen mejoras en el inmueble objeto del mismo. Tales mejoras pueden haber sido del cargo de cualquiera de las partes y repercuten en la ejecución del contrato y sobre todo en caso de ejercicio de la opción de venta.

a) Mejoras efectuadas o instaladas por el arrendatario financiero: Con respecto a ellas pueden advertirse que, en caso de ser ejercida la opción, el precio o valor de tales mejoras no debe formar parte de la cantidad que pague el arrendatario financiero al arrendador, puesto que éste nada erogó para ese fin. Ahora bien, de no ser ejercida la opción, las mejoras deben quedar en beneficio del arrendador a no ser aquéllas que pueden ser separadas del inmueble sin causarle daño.

Es posible sin embargo que las partes, en casos concretos y tomando en cuenta determinadas circunstancias particulares, estipulen convenios diversos o pacten otras convenciones, que podrían ser:

1) La prohibición de introducir mejoras in consentimiento del arrendador financiero.

2) La prohibición al arrendatario financiero de retirar las mejoras que hubiere efectuado aun en el caso de no ejercer la opción.

b) Mejoras efectuadas por el arrendador financiero: Es posible que las partes convengan en que, durante la vigencia del contrato, el arrendador financiero ejecutará a su cuenta y cargo determinadas mejoras en el inmueble objeto del contrato. En ese caso resulta necesario que el precio o valor de tales mejoras sea tomado en cuenta para determinar, tanto el monto de las contraprestaciones dinerarias que deberán ser ajustadas a partir de la fecha de ejecución de las mejoras, como el monto por el cual el inmueble podrá ser adquirido por el arrendatario financiero.

SEGUNDA: *Cambio de destino urbanístico del inmueble*

Un inmueble tiene, como único destino de uso, el que le permiten las ordenanzas municipales o, en algunos casos las leyes nacionales, y que toma en cuenta su ubicación, superficie, medidas, inclinación, naturaleza del suelo y otros factores y puede ser para vivienda (uni o multifamiliar), comercial, industrial, cultural, oficial, etc. Con tales factores se determinan los porcentajes de ubicación de lo construido con respecto a la superficie, el volumen de construcción, altura de la misma, características técnicas, medidas de seguridad, previsiones sanitarias y en algunos casos hasta tipo arquitectónico de construcción.

El contrato de arrendamiento financiero debe tomar en cuenta la situación urbanística del inmueble para determinar el uso que puede hacerse de él por parte del arrendatario financiero.

Pero es posible que durante la vigencia del contrato se operen cambios en las normas urbanísticas. Si tales cambios no hacen impropio, jurídicamente, el uso que el inmueble viene teniendo según el contrato, el contrato en nada se afecta pues no podría ninguna de las partes imponer a la otra una variación sustancial del objeto de un contrato que bien puede ser obtenido. Situación diferente se produce cuando el nuevo destino urbanístico del inmueble imposibilita su uso para el destino que viene teniendo. Esta situación debe ser prevista por las partes para determinar si debe o no ser causa de resolución del contrato por ser imposible la obtención del objeto contractual y si en ese caso el arrendatario podrá ejercer todavía la opción de venta que se le dio. Esto último es tanto más importante cuanto que el valor que adquiera el inmueble por causa de la nueva regulación urbanística generalmente es superior al que antes tenía. En muy pocos casos una nueva regulación urbanística reduce el valor de los inmuebles a que afecta.

TERCERA: *Garantías colaterales*

Hay que destacar que el arrendador financiero, para la negociación de arrendamiento financiero, debe efectuar una inversión de fondos que necesita recuperar. Normalmente lo hace mediante el recibo de los pagos de las contraprestaciones dinerarias que el arrendatario financiero se obliga a cancelar y que reembolsan el capital, pagan intereses y compensan gastos y recargos previstos en el contrato.

No está en su interés permanecer como propietario del inmueble adquirido por él para darlo en arrendamiento financiero, puesto que la Ley no le permite realizar con ese inmueble ninguna otra operación.

Resulta por lo tanto importante que, en determinados casos, el contrato estipule, en beneficio del arrendador financiero, ciertas garantías que aseguren el cumplimiento de las obligaciones de pago asumidas por el arrendatario financiero.

Tal estipulación no es por tanto contraria ni incompatible con el mecanismo fundamental del contrato, sino que lo complementa en forma que puede facilitar su adecuada ejecución.

La escogencia de los tipos de garantías es problema de cada caso que no puede ser objeto de consideraciones especiales. Conviene precisar que en el caso de constituirse fianzas mediante las cuales alguien (fiador) pagará por el arrendatario financiero de no hacerlo éste, es conveniente determinar si al darse esa situación no sólo el fiador, que ha pagado, se subroga en todos los derechos del acreedor (arrendador financiero) contra el deudor sino si es o no conveniente que se subrogue, por el hecho del pago, en los derechos del deudor (arrendatario financiero) derivados del contrato, especialmente en el ejercicio de la opción de venta. De llegarse a ese pacto deberán las partes precisarlo con detalle para prevenir situaciones irregulares o indebidas.

CUARTA: *Previsiones para el caso de ejercicio de la opción*

La naturaleza del contrato de arrendamiento financiero inmobiliario obliga a las partes a establecer ciertas previsiones aplicables en el caso de que el arrendatario financiero ejerza la opción de venta.

Estas previsiones se fundamentan en la circunstancia especial de haber sido adquirido el inmueble por el arrendador a propuesta del arrendatario financiero y para el uso de él mismo. Tales factores determinan que él debe tener un conocimiento pleno del inmueble objeto de la operación y por tanto la venta que se le pueda hacer en el futuro conforme al contrato, tiene que ser ajustada a esos conocimientos.

UNO: Siendo así que el arrendatario financiero consideró que el inmueble objeto del contrato era "propio" para el uso al cual él quería destinarlo, no puede alegar, al adquirir la propiedad, que el arrendador financiero, como vendedor, quede obligado al "saneamiento" por vicios de la cosa que pudieran hacerla "impropia" para el uso al cual está destinada o que disminuyeren su uso hasta hacer desistir de la operación. El pacto de venta debe por lo tanto liberar al arrendador financiero-vendedor de toda obligación de saneamiento por vicios de la cosa de la naturaleza mencionada.

DOS: El arrendatario financiero, durante la vigencia del contrato, debe haber conocido todos los posibles vicios aparentes del inmueble y por tanto el arrendador financiero debe ser excusado de toda responsabilidad por el particular.

TRES: El arrendador financiero, al ser liberado de la obligación de saneamiento, debe ser excluido expresamente de toda responsabilidad por posibles vicios ocultos del inmueble, distintos de aquellos referidos o mencionados en el número UNO anterior.

CUATRO: Hay que convenir expresamente en que, el hecho de que el arrendador financiero-vendedor hubiere conocido posibles vicios del inmueble no lo hace incurrir en responsabilidad alguna por ellos, atendiendo al hecho de que la escogencia de tal inmueble fue hecha por él solo a indicación del arrendatario financiero cuando formuló la propuesta del negocio.

CINCO: De darse el caso de perecimiento parcial del inmueble por vicios o defectos de la misma clase de que se viene hablando y que debieron haber sido conocidos por el arrendatario financiero adquirente, no debe haber obligación alguna del arrendador financiero de restituir el precio.

SEIS: El arrendador financiero debe estar libre de toda obligación de responder por evicción y por defectos o falta en la cabida sin que por tales razones el precio quede alterado.

SIETE: El arrendatario financiero, por haber sido el usuario del inmueble durante la vigencia del contrato, debe recibirlo, al serle traspasada la propiedad, en el estado en que se encuentre que se debe presumir a su satisfacción.

OCHO: El arrendatario financiero, al proponer el negocio en su integridad, debe haber conocido, estudiado y aceptado como buenos los títulos de propiedad del inmueble en el cual se señalen sus características jurídicas sin poder imputar responsabilidad alguna al arrendador por cualquier defecto en tales títulos o por la existencia de esas características o sus consecuencias. Se entenderán como "características" a esos efectos la existencia de servidumbres, censos, medianerías y otras situaciones similares.

Hay que hacer notar que estas previsiones deben ser adoptadas expresamente en el contrato a fin de evitar la aplicación de normas legales que las hagan negatorias.

XII. INTERPRETACIÓN INTEGRAL DEL CONTRATO

El contrato de arrendamiento financiero inmobiliario, por su complejidad, debe ser interpretado, aplicado y ejecutado siempre de manera integral y en ningún caso mediante criterios parciales.

Esa interpretación integral obliga a:

Primero: Hay que considerar siempre que el arrendatario financiero tiene el derecho, pero no el deber, de adquirir la propiedad del inmueble objeto del contrato: ni la ley ni el contrato pueden obligarle a esa adquisición que queda plenamente sometida a su libre arbitrio, desde luego que dentro de las previsiones de tiempo fijadas en el contrato. Por tal razón, en caso de no ejercer ese derecho no queda obligado a ninguna reparación al arrendador financiero.

Segundo: El arrendador financiero tiene el deber de vender, también dentro de las previsiones del contrato y si no cumple esa obligación, debe indemnizar a la otra parte.

Tercero: El contrato de arrendamiento financiero no se rige por las normas legales, de cualquier especie o rango, que regulan el contrato de arrendamiento. Así lo dispone expresamente el Artículo 19 de las "Normas" contenidas en el Decreto 1.611. Por tanto, es necesario:

a) Aplicarle sólo las disposiciones legales que le son propias y que están contenidas tanto en el Decreto 1.611 como en las disposiciones que dicte la Superintendencia de Bancos en ejercicio de las potestades que le asigna el Artículo 3° de ese Decreto.

Estas disposiciones se deben referir a las "condiciones mínimas" que contendrá el contrato y a los plazos máximos de su duración.

b) Pactar por libre negociación de las partes aquellas estipulaciones que no correspondan a normas legales.

c) Respetar las normas legales, reglamentarias y administrativas que sean aplicables a esa negociación y que pueden estar vigentes, tal como sería el caso de las disposiciones fiscales, de las de orden laboral, de las adoptadas por el Banco Central de Venezuela respecto a los Institutos de Crédito, etc.

Cuarto: Siendo así que en el país no existe mayor experiencia sobre la materia, posiblemente es aconsejable que, al menos en una primera etapa, las partes acuerden que las diferencias que puedan surgir entre ellas por causa del contrato sean resueltas mediante un sistema sencillo de árbitros arbitradores para así poder ir adoptando la práctica del arrendamiento financiero inmobiliario a las condiciones del mercado.

Una disposición semejante, adoptada en forma general, evitará en el futuro al Legislador tener que recurrir al procedimiento previsto en la legislación sobre empresas aseguradoras que faculta al Superintendente de Seguros para actuar como árbitro arbitrador en ciertas diferencias surgidas de contratos de seguros (Artículo 17 de la Ley de Empresas de Seguros y Reaseguros).

XIII. El equilibrio financiero del contrato

En la esencia del contrato de arrendamiento financiero hay que encontrar la necesidad de un cierto equilibrio, muy delicado, de carácter estrictamente financiero, que debe orientar a las partes en la negociación y ejecución del contrato.

En virtud de ese equilibrio cada una de las partes debe desempeñar la posición financiera contractual de la otra parte y, por tanto:

Primero: El arrendamiento financiero tiene derecho a que el inmueble entre a su patrimonio por el precio fijado en el contrato sin que se pueda ser obligado a pagar una mayor cantidad en virtud de aumentos en el valor de ese inmueble debidos a cualquier circunstancia.

Segundo: En todo momento, durante la vigencia del contrato, que se produzca para el arrendador financiero un ingreso total equivalente al precio convenido del inmueble, ya sea por pagos del arrendatario, indemnizaciones de aseguradores, pagos hechos por ocupantes en los casos de expropiación, etc., se debe traspasar la propiedad al arrendatario financiero, a menos que éste se niegue a recibirla.

Tercero: El arrendador financiero tiene derecho a recuperar la totalidad de su inversión, es decir, su capital, sus intereses, sus comisiones y otros recargos y costos que el contrato hubiere fijado. Hay que tomar en cuenta que el hecho de ser propietario del bien inmueble hasta su traspaso del arrendatario no le afecta en su derecho de recibir los pagos fijados. De allí la estipulación posible de garantías de ese pago. Nótese bien que, la actividad del arrendador financiero como instituto de crédito no es la de lucrar con el inmueble sino la de obtener el rendimiento de los fondos invertidos en la operación.

XIV. Carácter "*intuito personae*" o no del contrato

Parece necesario que se le dé al contrato de arrendamiento financiero mobiliario el carácter de "*intuito personae*" porque generalmente es celebrado tomando en cuenta la persona del arrendatario financiero cuyas condiciones fueron analizadas para examinar su capacidad de pago, tipo de actividad y sobre todo confianza que genera en el arrendador financiero para confiarle el uso de bienes que pueden ser de importante valor. Estos bienes suponen frecuentemente cierta posibilidad de traslado que disminuyen la seguridad de la operación y obligan a la exigencia de garantías colaterales a que hacemos alusión en otra sección de este estudio.

Cuando se trata de bienes inmuebles el problema cambia, ya que no se podrá, por parte del arrendatario financiero, ejecutar ningún acto que ponga en peligro, sustancialmente, la existencia del bien arrendado financieramente. De allí que sea menos importante exigir que el arrendatario sea siempre el mismo y que no pueda ser sustituido por otra persona.

No es posible, sin embargo, establecer normas generales sobre el particular y bien puede ser aconsejable con determinadas circunstancias, no para asegurar la integridad y estabilidad del bien arrendado, sino para tener mejor garantía de cumplimiento de las obligaciones de pago de la contraprestación, estipular que el contrato sea "*intuito personae*" y no se permita la sustitución de la persona del arrendatario financiero sin el conocimiento y consentimiento del arrendador financiero.

XV. NOTAS COMPLEMENTARIAS

PRIMERA: El derecho de uso

El derecho de uso que adquiere el arrendatario financiero por causa del contrato participa:

a) De las características propias del "uso" previsto en los Artículos 624 a 631 del Código Civil, y en consecuencia puede tomar los frutos del inmueble, debe gozar de ese derecho como un buen padre de familia, debe pagar las contribuciones a que esté sujeto el inmueble y no puede cederlo sin previa convención contractual. Debe ser liberado de toda obligación de inventario.

b) De las características propias del derecho de servirse de la cosa para el fin determinado en el contrato.

c) Es posible también sostener que la posición del arrendatario financiero mobiliario supone para él, durante la vigencia del contrato que será titular de todos los derechos de "uso" características de la propiedad conforme al Artículo 545 del Código Civil y que no estén prohibidos por normas contractuales o disposiciones legales.

Esta posición se puede fundamentar en la naturaleza propia del contrato en el cual se mezclan la posición del arrendatario ordinario con la del titular de un derecho, que será de propiedad si así lo desea él mismo.

SEGUNDA: *La facultad de inspección*

El arrendador financiero debe, contractualmente, estar facultado para inspeccionar el inmueble del contrato en una forma similar a la que la Ley atribuye a los Bancos Hipotecarios respecto a las propiedades que le están hipotecadas (Artículo 36 de la Ley General de Bancos y otros Institutos de Crédito). Tal facultad es necesaria para constatar el estado de los bienes objeto del contrato y las posibles alteraciones que puedan haber sufrido y debe ser ejercida en forma prudente, que no entrabe ni perjudique la actividad del arrendatario financiero.

TERCERA: *Gastos de la operación*

Ha sido práctica mercantil que todos los gastos de una operación financiera corren por cuenta, no de la entidad bancaria sino de la otra parte. Estos gastos en ningún caso pueden comprender el pago del impuesto sobre la renta que corresponda al arrendador financiero pues lo prohíbe la Ley, pero sí todo otro como, por ejemplo, gastos o derechos de registro, contribuciones e impuestos que pechen el inmueble, etc.

Estos gastos no deben ser reembolsables por el arrendador al arrendatario y sí son para el arrendatario financiero deducibles para el cálculo de su renta neta gravable.

VII
ACTUACIÓN JUDICIAL

LA REPÚBLICA DE VENEZUELA

EN SU NOMBRE

LA CORTE SUPREMA DE JUSTICIA

EN SALA POLÍTICO-ADMINISTRATIVA

Vistos con los informes de las partes. En escrito de fecha 3 de agosto de 1959, la Nación venezolana, por medio de sus representantes legales, demandó a las firmas mercantiles Alarcón Hermanos Sucesores, C.A., domiciliada en la ciudad de Rubio, Distrito Junín del Estado Táchira y a C.A. Beco, Sucesora de Blohm y Cía., domiciliada en Caracas, para que convinieran o en caso contrario a ello fuesen condenadas por el Tribunal en lo siguiente:

1°) Que el fundo «Paiba», debidamente identificado en autos, es el mismo que fue cedido en 1825 como pago de haberes militares al Teniente de Caballería Cecilio Rincón, según consta de escritura registrada en la Prefectura Departamental del antiguo Cantón de Pedraza en el año de 1876, bajo el N° 19, a los folios del 30 al 34.

2°) Que de acuerdo con las medidas indicadas en la escritura que se cita en el pedimento anterior y en el croquis anexo marcado «V», la extensión del fundo «Paiba» es de mil setecientas siete hectáreas con setenta y dos áreas y veintiocho centiáreas.

3°) Que los terrenos que se encuentran fuera de los linderos señalados en la escritura en el pedimento primero son terrenos baldíos.

4°) Que, en consecuencia, convengan en entregar y efectivamente entreguen a la Nación venezolana en concepto de baldíos, todos los terrenos que actualmente ocupan fuera de los linderos y medidas señaladas en la escritura citada en el pedimento primero que antecede.

Junto con el libelo fueron producidos, en copias certificadas, veinte documentos, distinguidos con las letras B, C, D, E, F, G, H, I, J, K, L, M, N. O, P, Q, R, S, T y V, que contienen operaciones relacionadas con los terrenos denominados «Paiba» o «Hato Paiba» y un croquis marcado «V» donde indica las medidas y extensiones del «Hato Paiba», todo en cincuenta y dos folios útiles.

Como consecuencia del análisis que se hace en el libelo de los referidos documentos, concluye la parte demandante:

1°) Que los actuales propietarios del fundo «Paiba» son las firmas mercantiles Alarcón Hermanos Sucesores, C.A., y C.A. Beco, Sucesora de Blohm y Cía., ya mencionados.

2°) Que el documento original de la adjudicación del terreno en las sabanas de «Paiba» a Cecilio Rincón en el año de 1825 (Documento «B»), expresa el alcalde pedáneo José María Torres, que hizo «la mensura por travesía en el plan de la sabana del lado Norte que se fijó por linderos una mata que llamó *El Tampacal*, tirando otra cuerda línea recta al lado del Sur, que se fijó segundo lindero la mata de la Tigra, que está en la costa del río Suripa, resultaron veintidós cuerdas y de aquí tirando la cuerda por el largo al lado del Sur, hasta llegar al fin de la sabana arriba que se fijó por lindero de la mata de Paují, arriba, hasta encontrar con las montañas de Curitos, que se fijó por linderos, resultaron treinta cuerdas y de aquí siguió la mensura por el costado del Norte línea recta hasta encontrar el primer lindero, resultaron noventa y cinco cuerdas».

3°) Que, al promediar los lados opuestos del polígono irregular de la mensura, resulta correcta la estimación que hizo el Fiscal de que la superficie en tierra adjudicada a Cecilio Rincón de las sabanas de «Paiba» constaba de 2.444 fanegas.

4°) Que como cada fanegada es un cuadro de cien varas por lado, equivalente a hectáreas 0,6987, la extensión del fundo «Paiba» según el título referido, alcanza a 1.707 hectáreas con 62 áreas y 28 centiáreas.

5°) Que en todos los documentos de transmisión de propiedad sobre las tierras antes mencionadas realizados en el siglo pasado y en el presente, se han fijado los linderos de acuerdo con los puntos del documento matriz, o sea, la mata del Tampacal, la de la Tigra que está a la costa del río Suripa, la mata del Paují y las montañas o sitio de Curitos.

6°) Que todos los documentos de las enajenaciones realizadas por los herederos de Cecilio Rincón refieren el origen de los derechos que les correspondían en las tierras de Paiba a título de adjudicación de las mismas, otorgado a su causante Cecilio Rincón, de fecha 7 de diciembre de 1825.

7°) Que en documento registrado en Ciudad Bolivia el 29 de noviembre de 1882 (Documento «E»), por el cual Francisca Rincón, como heredera de su padre Cecilio Rincón, y Ruperto y Zoila Florinda Rincón, como heredera de su hermano Fabio Rincón, y también de su padre Cecilio Rincón, venden a Eulalio Molina la parte de sabana de cría y labor que les correspondía en el sitio «Paiba», Municipio Santa Bárbara, dicen los vendedores que hubieron los derechos en el terreno, por herencia de su padre, a quien le había sido adjudicado el terreno en Achaguas, en el año de 1825, por haberes militares, «según consta de la escritura que acompaña con trece folios, en la cual se encuentran los títulos de propiedad».

8°) Que en la escritura referida en el ordinal anterior aparecen descritos los linderos de la propiedad así: «por el plan de la sabana hacia el Norte una mata conocida con el nombre de Tampacal de esta línea recta hacia a dar (sic) a la mata llamada la Tigra, que está a la izquierda del río Suripa, y por la costa de éste, aguas arriba la mata llamada Paují y de aquí en línea recta de Sur a Norte el sitio que llaman Curitos».

9°) Que en ese mismo documento expresan los vendedores que la sabana de cría y labor de Paiba había sido adjudicada a su padre Cecilio Rincón el 7 de diciembre de 1825, como Teniente del Ejército Libertador, y que dichas tierras proindivisas tenían una superficie de cinco kilómetros o sea por la medida antigua de tres mil seiscientas fanegadas, equivalente a una legua castellana en la cual les correspondía a los vendedores los derechos que vendían al señor Molina.

10°) Que fue en un título muy reciente o sea, en el registrado el 22 de diciembre de 1943, bajo el N° 9 del Protocolo 1° en el que Telésforo Molina Garrido dio en pago a Pablo Guerrero, Marieta Verté de Molina y Carlos Santiago Cordero, todos los derechos que le correspondían en el Hato Paiba, quedando excluidos los derechos de su hermana Rita Molina de Espinoza, donde se dice por primera vez que el Hato Paiba estaba compuesto de una extensión de sabana de cría y montes, y asigna a éste (por su propia cuenta puesto que esto no estaba expresado en el título por el cual adquirió ni en ninguno de los anteriores) una superficie de 38.405 hectáreas y 3.325 metros cuadrados; así como tampoco, en ninguno de los títulos de sus causantes se había hablado de «montes», sino solamente de sabanas de cría y labor.

11°) Que es evidente que lo adjudicado al primer causante Cecilio Rincón fue exclusivamente sabana de cría, pues así aparece claramente establecido en varias oportunidades en el documento matriz de 1825, y principalmente en el informe de los peritos nombrados para avaluar dichos terrenos, quienes describen el terreno así: «fértiles sus pastos pero se inunda mucho de agua en el invierno y muy peligrosa y de verano muy seca, que no le queda agua, que es útil para criar, a orillas de un río navegable pero sin ningún comercio, sin más ventaja, que ser un potrero cerrado bueno para engordar, cuyo reconocimiento y relación conformamos haberlo hecho bien y fielmente según nuestras conciencias, en virtud del conocimiento que tenemos de sabana de cría».

12°) Que la mención hecha en el referido documento por el cual Telésforo Molina Garrido dio en pago todos los derechos que le correspondían en el Hato Paiba fue repetida en documentos posteriores hasta llegar a los actuales propietarios del Hato Paiba al decir que éste se compone también de bosques y tiene una superficie de 38.405 hectáreas y 3.325 metros cuadrados.

13°) Que la firma Alarcón Hermanos Sucesores, C.A., y C.A. Beco, Sucesores de Blohm y Cía., en razón de estas menciones que aparecen en sus títulos pretenden ser dueños de una considerable extensión de terrenos que se encuentran fuera de los linderos y medidas establecidas en el título matriz de 1825, y que, por tanto, no le pertenece.

14°) Que todos esos terrenos que se encuentran fuera de las medidas y linderos del fundo Paiba y sobre los cuales pretenden tener derecho de propiedad las firmas mercantiles nombradas, tenían y han tenido siempre el carácter de baldíos y forman parte de la «Reserva Forestal» de la «Selva de Ticoporo» conforme a la Resolución dictada por el Ministerio de Agricultura y Cría, en fecha 27 de junio de 1955, publicada en la Gaceta Oficial de la República de Venezuela N° 24.788, de fecha 6 de julio del mismo año.

15°) Que en dicha Resolución aparece la mencionada Reserva alinderada así: Norte, el camino que va desde la población de Santa Bárbara hasta la población llamada indistintamente Ciudad Bolivia o Pedraza, en el trayecto comprendido del Caserío nombrado

«Curitos» al curso del Caño Barro Amarillo; por el Este, en parte los terrenos nombrados «propios de Pedraza», separados por el Caño Barro Amarillo y en parte el río Anaco, a partir del lindero Sur de los «propios de Peraza» aguas abajo hasta su confluencia con el río Suripa; por el Sur, el expresado río Suripa, desde su confluencia con el río Anaco, aguas arriba hasta encontrar el lindero occidental de la posesión denominada Paiba; y por el Oeste, el mismo lindero occidental de la posesión Paiba hasta llegar al Caserío Curito, en el camino de Santa Bárbara, Ciudad Bolivia o Pedraza.

16°) Que los terrenos referidos no sólo tienen la condición de baldíos, sino que además son inalienables y, en consecuencia, imprescriptibles de acuerdo con lo pautado por el ordinal 1° del artículo 18 de la Ley de Tierras Baldías y Ejidos, toda vez que los referidos terrenos están cubiertos de bosques y contienen madera preciosa en cantidad apreciable.

17°) Que las menciones que aparecen por primera vez en el documento registrado el 22 de diciembre de 1948, bajo el N° 9 del Protocolo 1° (Documento «M»), según las cuales el fundo Paiba también está compuesto por montes y tiene una superficie de 38.405 hectáreas y 3.325 metros cuadrados, menciones éstas que se repiten en los documentos posteriores hasta los de los actuales propietarios de dicho fundo, pero que no aparecen en ninguno de los títulos de transmisión de dominios anteriores a 1943 carecen en absoluto de validez, no sólo porque de acuerdo con el título original de 1825, tales menciones son infundadas, sino porque toda la extensión de terrenos que cubierta por dicho título matriz, además de ser baldíos es inalienable, es decir, no susceptible de posesión legítima ni de prescripción y que tal prohibición existe en la Ley de la materia desde 1915.

18°) Que, por consiguiente, los terrenos que no estén comprendidos en la cabida y linderos del documento de 1825, no ha podido, en forma alguna, entrar en las enajenaciones que parten desde el mencionado documento del 22 de diciembre de 1943.

En la oportunidad legal, las demandadas dieron contestación a la demanda y pidieron que ésta se declarara inadmisible, por las siguientes razones:

a) Porque «la concesión por dación en pago fue hecha legalmente, como se reconoce en la demanda, nuestros mandantes poseyeron y poseen dentro de los linderos que se señalan en sus títulos; si hubo error en la medida, los linderos dentro de los cuales están encerrados los terrenos no dejan lugar a duda; nuestros mandantes adquirieron, uno en remate público y pagó el precio en atención a la superficie que se encuentra dentro de los linderos señalados en los carteles publicados para ese fin y en la certificación de gravámenes expedida por el Registrador; y el otro, pagó al comprador por un precio basado en ese mismo concepto».

b) «Porque de conformidad con el artículo 1.496 del Código Civil, cuando se afirma que es mayor la superficie comprendida dentro de los linderos que la fijada en el contrato (dación en pago) es exigir la diferencia de precio. Jamás puede intentar la acción reivindicatoria. Coincide este precepto con el artículo 18 de la Ley de Tierras Baldías y Ejidos de 1848 que concedió el derecho de reclamar la diferencia de precio. La acción para pedir la diferencia de precio caduca al año. Oponemos esta excepción de caducidad. Es de hacer notar el error de libelo cuando se hizo mención de mayor cabida dentro de los linderos, puesto que, en la escritura pública hipotecaria de 1932, se señaló el número de hectáreas realmente comprendida dentro de los puntos mencionados en los títulos. El croquis marcado con la letra «B» es inexacto y carece de mérito jurídico. Entre los puntos señalados en ese croquis con los nombres que se indican en los títulos de nuestros mandantes y en los de sus antecedentes, existe una superficie de 38.405 hectáreas y 3.325 metros cuadrados».

c) «Porque si, como se expresa en el libelo, las tierras de que se trata fueron baldías, es lo cierto que los causantes de nuestros representados y éstos, empezaron a gozar de las tierras comprendidas dentro de los límites señalados en el título de 1825, repetidos estos linderos en los títulos posteriores hasta la adquisición por nuestros mandantes; empezamos a gozarlas, repetimos, desde antes de la Ley de Tierras Baldías y Ejidos del 10 de abril de 1848; y por ello de conformidad con lo prescrito en el artículo 11 de la Ley vigente hoy, la Nación no puede reclamarla en su condición de administradora —Tierras comprendidas dentro de los linderos que indican los títulos de nuestros mandantes y los de los causantes de éstos, hasta llegar al título original de 1825, fueron adquiridas legítimamente, por títulos debidamente registrados antes de la actual Ley de Tierras Baldías y Ejidos; y no pueden ser por ello objeto de reclamación por parte de la Nación y de los Estados por prohibirlo el artículo 117 de dicha Ley. — La demanda es igualmente inadmisible por estas dos razones, y fundados en ellas, oponemos también la excepción de inadmisibilidad. A todo evento, oponemos la prescripción adquisitiva de diez años fundada en el artículo 1.979 del Código Civil, para lo cual unimos a la posesión de nuestros mandantes, basada en sus respectivos títulos, la de sus causantes, entre otros, Telésforo Molina, hijo, Carlos Froilán Molina Molina, Rita Molina de Espinoza, Eulalio Molina y Dominga Garrido de Molina, quienes ejercieron la posesión desde la fecha de sus respectivos títulos hasta que la entregaron junto con el otorgamiento en sus títulos, el 10 de febrero de 1956 y 27 de octubre de 1957, protocolizados todos en el Distrito Pedraza del Estado Barinas».

«La posesión de nuestros mandantes reconocida por la Nación al deducir la acción reivindicatoria hace presumir la anterior basada en sus títulos, como también la del doctor Juan José Alarcón hijo, quien adquirió de los Sucesores de Juan Nepomuceno Mora Guerrero, Marieta Verté de Molina y Ángel Betancourt; la de éstos y las de sus predecesores sucesivos, causantes los unos de los otros, Eulalio Molina, Dominga Garrido de Molina, Pablo Guerrero, Telésforo Molina, Carlos Santiago Cordero y Rafael Márquez oponemos la prescripción de la acción reivindicatoria de veinte años, como acción real que es, negatoria del derecho de entrar a discutir en juicio la propiedad que se pretende; oponemos, igualmente, la prescripción adquisitiva de veinte años, de los terrenos cuya reivindicación se pretende, basada en los títulos de nuestros mandantes y en las de sus causantes y en la posesión que han ejercido, oponemos igualmente, la prescripción de cincuenta años, a mayor abundamiento, a contar de 1825, el lapso durante el cual poseyeron los terrenos como propietarios, los causantes de nuestros mandantes y luego estos mismos. No es cierto que en los terrenos reclamados haya habido madera preciosa en cantidad apreciable, como lo establece de modo indubitable el Libro del Ministerio de Agricultura y Cría titulado *Recursos Agrícolas y Forestales del Estado Barinas*, trabajo realizado por el Consejo de Bienestar Rural del año de 1957, debemos hacer notar que el título de adjudicación otorgado al Teniente de Caballería Cecilio Rincón, que la Nación acompañó con su demanda no es original, es una copia sin mérito jurídico alguno, porque ha sido expedida de otra copia sin firma auténtica, como lo demuestra hasta la saciedad, el acto de inspección ocular que producimos».

Abierta la causa a pruebas, el representante de la Nación hizo valer nuevamente los documentos acompañados al libelo de la demanda y promovió además la prueba de experticia sobre los puntos señalados en el referido escrito. A los fines de la experticia, acompañó un informe rendido a la Oficina Nacional de Catastro, el 22 de agosto de 1960, por el ingeniero forestal Exio Santaromita.

En escrito presentado el 7 de marzo de 1963 ante el Tribunal *a quo*; los apoderados de las Compañías demandadas promovieron su prueba en el orden siguiente:

1°) Testimonial de los ciudadanos Juan José Contreras, Lucindo Pereira, Pablo Benito Urquiola, Cipriano Márquez, Napoleón Rosales, Ernesto Molina Oliveros, José Rafael Márquez, Hilarión Castillo, Juan Pablo Albornoz, Erasmo Dávila, Rafaela Campo de Castillo, Josefa María Marvez de Márquez, Noé Foero Rusi y Telésforo Molina, domiciliados en el Municipio Santa Bárbara, Distrito Pedraza del Estado Barinas; Carlos Narciso Nieves y José Ángel Betancourt, domiciliados en Barinas, Distrito Barinas del Estado Barinas; José Ramón Castillo, Ana María Rosales M. de Vegas y Flor Vivas Rosales de Aguilar, domiciliados en Ciudad Bolivia, Distrito Pedraza del Estado Barinas; Rafael Antonio Garrido Villasmartín y Sergio Espinoza Molina, domiciliados en Aramendi, Distrito Páez del Estado Apure; Jesús María Herrera, domiciliado en Tovar, Estado Mérida; doctor José María Uzcátegui y Juan de Dios Ajelvis, domiciliados en San Cristóbal, Estado Táchira.

2°) Exhibición por parte de la Nación venezolana del acta o actas levantadas con motivo de la mensura y fijación de botalones para la determinación de las reservas forestales del Ticoporo, realizado en los años de 1925 y 1954 por determinación del Ministerio de Agricultura y Cría.

3°) Presentación de un ejemplar de la Gaceta Oficial de la República de Venezuela N° 24.788, de fecha 6 de julio de 1955.

4°) Inspección ocular para dejar constancia de los hechos y circunstancias que se señalan en la promoción respectiva.

5°) Inspección ocular en la Oficina Subalterna de Registro del Distrito Pedraza del Estado Barinas para dejar constancia de los hechos y circunstancias que se señalan en la promoción respectiva.

6°) Presentación de treinta y un guías de circulación expedidas por el Ministerio de Agricultura y Cría para la movilización de maderas blandas en las montañas del Hato Paiba.

7°) Copia certificada de un documento protocolizado en la Oficina Subalterna de Registro del Distrito Pedraza del Estado Barinas, en trece de octubre de mil novecientos treinta y dos, bajo el número 1° del Protocolo Primero.

8°) Testimonial del señor John Simmons, domiciliado en Caracas.

9°) La obra denominada *Recursos Agrícolas y Forestales del Estado Barinas*, editado por el Ministerio de Agricultura y Cría, Dirección de Recursos Naturales Renovables.

10°) Un mapa del Estado Barinas ubicado por la Oficina Técnica de la Dirección Forestal del Ministerio de Agricultura y Cría.

11°) Copia de un aviso publicado por el Ministerio de Agricultura y Cría en la edición correspondiente al 7 de febrero de 1961 del diario *El Universal*.

12°) Dos (2) ejemplares más del mapa marcado «A» que acompañaron a su escrito de pruebas para facilitar el envío a los diferentes Tribunales comisionados para evacuar la prueba en que se pide la exhibición de dichos mapas.

Con fecha primero de abril de mil novecientos sesenta y cuatro, el Juzgado Segundo de Primera Instancia en lo Civil de la Circunscripción Judicial del Distrito Federal y Estado Miranda, constituido con Asociados, dictó sentencia declarando con lugar la demanda intentada por la Nación contra la sociedad mercantil Alarcón Hermanos del Estado Táchira y contra C.A. Sucesora de Blohm y Cía., domiciliada en Caracas, en los términos siguientes:

1°) Que el fundo «Paiba», propiedad de las demandadas, es el mismo que fue cedido en 1825 como pago de haberes militares al Teniente de Caballería Cecilio Rincón, según consta de documento protocolizado en la Oficina Subalterna de Registro del Distrito Peraza del Estado Barinas, el 17 de junio de 1957, bajo el N° 40, folios 30 al 34 del Protocolo Primero Adicional, comprendido dentro del alinderamiento que en dicho documento se expresa y con la cabida de dos mil cuatrocientos cuarenta y cuatro fanegadas, equivalente a un mil setecientas siete hectáreas con sesenta y dos áreas y veintiocho centiáreas, siendo baldíos los terrenos que quedan fuera de este alinderamiento; y

2°) Que las compañías demandadas deben entregar a la Nación venezolana, en concepto de baldíos, todos los terrenos que ocupan fuera de los linderos señalados en el documento público antes citado en el ordinal 1°, terrenos que se precisan en la diferencia entre la superficie de un mil setecientas siete hectáreas con sesenta y dos áreas y veintiocho centiáreas que corresponde a las demandadas y la superficie de treinta y ocho mil cuatrocientas cinco hectáreas y tres mil trescientos veinticinco metros cuadrados, señalada por las demandadas, en su contestación a la demanda y determinada por ellas en el plano que marcado «A», acompañaron a su contestación.

Apelaron contra dicha sentencia los apoderados de la demandada, en escrito de fecha siete de abril de mil novecientos sesenta y cuatro, en el cual expusieron:

Primero: «La demandante no ha llegado a comprobar la situación en el terreno de los puntos determinantes de los linderos; Mata de Paujil, sitio Curitos, Mata de Tampacal y Mata la Tigra, como lo expresa en su libelo. Por el contrario, las demandadas han demostrado la situación en el terreno de dichos puntos, conforme a lo alegado por ellas y a la posesión que han venido ejerciendo. Por tanto, es un grave error de la sentencia condenar a las demandadas y entregar los terrenos que se encuentran fuera de los límites».

Segundo: «Al invocar nosotros las prescripciones de diez, veinte y cincuenta años, y la prescripción de la acción real, señalábamos las respectivas posesiones de nuestras mandantes, unidas a las de los causantes anteriores, cuyos títulos aparecen en el expediente presentado por la Nación en su libelo de la demanda. Al haber sido presentados por la Nación, se hacía innecesario que los presentáramos igualmente las demandadas».

Tercero: «Si dentro de los puntos señalados Mata Paujil, sitio Curitos, Mata de Tampacal y Mata la Tigra, hay una superficie mayor, la Nación no puede reivindicar, sino ejercer el derecho que señala el Código Civil. Al Teniente de Caballería Cecilio Rincón se le hizo una adjudicación por dación en pago, lo que es asimilable a la venta. Grave error de la sentencia al decir lo contrario».

Cuarto: «La posesión de las demandadas, probada en el curso del juicio, está corroborada con el embargo verificado para el remate de la finca. La sentencia considera a las demandadas como simples detentoras».

El nueve de abril de mil novecientos sesenta y cuatro el apoderado de la Nación compareció ante el Tribunal sentenciador y expuso: «Por cuanto en la anterior sentencia de fecha primero de abril de mil novecientos sesenta y cuatro, se eximió del pago de las costas a las demandadas, firmas mercantiles Alarcón Hermanos Sucesores C.A. y C.A. Beco, Sucesora de Blohm y Cía., en nombre de mi representada la Nación venezolana, apelo formalmente, para ante la Corte Suprema de Justicia en Sala Político-Administrativa de la referida sentencia, en lo que se refiere a la no condenatoria en costas a las demandadas».

Oídas en ambos efectos las anteriores apelaciones por el Tribunal *a quo*, fue remitido a la Corte del expediente respectivo con oficio N° 126, de fecha 13 de abril de 1964.

En la audiencia del 15 de abril de 1964, se dio cuenta en Sala, se designó Ponente al Magistrado que con tal carácter suscribe este fallo y se fijó la quinta audiencia para comenzar la relación, la cual terminó en diez y ocho de junio de mil novecientos sesenta y cuatro, fijándose la sexta audiencia a las 11 y 30 a.m. para el acto de informes, al cual concurrieron los apoderados de las partes.

En audiencia del día 15 de febrero de 1966 el Magistrado Presidente de la Sala, Dr. José Manuel Padilla, expresó en el expediente, que por sus vínculos de amistad personal y familiar con el Dr. Carlos Morales, apoderado de una de las partes, se veía obligado a inhibirse de conocer este procedimiento. Explicó haber hecho tal exposición en dicha oportunidad por la multiplicidad de trabajo existente en la Corte y fundamentó su decisión de inhibirse en la causal décima del artículo 105 del Código de Procedimiento Civil en relación con el artículo 106 *ejusdem*. En fecha 23 de febrero de 1966 el Magistrado Vicepresidente de la Sala declaró con lugar la inhibición del Dr. José Manuel Padilla y ordenó la convocatoria del Conjuez respectivo, que resultó ser el Dr. Tomás Polanco A. Hecha la convocatoria dicho Conjuez aceptó formar parte de la Sala Accidental que habría de conocer de este juicio, en vista de lo cual se reconstituyó la Sala, en 7 de marzo de 1966, bajo la Presidencia del Magistrado Dr. José Gabriel Sarmiento Núñez, Vicepresidente Dr. Saúl Ron y los Magistrados Dres. Jonás Barrios E. y Miguel Ángel Landáez, y el Conjuez Dr. Tomás Polanco A. Se designó Secretario de la Sala Accidental al Dr. Enrique Sánchez Risso y Alguacil al ciudadano Juan Ramón Sánchez Silva. Se dispuso además que el Conjuez Dr. Tomás Polanco A. hiciera relación individual de la causa, conforme al artículo 47 de la Ley Orgánica de la Corte Federal. Terminada dicha relación individual y habiéndose ya dicho «Vistos» pasa la Corte a decidir el pleito a cuyo efecto estima pertinente analizar separadamente las diferentes cuestiones planteadas por las partes.

PRIMERA PARTE

Cuestión previa planteada por la demandada: la reposición de la causa al estado en que el Juez de Primera Instancia dicte nueva decisión

Las compañías demandadas han solicitado la reposición de la causa con base en las siguientes razones expuestas ante la Corte por sus apoderados:

a) por haber considerado erróneamente, el fallo apelado, la prescripción opuesta por las demandadas contra la Nación;

b) porque dicha sentencia no precisa el lugar donde se encuentran los terrenos que ordena entregar a la Nación en concepto de baldíos;

c) porque la sentencia juzgó innecesario examinar, y por tal motivo no los consideró, los testimonios, experticia y permisos para la movilización de maderas, promovidos por las demandadas;

d) porque habiéndose opuesto las respetivas prescripciones de 10, 20 y 50 años, fundadas en la posesión de las demandadas y de sus causantes, la sentencia de primera instancia deja sin examinar la prueba de testigos y la documental que corre en autos, presentadas por la actora, relativa a los causantes señalados por los apoderados de las demandadas.

A este respecto, se observa:

Dispone el artículo 162 del Código de Procedimiento Civil que «toda sentencia debe contener decisión expresa, positiva y precisa, con arreglo a las acciones deducidas y las excepciones o defensas opuestas, condenando o absolviendo, en todo o en parte, nombrando la persona condenada o absuelta y la cosa sobre que recae la condenación o absolución, sin que en ningún caso pueda absolverse de la instancia».

También contendrá los fundamentos en que se apoye; y se considerará viciado el fallo: «por faltar las determinaciones ordenadas en la primera parte de este artículo; por haber absuelto de la instancia; por resultar la sentencia de tal modo contradictoria que no pueda ejecutarse o no aparezca que sea lo decidido y cuando carezca de fundamento, o sea condicional, o contenga ultrapetita». Por su parte, y según el artículo 230 *ejusdem*, sólo los fallos que aparezcan con vicios tan radicales son susceptibles de reposición porque al dictarlos se hayan quebrantado los requisitos o formalidades que para su validez establece el citado artículo 162. Pero la circunstancia de que el fallo impugnado contenga, a juicio de una de las partes, consideraciones equivocadas sobre una defensa opuesta por ella; o falta de precisión respecto a la ubicación de la cosa cuya propiedad se controvierte; o porque la sentencia haya prescindido del examen de alguna prueba que se juzgó inútil examinar, ya que a juicio de los juzgadores resultaban suficientes o bastantes las ya examinadas para establecer las determinaciones del fallo, no constituyen, por sí mismo, razón legal valedera para decretar la reposición de la causa al estado de que se dicte nueva sentencia en primera instancia, con el fin de revisar los elementos probatorios que ella desestimó por considerar innecesaria su apreciación como medio para lograr la regularidad de la decisión.

Como consecuencia de lo expuesto, se advierte que los impugnantes atribuyen al fallo discutido, ausencia o falta de motivación por las razones que antes se expresan. Sin embargo, es obligación de los jueces a este respecto considerar la materia de la litis y con ella, la prueba esencial producida que juzguen idónea para la solución del problema que se les ha planteado; es decir, que la sentencia debe exhibir en todo caso, en forma clara y precisa, las razones o argumentos que sirven de base a su dispositivo. Pero tales argumentos o razones descansan generalmente en el examen de las cuestiones de hecho fundamentales ofrecidas a la soberanía de apreciación de que se halla investido en juzgador, sin que el ejercicio de esta facultad de manera limitada pueda confundirse con el vicio de inmotivación que afecta el dispositivo de la sentencia y acarrea su nulidad. Existe falta de motivos en la sentencia que acusa una absoluta carencia de los mismos, pero no en los fallos que han fundado sus consideraciones y conclusiones en los elementos útiles que aporta el proceso, aun cuando algunos de ellos no hayan sido examinados ni analizados porque a juicio del Tribunal no influyen en el resultado de la decisión. Las faltas o vicios que se denuncian en la sentencia como esenciales para pedir la nulidad de la misma no reúnen tal carácter, a juicio de esta Sala, ni existe evidentemente, base legal para decretar la reposición de la causa al estado de que se dicte nueva sentencia en primera instancia, como lo piden las demandadas.

En consecuencia, la revocatoria de un fallo definitivo con el fin de que sea reformado por el mismo Tribunal que lo dictó, no sólo quebrantaría la norma transcrita sino que iría mucho más allá de lo que la Ley permite al Juez, reconociéndole una facultad que no tiene, cual sería la de revisar su propio fallo para dictar una nueva sentencia que lo sustituya, lo cual corresponde de modo exclusivo a los Tribunales superiores, «en virtud del efecto devolutivo que produce el recurso de apelación oportunamente interpuesto». Es a los jueces de alzada a quienes corresponde, únicamente, en nuestro sistema procesal, examinar las decisiones de los jueces inferiores para determinar si los hechos fueron bien apreciados y correctamente aplicado el derecho por la sentencia apelada.

Ahora bien, en el caso examinado, los sentenciadores, después de estudiar y valorar las pruebas promovidas y evacuadas en el juicio, consideraron innecesario entrar a examinar las testimoniales y la experticia, y los permisos para movilización de maderas, producidas por las partes, «pues el resultado de ese examen carecería de influencia en la decisión». La conclusión anterior constituye un fundamento y no un argumento caprichoso de los sentenciadores, capaz de confundirse con una actitud arbitraria o con el propósito de sustraerse de las razones que arrojan los autos y que deben ser necesariamente advertidas y analizadas en la motivación de la sentencia. Al contrario, tal conclusión demuestra que los alegatos de las partes y los elementos de prueba aportados por ellas, apreciados como fundamentales por la sentencia de primera instancia, resultaron suficientes, a juicio del Tribunal, para considerar los aspectos esenciales de problema jurídico debatido, sin que pueda admitirse, que el considerar el examen de una prueba, como carente de influencia para llegar a las determinaciones del fallo, se traduzca en incumplimiento, por parte del Juez, de las obligaciones que le impone el artículo 162 del Código de Procedimiento Civil.

Por todo lo expuesto, y de conformidad con el artículo 164 *ejusdem*, se niega, por improcedente, la reposición solicitada por los apoderados de las demandadas.

SEGUNDA PARTE

Decidida la cuestión previa planteada en este juicio, entra esta Corte a analizar las otras argumentaciones y defensas de las partes.

CAPÍTULO PRIMERO

Naturaleza de la acción deducida en este procedimiento

A pesar de que el presente proceso se ha encausado como un juicio de reivindicación, estima la Corte que hay que apreciar determinadas cuestiones inherentes a esta litis.

En efecto, existe cierta identidad de situaciones entre la que plantea el artículo 548 del Código Civil, conforme al cual «el propietario de una cosa tiene el derecho de reivindicarla de cualquier poseedor o detentador» y la regulada por el artículo 10 de la Ley de Tierras Baldías y Ejidos que ordena al Ejecutivo Nacional que, en caso de que aparezcan tierras baldías que se detenten como de propiedad particular, se disponga la iniciación del juicio civil a que haya lugar por ante los Tribunales competentes, «de conformidad con la presente Ley».

Pero si se analizan a fondo ambas situaciones aparecen diferencias importantes que es de necesidad el destacar para poder analizar las diferentes cuestiones que plantea este proceso.

En efecto, mientras en la reivindicación ordinaria civil el inicio de la acción es un derecho del propietario, que éste puede a su libre voluntad ejercer o no, en el caso de las tierras baldías es un deber del Ejecutivo el intentar la acción prevista por la Ley.

En segundo lugar, la reivindicación civil se rige por las normas del juicio ordinario que prevé el Código de Procedimiento Civil, es decir, las dos instancias naturales y la Casación, cuando ello fuere pertinente. En cambio, la reivindicación de baldías se tramita en primera instancia por ante el Juez de Primera Instancia en lo Civil que escoja la República, remembranzas de su antiguo carácter de Juez Federal (Disposición del artículo 83, letra C, N° 2, de la Ley Orgánica del Poder Judicial) y en segunda, por ante la Corte Suprema de Justicia en Sala Político-Administrativa (Artículo 7°, segunda parte del numeral 33 de la Ley Orgánica de la Corte Federal) sin que esta decisión tenga, en modo alguno, posibilidad de ser recurrida en Casación.

Por otra parte, la República litiga dotada de los privilegios y prerrogativas que le atribuyen el Título Preliminar de la Ley Orgánica de la Hacienda Pública Nacional y otras disposiciones legales, mientras que los particulares van a juicio en el lógico plano de igualdad procesal.

Observa esta Corte además, que como quiera que es de su competencia específica, conforme al numeral 28 del artículo 7 de la Ley Orgánica de la Corte Federal, conocer en juicio contencioso de cualesquiera cuestiones que se susciten entre la Nación y los particulares a consecuencia de las concesiones o contratos que hubiere otorgado en materia de tierras baldías, salvo en aquellos casos en que la Ley expresamente excluya el recursos judicial (exclusión que no alude desde luego al recurso de inconstitucionalidad ni al de ilegalidad si ellos fueren procedentes), puede, de acuerdo con el artículo 171 de la Ley de Tierras Baldías y Ejidos, conocer en apelación de las decisiones administrativas sobre enajenabilidad de tierras baldías, o desconocimiento de derechos de postulantes a compras, arrendamiento o adjudicación gratuita de baldíos, así como también conforme al artículo 172 *ejusdem*; conocer en apelación de las decisiones del Ejecutivo Nacional en materia de interpretación de dudas o lagunas de la misma citada Ley de Tierras Baldías y Ejidos, si se alega que tal interpretación ejecutiva contradice principios de dicha Ley o de la Constitución. Todas esas disposiciones demuestran que la intención del legislador es llevar a la Corte, cuanto tenga que ver con las relaciones de la República y los particulares en materia de baldíos; y como en casos como el presente, se trata de determinar el alcance o ámbito especial de la zona de baldíos adjudicada por la República al Teniente Cecilio Rincón el 7 de diciembre de 1825, los juicios de esta naturaleza, bien pueden por lo tanto ser planteados a escogencia de la República, directamente ante la Corte o ante del Juez de Primera Instancia, situación que ratifica y confirma diferencias entre la reivindicación por particulares; pues no es otra cosa que interpretar la extensión de una concesión u otorgamiento de tierras baldías lo que se hace al decidir que el concesionario o beneficiario del otorgamiento goza o no de mayor superficie de la que le corresponde conforme a su título.

Ahora bien, conforme al artículo 11 de la Ley de Tierras Baldías y Ejidos hay que decidir: primero, si los poseedores contra quienes se intenta el juicio han gozado o no de las tierras en discusión, con la cualidad de propietarios, desde antes de la Ley del 10 de abril de 1848; en segundo lugar, debe examinarse, de ser negativa la respuesta a la primera cuestión, si el poseedor, aunque su posesión sea de fecha posterior al 10 de abril de 1848, puede alegar en su favor la prescripción que lo favorezca; y en tercer lugar, de no ser posible el alegato de la prescripción, si es aplicable o no al poseedor el acogerse a los beneficios que la vigente Ley de Tierras Baldías y Ejidos acuerda a los ocupantes de tierras baldías y precisar si reúne o no los requisitos y condiciones necesarios para que obtenga tales beneficios.

Por tal motivo, la Corte entra a estudiar las diferentes situaciones previstas en el referido artículo 11 de la Ley de Tierras Baldías y Ejidos, y la posibilidad de su aplicación al caso de autos, conforme a las pretensiones de las partes.

Estima sin embargo la Corte necesario, proceder a examinar previamente y pronunciarse, sobre las diferentes defensas opuestas por la parte demandada, a reserva de hacer luego las consideraciones que se han señalado.

CAPÍTULO SEGUNDO

Examen de las observaciones de la demandada a la admisión de la prueba de exhibición por ella solicitada

Con relación a la prueba de exhibición, indicada en el número dos (2) del escrito de promoción, las Compañías demandadas pidieron «que se ordene a la Nación venezolana que exhiba el acta o actas levantadas con motivo de la mensura y fijación de botalones para la determinación de las Reservas Forestales del Ticoporo, verificadas en los años de 1952 y 1954, por determinación del Ministerio de Agricultura y Cría, en una de las cuales la Comisión designada colocó dos (2) botalones de cemento distinguidos con los números MAC 48 y MAC 49, en el sitio Curito, próximos a la carretera que conduce de Santa Bárbara a Pedraza o Ciudad Bolivia, uno de los cuales señalaba el extremo Noroeste de la reserva forestal del Ticoporo, cuya prolongación en línea recta hacia el Sur llega a la Mata El Paujil o mata Paujil sobre el río Suripá, lindero Este que coincide con el lindero Oeste de la posesión Hato Paiba».

En la oportunidad fijada para la exhibición, del acta o actas solicitada, el representante de la Nación consignó escrito manifestando que las actas cuya exhibición se pide, no existen en los Archivos del Ministerio, conforme a la constancia expedida por el Ministerio de Agricultura y Cría, en oficio

N° 1.110 de fecha 15 de abril de 1963 que aparece de autos, en el cual el titular de dicho Despacho expresa: «Cumplo con manifestar a usted que es imposible el envío de las mencionadas actas, por no existir en el Archivo que se lleva en este Despacho».

Respecto al caso, las demandadas manifestaron que las referidas actas «son documentos que complementan la Resolución de ese Ministerio que fueron indispensables para la determinación de los linderos de la Reserva Forestal del Ticoporo, a que se refiere la Resolución N° 56 del 27 de junio de 1955. El hecho de que no existan en el archivo que lleva ese Despacho no quiere decir que no existan las referidas actas pues bien pudieran estar en los de Cartografía Nacional o en cualquier otro Despacho oficial de que se hubiere servido el Ministerio de Agricultura y Cría para la determinación de los linderos de la Reserva Forestal del Ticoporo. Por consiguiente, solicitamos al ciudadano Juez considere como una negativa de la Nación el no haber presentado las referidas actas ya que el mismo Ministerio, en su oficio, reconoce que existen, sólo que no están en el archivo de ese Despacho».

La sentencia de Primera Instancia declaró improcedente la prueba de exhibición por no haberse cumplido al promoverla, los requisitos necesarios para su evacuación.

Observa la Corte que la prueba de exhibición está contemplada en el artículo 288 del Código de Procedimiento Civil, que dice: «puede también pedirse la exhibición de la cosa o del instrumento que sean objeto de la acción, o que fueren necesarios para hacer una prueba conducente. En uno y otro caso puede obligarse al poseedor a exhibirlos, para lo cual estimará el Juez las circunstancias, todo sin perjuicio de las disposiciones especiales».

Los requisitos que la ley exige para que sea procedente la prueba de exhibición son dos: que se trate de la cosa o del instrumento que sea objeto de la acción o del instrumento o la cosa que fueren necesarios para hacer una prueba conducente. En consecuencia, de la promoción misma debe constar la existencia del instrumento o de la cosa de cuya exhibición se trata y la indicación de la persona que los posee, como único medio de poner en práctica la disposición legal que obliga al poseedor a exhibirlos y al Juez, a estimarlos dentro de las circunstancias presentes en el caso.

Ahora bien, tales requisitos no aparecen cumplidos en autos pues no se determinan con claridad las actas de referencia, no se precisan tampoco las mensuras citadas en el escrito de promoción, ni se acredita en forma que resulte idónea para apreciarla como verdadera, la existencia de los botalones que distinguidos con los números MAC 48 y MAC 49, indica la promoción. En este sentido, no existe concordancia entre la afirmación de las promoventes y la de su testigo Telésforo Molina quien al contestar el particular cuarto del interrogatorio que le fue propuesto, relativo a su conocimiento del sitio Curitos, dice: «En una oportunidad se pusieron dos botalones, siendo yo el dueño del hato, un botalón lo puso el dueño del hato y otro, la Nación». Tal afirmación pone fuera de duda que sean estos mismos los botalones señalados en la promoción, la cual se refiere «a la mensura y fijación de botalones para la determinación de las reservas forestales del Ticoporo», actos atribuidos sólo a la Nación por las demandadas y que constan, según éstas, de las actas levantadas al efecto, cuya exhibición se pide, lo que demuestra que los botalones a que se refiere el testigo no son los señalados por la promoción. Aún más, como lo expresa la sentencia apelada, ningún otro testigo de los presentados por las demandadas habla de la existencia de botalones cuando se refiere al sitio Curitos ni hay en el expediente otra prueba que demuestre que uno de esos botalones corresponda a la reserva forestal del Ticoporo y que de allí en línea recta hacia el Sur se llegue a la mata del Paujil sobre el río Suripá. Tampoco existe en autos prueba directa de la realización de las mensuras en los años que indican las demandadas ni en ninguna otra oportunidad. Estas circunstancias le restan todo mérito probatorio a la Resolución del Ministerio de Agricultura y Cría publicada en la Gaceta Oficial de la República de Venezuela N° 24.788 de fecha 6 de julio de 1955, pues ella, por sí misma, no basta para demostrar la realización de mensuras en 1952 y 1954, tanto más si se observa que el alinderamiento que allí se da a las Reservas Forestales no contiene información sobre líneas, ángulos y medidas que conduzcan a suponer la existencia de un levantamiento previo para describir un determinado perímetro fijado por diligencias de mensura.

Por otra parte, el acta o actas cuya exhibición se solicitó no constituyen el objeto de la acción deducida si señaló tampoco la promoción de las demandadas cuál fuera la prueba conducente que hacía necesaria la exhibición, ni la Dependencia oficial donde reposaran dichas actas ni el contenido de las mismas, todo lo cual hacía imposible su evacuación. Tomando en cuenta este cúmulo de circunstancias, el Tribunal de Primera Instancia consideró improcedente la exhibición solicitada, por no aparecer cumplidos en el respectivo escrito de promoción, los requisitos legales exigidos para que recayera sobre la misma un pronunciamiento eficaz. La Corte estima como ajustada a derecho tal decisión y así lo declara.

Respecto a la solicitud de las demandadas en el sentido de que se considere como una negativa de la Nación el no haber presentado las referidas actas, no existe en autos prueba alguna que demuestre que haya habido resistencia de parte de la Nación para atender a la exhibición solicitada o que ésta hubiere desobedecido el auto que ordenó la exhibición, casos éstos que podrían justificar la referida solicitud, ni que la parte demandada hubiera reclamado alguna providencia, conforme a lo previsto en el artículo 386 del Código de Procedimiento Civil, para esclarecer algún hecho u obtener una decisión justa en relación con el punto discutido.

Sin embargo, si los efectos de la negativa de hacer la exhibición solicitada se reducen a imponerle las costas al poseedor que desacate el mandamiento judicial librado al respecto, en el caso de autos carecería de objeto la decisión solicitada, pues es de precepto que «en ninguna instancia podrá ser condenada la Nación en costas, aun cuando se declaren confirmadas las sentencias apeladas, se nieguen los recursos interpuestos, se declaren con lugar, se dejen perecer o se desista de ellos». En consecuencia, en el punto analizado, resulta a todas luces improcedente la solicitud de los apoderados de las demandadas.

CAPÍTULO TERCERO

Examen de la excepción de caducidad de la acción opuesta por la parte demandada

Oponen también las demandadas la excepción de caducidad de la acción para pedir la diferencia de precio «porque de conformidad con el artículo 1.496 del Código Civil, cuando se afirma que es mayor la superficie comprendida dentro de los linderos que la fijada en el contrato (dación en pago), el derecho del vendedor (dador en pago) es exigir la diferencia de precio. Jamás puede intentar la acción reivindicatoria. Coincide este precepto con el artículo 18 de la Ley de Tierras Baldías y Ejidos de 1848 que concedió el derecho de reclamar la diferencia de precio. La acción para pedir la diferencia de precio caduca al año».

Observa a este respecto la Corte, que la disposición legal citada se refiere a las acciones fundadas en la garantía de la cabida, ejercitables dentro de un corto plazo, en forma de que cesen o desaparezcan lo antes posible las dudas que esas acciones o excepciones puedan traer en cuanto al derecho de propiedad. El punto de comienzo del plazo para intentar la acción u oponer la excepción está fijado por la ley en la fecha del contrato, conforme al artículo 1.494 *ejusdem*. Pero tal garantía se establece en favor o en contra de las partes que intervienen en la venta y no de los terceros que pretenden reivindicar la cosa que fue objeto de la venta. En efecto, no se ha deducido en el presente caso la acción por diferencia de precio ni ninguna otra derivada del contrato de venta, ni podía deducirse tal acción ya que entre la Nación y las demandadas no existe situaciones derivadas de un contrato de venta, en el cual la cabida del inmueble sea superior a la expresada en el contrato, que es el supuesto a que se refiere el último aparte del artículo 1.496 del Código Civil, invocado por las demandadas en el punto discutido.

Por otra parte, el artículo 18 de la Ley de 10 de abril de 1848, sobre averiguación de Tierras Baldías, su Deslinde, Mensura, Justiprecio y Enajenación, que las demandadas hacen coincidir con el precepto anterior, dice en su texto: «Los propietarios de los terrenos baldíos adquiridos por compra, adjudicación u otro título del Gobierno de la República de Colombia o del de Venezuela, que por inexactitud de las mensuras, poseyere mayor porción de las que se les vendió o adjudicó pagarán el valor de la diferencia que resulte, las diligencias de mensura, etc., y además indemnizarán al denunciante de los gastos que hubiere hecho por el denuncio».

Esta ley fue decretada con el fin de «proceder a la averiguación formal de todas las tierras baldías que haya en las Provincias de la República; a su deslinde de las correspondientes a ejidos, antiguos resguardos de indígenas, corporaciones y personas particulares; y a la mensura, formación de planos y justiprecios de ellas» (Artículo 1°), operaciones todas cuya realización aparece regulada en el cuerpo de la citada Ley, incluidas en éste las normas aplicables a las ventas y adquisiciones de baldíos, «en subasta o sin ella, averiguadas, deslindadas y justipreciadas o no», mediante el cumplimiento de los trámites establecidos para las diversas situaciones que contempla la Ley. A este respecto, los artículos 12, 16 y 19 de la citada Ley establecen:

Artículo 12.- Los que al tiempo de la publicación de esta Ley sean arrendatarios de tierras baldías o que sin serlo tengan en ellas algún establecimiento, o las hayan denunciado y costeado su mensura, podrán hacerse legítimos propietarios de dichas tierras, solicitando su compra ante la Junta respectiva, que la acordará desde luego sin mediar el requisito de subasta; pero llenándose por los compradores los otros de esta Ley, según los casos en que se hallen las tierras solicitadas. Respecto de las mensuras ya practicadas por peritos, que a juicio del Poder Ejecutivo no estuvieren exactas, podrá éste mandar que se rectifique la operación por agrimensores públicos a costa de los solicitantes.

Artículo 16.- Los que a pesar de lo dispuesto en el artículo 5° de la Ley de 13 de octubre de 1821 no hayan sacado los títulos de propiedad de los terrenos baldíos que poseían por tiempo inmemorial, deberán hacerlo en el término de un año contado desde la publicación de esta Ley, en la cabecera del cantón de su domicilio, ocurriendo al Poder Ejecutivo por conducto del Gobernador de la Provincia respectiva.

El artículo 5° de la Ley de la materia, de 15 de octubre de 1821, establece:

Los que poseyesen tierras baldías de tiempo inmemorial, o a pretexto de una justa prescripción, deberán concurrir en el término perentorio de un año a sacar sus títulos de propiedad, debiendo si no lo hicieren, volver al dominio de la República las expresadas tierras, aunque estén pobladas o cultivadas.

Los plazos establecidos en el citado artículo 16 se prorrogan en beneficio de los adquirentes, conforme al artículo 17 *ejusdem*, vencidos los cuales, sin haberse ocurrido por el título, se considerarán los terrenos propiedad de la República.

Artículo 19.- Cuando los propietarios de que habla el artículo anterior manifiesten espontáneamente tener más terreno que el que legítimamente adquirieron y quisieron comprarlo, se les venderá sin otro requisito que el de la mensura, al mismo precio que tomaron antes la tierra, pero deberán siempre abonar los costos de dicha operación.

De las normas insertas se desprende que los efectos de la posesión anterior, aun de tiempo inmemorial, no podrán llegar hasta la prescripción adquisitiva, limitándose a los de obtención del título de propiedad dentro de las condiciones fijadas por la Ley, en los plazos señalados y con las sanciones establecidas.

Y que los propietarios de terrenos baldíos, por título de adquisición, que poseyeren una mayor extensión de las que se les vendió o adjudicó, tenían el derecho de hacerlos suyos pagando el valor de la diferencia que resultara, dentro de las condiciones requeridas en la Ley. Este beneficio legal establecido en favor del poseedor de terrenos baldíos, por inexactitud de las mensuras y no por causa de otra naturaleza distinta, no se identifica ni coincide con la obligación de pagar la diferencia de precio que tiene el comprador cuando la cabida del inmueble es superior a la expresada en el contrato. Por estos motivos, resulta ajustada a la Ley la decisión de la primera instancia que declaró improcedente la excepción de la inadmisibilidad de la demanda, por caducidad de la acción, opuesta por las demandadas.

CAPÍTULO CUARTO

Excepción opuesta a la demanda por inadmisibilidad de la misma

Opusieron también los apoderados de las demandadas la excepción de inadmisibilidad de la demanda, porque, aun admitiendo que las tierras en discusión fueran baldías, los causantes de sus representadas y éstas mismas, comenzaron a gozar de las tierras comprendidas en los linderos señalados en el título de 1825, repetidos dichos linderos en los títulos sucesivos hasta la adquisición de las demandadas que comenzaron a gozar de dichas tierras, con anterioridad a la Ley de 10 de abril de 1848, motivo por el cual, la Nación no puede reclamarlas en su calidad de administradora, conforme a lo previsto en el artículo 11 de la vigente Ley.

Al respecto se observa:

Dispone el artículo 10 de la Ley de Tierras Baldías y Ejidos: «Caso de aparecer que se detentan como de propiedad particular terrenos baldíos, el

Ejecutivo Nacional dispondrá que se inicie el juicio civil a que haya lugar por ante los Tribunales competentes, de conformidad con la Ley».

Y su artículo 11 dice: «No podrán intentarse las acciones a que se refiere el artículo anterior contra los poseedores de tierras que por sí o por sus causantes hayan estado gozándolas, con la cualidad de propietarios, desde antes de la Ley de 10 de abril de 1848. En todos los casos el poseedor, aunque su posesión datare de fecha posterior a dicha Ley, puede alegar la prescripción que le favorezca, y no se ordenará la iniciación de ningún proceso de reivindicación cuando haya evidencia de que, si se invocara la excepción de prescripción, ésta prosperaría».

«Todo lo anterior queda establecido sin perjuicio de que el poseedor pueda acogerse a los beneficios que esta Ley acuerda a los ocupantes de tierras baldías, con tal de que la ocupación reúna las condiciones que se requieren para que surtan tales beneficios».

Ahora bien, por reconocerlo de modo expreso las demandadas, al invocarlo como origen de la posesión que alegan y por los demás elementos que existen en autos, la prueba que permite conocer las tierras baldías que son objeto de la presente reivindicación está contenida en la mensura y la adjudicación que aparecen en el documento marcado «B», cuyo texto determina la naturaleza de las tierras adjudicadas, su situación, los linderos con expresión de la longitud correspondiente a los mismos, su superficie o cabida, fijada en dos mil cuatrocientas cuarenta y cuatro fanegadas de tierras para criar ganado, el nombre de dichas tierras, y el Estado y Departamento a que pertenecen. Tales documentos demuestran claramente que después del 7 de diciembre de 1825, es decir, antes del 10 de abril de 1848, el adjudicatario Cecilio Rincón o sus causahabientes sólo poseyeron la extensión indicada en el título de adjudicación y no una mayor, lo cual aparece confirmado, en los documentos de 1856, 1858 y 1882, otorgado por los herederos de Cecilio Rincón a favor de Ignacio María Romero Ramírez y de Eulalio Molina, que aparecen marcados «C», «D» y «E» en el cuerpo de la primera pieza del expediente. En efecto, dichos herederos hacen constar que los derechos que ceden son los correspondientes a sus respectivas cuotas hereditarias en el sitio Paiba, en virtud de la adjudicación que se le hizo en Achaguas en 1825, conforme a la superficie, linderos y demás características allí determinadas. Al acogerse las demandadas al artículo 11 de la Ley, antes citado, invocan estos tres elementos en su favor: a) la fecha del título original o sea la de la adjudicación de 7 de diciembre de 1825; b) la posesión que les atribuye la Nación en su demanda y c) lo dispuesto en el artículo 780 del Código Civil conforme al cual «la posesión actual no hace presumir la anterior, salvo que el poseedor tenga título; en este caso se presume que ha poseído desde la fecha de su título, si no se prueba lo contrario».

Ha quedado establecido por las pruebas de autos, suficientemente analizadas (documento que se acompaña al libelo de demanda marcado «B») que los causahabientes de Cecilio Rincón poseyeron y transmitieron la posesión adquirida conforme al área allí determinada (Documentos marcados «C», «D» y «E») y que la demanda de reivindicación propuesta por la Nación se refiere a la cabida que está fuera de las determinaciones establecidas en dicho título, motivo por el cual es imposible unir la posesión que se expresa en este último con la que se pretende tener sobre el área reivindicada que, al no conformarse con la superficie que dicho título expresa, por ser mayor y distinta, no pueden servir de base para modificar las situaciones adquiridas conforme al título original. Igual argumentación cabe aplicar en lo atinente al artículo 780 del Código Civil invocado por las demandadas, el cual se refiere a los casos en que exista identidad entre la cosa cuya posesión actual se demuestra y la que se indica en el título que se quiere hacer valer.

El hecho de que existan los mismos nombres para la cosa y los linderos no comprueba la identidad que la Ley exige, pues son distintos por su extensión, los linderos señalados en el título original y los que resultan de la afirmación de las demandadas, como también son distintas la cabida y la naturaleza de las tierras que aquel documento expresa de la cabida y la naturaleza de las tierras que aparecen de los documentos de adquisición de las demandadas.

Respecto a la afirmación de las demandadas según la cual el ejercicio de la acción reivindicatoria por parte de la Nación supone forzosamente en ellas la condición de poseedoras, no se corresponde con la verdad, pues tal acción puede ser propuesta contra cualquier poseedor o detentador, conforme al artículo 548 del Código Civil.

La Corte comparte los argumentos de la sentencia de primera instancia conforme a los cuales no procede en el caso de ampararse en la prohibición contenida en el artículo 11 de la Ley de Tierras Baldías y Ejidos, en virtud de que la acción reivindicatoria propuesta en autos se limita a reclamar los terrenos que actualmente ocupan las demandadas fuera de los linderos señalados en el documento de adjudicación, motivo por el cual esta situación no impide ni daña el ejercicio de la acción intentada.

De igual manera, son valederas las razones que expone dicha sentencia para rechazar los fundamentos de la excepción de inadmisibilidad opuesta, con base en que «en todos los casos el poseedor, aunque su posesión datare de fecha posterior a la Ley de 10 de abril de 1848, puede alegar la prescripción que le favorezca y no se ordenará la iniciación de ningún proceso de reivindicación cuando haya evidencia de que si se invocara la excepción de prescripción ésta prosperaría». Tal evidencia no existe en el caso examinado, como lo prueba la circunstancia de haberse propuesto la acción reivindicatoria por orden del Gobierno Nacional a quien sólo correspondía apreciar, en cuanto a la iniciación del proceso, si era procedente y oportuna la acción de reivindicación intentada.

En cuanto a la prohibición de intentar la acción que también sirve de fundamento a la excepción opuesta, se observa que ella se refiere, muy claramente, «a los poseedores de tierras que por sí o por sus causahabientes hayan estado gozándolas, con la cualidad de propietarios, desde antes de la Ley del 10 de abril de 1848», y no a los propietarios de tierras adquiridas conforme a títulos debidamente registrados, antes o después de dicha Ley.

Por tales razones, se declara sin lugar la excepción de inadmisibilidad opuesta en el ordinal 3° del escrito que contiene la contestación de la demanda.

CAPÍTULO QUINTO

Prescripción de la acción reivindicatoria como defensa opuesta por la parte demandada

Con respecto a la prescripción de veinte años de la acción reivindicatoria, dicen las demandadas que ella «no exige ninguna otra condición que la inacción del acreedor durante ese lapso», por lo cual añaden, «la Nación ha podido defenderse y demostrar que no estuvo inactiva o que no ha transcurrido el lapso de veinte años de inactividad». Con el alegato anterior, se manifiesta que, para las demandadas, la Nación estaba obligada y no lo hizo, a producir una prueba contraria que sirviera para destruir los hechos que sirven de fundamento a la defensa opuesta por ellas. La jurisprudencia de la Corte enseña que la naturaleza especial de la materia que se ventila en juicios como el de autos, no impone a la Nación el peso de la prueba de su derecho a reivindicar las tierras que, suponiéndose baldías, aparecen en manos de particulares. En efecto, con arreglo al artículo 1° de la Ley de Tierras Baldías y Ejidos, «son baldíos todos los terrenos que estando dentro de los límites de la República, no sean ejidos ni de propiedad particular ni pertenezcan legítimamente a corporaciones o personas jurídicas». Conforme a este precepto, la Nación se encuentra así protegida en su derecho por una presunción especial de la Ley que supone baldías las tierras comprendidas en las circunstancias que ella misma determina, hallándose, por consiguiente, relevada de la obligación de probar ya que la presunción legal dispensa de toda prueba a quien la tiene en su favor de conformidad con los artículos 1.395, ordinal 2° y 1.397 del Código Civil, aplicables al caso.

De conformidad con lo expuesto, la parte a la cual se opone una presunción no puede limitarse a afirmar lo contrario, sino que debe destruir la presunción misma con una clara prueba de los hechos en que funda su impugnación. En consecuencia, correspondía a las demandadas aportar las pruebas de las defensas y excepciones alegadas por ellas frente a la referida presunción.

En el acto de contestación de la demanda, las demandadas contradijeron aquélla en todas sus partes y afirmaron que ella es inadmisible por las razones siguientes:

1° *La concesión por dación en pago fue hecha legítimamente, como se reconoce en la demanda; nuestros mandantes poseyeron y poseen dentro de los linderos que se señalan en sus títulos; si hubo error en la medida, los linderos dentro de los cuales están encerrados los terrenos no dejan lugar a dudas, nuestros mandantes adquirieron uno en remate público y pagó el precio en atención a la superficie que se encuentra dentro de los linderos señalados en los carteles publicados para ese fin y en la certificación de gravámenes expedida por el Registrador; y el otro, pagó al comprar un precio basado en ese mismo concepto.*

2° *Porque de conformidad con el artículo 1.496 del Código Civil, cuando se afirma es mayor la superficie comprendida dentro de los linderos que la fijada en el contrato (dación en pago), el derecho del vendedor (dador en pago) es exigir la diferencia del precio. Jamás puede intentar la diferencia de precio. Coincide este precepto con el artículo 18 de la Ley de Tierras Baldías y Ejidos de 1848, que concedió el derecho de reclamar la diferencia de precio. La acción para pedir la diferencia de precio caduca al año. Oponemos esta excepción de caducidad. Es de hacer notar el error del libelo cuando afirma que fue por primera vez en el año de 1943, cuando se hizo mención de mayor cabida dentro de los linderos, puesto que, en la escritura pública hipotecaria de 1932, se señaló el número de hectáreas realmente comprendidas dentro de los puntos mencionados en los títulos. El croquis marcado con la letra «B» es inexacto y carece de mérito jurídico. Entre los puntos señalados en ese croquis con los nombres que se indican en los títulos de nuestros mandantes y en los de sus sucesores, existe una superficie de treinta y ocho mil cuatrocientos cinco hectáreas (Has. 38.405) y tres mil trescientos veinticinco metros cuadrados (m^2 3.325). Los puntos señalados en los títulos determinativos de los linderos aparece claramente del plano que producimos marcado con la letra «A», distinguida la superficie con una línea roja. Conviene hacer notar, por otra parte, que, en* *escrituras públicas de 1852, 1856, 1859, 1900 y 1908, se habla de sabana de cría y labor, señalando este último concepto, sin la menor duda, los montes.*

3° *Por si como se expresa en el libelo, las tierras de que se trata fueron baldías, es lo cierto que los causantes de nuestras representadas y éstas empezaron a gozar de las tierras comprendidas dentro de los linderos señalados en el título de 1825, repetidos esos linderos en los títulos posteriores hasta la adquisición por nuestros mandantes; empezaron a gozarlas, repetimos, desde antes de la Ley de Tierras Baldías y Ejidos de 10 de abril de 1848; y por ello, de conformidad con lo prescrito en el artículo 11 de la Ley vigente hoy, la Nación no puede reclamarla en su calidad de administradora. La demanda es igualmente inadmisible por estas dos razones y fundados en ellas, oponemos también la excepción de inadmisibilidad. A todo evento, oponemos la prescripción adquisitiva de diez años, fundada en el artículo 1.979 del Código Civil, para lo cual unimos a la posesión de nuestros mandantes, basada en sus respectivos títulos, la de sus causantes, entre otros, Telésforo Molina, hijo, Carlos Froilán Molina Molina, Rita Molina de Espinoza, Eulalio Molina y Dominga Garrido de Molina quienes ejercieron la posesión desde la fecha de sus respectivos títulos hasta que la entregaron junto con el otorgamiento de sus títulos, el 10 de enero de 1956 y 27 de octubre de 1957, protocolizados todos en el Distrito Pedraza del Estado Barinas. La posesión de nuestros mandantes reconocida por la Nación al deducir la acción reivindicatoria hace presumir la anterior basada en sus títulos, como también la del doctor Juan José Alarcón, hijo, quien adquirió de los sucesores de Juan Nepomuceno Mora Guerrero, Marieta Berthe de Molina y Ángel Betancourt; la de éstos y la de sus predecesores sucesivos, causantes los unos de los otros, Eulalio Molina, Dominga Garrido de Molina, Pablo Guerrero, Telésforo Molina, Carlos Santiago Cordero y Rafael Márquez. Oponemos la prescripción de la acción reivindicatoria de veinte años, como acción real que es, negatoria del derecho de entrar a discutir en juicio la propiedad que se pretende. Oponemos, igualmente, la prescripción adquisitiva de veinte años de los terrenos cuya reivindicación se pretende, basada en los títulos de nuestros mandantes y en la de sus causantes y en la posesión que han ejercido. Oponemos igualmente la prescripción de cincuenta años, a mayor abundamiento, a contar de 1825, el lapso durante el cual poseyeron los terrenos como propietarios, los causantes de nuestros mandantes y luego estos mismos. No es cierto que en los terrenos reclamados haya habido madera preciosa en cantidad apreciable, como lo establece de modo indubitable el Libro del Ministerio de Agricultura y Cría titulado «Recursos Agrícolas y Forestales del Estado Barinas», trabajo realizado por el Consejo de Bienestar Rural de 1957. Debemos notar que el título de adjudicación otorgado al Teniente de Caballería Cecilio Rincón, que la Nación acompañó con su demanda, no es original, es una copia sin mérito jurídico alguno porque ha sido expedido de otra copia sin firma auténtica, como lo demuestra hasta la saciedad, el acta de inspección ocular que producimos.*

En su oportunidad, las demandadas promovieron las siguientes pruebas: testimoniales de Luciano Pereira, Juan José Contreras, Pablo Benito Criquiola, Cipriano Márquez, Napoleón Rosales, Ernesto Molina Oliveros, José Rafael Márquez, Hilarión Castillo, Josefa María Marvez de Márquez, Noé Foero Russi y Telésforo Molina Molina, Carlos Narciso Nieves y José Ángel Betancourt, José Ramón Castillo, Ana María Rosales M. de Vegas y Flor María Rosales de Aguilar, Rafael Antonio Garrido Villasmartín y Sergio Espinoza Molina, Jesús María Herrera, doctor Jesús María Uzcátegui y Juan de Dios Ajelvis.

2.- Exhibición por parte de la Nación, del acta o actas levantadas con motivo de la mensura y fijación de botalones para la determinación de las reservas forestales del Ticoporo, realizadas en los años de 1952 y 1954, por determinación del Ministerio de Agricultura y Cría.

3.- Presentación de un ejemplar de la Gaceta Oficial de la República de Venezuela N° 24.788, de fecha 6 de julio de 1955.

4.- Inspección ocular para dejar constancia de los hechos y circunstancias que se señalan en la promoción respectiva.

5.- Inspección ocular en la Oficina Subalterna de Registro del Distrito Pedraza del Estado Barinas, para dejar constancia de los hechos y circunstancias que se señalan en la respectiva promoción.

6.- Presentación de treinta y una guías de circulación expedidas por el Ministerio de Agricultura y Cría para la movilización de maderas blandas explotadas en las montañas del Hato Paiba.

7.- Copia certificada de un documento protocolizado en la Oficina Subalterna de Registro del Distrito Pedraza del Estado Barinas, el 13 de octubre de 1932, bajo el N° 1 del Protocolo Primero.

8.- Testimonial del señor John Simmons, domiciliado en Caracas.

«Con escrito de fecha 12 de marzo de 1963, las demandadas presentaron una serie de recaudos que fueron agregados a los autos. Ahora bien, estima la Corte que, habiéndose ya determinado en esta sentencia que la acción deducida no es una acción reivindicatoria ordinaria, es lógico concluir que no podría por lo tanto en ningún caso, y así se declara, discutirse la procedencia de la prescripción de la acción reivindicatoria ordinaria ya que no tendría objeto alguno considerar situaciones jurídicas no aplicables a la materia de autos».

CAPÍTULO SEXTO

Examen de la procedencia o improcedencia general de la prescripción adquisitiva de veinte años, opuesta a la Nación por la parte demandada, y de las decisiones de primera instancia sobre la prueba testimonial promovida por la parte demandada y las experticias promovidas por la actora

Expresan las demandadas en el escrito de contestación a la demanda:

Oponemos igualmente la prescripción adquisitiva de veinte años de los terrenos cuya reivindicación se pretende, basada en los títulos de nuestros mandantes y en la de sus causantes y en la posesión que han ejercido.

Al no mencionar las demandadas la disposición legal en que se basan para oponer la prescripción adquisitiva de veinte años, la Corte debe examinar tanto la prescripción adquisitiva ordinaria de veinte años que el Código Civil establece como la prescripción especial de veinte años consagrada en la Ley Orgánica de la Hacienda Nacional. Al respecto, se observa:

El artículo 28 de la Ley Orgánica de la Hacienda Pública Nacional equivalente al artículo 28 de la Ley Orgánica de la Hacienda Nacional de fecha 20 de septiembre de mil novecientos cuarenta y ocho, requiere para la prescripción adquisitiva el transcurso de un término de veinte años, cuando existen justo título y buena fe por parte del prescribiente.

El período útil para prescribir queda así limitado a veinte años, pero sólo cuando la cosa que es objeto de la prescripción haya llegado al poder del adquiriente por transferencia que se le haya hecho por quien no era propietario siempre que la posesión que se adquiere, haya sido acompañada, en el momento de la adquisición, de la buena fe del adquirente y derive de un título idóneo para transferir la propiedad aunque no fuera el dueño de la cosa, siendo al efecto suficiente para los fines de la prescripción, que dicho título sea válido en su aspecto formal y haya sido previamente registrado, para determinar la fecha a partir de la cual se cuenta el tiempo necesario para prescribir. De conformidad con estos conceptos, la prescripción alegada debe descansar en la buena fe del poseedor, elemento subjetivo que se traduce en la ignorancia de lesionar el derecho ajeno y en la existencia de un justo título como elemento objetivo de la posesión. Puesto que las demandadas no han producido en autos documento alguno que permita su examen para establecer si están o no cumplidos los requisitos indicados, le es imposible a la Corte determinar si fue adquirido de buena fe un inmueble cual sea éste, si existe un justo título con una fecha determinada, punto de partida del término de veinte años establecido para que se consuma la prescripción conforme a la disposición de la Ley Orgánica de la Hacienda Pública Nacional, aplicable al caso.

A este respecto, resulta insuficiente, desde el punto de vista legal, la referencia a las personas que indican las demandadas como sus causantes, pues tal enumeración no tiene el carácter de una prueba conveniente para darle valor a la excepción opuesta por las demandadas, ni de la misma consta que los diversos otorgantes o transferentes hayan cumplido en sus respectivos casos, actos traslativos de propiedad o ésta se haya desplazado en forma declarativa, porque en determinada situación no hayan tenido el poder de disponer, lo cual afectaría la idoneidad y la justicia del título que se invoca como base de la prescripción. Tal como lo afirma la sentencia de primera instancia, de investigar la Corte «esa condición de causantes y obtener la correspondiente prueba, supliría excepciones o argumentos de hechos no alegados ni probados», con violación del artículo 12 del Código de Procedimiento Civil.

Iguales razones cabe esgrimir para demostrar la improcedencia de la prescripción adquisitiva de veinte años establecida en el Código Civil y de la prescripción de cincuenta años opuesta por los apoderados de las demandadas en la forma siguiente:

Oponemos igualmente la prescripción de cincuenta años, mayor abundamiento, a contar de 1825, el lapso durante el cual poseyeron los terrenos como propietarios los causantes de nuestras mandantes y luego éstas mismas.

Al respecto se observa:

Es bien sabido que la prescripción es la adquisición de la propiedad por medio de la posesión prolongada y que el cumplimiento de la misma está sometido a determinados requisitos o condiciones, entre los cuales se exigen como fundamento los hechos que constituyan la posesión *ad usucapionem*, el plazo o término dentro del cual se prolongan estos hechos, la eficacia de la posesión de modo que no resulte contrariada o aniquilada por la interrupción o por la suspensión de la prescripción y su invocación formal por parte del adquirente. Conforme a estos supuestos, al ser invocada la prescripción adquisitiva, tal invocación debe ir acompañada de los alegatos y pruebas relativos a los hechos que han de exponer, conocer y coordinarse, necesariamente, para poder apreciar la existencia de los fundamentos de la prescripción, es decir, los hechos posesorios, el plazo en que se hayan comprendidos y la efectividad o eficacia de la posesión que le sirve de fundamento. Al oponer, en el caso examinado, la prescripción ordinaria de veinte años y la especial de cincuenta años, no han alegado las demandadas la existencia de hechos ni de las otras condiciones fundamentales que determinan la procedencia de esa excepción; tales omisiones que tienen carácter esencial no permiten a la Corte emitir pronunciamiento alguno «para decidir si se han consumado las prescripciones opuestas».

En este mismo orden de ideas, si la posesión continúa de derecho en la persona del sucesor a título universal y el sucesor a título particular puede unir a su propia posesión la de su causante, para invocar sus efectos y gozar de ellos, con arreglo al artículo 781 del Código Civil, a cuyos términos pretenden acogerse las demandadas, éstas no han traído a los autos prueba alguna capaz de demostrar la existencia de esa relación de causalidad ni la continuidad de la posesión ni si los causantes o causahabientes a que se refieren en la excepción opuesta, lo son a título particular o universal. Ahora bien, si conforme a la regla indicada, para completar la prescripción se puede juntar a la posesión del causante a título universal o particular, en virtud de la unión o suma de posesiones, tal como lo expresan las demandadas, «a contar de 1825», tal aspecto del problema ofrece una complejidad singular en el caso de autos, pues es evidente que resulta contrario al buen sentido y a la equidad que pueda admitirse la unión de posesiones cuando no existe conformidad, sino, por el contrario, una discrepancia absoluta, entre la cosa cuya posesión actual se pretende y la que se indica en el título que se quiere hacer valer. Tal diferencia o antagonismo aparece claramente demostrada en autos, en las respectivas y distintas cabidas atribuidas al fundo Paiba en el documento de fecha 7 de diciembre de 1825 y en el documento de fecha 22 de diciembre de 1943. Por otra parte, en cuanto a la posesión que se supone ejercía Telésforo Molina Garrido, las demandadas no han probado que los terrenos indicados en dicho documento de dación en pago sean los mismos terrenos señalados en el documento de adjudicación de 1825, ni que la posesión invocada como elemento de prescripción se haya ejercido conforme a los títulos en que se funda. Por estos motivos, resultan improcedentes las defensas opuestas.

Tal como lo expresa la sentencia apelada, el derecho de propiedad invocado por la Nación y su cualidad para promover la acción intentada emergen del mismo texto de la Constitución y de la Ley, que al respecto establecen: «Son baldíos todos los terrenos que, estando dentro de los límites de la República, no sean ejidos ni de propiedad particular ni pertenezcan legítimamente a corporaciones o personas jurídicas». «Los terrenos baldíos de los Estados son del dominio privado de ellos, y los existentes en el Distrito Federal, en los Territorios Federales y en las Islas del Mar de las Antillas, son del dominio privado de la Nación; pero como a ésta le está constitucionalmente encomendada la administración de los terrenos baldíos del Estado, las disposiciones de la presente Ley regirán todos los que están situados dentro de los límites de la República» (Artículos 1° y 2° de la Ley de Tierras Baldías y Ejidos). «Todas las tierras que, estando situadas dentro de los límites territoriales, carecen de otro dueño, pertenecen al dominio privado de la Nación, si su ubicación fuere en el Distrito Federal o en Territorios o Dependencias Federales, y al dominio privado de los Estados si fuese en éstos» (Artículo 542 del Código Civil). «Es de la competencia del Poder Nacional el régimen y administración de las tierras baldías» (Artículo 136 de la Constitución). «Caso de aparecer que se detentan como de propiedad particular terrenos baldíos, el Ejecutivo Federal dispondrá que se inicie el juicio civil a que haya lugar por ante los Tribunales competentes, de conformidad con la presente Ley» (Artículo 10 de la Ley de Tierras Baldías y Ejidos).

Los preceptos transcritos configuran el título legal de la Nación sobre las tierras en disputa y su aptitud para intervenir en el presente juicio mediante el ejercicio de la acción deducida que, por no haber prescrito, mantiene en todo su vigor el derecho a reivindicar los terrenos que son materia de la litis. En consecuencia, es improcedente el planteamiento de las demandadas según el cual la Nación no tiene cualidad para intentar la acción propuesta.

Alegan las demandadas que la actora no solamente no ha comprobado la identidad de la cosa que trata de reivindicar, sino que ni siquiera ha dicho en el libelo cuál es esa cosa en forma determinada; dice que reivindica todos los terrenos que poseen las demandadas fuera de los puntos Sitio Curito, Mata de Tampacal, Mata de La Tigra y Mata El Paujil, sin expresar los linderos de ese excedente ni su situación ni medidas.

Uno de los requisitos típicos de la acción reivindicatoria —agrega— es la identidad del inmueble que se pretende reivindicar; la falta de identificación hace ineficaz la acción.

Al respecto se observa:

Conforme al artículo 548 del Código Civil «el propietario de una cosa tiene el derecho de reivindicarla de cualquier poseedor o detentor», con lo cual está expresando que la acción que nace de ese derecho es la que se tiene para reclamar la restitución de una cosa de la que se dice propietario. Dicha acción tiene, por consiguiente, un fundamento, la existencia del derecho de propiedad, y una finalidad, la obtención de la posesión.

En relación a la necesidad de identificar y determinar la cosa que se reivindica, hay que tener en cuenta la forma *sui géneris* de la propiedad de las tierras baldías, la cual se adquiere por el sistema de exclusión establecido en el artículo 1° de la Ley de la materia cuyo sentido, propósito y razón se ajusta al concepto de la propiedad en función social consagrado en el artículo 99 de la Constitución. Por virtud de una presunción *legis*, como se ha dicho antes en este mismo fallo, la tierra es, en principio, propiedad de la Nación, bastando al efecto que esté comprendida dentro de los límites de la República. Estas circunstancias dificultan en la práctica que pueda la Nación determinar previamente, de modo expreso y con exactitud matemática, la porción o cabida de una extensión de terrenos baldíos que ella reivindica como lo haría el que alega la propiedad de un inmueble determinado en un título instrumental, con todas las características y circunstancias que sirven para hacerlo conocer distintamente.

Sin embargo, la cuestión por resolver no ofrece dudas en atención a los términos en que ella fue planteada por el escrito de demanda y por el escrito de contestación a la misma. En este último, las demandadas afirman: «La concesión por dación en pago fue hecha legítimamente, como se reconoce en la demanda, nuestros mandantes poseyeron y poseen dentro de los linderos que se señalan en sus títulos». «Entre los puntos señalados en ese croquis (croquis acompañado por la Nación al libelo de la demanda, marcado "V") con los nombres que se indican en los títulos de nuestros mandantes y en los de sus antecesores, existe una superficie de treinta y ocho mil cuatrocientas cinco hectáreas (Hs. 38.405) y tres mil trescientos veinticinco metros cuadrados (m^2 3.325). Los puntos señalados en los títulos determinativos de los linderos aparecen claramente del plano que producimos marcado con la letra "A", distinguida la superficie con una línea roja».

Ha quedado así, claramente determinada, la superficie que es materia de la reivindicación propuesta, constituida por la diferencia entre la cabida que la actora atribuye al fundo «Paiba», de un mil setecientas siete hectáreas con sesenta y dos áreas y veintiocho centiáreas y la que le atribuyen las demandadas, de treinta y ocho mil cuatrocientas cinco hectáreas con tres mil trescientos veinticinco metros cuadrados.

En exposición escrita presentada a la Corte, las demandadas expresan: «Dice la sentencia que no entra a examinar por innecesarias las pruebas testimoniales, experticia y permisos para la movilización de maderas, pues el resultado carecería de influencia en la decisión».

«El procedimiento obliga a los sentenciadores a examinar y a establecer el mérito de todas las pruebas, para que así resulten éstas estudiadas por todas las instancias, salvo los casos de inadmisibilidad de la demanda.

Opuesta la prescripción bajo varios aspectos, y promovida la prueba de testigos, la documental y experticia, era deber de los jueces examinarlas, porque de ellas han podido resultar comprobados los extremos legales».

«No basta creer que no influirá en el resultado de la decisión, ello no exime del cumplimiento del examen de la prueba, porque bien ha podido resultar lo contrario de la mera creencia de los sentenciadores».

«Se impone igualmente la reposición por este motivo».

La Corte observa: Al resolver, en la primera parte de este fallo, el pedimento de reposición formulado por las demandadas, se estableció la improcedencia de tal solicitud, por estimar la Corte que no concurrían en el caso las circunstancias de excepción que hacen anulables las sentencias definitivas de primera instancia, en aplicación de lo previsto en los artículos 162 y 230 del Código de Procedimiento Civil y porque en uso de su propia competencia, como Tribunal de alzada, correspondía a la Corte examinar el punto para determinar si la prueba cuyo análisis fue omitido por la sentencia apelada afectaba de modo sustancial el problema jurídico resuelto en dicha sentencia.

Ahora bien, consta de autos que por virtud de la prueba documental producida en el juicio y en atención a la valoración de su propio mérito legal, fueron rechazadas por improcedentes, todas y cada una de las defensas opuestas por las demandadas contra la acción reivindicatoria intentada por la Nación. Dicha prueba está contenida en los documentos acompañados al libelo de la demanda que se refieren a actos de adquisición y de traslado de derechos inmobiliarios en el fundo «Paiba», a partir del título matriz de fecha 7 de diciembre de 1825, cuyo efecto jurídico subsiste por no haber sido desvirtuados los hechos que él acredita ni modificados o extinguidos los derechos que, con base en el mismo, dieron origen a la serie de transacciones y transmisiones inmobiliarias, en forma sucesiva, a partir de la adjudicación al Teniente de Caballería Cecilio Rincón, en 1825 (documento marcado «B»). Por efecto de tales medios de prueba, que hacen plena fe, *erga omnes*, respecto a la verdad de las declaraciones formuladas en los mismos y a la realización del hecho jurídico a que esos instrumentos se contraen, de conformidad con lo dispuesto en el artículo 1.360 del Código Civil, quedó demostrado en autos lo siguiente:

Que el fundo «Paiba», propiedad de las demandadas, es el mismo que fue adjudicado en 1825, y en pago de sus haberes militares, al Teniente de Caballería Cecilio Rincón, según consta de escritura registrada en la Prefectura Departamental del antiguo Cantón de Pedraza, en el año de 1876, bajo el N° 19, a los folios del 30 al 34 y por ante la Oficina Subalterna de Registro del Distrito Pedraza del Estado Barina, el 17 de junio de 1957, bajo el N° 40, folios 30 al 34 del Protocolo Primero Adicional;

Que de acuerdo con las medidas que dicha escritura indica, la cabida del fundo «Paiba» es de un mil setecientas siete hectáreas con sesenta y dos áreas y veintiocho centiáreas;

Que las tierras que se encuentran fuera de los linderos señalados en la citada escritura no han sido prescritas por las demandadas, motivo por el cual mantienen su condición original de baldías, pertenecientes al dominio privado del Estado Barinas, con arreglo a lo previsto y ordenado en los artículos 542 del Código Civil y 1° de la Ley de Tierras Baldías y Ejidos.

Acreditada en tal forma la propiedad de las demandadas, como idóneamente lo exige el derecho probatorio, por tratarse de actos jurídicos sometidos a los requisitos de la escritura y del registro, y habiéndose estimado dicha prueba como fundamental y suficiente para establecer el dispositivo final de la sentencia, por las razones y argumentos que expone el fallo apelado y que la Sala comparte, no estaban obligados los sentenciadores de primera instancia, como tampoco está obligada la Corte en su condición de Tribunal de alzada, a extenderse en el examen de los testimonios, la experticia y los permisos de movilización de maderas, porque siendo el objeto de éstos la demostración de hechos determinados y concretos, sus efectos no podrían influir sobre la conformación jurídica del problema debatido y menos aún sobre la decisión dictada en case al reconocimiento de los derechos constituidos conforme a la prueba instrumental producida en autos. En tal virtud, no pueden los testimonios evacuados ni la experticia ni los permisos de movilización de madera cuyo examen reclaman las demandadas, suministrar elementos de juicio para demostrar lo contrario de lo que los expresados documentos indican porque los hechos que demuestran aquellos medios de prueba no pueden influir en una decisión relativa a la existencia o inexistencia del derecho de propiedad que se discute.

Es inútil también el examen de la prueba testimonial porque ella fue promovida con el fin de demostrar la posesión legítima de las demandadas, tanto sobre el área adquirida conforme al documento de 1825, como sobre las 36.700 y más hectáreas que están fuera de los propios linderos correspondientes a la cabida que dicho título expresa, con arreglo al cual poseyeron las demandadas y sus causantes, desde la fecha del mismo, sin que puedan los testimonios evacuados en el juicio cambiar ese título, ni su contenido y efectos jurídicos.

Por otra parte, los numerosos testigos promovidos por las demandadas, en distintos lugares de la República, se refieren en sus declaraciones a los términos generales que emplea el artículo 772 del Código Civil para establecer los requisitos de la posesión legítima. Tales referencias no constituyen razones valederas en apoyo de sus afirmaciones, ninguna de las cuales se contrae con precisión a la posesión *animo domini* de las demandadas, sobre las tierras baldías, cuya posesión se atribuyen éstas, sino al establecimiento de un hato, el cual podrían encontrarse organizado en una extensión de tierras baldías precariamente poseída, tal como sucede frecuentemente en la práctica. En el caso, se trata de establecer una posesión legítima que dicen las demandadas haber ejercido sobre una superficie de más de 36.000 hectáreas de tierras baldías, comprendidas por linderos muy vastos, lo cual no está al alcance de los sentidos precisar ni aparece uniformado por las testimoniales que constan en autos.

Con relación a la experticia, cuyos resultados tampoco influyen en lo decidido por la sentencia apelada, se observa:

Sobre el cálculo de la superficie del fundo «Paiba» resultante del replanteo del documento de 1825 expresa el informe: «Una vez replanteado el polígono se procedió al cálculo analítico del mismo, dando una superficie de 1.588.2025 hectáreas, equivalente a 2.250.415 fanegadas; tomando para la transformación la fanegada de 100 varas por lado de 0,8354 mts., cada una, o sea una superficie de 6.987 m^2, por fanegada, la cual suponemos sea la medida que se utilizó para aquel entonces».

«El tipo de terreno deslindado en el particular anterior pertenece a la "Sabana Tropófila con Matas", cubierta de vegetación herbácea, gramíneas y leguminosas, con chaparrales característicos y las diseminadas formaciones vegetales denominadas matas. El terreno es plano con sus típicos bancos, esteros y bajíos, con suelo franco-arenosos en los bancos con buen drenaje interno y externo y franco-arcillosos en los bajíos y esteros con su característico mal drenaje».

La totalidad de los terrenos de sabana ubicados en la costa del río Suripá dio una superficie de 9.230 hectáreas, aproximadamente, resultando que las 1.588 y más hectáreas indicadas en el punto anterior están situadas en la parte Oeste de la Sabana de Paiba.

Al establecer las condiciones forestales de la selva Ticoporo que rodea los terrenos de sabana identificados en el particular anterior, concluye el informe de los expertos:

1° «La selva en estudio es una de las más ricas de Venezuela, tanto por la calidad como por la cantidad de las especies que tienen valor en el mercado».

2° «Se conjugan en esta selva los factores naturales para el desarrollo óptimo de las especies valiosas; estos factores son: suelo característico para el crecimiento del bosque Tropófilo, altitud sobre el nivel del mar entre 100 y 200 metros, cantidad y distribución de las lluvias, temperatura adecuada y topografía plana».

3° «Los suelos donde está ubicada la selva, de natural adaptabilidad para bosques, han sido influidos en pequeña escala por la utilización para agricultura migratoria de conucos, explotaciones de cedro y caoba y en algunos sitios (muy pocos) por mal drenaje se han desarrollado pequeñas sabanas naturales que no se han extendido por no existir influencia humana para provocar quemas periódicas».

Añade el informe que la superficie de los terrenos boscosos que rodean la sabana de 9.230 y más hectáreas que comprende la cabida indicada en la adjudicación original hecha por documento de 1825, es de 88.840,8730 hectáreas que, con el área correspondiente a los terrenos de sabana determinados antes, da una superficie de 98.071,4132 hectáreas.

La prueba de experticia permite establecer también que los terrenos cuya adquisición alegan las demandadas y que la Nación reivindica, no pueden ser adquiridos por prescripción en su condición de inalienables. En efecto, la respectiva prohibición legal data de la Ley de Tierras Baldías y Ejidos de 1915 manteniéndose en todas las leyes posteriores sobre la materia hasta la vigente, cuyo artículo 13 dispone: «Son inalienables los terrenos baldíos que a continuación se expresan: 1°) los que se encuentran cubiertos de bosques cuya conservación sea de interés público para evitar que se aminoren las fuentes; los que contengan maderas preciosas en cantidad apreciable; los que están cubiertos de árboles de caucho, sarrapia, pendare u otros árboles que suministren aceite, gomas, resina y demás productos naturales explotables».

Por otra parte, conforme a los artículos 10 y 15 de la Ley de Reforma Agraria, todos los terrenos baldíos existentes en el territorio nacional han quedado afectados a los fines de la Reforma Agraria y en tal virtud son inalienables e imprescriptibles.

De todo lo expuesto, se concluye que la experticia evacuada en el juicio es adversa a la situación de las demandadas.

En el caso de autos, el fallo de la primera instancia se fundó en las pruebas reputadas como esenciales por los sentenciadores, desde luego que la parte dispositiva halla su justificación en los argumentos de hecho y de derecho que resultaron del examen de las mismas para considerar procedente la acción intentada.

En consecuencia, resultaba contrario a la economía procesal entrar en el estudio inútil de una prueba sin influencia alguna para la decisión de la cuestión planteada.

CAPÍTULO SÉPTIMO

Procedencia o improcedencia general de la prescripción adquisitiva de diez años opuesta por la parte demandada

Al oponer la prescripción decenal a que se refiere el artículo 1.979 del Código Civil, los apoderados de las demandadas expresan: «A todo evento, oponemos la prescripción adquisitiva de diez años, fundada en el artículo 1.979 del Código Civil, para lo cual unimos a la posesión de nuestros mandantes, basada en sus respectivos títulos, la de sus causantes, entre otros, Telésforo Molina, hijo, Carlos Froilán Molina, Rita Molina de Espinoza, Eulalio Molina y Dominga Garrido de Molina, quienes ejercieron la posesión desde la fecha de sus respectivos títulos hasta que la entregaron junto con el otorgamiento de sus títulos, el 10 de enero de 1956 y 27 de octubre de 1957.

La posesión de nuestros mandantes reconocida por la Nación, al deducir la acción reivindicatoria, hace presumir la anterior basada en sus títulos, como también la del doctor Juan José Alarcón, hijo, quien adquirió de los sucesores de Juan Nepomuceno Mora Guerrero, Marieta Verté de Molina y Ángel Betancourt; la de éstos y la de sus predecesores sucesivos, causantes los unos de los otros, Eulalio Molina, Dominga Garrido de Molina, Pablo Guerrero, Telésforo Molina, Carlos Santiago Cordero y Rafael Márquez».

En casos como el presente no le está permitido a las demandadas servirse de lapso de prescripción de diez años para adquirir la propiedad o determinado derecho real. En efecto, tiene establecido la Corte en su sentencia de 12 de marzo de 1948, al resolver el punto relativo a las prescripciones decenal y treintañal que les fueron opuestas a la Nación con motivo de un juicio de reivindicación de terrenos baldíos promovido por ésta contra los particulares que los detentaban, que dichas prescripciones ordinarias no le son aplicables a la Nación, en virtud de lo previsto y ordenado en la Ley Orgánica de la Hacienda Pública Nacional que como disposición de una Ley especial debe aplicarse con preferencia a las del Código Civil. En efecto, de conformidad con el artículo 21 de la Ley Orgánica de la Hacienda Pública Nacional «los bienes pertenecientes a los Estados y que administra el Poder Nacional conforme a la Constitución Nacional, se entienden sometidos al mismo régimen que los bienes nacionales, salvo lo que dispongan leyes especiales que rigen aquellos bienes», y el artículo 28 del mismo Estatuto, dispone: «La propiedad y derechos reales sobre los bienes nacionales pueden ser adquiridos por prescripción, salvo, por lo que respecta a los extranjeros, los situados en la zona de cincuenta kilómetros de ancho paralela a las costas y fronteras. El tiempo necesario para prescribir es de veinte años, cuando existen justo título y buena fe, y de cincuenta años, cuando falten estos requisitos».

«La prescripción se interrumpe con el requisito de cualquier autoridad».

De modo que todo particular que frente a la Nación pretenda haber adquirido de buena fe un inmueble o un derecho real sobre un inmueble que la Nación reivindica como pertenecientes al dominio privado de una Entidad cuya administración le está encomendada, deberá probar su derecho con la presentación de un título debidamente registrado y que no sea nulo por defecto de forma, acreditando la propiedad o derecho real por veinte años, a contar de la fecha del Registro del título. En consecuencia, por estar atribuida la condición de baldíos a los terrenos que se reivindican en el presente juicio, no procede contra la Nación la prescripción adquisitiva de diez años que le ha sido opuesta por las demandadas con fundamento en el artículo 1.979 del Código Civil.

Dicen las demandadas: «Oponemos la prescripción de la acción reivindicatoria de veinte años, como acción real que es, negatoria del derecho de entrar a discutir en juicio la propiedad que se pretende».

La defensa anterior se basa en lo dispuesto en el artículo 1.977 del Código Civil, según el cual «todas las acciones reales se prescriben por veinte años y las personales por diez, sin que pueda oponerse a la prescripción la falta de título ni de buena fe, y salvo disposición contraria de la ley».

Ahora bien, la acción reivindicatoria propuesta por la Nación tiene su fundamento en el artículo 548 del Código Civil, que confiere al propietario de una cosa «el derecho de reivindicarla de cualquier poseedor o detentador, salvo las excepciones establecidas por las leyes». Con arreglo a esta disposición legal, es necesaria, para que prospere la acción reivindicatoria, que el reivindicante acredite la existencia de un título de propiedad sobre los bienes que son objeto de la demanda y, en segundo lugar, que dichos bienes se identifiquen con los que aparecen del título en referencia.

De modo contrario, la prescripción de veinte años, a la cual no puede oponerse la falta de título ni de buena fe, se funda exclusivamente en la inactividad de la Nación durante el tiempo señalado para reclamar su derecho, el cual aparece así renunciado y extinguido en favor del poseedor quien a su vez resultaría amparado, por el transcurso del mismo, contra el ejercicio eventual de ese derecho por parte del titular.

Conforme a las razones que se han expuesto antes, la Nación reivindica en su demanda los terrenos baldíos situados fuera de los linderos que aparecen del documento de fecha 7 de diciembre de 1825, dentro de los cuales se adjudica al Teniente de Caballería Cecilio Rincón una superficie de un mil setecientas hectáreas con sesenta y dos áreas y veinte y ocho centiáreas (Has. 1.707,6228). La propiedad que la Nación pretende reivindicar está acreditada en la Ley sobre los bienes a que se refieren los artículos 542 del Código Civil y 1° de la Ley de Tierras Baldías y Ejidos. De esta manera, toda el área colocada fuera de los límites de la citada extensión de tierras adjudicada al Teniente de Caballería Cecilio Rincón constituye el objeto de la reivindicación propuesta que es la misma que pretenden haber prescrito las demandadas conforme al artículo 1.977 del Código citado. No obstante, si para las demandadas el título a partir del cual ha de contarse el término de prescripción de la acción reivindicatoria es la dación en pago de fecha 22 de diciembre de 1943, registrado en la Oficina de Registro respectiva bajo el N° 9 del Protocolo 1° por el cual Telésforo Molina Garrido traslada a Pablo Guerrero, Marieta Verté de Molina y Carlos Santiago Cordero una superficie de treinta y ocho mil cuatrocientos cinco hectáreas y tres mil setecientos veinticinco metros cuadrados en el sitio o fundo «Paiba», el plazo de veinte años invocado en su favor por las demandadas aparece interrumpido por la demanda instaurada con fecha 8 de agosto de 1959 y con la actuación que corre al folio 64 de la primera pieza del expediente en la cual consta que aquéllas se dieron por citadas en el presente juicio, el 25 de septiembre de 1963, faltando aún tres meses para cumplirse el término de extinción de la acción reivindicatoria propuesta. Si a tales circunstancias se añaden otras presentes en el caso y que demuestran que las demandadas no han alegado ni probado hechos para fundar su defensa, con las circunstancias de lugar, tiempo y modo que permiten conocer el punto de partida o momento en que el propietario ha dejado de poseer la cosa por el hecho ilegítimo de un tercero, que es cuando comienza a contarse el término de prescripción, claro está que no hay elementos en autos para poder apreciar si se ha consumado la prescripción extintiva opuesta. Por las razones que anteceden se confirma la decisión del Tribunal *a quo* mediante la cual se desechó dicha defensa.

TERCERA PARTE

Estudio de la aplicación del mandato del artículo 11 de la Ley de Tierras Baldías y Ejidos al problema en cuestión

CAPÍTULO PRIMERO

¿Los demandados en este pleito, por sí o por sus causantes, han estado gozando, con la cualidad de propietarios, de las tierras cuya entrega se les solicita, desde antes del 10 de abril de 1848?

Según aparece de documento que corre en autos, el Teniente de Caballería Cecilio Rincón, el 5 de febrero de 1825, inició el procedimiento necesario para que le fueran adjudicadas dos porciones de terreno de las que entre los «*bienes nacionales*» resulten en tierras baldías, en los sitios que él se reservó designar, entre ellos en una posesión de «tierra de cría, *en la sabana de Paiba*, sita en la montaña de Suripá, en el vecindario de la Parroquia de Santa Bárbara, Intendencia de Barinas» y pide se le mesure en dicha Sabana de Paiba «*una legua de sabana*», todo ello para que así le fueren cancelados tres mil pesos de los cuales dijo ser acreedor del «haber familiar» según documentos que presentó adjuntos.

Hechas todas las tramitaciones del caso, la «*Comisión Subalterna de repartimiento de bienes nacionales de Apure*», «procediendo de conformidad con el Decreto del Supremo Gobierno del 28 de julio del año décimo tercio adjudicó el 5 de diciembre de 1825 al referido peticionario las dos porciones por él solicitadas, una de las cuales había sido ubicada y mensurada, según su pedido, en la Sabana de Paiba, jurisdicción de la Parroquia de Santa Bárbara, el día 8 de mayo de 1825, por el Alcalde José María Torres, asistido de los peritos nombrados al efecto y del interesado y quienes constituidos en el terreno en cuestión, dice dicho Alcalde»:

En la Sabana de Paiba, jurisdicción de la Parroquia de Santa Bárbara, en ocho días del mes de mayo de mil ochocientos veinte y cinco, yo dicho Alcalde José María Torres comisionado para la mensura prevenida en este expediente acompañado de los peritos nombrados, con asistencia del interesado habiéndonos constituido en el terreno denunciado hice medir una cuerda de cien varas y comenzado la mensura por travesía en el plan de la Sabana del lado Norte que se fijó por lindero una mata que llaman el Tampacal, tirando otra cuerda línea recta al lado Sur que se fijó. Segundo lindero la mata de la Tigra que está a la costa del Río Suripá, resultaron veintidós cuerdas y de aquí tirando la cuerda por largo al lado del Sur hasta llegar al fin de la Sabana arriba que se fijó por lindero la mata de Paují, resultaron noventa y tres, y de aquí siguió la mensura por travesía arriba hasta encontrar con las montañas de Curitos que se fijó por lindero, resultaron treinta cuerdas y de aquí siguió la mensura por el costado Norte línea recta hasta encontrar el primer lindero, resultaron noventa y cinco cuerdas, las cuales reunidas para reducirlas a leguas resultaron tres mil seiscientas fanegadas que componen una legua. Con lo que se concluyó esta mensura que firmo con los peritos y acompañados de que certifico.

La "Comisión" ordenó "franquear" al peticionario las diligencias referidas para que ocurriere a la escribanía pública por un testimonio que le sirva de competente títulos de propiedad.

Se observa que el documento en cuestión, que figura en estos autos, a los folios ocho a doce de la pieza principal, NO fue llevado a escribanía pública alguna sino que, una copia la presentó el señor Juan Bta. Callejo «a nombre de los herederos del finado Cecilio Rincones» al Prefecto de Ciudad Bolivia, J/M Padilla, el día 6 de noviembre de 1876 y protocolizada dicha copia ese año, al número 19, folios 30 al 34 en el Libro contentivo de escrituras registradas en la Prefectura del antiguo Cantón Pedraza correspondiente al año de 1876.

Como quiera que la ley ordena determinar si los supuestos causantes de los demandados gozaron «como propietarios» antes del 10 de abril de 1848, debe entrar la Corte a analizar la situación planteada por el documento en cuestión en orden a esa finalidad.

Primera Cuestión: Ordenamiento jurídico aplicable al caso:

En la Ley del 28 de septiembre de 1821, el Congreso de Colombia, deseando cumplir con la obligación que había asumido la República de premiar los servicios de quienes le hubieran servido desde el año 6° hasta el año 9°, decretó pagar a los militares que a ello tuvieren derecho mediante, entre otros medios, por la adjudicación a dichos militares de bienes raíces hasta ese momento confiscados o que el futuro se confiscasen, y de no alcanzar ellos mediante «concesiones de terrenos baldíos por el precio a que generalmente se fijare la fanegada» (Véanse los numerales 1 y 2 del Artículo 6 de la referida Ley).

La Corte advierte que en tal tiempo nace la costumbre de citar fechas en los actos y documentos oficiales, siguiendo el mandato del Artículo 223 de la Constitución de 1811, que dispuso utilizar en la fecha de «todos los actos públicos» la «ERA COLOMBIANA» que comenzaba a contar desde el 1° de enero de 1811, como primer año de independencia.

Por Decreto del Congreso de Colombia, fechado el 26 de julio de 1823 (y no el 28 como equivocadamente cita el documento) fue autorizado el Gobierno para nombrar una «comisión subalterna de repartimiento de bienes en Apure y Casanare» a la cual se le delegarían potestades, para que, conforme a la Ley del 28 de septiembre de 1821 (año 11) pudiese liquidar, adjudicar y repartir los bienes nacionales existentes en las provincias de Apure, Barinas y Casanare (Véase el Artículo 1° de dicho Decreto).

Es necesario añadir que desde el 11 de octubre de 1821 estaba vigente la Ley de Tierras Baldías, dictada por el Congreso de Colombia y en la cual se adoptan disposiciones de sumo interés para este pleito como fueron las siguientes:

a) Por mandato del Artículo 5 de la Ley en referencia quienes hubieren venido poseyendo tierras baldías, desde tiempo inmemorial, o a pretexto de justa prescripción, «*deberán concurrir en el término perentorio de un año a sacar sus títulos de propiedad, debiendo si no lo hicieren, volver al dominio de la República las expresadas tierras estén pobladas o cultivadas*».

b) Se crea como *único medio de adquisición de baldíos* su compra al gobierno y se anula el sistema adoptado el 15 de octubre de 1754, en la Instrucción Real correspondiente.

c) Se crea en cada capital de provincia y en la capital de la República una Oficina de Agrimensura destinada a registrar las propiedades rurales (Artículo 12).

d) Se establece un lapso de cuatro años durante el cual todo propietario debe inscribir sus tierras en el Registro, so pena de no hacerlo de que, si fuere titular por composición o mercedes, pasarán las tierras al patrimonio de la República y si hubieran sido adquiridas por compra u otros títulos habrá de hacerse la mensura por cuenta del Gobierno.

Cuando el Teniente de Caballería Cecilio Rincones recibió la adjudicación de las referidas tierras no ocurrió, al menos no hay prueba de ello en los autos, ni a escribano alguno, ni tampoco a la Oficina de Agrimensura de la capital de provincia, a lo cual estaba obligado.

Es más, creadas las Oficinas de Registro por la Ley del 24 de mayo de 1838, tampoco ocurre a dichas Oficinas a inscribir su título; ni lo hace bajo la siguiente Ley de Registro de 17 de marzo de 1838 que es la vigente para la fecha del 10 de abril de 1848.

Estima la Corte, sin embargo, que como quiera que, en ambas leyes, la única sanción que se prevé para la falta de registro es el pago del duplo de los derechos correspondientes (Artículos 29 y 32, respectivamente) y que para tal oportunidad no había todavía una Legislación Civil propia de la República, que es necesario precisar la Legislación aplicable para determinar el efecto del incumplimiento de tales formalidades en la validez del acto que se ha referido.

Dispuso la «Ley sobre procedimientos judiciales» dictada por el Congreso el 1° de mayo de 1825 (año 15), que el orden en que debían observarse las leyes era el siguiente:

Primero: Las que hubiere dictado o dictare el Congreso;

Segundo: Las pragmáticas, cédulas, órdenes, decretos y ordenanzas del Gobierno español adoptadas hasta el 8 de marzo de 1808;

Tercero: Las leyes de la Recopilación de Indias;

Cuarto: Las de la Nueva Recopilación de Castilla; y

Quinto: Las Siete Partidas.

A este respecto la Corte ha comprobado que la Ley I del Título Primero del Libro Décimo de la Novísima Recopilación, idéntica en un todo a la Ley 2, Título 16, Libro 5, de la Recopilación y a la Ley Única del Título 16 del Ordenamiento de Alcalá, mandaba que, aunque no se hubiere hecho ante escribano, si de una escritura resultaba alguien obligado o se alegaba algún contrato, el contenido de la escritura, obligación o contrato valía.

Por lo tanto, a pesar de no haber sido otorgado ante escribano ni luego registrado el título que se otorgó a Cecilio Rincones, el 5 de diciembre de 1825, desde el punto de vista estrictamente jurídico-histórico es válido.

La Corte ha advertido, desde luego, que la parte demandada impugnó, en el acto de contestación de la demanda, la validez del documento producido por la Nación como prueba del acto de adjudicación a Cecilio Rincones de las tierras aludidas, argumentando a tal efecto no ser original sino una copia, sin mérito jurídico alguno por haber sido expedida de otra copia sin firma auténtica. Pero, se observa que el Tribunal sentenciador en Primera Instancia, luego de analizar detenidamente los argumentos presentados contra la eficacia del referido instrumento, consideró, y así lo declaró, que el mismo tenía plena eficacia probatoria, porque no sólo los efectos señalados no alteraban su validez, sino porque la exacta coincidencia de los datos en el contenido con los que aparecen en las enajenaciones posteriores hechas en documentos indubitables, hacen lógicamente concluir que el mismo tiene todas las características de ser eficaz y cierto.

Respecto al documento protocolizado en la Oficina Subalterna de Registro del Distrito Pedraza del Estado Barinas, el 17 de junio de 1957, bajo el N° 40, folios 30 al 34 del Protocolo Primero, adicional, junto con el cual se produjeron por parte de la actora otras copias certificadas para demostrar la procedencia de la acción y un croquis marcado «V» relativo a la determinación del inmueble a que se refiere la adjudicación expresada en el citado documento, las demandadas expresan que «el título de adjudicación otorgado al Teniente de Caballería Cecilio Rincón, que la Nación acompañó con su demanda, no es original, es una copia sin mérito jurídico alguno porque ha sido expedida de otra copia sin firma auténtica, como lo demuestra hasta la saciedad al acta de la inspección ocular que producimos».

Con relación a este punto, las demandadas expresan: «a las manifiestas causas de reposición que hemos presentado en nuestro último escrito, agregamos la siguiente: presentamos con la contestación de la demanda el acta de inspección ocular practicada para demostrar que el título de adjudicación otorgado al Teniente de Caballería Cecilio Rincón que presentó la Nación con la demanda, es una copia sin mérito jurídico alguno, porque ha sido expedida sin firma auténtica de ninguna clase». «Pues bien, la sentencia declara que no tiene ninguna eficacia probatoria por haber sido practicada ante-litem».

Sobre este alegato se observa que aun cuando es de principio que las pruebas *extra-litem* traídas por las partes al juicio, en apoyo de sus pretensiones, no deben ser atendidas ni constituyen propiamente una prueba, porque falta en ellas la doble garantía de la verdad establecida por la ley que nace de la intervención de las partes y de la observancia de las formalidades procesales establecidas para su evacuación, es aconsejable, dentro del papel de investigación que cumple el Tribunal, el examen de una prueba de tal naturaleza, pero sólo cuando ella se ha practicado dentro de las circunstancias previstas en los artículos 1.428 y 1.429 del Código Civil, porque sea materialmente imposible o difícil hacer constar determinadas circunstancias o situaciones de hecho o porque pueda sobrevenir perjuicio, por retardo, ante el riesgo de que desaparezca o se modifiquen, con el transcurso del tiempo, esas situaciones o circunstancias.

La referida inspección ocular fue nuevamente promovida en juicio (Capítulo IV del escrito de pruebas de las demandadas) en la Oficina Subalterna de Registro del Distrito Pedraza del Estado Barinas «con el fin de que se deje constancia, teniendo en cuenta el Libro que se encuentra en dicha Oficina, paquete de 1876, de los siguientes hechos: 1°) Si es verdad que dicho legajo no es el protocolo correspondiente al dicho año de 1876, pues existe en el Registro el Protocolo 8° que es el correspondiente a registro de adjudicaciones y ventas. 2°) Si es verdad que dicho legajo de copias tiene como leyenda un papel, tipo de papel para empacar, que dice: "Juan Bautista Callejo, dueño de estas copias de sabanas compradas a los soldados de la tropa revolucionaria que invadió esta población en 1901", sin encabezamiento alguno ni número y escrito en diferentes clases de papel. 3°) Si es verdad que dicho legajo se nota que fue empastado con una pasta de cartón forrada en dril kaki gris, empastado que se nota es nuevo, y si por otra parte es verdad que los Protocolos del año de 1876, y anteriores y también posteriores a dicho año, se encuentran todos sin empastar, apareciendo empastado sólo dicho legajo. 4°) Si es verdad que dicho Libro contiene solamente unas copias de documentos que aparece certificando un Prefecto, reunidas en un legajo, y las cuales copias dice haberlas sido presentadas sin que dichas copias tengan sello alguno de la prefectura ni ninguno otro que pueda darles autenticidad ni estampillas. 5°) Si es verdad que, para el año de 1876, se utilizaban estampillas en los Protocolos de las Oficinas de Registro. 6°) Si es verdad que en la Oficina de Registro existe un Libro de inventarios o índice general de los Protocolos y Expedientes y documentos, a partir del año de 1846, y si en dicho libro general, el cual se servirá examinar aparece constancia de la existencia en los archivos del libro o legajo de las copias de 1876 a que nos hemos referido».

Dicha inspección ocular hizo constar: que existe un legajo cuya portada dice: «1876. Libro de Documentos Públicos llevados en la Prefectura Departamental del Cantón de Pedraza, 1876», y otro libro con la siguiente leyenda: «Ventas. Protocolo N° 8, 1876»; que existe en el legajo a que se contrae el primer punto de la inspección un papel de las características que señala, con la siguiente leyenda: «Juan Bautista Callejo dueño de estas copias de sabanas, compradas a los o a un soldado de la tropa revolucionaria, que invadió esta población en 1901»; y que los documentos que allí se encuentran insertos, unos constan en papel florete y otros en papel corriente; que son ciertas las características de encuadernación indicadas en el punto tercero; que todas las copias insertadas en el legajo referido en el punto cuarto, aparecen certificadas por un Prefecto que firma «J.M. Padilla», en la mayor parte de las copias, y «Rafael María Pelayo» en el resto de las copias, con excepción de la última copia que no tiene firma; que el referido legajo consta de ochenta folios útiles; que no aparece ningún sello que identifique alguna Prefectura ni a ninguna otta clase de oficina pública que puedan darle autenticidad ni aparecen pegadas estampillas de ninguna especie; que en los Protocolos de 1876 aparecen pegadas estampillas; que se examinó un libro forrado en tela de color marrón con una leyenda que dice: «Índice General»; y que dicho Libro se refiere a protocolos, expedientes y documentos llevados o ausentados a partir de 1846; y que examinado dicho libro aparece al vuelto del folio tres, constancia de la existencia en los archivos respectivos, del Libro o legajo de las copias de 1876, «lo cual está comprendido en once líneas escritas a mano».

Ahora bien, consta en autos que en la prueba de experticia promovida por la Nación, ésta señaló, «para que sirviera de guía a los expertos», el documento primitivo y originario de esta propiedad registrado en el Registro de la Prefectura Departamental del Cantón de Pedraza el 6 de noviembre de 1876 que acompañamos con la letra «B» al libelo de demanda; el documento registrado en la Oficina Subalterna de Registro del Distrito Pedraza del Estado Barinas en el 4° trimestre de 1882, anotado bajo el N° 4 del Protocolo 1°, que acompañamos marcado «E» y el croquis que acompañamos marcado «V».

Al impugnar esta prueba las demandadas señalan «que el documento presentado por la Nación como título de adjudicación al Teniente de Caballería Cecilio Rincón, supuestamente registrado en la Prefectura Departamental del antiguo Cantón de Pedraza, supuesto éste completamente falso, ya que se trata de una copia expedida de otra copia sin firma alguna y sin ninguna de las características y requisitos indispensables de todo documento público. La experticia solicitada por la Nación señala como base de la misma al pretendido documento y al croquis igualmente anexo a la demanda, para que sirva de guía a los expertos. Nos oponemos a dicha experticia, ya que señala como guía documentos que carecen de mérito jurídico». Y al contestar la demanda, también expresan: «la concesión por dación en pago fue hecha legítimamente, como se reconoce en la demanda; nuestros mandantes poseyeron y poseen dentro de los linderos que se señalan en sus títulos»; y más adelante, «es lo cierto que los causantes de nuestros representados y éstos empezaron a gozar de las tierras comprendidas dentro de los linderos señalados en el título de 1825, repetidos estos linderos en los títulos posteriores hasta la adquisición por nuestros mandantes; empezaron a gozarlas, repetimos, desde antes de la Ley de Tierras Baldías y Ejidos de 10 de abril de 1848; y por ello, de conformidad con lo prescrito en el artículo 11 de la Ley vigente hoy, la Nación no puede reclamarla en su calidad de administradora. Tierras comprendidas dentro de los linderos que indican los títulos de nuestras mandantes y los de los causantes de éstos hasta llegar al título original de 1825, fueron adquiridos legítimamente por títulos debidamente registrados, antes de la actual Ley de Tierras Baldías y Ejidos; y no pueden por ello ser objeto de reclamación por parte de la Nación y de los Estados». Y al oponer la prescripción de cincuenta años: «Oponemos igualmente la prescripción de cincuenta años, a mayor abundamiento, a contar de 1825, el lapso durante el cual poseyeron los terrenos como propietarios los causantes de nuestros mandantes y luego estos mismos».

Observa la Corte, repitiendo aquí los argumentos de la primera instancia, que el documento marcado «B», acompañado al libelo de la demanda, no es una copia expedida por un funcionario del Registro Público sino un documento registrado en la Oficina Subalterna de Registro del Distrito Pedraza del Estado Barinas el 17 de junio de 1957, bajo el N° 40, folios 30 al 34 del Protocolo 1°, adicional. El documento que se protocolizó en esta oportunidad sí es una copia certificada expedida por el Registrador quien al efecto hace constar que en el libro contentivo de escrituras registradas en la Prefectura Departamental del antiguo Cantón de Pedraza, correspondiente al año de 1876, bajo el N° 19, a los folios 30, 31, 32, 33 y 34 se halla inserto el documento que textualmente copia, con la siguiente nota final: «Concuerda con el expediente original de su contenido de donde saqué esta copia que va corregida en doce fojas con la siguiente, para entregar al interesado, para que le sirva de título de propiedad que ha corregido y concertado el que autorizo y signo y firmo en la capital de Achaguas a cinco días del mes de diciembre de mil ochocientos veinticinco —de que doy fe—, en testimonio de verdad. Juan Bautista Olavídez. Es copia exacta del original que fue presentado a nombre de los herederos del finado Cecilio Rincón. Ciudad Bolivia, noviembre seis de 1876. El Prefecto (fdo.) J.M. Padilla. (fdo.) N.A. Berrío. Srio».

Con anterioridad a la expedición de esta copia por el Prefecto, aparece inserto un auto del siguiente tenor: «Achaguas diciembre siete de mil ochocientos veinticinco —Betancourt—. La Comisión Subalterna de Repartimientos de bienes Nacionales de Apure, de conformidad con el dictamen fiscal y estando facultada por el Decreto del Supremo Gobierno de veintiocho de julio del año décimo tercio para repartir las tierras pertenecientes a la República de las provincias de Barinas, Casanare y Apure a los individuos del ejército de Apure y Casanare en pago de la deuda militar, adjudicada al Teniente Cecilio Rincón según su voluntad unas dos mil seiscientos veintiocho fanegas de tierras de criar ganados en los terrenos y bajo linderos que citan las dos mensuras antecedentes cuyo total valor de mil quinientos cincuenta y siete pesos a razón de novecientos pesos legua o dos reales fanegada conforme a la última disposición del Supremo Gobierno de siete de noviembre del año décimo tercio se deduce en la forma siguiente: Ha recibido en pago una legua dos mil seiscientas veinticuatro fanegadas tierras de criar a dos reales fanegadas mil quinientos cincuenta y siete pesos alcance a su favor mil cuatrocientos cuarenta y tres —tómese razón de esta adjudicación en los registros para el efecto haciéndose las anotaciones correspondientes en el Expediente del Alcalde, en su favor y franquéesele estas diligencias para que ocurra a la escribanía pública por un testimonio que le sirva de competente título de propiedad. Achaguas diciembre siete de mil ochocientos veinticinco. Cornelio Muñoz Martín Dávila. Como Vocal Secretario, Hipólito de la Cueva».

La copia insertada corresponde a la solicitud hecha por el Teniente Cecilio Rincón para que se le adjudicara en la comisaría de repartimiento de bienes, en tierras baldías de las que resulten en la provincia, los terrenos que acusa en la sabana de Maporal y en la sabana de Paiba, y las subsiguientes actuaciones de mensura y adjudicación de los terrenos acusados conforme a la determinación y cabida que resultó de las diligencias correspondientes.

En los documentos relativos a las enajenaciones hechas por los hijos del Teniente de Caballería Cecilio Rincón a Ignacio María Romero Ramírez, registrados en el Protocolo 8° el 4 de marzo de 1856 y el 1° de septiembre de 1858, y el señor Eulalio Molina, asentado en el Protocolo 1° el 19 de noviembre de 1882, acompañados al libelo de demanda y marcado «C», «D» y «E», los otorgantes expresan que hubieron dichos derechos por herencia de su padre Cecilio Rincón quien los adquirió en virtud de adjudicación que se le hizo en Achaguas, el 7 de diciembre de 1825, por haberes militares como Teniente del Ejército Libertador; e indican, con ligeras variaciones que no cambian la determinación de los bienes adjudicados, los linderos que a éstos se dieron en las diligencias de mensura y adjudicación, omitiendo sólo las referencias que aquéllas se hicieron sobre la extensión de los linderos y la cabida del inmueble adjudicado en las sabanas de Paiba. Pero en el último de los documentos citados los otorgantes expresan: «cuyos terrenos proindivisos es de cinco kilómetros o sea por la medida antigua tres mil seiscientas fanegadas que componen una legua castellana».

Las objeciones de las demandadas al referido documento marcado «B» no constituyen alegatos de tacha del mismo, pues esta situación se presenta únicamente mediante acción principal o de modo incidental por razón de las causales señaladas en el artículo 1.380 del Código Civil, y tales circunstancias no aparecen cumplidas en los autos. Al contrario, el documento en cuestión, invocado en su favor por la parte actora ha sido también invocado de igual forma por las demandadas tanto en la primera instancia como en sus exposiciones cumplidas ante la Corte. Tales hechos se aprecian en las defensas que han opuesto con fundamento en la adjudicación hecha al Teniente de Caballería Cecilio Rincón en 1825 (Documento marcado «B»), relativas a la excepción de inadmisibilidad por caducidad y por prohibición legal de admitir la acción propuesta y a la prescripción de cincuenta años. De esta manera las demandadas han esgrimido en su favor una prueba producida por la Nación, junto con el libelo de la demanda, llegando a estimarla como principio y causa de su propio derecho. Por efecto de estas circunstancias la prueba contenida en el documento marcado «B» se ha convertido en una prueba común de las partes, motivo por el cual resulta contrario a toda lógica procesal que dicho documento pueda ser objeto de impugnación por quienes lo han invocado en favor de sus pretensiones.

Abundando en los motivos que surgen frente a las objeciones de las demandadas no podría negársele mérito probatorio a la copia de un documento que ha llegado a manos del Registrador copiada del mismo original el cual seguramente se ha perdido por accidente, hipótesis ésta que sitúa el caso fuera del supuesto de que ese original no haya existido nunca, como parece desprenderse de las observaciones de la demandada. La copia que pretende impugnarse aparece también vinculada y concordada con copias de otros documentos de diversas épocas referidas a un mismo contenido y a una causa común, de donde surgen presunciones y argumentos favorables a su veracidad. Pretender que en el caso examinado se presente el documento original o una copia del mismo con todas las garantías que exige la Ley vigente, cuando ese documento original no puede conocerse por razones de fuerza mayor, explicables por el transcurso y los estragos del tiempo, es exigir lo que no está en manos de los litigantes conseguir.

Pero lo cierto es, que del texto del documento marcado «B» y del resultado de la inspección ocular practicada el 25 de abril de 1963, en la Oficina de Registro del Distrito Pedraza del Estado Barinas, aparece comprobado: que la copia protocolizada en dicha Oficina no fue expedida del Protocolo

8° de Registro, sino del Libro contentivo de escrituras registradas en la Prefectura Departamental del antiguo Cantón de Pedraza, motivo por el cual carece de importancia la prueba de la existencia separada del Protocolo 8° y del legajo de escrituras del cual se expidió la copia certificada; que las copias contenidas en dicho libro o legajo «aparecen certificadas por un Prefecto que firma J.M. Padilla en la mayor parte de ellas y en otras, Rafael Mª Pelayo, con excepción de la última copia que no tiene firmas»; que el Libro o Legajo de escrituras consta de ochenta folios, y que de acuerdo con la constancia referida, el documento que cursa a los folios 30, 31, 32, 33 y 34 de dicho Libro o Legajo a que se contrae el documento «B» sí aparece certificado con la firma del Prefecto; y que el Libro Legajo de escrituras registradas en la Prefectura Departamental del antiguo Cantón de Pedraza existía en los archivos de la Oficina de Registro entre los «Protocolos, expedientes y documentos llevados o asentados a partir de 1846, según la constancia que aparece de la inspección ocular antes mencionada».

A este respecto, la Corte comparte las razones de la primera instancia conforme a las cuales se establece: «que el régimen de Escribanías regía para el año de 1825»; «que según el artículo 8° de la Ley de 24 de mayo de 1886, que estableció las Oficinas de Registro, las Oficinas Subalternas de Registro establecidas en la parroquia cabecera del Cantón a que pertenezca, sería el depósito de los Protocolos que se lleven en ella y de los expedientes de causas o negocios judiciales concluidos y mandados a archivar por los Tribunales del Cantón, y que los Escribanos deberán entregar sus archivos a las Oficinas de Registro»; que, en consecuencia, en dichas Oficinas se archivaban todos esos documentos a título de depósito; que tales disposiciones fueron conservadas en la Ley de 17 de marzo de 1838 sobre Oficinas de Registro, en vigor hasta el 20 de febrero de 1863; que el Decreto sobre Registro Público de esta fecha autorizó expresamente la expedición de copia de cualquier documento archivado y fue afectado de insubsistencia por el Decreto Ejecutivo de 8 de agosto de 1863, disposición que se mantiene en el Decreto de 20 de octubre de 1867 sobre organización de las Oficinas de Registro. Que tampoco tiene importancia la ausencia de sellos y estampillas en el documento archivado en la Oficina de Registro, en el legajo que fue examinado en la inspección, pues el sello del Registro fue contemplado por primera vez en el Decreto de 1863 y la obligación de poner estampillas de Escuela en los Protocolos de Registro, en la Ley de 13 de junio de 1876, ambas posteriores a la fecha del documento y al año de 1846, cuando ya aparecía en los Archivos de la Oficina de Registro del Distrito Pedraza, el legajo o libro del cual se expidió la copia certificada a que se contrae el documento «B».

Finalmente, si el documento en referencia, al cual se contrae la copia certificada expedida por el Registrador, estaba en poder de éste, en calidad de depósito, conforme a lo previsto en el artículo 8° de la Ley de 1836, que ordenaba ponerlos en custodia de dicho funcionario con ese carácter, también podía autorizarlo y darle fe como depositario público de los archivos de las Escribanías, por ser dicho funcionario el competente con arreglo a las leyes.

De lo expuesto se concluye que la inspección ocular analizada, nada prueba contra el contenido y efecto del documento, protocolizado en la Oficina de Registro del Distrito Pedraza del Estado Barinas, el 17 de junio de 1957, bajo el N° 40, folios 30 al 34 del Protocolo Primero Adicional, tal como lo aprecio la sentencia de primera instancia.

En otra parte de sus alegatos sostienen las demandadas la identidad de los terrenos adjudicados al Teniente de Caballería Cecilio Rincón en 1825 y los que ellos poseen, en virtud de la coincidencia de linderos que determina el inmueble Hato Paiba. A este respecto, expresan sus apoderados que sus mandantes «poseyeron y poseen dentro de los linderos que se señalan en sus títulos; si hubo error en la medida, los linderos dentro de los cuales estaban encerrados los terrenos no dejan lugar a dudas». Más adelante indican los mismos apoderados que aun siendo baldías las tierras como lo pretende la Nación, los causantes de sus representadas y estas mismas empezaron a gozar de las tierras comprendidas dentro de los límites señalados en el título de 1825, «repetidos estos linderos hasta la adquisición por nuestros mandantes». Y a continuación señalan: «tierras comprendidas dentro de los linderos que indican los títulos de nuestros mandantes y los causantes de ésos hasta llegar al título original de 1825, fueron adquiridos por títulos debidamente registrados antes de la actual Ley de Tierras Baldías y Ejidos y no pueden por ello ser objeto de reclamación por parte de la Nación y de los Estados».

Los apoderados de la Nación alegan a este respecto, basados en la documentación acompañada, que todas las transmisiones de propiedad que aparecen comprobadas en autos de refieren al lote de terrenos adjudicados al Teniente Rincón el 7 de diciembre de 1825, el mismo que fue objeto de adquisición por parte de las demandadas, conforme a los documentos marcados «T» y «U», de fecha 10 de enero de 1956 y 28 de octubre de 1957. En relación con la extensión que alegan poseer las demandadas, dicen los apoderados de la actora: «Fue un título muy reciente o sea el registrado el 22 de diciembre de 1943, bajo el N° 9 del Protocolo 1° (Documento "M") en que Telésforo Molina Garrido dio en pago a Pablo Guerrero, Marieta Verté de Molina y Carlos Santiago Cordero, todos los derechos que le correspondían en el Hato Paiba, quedando excluidos los derechos de su hermana Rita

Molina de Espinoza, donde se dice por primera vez que el hato "Paiba" estaba compuesto de una extensión de sabana de cría y montes, y asigna a éste (por su propia cuenta, puesto que no estaba expresado en el título por el cual adquirió ni en ninguno de los anteriores) una superficie de 38.405 hectáreas y 3.325 metros cuadrados; así como tampoco en ninguno de los títulos de sus causantes se habla de montes, sino solamente de sabanas de cría y labor. Así pues, es evidente que lo adjudicado al primer causante Cecilio Rincón fue exclusivamente sabanas de cría, pues así aparece claramente establecido, en varias oportunidades, en el documento matriz de 1825, principalmente en el informe de los peritos nombrados para avaluar dichos terrenos».

Destacan las demandadas como error del libelo la afirmación anterior, y dicen que cuando se hizo mención a la mayor cabida dentro de los linderos «fue en la escritura pública hipotecaria de 1932» en la cual «se señaló el número de hectáreas realmente comprendidas dentro de los puntos mencionados en los títulos», para añadir, a continuación, que el croquis que le asigna una cabida menor (croquis «V») «es inexacto y carece de mérito jurídico». «Entre los puntos señalados en ese croquis con los nombres que se indican en los títulos de nuestros mandantes y en los de sus antecesores —concluyen—, existe una superficie de 38.405 hectáreas y 3.325 metros cuadrados. Los puntos señalados en los títulos determinativos de los linderos aparecen claramente del plano marcado con la letra "A"; distinguida la superficie con una línea roja. Conviene hacer notar, por otra parte, que, en escrituras públicas de 1852, 1856, 1859, 1900 y 1908, se habla de sabanas de cría y labor, señalando este último concepto, sin la menor duda, los montes».

De lo expuesto se deduce que el valor probatorio de la documentación acompañada al libelo de la demanda es admitido por igual, tanto por la actora como por las demandadas, de donde se concluye que los terrenos adjudicados el 7 de diciembre de 1825 al Teniente de Caballería Cecilio Rincón, en zonas baldías de la sabana de Paiba, conforme a documento protocolizado en la Oficina de Registro respectiva, el 17 de junio de 1957, bajo el N° 40, folios 30 al 34 del Protocolo 1° Adicional (documento «B»), son los mismos que adquirieron las demandadas en fechas posteriores, conforme a documentos registrados en la Oficina Subalterna de Registro del Distrito Bolívar del Estado Táchira el 10 de enero de 1956, bajo el N° 4, folios 4 al 9 del Protocolo 1° Principal (Documento «T») y en la Oficina Subalterna de Registro del Distrito Pedraza del Estado Barinas, el 28 de octubre de 1957, bajo el N° 11, folios del 17 al 19, del Protocolo 1° (Documento «O»), pero existiendo entre las partes discrepancias en lo que respecta a las características de las tierras de dicho inmueble, a su cabida o superficie y «a la real ubicación de los puntos de intersección de los linderos mencionados, tanto en el título de 1825 como en los subsiguientes, hasta llegar a los de las Compañías demandadas».

Sin embargo, tal como lo aprecia la primera instancia y lo confirma la Corte, el inmueble adjudicado al Teniente de Caballería Cecilio Rincón quedó determinado «no sólo por los puntos denominados Mata Tampacal, Mata La Tigra, Mata del Paujil y Montañas de Curitos, sino también y principalmente, por las medidas y orientación que dio a las líneas que unen dichos puntos y la correspondiente cabida y los demás datos expresados en las diligencias de la mensura que precedió a la adjudicación y a la que se refirió la actuación de la Comisión Subalterna de Bienes Nacionales de Apure». En efecto, el inmueble determinado en el título originario aparece con las características propias que sirven para conocerlo y distinguirlo, sin que sea dable admitir que éstas puedan cambiar por la sola declaración de particulares referida a nuevos linderos o medidas, a menos que las situaciones que surjan de aquélla tengan el suficiente crédito legal para alterar las determinaciones establecidas en la mensura y el título original. Al respecto, se observa, que no basta indicar los linderos ni los puntos en que ellos se encuentran o se cortan para determinar un inmueble, pues tales características que sólo son parte de un conjunto requerido por la Ley a los fines indicados pueden desaparecer, modificarse o alterarse en el tiempo por fuerza de circunstancias que influyen sobre denominaciones o dimensiones.

Habiendo las demandadas fundado sus alegatos relativos a las excepciones de inadmisibilidad por prohibición legal de admitir la acción propuesta, a la caducidad y a la prescripción de cincuenta años, en la adjudicación de fecha 7 de diciembre de 1825, por haber comenzado a gozar, ellas y sus causantes, de las tierras comprendidas dentro de los linderos señalados en el título de 1825, «repetidos esos linderos en los títulos posteriores hasta los de sus adquisiciones respectivas», es lógico admitir que las demandadas reconocen como ciertas y verdaderas todas las determinaciones establecidas en dicho título para identificar y distinguir las tierras que ellas poseen, partiendo del título en referencia. En consecuencia, queda demostrado en autos que el terreno adjudicado al Teniente de Caballería Cecilio Rincón es el que aparece descrito, conforme a la respectiva mensura, de la manera siguiente: «un lote de sabanas propias para la cría determinadas por una línea recta que va de la Mata de Tampacal por travesía en el plan de la sabana hasta encontrar la Mata de La Tigra que está a la costa del río Suripá, en una extensión de dos mil doscientas varas; de la Mata de La Tigra que está a la costa del río Suripá, en una extensión de dos mil doscientas varas; fin de la sabana arriba, en una longitud de nueve mil trescientas varas; de aquí, por travesía arriba, una línea hasta encontrar las montañas de Curitos, en una longitud de tres mil varas; y de aquí, por el costado del Norte una línea recta en una longitud de nueve mil quinientas varas, hasta encontrar la Mata del Tampacal».

Cabe observar que la cabida del terreno fue fijada por los mensuradores en tres mil seiscientas fanegadas, rectificada posteriormente por el Fiscal ante la Comisión Subalterna de Repartimiento de Bienes Nacionales y definitivamente establecida, con motivo de esta rectificación, en dos mil cuatrocientas cuarenta y cuatro fanegadas, fijación ésta, conforme a la cual se hizo la adjudicación al Teniente de Caballería Cecilio Rincón.

Ahora bien, consta de autos (documentos marcados «C», «D» y «E») que los otorgantes Ruperto y Zoila Florinda Rincón, Santiago Rincón y Francisco Rincón, hijos de Cecilio Rincón y Guadalupe Dorantes, declaran que las ventas que hacen de sus derechos en el sitio o potrero de Paiba, a Ignacio María Romero Ramírez y a Eulalio Molina, provienen de la adjudicación hecha a su causante Cecilio Rincón en 1825 (Documento «B»). Tales declaraciones no atribuyen una cabida mayor al inmueble donde estaban situados los derechos de los otorgantes, acatando, por consiguiente, las determinaciones de la referida adjudicación.

Las características mencionadas surgen de los documentos acompañados al libelo de la demanda, marcados «C», «D», «E», «F», «G», «H», «I», los cuales establecen como causas de sus derechos el título de fecha 7 de diciembre de 1825 (Documento «B») el cual aparece así, en una relación de antecedente a consecuente, directamente vinculado con las adquisiciones de las demandadas, sin que apareciera, en dichos documentos, alterada o modificada la superficie fijada originalmente en la adjudicación, en los términos señalados por la respectiva mensura que se ha transcrito antes. Es con fecha 22 de diciembre de 1943 (Documento «M»), cuando Telésforo Molina Garrido, causahabiente de los terrenos determinados en los documentos arriba indicados, al dar en pago a sus acreedores Pablo Guerrero, Marieta Verté de Molina y Carlos Santiago Cordero, «el fundo de su exclusiva propiedad denominado Paiba», situado en jurisdicción del Municipio Santa Bárbara, Distrito Pedraza del Estado Barinas, «compuesto de una extensión de sabana de cría y montes», establece «una superficie de treinta y ocho mil cuatrocientas cinco hectáreas y tres mil trescientos veinticinco metros cuadrados», variando así, en considerable cantidad, la cabida original de dos mil cuatrocientas cuarenta y cuatro fanegadas, determinada en la adjudicación que sirve de título matriz a las transmisiones y adquisiciones posteriores relacionadas con el fundo Paiba, ya que ninguno de los anteriores títulos señalaba una superficie mayor a la establecida en la referida adjudicación.

Observan las demandadas que la superficie de 38.405 hectáreas y 3.325 metros cuadrados se indica por primera vez en el documento registrado en la Oficina Subalterna de Registro del Distrito Pedraza del Estado Barinas, el 13 de octubre de 1932, bajo el N° 1 del Protocolo 1° por el cual, Telésforo Molina constituyó hipoteca especial sobre el fundo pecuario denominado

«Paiba», obligación ésta que aparece extinguida conforme a documento de dación en pago, registrado en la misma Oficina de Registro, el 22 de diciembre de 1948, bajo el N° 9, folios 28, 29 y 30 del Protocolo 1°. Sin embargo, aun cuando la hipoteca es un derecho real constituido sobre los bienes del deudor, el documento que contenga un contrato de tal naturaleza no es un título traslativo de dominio que pueda servir de punto de partida para establecer el nacimiento o la extinción de un derecho inmobiliario con base en la alteración o modificación de un área determinada, concretamente, para demostrar en el caso de autos, que es a contar de la fecha del documento hipotecario cuando se opera el cambio de la superficie original del fundo Paiba, fijada en 2.444 fanegadas por la de 38.405 hectáreas y 3.325 metros cuadrados, indicada en la hipoteca y en la dación en pago. En cambio, el contrato mediante el cual el deudor hipotecario se liberó, cediendo la propiedad del fundo Paiba a sus acreedores, en lugar de pagar en dinero, es decir, la dación en pago realizada en el documento de 22 de diciembre de 1943 sí constituye un acto traslativo de dominio y, en consecuencia, con validez para probar la fecha o momento en que se operó el cambio de cabida en la superficie del referido fundo. Por estas razones, estima la Corte como ajustada a derecho, la apreciación del Tribunal de Primera Instancia según la cual «el cambio de cabida del fundo Paiba se produjo, en la serie de documentos traslativos de propiedad, el 22 de diciembre de 1943».

Los argumentos de orden histórico-jurídico que antes se han expuesto así como los que llevaron al Sentenciador de Primera Instancia a dar plena eficacia probatoria al documento acompañado bajo la letra «B» al libelo de la demanda, y cuyos argumentos la Corte acoge y confirma, determinan que expresamente se declare que los causantes de los demandados fueron legítimos propietarios de la zona de tierra adjudicada al Teniente Cecilio Rincón el 5 de diciembre de 1825 y que por lo tanto para el 10 de abril de 1848, el referido Teniente o sus herederos eran legítimos propietarios de la tierra en referencia.

Pero, así como se declara lo anterior, se observa también que no hay elemento alguno en los autos que permita concluir en forma directa o indirecta que hasta 1848 ni el Teniente Cecilio Rincón ni sus herederos, en caso de haber él ya muerto para entonces hubieren poseído una extensión mayor a la asignada en 1825.

A este respecto se recuerda, que la Ley de 11 de octubre de 1821 no admite ninguna forma de prescripción sobre tierras baldías, pues al referirse a que quienes ya poseían alguna antes de su fecha expresa que debían «sacar sus títulos» y que quienes no poseyeran tenían que comprar tierras si las necesitaban, y en el caso de excepción de los militares determinados en la Ley del 28 de septiembre de 1821, les era necesario recibirlas expresamente, y con un complejo procedimiento de adjudicación.

No existen en los autos, ni se ha alegado por la parte demandada que los herederos de Cecilio Rincón ni el mismo Teniente de Caballería hubiesen poseído otras tierras antes de 1825, ni obtenido otras adjudicaciones que la que se ha venido refiriendo, ni mucho menos haber comprado al Ejecutivo porciones adicionales a la adjudicada en 1825.

Por las razones expuestas, la Corte declara expresamente que los causantes de las demandadas sólo poseyeron, hasta el 10 de abril de 1848, la zona de terrenos que expresamente fue adjudicada al Teniente Cecilio Rincón y que aparece determinada arriba en la mensura hecha el 8 de mayo de 1825 por el Alcalde comisionado José María Torres.

CAPÍTULO SEGUNDO

¿Pueden los demandados pretender estar favorecidos por cualquier tipo de prescripción adquisitiva que hubieren operado en el tiempo transcurrido desde la fecha de 10 de abril de 1848 hasta que se practicó su citación para el presente juicio?

El análisis de la cuestión planteada, la segunda de las que corresponde resolver por mandato del artículo 11 de la Ley de Tierras Baldías y Ejidos, requiere dividir el tiempo señalado en varias etapas conforme a los criterios que seguidamente se señalan:

Primera etapa: Del 10 de abril de 1848 hasta el 6 de noviembre de 1876.

Estima la Corte conveniente, a los fines de la decisión que corresponda considerar, como primera etapa, la que transcurre desde el 10 de abril de 1848, fecha hasta la cual se ha considerado y declarado ya que los causantes de los demandados gozaron como propietarios de la zona de terreno demarcada el 8 de mayo de 1825 por el Alcalde José María Torres y nada más que de dicha zona, hasta el 6 de noviembre de 1876 que es cuando el título original de Cecilio Rincón entra en el Registro Público y ya se han iniciado operaciones diversas con las tierras en cuestión.

El 4 de marzo de 1856, bajo el Protocolo 8 del Registro de Pedraza, hoy del Estado Barinas, *Ruperto y Zoila Florinda Rincón*, diciéndose hijos de Cecilio Rincón y Guadalupe Dorantes, ceden, en venta pública y enajenación perpetua, a *Ignacio María Romero Ramírez* o a quien sus derechos represente, «*LOS DERECHOS DE SABANA DE CRÍA Y LABOR*» que por legítima de su legítimo padre les correspondió en la que éste poseía en el sitio de Paiba, jurisdicción de la Parroquia Santa Bárbara de este cantón, por adjudicación que por haberes militares se le hizo en 1825 «según consta en escritura que reposa como título de propiedad en poder de nuestra legítima madre Guadalupe Dorantes». Señalan de segundas los siguientes lindes: por el plan de la sabana hacia el norte una mata conocida con el nombre de

Tampacal, de ahí una línea recta hacia el sur a dar a la mata llamada La Tigra que está a la izquierda del río Suripá, y por la costa de éste aguas arriba hasta la mata llamada el Paujil; y de aquí línea recta de Sur a Norte al sitio que llaman Curitos, y de este punto línea recta de Occidente a Oriente hasta encontrar con el primer lindero.

El 28 de mayo de 1858, por documento igualmente protocolizado en el Protocolo 8 de la misma Oficina citada, el ciudadano Santiago Rincón vende igualmente sus derechos al mismo *Ignacio María Romero Ramírez* y refiere los linderos de lo vendido al documento de 4 de marzo de 1856 contentivo de la venta hecha por sus hermanos Ruperto y Zoila Florinda según se acaba de explicar.

Después de esta última venta, el próximo acto que efectuaron los herederos, según aparece de los autos, es presentar, por intermedio de Juan Bautista Callejo, para su protocolización, el documento de adjudicación a su padre, inscripción que aparece hecha en Ciudad Bolivia el 6 de noviembre de 1876.

Se hace necesario por lo tanto ahora el precisar el ordenamiento jurídico aplicable para el año de 1876.

En primer lugar, estaba vigente la Constitución del 27 de mayo de 1876 en la cual, sólo se establece que el Presidente de la República administra los baldíos «conforme a la ley», que, aunque no está expresamente prevista en las facultades de la Legislatura Nacional podría ser en consecuencia dictada por ella.

Desde el punto de vista administrativo había habido la siguiente evolución:

a) En 30 de junio de 1865 el General Guzmán Blanco, diciendo hacer uso de la facultad que le otorgó el artículo 19 de la Ley de Crédito Público entonces vigente, decretó que las tierras baldías «son de la Nación y considerando como baldías, las que estando dentro de los límites territoriales no tuvieren "dueño legítimo" y los "realengos" ocupados sin título», título sólo substituible con la justificación que debía hacer quien alegara poseerlos, de haber sido su posesión anterior a 1700 según el capítulo cuarto de la Real instrucción de 15 de octubre de 1754.

b) Tanto el Código Civil de 1862 como el de 1876 habían atribuido a la Nación la propiedad de los bienes que no tuviesen dueño o «que no lo tengan conocido».

c) La duda planteada, tanto por la Constitución de 1864 como por la de 1876 al referir al Presidente la «administración» de los baldíos, a la vez que atribuía a los Estados competencia residual (o sea todo lo no cedido a la Federación) hizo pensar que la intención del Constituyente había sido otorgar la propiedad de los baldíos a los Estados, y por ese motivo el 10 de marzo de 1874 el Ejecutivo Nacional ordenó suspender toda enajenación de baldíos «hasta que el Legislador se pronuncie».

El silencio legislativo sobre el particular determina además que sea necesario pensar que respecto a los baldíos era aplicable la disposición contenida en el artículo 1.815 del Código Civil de 1876 según la cual la prescripción corría en favor y en contra no sólo de la Nación sino de las corporaciones y demás personas jurídicas, es decir, que fueran los baldíos de la Nación o de los Estados, durante este tiempo podían haber sido adquiridos por prescripción.

Pero es muy importante advertir que los propios herederos de Cecilio Rincón, al vender en 1856 y 1858 sus derechos a Ignacio María Romero Ramírez hicieron no sólo expresa mención a los linderos categóricos y similares en un todo a los que corresponden al terreno que fue adjudicado a su padre en 1825, sino que expresamente se refieren a que lo que venden son «*sabanas de cría y labor*».

Está pues perfectamente definido y así lo declara esta Corte, que desde el 10 de abril de 1848 hasta el 6 de noviembre de 1876, los herederos de Cecilio Rincón sólo poseyeron, y en calidad de propietarios hasta el momento en que cada uno de ellos vendió sus derechos en la herencia la misma zona de terreno adjudicada en 1825, como se ha dicho tantas veces en esta sentencia a Cecilio Rincón, y no hay en los autos prueba alguna de que ni hubieran tratado de extender dicha posesión a otras tierras ni que alegaren en modo alguno como título de otras extensiones de terreno el entonces posible, al menos en teoría, de la prescripción adquisitiva.

Segunda etapa: Desde el 6 de noviembre de 1876 hasta la promulgación de la Ley del 18 de agosto de 1909.

La Corte estima conveniente integrar esta segunda etapa dentro de las dos fechas arriba señaladas, porque la primera de ellas es, como se ha dicho, la de la protocolización del documento de adjudicación a Cecilio Rincón y la segunda la de la promulgación de una Ley que implica importantísimas reformas en esta materia.

Las operaciones realizadas durante esta época son las siguientes:

Según documento protocolizado en la Oficina Subalterna de Registro del Distrito Pedraza el 29 de noviembre de 1882, bajo el N° 4, folio 2, del Protocolo N° 1, que corre en autos, Francisca Rincón y Ruperto y Zoila

Florinda Rincón, como herederos de su padre el Teniente de Caballería Cecilio Rincón y de su hermano Fabio Rincón, vendieron a Emilio Molina los derechos que les correspondían en las sabanas de cría y labor en el sitio de «Paiba» por herencia de su citado padre.

Por documento registrado en la Oficina de Registro antes citada, el 11 de junio de 1900, bajo el N° 5, del Protocolo 1°, agregado al expediente, Benigna Salcedo de Cordero y sus hijos Carlos S., Benigna, Emilio, Zoila, Adelina y Hercilia Cordero vendieron a Luis Torres, los derechos en tres quintas partes de la posesión denominada «Paiba», que hubieron por herencia de *Santiago Cordero*, quien a su vez los había comprado a *Ignacio María Romero*. Los vendedores manifestaron que quedaba excluido de la venta el derecho correspondiente a los menores hijos de *María Inés Cordero de Troconis*.

Según documento registrado en la misma Oficina de Registro el 6 de diciembre de 1908, bajo el N° 11 del Protocolo N° 1, que cursa en autos, Cirila Contreras de Torres, Brígida Torres de Gómez y Juan Bautista Torres, ratificaron la venta que a favor de Dominga B. de Molina le había hecho su padre Luis Torres con fecha 12 de mayo de 1908, de las tres quintas partes de la posesión «Paiba».

En todas las antes dichas operaciones se copian exactamente los lindes de los documentos de adjudicación a Cecilio Rincón o Rincones y se expresa con toda claridad que se trata de una posesión de «sabanas». No se menciona en ellos, ni aparece en los autos, ningún elemento que permita concluir que hubo alguna forma mediante la cual las personas que van apareciendo como causantes y causahabientes sucesivamente, presentaren posibilidad alguna de haber ocupado u obtenido, en forma alguna, tierras distintas de las que enajenan o adquieren en los documentos que se han citado y que corren en los autos.

Es muy interesante destacar que el curso de las operaciones se observa cómo algunas de ellas son realizadas a nombre de personas que no otorgan residentes en sitios distintos de la propia sabana de «Paiba», y que en todos ellos se hace referencia no sólo a los mismos lindes sino a los mismos orígenes de la propiedad.

Mientras tanto se ha operado una importante labor de transformación legislativa:

a) Transformaciones constitucionales:

A la Constitución de 1876 substituye la de 1881: en ésta (Artículo 13, numeral 15) los Estados se obligan a ceder al Poder Federal la Administración de las tierras baldías «para que éstas se apliquen en beneficio de los pueblos». El Presidente, con la asistencia del Consejo Federal, conserva la facultad de administrar los baldíos conforme a la Ley. La Constitución de 1891 mantiene idénticas disposiciones incluso dentro del mismo número de artículo y numeral. En la de 1893, se cambia el destino de las tierras baldías, de su aplicación en beneficio de los pueblos, señalado en 1881, al «fomento de las industrias patrias» (Artículo 13, numeral 16) y se atribuye sólo al Presidente la facultad de administración. En la de 1901, se mantiene la cesión al Poder Federal, pero se destina dicha administración para que su producto «total» sea renta de los Estados, si bien se autoriza al Congreso para dictar leyes en la materia que organicen dichas rentas.

b) Transformaciones administrativas: son dictadas sucesivamente leyes de tierras baldías en los años de 1882, 1894, 1896, 1900 y 1904.

En las del 2 de junio de 1824, 24 de agosto de 1894, 20 de mayo de 1896 y el Decreto de 20 de julio de 1900 se mantiene la clasificación originada en el Decreto de Guzmán Blanco de 30 de junio de 1865, que arriba se ha citado.

Según tal criterio, se consideraron como baldías las tierras que estando dentro de los límites del territorio nacional no tuvieron propietario legítimo y además las tierras denominadas «realengas» ocupadas sin título, que sólo podría suplirse con los procedimientos establecidos en la Real Instrucción expedida por El Pardo el 15 de septiembre de 1754 y hecha revivir por el General José Tadeo Monagas quien mandó a reproducirla en la Gaceta Oficial N° 865.

Conviene advertir, que el calificativo «realengo» en el Derecho Español de Indias, se aplicaba, como enseña el comentarista Solórzano Pereira (*Política Indiana*, Tomo V, Cap. XII, N° 1) a las «tierras, campos, montes, pastos, ríos y aguas públicas» de todos los Reynos y señoríos de los Reyes y Soberanos señores, entre cuyos derechos se entiende y presume que todas esas cosas (tierras, campos, montes, pastos, ríos y aguas públicas) «son suyas e incorporadas a su Real Corona» por lo cual se llaman «de realengo».

Sucesivas normas del viejo Derecho Español que no interesa citar regularon el régimen de los «realengos» hasta la Real Instrucción, de 15 de octubre de 1754, revivida como se ha dicho por José Tadeo Monagas, al ordenar su publicación en la Gaceta Oficial N° 865 y convertida luego en Ley de la República por mando de las disposiciones citadas de 1882, 1894, 1896 y 1900.

A los fines de esta Sentencia interesa destacar que en dicha Real Instrucción se advierte que todo aquel que tuviere título anterior a 1700 en la posesión o propiedad de realengos, debía ser respetado y tenido como legítimo propietario, pero no así nadie cuyo título ni pretensión de ocupación fuere posterior a 1700, si no tuviere la «real confirmación» única que podía acreditar suficientemente la propiedad de las tierras en referencia. Al parecer tal medida obedeció a que las dificultades de obtención de tal «real confirmación» hicieron a muchos pretender la adquisición de «realengos» bajo el alegato de la prescripción. Su Majestad el Rey ordenó expresamente que a falta de confirmación por su persona todos «*perderán cualquier supuesto derecho que hubiesen adquirido*».

Esta Real disposición, convertida en Ley de la República como se ha dicho, tiene para el caso de autos la especial importancia de que desde el 2 de junio de 1882, hasta el 18 de abril de 1904, fecha de la Ley que sustituye la del año 1900, quien no tuviere *título legítimo* conforme al derecho nacional que lo acreditare como legítimo dueño, no podía pretender ser propietario de tierras «realengas» si no acreditaba *o posesión anterior a 1700 o «real confirmación»* de su derecho, obtenida como era lógico pensar, desde la fecha de la Real Cédula, 15 de octubre de 1754, hasta la fecha señalada en la Ley de 1° de mayo de 1825 que en otra parte de esta sentencia se ha citado, como tiempo límite de vigencia de las normas españolas, o sea hasta que el Congreso dictare normas sobre el particular, que en el caso de las tierras baldías fue el 11 de octubre de 1821.

Ahora bien, como quiera que tanto el Capitán de Caballería Cecilio Rincón o Rincones, iniciara su posesión de determinados lotes de tierras el día 5 de diciembre de 1825 y no aparece comprobado en los autos, en ninguna forma, que ni él mismo ni sus herederos o causahabientes hubieren, hasta 1904, pretendido ocupar más tierras de las señaladas en el título de 1825 y en las enajenaciones posteriores, ni existe en los autos la prueba de que de haber habido tal posesión de otras tierras o que ella hubiese estado amparada ni en título anterior a 1700 ni tampoco en «real confirmación» oportunamente dictada conforme a la instrucción del 15 de octubre de 1786, la Corte se ve precisada a declarar que no puede admitirse, en beneficio de los herederos o causahabientes de Cecilio Rincón, derecho alguno derivado de prescripción o de otro justo título, hasta el 8 de abril del año 1904, sobre tierras distintas de las adjudicadas en el documento de 5 de diciembre de 1825, y enajenadas conforme a los demás documentos que se han venido citando en esta sentencia y que corren en el expediente.

A las anteriores consideraciones hay que agregar la siguiente:

a) En la Ley de 12 de junio de 1882 se estableció como ÚNICA forma de *adquirir baldíos*, la *adjudicación por venta hecha* por el Ejecutivo Nacional; se señalaron los fines de utilización de dichas tierras (estaba vigente la Constitución de 1881 que ordenó aplicar dichas tierras «en beneficio de los pueblos»), fueron declaradas nulas todas las enajenaciones hechas de tierras baldías por el Gobierno Federal o por los Estados después de promulgada la Constitución de 1864, y se sancionó, a quien pretendiere títulos anteriores a la Constitución de 1864, con la pérdida de sus derechos de no haber cultivado en forma eficaz y al menos por cinco años no menos de la mitad de lo adquirido.

b) En la Ley del 24 de agosto de 1894 se mantienen el sistema de adquisición de los baldíos *ÚNICAMENTE por adjudicación* hecha por el Presidente de la República a título gratuito u oneroso, se amplía (conforme a la Constitución de 1881) el destino de las mismas para industrias y se permite a quienes hubieren iniciado procedimiento o solicitud de adjudicación paralizado el 10 de enero de 1874 (por la resolución citada en parte anterior de esta sentencia) el derecho a iniciar de nuevo la tramitación para la adjudicación. Se mantiene así mismo la pérdida de la propiedad por el no uso eficaz.

c) En la Ley del 20 de mayo de 1896, se ordena al Presidente iniciar una averiguación y deslinde de las tierras «realengas» y se le faculta, para caso de encontrar ocupantes «de buena fe» pero sin título, a otorgarles título, que debe ser registrado y que no puede referirse a una extensión mayor de quinientas hectáreas (Artículos 4, 5 y 21). También se conserva la disposición sobre pérdida de la propiedad por el no uso.

d) El Decreto de 20 de julio de 1900 en sus líneas generales adopta los mismos sistemas de las dos leyes anteriores.

En consecuencia de ello, estima la Corte y así lo declara, que no se ha comprobado en los autos que los herederos o causahabientes de Cecilio Rincón hubieren, hasta la terminación de la vigencia del Decreto de 20 de julio de 1900, recibido por compra o adjudicación, a título gratuito u oneroso, ninguna cantidad de tierras baldías (o realengas) que de haberlas sembrado en ningún caso hubiesen podido exceder de 500 hectáreas distintas a las que aparecen marcadas en los títulos que escrituran las diferentes operaciones que constan en los autos.

En fecha 18 de abril de 1904 se dicta, vigente ya la Constitución de 1901, una nueva Ley de Tierras Baldías, que elimina la referencia a la Real Instrucción de 1754 y define a las baldías como aquellas que no tengan dueño legítimo y además las que reivindique la Nación de conformidad con la Ley.

Esta Ley establece categóricamente en su Artículo 28 que las tierras baldías SÓLO podrán adquirirse por compra hecha al Ejecutivo Federal «fuera de los casos especiales y precisos» que la propia Ley señala; estos casos son: a) la adjudicación gratuita, de no más de cinco hectáreas a quien cultive y tenga casa en no menos de dos, pero dentro de ciertos límites y con título otorgado por el Ejecutivo (Capítulo V) y b) el denunciante de realengos o baldíos a quien, si el Ejecutivo reivindica lo denunciado tendría derecho a que le adjudique una quinta parte de lo recuperado (Artículo 10).

Es importante advertir el riguroso sistema de averiguación y de reivindicación administrativa que regula esta Ley de 1904.

Estima, por lo tanto, la Corte, que tampoco existe en los autos prueba alguna de que los causahabientes de Cecilio Rincón, durante la vigencia de la Ley del 18 de abril de 1904, ni hubieren comprado tierras distintas de las que venían poseyendo como propietarios, ni de que se les adjudicó gratuitamente ninguna zona de cinco hectáreas ni denunciaron como baldíos o realengos terrenos determinados.

Tercera etapa: Desde el 13 de agosto de 1909 hasta el 19 de agosto de 1936.

La Corte aprecia esta tercera y última etapa por ir desde la fecha del 13 de agosto de 1909, fecha de iniciación de importantes innovaciones en la materia hasta la de la promulgación de la vigente Ley.

Desde este tiempo hasta la fecha de la demanda se realizan las siguientes operaciones:

Por documento registrado en la misma Oficina de Registro el 25 de abril de 1919, bajo el N° 9 del Protocolo Primero, Miguel Ángel Troconis por sí y en representación de su hermana María Troconis de Pérez vendió a Rafael Márquez todos los derechos en dos quintas partes de una porción denominada «Paiba», que hubieron los vendedores por herencia de su padre Santiago Cordero.

Por documento registrado en la misma Oficina de Registro el 4 de mayo de 1921, bajo el N° 6, del Protocolo Primero, se comprueba la venta que Rafael Márquez hizo a Telésforo Molina de los derechos que le correspondían en las dos quintas partes de las Sabanas de «Paiba». Según documento registrado en la misma Oficina de Registro, el 3 de diciembre de 1930, bajo el N° 30 del Protocolo Principal N° 1, María Inés Molina de Morales vendió a Telésforo Molina los derechos que le correspondían en el fundo denominado «Paiba», habidos por herencia de sus padres Eulalio Molina y Dominga Garrido de Molina, conjuntamente con sus hermanos Telésforo (el comprador), Rita y Heriberta. A la vez, Heriberta Molina, viuda de

Villafañe, vendió a Antonio Molina sus derechos en «Paiba» que hubo por herencia de su madre Dominga Garrido de Molina, por documento registrado en la Oficina de Registro antes citada, el 20 de junio de 1930, bajo el N° 2, del Protocolo Principal N° 1.

Antonio Molina vendió a Telésforo Molina Garrido los derechos comprados a Heriberta, según consta del documento de fecha 20 de junio de 1930, registrado bajo el N° 3 del Protocolo 1°.

En toda esa documentación la Corte observa que en el de 20 de julio de 1930, el ciudadano Antonio Molina, al vender a Telésforo Molina el mismo fundo a que se viene haciendo referencia, marca exactamente los linderos tantas veces señalados. Dicho documento está, como se ha citado, debidamente protocolizado; y ese documento consolida en Telésforo Molina la propiedad del fundo total.

El 20 de abril de 1932, según documento protocolizado en dicha fecha, bajo el N° 1, Protocolo 1, en el Registro Subalterno del Distrito Pedraza del Estado Barinas, Telésforo Molina declara que debe a la sociedad en nombre colectivo «Guerrero y Molina» la cantidad de cuarenta mil bolívares y que para responder del cumplimiento de las obligaciones derivadas de dicha deuda constituye a favor de la misma sociedad hipoteca sobre un fundo de su propiedad, que dice estar compuesto de *sabanas de cría y montes,* con una superficie de *treinta y ocho mil cuatrocientas cinco hectáreas y tres mil trescientos veinte y cinco metros cuadrados.* Telésforo Molina señala como linderos de su propiedad, que dice estar ubicada en el Municipio Santa Bárbara, Distrito Pedraza del Estado Zamora, y llamarse «Paiba», *los mismos linderos que han venido hasta ahora indicándose en todos los documentos anteriores que en esta sentencia se citan y que corren en autos* y cita como títulos que acreditan su derecho de propiedad los siguientes: heredero legitimario de Eulalio Molina y Dominga Garrido de Molina (sus padres) comprados a Rafael Márquez de los derechos que correspondían a Miguel Ángel Troconis y a María Troconis de Pérez, según escritura protocolizada el 4 de mayo de 1921, bajo el N° 6, Protocolo 1°; compra a Antonio Molina de los derechos de Heriberta Molina de Villafañe, viuda de Manuel Villafañe Matos, según consta de documento de fecha 20 de junio de 1930, número 3, Protocolo 1, comprador de los derechos de María Inés Molina de Morales, según documento de fecha 3 de diciembre de 1930, número 30, Protocolo 1 y comprador (sin título) de los derechos de Rita Molina de Espinoza.

Como quiera que sea la primera vez en que, a pesar de citarse los mismos linderos anteriores, o sea de la mata de Tampacal hacia el Sur hasta la mata de la Tigra en el río Suripá, de allí aguas arriba hasta la mata del Paujil, de allí de Sur a Norte hasta Curito y de allí de Occidente a Oriente hasta la mata de Tampacal, se extiende la superficie, estima la Corte necesario hacer un recuento de todas las opiniones que se han venido citando:

1° Cecilio Rincón o Rincones, primitivo adquirente, al parecer dejó cinco hijos a saber: Ruperto, Zoila Florinda, Santiago, Fabio y Francisca.

2° Ruperto y Zoila Florinda vendieron sus derechos, o sean Dos Quintas partes a Ignacio María Romero (4 de marzo de 1856).

3° Santiago Rincón vendió sus derechos, o sea Una Quinta parte al mismo Ignacio María Romero (23 de mayo de 1858).

4° Como consecuencia de lo anterior, Ignacio María Romero queda dueño de Tres Quintas partes de la finca.

5° Fabio Rincón murió dejando como herederos de Una Quinta parte a sus hermanos Francisco, Ruperto y Zoila Florinda.

6° Francisco, Ruperto y Zoila Florinda venden a Eulalio Molina los derechos heredados de Fabio Rincón (Una Quinta Parte) y los propios derechos de Francisco (Una Quinta parte) o sean Dos Quinta partes (29 de noviembre de 1889).

7° En consecuencia, la finca pertenece, en Tres Quinta partes a Ignacio María Romero y en Dos Quinta partes a Eulalio Molina.

8° *Ignacio María Romero* vendió sus derechos (Tres Quintas partes de la finca) a *Santiago Cordero* y los *herederos de Santiago Cordero* (Benigna Salcedo de Cordero –viuda– y Carlos, Benigna, Emilio, Zoila, Adelina y Hercilia) venden sus derechos a *Luis Torres.* Siete Octavos de los Tres Quintos de la propiedad dejando a salvo los derechos de los hijos de María Inés Cordero de Troconis (una Octava parte de los Tres Quintos de la finca) (11 de junio de 1900).

9° Los *herederos de Luis Torres* (propietarios de Siete Octavos de los Tres Quintos de la finca) Cirila Contreras de Torres, Brígida Torres de Gómez y Juan Bautista Torres venden sus derechos a *Dominga G. de Molina* (12 de mayo de 1906).

10° *Miguel Ángel Troconis y María Troconis de Pérez* (hijos de María Inés Cordero de Troconis, heredera de Santiago Cordero) venden sus derechos (Una Octava parte de Tres Quintos) a *Rafael Márquez* (25 de abril de 1919).

11° *Rafael Márquez* vende sus derechos (Una Octava parte de los Tres Quintos de la finca) a Telésforo Molina (4 de mayo de 1921).

12° *Dominga G. de Molina*, propietaria de Siete Octavas partes de los Tres Quintos y Eulalio Molina su esposo, propietarios de Dos Quintas partes de la finca, fallecen, dejando como herederos a María Inés Molina de Morales, Telésforo Molina, Rita Molina y Heriberta Molina.

13° *María Inés Molina de Morales* vende a *Telésforo Molina* sus derechos (una Cuarta parte de Siete Octavos de los Tres Quintos) (3 de diciembre de 1930).

14° *Heriberta Molina* vende a *Antonio Molina* sus derechos (Una Cuarta parte de Siete Octavos de las Tres Quintas más Un Cuarto de los Dos Quintos) (20 de junio de 1940).

15° *Antonio Molina* vende a *Telésforo Molina* sus derechos comprados a Heriberta Molina (Una Cuarta parte de Siete Octavos de las Tres Quintas más Un Cuarto de los Dos Quintos) (20 de junio de 1930).

16° *Rita Molina* (no otorgó documento que se conozca) vendió sus derechos (Una Cuarta parte de Siete Octavos de las Tres Quintas más Un Cuarto de los Dos Quintos) a Telésforo Molina. Así Telésforo llegó a ser propietario de la totalidad de la finca en esta forma:

a. Un Octavo de los Tres Quintos comprados a Rafael Márquez (N° 11).

b. Una Cuarta parte de Siete Octavos de Tres Quintos más Una Cuarta Parte de Dos Quintos comprados a María Inés Molina de Morales (N° 13).

c. Una Cuarta parte de Siete Octavos de Tres Quintos más Una Cuarta Parte de Dos Quintos comprados a Antonio Molina (N° 15).

d. Una Cuarta Parte de Siete Octavos de Tres Quintos más Una Cuarta Parte de Dos Quintos comprados a Rita Molina (N| 16).

e. Una Cuarta Parte de Siete Octavos de Tres Quintos más Una Cuarta parte de Dos Quintos como heredero de Dominga de Molina (propietaria que fue de Siete Octavos de Tres Quintos) y de Eulalio Molina (propietario que fue de Dos Quintos).

Este largo y detenido estudio de cómo la propiedad llega a consolidarse en Telésforo Molina demuestra, en forma clara e indubitable, y a la luz de los documentos que corren en los autos, que la propiedad adquirida por el referido ciudadano a través de las múltiples operaciones que se han descrito es exactamente la misma que originalmente adquirió Cecilio Rincón, sin que *en ninguna* de las operaciones en referencia, aproximadamente veinte, realizadas durante más de un siglo, NI UNA sola vez se hubieren expresado ni linderos distintos de los originales ni el derecho a que se hubiere aspirado por cualquier título, incluso hasta por prescripción, de poseer o haber ocupado una superficie mayor que la original. Es sólo en 1932 cuando Telésforo Molina se le ocurre, aunque expresa los mismos linderos de sus causantes y cita sus títulos de adquisición, hablar, que la propiedad además de sabanas tiene «montes» y que su superficie es, no la legua original, sino cerca de treinta y nueve mil hectáreas.

Mientras tanto, se ha operado un importante proceso de evolución constitucional y administrativa, a saber:

a) *Constituciones*

La Constitución de 1909 y la de 1914 mantienen un régimen sustancialmente idéntico al de 1904.

En la de 1922, se establecen dos adiciones de interés; por primera vez aparece en el texto de la Constitución (Artículo 19, numeral 28, Pág. Único) que las tierras baldías «podrán ser enajenadas conforme a la Ley», pero se añade que, en los baldíos de islas marítimas, fluviales o lacustres, todo acto de aprovechamiento nunca implicará transferimiento de dominio o propiedad. Hay que hacer la salvedad que tanto esta Constitución como la de 1914 otorgan expresa facultad al Supremo Tribunal de la República, entonces denominado Corte Federal y de Casación, para conocer de los juicios de nulidad de títulos de tierras baldías y de las controversias que resulten de la negativa de la autoridad competente para expedirlos.

En la Constitución de 1925 aparecen transformaciones de importancia: por de pronto se aclara, que, aunque cada Estado «conserva la propiedad de los baldíos» y le adjudican la administración para ser ejercida conforme a la Ley, sino que además del producto de la renta de tierras baldías pasará en adelante al Tesoro Nacional siendo compensados los Estados con parte del llamado «situado Constitucional» (véase Artículo 15, numeral 17, número 4, Artículo 78, numeral 18). Se establece además que los baldíos podrán venderse, arrendarse y darse en adjudicación gratuita por el Ejecutivo Federal, según la Ley y salvo las reservas que allí se establezcan, donde habrá de figurar el principio ya antes consagrado en la no enajenabilidad de los baldíos de islas.

Se regula también (Artículo 121, numeral 13) como atribución de la Corte Federal y de Casación, el conocer «en juicio contencioso de todas las cuestiones sobre nulidad, caducidad, alcance, interpretación, cumplimiento y cualesquiera otras que se susciten, entre la Nación y los concesionarios de tierras baldías, así como de las controversias por negativa a otorgar dichas concesiones, a menos que la Ley vigente no permita el recurso judicial».

En la Constitución de 1928 se ordena al Legislador dar preferencia a los ocupantes de tierras baldías cuando éstas fueren a venderse, adjudicarse o arrendarse. El resto queda igual salvo la advertencia de que «toda la renta de tierras baldías pasa al Tesoro Nacional» y que se omite la compensación por el situado (véase Artículo 15, numeral 18).

Las Constituciones de 1929, 1931 y 1936 no alteran el sistema adoptado el año de 1928.

b) *La Legislación*

El 13 de agosto de 1909 se dicta la Ley que va a tener por título «De tierras baldías y ejidos», denominación que se conservará en adelante.

Esta Ley repite el concepto de tierra baldía de 1904 pero restablece dos importantes innovaciones:

a. Que antes de iniciar el proceso de reivindicación se tome en consideración «la autoridad de la prescripción», como causa legítima de dominio, según el Código Civil y la advertencia de que si en la revisión de los títulos de adjudicaciones hechas bajo leyes anteriores se encuentra que se ocupan terrenos mayores que los expresados en el título correspondiente se accione conforme al Artículo 1.447 del Código Civil, salvo que dicha acción estuviere prescrita (véanse Artículos 8 y 81).

Se admite por lo tanto así la autoridad de la prescripción, remitida a las normas del Código Civil, como suficiente para acreditar la propiedad de baldíos.

b. Se establece que los baldíos pueden venderse o adjudicarse gratuitamente salvo que, NO SEAN ENAJENABLES, los terrenos baldíos cuya conservación sea conveniente, por razones de utilidad pública, especialmente con el objeto de conservar o aumentar las fuentes naturales los cuales se regirán por leyes especiales (Artículo 11 y Artículo 12, numeral 1).

Se observa de allí en adelante una proliferación legislativa muy interesante: 11 de julio de 1911, 4 de julio de 1912, 20 de junio de 1924, 24 de julio de 1925, 18 de agosto de 1931, hasta la vigente de 18 de agosto de 1936.

Tal cantidad de leyes obedecen a reformas de criterios sobre materias de procedimiento, pero a los fines de esta sentencia, importa destacar lo siguiente:

1° En la de 1910, se declaran «no enajenables» los baldíos *cubiertos de bosques* cuya conservación sea conveniente por razones de utilidad pública (Artículo 12).

2° En la de 1912 se mantiene igual disposición (Artículo 11).

3° En la de 30 de junio de 1915 también se declaran «no enajenables» los terrenos baldíos cubiertos por los bosques cuya conservación sea conveniente por razones de utilidad pública; pero se señalan casos especiales, a saber, conservación de fuentes y manantiales; los que contengan mayor parte de maderas preciosas; los que contengan caucho, purguó, sarrapia, pendare, aceite u otros productos naturales de importante aplicación en las industrias y manda a regirse, a los que contengan bosques y a los que conserven manantiales y aguas por la Ley de montes y aguas.

Efectivamente, días antes se había promulgado la Ley de montes y aguas de 26 de junio de 1915 en la cual se establece:

Uno: Que es de utilidad pública la conservación, mejoras y protección de los árboles (Artículo 1).

Dos: Que quedan sometidos al régimen forestal todos los terrenos pertenecientes a la Nación y los baldíos de los Estados (Artículo 3, N° 1).

Tres: Que no son enajenables las tierras nacionales o municipales cubiertas de bosques cuya conservación sea conveniente por razones de utilidad pública (Artículo 13).

De esta oportunidad en adelante las dos normas legislativas, es decir, las de tierras baldías y las de Aguas y Montes van a ir paralelas:

A) La Ley de Tierras Baldías y Ejidos del 24 de junio de 1918 mantiene respecto a la enajenabilidad el mismo sistema de la de 1915.

B) La Ley de Tierras Baldías del 27 de junio de 1919 va ya a determinar un cambio definitivo en la materia.

Uno: Declara inalienables los terrenos baldíos cubiertos de bosques cuya conservación sea de interés público para evitar que se aminoren las fuentes, los que contengan maderas preciosas y los que estén cubiertos de árboles que suministren productos naturales explotables (Artículo 12, numeral 1).

Dos: Hace ilícita la ocupación de los terrenos inalienables (Artículo 52).

Tres: Hace valer a favor del ocupante de tierras enajenables «efectos» pero no los de poseedor legítimo ni el de propietario.

C) La Ley de Montes y Aguas de idéntica fecha declara de utilidad pública «los montes, ríos, fuentes y manantiales» (Artículo 1) y somete a sus disposiciones «los montes que se encuentren en terrenos baldíos cuya conservación convenga» (Artículo 2°) y repite su inalienabilidad (Artículo 3°).

D) La Ley de 20 de junio de 1924, de Tierras Baldías y Ejidos, mantiene los mismos principios señalados en la de 1919 (véanse Artículos 62, 85 y 86); así mismo la Ley de Montes y Aguas del 27 de junio de 1921 había mantenido también los principios de la de 1919.

E) La Ley de Montes y Aguas de 6 de junio de 1924 insiste en igualdad de disposiciones (Artículos 1 y 2), así como la de Tierras Baldías y Ejidos de 24 de julio de 1925 (Artículos 12, 85 y 86).

F) La Ley de Tierras Baldías y Ejidos de 19 de agosto de 1931 no altera la situación (Artículos 12, 85 y 86); pero en cambio la Ley de Bosques y Aguas de 13 de agosto de 1931, si bien mantiene la declaración de utilidad pública para la conservación, mejora, fomento y protección de los bosques, ríos, fuentes y manantiales, somete a sus disposiciones «todos los bosques situados en el territorio de la República, bien sea en terrenos ejidos, baldíos o de propiedad particular» (Artículos 1 y 2).

Como quiera que esas dos últimas normas estaban vigentes para el día 19 de agosto de 1936, fecha que se ha señalado para la determinación de esta etapa y de sus efectos hay que analizar las consecuencias jurídicas que las mismas han tenido sobre las materias objeto del presente litigio.

Durante todo este tiempo estuvieron sucesivamente vigentes tres Códigos Civiles: el de 1904, el de 1916 y el de 1922; en todos ellos se establece como norma clarísima y evidente que para que se pueda adquirir por prescripción, se requiere posesión legítima (Artículo 1.987 del de 1904, Artículo 2.025 del de 1916 y Artículo 2.025 del de 1922).

Interpretando armónicamente el conjunto de estas disposiciones legales no queda la menor duda de que, desde el año de 1919, en que existió la disposición expresa de la Ley de Tierras Baldías y Ejidos del 27 de junio de ese año, por la cual, la ocupación de los inalienables es ilícita y la ocupación de los alienables no da efectos de «poseedor legítimo», nadie puede alegar el hecho de la ocupación como título de adquisición de la propiedad de baldíos, pues el simple hecho de haberlos «ocupado», sea lícita o ilícita la ocupación efectuada, no origina ni posesión legítima ni prescripción.

Además, desde la Ley de 13 de agosto de 1909, los baldíos cubiertos en cualquier forma que justifique su conservación para fines de utilidad pública, especialmente para conservar las fuentes naturales, no son enajenables, situación que quedó mejor definida a partir de la Ley de Montes y Aguas de 26 de junio de 1915 que se ha comentado.

Por las razones expuestas, la Corte considera y así lo declara, que los sucesores y causahabientes de Cecilio Rincón no pueden pretender estar amparados por la prescripción adquisitiva de ninguna clase de tierras baldías que tuviesen el carácter de inalienables conforme a las normas de las leyes que vienen rigiendo desde el 13 de agosto de 1909 hasta el 19 de agosto de 1936.

Cabe todavía examinar si las tierras a cuya propiedad aspiran los causahabientes de Cecilio Rincón se encuentran o no dentro del carácter de inalienables en el sentido y condiciones que exige la Ley en cada una de las diferentes etapas que se han señalado.

La Corte, a tal efecto, aprecia los siguientes elementos de autos:

Existe en el expediente un ejemplar de la Resolución N° 56, de fecha 27 de junio de 1955, dictada por el Ministerio de Agricultura y Cría y publicada en la Gaceta Oficial N° 24.788 de 6 de julio de 1955 y en la cual se establece lo siguiente: «Que la región conocida generalmente con el nombre de "Selva de Ticoporo" *es un área cubierta totalmente de ricos bosques maderables, en donde se producen numerosas especies de alto valor económico y que no han sido explotadas hasta la fecha*».

No hay por tanto duda alguna, frente a un acto administrativo legítimo, que lo establecido en él hace plena prueba de los siguientes elementos:

1° Que en la selva de Ticoporo hay «*ricos bosques maderables*».

2° Que en ella se producen especies de *alto valor económico.*

3° Que hasta la fecha de la resolución no han sido explotadas.

Las partes litigantes han estado conformes en que la zona en discusión forma parte de la denominada Selva de Ticoporo, pues afirmado por la actora no fue contradicho por la demandada.

Por tales razones la Sala encuentra de necesidad el declarar lo siguiente:

Primero: Que la afirmación contenida en la Resolución del 27 de junio de 1955 demuestra que ni los causahabientes de Cecilio Rincón no nadie ha efectuado acto alguno de ocupación en la Selva de Ticoporo, pues la única forma de «ocupar o detentar» una zona de bosques es efectuando en ella las labores lógicas de explotación.

Segundo: Que, de haberse realizado alguna forma de actos de ocupación en dicha selva, tales actos eran ilícitos, por ser dichos bosques de maderas preciosas, de alto valor económico, lo cual convierte a la zona en referencia, baldía, en inalienable y de ilícita ocupación.

Tercero: Que a tenor de las disposiciones legales que se han citado, aunque tal ocupación no hubiera sido licita, de haberse producido, no daba el carácter de legítimo poseedor ni podría producir la prescripción adquisitiva.

En consecuencia, es necesario declarar, que no se ha podido consumar hasta el 19 de agosto de 1936 en favor de los herederos o causahabientes de Cecilio Rincón, ningún tipo de prescripción adquisitiva sobre los terrenos que forman parte de la Selva de Ticoporo y que, por tanto, dichos herederos o causahabientes sólo pueden ser titulares de los terrenos comprendidos dentro de los límites señalados en el documento de adquisición de 1825, tantas veces citado.

CAPÍTULO TERCERO

¿Pueden los causahabientes de Cecilio Rincón o Rincones acogerse a las disposiciones de la vigente Ley de Tierras Baldías y Ejidos como presuntos ocupantes de tierras baldías?

Desde el día 19 de agosto de 1936, fecha de la promulgación de la vigente Ley de Tierras Baldías y Ejidos y hasta la oportunidad de la citación de las demandadas en este procedimiento, se podrá pretender que los demandados o sus causantes adquirieron la propiedad de las tierras en discusión en este pleito en virtud de la aplicación de algunas de las normas que la vigente Ley contiene a favor de los ocupantes de tierras baldías. Durante tal tiempo se efectúan las siguientes operaciones:

Por documento registrado el 22 de diciembre de 1943, bajo el N° 9 del Protocolo Primero, Telésforo Molina Garrido dio en pago a Pablo Guevara, Marieta Verté de Molina y Carlos Santiago Cordero, sus derechos en el hato «Paiba», quedando excluido los derechos de su hermana Rita Molina de Espinoza.

Por documento registrado el 25 de junio de 1945, bajo el N° 132 del Protocolo Principal Adicional N° 2, Pablo Guerrero cedió a Marieta de Valerio un derecho de los que le pertenecían en el fundo «Paiba».

Según documento registrado el 19 de noviembre de 1946, bajo el N° 11 del Protocolo Primero Principal, Carlos Santiago Cordero cedió a Ángel Betancourt Sosa el derecho en «Paiba» que recibió en pago de Telésforo Molina.

Por documento registrado el 11 de noviembre de 1949, bajo el N° 3 del Protocolo Primero Duplicado, los sucesores de Juan Nepomuceno Mora Guerrero cedieron al doctor Juan José Alarcón los derechos que tenía en el fundo «Paiba», que su citado padre había heredado de su hermano Pablo Guerrero.

Por documento registrado el 22 de octubre de 1949, bajo el N° 1 del Protocolo Primero Duplicado, Ángel Betancourt Sosa vendió al doctor Juan José Alarcón los derechos que tenía en el fundo «Paiba».

Según documento registrado el 19 de enero de 1950, bajo el N° 1 del Protocolo Primero Principal, Marieta Verté de Valerio Gutiérrez vendió al doctor Juan José Alarcón el derecho que había adquirido en el fundo «Paiba» por compra a Pablo Guerrero.

Por documento registrado el 10 de febrero de 1953, bajo el N° 6 del Protocolo Primero, Rita Molina de Espinoza vendió a Telésforo y Froilán Molina Molina los derechos que tenía en «Paiba», los cuales adquirió por herencia de sus padres Eulalio Molina Vegas y Dominga Garrido de Molina.

Según consta del documento registrado en la Oficina Subalterna de Registro del Distrito Bolívar del Estado Táchira, el 10 de enero de 1956, bajo el N° 4, folios 4 al 9 del Protocolo Primero Principal, los derechos que pertenecían al doctor Juan José Alarcón en las sabanas de «Paiba» fueron adjudicados en remate judicial a la firma Alarcón Hermanos Sucesores, C.A., domiciliada en la ciudad de Rubio, Distrito Junín del Estado Táchira.

Según documento registrado en la Oficina Subalterna de Registro del Distrito Pedraza del Estado Barinas, el 28 de octubre de 1957, bajo el N° 11, folios 17 al 19 del Protocolo Primero, el doctor José María Uzcátegui, en su carácter de apoderado especial de Telésforo Molina hijo y Carlos Froilán Molina dio en venta a C.A. Beco, Sucesora de Blohm y C., del comercio de Caracas, Distrito Federal, todos los derechos de propiedad, equivalentes a una cuarta parte, que tenían sus mandantes en una extensión de terrenos conocida con el nombre de «Hato Paiba», situada en jurisdicción del Municipio Santa Bárbara, Distrito Pedraza del Estado Barinas.

Resta examinar ahora las situaciones previstas en la Ley vigente desde 1936 para dictaminar sobre las posibilidades de su aplicación o no al presente proceso.

Hay que considerar, en primer lugar, si ha habido o no «ocupación» de las tierras en referencia por los demandados o sus causantes. En efecto, el Artículo 144 de la Ley define como «ocupante» a aquel que, en su propio nombre, detenta tierras baldías sin título de venta, de adjudicación gratuita o de arrendamiento.

La Corte toma en cuenta, a los fines de esta decisión, lo advertido por el ciudadano Ministro de Agricultura y Cría, al dictar la Resolución N° 56 de fecha 27 de junio de 1955, conforme a la cual se declaró a la «Selva de Ticoporo» donde, según están acordes las partes, encuéntrase la zona en litigio.

En la citada Resolución, el Ministro señala, que la referida Selva «está totalmente cubierta de ricos bosques maderables, en donde se producen numerosas especies de alto valor económico QUE NO HAN SIDO EXPLOTADAS HASTA LA FECHA y que es conveniente proteger para los fines previstos».

Una declaración administrativa semejante determina en forma fehaciente e indubitable, que al menos en la zona de bosques de la zona en discusión no ha habido, por parte de nadie, labor alguna de «explotación».

Los expertos designados encontraron sólo en algunas regiones del terreno «utilización para agricultura migratoria de conucos, explotaciones de cedro y caoba» y que «en algunos sitios (muy pocos) por mal drenaje se han desarrollado pequeñas sabanas naturales que no se han extendido por NO EXISTIR INFLUENCIA HUMANA PARA PROVOCAR QUEMAS PERIÓDICAS».

Por su parte, el Libro producido por la demandada y preparado por la Dirección de Recursos Naturales Renovables del Ministerio de Agricultura y Cría denominado *Recursos Agrícolas y Forestales del Estado Barinas* expresa, en la página 142: «El Bosque Ticoporo arriba ES VIRGEN, excepto una faja de dos o tres kilómetros de ancho situada al pie de las montañas dedicado a la explotación agrícola»; afirma que la mitad Este del Bosque Ticoporo bajo estaba en explotación (para la fecha de este estudio), de allí se deduce lo siguiente: Que la totalidad del Bosque denominado Ticoporo Arriba, por ser virgen no ha sido objeto de explotación alguna y que sólo en la mitad del Bosque Ticoporo bajo se observa alguna actividad de explotación.

De los elementos de autos deduce la Corte que es harto dudosa la condición de «ocupantes» que puedan alegar en su beneficio las demandadas, ya que por sí o por sus causahabientes, puesto que es prácticamente imposible que se pueda hablar de «haber ejercido actos de posesión» en una zona de bosques en la cual se afirma, en documentos de valor técnico y jurídico no rechazable, que el referido bosque, en su parte «arriba» *es virgen*, es decir, que no ha sido objeto de ninguna clase de explotación; y que en su parte baja, apenas en la mitad se observan algunas labores.

Coinciden a este respecto el dictamen de los expertos, las afirmaciones de la obra del Ministerio de Agricultura y Cría producida por la parte demandada y la Resolución del Ministro al declarar la Reserva Forestal.

Es de suma importancia también destacar que, al ser declarada «reserva forestal», si es que hubo alguna actividad de explotación, cesó por imperio de la Ley.

Llama la atención a la Corte la circunstancia de que, la declaratoria de «Reserva Forestal» hecha a la zona en referencia, y que impide el normal trabajo de explotación que un propietario puede hacer de su terreno, no ha sido impugnada por las demandadas, quienes tampoco han llevado a los autos prueba alguna de que hubiesen requerido al Ejecutivo Nacional, que conforme al Artículo 14 de la Ley Forestal de Suelos y Aguas, de 4 de agosto de 1942, vigente para la época de la Resolución declaratoria, procediese a la expropiación por considerarse a dichos terrenos, no como baldíos sino de propiedad particular.

Las declaraciones testimoniales sólo se refieren a pequeñas labores de explotación en reducidas zonas de la finca, lo que confirma las anteriores consideraciones.

Por todo lo expuesto, la Corte estima que las demandadas no han comprobado plenamente haber detentado sino sólo una pequeña parte de la zona en discusión.

Pero, aunque se admitiera que la demandada y sus causahabientes han tenido la condición de «ocupantes» y hubiese estado probado que detentaron en nombre propio toda la zona en discusión, dicha «ocupación», a tenor del Artículo 145 de la Ley de Tierras Baldías y Ejidos sería *ilícita*, pues sólo hay ocupación lícita cuando el terreno baldío no «es inalienable» conforme al Artículo 13 de la Ley vigente.

En este artículo se advierte que no son enajenables *los terrenos cubiertos de bosques cuya conservación sea de interés público para evitar que se aminoren las fuentes, los que contengan maderas preciosas en cantidad apreciable y otros.*

La Resolución ministerial, que declaró «Reserva Forestal» a la selva de Ticoporo, observa que dicha selva «ESTÁ TOTALMENTE CUBIERTA DE RICOS BOSQUES MADERABLES EN DONDE SE PRODUCEN NUMEROSAS ESPECIES DE ALTO VALOR ECONÓMICO».

Además, tanto la Ley Forestal de Suelos y Aguas de 1942, vigente para la época de la Resolución, como la Ley de 1955 que sustituye a la de 1942, e incluso la novísima Ley de 1966, consideran a las reservas forestales como de «utilidad pública» para fines de conservación y protección de los recursos naturales, principalmente de bosques, suelos y aguas, que en ellas se encuentren.

En el Libro editado por el Ministerio de Agricultura y Cría y producido en autos por las demandadas, se habla de la existencia, en esta zona, de maderas finas como caoba, cedro, mijao, apamate, roble, gateado y «otras» (páginas 144 y 146) y se le atribuye (página 142) «alta productividad para fines forestales».

Por su parte, los expertos designados en este procedimiento concluyen por unanimidad en su dictamen, «que la selva en estudio es una de las más ricas de Venezuela, tanto por la calidad como por la cantidad de las especies que tienen valor en el mercado».

Debe, por tanto, concluir la Corte que, aun en la hipótesis de que los demandados o sus causahabientes hubieran sido ocupantes de la zona en litigio, tal ocupación habría sido *ilícita* por haberse detentado tierras baldías jurídicamente inalienables; y no podría esa ocupación producir efecto jurídico alguno en beneficio de los ocupantes, sus causantes y posibles causahabientes.

Por una parte, aun en el caso de que, como lo pretenden las demandadas, las tierras en referencia no tuvieran el carácter de inalienables porque las maderas que en ella se encuentran no pueden calificarse de «preciosas» y tampoco existieran en cantidad apreciable, estima la Corte que, en tal situación, la ocupación de baldíos no inalienables conforme al Artículo 146 de la Ley de Tierras Baldías y Ejidos, cuando es lícita, sólo produce los efectos que señala la propia Ley y los que establezcan otras Leyes especiales. Tales efectos, según la Ley de Tierras Baldías y Ejidos, no son otros sino el derecho del ocupante legítimo a que le sean adjudicadas las tierras ocupadas gratuitamente y preferentemente a un tercero que las solicite y siempre que esté dicho ocupante en las condiciones de los Artículos 78, 79 y 81 de la Ley, que evidentemente no se aplican a las demandadas; que las tierras ocupadas les sean arrendadas preferentemente a un tercero que las pretenda en la misma forma, y que, incluso, les fueren vendidas, pero con las expresas limitaciones del Capítulo IV de la Ley en cuanto a superficie, incapacidades, etc., y previo el procedimiento de oposición regulado por el Capítulo X de la misma Ley.

Estos derechos reducirían en forma considerable a los demandados en cuanto a superficie adquirible, si es que se dieren las condiciones necesarias; y, además, en la época actual, por estar en vigor la Ley de Reforma Agraria de 5 de marzo de 1960, que «afectó» en su Artículo 10 los baldíos en general a la Reforma Agraria, el ejercicio de los mismos derechos estaría reducido a los expresos límites señalados por la referida Ley en sus artículos 16 y 29 sin que la ocupación de extensiones mayores surta efecto alguno.

Como quiera que el citado Artículo 146 de la Ley de Tierras Baldías y Ejidos refiere a los efectos que otras leyes especiales puedan señalar, se ha pretendido alegar la prescripción adquisitiva.

Bien claro se ha determinado en el Capítulo anterior que, conforme a las disposiciones vigentes en la legislación nacional anterior a 1936, la ocupación de baldíos no daba, así fuere legítima, el carácter de «*poseedor legítimo*» necesario para que opere la prescripción adquisitiva en sus efectos.

Ahora bien, dicha disposición fue eliminada de la Ley de 1936, lo que haría pensar que, en apariencia, la *ocupación legítima* que pretenden los demandados podría producir los efectos de la *posesión legítima* y hacer consumar la prescripción de los diferentes lapsos que se han señalado de 10, 20 y 50 años.

A tal efecto, observa la Corte que el Código Civil de 1942, actualmente vigente, establece, en el Artículo 1.959, que la prescripción no tiene efecto respecto a las cosas que «no están en el comercio». Disposición exactamente igual a la del Código de 1922.

Es cierto que, conforme al Artículo 542 del mismo Código de 1942, las «tierras baldías» que estén en los Estados pertenecen al dominio privado de éstos y que, si bien los bienes del dominio público no pueden enajenarse, los del dominio privado de entes públicos sí pueden ser objeto de enajenación (Artículo 543 *ejusdem*).

Pero el hecho de pertenecer un determinado bien, al dominio privado de un ente público no significa que pueda, de derecho, afirmarse que «está en el comercio». El Artículo 543 es claro a que tal enajenación de bienes del dominio privado se deberá hacer «de acuerdo con las leyes que le conciernan».

Puede admitirse que un bien del dominio privado de un ente público «está en el comercio», cuando el ente público, para manifestar su voluntad de enajenar debe acatar las normas legales que rijan su competencia; pero la operación en sí de enajenación se rige por disposiciones de derecho privado. Sin embargo, cuando no sólo la manifestación de voluntad del ente público se rige por las normas legales administrativas que regulan su competencia, sino que, además, la operación de enajenación se rige también por disposiciones administrativas de derecho público, no puede jampas afirmarse que se trata de «cosas que están en el comercio».

El Artículo 7 del Código de Comercio permite a la Nación y a otros entes públicos «ejecutar actos de comercio» sin ser comerciantes, pero quedando sujetos en tal caso a las leyes mercantiles. En consecuencia, cuando el acto no está sujeto a la Ley mercantil sino a la Ley administrativa, no podría hablarse de que se ha realizado un acto de comercio, sino de que se ha llevado a cabo una operación administrativa, propia de la soberanía y de su ejercicio a través de la función administrativa del Estado.

Tal es el caso de las operaciones con tierras baldías: estas operaciones no están sujetas a la Ley Civil ni a la mercantil sino a una Ley administrativa que las rige en sus múltiples aspectos: forma, oportunidad, efectos, procedimientos, órganos, contrapartes, etc. En consecuencia, cabe afirmar que las tierras baldías no son cosas que «están en el comercio» y, por lo tanto, respecto a ellas, la prescripción, como forma de adquisición no tiene efecto sino únicamente en los expresos casos en que la propia Ley de Tierras Baldías lo reconoce.

Con relación al caso de autos, la primera oportunidad en que las tierras en discusión aparecen con una superficie mayor que la expresada en 1825 es en el documento producido por la parte demandada, según el cual, en el año de 1932 Telésforo Molina, quien como antes se ha explicado, en virtud de sucesivas operaciones consolidó en su persona la totalidad de la propiedad del fundo en referencia, hipotecó dicho fundo a la firma Alarcón y Gutiérrez, advirtiendo que en el mismo tiene una superficie a más de 38.000 hectáreas. De allí en adelante, tanto en la dación en pago hecha a la firma acreedora como en las otras enajenaciones, se repite la expresada superficie.

Queda por tanto claro que es a partir de 1932, cuando se pretende que la finca ha resultado aumentada hasta en la cantidad expresada. Ahora bien, aplicando al caso las normas legales que se han citado, es necesario concluir: que de 1932 a 1936 no puede establecerse que se hubiera operado la prescripción en favor de nadie, puesto que la ocupación de dichas tierras, si es que la hubo, no produjo los efectos de «posesión legítima» indispensable, conforme al Código Civil de 1922, para que opere la prescripción; y de 1936 en adelante, y ya quedado explicado que, al no estar en el comercio las tierras baldías, no procede respecto a ellas la adquisición de la propiedad por prescripción. Norma que también estaba vigente como se ha dicho, en el Código de 1922.

Ningún título acredita, por lo tanto, el exceso de superficie que, a expensas de tierras baldías, propiedad de los Estados y bajo la administración del Poder Nacional, han pretendido las demandadas y sus causantes inmediatos, ser propietarios; y, por ello, legítimamente sólo les corresponde la extensión adquirida en 1825 por el Teniente Cecilio Rincón o Rincones y que se ha delimitado en TODOS los documentos anteriores.

Por las razones expuestas estima la Corte que los demandados no se encuentran en ninguna de las circunstancias que, conforme al último párrafo del Artículo 11 de la vigente Ley de Tierras Baldías y Ejidos, les permita acogerse a disposiciones de dicha Ley para obtener los beneficios de ella derivados.

CAPÍTULO CUARTO

Consideraciones finales

A través de las anteriores consideraciones, la Corte llega a las siguientes conclusiones:

Primera: No es lógica ni jurídicamente admisible, que una propiedad, adquirida originalmente con determinados linderos y extensión, calculada ésta en una legua (tres mil seiscientas fanegadas) que, aproximadamente equivale a una superficie que oscila entre un mil quinientas y mil seiscientas hectáreas (según la tabla de equivalencias que se utilice), que ha sido objeto durante más de un siglo de múltiples operaciones en cada una de las cuales se repiten los mismos linderos, se transforme, por la sola voluntad del propietario y a costa de la República, en una extensión de treinta y ocho mil cuatrocientas hectáreas como lo pretende ahora la parte demandada. Es cierto que, conforme a normas lógicas, en todo ordenamiento jurídico la propiedad debe ser respetada en su integridad, pero cada quien no tiene derecho a que se respete sino únicamente lo que legítimamente le corresponde y nada más. Por lo tanto, la Corte declara que las demandadas sólo tienen derecho de propiedad sobre la misma superficie que originalmente adquirió el Teniente de Caballería Cecilio Rincón o Rincones en la adjudicación que le fue hecha el 5 de diciembre de 1825 y que, en ningún caso, tienen derecho alguno sobre una superficie mayor a la adquirida por su primitivo causante.

Segundo: La Corte aprecia en su justo valor la experticia promovida por la parte actora, que corre en los autos, en la cual los peritos hacen constar que, al investigar en el sitio encontraron que dentro de la zona de Paiba, no se conoce la ubicación de la «mata de Tampacal», que la actualmente conocida como «La Tigra» no puede ser la referida en el documento de 1825 por ser su ubicación de un sentido completamente distinto, pero que la «mata» conocida como «Paujil», también denominada «Potrerito» o «Mata Azul» guarda semejanza con la indicada en los documentos.

Los expertos decidieron tomar dicha mata «Paujil» como sitio de partida para determinar la ubicación del terreno originalmente señalado en el documento de 1825 y describen lo siguiente:

Procedimos a hacer la foto-interpretación de la zona en base a vuelos aerofotogramétricos realizados. Se localizó la mata que definimos como Paujil, Potrerito a Mata Azul, marcada «P» en el apéndice «A», hoja N° 8, que se anexa, y midiendo aeroestereoplanimétricamente una línea por el lado Sur de la sabana, que por lo menos llenara la condición de terminar cerca de la costa del Río Suripá, resultó con un rumbo de 58° 30', sobre la cual llevamos la cantidad de 93 coordenadas (7.812 mts.), para así obtener el segundo punto marcado «T». De este punto se tomó rumbo Norte interpretando el sentido del Documento, al decir «Línea recta hacia el Sur partiendo de la mata de Tampacal», posiblemente este rumbo Norte no corresponda fielmente al tomado en el año de 1825, ya que no sabemos qué clase de instrumento utilizaron, su sensibilidad y si tomaron o no en cuenta la declinación magnética para aquel entonces; llevándose sobre este lado la distancia correspondiente a 22 coordenadas (1.848 mts.), se obtuvo el tercer punto «ta» marcado en el plano (Ver plano N° 5, hoja N° 6. Apéndice «A»).

Para determinar el cuarto punto marcado «Cu» se trazaron dos arcos de circunferencia; el primero con centro en «P» y con un radio igual a 30 coordenadas (2.520 mts.) y el otro con centro en «Ta» y con Radio igual a 95 coordenadas (7.980 mts.), estos arcos de circunferencia se cortan en dos puntos, tomándose el punto de intersección que cae al lado Norte.

Con esta operación gráfica se cerró el polígono.

Llevado al terreno dicho cálculo expresan lo siguiente:

Haciendo estación en el primer punto identificado como Mata Paujil, Potrerito o Mata Azul, se midió el Azimut de 58° 30' llevándose sobre esta línea una distancia igual a 7.812 mts. (93 coordenadas), con lo que llegamos a un sitio en un pequeño banco de sabana con árboles y algunas palmas, cerca de la costa del río Suripá, colocándose en ese sitio un tubo de hierro galvanizado de 3" de diámetro. Este punto así identificado debía corresponder a la Mata de la Tigra del Documento del año 1825, pero que hoy en día no tiene todas las características de una «Mata» ni es conocido el sitio como La Tigra.

Haciendo estación en este punto con el Azimut obtenido de la solución gráfica, igual a 0° 27' 52" (casi Norte franco, ya que fue el resultado de la compensación de los ángulos para el cierre trigonométrico), se llevó sobre esta línea la distancia de 1.848 mts. (22 coordenadas) llegando a una zona en la sabana de bajío, inundada, cerca de algunas matas aisladas y cejas de mente, en el lado Norte de la sabana de Paiba; de acuerdo al Documento mencionado este punto debía corresponder a la Mata de Tampacal, no encontrándose en dicho sitio ninguna mata con ese nombre. Aquí se colocó un tubo de hierro galvanizado de 3" de diámetro.

De este punto y con el Azimut obtenido de la solución gráfica igual a 244° 17' y 02" se trazó una línea que va por el lado del Norte de la sabana (interpretando el mismo sentido del documento) llevando sobre esta línea la distancia de 7.980 metros (95 coordenadas), con lo cual se llegó a un sitio en la Sabana de Paiba conocido con el nombre de «Rincón de la Guacharaca» donde igualmente se colocó otro tubo de 3" de diámetro; este punto debía corresponder al descrito en los documentos como «Borde de las Montañas de Curitos o Sitio Curitos».

De este punto se partió hacia el Sur con el Azimut de 168° 14' 08", obtenido en la solución gráfica, llevándose sobre esta línea una distancia de 1.520 mts. (30 coordenadas) encontrándose el punto de partida, cerrando lineal y angularmente el polígono correspondiente (Ver plano N° 5, Hoja 6. Apéndice «A»).

Una vez planteado el polígono se procedió al cálculo analítico del mismo (ver hoja del cálculo N° 9, apéndice «A», dando una superficie de 1.588,2025 hectáreas equivalente a 2.250,415 fanegadas; tomando para esta transformación la fanegada de 100 varas por lado de 0,8354 metros cada una, o sea una superficie de 6.987 m² por fanegada, lo cual suponemos sea la medida que se utilizó para aquel entonces.

Debe señalarse expresamente que la determinación hecha por los expertos coincide, razonablemente, no sólo con las afirmaciones del documento de 1825, en cuanto a la ubicación de la zona, sino que, además, llega a una superficie aproximadamente igual a la expresada en el documento señalado en 1825, circunstancias que, en su conjunto, permiten a la Corte apreciar que tal fijación pericial es correcta y se asemeja en forma aceptable, a la realidad jurídica que se ha señalado en los autos, como lo es que a los actuales propietarios no puede en ningún caso corresponder una superficie mayor que la adquirida por su primitivo causante en 1825, y que sucesivamente se vino transmitiendo hasta el presente.

Cabe advertir que el perito Ingeniero Víctor M. Bertrán G., salvó su voto parcialmente en la experticia, porque difiere de la opinión de sus colegas en cuanto a determinados aspectos técnicos del trabajo; pero la Corte estima que sus conclusiones no pueden ser tomadas en cuenta, porque llevarían a que la zona adquirida inicialmente por el Teniente Cecilio Rincón o Rincones es de una extensión extraordinariamente mayor de la que los propios como se ha dicho antes, es lógica y jurídicamente inaceptable.

DECISIÓN

Por todo lo anteriormente expuesto, la Corte Suprema de Justicia, en Sala Político-Administrativa Accidental, administrando justicia, en nombre de la República y por autoridad de la Ley, declara:

1° Que el fundo que en propiedad corresponde a las demandadas como causahabientes del Teniente Cecilio Rincón o Rincones, tiene como ubicación y superficie la determinada por los expertos en este procedimiento y que se ha transcrito en esta sentencia en el número dos del Capítulo Cuarto de la misma.

2° Que el resto de los terrenos que dicen detentar las demandadas son tierras baldías, cuya legítima administración corresponde a la República y a la cual deben ser entregadas por las demandadas.

3° Que, en consecuencia, se declara con lugar en todos sus pedimentos y salvo la advertencia que luego se hará, la demanda instaurada por la Nación venezolana en 3 de agosto de 1959, contra las firmas mercantiles Alarcón Hermanos Sucesores, C.A. y C.A. Beco Sucesora de Blohm y Co., la primera inscrita en el Registro Mercantil llevado por el Juzgado de Primera Instancia en lo Civil y Mercantil de la Circunscripción Judicial del Estado Táchira con fecha 2 de julio de 1948 bajo el N° 31 del Libro respectivo, domiciliada en la ciudad de Rubio, Distrito Junín del Estado Táchira, y la segunda, registrada en el Registro Mercantil del Distrito Federal, el 23 de abril de 1945, bajo el N° 446, Libro 2-B, domiciliada en esta ciudad de Caracas, Distrito Federal.

4° Que por la especial complejidad que el caso ha tenido se considera que la parte demandada, al estar basamentada para su defensa en documentos públicos de aparente validez, tuvo motivos razonables para litigar.

5° Queda así confirmada la sentencia apelada.

Publíquese, regístrese y comuníquese. Bájese el expediente.

Dada, firmada y sellada en la Sala de Audiencias de la Sala Político-Administrativa Accidental de la Corte Suprema de Justicia, en Caracas, a los once (11) días del mes de agosto de mil novecientos sesenta y seis.

Años 157° de la Independencia y 108° de la Federación.

El Presidente,

Miguel A. Landáez D.

El Vicepresidente-Ponente,

Saúl Ron

Tomás Polanco
Conjuez

J.G. Sarmiento Núñez
Magistrado

Jonás Barrios
Magistrado

Enrique Sánchez Risso
Secretario

En once de agosto de mil novecientos sesenta y seis, a las diez y quince minutos de la mañana, se publicó la anterior sentencia.

El Secretario,

Sánchez R.

VIII
LA TÉCNICA LEGISLATIVA

BELLO, LEGISLADOR

PRESENTACIÓN

Esta Ponencia tiene como objeto intentar un ensayo de sistematización de las ideas de Bello sobre la técnica del legislador, es decir, cómo debe hacerse una ley cualquiera que sea su contenido. No es, ni podría ser, un estudio del pensamiento jurídico de Bello, aunque no se puede negar ni dejarse de tomar en cuenta que, entre un determinado modo de «pensar» el Derecho y la técnica legislativa existen evidentes relaciones. Para el logro de la finalidad propuesta se han utilizado tres fuentes principales: las intervenciones sobre Bello en el Senado del Congreso de Chile, sus artículos sobre temas jurídicos publicados en *El Araucano* y las anotaciones hechas por Bello a los distintos proyectos y al texto definitivo del Código Civil chileno.

Se ha procurado que el uso del Código Civil chileno en este trabajo esté limitado a aquellas de sus normas que se refieren concretamente al tema central de la Ponencia, ya que no hubiera tenido sentido referirse a otros aspectos de ese texto legislativo.

Al final de la investigación tenemos la impresión de haber logrado un diseño del modo de pensar de Bello como legislador, que al ser presentado en su conjunto tiene sentido e importancia para el jurista de hoy en día y revela una faceta del Maestro que, hasta donde podemos saber, no había sido objeto de análisis especial.

FUENTES UTILIZADAS

Para este trabajo se han utilizado las dos ediciones de las obras completas de Bello, la chilena iniciada en 1881 conforme a la Ley de 5 de septiembre de 1872 y la de Caracas, dirigida por la Comisión Editora designada a ese efecto por el Gobierno venezolano. En cada caso se utilizan para las citas las siglas «OCECH» para la edición chilena y «OCEC» para la de Caracas, seguidas de un número, en cifras arábigas para la chilena y en romano para la de Caracas, con el cual se indica el Tomo de la colección. Inmediatamente va otro número, separado por guion, y que indica la página de la cita. En algunos casos se ha hecho, de ser conveniente, una cita más extensa para facilitar la referencia.

Debe mencionarse que, cuando en el curso de este trabajo se habla del «SENADO» o del «CONGRESO» se está haciendo referencia, desde luego, al Senado de Chile y al Congreso de Chile y así mismo que el «Código Civil» tantas veces citado es el chileno.

Don Andrés Bello, entre las múltiples actividades de su vida, desarrolló intensamente la de legislador. Según el Diccionario, «legislador» en «quien legisla» y «legislar» es «hacer o implantar leyes».

Bello tomó parte muy activa en esa labor de «hacer leyes». Le corresponde, por tanto, con pleno sentido de la justicia, el adjetivo de «legislador».

El tema es de gran interés para conocer integralmente la personalidad de Bello, no solamente porque toda faceta de esa personalidad es importante, sino porque, también como legislador, Bello fue maestro.

I. Ubicación temporal de la acción legislativa de Bello

1. La actuación de Bello como legislador está concentrada, fundamentalmente, en su labor en el Senado de Chile, donde actúa desde 1837 (tenía entonces 56 años), hasta su muerte ocurrida a los 84 años, en 1865. Lo dicho no pretende negar la intervención de Bello en la elaboración de normas jurídicas durante el tiempo anterior a 1837, sino sólo ubicar una época exacta durante la cual es posible examinar con más cuidado y atención el papel de Bello.

II. Formas de acción de Bello como legislador

Bello, en su labor de legislador, actuó de varias maneras complementarias:

1. En la elaboración personal de proyectos de Leyes y reglamentos. Consta de documentos indubitables que Bello fue el autor único o principal de muchos proyectos de leyes presentados al Congreso para su discusión.

2. En el estudio de proyectos legislativos de otros autores y sometidos al Congreso: Los debates parlamentarios muestran que frecuentemente un proyecto de ley, no elaborado por Bello, era sometido a su estudio para conocer su dictamen, sobre oportunidad, conveniencia, forma y método de exposición.

3. En el consejo que daba a la Cámara sobre cómo debía comportarse ante determinado problema jurídico o de técnica legislativa. En esos casos, Bello, sin intervenir directamente en la redacción del proyecto, ni en su discusión, orientaba la labor legislativa hacia el sentido que él estimaba como más adecuado o correcto.

III. MEDIOS TÉCNICOS USADOS POR BELLO

El estudio de las distintas intervenciones de Bello en el Senado permite conocer los medios técnicos que apreció como propios del trabajo legislativo:

1. La expresión clara y precisa de lo que de quería decir.
2. La sumisión lógica y conceptual a la Constitución.
3. El conocimiento y respeto de los antecedentes legislativos y de las opiniones de los maestros.
4. El orden de la exposición.
5. El conocimiento y examen de la realidad social que iba a ser regulada por la norma en estudio.
6. El respeto a la ética y a la justicia en la intención de la norma como medio para facilitar su justificación y hasta su aplicación futura.

IV. MATERIAS LEGISLATIVAS TRATADAS POR BELLO

Sin tomar en cuenta el Código Civil, que por su naturaleza y extensión requiere estudio distinto del de este trabajo, encontramos que las materias sobre las cuales versa el trabajo legislativo de Bello son las siguientes:

1. Testamentos.
2. Regulación del comercio internacional.
3. Régimen fiscal de las aduanas.
4. Tráfico de esclavos.
5. Ciudadanía.
6. Aprovechamiento de recursos naturales.
7. Establecimiento de institutos educacionales.
8. Regulación de cuestiones familiares en relación con creencias religiosas.

9. Establecimiento de misiones diplomáticas.
10. Movimientos migratorios de la población nacional.
11. Servicios de estadística y archivo.
12. Sistemas de pesas y medidas.
13. Normas procesales para Tribunales Civiles.
14. Servicios públicos.
15. Financiamiento de actividades eclesiásticas.
16. Disposiciones complementarias de la legislación civil.
17. Normas sobre tráfico marítimo.
18. Régimen municipal.
19. Sistema monetario.
20. Disposiciones de carácter penal.
21. Interpretación de la Constitución.
22. Trámite de convenciones internacionales.
23. Normas de carácter personal.
24. Régimen de pensiones y jubilaciones.
25. Regulaciones de carácter financiero.

Esta enumeración probablemente no agota los temas de actividad de Bello en materia legislativa sino trata solamente de poner de manifiesto la amplitud de la misma.

V. EXAMEN DE ALGUNOS DE LOS CRITERIOS DE BELLO

A. *La legislación moderna y técnica es indispensable al buen orden social*

Fue constante la preocupación de Bello por la existencia y bondad de un sistema legislativo adecuado al nuevo orden social derivado de la existencia de un país como República independiente.

En la respuesta, redactada por él, al Presidente de la República en su mensaje de 1837, aparece su idea de que las instituciones republicanas sólo se consolidan y se sostienen «por una juiciosa reforma de sus leyes» y por la «adecuada administración de la justicia» (OCEC-XVII-18).

En 1839, en un documento similar, se ofrece al Presidente que el Senado «siempre trabajará de consuno con vos en la mejora de las leyes» (OCEC-XVII-35).

En el de 1840, señala que la vastedad y dificultad de la labor no debe arredrar al Senado para «trabajar con el Gobierno en llenar los lamentables vacíos que presenta aun el orden interno de la República» (OCEC-XVII-69).

Debe notarse que, en esos años, Chile se enfrentaba a una dificilísima labor. Hacer todo lo necesario para la real creación de un Estado. Don Ricardo Donoso advierte que esa actividad, en la cual Bello fue «uno de los más perseverantes obreros», implicaba sancionar reformas e iniciativas que contribuyeron al desarrollo económico de la Nación, organizar su Administración Pública, lograr el funcionamiento regular de los órganos del Estado y la interpretación correcta de la Constitución, todo para echar los cimientos de una democracia política y de un régimen jurídico (Véase Prólogo a Tomo XVII OCEC, p. CXXV).

Debió ser apasionante para Bello, acostumbrado por tantos años a vivir en una sociedad ya organizada como la inglesa, ir aportando sus conocimientos y consejos para que la nueva realidad chilena tomase poco a poco la figura de un nuevo y verdadero Estado.

Con regocijo escribía, en 1838, cómo había logrado implantar «reformas saludables» y poner al país «en una senda de engrandecimiento y de ventura por medio de las instituciones liberales y la paz interior» (*El Araucano*, edición del 21 de septiembre de 1838, cita de Donoso, Prólogo a Tomo XVII OCEC, p. CXXIV).

Fecundar la sociedad por medio del sano uso de la libertad, hacer grande el país por el impulso de la cultura y del trabajo, eran los propósitos de Bello al empeñarse en su función legislativa.

B. *La observancia de la Constitución*

Preocupa a Bello, en toda su obra de legislador, el respeto a la Constitución.

Atentamente vigila que las disposiciones que se discuten no violen ningún principio constitucional y con cuidado escudriña el sentido de las normas constitucionales para determinar si una situación, conducta del Poder Público o Ley, en vigencia o en proyecto, está o no de acuerdo con la Constitución y con su espíritu.

Véase por ejemplo lo que dice en su estudio sobre la suspensión del Fiscal de la Corte de Apelaciones de Santiago: «La Constitución no entra en un detalle minucioso de todos los actos que el Gobierno puede ejercer en virtud de sus atribuciones generales» y llega a una conclusión que hoy quizá no sería compartida, pero que él estimó justa: «Por eso es regla general, que en materia de administración del Estado, el Presidente de la República tiene todas aquellas facultades que no le están expresamente prohibidas», conclusión que deriva de la atribución al Presidente «de todo cuanto tiene por objeto la conservación del orden público» (OCEC-XVII-55).

Cuando propone la existencia de la Comisión de Legislación del Congreso, establece que ésta debe formar las leyes civiles «descartando lo que pugne con las instituciones republicanas del Estado» (OCEC-XVII-98), es decir, con las normas constitucionales.

Al discutirse la legislación sobre libertad de imprenta le preocupa que se respete la norma constitucional que la establece y cuida atentamente, en medio del debate, que no se viole lo querido por el Constituyente (OCEC-XVII-421 a 452).

Pero el documento que quizá demuestra, con mayor claridad, su pensamiento sobre el respeto debido a la Constitución es el debate parlamentario (Senado agosto de 1849) relativo a las facultades extraordinarias que podían ser conferidas al Presidente de la República.

A Bello le preocupan las «disposiciones que no son conformes con la letra ni con el espíritu de la Constitución»; estima que es «de la mayor importancia» la compatibilidad de las disposiciones de una ley con las de la Constitución del Estado, y explica la diferencia entre la potestad del Constituyente «que es ilimitada, infinita, por decirlo así, no hay nada en la forma, en la naturaleza y las funciones de los poderes públicos que no pueda ser limitado, variado y reformado por el poder constituyente» y la potestad constitucional, la de los poderes ordinarios de los órganos estatales, que «ejercen una soberanía mucho más limitada y le sirven de límites que no pueden traspasar, las atribuciones, las facultades que la Constitución del Estado ha conferido a los varios poderes que la constituyen». De allí que piensa que para dictar leyes sólo «se hiciese uso de medios que cupiesen en las atribuciones del Congreso y que no estuviesen en pugna con la Constitución» (OCEC-XVII-721 a 736).

En el debate sobre la tramitación de las leyes (27 de octubre de 1848) Bello plantea la forma perfectamente lógica de definir la constitucionalidad de una norma: «o hay diferencia entre el artículo que acaba de leerse y la Constitución, o no la hay. Si hay diferencia es necesario atenerse a la Constitución porque en ese caso la autoridad del reglamento es ninguna» (OCEC-XVII-602).

Véase que en esquema está señalado allí lo que años más tarde sería objeto de severos estudios jurídicos y que muy difícilmente entraría en la mentalidad de los juristas. Se trata de examinar las dos normas, la de la Constitución y la de la Ley o reglamento en proyecto, precisar si hay o no diferencia entre ellas. Si hay diferencia, prevalece la Constitución. ¿Por qué? Porque sobre ella no puede ni debe haber norma positiva alguna dentro del Estado democrático.

VI. El concepto de «Ley» en Bello

«La ley es una declaración de la voluntad soberana, que, manifestada en la forma prescrita por la Constitución, manda, prohíbe o permite».

Así define el Artículo 1 del Código Bello, qué es una ley. Véanse los elementos indispensables. Que sea una declaración de la voluntad soberana, es decir, del órgano o cuerpo que exprese alguna forma de ejercicio de la soberanía nacional.

No es un acto privado, una imposición de unos particulares a otros, sino es una expresión de la soberanía del Estado. Pero, debe estar sujeta a las «formas» que prescribe la Constitución, o sea, no puede adoptarse en cualquier manera ni tampoco por quien lo desee.

Tiene, por último, una finalidad concreta: Manda, prohíbe o permite. Al «mandar» impone una determinada conducta; al «prohibir» impide que el hombre o la sociedad realicen ciertas acciones; al «permitir» hace posible que quien lo desee se porte en la forma que pretende.

La «ley» plantea a Bello cuestiones que va analizando en sus escritos, discursos y lecciones:

1. Es necesario que las leyes estén redactadas con «claridad y orden» so pena de que exista un «manantial fecundo de dificultades, vacilaciones e inconsistencias en la administración de la justicia» (Cuestiones legales, *El Araucano*, 1839, en OCECH-9-262).

2. La ley debe ser concebida en forma «justa y conveniente» (Informe al Senado, en fecha 2 de noviembre de 1842) (OCEC-XVII-127).

3. El texto de la ley debe ser «un cuerpo ordenado y completo, descartando lo superfluo, dirimiendo los puntos controvertidos entre los intérpretes del derecho y no admitiendo fuera de éstas, otras innovaciones que las necesarias para la simplicidad y armonía del cuerpo legal» (Informe al Senado, 10 de agosto de 1840, OCEC-XVII-98).

Nótense sus diversas exigencias que trataremos de sistematizar para su mejor entendimiento:

a) La ley debe ser completa, es decir, evitar en lo posible «lagunas» que presenten por tanto situaciones no reguladas. De allí su constante preocupación por que sean llenados los «vacíos» de las leyes existentes y que lo lleva a proponer, apoyar o sugerir proyectos legislativos destinados a ese fin.

b) La ley debe estar concebida y redactada con «orden».

c) El orden va unido a dos cualidades necesarias en la ley: La «simplicidad», es decir, la redacción que omite todo lo «superfluo», lo que no es necesario al fin propuesto por el legislador, y la «armonía», o sea la relación estrecha entre todas las partes del cuerpo legal.

d) El legislador debe «dirimir» los puntos controvertidos entre los intérpretes del derecho: «Entonces no será necesario hojear tantos códigos anticuados y contradictorios, resolver tanta copia de pragmáticas, cédulas y reales órdenes, registrar tantas glosas y comentarios, consumir tanto tiempo y causar tantos dispendios a los litigantes, en mil cuestiones de derecho civil que se presentan diariamente a los abogados y los jueces» (Codificación del Derecho Civil, *El Araucano*, 1833, en OCECH-9-37).

e) El legislador no puede tener afán de hacer todo nuevo sino únicamente de adoptar las «innovaciones que sean necesarias».

4. Es necesario conocer la intención del legislador al presentar o adoptar un proyecto de ley. De allí la necesidad del «preámbulo» en que se «expongan las razones en que lo funda su autor» (Artículo 80 del Reglamento del Senado chileno, redactado por Bello, OCEC-XVII-85).

Concebida la ley en esa forma, Bello se plantea otras cuestiones de importancia para la función legislativa.

1) *La relación entre la ley y la realidad*

La participación de Bello en la discusión de varios proyectos de leyes es buena prueba de su preocupación en el sentido indicado.

Me refiero al Proyecto de regulación de la propiedad de los terrenos abandonados por el mar (1843-1846 en OCEC-XVII-161 y ss.). La regulación de los mataderos municipales (OCEC-XVII-329). Estadística y archivos nacionales (OCEC-XVII-473 y ss.). Privilegio de los buques mercantes extranjeros (OCEC-XVII-861). Sistema monetario (OCEC-XVII-825). Pesas y medidas (OCEC-XVII-493) y financiamiento de la agricultura (OCEC-XVII-911).

Bello trata de buscar qué requiere la realidad del país y en consecuencia cuál debe ser la norma más aconsejable.

Por ejemplo, cuando se discute el Proyecto de Ley para facilitar el tráfico marítimo de cabotaje por buques extranjeros, hace un análisis de la situación de la marina mercante chilena, de las necesidades del comercio marítimo, de las posibilidades de disponer de buques con bandera nacional, y todo lo lleva a insistir en la necesidad de autorizar al Presidente de la República para que éste permita el tráfico de los buques de bandera extranjera hasta tanto no se disponga de una fuerte y existente marina nacional (OCECH-9-CXI) y lo hace con prudencia: «Temo mucho aventurar una opinión, no conociendo bastante los intereses industriales del país».

Igual sucede al discutirse la conveniencia de adoptar el sistema métrico decimal, que él apoya con una disertación sobre la sencillez, perfección y comodidad del mismo (OCECH-9-C).

Hace recomendaciones sobre el sistema monetario, en cuanto a la denominación de la moneda, su valor y el metal en que debe ser acuñada tomando en cuenta las peculiares condiciones de la economía chilena (OCEC-XVII-825).

Se ocupa de servicios públicos que requieren regulaciones legislativas: Por ejemplo, el suministro de agua potable a Valparaíso, tomando en cuenta las necesidades del agua para ser bebida, para el riego de las granjas y para otros fines y la exigencia de regular su uso mediante contribuciones (OCEC-XVII-553); el establecimiento de una línea de ferrocarril entre Valparaíso y Santiago (OCEC-XVII-677) y la existencia de una oficina nacional de estadística y censos.

Esta última, por la naturaleza de la intervención de Bello, publicada en *El Araucano*, merece algún comentario adicional. El Proyecto de ley sobre la materia fue criticado por la falta de gente preparada para atender esas oficinas y por la oportunidad de su adopción.

Bello se enfrenta a ambas objeciones: «No hay hombres porque no queremos serlo. Porque la idea de trabajo y de responsabilidad nos espanta. El Proyecto de ley de que se trata no exige genios creadores ni conocimientos científicos. Exige sólo dedicación, laboriosidad e ideas de orden a que cualquier entendimiento, medianamente cultivado, puede llegar sin esfuerzo. ¿Por qué reservar a la posteridad lo que podemos hacer nosotros ejercitando las facultades comunes que posee todo hombre de tal cual educación?

¿Hasta cuándo dar aires de sensatez y cordura a lo que sólo es apatía y pereza?». Y seguidamente hace un cuidadoso análisis de cómo no debe verse el gasto público sólo en función de su cuantía sino en cuanto a los efectos positivos de la institución que se desea crear (Véase el artículo en OCECH-9-415).

2) *El conocimiento de los antecedentes jurídicos y de las normas de otros países*

Siempre que ello le es posible y que, en el caso de ciertas leyes sobre cuestiones de orden civil, resulta indispensable, Bello se refiere, metódica y cuidadosamente, a todos los antecedentes disponibles en el derecho español para concluir en las que consideraba recomendaciones más convenientes a la realidad chilena. Sirven de modelo en ese sentido su estudio sobre aspectos de la Sucesión intestada (OCECH-9-243) y la exposición que formula sobre los «Antecedentes de la Legislación Civil», que examina para demostrar que existen puntos de gravísima importancia en los cuales «por la oscuridad de las leyes o por la extrema divergencia de las opiniones de los intérpretes, se siente cada día más la necesidad de decisiones soberanas y que establezcan reglas precisas» (OCECH-9-271).

Sus estudios sobre derecho extranjero son importantes; por ejemplo, al discutirse el Proyecto de ley sobre los derechos de los autores, habla Bello de la legislación inglesa, norteamericana, francesa, de Holanda y Bélgica, de Prusia, de los diferentes estados de Sajonia, de Rusia, de Austria y con todos esos antecedentes formula sus recomendaciones para Chile (OCECH-9-419) en un proyecto que, según su decir, persigue lograr el «estímulo que necesitan entre nosotros las tareas literarias, proponiendo los mejores medios de hacerlo efectivo y estableciendo reglas sencillas y de fácil aplicación» (OCECH-9-427).

3) *En qué debe consistir la Ley*

Suponiendo todos esos factores, ¿cómo debe ser concebida la Ley?

El debate sobre las normas que debían regir la propiedad de los terrenos abandonados por el mar permite a Bello exponer dos temas fundamentales: Cómo nace la Ley y qué diferencia el trabajo del legislador de la acción del Juez.

Bello entiende que un Gobierno representativo debe «dar cabida cuanto es posible» a los intereses de los distintos grupos que integran la sociedad. Esos intereses tienen que estar representados en el Congreso y de la lucha entre ellos nace la Ley.

«Un cuerpo legislativo, dice Bello, será mejor cuando en él esté representada la sociedad por individuos animados de algunos de los varios intereses que animan la masa» y concluye: «La ley debe ser una transacción con los varios intereses sociales».

La presencia de esos intereses en el debate asegura que sean tomados en cuenta, que sean defendidos y en definitiva predominen, necesariamente, los de la mayoría.

Esa discusión debe ser una discusión «libre», en la cual la Cámara tiene que garantizar a cada uno de sus miembros el uso del derecho de expresar su opinión y de votar. «En los cuerpos legislativos se quiere que entren en lucha todos los intereses sociales para que venza la opinión de la mayoría. Si hay un interés dominante, este interés triunfará». Ésa es la naturaleza misma de los cuerpos legislativos. (Véase el debate y las intervenciones de Bello en OCEC-XVII- y ss.).

De allí pasa Bello a diferenciar la labor del legislador, que como se ha dicho tiene que tomar en cuenta los intereses de los distintos sectores de la sociedad, y la del Juez, que es totalmente distinta: El Juez debe ser absolutamente imparcial en su labor. No debe tomar en cuenta intereses sino razón, mayoría, justicia.

En ese criterio fundamenta su opinión sobre la independencia del Poder Judicial, garantía del «ensanche de la libertad en todos los pueblos civilizados de la tierra» (OCECH-9-218); «no hay autoridad que encadene la libertad del Juez de conocer, con arreglo a las leyes, el negocio que se somete a su examen».

Y por esa razón es que la administración de la justicia es importante: «La seguridad, el honor, en fin, todo cuanto el hombre busca y encuentra en la sociedad estriba en la recta administración de la justicia. Sin ella las leyes son un simple simulacro, porque nada importa que existan y sean las mejores si su mala aplicación o su inobservancia las anula o si para conseguir su efecto se han de experimentar mayores males que los que obligaron a reclamar su incumplimiento» (OCECH-9-97).

4) *La interpretación de la Ley*

Tal como siempre se ha diferenciado por los juristas, Bello advierte la distinta situación de la Ley cuyo sentido es «claro» y respecto de la cual no se desentenderá «su tenor literal a pretexto de consultar su espíritu» de aquella otra que tiene o utiliza una expresión «oscura» (Artículo 19 del Código).

Ordena el artículo mencionado que habrá en este último caso que recurrir a su intención o espíritu, claramente manifestado en ella misma «o en la historia fidedigna de su establecimiento».

¿Qué es ello? Con el Proyecto de 1853, bello lo explica: «Sería, por ejemplo, la relación de los debates ocurridos en el Cuerpo legislativo al tiempo de discutirse el Proyecto».

El tema de la interpretación y su importancia lo analiza Bello en su artículo publicado en El Araucano (Número 632) y que aparece transcrito, tanto en la edición de Chile (Tomo 13, p. 5, comentario al pie de página) como en la edición de Caracas (Tomo XII, pp. 41 y 42).

«Nos inclinamos a creer, dice Bello, que muchas cuestiones no se suscitarían o llegarían con más facilidad a una solución satisfactoria, si por una u otra parte se siguiesen las mismas reglas de interpretación legal. Pero mientras unos adhieren estrictamente al texto y tratan de licenciosa la inteligencia de sus antagonistas, otros creen que lo sublime de la hermenéutica legal es internarse en la mente del legislador y asistir a sus consejos. Por ese medio, según conciben, se toma por guía no las palabras de la ley, sino su intención, su idea. Pero lo que sucede las más de las veces es que el intérprete sustituye a la idea del legislador, la suya propia. Y aquí tan encontradas opiniones sobre la inteligencia del texto más claro. Nosotros creemos que lo más seguro es atenerse a la letra, que no debemos ampliarla ni restringirla sino cuando de ella resultan evidentes absurdos o contradicciones y que todo otro sistema de interpretación abre ancha puerta a la arbitrariedad y destruye el imperio de la ley».

Por esa razón muestra Bello preocupación en explicar en el propio Código, qué significa «atenerse a la letra» y así señala:

A) El sentido de las palabras de la ley es el «natural y obvio, según el uso general de las mismas palabras» a menos que el legislador haya definido expresamente una palabra, en cuyo caso ese sentido debe prevalecer.

Y explica: «He introducido limitaciones que me parecen necesarias. Una palabra, sea técnica o no, puede emplearse impropiamente por el legislador, sobre todo por falta de conocimientos especiales de sus autores. ¿Sería nunca racional tomar esa palabra con sentido diferente que el legislador?».

Y añade: «las palabras de la ley han de interpretarse de manera que se conformen a la razón que ha determinado la voluntad del legislador, pero es preciso saberlo de cierto y no atribuirle intenciones imaginarias para hacer violencia al sentido» (OCECH-13-XLII, y también citada en OCEC-XII-42).

Esa situación fue la que lo llevó antes a pedir que la ley debe ser redactada con «claridad y orden». Mientras más clara es la ley y mejor ordenada esté, más sencillo es el trabajo del intérprete.

B) Problema especial lo plantean las palabras técnicas: «Se tomarán en el sentido que le den los que profesan la misma técnica o arte, a menos que aparezca claramente que se ha tomado en un sentido diverso» (Artículo 21 y nota al proyecto de 1853. OCEC-XII-43).

C) Es necesario buscar una interpretación integral del derecho: «El contexto de la ley para ilustrar el sentido de cada una de sus partes» para que exista entre ellas «la debida correspondencia y armonía». Referencia evidente al «orden» en la exposición y redacción de la ley. Y, además, una ley debe ser entendida siempre dentro de todo el orden jurídico: «Los pasajes oscuros de una ley pueden ser ilustrados por medio de otras leyes, particularmente si versan sobre el mismo asunto» (Artículo 22).

D) El único autorizado para dar una interpretación a la ley que sea de «modo generalmente obligatorio» es el legislador. El Juez sólo puede obligar a una interpretación dentro de una causa determinada.

Este principio, contenido en el Artículo 3 del Código, trae consigo dos consecuencias de importancia:

a) El Presidente de la República debe ser informado por Tribunales de más alto rango «de las dudas y dificultades que hayan ocurrido en la inteligencia de leyes y de los vicios que noten en ellas». ¿Para qué? Para que recomiende al Congreso la adopción de las medidas necesarias.

El papel continuo de los Jueces en el estudio de las leyes lo llevó a propugnar la necesidad de publicar la *Gaceta de los Tribunales*, donde las sentencias publicadas informasen al público interesado de la forma como los Jueces entendían las leyes.

b) Las leyes que «se limiten a declarar el sentido de otras leyes se entenderán incorporadas a éstas» sin alterar el sentido ni efectos de las sentencias ya ejecutoriadas (Artículo 9).

No queremos hacer una amplia exposición sobre este tema que alejaría del objeto central del estudio: Lo remitimos a la nota que al Artículo 9 trae la Edición de Caracas (p. 32, Tomo 12) y al artículo *El Efecto Retroactivo de las Leyes*, en la edición chilena, Tomo 9, p. 497.

E) Dentro de este criterio de Bello, su Código define muchas palabras a fin de evitar discusiones sobre ellas: (Artículos 25 a 47) por ejemplo, hombre, mujer, niño, adulto, etc.

VII. Conclusión

Parece claro, conforme a esta exposición, que en Bello existió un esquema, muy claro y preciso, de la técnica propia del legislador, en cuanto a lo que debía ser el contenido de una ley, la forma y método de su preparación y las características propias del texto legal.

Es importante advertir que ese esquema no es una elaboración teórica sino el resultado de un largo trabajo legislativo, que permitió al Maestro no solamente ser autor de normas, sino enseñar cómo debían ser hechas.

Parecía útil destacar tan interesante como importante aspecto del papel de Bello durante su actuación luminosa en Chile.

www.ingramcontent.com/pod-product-compliance
Lightning Source LLC
LaVergne TN
LVHW090208051026
849517LV00001B/4